浙江文化研究工程成果文库

李标晶 著

茅盾年谱

浙江大学出版社
ZHEJIANG UNIVERSITY PRESS

浙江省文化研究工程指导委员会

浙江现代文学名家年谱
编纂委员会

主　　任　洪治纲

首席专家　王嘉良　陈　星

编纂委员会（以姓氏笔画为序）

丁　帆　刘克敌　孙　郁　吴秀明　张直心

陈　坚　陈思和　陈福康　邵宁宁　骆寒超

黄乔生

编纂者（以姓氏笔画为序）

方馨未　冯　烈　朱　炜　朱晓江　李杭春

李标晶　余连祥　陈　才　郁峻峰　钱英才

黄乔生　章景曙　薛玉琴

浙江文化研究工程成果文库总序

[签名]

　　有人将文化比作一条来自老祖宗而又流向未来的河，这是说文化的传统，通过纵向传承和横向传递，生生不息地影响和引领着人们的生存与发展；有人说文化是人类的思想、智慧、信仰、情感和生活的载体、方式和方法，这是将文化作为人们代代相传的生活方式的整体。我们说，文化为群体生活提供规范、方式与环境，文化通过传承为社会进步发挥基础作用，文化会促进或制约经济乃至整个社会的发展。文化的力量，已经深深熔铸在民族的生命力、创造力和凝聚力之中。

　　在人类文化演化的进程中，各种文化都在其内部生成众多的元素、层次与类型，由此决定了文化的多样性与复杂性。

　　中国文化的博大精深，来源于其内部生成的多姿多彩；中国文化的历久弥新，取决于其变迁过程中各种元素、层次、类型在内容和结构上通过碰撞、解构、融合而产生的革故鼎新的强大动力。

　　中国土地广袤、疆域辽阔，不同区域间因自然环境、经济环境、社会环境等诸多方面的差异，建构了不同的区域文化。区域文化如同百川归海，共同汇聚成中国文化的大传统，这种大传统如同春风化雨，渗透于各种区域文化之中。在这个过程中，区域文化如同清溪山泉潺潺不息，在中国文化的共同价值取向下，以自己的独特个性支撑着、引领着本地经济社会的发展。

　　从区域文化入手，对一地文化的历史与现状展开全面、系统、扎实、有序的研究，一方面可以藉此梳理和弘扬当地的历史传统和文化资源，繁荣和丰富当代的先进文化建设活动，规划和指导未来的文化发展蓝图，增强文化软实力，为全面建设小康社会、加快推进社会主义现代化提供思想保证、精神动力、智力支持和舆论力量；另一方面，这也是深入了解中国文化、研究中国文化、发展中国文化、创新中国文化的重要途径之一。如今，区域文化研究日益受到各地重视，成为我国文化研究走向深入的一个重要标志。我们今天实施浙江文化研究工程，其目的和意义也在于此。

千百年来，浙江人民积淀和传承了一个底蕴深厚的文化传统。这种文化传统的独特性，正在于它令人惊叹的富于创造力的智慧和力量。浙江文化中富于创造力的基因，早早地出现在其历史的源头。在浙江新石器时代最为著名的跨湖桥、河姆渡、马家浜和良渚的考古文化中，浙江先民们都以不同凡响的作为，在中华民族的文明之源留下了创造和进步的印记。

浙江人民在与时俱进的历史轨迹上一路走来，秉承富于创造力的文化传统，这深深地融会在一代代浙江人民的血液中，体现在浙江人民的行为上，也在浙江历史上众多杰出人物身上得到充分展示。从大禹的因势利导、敬业治水，到勾践的卧薪尝胆、励精图治；从钱氏的保境安民、纳土归宋，到胡则的为官一任、造福一方；从岳飞、于谦的精忠报国、清白一生，到方孝孺、张苍水的刚正不阿、以身殉国；从沈括的博学多识、精研深究，到竺可桢的科学救国、求是一生；无论是陈亮、叶适的经世致用，还是黄宗羲的工商皆本；无论是王充、王阳明的批判、自觉，还是龚自珍、蔡元培的开明、开放，等等，都展示了浙江深厚的文化底蕴，凝聚了浙江人民求真务实的创造精神。代代相传的文化创造的作为和精神，从观念、态度、行为方式和价值取向上，孕育、形成和发展了渊源有自的浙江地域文化传统和与时俱进的浙江文化精神,她滋育着浙江的生命力、催生着浙江的凝聚力、激发着浙江的创造力、培植着浙江的竞争力,激励着浙江人民永不自满、永不停息,在各个不同的历史时期不断地超越自我、创业奋进。悠久深厚、意蕴丰富的浙江文化传统,是历史赐予我们的宝贵财富,也是我们开拓未来的丰富资源和不竭动力。党的十六大以来推进浙江新发展的实践,使我们越来越深刻地认识到,与国家实施改革开放大政方针相伴随的浙江经济社会持续快速健康发展的深层原因,就在于浙江深厚的文化底蕴和文化传统与当今时代精神的有机结合,就在于发展先进生产力与发展先进文化的有机结合。今后一个时期浙江能否在全面建设小康社会、加快社会主义现代化建设进程中继续走在前列,很大程度上取决于我们对文化力量的深刻认识、对发展先进文化的高度自觉和对加快建设文化大省的工作力度。我们应该看到,文化的力量最终可以转化为物质的力量,文化的软实力最终可以转化为经济的硬实力。文化要素是综合竞争力的核心要素,文化资源是经济社会发展的重要资源,文化素质是领导者和劳动者的首要素质。因此,研究浙江文化的历史与现状,增强文化软实力,为浙江的现代化建设服务,是浙江人民的共同事业,也是浙江各级党委、政府的重要使命和责任。

2005 年 7 月召开的中共浙江省委十一届八次全会,作出《关于加快建设文化大省的决定》,提出要从增强先进文化凝聚力、解放和发展生产力、增强社会公共服务能力入手,大力实施文明素质工程、文化精品工程、文化研究工程、文化保护工程、文化产业促进工程、文化阵地工程、文化传播工程、文化人才工程等“八项工程”,实施科教兴国和人才强国战略,加快建设教育、科技、卫生、体育等"四个强省"。作为文化建设"八项工程"之一的文化研究工程,其任务就是系统研究浙江文化的历史成就和当代发展,深入挖掘浙江文化底蕴、研究浙江现象、总结浙江经验、指导浙江未来的发展。

浙江文化研究工程将重点研究"今、古、人、文"四个方面,即围绕浙江当代发展问题研究、浙江历史文化专题研究、浙江名人研究、浙江历史文献整理四大板块,开展系统研究,出版系列丛书。在研究内容上,深入挖掘浙江文化底蕴,系统梳理和分析浙江历史文化的内部结构、变化规律和地域特色,坚持和发展浙江精神;研究浙江文化与其他地域文化的异同,厘清浙江文化在中国文化中的地位和相互影响的关系;围绕浙江生动的当代实践,深入解读浙江现象,总结浙江经验,指导浙江发展。在研究力量上,通过课题组织、出版资助、重点研究基地建设、加强省内外大院名校合作、整合各地各部门力量等途径,形成上下联动、学界互动的整体合力。在成果运用上,注重研究成果的学术价值和应用价值,充分发挥其认识世界、传承文明、创新理论、咨政育人、服务社会的重要作用。

我们希望通过实施浙江文化研究工程,努力用浙江历史教育浙江人民、用浙江文化熏陶浙江人民、用浙江精神鼓舞浙江人民、用浙江经验引领浙江人民,进一步激发浙江人民的无穷智慧和伟大创造能力,推动浙江实现又快又好发展。

今天,我们踏着来自历史的河流,受着一方百姓的期许,理应负起使命,至诚奉献,让我们的文化绵延不绝,让我们的创造生生不息。

2006 年 5 月 30 日于杭州

凡　例

一、本丛书之谱主均系公认的浙籍作家。其主要标识为出
生于浙江，或童年、少年时期在浙江度过，或长期与浙江保持密
切联系，其家世影响、成长经历、文学素养的形成，受到浙江地域
文化的浸染，其文学观念、文学创作留有鲜明的浙江文化印记。
浙江"身份"尚存争议的作家，暂不列入。

二、本丛书之谱主的主要文学成就，均在"中国现当代文学"
时期(包括1949年以前的"现代"期和中华人民共和国成立后的
"当代"期)产生过广泛影响的各种文学创作、文学活动及其他相
关文化活动。其他历史时段与谱主相关的活动，从略记述。

三、每位谱主之年谱为一册，以呈现谱主之文学创作、文艺
思想、文学组织、文学编辑等成就为重点，相关背景呈示多侧重
其与文学的关联性；年谱亦涉及谱主在中国革命史、思想史、文
化史上的成就与贡献，充分展示谱主在建构我国20世纪新文化
中的特殊贡献。

四、每部年谱共由三部分组成。第一部分为家世简表、谱主
照片等有关材料；第二部分为年谱正文和少量插图，图片配发在
正文相应部位，以便形成文图互证；第三部分为谱主的后世影

响,主要包括正文未及的谱主身份、价值的确切定位及相关悼念、纪念活动,以及谱主的全集出版、著作外译、谱主研究会的成立、重要研究成果等,均予以择要展示。文后附参考文献。

五、年谱使用规范的现代语体文。直接引用资料采用原文文体;人名、地名、书名、文章篇名及引录的原著繁体字或异体字文句,凡可能引起歧义、误解者,仍用原繁体字或异体字。

六、年谱以公历年份作为一级标题,括号内标注农历年份。谱主岁数以"周岁"表述,出生当年不标岁数,只标为是年"出生"。为便于阅读,按通行出版惯例,年、月、日及岁数均采用阿拉伯数字。

七、年谱在一级标题下,以条目形式列出本年度与谱主的文学(文化)活动密切相关、对谱主产生重要影响的若干条"年度大事记"。

八、年谱以公历月份作为二级标题。在二级标题之下,以日期标识谱主相关信息。所有日期均为公历;若农历涉及跨年度等特殊情况,则换算为公历将所述内容置于相应年份,以利于读者识别。

九、年谱中部分具体日期不明的重要信息,均置于当月最后位置,以"本月 ……"说明之;若有关信息只能确定在"春季""夏季"之类时间段内,则置于本年度末,以"春 ……""夏 ……"等加以说明;若有关信息只能确定在本年度的,则亦置于本年度末,以"本年 ……"进行表述。

十、中华人民共和国成立前国家、民族、地名、组织、机构、职官等名称,除明显带有歧视、污蔑含义者须加以适当处理外,原则上仍用文献记载的原名称。

十一、鉴于资料来源多元和考证繁杂,年谱中若观点出现有待考证或诸说并存的,借助"按……"的形式,简要表述编撰者的考辨,或者以注释形式加以说明。

十二、凡有补充、评述等特别需要说明的内容,皆以注释形式说明。对以往诸家有关谱主传记文字的误记之处,在录入史实后,均用注释的方式予以纠正。

十三、年谱正文原则上不特别标识信息来源;若确需说明的,则以分门别类的方式,在正文表述中进行适当处理。

十四、年谱注释从简。确需注释的,统一采用当页脚注。发表报刊一般不注,用适当方式通过正文直接表述;其中,民国时期报刊之"期""号"等,原则上依照原刊之表述。

十五、因时代关系,部分历史文献之标点符号不甚规范,录入时已根据现时标点符号规范标点。以往相关书籍史料中收录的谱主文献,不同版本在部分文献上有不同的断句,本年谱所录之文系在比对各种资料后基于文意定之。

十六、谱主已知的全部著述,均标注初刊处、写作日期、初收何集、著述体裁(如小说、散文、漫画、艺术论述、童话、诗词、评论、译文、书信、日记、序跋等)。若谱主著译版本繁多,一般仅录入初版本。若该作品有多处重刊、转载或收入作品集,则在正文中进行说明,以表明作品的重要性和社会影响。未曾发表的作品注明现有手稿及作品的现存之处。

十七、谱主的主要社会评价,既反映正面性评价,也反映批评性评价,以体现存真的目的,尽可能体现年谱对谱主的全面评价意义。有代表性的评价文字,节录原文以存真。社会评价文字根据原文发表时间,放在相应的正文中表述;若无法确定时间,则放在相应的月份末尾或年份末尾予以恰当叙述。

十八、年谱若遇历史文献中无法辨认之字,则用"□"表示。

十九、年谱中有关谱主的后世影响，根据不同谱主状况，依照类别和时间顺序，在谱后进行详略有别的叙述。

《浙江现代文学名家年谱》编纂委员会

2020 年 8 月

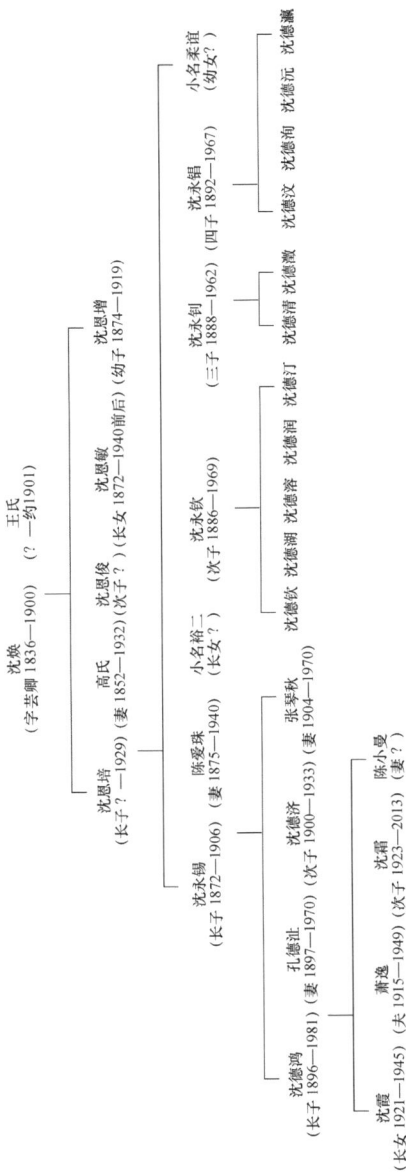

家世简表

沈焕
(字芸卿 1836—1900)　　王氏　(? —约1901)

沈恩培　　　　沈恩俊　　沈恩敏　　　　　　沈恩增
(长子? —1929)　(次子?)　(长女1872—1940前后)　(幼子1874—1919)
高氏 (妻1852—1932)

沈承锡　　　　　小名裕三　　沈承钦　　　　沈承钊　　　　沈承锠　　　　小名柔谊
(长子1872—1906)　(长女?)　　(次子1886—1969)　(三子1888—1962)　(四子1892—1967)　(幼女?)
陈爱珠 (妻1875—1940)

沈德钦 沈德渊 沈德蓉 沈德润 沈德汀　　沈德清 沈德微　　沈德汶 沈德洵 沈德沅 沈德灏

沈德鸿　　　　　沈德济　　　　　沈霜　　　　　　沈霞
(长子1896—1981)　(次子1900—1933)　(次子1923—2013)　(长女1921—1945)
孔德沚 (妻1897—1970)　张琴秋 (妻1904—1970)　陈小曼 (妻?)　萧逸 (夫1915—1949)

目　录

1896 年(丙申,清光绪二十二年) 出生

▲8 月,维新派在上海创办《时务报》,梁启超任主笔。

▲本年,严复译述英国赫胥黎著《进化论与伦理学及其他》中的前两篇,译名《天演论》。

▲本年,梁启超编成《西学书目表》,由时务报馆石印出版,共收录西学图书 630 种。

7 月

4 日 农历丙申五月二十五日亥时,出生于浙江省桐乡县乌镇观前街沈宅楼上临街的第三间屋内。由曾祖父沈焕①取名,小名燕昌,大名德鸿。② 沈德鸿,字雁宾,取鸿雁来宾之意,后改为雁冰。

---

① 曾祖父沈焕,字芸卿(1836—1900),清朝监生。1866 年进宁波一个安记山货行当伙计,经常在汉口、天津、保定等地交易。后来,安记山货行从总行中分离出来,在汉口自立门户,沈焕投资一千两银子,与安氏合股经营山货生意。安氏退股回宁波养老时,由沈焕独家经营。后因生意亏本,出资捐广东的候补道,3 年后,赴任广西梧州代理税关监督,一年后转正。沈焕的弃商从政,使沈家跻身缙绅行列。1897年,沈焕从梧州转道香港、上海,告老还乡。

② 沈家取谱名很讲究,是按五行(木、火、土、金、水)的顺序来排的,即木生火,火生土,土生金,金生水。曾祖父沈焕,名字中含火字,有三个儿子。茅盾的祖父沈恩培,名字中含有土字。沈恩培有四个儿子,长子即茅盾的父亲沈永锡,名字中含有金字。到了茅盾,起名德鸿,含水字。

1897年(丁酉,清光绪二十三年) 1岁

▲2月11日,商务印书馆创设于上海。

▲11月,《国闻报》(日报)在天津创刊,是戊戌变法时期维新派重要报纸之一,由严复、夏曾佑、王修植等创办。后增出《国闻汇编》旬刊。

本年 出生后原本一直随父母住在外祖父陈我如①家,本年曾祖父告老还乡,遂搬回曾祖父的观前街老屋居住。

1898年(戊戌,清光绪二十四年) 2岁

▲3月,张之洞撰成《劝学篇》。此系戊戌时期对抗变法维新思潮的代表作。

▲4月,《天演论》正式出版。严复在《译〈天演论〉自序》中说,此书"于自强保种之事,反复三致意焉"。借"物竞天择,适者生存""优胜劣败"的进化论观点,激励国人变法维新,以冀由弱变强,否则将沦于亡国灭种之境。

----

① 陈我如(1828—1898),原名陈世泽,字我如。乌镇人,乌程廪贡,曾想进入仕途,但每次乡试,都失望而归。后从事中医,名满湖、嘉、杭、苏四府。晚年名声更大,重金求医者甚多。他给人看病很认真,每天以五到六人为限。收门生也很严格,最多时不过五人。编纂《素灵类纂集解》一书,汇集诸说。茅盾出生后曾随母长住陈我如家。

▲5月,张之洞发表《劝学篇》,主张"中学为体,西学为用"。

▲6月11日,光绪皇帝下"明定国是"诏,任用维新派康有为、梁启超等推行新法,改革科举制度等。新法推行103天,史称"百日维新"。

▲9月21日,慈禧太后幽禁光绪皇帝,罢新政,复旧制。康有为、梁启超逃亡日本,谭嗣同等6人被杀,史称"戊戌政变"。

本年 外祖父病重、去世,随母亲陈爱珠①去外婆家住了一段时间。

1899年(己亥,清光绪二十五年) 3岁

▲9月,美国提出中国"门户开放"要求。

▲本年,福州索隐书屋刊行大仲马小说《巴黎茶花女遗事》,由王寿昌口译、林纾笔述。

▲本年,章太炎所著《訄书》木刻本问世。

本年 随母亲搬回观前街17号老屋。茅盾在此居住13年。

---

① 陈爱珠(1875—1940),乌镇著名中医陈我如之女。素有旧学根底,是一位通文理、有远见、聪慧能干的妇女。茅盾5岁时,母亲亲自担任他的启蒙老师,母亲开明、通达、关心国家大事的思想行为,无形中影响了童年茅盾。

1900年(庚子,清光绪二十六年) 4岁

▲1月,兴中会机关报《中国日报》(又名《中国报》)在香港士丹港丹利街27号创刊。报名为孙中山所定,取"中国者,中国人之中国"之意。

▲6月21日,清政府宣布对各国开战,并通告各省督抚招集"义民"组团,借御外侮。

▲本年夏,在京津地区义和团运动的影响下,各地爆发义和团运动,全国掀起了反帝反封建斗争浪潮。

▲8月,八国联军侵入北京,慈禧太后挟光绪逃往西安。

▲9月,由杜亚泉编辑出版的《亚泉杂志》(半月刊)在上海创刊,介绍近代理化、博物等自然科学知识,是近代中国第一个由中国人自办的中文科学期刊。

7月

本月 胞弟沈德济(泽民)①出生。

---

① 沈泽民(1900—1933),原名沈德济,茅盾的弟弟。1917年考入南京河海工程专门学校,数学、物理、化学等课程的成绩名列前茅。英语也很好,曾和茅盾合译科普小说《两月中之建筑谭》,在1918年的《学生杂志》上连载。五四运动爆发后,在南京会同进步学生组织集会,进行街头宣传。1921年4月,经茅盾介绍加入上海共产主义小组,并参加文学研究会,1933年11月病逝。

本年 曾祖父去世。三房兄弟分家。茅盾的祖父沈恩培①分得泰兴昌纸店和观前街老屋。

1901年(辛丑,清光绪二十七年) 5岁

▲1月29日,慈禧太后下诏变法,要"取外国之长""去中国之短",开始实行"新政"。

▲5月10日,由留日学生编辑的《国民报》(月刊)在日本东京创刊,宣传"革命排满"的思想。

▲9月7日,清政府全权谈判大臣奕劻、李鸿章,与英、美、俄、德、日、奥、法、意、西、荷、比各国公使在北京签订《辛丑条约》。

▲本年,林纾翻译斯托夫人的《黑奴吁天录》出版。

▲本年,八股被废除,改全国书院为学堂。

本年 母亲选用上海澄衷学堂的《字课图说》《正蒙必读》里抄录下来的《天文歌略》《地理歌略》和《史鉴节要》。这些"新书"由父亲抄录后,由母亲一字一句教茅盾。

本年 经常跟随乐天派的祖父到处走动,富有民族和地方色彩的有趣活动,深印在少年茅盾的脑海中。

---

① 祖父沈恩培(？—1929),字砚耕。系清朝廪生,但后来屡应乡试,都没有中举。他一生主要经营的一爿店为"泰兴昌"纸店,不过他无心经商,把店务交给一个伙计。童年茅盾苦练书法是受了祖父的影响。沈恩培对儿孙们的事,素来抱"自然主义"的态度。童年时,茅盾深得祖父的喜爱。

本年 祖母高氏①曾带着她的女儿和丫鬟在客堂里养蚕。在茅盾的童年生活中，参加养蚕和看杀猪曾是他最感兴趣的事。这些实际的体验为他 20 多年以后创作小说《春蚕》打下了厚实的生活基础。

1902 年(任寅,清光绪二十八年) 6 岁

▲2 月,梁启超在日本创办《新民丛报》和《新小说》。

▲2 月 14 日,浙江巡抚任道镕奏报全省书院改设学堂情形,浙江将求是大学堂(前身为杭州求是书院)改为浙江大学堂(次年又改称浙江高等学堂),并委任劳乃宣为大学堂总理。

▲4 月 27 日,由蔡元培、章太炎、蒋智由、叶翰、黄宗仰等人发起组建的中国教育会在上海成立。

▲6 月 22 日,文明书局于上海开办营业。由无锡老名士廉泉(南湖)、俞复(仲还)、丁宝书等集股创办。它的创办与清政府《钦定学堂章程》的颁布前后相随,在新式教科书出版之风的鼓荡下,它发行多种教科书,皆冠以"蒙学"二字,此后这套书就被通称为"蒙学教科书"。

本年 曾祖母去世。

本年 进亲戚王彦臣(曾祖母的侄儿)办的私塾读书,学习四书五经等。同学中有王彦臣的女儿王会悟②。

---

① 祖母高氏(1852—1932),嘉兴高家桥村地主之女,思想陈旧,又信神佛。但她颇谙谙风俗农时,酷爱农桑;常率丫头养猪养蚕。

② 王会悟:茅盾的表姑,李达的夫人。

1903 年(癸卯,清光绪二十九年)　7 岁

▲5 月,邹容在上海发表《革命军》一文,提出建立"中华共和国"主张。

▲5 月,李伯元等在上海创办《绣像小说》。

▲本年夏,著名反清政治案件"苏报案"在上海公共租界发生,邹容、章太炎被捕入狱。

▲本年秋,蔡元培、章太炎在上海成立光复会。

▲12 月 19 日,《中国白话报》在上海创刊,创办人为林獬。他曾参与发起与组织中国教育会、爱国学社等团体,协助蔡元培等创办过《俄事警闻》。

本年　进乌镇的国民初等男学就读。按年龄分甲乙两班,分到乙班。一个星期后,学校又按实际文化水平重新分班,转到甲班。比起《天文歌略》等"新学",茅盾对《论语》的"人间昧"更感兴趣。

1904 年(甲辰,清光绪三十年)　8 岁

▲1 月 13 日,清政府颁布了《奏定学堂章程》。因制定颁布于旧历癸卯年,故又称"癸卯学制"。这是中国近代由中央政府颁布并首次得到实施的全国性法定系统,较"壬寅学制"更为系统详备。

▲1 月下旬,以宣传革命排满为宗旨的报刊政论文集《黄帝

魂》由东大陆图书公司出版。

▲3月11日,大型综合性学术刊物《东方杂志》由商务印书馆开始出版发行。徐珂、孟森、陈仲逸、杜亚泉、钱智修等先后担任主编。

▲9月24日,秋瑾在日本创办《白话》月刊,以鼓吹推翻清政府为宗旨。刊物共出6期。

▲11月,反清革命团体光复会成立,蔡元培任会长。

本年　继续在乌镇的国民初等男学读书。在国文兼历史、修身老师沈鸣谦的影响下,走上文学道路。

本年　父亲沈永锡①病重,久治不愈。

1905年(乙巳,清光绪三十一年)　9岁

▲3月,俄国第一次资产阶级民主革命爆发。

▲8月20日,中国同盟会在日本东京正式成立,推举孙中山为总理,黄兴为协理,蔡元培任中国同盟会上海分会会长。

▲9月2日,清廷下诏:"着即自丙午科为始,所有乡、会试,一律停止;各省岁、科考试,亦即停止"。延续1300多年的科举制度,至此寿终正寝。

▲11月2日,日本文部省出台《关于公私立学校接纳清国留

———————————

①　父亲沈永锡(1872—1906)(一说1905年),字伯蕃。16岁中秀才,1894年中日甲午战争爆发,受"维新运动"的影响,鄙视科举仕途,厌恶愚昧和封建,而十分崇尚维新,相信科学,醉心于数理化,笃信实业,一心想习一技之长,报效国家。他的维新思想,孜孜不倦的治学精神、忧国忧民的政治抱负,都给茅盾深刻的影响。

学生的规定》(即被称作《清国留学生取缔规则》的文件)。

▲11月26日,同盟会机关刊物《民报》在东京创刊,孙中山撰写《发刊词》,提出"三民主义"主张。

本年 父亲在病重时,曾口授遗嘱,希望两个儿子成为理工人才。立遗嘱的当天,父亲还指着谭嗣同的《仁学》赞誉为"一大奇书",示意茅盾长大后阅读,勉励茅盾"以天下为己任"。母亲则要茅盾做个有志气的人,成为弟弟的表率。

夏末秋初 父亲因患骨痨不治身亡。

1906年(丙午,清光绪三十二年) 10岁

▲6月,《时报》在上海创刊。

▲9月1日,清廷发布仿行立宪的上谕,宣布预备立宪原则:"大权统于朝廷,庶政公诸舆论。"

▲11月,吴趼人等在上海创办《月月小说》。

▲12月,清学部奏准颁行《管理游学日本学生章程》,规定在驻扎日本出使大臣署内设游学生监督处,为管理游学生治事之所。设总监督一员,管理游学生一切事宜,以出使大臣兼任。

▲本年,中国同盟会机关报《民报》与梁启超主办的《新民丛报》围绕要不要进行民族革命、民权革命、实行土地国有、平均地权等问题展开大论战。

本年 母亲独自担当起抚育儿子的责任,对茅盾管教很严,茅盾也愈加懂事、刻苦。

本年　祖母在家养蚕。茅盾放学回家后积极参加喂养。

1907 年(丁未,清光绪三十三年)　11 岁

▲2 月,《小说林》在上海创刊。

▲6 月 1 日,话剧《黑奴吁天录》在日本东京公演。

▲6 月 22 日,《新世纪》在巴黎创刊,刊址设在濮侣街 4 号。该刊为周刊,经费主要由担任清政府驻法使馆商务随员的张人杰供给。编辑主笔有李煜瀛、吴稚晖、褚民谊等人。该刊以反对一切政府,"倾覆一切强权"为宗旨。

▲7 月 6 日,光复会徐锡麟刺杀安徽巡抚恩铭,起义于安庆,事败后遭残杀。随后,秋瑾在绍兴响应,事泄,就义。

本年　以优异成绩从乌镇的国民初等男学毕业,转入北宫的乌青镇高等小学,是当时乌镇最高学府,插入三年级。学校当时除讲授古文外,还开设英语、数学、物理、化学、音乐、图画、体操等课,所聘教师,大都是进修回来的高才生。国文老师张济川对茅盾影响很大。由于家境日愈衰落,茅盾对悲壮歌曲尤感兴趣,对忧国忧民的英雄特别崇拜。课余时间帮助祖母养蚕。

1908 年(戊申,清光绪三十四年)　12 岁

▲2 月 25 日,杭州各界在凤林寺召开秋瑾的追悼大会,到会者达 400 余人。革命党人借此秘密集会,商议革命策略,决议注

全力于军队,掌握革命实力。

▲7 月 22 日,清政府批准颁布《各省咨议局章程》和《议员选举章程》,限令各省于一年内将咨议局"一律办齐"。

▲8 月 11 日,上海预备立宪公会赴京代表雷奋等人联合各省在京代表,向清都察院递呈速开国会请愿书。是日,浙江速开国会请愿代表叶景葵、邵义、蔡汝林等抵达北京。

▲8 月 27 日,清廷颁布了中国历史上第一部宪法性文件《钦定宪法大纲》。

▲11 月 14 日,光绪帝驾崩。次日,慈禧太后崩。溥仪继位,改年号宣统。

本年 继续在乌青镇高等小学读书,升入高小四年级。茅盾不仅表现出文学天赋,还显示了广泛的兴趣爱好,爱好音乐、绘画和镌刻。由于他的刻苦努力,他的成熟程度和知识面以及写作才能都超越了同龄人。

1909 年(己酉,清宣统元年) 13 岁

▲2 月 15 日,《教育杂志》创刊于上海。

▲3 月 2 日,周氏兄弟合译的《域外小说集》第一集出版。

▲10 月 14 日,浙江咨议局召开成立大会,出席议员 112 人,陈黻宸当选为议长,陈时夏、沈钧儒当选为副议长。

▲11 月 13 日,以提倡民族气节、鼓吹新学思潮为主旨的革命文学团体"南社"成立于苏州,活动中心在上海,发起人为陈去病、高旭、柳亚子。

▲11 月 15 日,浙江巡抚密电上海道蔡乃煌捉拿革命党人王金发。

11 月

26 日 茅盾作《翌日月蚀文武官员例行救护说》,用所学知识解释了“天狗吃月亮”的现象,痛斥封建统治者的荒唐行径。老师看后,批道:“笔亦开拓,文气疏畅。”又加了眉批:“物理甚明。”本年还写了《谈卫生》《登寿圣塔记》等 30 余篇作文。

冬 从乌青镇高等小学毕业。将 1909 年在植材高等小学写的 37 篇作文装订成两册,置存家中。有史论 17 篇,时论 7 篇,修养论 4 篇,策论 2 篇,散文 1 篇,第 2 册文末还有经义训释 6 则。① 两册作文本上钤有名章“沈德鸿”“德鸿”“T·H”(德鸿二字英文拼音的缩写)及闲章“醒狮山民”“草草而已”。

1910 年(庚戌,清宣统二年) 14 岁

▲1 月,《南社丛刻》开始出版。

▲2 月 20 日,《国风报》(旬刊)在上海创刊,发行人为何国桢,实际由在日本的梁启超遥控。

▲5 月 23 日,预备立宪公会、江苏谘议局研究会、华商联合

---

① 两册“文课”一直放在柳条箱内保管。1946 年茅盾夫人回家乡时把它整理出来,在返沪前将其送到沈远孚处代为保管。1966 年“文革”动乱中被查抄散失。1981 年茅盾故居修复时,由沈远孚之子沈罗凡提供线索,终于发现封面上盖有沈德鸿名章的两册“文课”。

会、商学公会等 15 个团体在上海预备立宪公会会所欢送第二次请愿速开国会代表赴京。

▲8 月 29 日,商务印书馆《小说月报》创刊,该刊以"多译名作,缀述旧闻,灌输新理,增进常识"为宗旨,由南社社员王蕴章担任主编。

▲11 月 4 日,清政府宣布缩短预备立宪期限,决定于宣统五年,即 1913 年开设议院,同时下令各省请愿代表即日散归,不得再行请愿。

春 赴湖州,入湖州府中学堂二年级。校长沈谱琴是清末举人,有革命思想,是同盟会秘密会员,与孙中山等人有交往。学校课程有本国地理、国文、英文、体育等。丰富的教学内容,使茅盾眼界大开。教师受过国内外近代新思潮影响,尤其国文教师杨笏斋对茅盾的思想有较大影响。课余时间,学习篆刻。

秋 沈谱琴组织师生去南京参观中国最早的博览会——南洋劝业会。在南京,茅盾又一次感受到实业救国思想的教育,领悟到父辈们的苦心和真诚。在书坊买了一部《世说新语》。临时府中校长钱念劬①对少年茅盾产生重要影响。茅盾的《志在鸿鹄》《记梦》等文章均得到钱先生好评。

---

① 钱念劬:清末曾随薛福成出使欧洲,先后在伦敦、巴黎、柏林、彼得堡等使馆任职,因而深受西方文化影响,在教育上倡导平等自由。当时他返故里湖州小住,沈谱琴便恭请他代理校长一职,他还走进课堂,亲自教学生作文。

1911年(辛亥,清宣统三年)　15 岁

▲4 月 26 日,清华学堂(清华大学前身)正式开学。

▲4 月 27 日,由同盟会领导的广州起义爆发。

▲8 月,《申报》副刊《自由谈》创刊。

▲10 月 10 日,武昌起义爆发。革命军首先在武汉三镇取得胜利,成立湖北军政府。11 月,各省代表在南京举行临时大总统选举,孙中山被推选为临时大总统。改国号为中华民国。

10 月

10 日　辛亥革命爆发。与同学去火车站求购过往旅客看过的当天报纸,回校后广为宣传革命军胜利的消息。那时,茅盾"毫不犹豫地相信革命一定会马上成功","所以如此深信,乃是因为我们目击、身受清朝政府政治的腐败,民众生活的痛苦,使我们深信这样贪污腐化的政府,一定不能抵抗顺应民众要求的革命军"。

11 月

10 日　乌镇光复。

12 月

本月　学校复课。新来的学监陈凤章扬言要整顿"学风",民主空气已不如前。茅盾的一些同学乘酒兴回校质问学监,还

砸了告示牌。茅盾在大考时曾把一只死老鼠送给姓陈的学监，并在封套上题了几句《庄子》，因此同"捣乱"的学生一起被记过和开除。

本月末　赴杭州投考私立安定中学，考取四年级插班生。

上半年　在湖州府中学堂读书。

秋　转入嘉兴府中学堂四年级上学期。嘉兴府中学堂的英文教员是上海圣约翰大学毕业生，水平高，教员与学生平等，师生宛如朋友。不少老师为革命党（即同盟会会员）①。国文教材有《周官考工记》《阮元车制考》《春秋左氏传》等。

1912年（壬子，民国元年）　16岁

▲1月1日，孙中山宣誓就任临时大总统，中华民国成立，改用阳历。

▲2月，清帝退位。孙中山辞职，袁世凯接任中华民国临时大总统。

▲6月8日，中华民国临时大总统袁世凯公布：以五色旗为中华民国国旗，另以武昌起义革命军使用的十八星旗为陆军旗，以青天白日旗为海军旗。

▲8月，同盟会联合统一共和党等4个政团合并组成国民党，孙中山任理事长。

---

① 参见茅盾：《致叶子铭》，《中国现代文学研究丛刊》1981年第4期，现收《茅盾全集》第39卷。

▲11月,王国维在日本写成《宋元戏曲考》。

春 到杭州入私立安定中学插入四年级下学期。被称为浙江才子的张献之任国文教师,教学生写诗、填词、作对联。另一位国文教员俞玉书讲授中国文学发展变迁史,茅盾所学古典文学知识得以系统化。

1913年(癸丑,民国二年)　17岁

▲7月,爆发"二次革命",孙中山随后流亡日本。

▲9月24日,章太炎驳斥建立孔教,称将孔子与耶稣等并论,实为亵渎。

▲9月,中国第一部电影故事片《难夫难妻》(又名《洞房花烛》)在上海上映。

▲10月10日,袁世凯宣誓就任中华民国大总统。

▲11月23日,康有为任孔教会会长。

7月

本月 在杭州私立安定中学毕业,为第八届毕业生。

8月

11日起 在上海虹口唐山路澄衷学校参加北京大学预科班第一类考试。因录取名单刊登于《申报》,便天天留心看《申报》。终考入北京大学预科第一类。

约本月下旬或 9 月初　进京,住译学馆预科新生宿舍。时任北京大学校长的是湖州人胡仁源(代理)。预科主任沈步洲,课程有本国历史、地理、世界史、文字学、国文、外国文学和第二外语等。教师有陈汉章(历史)、沈尹默(国文)、沈兼士(文字学)、朱希祖等。在各科老师的启发诱导下,不断扩大知识视野。三年中,遵母嘱,寒暑假均不回家,住在宿舍,或在表叔卢鉴泉家度过。利用假期通读了《二十四史》。

1914年(甲寅,民国三年)　18岁

▲5 月,章士钊在日本创办《甲寅》月刊。

▲5 月,鸳鸯蝴蝶派代表作《玉梨魂》出版,徐枕亚在上海创办《小说丛报》。

▲孙中山在日本创办《民国》杂志,进行反袁宣传。

▲孙中山在日本改组国民党为中华革命党,并被推选为总裁。

▲本年,第一次世界大战爆发。

本年　继续在北大预科读书。沈尹默教国文。内容有庄子《天下》篇,荀子《非十二子》篇,韩非子《显学》篇。文学方面读曹丕《典论论文》、陆机《文赋》、刘勰《文心雕龙》及章实斋《文史通义》、刘知几《史通》等。沈尹默宽松的教学方法,使茅盾汲取知识的空间更宽广;沈兼士教文字学,课本是许慎《说文》;陈汉章教本国历史。从先秦诸子讲起,把外国的声、光、化、电之学考证为我先秦诸子书中早已有之;外国文学课读司各特的《艾凡赫》

和笛福《鲁滨孙漂流记》。教世界历史的是英国人,课本用迈尔的《世界通史》英文原版。强化了茅盾的英语水平。

1915 年(乙卯,民国四年) 19 岁

▲3 月,鸳鸯蝴蝶派杂志《小说新报》在上海创刊。

▲5 月 9 日,袁世凯正式承认丧权辱国的"二十一条"。

▲9 月 15 日,陈独秀在上海主编的《青年杂志》创刊(从第二卷起改名《新青年》),反对旧思想,提倡科学与民主。

▲12 月 12 日,袁世凯通电全国,正式宣布接受帝位,改国号为"中华帝国",以 1916 年为洪宪元年。唐继尧、蔡锷等组织护国军讨袁。

本年 《新青年》刊登的文章使茅盾受到了革命民主主义思想的启蒙。他接受了以科学、民主为旗帜的革命民主主义思想,开始对学生生活产生怀疑和厌倦。

1916 年(丙辰,民国五年) 20 岁

▲1 月,北京汇文大学、通州华北协和大学、北京华北女子协和大学等学校合并为燕京大学,司徒雷登任校长。12 月 26 日,黎元洪总统任命蔡元培为北京大学校长。

▲1 月,邵力子、叶楚伧在上海创办《民国日报》,后成为国民党机关报。

▲本年，袁世凯死，黎元洪继任大总统，段祺瑞任国务总理。各系军阀争权夺利，中国陷入军阀混战。

▲本年，黑幕小说开始风行。

年初　与表叔卢鉴泉及表弟卢桂芳在浙江会馆参加新年团拜，经卢鉴泉介绍，第一次与沈钧儒见面。在北京大学预科的三年中，在外籍老师的辅导下，较为系统地阅读了外国文学，学习了世界历史，使茅盾对外国文学作品、理论有全新的接触，眼界大开。预科三年期满，经亲戚介绍进商务印书馆编译所①英文部工作。

7 月

27 日　《张元济日记》1916 年 7 月 27 日的"用人"栏里记有：北京分馆经理孙"伯恒来信，卢鉴泉荐沈德鸿。复以试办，月薪廿四元，无寄宿；试办后彼此允洽，再设法"。

8 月

27 日　辞别母亲到上海住小客栈。

---

①　商务印书馆创建于 1897 年的上海，商务印书馆编译所成立于 1902 年，由张元济推荐蔡元培兼任所长。但因苏报案发，蔡元培未能到任。1903 年张元济正式任编译所所长。

28 日　上午携孙伯恒手书（卢鉴泉介绍），面见张元济经理。① 被安排在商务印书馆编译所英文部"函授学社"做阅卷员。随之去宝山路编译所，面见英文部主任邝富灼，被分配到该部上年设立的英文函授学社修改学生课卷。月薪 24 元。

9 月

月初　常在商务印书馆编译所图书馆"涵芬楼"读书。因编译所办公用英语，茅盾的英语水平也大有长进。与茅盾同住一舍的谢冠生，属"辞典部"。从他那里看到商务印书馆印的《辞源》。翻阅《辞源》后，致信商务印书馆经理张菊生，指出《辞源》缺乏新词等缺陷。此信得到总经理张菊生的赏识，随即批交辞典部同事传阅后送编译所所长高梦旦，经商定，调他到国文部，与孙毓修合作译书。

12 月

本月　接会计通知，自下年一月起，月薪加 6 元，增至 30 元。

年底　翻译并校完卡本脱《人如何得衣》，前三章为孙毓修

---

①　张元济（1867—1959），字菊生。浙江海盐人。光绪进士。1896 年在京师与陈昭常等集资创办通艺西学堂，后任上海南洋公学总理、商务印书馆总经理。中华人民共和国成立后，为全国人大代表、政协委员。著有《校史随笔》《涵芬楼烬余书录》，主持印行百衲本《二十四史》等。1916 年 8 月，茅盾通过表叔卢鉴泉的关系，拿着商务印书馆北京分馆经理孙伯恒的介绍信到上海商务印书馆见张元济。张元济安排茅盾进编译所英文部。后经张元济授意，调国文部和孙毓修一起编译作品。后又决定起用茅盾担任《小说月报》主编。1956 年，已是新中国文化部部长的沈雁冰，为张元济先生九十寿辰致祝词。原稿现存上海图书馆。

译,其他全由茅盾所译(新知识丛书 署沈德鸿)。出版时更名《衣食住》,由商务印书馆印行(一说为1918年4月)。此为茅盾公开发表的最早的译著,介绍了自古以来,世界各地各民族之衣、食、住的原料、制作方法及风俗习惯等,是介绍有关衣食住知识的通俗读物。

年底 致母亲信中告知加薪之事。母亲回信嘱"安心做学问",并让茅盾去信卢鉴泉表叔,报告进商务印书馆以后的情况。卢表叔回信嘱咐茅盾"只要有学问,何愁不立事业","借此研究学问是正办"。

年底 返乌镇小住。母亲提及成亲之事。

1917年(丁巳,民国六年) 21岁

▲1月,胡适在《新青年》第二卷第五号发表《文学改良刍议》。

▲2月,《新青年》发表陈独秀《文学革命论》,正式举起文学革命的旗帜。

▲6月14日,张勋率"辫子军"进入北京城,黎元洪令大开中华门,迎接张勋。

▲7月1日,清废帝溥仪发布"即位诏",称"共和解体,补救已穷",宣告亲临朝政,收回大权。复辟很快宣告失败。

▲11月7日,俄国十月革命爆发。

▲本年,中国政府下令对德宣战,并宣布不再恢复《临时约法》和国会。孙中山在广州发动护法运动。

1 月

5 日 在《学生杂志》第 4 卷第 1 号发表译述英国威尔斯的科学幻想小说《三百年后孵化之卵》（署雁冰）。为公开发表的第一篇科学幻想小说。

2 月

5 日 在《学生杂志》第 4 卷第 2 号发表译述英国威尔斯的科学幻想小说《三百年后孵化之卵（续）》（署雁冰）。

4 月

5 日 在《学生杂志》第 4 卷第 4 号发表译述英国威尔斯的科学幻想小说《三百年后孵化之卵（续）》（署雁冰）。

7 月

本月 回乌镇，与母亲商量并决定让胞弟泽民去南京投考河海工程专门学校。

8 月

本月 泽民接到河海工程专门学校录取通知，奉母命返乡，并随同母亲一道送泽民去南京读书。

9 月

本月　奉调协助编辑《学生杂志》[①]至 1919 年底。半天编《中国寓言初编》,半天协助审阅《学生杂志》稿件。

10 月

本月　《中国寓言初编》(署名桐乡沈德鸿编纂),由商务印书馆出版发行。书前有孙毓修用骈体文写的《序》,正文分 4 卷。是茅盾在商务印书馆出版的第一部作品。

12 月

5 日　在《学生杂志》1917 年第 4 卷第 12 号发表论文《学生与社会》(署雁冰),是茅盾在编辑工作中撰写的第一篇体现自己思想的论文,对封建主义的治学思想进行了猛烈抨击。文章从探索德国兴起之原因谈起,指出:"学生为一国社会之种子,国势之强弱,固以社会之良窳为准,而社会之良窳,又以其种子之善否为判。"文章的结论是:"学生时代,精神当活泼,而处世不可不慎;处世宜乐观,而于一己之品行学问,不可自满,有担当宇宙之志,而不先时骄矜,蔑视他人,尤须有自主心,以造成高尚之人格,切用之学问,有奋斗力以战退恶运,以建设新业。"

本年　结识沈泽民在南京河海工程专门学校的同学张闻

[①]　《学生杂志》,1914 年 7 月创刊,1947 年 8 月终刊。上海商务印书馆编辑发行,是供给中学生课外知识的刊物。

天①,并成为终生挚友。

1918年(戊午,民国七年)　22岁

▲1月,《新青年》改为同人杂志。

▲4月18日,毛泽东在长沙创办新民学会。

▲5月,鲁迅在《新青年》第4卷第5号发表《狂人日记》,为中国现代文学史上第一篇白话小说。

▲10月,陈独秀、李大钊组织社会主义研究会。

▲11月11日,第一次世界大战结束。李大钊发表《庶民的胜利》和《布尔什维主义的胜利》,歌颂十月社会主义革命。

▲12月,李大钊、陈独秀创办《每周评论》。

▲12月,周作人在《新青年》第5卷第6号发表《人的文学》。

▲12月,《晨报》在北京创刊。

1月

5日　在《学生杂志》第5卷第1号发表论文《一九一八年之学生》(署雁冰),提倡革新思想、奋斗自立。指出:"20世纪之时代,一文明进化之时代也。"提出三点希望:"革新思想""创造文明""奋斗主义"。

同日　在《学生杂志》第5卷第1号发表科学小说《两月中之建筑谭》(美国　洛赛尔·彭特著　署沈雁冰、沈泽民合译),后于《学生杂志》第五卷第2、3、4、6、8、9、12号续完。

---

①　张闻天(1900—1976),别号仲甫,上海南汇人,中国无产阶级革命家。

2 月

本月　返故乡度春节,与孔德沚①结婚。

4 月

5 日　发表传记《履人传》(署沈雁冰),刊于《学生杂志》第 5 卷第 4、6 期(4 月 5 日、6 月 5 日)。根据国外出版的《我的杂志》(*My Magazine*)和《儿童百科全书》(*Children's Encyclopedia*)两书中若干出身鞋匠的成功者的传记和轶事写成。文前绪言写道:"夫芝草无根,醴泉无源,王侯将相无种,丈夫贵能自立,阀阅岂能限人哉!闲常泛览外史,取少贱为履人之名人,撮其事迹,荟萃一篇,为《履人传》,亦见人在自树,自暴自弃者,天厌之。穷巷牛衣之子,其亦闻风自兴,而勉为书中人乎?"表露了青年沈德鸿的心声。

本月　结束婚假回上海,临行前向岳父孔祥生、岳母沈宝生辞行。

6 月

本月　发表第一篇童话《大槐国》(署编纂者沈德鸿),编入商务印书馆童话第 1 集第 69 编,本月初版发行。

本月　母亲来信告知,德沚经亲戚介绍到石门湾振华女校上学,该校由丰子恺的大姐丰瀛创办。

---

　　①　孔德沚(1897—1970),原名孔世贞,婚后茅盾给她取名德沚。1925 年经杨之华介绍加入中国共产党。1926 年 12 月随同茅盾奔向大革命中心武汉,在妇女部工作。抗日战争期间随茅盾辗转各地,新中国成立后随茅盾进京。

7 月

5 日 发表科学小说《二十世纪后之南极》(目录署雁冰,正文未署),发表于《学生杂志》第 5 卷第 7 期。

本月 趁暑假回乌镇,得知德沚学习大有进步,能看浅近文言。

8 月

本月 编写童话《千疋绢》《负骨报恩》[①]《狮骡访猪》《狮受蚊欺》《傲狐辱蟹》《学由瓜得》《风雪云》(均署沈德鸿),前两篇分别编入商务印书馆《童话》第 1 集第 70 编、71 编,后 5 篇编入商务印书馆《童话》第 1 集第 74 编。均为本月初版发行。

9 月

5 日 在《学生杂志》第 5 卷第 9 号发表传记《缝工传》(署雁冰),根据国外出版的《我的杂志》(*My Magazine*)和《儿童百科全书》(*Children's Encyclopedia*)两书中若干裁缝出身的成功者的传记和轶事写成。文前有"绪言",每篇后有简要"传者曰"。

本月 编著童话《平和会议》(署编纂者沈德鸿),包括《平和会议》《蜂蜗之争》《鸡鳖之争》《金盏花与松树》《以镜为鉴》5 篇,编入商务印书馆《童话》第 1 集第 75 编,本月初版发行。

---

① 《茅盾全集》第 10 卷注本篇原辑上海商务印书馆出版的《童话》第 1 集第 71 编,1918 年 7 月初版,疑误。

10 月

5 日　在《学生杂志》第 5 卷第 10 号发表警世新剧《求幸福》（英汉对照剧本，署雁冰）、传记《缝工传(续)》（署雁冰）。

11 月

5 日　在《学生杂志》第 5 卷第 11 号发表警世新剧《求幸福(续)》（英汉对照剧本，署雁冰）。

本月　据《求幸福》编写两幕话剧《寻快乐》（署编译者沈德鸿），采用中英文对照的形式，编入商务印书馆《童话》第 1 集第 76 编。为两幕话剧，采用中英文对照的形式。8 个角色分别叫"老年""经验""财""声色""邪心""死""真理""幸福"，从这些名字的设计可知《求幸福》的大概面貌。

本月　据意大利民间故事编写《驴大哥》编入商务印书馆《童话》第 1 集第 79 编。

12 月

24 日　高梦旦为沈德鸿等加薪写报告，指出"沈德宏（鸿）、谢冠生能力甚好，各加 10 元，实在尚不足为相当之值，但本人却无十分要求也"。

1919 年(己未，民国八年)　23 岁

▲1 月，北京《新潮》创刊。

▲1 月 18 日,巴黎和会开幕。英、美、法三国首脑操纵和会拒绝中国的正义要求,将德国在山东权益让与日本。

▲5 月 4 日,北京学生 3000 余人举行爱国游行示威,抗议巴黎和会的强权和北洋军阀政府的卖国行径,揭开了中国新民主主义革命之序幕。

▲6 月 16 日,《民国日报》副刊《觉悟》创刊。

▲7 月 20 日,胡适在《每周评论》发表《多研究些问题,少谈些主义》,随后展开"问题与主义"的论争。

▲7 月,毛泽东主编《湘江评论》创刊。李大钊等在北京成立少年中国会,创办《少年中国》月刊。

▲10 月,孙中山宣布改组中华革命党为中国国民党。

1 月

2 日 商务印书馆决定启动"四部丛刊",孙毓修指定雁冰随其同赴南京江南图书馆选书。

5 日 在《学生杂志》第 6 卷第 1 号发表传记《福煦将军》(署雁冰)。

同日 发表根据《格林童话》《伊索寓言》《希腊寓言》编译的童话《蛙公主》(署编译者沈德鸿),编入商务印书馆《童话》第 1 集第 80 编;发表《兔娶妇》(署编纂者沈德鸿),包括《兔娶妇》《鼠择婿》《狐兔入井》3 篇,编入商务印书馆《童话》第 1 集第 81 编;发表《怪花园》,编入商务印书馆《童话》第 1 集第 82 编,本月初版发行。

14—18 日 为影印"四部丛刊",陪孙毓修去南京江南图书馆选书和摄影。

本月 受《新青年》启示,开始注意俄国文学。

2 月

5 日 在《学生杂志》第 6 卷第 2 号发表传记《萧伯讷》(署雁冰,"萧伯讷"今译"萧伯纳")。这篇文章是新文学运动中最早专门论述萧伯纳有分量的文章。文章介绍了萧伯纳的生平、思想和主要著作,指出萧氏的"均贫富"的社会主义思想,即"使人人进款一律",认为萧伯纳是反对无政府主义的,"彼盖主张改变思想者也,彼主社会有超人之需要,一切彼之理想,超人可以实现之"。

同日 在《学生杂志》第 6 卷第 2 号发表译作《地狱中之对谭》(署四珍),从萧伯纳《人与超人》中《唐西思在地狱》一节译出,附前言。

3 月

5 日 在《学生杂志》第 6 卷第 3 号发表传记《萧伯讷(续)》(署雁冰)。

本月 编写童话《书呆子》(署编纂者沈德鸿),编入商务印书馆《童话》第 1 集第 83 编。

本月 托管理宿舍的经理福生找到一安静住处,每晚工作读书至深夜。

4 月

5 日 在《学生杂志》第 6 卷第 4 号发表文论《托尔斯泰与今日之俄罗斯》(署雁冰),是茅盾研究俄国文学的最初成果,也是茅盾第一篇文学论文。后于《学生杂志》第 6 卷第 5、6 号(5 月 5

日、6月5日)续完。文章较为全面地介绍了列夫·托尔斯泰的生平、思想、创作活动、艺术成就等情况,并从文学对社会思潮的影响探讨俄国革命的动力和原因,强调苏俄文学对欧洲文学的影响和苏联的"布尔什维克"对欧洲和世界思潮的影响,认为"20世纪后数十年之局面将受其影响,听其支配。"

17—26 日 陪孙毓修到南京江南图书馆选书、办理借书和摄影事宜。其间,利用空闲时间看望正在南京河海工程专门学校读书的沈泽民。

本月 编写童话《树中饿》《牧羊郎官》(署编纂者沈德鸿),本别编入商务印书馆《童话》第 1 集第 85、第 86 编,本月初版发行。

5 月

4 日 五四运动爆发。但对商务印书馆编译所没有什么震动。半个月后,北京的学生到上海宣传、演讲,曾前往听讲,深受感动。在五四运动的影响下,开始专注于文学,并译介外国文学作品。

本月 编写童话《一段麻》(署编译者沈德鸿),编入商务印书馆《童话》第 1 集第 84 编,本月初版发行。

7 月

5 日 陆续发表《近代戏剧家传》(署雁冰),刊于《学生杂志》第 6 卷第 7—12 号。共收比昂逊、契诃夫、勃尔生等英国、美国、德国戏剧家 34 人的传略,附绪言。

25 日 在《时事新报·学灯》发表杂论《对于黄蔼女士讨论

小组织问题一文的意见》(署冰)。

本月 据《格林童话》编写童话《海斯交运》,据《天方夜谭》编写《金龟》(均署编纂者沈德鸿),分别编入商务印书馆童话第1集第87、第88编,本月初版发行。

7—8月 随孙毓修去南京为出版《四部丛书》工作半月余。将照相底片送回上海,在上海负责审查底片的工作。

7—8月 与夫人孔德沚、弟弟沈泽民及同乡萧觉先、王敏台、曹辛汉、程志和、李咏章、卢树森、徐仲英、严家淦等发起成立新乡人社。此为五四运动以后浙江省第一个宣传新文化的社团,成员都是桐乡籍的知识分子。社团的宗旨是宣传新思想,抨击恶势力,并出版由茅盾负责编辑的不定期油印刊物《新乡人》。该社是茅盾参与发起并领导的第一个进步社会团体。在宣传新思想(包括马克思主义和科学、民主、新文艺),反对封建思想文化方面起到一定的积极作用。

8 月

20—22日 首次用白话翻译契诃夫的短篇小说《在家里》(署冰译),刊于《时事新报·学灯》。

28日 在《时事新报·学灯》发表译文剧本《界石》(奥地利 Arthur Schnitzler 署冰译),附小记。

9 月

1日 在《新乡人》创刊号发表杂文《诚实》(署雁冰)。

6日 翻译 Jerome Davis 著《俄国人民及苏维埃政府》。

18日 在《时事新报·学灯》发表译文小说《他的仆》

（Strindberg 著 署冰译），附译后记。

30 日 在《时事新报·学灯》发表译文诗歌《夜》（Elizabeth J. Gootworth 著 署冰译）、《日落》（Erelynwell 著 署冰译）。

10 月

1 日 在《新乡人》第 2 期发表杂文《我们为什么读书》（署雁冰）、《骄傲》（署雁冰）、《去伪》（署非非）、《小学教员》（署乡愚）、《女子花边传习所》（署非非）。[①]

同日 担任商务印书馆《四部丛刊》善本摄印底片的总校对。

7—11 日 在《时事新报·学灯》连载译作小说《一段弦线》（Guy de Maupassant 著 署冰译。Maupassant 通译莫泊桑），附译者前言。

10 日 在《时事新报·学灯》发表译作剧本《月方升》（爱尔兰 格雷戈里夫人著 署冰译）。

11—14 日 在《时事新报·学灯》连载译作小说《卖诽谤的》（契诃夫著 署冰译）。

15 日 在《解放与改造》第 1 卷第 4 号发表译作剧作《丁泰琪的死》（比利时 Maurice Maerterlinck 著 署雁冰译），附前记。

25—28 日 在《时事新报·学灯》连载译作小说《情人》（高尔基著 署冰译），附前言。

30 日 在《时事新报·学灯》发表杂论《"一个问题"的商榷》（署雁冰），后于 11 月 1 日《时事新报·学灯》续完。认为恋爱受

---

① 据《茅盾全集》第 14 卷载，《我们为什么读书》《骄傲》二文刊于 1919 年 9 月 1 日《新乡人》第 2 期，而《新乡人》是 9 月 1 日创刊的，因此发表于 9 月 1 日疑误。

"社会习惯""个人经验"及"情形"三种因素影响,不可能始终如一。因此,"不信有纯粹的恋爱,也不信纯粹的恋爱的永久性",而是相信恋爱"决不能保其永久不变迁"。

本月 发表童话《金龟》《飞行鞋》(均署沈德鸿),分别编入商务印书馆《童话》第1集第88、第89编,本月初版发行。

11月

1日 在《新乡人》第3期发表《人到底是什么》(署佩韦)、《神奴儿》(署雁冰)、《本镇开办电灯厂问题》(署雁冰)。

月初 《小说月报》和《妇女杂志》主编王莼农来访,商请茅盾主持编辑"小说新潮"栏目,并为其主编的《妇女杂志》求稿。开始涉足妇女解放话题。

5日 作杂论《解放的妇女与妇女的解放》。

7日 作译述《罗塞尔〈到自由的几条拟径〉》(罗塞尔,通译罗素)。

11日 译完《强迫的婚姻》,并作《译后记》。

15日 在《妇女杂志》第5卷第11号发表杂论《解放的妇女与妇女的解放》及附白(署佩韦),亦见于14—16日《民国日报·觉悟》。

同日 在《解放与改造》第1卷第6号发表译作《新偶像》(尼采著 署雁冰译),附前言。

16日 作文论《妇女解放问题的建设方面》。

同日 在《时事新报·学灯》发表书信《致郭虞裳》(署沈雁冰,原件未署日期),此为茅盾存世最早的一封信。信中向时任《时事新报·学灯》主编的郭虞裳谈及"五四"时期火热的大话题:妇女解放问题、家庭制度问题、婚姻制度问题等。

18 日 在《时事新报·学灯》发表书信《致郭虞裳》(署沈雁冰),谈及婚姻制度问题、《学灯》的革新,认为"译小说和剧本,最好先定个统系。写实派、自然派、表象派、神秘派都要拣要译出,是不必说了。此外更要注重文艺变迁时代的著作,和极盛时代的著作,方可以见其源流趋势,在我国将来自创新文艺时,有极大帮助"。

24 日 在《时事新报·学灯》发表评论《萧伯纳的〈华伦夫人之职业〉》(署雁冰)。

本月 接受《小说月报》《妇女杂志》主编王莼农之邀,同意主持将于下年问世的《小说月报·小说新潮》栏的编务工作。

12 月

1 日 在《解放与改造》第 1 卷第 7 号发表论文《罗塞尔〈到自由的几条拟径〉》(署雁冰)、译文政论《市场之蝇》(尼采《查拉图什特拉如是说》第 1 部第 12 章,署雁冰译)。

5 日 在《学生杂志》第 6 卷第 12 号发表杂论《探"极"的潜艇》和《第一次飞渡大西洋的 R34 号》(署雁冰),分别描写了主人公乘潜艇探"极"和飞渡大西洋的艰险历程,不仅给读者以海洋的丰富知识,而且歌颂了在科学领域中那种可贵的探索进取精神。

同日 在《妇女杂志》第 5 卷第 12 号发表《本杂志今后之方针》(署记者),谈到改革后的《妇女杂志》的体例,"我们主张按照我们现在的社会情形根本的去求女子解放的实现,所以我们不主张急进的方法;但我们至少有个高于现社会情形的理想,和前进的精神"。此后《妇女杂志》第 6 卷,即按照此方针进行了改革，"第六卷改良以后，尤蒙当世贤淑，交相称许"①。

8 日 在《时事新报·学灯》发表评论《文学家的托尔斯泰》（署雁冰）。

15 日 在《解放与改造》第 1 卷第 8 号发表译作论文《社会主义下的科学与艺术》（该文为罗塞尔《到自由的几条拟径》一书的第七章，署雁冰译）。

18 日 在《时事新报·学灯》发表译作小说《诱惑》（波兰 Stefen Zeromski 著 署雁冰译），附译后记。

24—25 日 在《时事新报·学灯》连载译作小说《万卡》（契诃夫著 署冰译）。

25 日 在《小说月报》第 14 卷第 12 号发表《"小说新潮"栏预告》（未署名），指出"本月刊的宗旨只有一句话，就是：要使东西洋文学行个结婚礼，产出一种东洋的新文艺来！"并强调这个"专栏""专收西洋新文艺作家的著作"，"发表本社同人对于创造中国新文艺的意见！"

27—29 日 在《时事新报·学灯》发表译作小说《一个农夫养两个官》（俄国 M. Y. Saltykov 著 署冰译），附前记。

本年 应《时事新报》主编张东荪之邀，做了三周代理主编。

本年 德沚因课程荒废太多，不愿回振华女校，遂在家自学。

---

① 《民国十年〈妇女杂志〉大减价广告》，《妇女杂志》1920 年第 6 卷第 12 号。

1920年（庚申，民国九年） 24岁

▲3月，李大钊、邓中夏、高君宇、罗章龙等在北京大学秘密组织马克思学说研究会。

▲3月，胡适《尝试集》由上海亚东图书馆出版，为中国现代文学史上第一部白话诗集。

▲4月，马克思、恩格斯《共产党宣言》（全译本）由上海社会主义研究社出版。

▲8月，上海共产主义小组成立，并秘密创办了刊物《共产党》。

▲9月，毛泽东在湖南建立共产主义小组，并组织马克思主义研究会。

年初 应陈独秀之约到法租界环龙路渔阳里二号，与陈独秀、陈望道、李汉俊、李达商讨《新青年》出版等事宜。此为第一次会见陈独秀。

年初 岳母去世，回乌镇奔丧，逗留约三星期。

1 月

1 日 在《解放与改造》第2卷第1号发表译文《广义派政府下的教育》（署雁冰译）。

同日 在《时事新报·学灯》发表评论《我对于介绍西洋文学的意见》（署冰），认为当时的文学"尚徘徊于'古典''浪漫'的中间"，而"现在为着要人人能领会打算，为将来自己创造先做系

统的研究打算,却该尽量把写实派的文艺先行介绍"。

5 日　在《学生杂志》第 7 卷第 1 号发表文论《尼采的学说》(署雁冰),后于《学生杂志》第 2—4 号(2—4 月,每月 5 日出版)续完。主要介绍了尼采的道德观、进化论、社会学,文章的用意在借用尼采攻击当时的传统思想、市侩哲学。指出,对于尼采的思想,"应当借重来做摧毁历史传统的畸形的桎梏的旧道德的利器,从新估定价值,创造一种新道德出来"。文章亦表明茅盾在五四时期对待外国学说的态度为扬长避短,认为新学说正是在寻出缺点和发扬优点的过程中创造出来的。

同日　在《妇女杂志》第 6 卷第 1 号发表评论《读〈少年中国〉妇女号》(署雁冰),认为解决妇女问题应"归根到教育"。而"妇女所以要解放,为的是要全社会进步的缘故,并不是因为妇女太苦,为人道主义所以欲解放;妇女解放的真意义是叫妇女来做个'人',不是叫妇女样样学到男子便算解决"。主张中国要走彻底解放妇女及全人类的正路:"我是希望有一天我们大家以地球为一家,以人类为一家族,我是相信迟早总会做到这一步"。

同日　在《妇女杂志》第 6 卷第 1 号发表论文《妇女解放问题的建设方面》(署佩韦),指出妇女解放可从家庭、教育、职业这三方面着手,最终"提高女子的人格和能力,使和男子一般高,使成促进社会进化的一员,那便是我们对于女子解放的理想的大标志"。

同日　在《妇女杂志》第 6 卷第 1 号发表翻译评论《现在妇女所要求的是什么?》(Margaret Liewelyn Davies 女士著 署四珍译)、译文《历史上的妇人》(L. F. Ward 著 署雁冰译,附译者按)、科普读物《小儿心病治疗法》(据 8 月 28 日之伦敦《太晤士教育周刊》译出,署佩韦)、科普读物《家庭与科学》(署佩韦)、译作《世界妇女消息——英国女子在工业上的情形》(据 8 月份《太晤士报》工业周刊专录译出 署佩韦)、译作小说《强迫的婚姻》(A. Strindberg 著 署冰译,有附记)、杂文《归矣》(署冰)。

同日　在《学生杂志》第 7 卷第 1 号发表科普读物《沉船?宝藏? 探"宝"潜艇!》(署佩韦)、翻译剧本《活尸》(L. 托尔斯泰著 署雁冰译,附前言)。《活尸》后于《学生杂志》第 7 卷第 2—6 号(2—6 月,每月 5 日出版)续完。

5—7 日　在《时事新报·学灯》连载文论《表象主义的戏曲》(署雁冰)。

10 日　在《东方杂志》第 17 卷第 1 号发表译作论文《巴苦宁和无强权主义》(根据罗塞尔的《到自由的几条拟径》中部分章节改写,署雁冰,"巴苦宁"今译"巴枯宁"),附译者按,后于《东方杂志》第 17 卷第 2 号(1 月 25 日)续完。

同日　在《东方杂志》第 17 卷第 1 号发表论文《现在文学家的责任是什么?》(署佩韦),指出"文学是为表现人生而作的","是为人类呼吁的,不是供贵族阶级赏玩的;是'血'和'泪'写成的,不是'浓情'和'艳意'做成的,不是茶余酒后消遣的东西!"文学家"应当有传播新思潮的志愿,有表现正确的人生观在著作中的手段。"

12 日　在《时事新报·学灯》发表译作小说《暮》(波兰 谢洛姆斯基著 署雁冰译),附译后记。

18 日　作评论《评女子参政运动》。

25 日　在《东方杂志》第 17 卷第 2 号发表译作小说《髑髅》(印度 台莪尔著,署雁冰译,附小记)、发表译作论文《巴苦宁和无强权主义(续)》。

同日　在《小说月报》第 11 卷第 1 号发表评论《新旧文学平

议之评议》(署冰),指出:"新文学是进化的文学。进化的文学有
三件要素:一是普遍的性质;二是有表现人生指导人生的能力;
三是为平民的非为一般特殊阶级的人的。惟其是要有普遍性
的,所以我们要用语体来做;惟其是注重表现人生、指导人生的,
所以我们要注重思想,不重格式;惟其是为平民的,所以要有人
道主义的精神,光明活泼的气象。""我们该拿进化二字来注释
'新'字,不该拿时代来注释;所谓新旧在性质,不在形式……"

同日 在《小说月报》第11卷第1号发表文论《俄国近代文
学杂谭(上)》(署冰),评介了高尔基、契诃夫、托尔斯泰、安得列
夫等人的作品。同期发表消息《安得列夫死耗》(署冰)、文论
《"小说新潮"栏宣言》(署记者),提出"中国现在要介绍新派小
说,应该先从写实派自然派介绍起",在封建文人长期把持的《小
说月报》打开了一个缺口。

同日 在《时事新报·学灯》发表杂论《佩服与崇拜》(署雁
冰)、通信《复傅东华》(署沈雁冰)。

本月 正式接编《小说月报》的"小说新潮"栏。桐乡青年社
扩大至50人左右,《新乡人》改为《新桐乡》,铅印,仍由茅盾负责
编辑。

2月

2日 作《我们该怎样预备了去谭妇女解放问题》。

3日 在《时事新报·学灯》发表杂文《一个礼拜日》(署玄),
写一个学生"我"偶然参加一次礼拜的所见所闻所感。

4日 作论文《托尔斯泰的文学》。在《时事新报·学灯》发
表评论《对于系统的经济的介绍西洋文学底意见》(署沈雁冰),
指出介绍西洋文学应注意"切要""系统",并且要考虑"合于我们

社会与否的问题"。

5 日 在《妇女杂志》第 6 卷第 2 号发表译作剧本《结婚日的早晨》(奥地利 Authur Schnitzler 著 署冰译),所附前言指出:"对于男女问题,不应该直援西洋的例,亦步亦趋。我们只可以拿他们做的事情做参考,不是仿了样便是做到'男女平等'或是什么'女子解放'了!"

同日 在《妇女杂志》第 6 卷第 2 号发表评论《评〈新妇女〉》(署佩韦),对《新妇女》无视文艺"实现人生指导人生"的目的,专发表"肤浅无意"的作品、说些"人人知道,人人想得到的话"表示失望。

同日 在《妇女杂志》第 6 卷第 2 号发表论文《男女社交公开问题管见》(署雁冰),文章批判了"女子天生不如男子""男女社交公开,是使国民堕落"的谬论。认为"男女社交公开的目的……是把变态的社交回复为自然的社交",要达此目的,则必须树立"新道德"。

同日 在《妇女杂志》第 6 卷第 2 号发表译作杂文《将来的育儿问题》(Margaret McMillan 著 署佩韦译)、科普读物《生物界之奇谈》(署佩韦)、译作《欧洲妇女的结合》(恩淑南氏著 署雁冰译,附前言)。

同日 在《学生杂志》第 7 卷第 2 号发表科普散文《谭天——新发现的星》(署雁冰)、《脑相学的新说明》(署佩韦)。

10 日 在《东方杂志》第 17 卷第 3 号发表杂论《世界两大系的妇人运动和中国的妇人运动》(署佩韦),指出"女子一向是处于被征服者的地位,现在第一要事就是反过来,也做社会中一个'人',所以参政不参政该是第二事。现在我们该急急讨论的:一是教育的平等,二是经济生活的平等,三是婚姻制度家庭组织的改善,四是承袭权的平等,五是男女平等的新道德"。同期发表译作小说《圣诞节的客人》(瑞典 罗格洛孚女士著,署沈雁冰译,附前言)、译文《俄国人民及苏维埃政府》(Jeromo Davis 著 署雁冰译)。

13 日　张闻天赴乌镇与茅盾兄弟一起过春节,逗留三周返沪。

15 日　在《解放与改造》第 2 卷第 4 号发表评论《评女子参政运动》(署雁冰)。

25 日　在《小说月报》第 11 卷第 2 号发表文论《我们现在可以提倡表象主义的文学么?》(署雁冰),认为中国文学最终要走新浪漫主义的路,而表象主义是从写实到新浪漫主义的必经阶段,所以须先提倡。同期发表文论《俄国近代文学杂谭(下)》(署雁冰)。

同日　译完海尔夫人著《女子的觉悟》,作译者按。

3 月

5 日　在《妇女杂志》第 6 卷第 3 号发表论文《我们该怎样预备了去谭妇女解放问题》(署雁冰),认为当时"妇女解放的种种活动,都是浮面的,无系统的,无秩序的;进而言之,竟可说是无方法,不彻底,无目的"。其原因一是"少研究",二是"是缺乏实地观察"。因此,欲改进这一问题,"一方面仍是要从学问着手,做工具;一方面从实地调查入手,做材料"。同期发表译作论文《爱情与结婚》(爱伦·凯著 署四珍译),附译者按。

同日　在《学生杂志》第 7 卷第 3 号发表科普散文《关于味觉的新发见》(署佩韦)。

25 日　在《东方杂志》第 17 卷第 6 号发表译作剧本《沙漏》(爱尔兰 夏脱著 署雁冰,附译者注);发表文论《近代文学的反流——爱尔兰的新文学》(署雁冰),后于《东方杂志》第 17 卷第 7 号(4 月 10 日)续完。

本月 母亲来信提及德沚拟到湖郡女塾求学。因了解此校系教会所办,以英文为主,遂复函母亲劝阻。不久,接母亲信,知德沚执意要去,遂不再阻止。

4 月

1 日 在《解放与改造》第 2 卷第 7 号发表编译《I. W. W. 的研究》①(署雁冰,内文题目为《I. W. W. 的研究》),后于《解放与改造》第 2 卷第 8、第 9 号(4 月 15 日,5 月 1 日)续完,文后有作者附志。

5 日 在《妇女杂志》第 6 卷第 4 号发表译作剧本《情敌》(瑞典 斯特林堡著 署沈雁冰译,附前记)、译文《女子的觉悟》(海尔夫人著 署雁冰译,附译者按)。在《学生杂志》第 7 卷第 4 号发表科普散文《人工降雨》(署佩韦)。

25 日 在《小说月报》第 11 卷第 4 号发表杂文《答黄君厚生〈读小说新潮栏宣言〉的感想》(署雁冰),同期发表黄厚生的《读〈小说新潮栏宣言〉的感想》。

30 日 在《时事新报·学灯》发表书信《致白华》(署沈雁冰),赞同宗白华的"译而不译"。认为在翻译中"直译"不一定比"意译"好,"于该项学问素无研究而贸然直译,其害处比意译更欲大些"。

---

① I. W. W. 为美国世界产业劳动者同盟的缩写。

5 月

3 日 在《时事新报・学灯》发表论文《非杀论的文学家》(署冰)。

5 日 在《妇女杂志》第 6 卷第 5 号发表论文《家庭服务与经济独立》(署 Y. P.)。在《学生杂志》第 7 卷第 5 号发表科普论文《怎样缩减生活费呢?》(署佩韦)、文论《恩特列夫文学思想概论》(署明心)。

7—9 日 在《时事新报・学灯》发表论文《科学方法论》(署明心)。

10 日 在《东方杂志》第 17 卷第 9 号发表译作《未来社会之家庭》(俄国 考伦特著 署雁冰译)、《安得列夫》(俄国 Moissaye J. Olgin 著 署雁冰译,有附注),前者亦刊于《民国日报・觉悟》6 月 22 日。

25 日 在《东方杂志》17 卷第 10 号发表译作《蓝沙勒司》(俄国 安德列夫 署明心),有附识。

6 月

1 日 在《解放与改造》第 2 卷第 11 号发表论文《组织劳动运动团体的我见》(署雁冰)。

5 日 在《妇女杂志》第 6 卷第 6 号发表论文《怎样方能使妇女运动有实力》(署雁冰)。在《学生杂志》第 7 卷第 6 号发表论文《恩特列夫的文学思想概论(续)》(署雁冰)。

25 日 在《东方杂志》第 17 卷第 12 号发表译作小说《为母的》(法国 巴比塞著 署雁冰译),附前记。

本月　从母亲来信获悉德沚从湖郡女塾辍学回乌镇。

7 月

1 日　在《解放与改造》第 2 卷第 13 号发表评论《巴比塞的小说〈名誉十字架〉》(署雁冰)。

5 日　在《妇女杂志》第 6 卷第 7 号发表译文《两性间的道德关系》，附前记(署佩韦)。此篇根据 Patrick Geddes 及 Thomson 两教授合著《两性论》中第 9 章译出。

同日　在《学生杂志》第 7 卷第 7 号发表译作科学小说《理工学生在校记》(署雁冰 泽民)于《学生杂志》第 7 卷第 8—12 号(8—12 月，每月 5 日出版)、第 8 卷第 2、3 号(1921 年 2 月、3 月，每月 5 日出版)续完。同期发表译作科普读物《时间空间的新概念》(Claude Bragdon 著 署雁冰译)、《天河与人类的关系》及附白(署雁冰)，后者材料大半取之于 Wallace A. R. 所著《人在宇宙的位置》第 3、4、8、9、12、13、15、16 等章。

8 日　商务印书馆相关领导为付沈雁冰在商务印书馆杂志上的翻译稿费而向张元济提交专题报告，提及"核此君月薪四十八元，办事精神尚好，惟担任外间译件不少，近又充共学社社员，终恐不免有分心之处"。当时茅盾已完成《四部丛刊》的底片审查工作，编译所领导认为茅盾工作量太少，担心他去做其他事情，遂将茅盾的办公地移至楼上，桌子安排在杨端六和钱经宇两前辈之间，以便于"稽察"。

15 日　在《解放与改造》第 2 卷第 14 号发表评论《巴比塞的小说〈复仇〉》(署雁冰)。

25 日　在《东方杂志》第 17 卷第 14 号发表译作剧本《和平会议》(美国 佩克著 署雁冰译)。

30 日　在《学艺》第 2 卷第 4 号发表译作小说《错》(法国 巴比塞著 署雁冰译),有附识。

8 月

1 日　在《解放与改造》第 2 卷第 15 号发表评论《评儿童公育问题——兼质恽、杨二君》(署雁冰)。此文亦刊于《时事新报·学灯》8 月 6 日。

5 日　在《妇女杂志》第 6 卷第 8 号发表政论《妇女运动的意义和要求》(署雁冰),认为妇女运动必须"包罗教育、经济生活、婚姻家庭、社会服务四大条",且应注意"时时变迁"的趋势,从中国实际出发。并指出:"妇女运动全部的,也就是最大最后的意义,便是为谋社会文化进步。"

同日　在《学生杂志》第 7 卷第 8 号发表科普散文《航空救命伞》(署佩韦)、译作剧本《室内》(比利时 梅德林著 署雁冰译,有前记和附注。梅德林通译梅特林克)、论文《艺术的人生观》(署佩韦)。《艺术的人生观》认为"生活的艺术是最高的艺术","人从日常生活的经验中抽取了生活的方式。艺术家也从日常生活的经验中抽出他做艺术品的方式"。在混乱的社会里,有"趋向艺术的人生观的必要"。

25 日　在《东方杂志》第 17 卷第 16 号发表译作剧本《遗帽》(爱尔兰 唐南珊著 署雁冰),有译者附识。

9 月

5 日　在《学生杂志》第 7 卷第 9 号发表论文《文学上的古典主义、浪漫主义和写实主义》(署雁冰),文章的用意有三:一是想用不偏颇的眼光解说这三个主义的意义和本身的价值;二是想用"鸟瞰"的记述,说明文艺进化之大路线;三是想为古典主义、浪漫主义鸣冤,为写实主义声明不受过分之誉。文章比较了古典主义、浪漫主义、写实主义各自的长处和局限。① 同期发表科普散文《猴语研究的现在和将来》(署佩韦)。

同日 在《妇女杂志》第 6 卷第 9 号发表译作《妇女运动的造成》(译 *What Woman Wants* 第 16 章)(海尔夫人著 署佩韦译)。

10 日 在《东方杂志》第 17 卷第 17 号发表译作《爱伦凯的母性论》(署雁冰 附译者"附记"与"附白"),强调这里的"母性"指"现代妇女运动中最有光辉的色彩",而绝非"中国古来传说的母性"。同期发表译作剧本《市虎》(爱尔兰 葛雷古夫人著 署雁冰译,附前记)。

15 日 在《改造》第 3 卷第 1 号发表文论《为新文学研究者进一解》(署雁冰),明确提出今后的新文学运动应该是新浪漫主义。茅盾自述,包括本文在内的一些论文"基本上表述了我在接触马克思主义以前的文学观点"。

25 日 在《东方杂志》第 17 卷第 18 号发表文论《〈欧美新文学最近之趋势〉书后》②(署雁冰),认为新浪漫主义可补救写实主义"丰肉弱灵""不见恶中有善"的弊病,因此新浪漫主义对于写实主义"非反动而为进化"。同期发表译作小说《心声》(美国 爱

---

① 茅盾当时提倡新浪漫主义,一方面是由于误解,他当时认为欧洲文学已经由古典主义、浪漫主义、写实主义发展到新浪漫主义,中国新文学的发展也应该走这一条路;另一方面,他不是原封不动照搬,而是按照自己的理解来提倡新浪漫主义。他认为新浪漫主义能够帮助宣传新思想,给读者一种理想,并引导读者建立正确的人生观。

② 《欧美新文学最近之趋势》为胡先骕所作。

伦·坡著 署雁冰,附译者志)。

10月

1日 在《新青年》第8卷第2期发表译作《游俄之感想》(英国 罗素著 署雁冰译),附译者按。

5日 在《学生杂志》第7卷第10号发表译作科普论文《火山——地球上的火山 月球上的火山和实验室里的火山》(Emilc Belot著 署佩韦译)。在《妇女杂志》第6卷第10号发表译作《家庭生活与男女社交的自由》(美国 纪尔曼夫人著 署P.生译),附译者前记。

10日 在《东方杂志》第17卷第19号发表论文《意大利现代第一文学家邓南遮》(署雁冰)。

本月 发表童话《飞行鞋》(署沈德鸿),编入童话第1集第89编,由商务印书馆初版发行。

本月 和邵力子同赴法租界环龙路渔阳里二号,拜访陈独秀和第三国际代表威庭康斯基。陈独秀向邵力子、茅盾征求关于成立中国共产党组织的意见,茅盾表示赞同,并与邵力子由李汉俊①、李达介绍加入上海共产主义小组。从此,开始正式参加无产阶级政治活动。

11月

1日 在《新青年》第8卷第3期发表译作《罗素论苏维埃俄罗斯》(美国 哈德曼著 署雁冰译)。在《时事新报·时评一》发表

---

① 李汉俊(1890—1927)原名书恩,湖北潜江人。和陈独秀等共同发起成立上海共产主义小组,译有《马格斯资本论入门》。

散文《吊爱尔兰的柯克市尹》（署冰）。

2 日　在《时事新报·时评二》发表时评《统一的第一步》（署冰）。

3 日　在《时事新报·时评二》发表时评《中国社会之阶级制》（署冰）。

4 日　在《时事新报·时评一》发表时评《训全国教育会的浙江代表》（署冰）。在《时事新报·时评二》发表杂感《谈艺术之感想》（署冰）。

5 日　在《学生杂志》第 7 卷第 11 号发表论文《精神主义与科学》（署雁冰）。在《时事新报·时评二》发表杂感《两性问题与艺术熏陶》（署冰）。

7 日　在《时事新报·学灯》发表书信《复 P.R》（署雁冰）。

10 日　在《时事新报·学灯》发表杂论《译书的批评》（署冰），指出凭主观臆断而随意批评"有损无益"。

12 日　在《时事新报·学灯》发表书信《复黎锦熙》（署冰）。

14 日　在《时事新报·学灯》发表论文《说部、剧本、诗三者的杂谈》（署冰）。

16 日　在《时事新报·时评》发表杂感《分工与合力》（署冰）。

17 日　在《时事新报·时评》发表杂感《罗素的话莫误会了》（署冰）。①

---

① 以上 1、2、3、4、5、16、17 日发表在《时事新报》上署名"冰"的文章为茅盾佚文。均未收入《全集》。参见雷超：《茅盾代理〈时事新报〉主笔史实及新发现的佚文考证》，《中国现代文学研究丛刊》2017 年第 4 期。

约 1 日—20 日　代理《时事新报》主笔。①

29 日　郑振铎、王统照、周作人等在北京筹备发起文学会，邀请茅盾参加，茅盾欣然同意。

下旬　《小说月报》主编王莼农辞职，商务印书馆编译所所长高梦旦拟请茅盾接任《小说月报》《妇女杂志》主编。茅盾只同意接任《小说月报》主编，并提出不用鸳鸯蝴蝶派稿子、改四号字为五号字、不可干涉其编辑方针等条件，开始改革《小说月报》②。

12 月

4 日　与郑振铎、叶绍钧等在北京耿济之住宅开会，共同发起成立文学研究会。会议讨论并通过了郑振铎起草的《文学研究会简章》，推举周作人起草《文学研究会宣言》，并议定于1921年 1 月 4 日在北京中央公园来今雨轩召开成立大会。

7 日　应《共产党》月刊主编李达之约，在《共产党》第 2 号发表一组译文，包括：《共产主义是什么意思——美国共产党中央执行委员会宣布》《美国共产党党纲》《共产党国际联盟对美国IWW 的恳请》《美国共产党宣言》（均署 P. 生译）。这些译文回答了当时共产党创建过程中迫切需要回答的理论和现实问题，为正在筹建的中国共产党的各地共产主义小组成员提供了重要

---

① 据唐金海、刘长鼎主编《茅盾年谱》："应《时事新报》主编张东荪的邀请，'代理《时事新报》二、三个星期的主笔'。"据考证，张东荪因事离开上海的时间，和茅盾在《时事新报》发表文章的时间推算，茅盾代理主笔的时间应为 11 月。（参见雷超：《茅盾代理〈时事新报〉主笔史实及新发现的佚文考证》，《中国现代文学研究丛刊》2017 年第 4 期）

② 《小说月报》，文学杂志。1910 年 8 月在上海创刊。1932 年"一·二八"事变期间停刊，共出 22 卷 258 期。经茅盾改革后的《小说月报》成为当时重要大型新文学期刊之一。五四运动以后多数老一辈著名作家，都与革新后的《小说月报》有密切联系。

的思想武器,也为中国共产党早期理论建设,作出了不可磨灭的贡献。通过这些翻译活动,茅盾亦"初步懂得了共产主义是什么,共产党的党纲和内部组织是怎样的"。

15 日　在《改造》第 3 卷第 4 号发表论文《托尔斯泰的文学》并《前记》(署沈雁冰)。

中旬　收到郑振铎寄来的文学研究会宣言、简章、发起人名单。

16 日　晚上与李汉俊等为赴粤办教育的陈独秀送行。

25 日　在《小说月报》第 11 卷第 12 号发表《本月刊特别启事》1—5 则(未署名)。

本年　翻译小说《这女人是谁》(契诃夫著)。

1921 年(辛酉,民国十年)　25 岁

▲1 月,文学研究会在北京中央公园来今雨轩成立,主要发起人有沈雁冰、叶绍钧、郑振铎、王统照、周作人、许地山等 12 人,其宗旨是"为人生而艺术"。

▲6 月 16 日,胡适在《吴虞文录》之序言中,首次提出"打倒孔家店"口号。

▲7 月,郭沫若、郁达夫、田汉等组织的创造社成立。

▲8 月,郭沫若《女神》由上海泰东书局出版,在五四时期影响巨大。

▲10 月,郁达夫小说集《沉沦》出版,为中国现代文学史上第一部白话小说集。

▲7月23至31日，中国共产党召开第一次全国代表大会，通过党纲。

1月

月初 正式接任《小说月报》主编。一面设计栏目，一面动手撰稿和组稿。以惊人速度翻译剧本、写外国文学评介、撰写《海外文坛消息》和《文艺丛谭》。接郑振铎寄来的冰心、叶绍钧、许地山、瞿世英、王统照、周作人、耿济之等人的创作、论文和翻译，进行编排和校对，经常伏案工作到深夜。

4日 文学研究会在北京中央公园来今雨轩正式成立。茅盾在上海，未出席。

5日 在《学生杂志》第8卷第1号发表译作《七个被缢死的人》（俄国 安特列夫著 署明心）。后于《学生杂志》第8卷第4、5、6、8、9号（4、5、6、8、9月，每月5日出版，第4号署名雁冰、泽民，其他均署明心）续完。

10日 主编的《小说月报》第12卷第1号面世。改革后的《小说月报》以白话代替文言，面貌一新，很快销售一空。从此，《小说月报》摆脱鸳鸯蝴蝶派的控制，成为当时全国唯一倡导新文学的纯文学杂志，为反对封建文学和游戏文学、宣传民主思想起到了重要作用。有读者来信热情赞扬："《小说月报》如黑暗中一颗明星，引文学者到文学应走的路。"《学灯》主编李石岑也发表《介绍〈小说月报〉并批评》向读者推荐，指出《小说月报》"佳著固多"，《海外文坛消息》"裨益文学研究者尤大"。

同日 在《小说月报》第12卷第1号发表《〈小说月报〉改革宣言》（未署名），提倡"写实主义"，指出"写实主义之真精神与写实主义之真杰作"，在中国"尚有切实介绍之必要"。

同日　在《小说月报》第 12 卷第 1 号发表文学论文《文学与人的关系及中国古来对于文学者身份底误认》(署雁冰),明确指出文学的目的是"综合地表现人生",要有"时代特色"。认为"文学者表现的人生应该是全人类的生活",文学作品中的人物的"思想和情感一定确是属于民众的,属于全人类的,而不是作者个人的"。

　　同日　在《小说月报》第 12 卷第 1 号发表散文《不幸的人》(署慕之)、评论《〈母〉文末附注》(署雁冰)、文艺杂论《"文艺丛谈"二则》(署雁冰)、《海外文坛消息(一 — 六)》(署沈雁冰)、评论《脑威写实主义前驱般生》(署雁冰,文前有附记。脑威,通译挪威;般生,通译比昂松)、序跋《〈邻人之爱〉附记》①(署雁冰)。

　　同日　在《小说月报》第 12 卷第 1 号发表译作剧本《新结婚的一对》(脑威 般生著 署冬芬译),附前记,后于《小说月报》第 12 卷第 3 号(3 月 10 日)续完。收入民文学出版社 1960 年 4 月版《比昂逊戏剧集》,改题为《新婚的一对》。

　　15 日　发表论文《家庭改制的研究》(署雁冰),有附白,在《民铎》第 2 卷第 4 号,现收《茅盾全集》第 14 卷。文章较系统地介绍了社会主义的妇女观,论述了现时家庭改制问题的切要;介绍了西洋学者对于家庭改制问题的意见;指出了中国家庭改制应采取的途径。

　　本月　发表译作《到自由之路》(罗素著 署雁冰、李季、黄天俊合译),作为《新青年丛书》之一印行。

---

　　①　《邻人之爱》,俄国安得列夫著,沈泽民译。

2 月

3 日　在《时事新报·学灯》发表书信《致李石岑》(署沈雁冰)，对李石岑撰文介绍《小说月报》表示感谢，并表白说："我敢代表国内有志文学的人宣言：我们的最终目的是要在世界文学中争个地位，并作出我们民族对于将来文明的贡献"。

5 日　在《学生杂志》第 8 卷第 2 号发表评论《近代英美文坛的一个明星——虎尔思》(署雁冰，虎尔思通译豪威尔斯)。

10 日　在《小说月报》第 12 卷第 2 号发表书信《讨论创作致郑振铎先生信》中的一段(署沈雁冰 1921 年 1 月 10 日)，表示"《小说月报》现在发表创作，宜取极端的严格主义。差不多非可为人模范者不登。这才可以表现我们创作一栏的精神。一面，我们要辟一栏《国内新作汇观》批评别人的创作；则自己所登的创作，更不可随便。朋友中我们相识的，乃至极熟的，大家开诚相见，批评批评，弟敢相信都是互助精神，批评和艺术的进步，相激励相攻错而成；苟完全脱离感情作用而用文学批评的眼光来批评的，虽其批评失当，我们亦应认其有价值，极愿闻之"。同期发表书信《翻译文学书的讨论(附来信)——复周作人》(署沈雁冰 1920 年最末日)，与周作人讨论应该首先译哪些外国文学作品给中国读者。

同日　在《小说月报》第 12 卷第 2 号发表论文《新文学研究者的责任与努力》(署郎损)，谈到新文学运动的目的及文学创作问题，认为文学"更能表现当代全体人类的生活，更能宣泄当代全体人类的情感，更能声诉当代全体人类的苦痛和期望，更能代替全体人类向不可知的命运作奋抗与呼吁"。而之所以介绍西洋文学，"一半果是欲介绍他们的文学艺术，一半也为的是欲介绍世界的现代思想——而且这应是更注意些的目的"。

同日 在《小说月报》第 12 卷第 2 号发表评论《波兰近代文学泰斗显克微支》(署沈雁冰);发表序跋《〈名节保全了〉附识》①(署雁冰)、《〈妇人镇〉附注》②(署雁冰);发表《海外文坛消息(七—十八)》(署雁冰)、《记者附白》(未署名)。

25 日 在《东方杂志》第 18 卷第 4 号发表传记《梅德林克评传》(署孔常)。

月底 通过商务印书馆管宿舍的福生,在上海宝山路鸿兴坊找到一处有三间正房的住处,遂把母亲和孔德沚接来同住。③

本月 《小说月报》增印至 7000 册。

2—3 月 得沈泽民信,言其思想变动,渴欲参加革命。复信劝其先完成学业。

3 月

10 日 在《小说月报》第 12 卷第 3 号发表评论《西班牙写实主义的代表者伊本讷兹》(署沈雁冰)、译作小说《一个英雄的死》(匈牙利 拉兹古著 署沈雁冰,附译后注)、《海外文坛消息(十九—三十二)》(署雁冰)。

13 日 在《民国日报·觉悟》发表评论《不仅仅是几个学生的事!》(署雁冰)。

---

① 《名节保全了》,法国考贝著,真常译。
② 《妇人镇》,西班牙阿尔瓦雷斯·金特罗兄弟著,沈泽民译。
③ 宝山路鸿兴坊,1924 年 11 月迁出。这期间茅盾同时进行着革命和文学两方面的活动。主持《小说月报》改革,与封建复古派作斗争,翻译介绍外国文学,撰写文学批评文章。入党后,当陈独秀居住的渔阳里 2 号被法捕房查抄后,党支部会议有时在这里举行。茅盾介绍其弟沈泽民入党的支部会议也在这里举行。

20日　在《教育杂志》第 14 卷第 3 号发表译作小说《罗本舅舅》（瑞典 拉格洛孚著 署雁冰）。

21日　文学研究会集会讨论成立读书会等事宜,成为读书会小说组、戏剧组成员。

下旬　与自北京赴沪的郑振铎见面,商谈组稿及创作等事宜。

月底　第一次与赴沪的叶绍钧见面,同游半淞园。同游者有郑振铎、沈泽民,并合影留念。

本月　文学研究会上海分会成立。演员汪优游委托《时事新报》副刊《青光》主编柯一岑与茅盾联系,商谈发起成立戏剧社。

4 月

1日　在《新青年》第 8 卷第 6 期发表译作书信《一封公开的信:给〈自由人〉(月刊)记者》（勃拉克女士著 署雁冰译）。

上旬　写致鲁迅信一件,内容是约鲁迅给《小说月报》撰稿。此信托孙伏园代转。

7日　在《共产党》第 3 号发表论文《自治运动与社会革命》（署 P. 生）,是茅盾初步懂得了马克思主义的一些基本知识,并用来观察分析中国社会问题的第一篇论文,是他政治观、社会观发生质变的标志。文章批判当时的省自治运动者鼓吹的资产阶级的民主,指出这实际是为军阀、帝国主义服务的。他指出中国的前途只有无产阶级革命,相信"最终胜利一定在劳工者"。

同日　在《共产党》第 3 号发表译文《共产党的出发点》（署 P. 生译）。

10日　在《小说月报》第 12 卷第 4 号发表《小说月报特刊号

外俄国文学号预告》(未署名)。

同日　在《小说月报》第 12 卷第 4 号发表文论《译文学书方法的讨论》(署雁冰),强调翻译"神韵"比"形韵"更重要。

同日　在《小说月报》第 12 卷第 4 号发表评论《春季创作坛漫评》(署郎损),肯定了当时一些"为人生而艺术"的作品,并对"创作坛中不很多见"的"革命的文学"表示钦佩。

同日　在《小说月报》第 12 卷第 4 号发表译作小说《人间世历史之一片》(瑞典 斯特林堡著 署沈雁冰译,附译后记);发表评介《脑威现存的大文豪鲍具尔》(署沈雁冰)、《弥爱的画〈饲〉附注》①(署雁冰)、《〈代替者〉附白》②(署芬)、《冰心小说〈超人〉附注》(署冬芬);发表短评《文艺丛谈》③(署雁冰);发表《小说月报第一次特别征文》(未署名)、《海外文坛消息(三十三 — 四十八)》(署沈雁冰)。

11 日　鲁迅来信。

13 日　鲁迅来信。

20 日左右　收到鲁迅寄来的译稿《工人绥惠略夫》。

3—4 月　长女沈霞④出生。

5 月

1 日　在《民国日报·觉悟》发表论文《劳动节日联想到的妇

---

①　弥爱即法国 19 世纪著名画家米勒。
②　《代替者》系法国作家考贝的小说,翻译者为子缨。
③　为"文艺丛谈"《译文学书方法的讨论》一文中的第三节。
④　沈霞(1921—1945),生于上海,1940 年 5 月随父母赴革命圣地延安。1945 年 8 月 20 日在延安去世,年仅 24 岁。

女问题》(署沈雁冰),从男权文化造成女性弱点的角度批评男性在新女性面前的精神优越感。

同日　在《民国日报·觉悟》发表译作小说《大仇人》(高尔基著　署 P. 生译),后收入《茅盾译文全集》第 1 卷,改题为《巨敌》。在《新青年》第 9 卷第 1 号发表论文《哈姆生和斯劈脱尔——新的诺贝尔文学奖金的两文豪》(署雁冰。哈姆生,通译汉姆生;斯劈脱尔,通译施皮特勒)、译作小说《西门的爸爸》(法国 莫泊三著　署雁冰译)。

上旬　介绍郑振铎进商务印书馆工作。

上旬　收悉鲁迅信和鲁迅据德译本重译的阿尔志跋绥夫小说《医生》之译稿和译者附记,决定刊于《小说月报》第 12 卷号外《俄国文学研究》。

7 日　在《共产党》第 4 号发表译作列宁《国家与革命》第一章第一、二节(从英文转译,署 P. 生)、译作论文《劳农俄国的教育——劳农俄国教育总长吕纳却思基一席谈》(署 P. 生译)。

10 日　在《小说月报》第 12 卷第 5 号发表文论《百年纪念祭的济慈》(署雁冰)、《海外文坛消息(四十九 — 六十)》(署沈雁冰)、启事《〈小说月报〉第一次特别征文》(未署名)。

同日　在《小说月报》第 12 卷第 5 号发表《落华生小说〈换巢鸾凤〉附注》(署慕之),批评"上海有一班人自命为是写实派",其实小说都是"臆造的";认为"只有《新青年》上的鲁迅先生的几篇创作确是'真'气扑鼻"。

同日　在《时事新报·文学旬刊》第 1 号发表论文《中国文学不发达的原因》(署玄珠),指出:"中国文学不发达的原因,由于一向只把表现的文学看做消遣品,而所以会把表现的文学看做消遣品的原因,由于一向只把多种论文诗赋看做文学,而把小说等都视为稗官野乘街谈巷议之品;现在欲使中国文艺复兴时代出现,惟有积极的提倡为人生的文学,痛斥把文学当作消遣品的观念,方才能有点影响。"

同日　在《时事新报·文学旬刊》第1号发表《文学界消息》(署玄珠)。

11日　为李达翻译的《现代的斯干底那维亚文学》作按语、注及再志。

15日　在《少年中国》第2卷第11期发表评论《罗曼·罗兰的宗教观》(署雁冰)。

20日　在《时事新报·文学旬刊》第2号发表书信《致近代法国文学概论作者》(署玄珠)、《文学界消息》(署玄珠)。

24日　在《民国日报·觉悟》发表政论《看了〈老了〉以后的感想》(署 Y.P)。

31日　应汪仲贤(艺名优游)之请,成为民众戏剧社①发起人之一。《戏剧》月刊创刊,由中华书局出版。

同日　在《戏剧》第1卷第1期发表《〈民众戏院的意义和目的〉一文的附注》。

月底　沈泽民毅然离开河海工程学校,与张闻天同赴日本留学。

------

　　①　民众戏剧社,戏剧团体,1921年5月成立于上海。由沈雁冰、郑振铎、陈大悲、欧阳予倩、汪仲贤、徐半梅、张聿光、柯一岑、陆冰心、沈冰血、滕若渠、熊佛西、张静卢等13人主持。宣言中说,"当看戏的消闲"的时代已经过去了。其目的是提倡艺术新剧。该社分设研究与实行二部。研究部主办《戏剧》杂志,倡导爱美剧。在它影响下开展起来的爱美剧运动,在当时的戏剧界产生过相当的影响。茅盾在《戏剧》和《民国日报·觉悟》等报刊发表《〈民众戏院的意义和目的〉一文的附注》《关于戏剧的说明》《看了中西女塾的"翠鸟"以后》《中国戏剧改良我见》等有关戏剧理论和实践的文章,为中国早期现代戏剧的改革作出了贡献。

本月　文学研究会上海分会所编《文学旬刊》^①作为《时事新报》副刊之一创刊，主编郑振铎。

本月　与郑振铎同邀郭沫若在上海半淞园会面并共餐。

本月　民众戏剧社在上海正式成立。发起人有沈雁冰、柯一岑、陈大悲、徐丰梅、张韦光、汪仲贤、沈冰旦、滕若渠。社员还有陆冰心、熊佛西、张静庐、欧阳予倩、郑振铎等。该社提倡艺术的新剧，宣称"当看戏是消闲"的时代已经过去了。其所创办的《戏剧》月刊，是我国新文学运动中第一个戏剧专刊。

6 月

1 日　在《新青年》第 9 卷第 2 号发表政论《俄罗斯研究》（署 P. 生）；发表文论《十九世纪及其后的匈牙利文学》（署沈雁冰），后于《新青年》第 9 卷第 3 号（7 月 1 日）续完。

4 日　与郑振铎等赴英国剧院，观看中西女塾公演的英文剧《翠鸟》。

5 日　在《民国日报·觉悟》发表书信《关于〈戏剧〉的说明》（署雁冰），为致勒生、惠修、其年的信。

10 日　在《民国日报·觉悟》发表《看了中西女塾的"翠鸟"以后》（署雁冰）。在《时事新报·文学旬刊》第 4 号发表书信《致

---

①　《文学旬刊》，文学研究会刊物之一。创刊于 1921 年 5 月，为《时事新报》副刊之一。1923 年 7 月改称《文学》（周刊）。1925 年 5 月第 172 期改为《文学周报》，独立发行。1929 年底出至第 9 卷第 20 期终刊。前后共出 397 期。该刊主张为人生而艺术，提倡现实主义。独立发行前偏重于发表评论和研究文章，也注重介绍外国文学；独立发行后，刊登创作的分量略有增加，并涉及一些社会问题。该刊在对以文艺为消遣、游戏品的"礼拜六派"和死守传统文艺观的"学衡派"的斗争中，起过较大作用。茅盾从《文学旬刊》创刊到 1928 年，以玄珠、郎损、损、佩韦、冰等笔名陆续发表数十篇文章。

寿昌》(署玄珠)、《文学界消息》(五则)(署玄珠)。

同日 在《东方杂志》第 18 卷第 11 号发表《文学研究会丛书缘起》《文学研究会丛书编例》《文学研究会丛书目录》。丛书中,以"沈雁冰"和"冬芬"署名的有 7 种,以"沈雁冰"和"冬芬"与别人合作的有 5 种。

同日 在《小说月报》第 12 卷第 6 号发表《〈审定文学上名词的提议〉附注》(署沈雁冰)、《海外文坛消息(六十一——七十五)》(署雁冰)、《最后一页》(未署名);发表杂文《呼吁? 咒诅?》(未署名,系 6 篇作品的卷头语);发表《现代的斯干底那维亚文学》①〈按语〉、〈注〉和〈再志〉》(署雁冰,附于《现代的斯干底那维亚文学》译文后,原无标题,现题为编者所加);发表评论《十九世纪末丹麦大文豪约柯柏生》(署沈雁冰,约柯伯生通译雅科布森)。

同日 在《小说月报》第 12 卷第 6 号发表文论《语体文欧化的我观》(署雁冰),指出:"现在努力作语体文学的人,应当有两个责任:一是改正一般人对于文学的观念,二是改良中国几千年来习惯上沿用的文法。"后亦刊于《时事新报·文学旬刊》第 7 号。

15 日 在《民国日报》发表政论《精神提不起了?》(署 P. 生)。

17 日 在《民国日报·觉悟》发表《一封诀别书》(署 P. 生)。

20 日 在《时事新报·文学旬刊》第 5 号发表通讯《答西谛君》(署沈雁冰)。在《民国日报·觉悟》发表《文学小辞典(八)》(署 P. 生),包括《比利时的莎士比亚》《匈牙利彭士》《犹太的杜德》《犹太的马托温》《瑞典的法朗士》。

21 日 在《民国日报·觉悟》发表《文学小辞典(九)》(署 P.

---

① 《现代的斯干底那维亚文学》,日本生田春月著,李达译。斯干底那维亚通译斯堪的纳维亚。茅盾对文中提及的诸文学家作了说明。

生),包括《涅陀谛空加》《奥勃洛摩夫主义》。

24日　上海《民国日报·觉悟》,刊载"新时代丛书"①编辑缘起,共列15位"编辑人",其中包括沈雁冰。

30日　在《民国日报·觉悟》发表评论《我们现在所能做而且必须做的》(署冰)。在《时事新报·文学旬刊》第6号"通讯"栏发表书信《与矢二的通信》(署沈雁冰),原无题目,现题为编者所加。

7月

1日　在《新青年》第9卷第3号发表论文《劳农俄国底电气化》(署P.生,内文署邓生译)。

5日　在《民国日报·觉悟》发表论文《无抵抗主义与"爱"》(署冰),针对张闻天《无抵抗主义底我见》而发,对无抵抗主义和泛爱思想提出了批评。根本否定无抵抗主义是"到自由之路",明确指出"已成的唯一的'到自由之路'"是走俄国革命的路。

10日　在《小说月报》第12卷第7号发表译作小说《禁食节》(新犹太 潘莱士著 署沈雁冰译,附译后记)、《印第安墨水画》(瑞典 苏特尔褒格著 署沈雁冰译,附译后记)、《阿富汗的恋爱歌》(署冯虚女士译);发表《〈生欤死欤?〉附注》(署沈雁冰),附于《生欤死欤?》译文后,原无标题,现题为编者所加;发表《〈犹太文学与宾斯奇〉按》②(署雁冰),附于《犹太文学与宾斯奇》译文后,原无标题,现题为编者所加;发表《海外文坛消息(七十六 — 八十六)》(署雁冰);发表《最后一页》(未署名)。

---

① "新时代丛书社"是在党的关怀和支持下成立的,其通讯处原设在李汉俊的家里。1922年6月该丛书第五种出版时,书内写明通讯处改为:"上海宝山路商务印书馆编译所新时代丛书社",可见茅盾对党的出版工作的大力支持和帮助。

② 《犹太文学与宾斯奇》,日本千叶龟雄著,厂晶译。

同日　在《时事新报·文学旬刊》第 7 号发表书信《致田汉》（署玄珠）、《〈田汉致玄珠先生信〉的附注》（署玄珠）；发表通信《语体文欧化答冻花君》（署沈雁冰），该信亦刊于同日《民国日报·觉悟》。

　　同日　在《小说月报》第 12 卷第 7 号发表文论《社会背景与创作》（署郎损），指出"什么样的社会便会产生出什么样的文学来"，认为"表现社会生活的文学是真文学，是于人类有关系的文学，在被迫害的国里更应该注意这社会背景"。

　　同日　在《小说月报》第 12 卷第 7 号发表《创作的前途》（署雁冰），指出文学一方面要反映当时社会的情景，"一方面又隐隐指出未来的希望，把新理想新信仰灌输到人心中，这便是当今创作家最重大的职务"。

　　11 日　在《民国日报·觉悟》发表文论《文学批评的效力》（署冰），指出在中国文学界，"批评创作真是万分紧要的事"，但有不少"误人批评"，失去了"批评的效力"。

　　同日　在《时事新报·学灯》发表杂文《活动的方向》（署冰）。

　　13 日　在《民国日报·觉悟》发表文论《"唯美"》（署冰），谈及对王尔德、邓南遮、梭罗古勃等近代唯美派文学家的看法。

　　18 日　与郑振铎、叶圣陶、李石岑等和胡适谈商务印书馆有关事宜。

　　20 日　因《小说月报》拟出"被损害民族的文学号"，致信周作人。后刊于《鲁迅研究资料》1983 年第 11 期。

　　22 日　与郑振铎一起和胡适商谈商务印书馆和《小说月报》有关事宜。胡适劝茅盾"不可滥唱什么'新浪漫主义'"。接受胡适建议，转向介绍、倡扬自然主义，欲经自然主义（写实主义）走向现实主义。

23 日 中国共产党成立,成为中国共产党最早的 53 名党员之一,也是中国现代文坛第一位党员。

同日 在高梦旦带领下,与胡愈之、郑振铎、郑贞文等到胡适家用晚餐,商谈改革商务印书馆的具体方案。

24 日 在《民国日报·觉悟》发表杂文《"人格"杂感》(署冰),是对张闻天《人格底重要——答雁冰和晓风两先生》一文的答复,文中又一次表达了对马克思主义的信仰:"因了这一层,我近来对于马克思主义,竟愈加觉得便'只信着'(这是不用全力研究之谓)也罢啊。"

27 日 应邀与郑振铎、胡愈之、胡适等共赴高梦旦家宴,商谈商务印书馆改革方案。

30 日 在《时事新报·文学旬刊》第 9 号发表杂谈《这也有功于世道么?》(署玄)、《棒与狗声》(署玄)。

同日 致周作人信,后刊于《鲁迅研究资料》1983 年第 11 期。

本月 党中央认为茅盾在商务印书馆编《小说月报》是个很好的掩护,遂委派他为直属中央联络员。外地致党中央的信,由茅盾中转。信封上写"沈雁冰先生转钟英小姐玉展""沈雁冰先生转陈仲甫先生台启"。此项工作一直持续到 1925 年底离开上海为止。

8 月

1 日 在《新青年》第 9 卷第 4 期发表译文《一队骑马的人》(脑威 包以尔著 署沈雁冰译,附译者记)。在《东方杂志》第 18 卷第 15 号发表文论《英国劳工运动史》(署孔常)。

3 日　在《民国日报·妇女评论》第 1 期发表杂文《女性的自觉》(署冰)、《弱点》(署冰)。致周作人信,把当时文坛的弊端概括为四点,"(一)是描写的事境,本身初未尝有过经验,(二)是要创作然后创作,并不是印象深了有不能不言之概,然后写出来,(三)是不能用客观的观察法做底子,(四)是只注重了人物便忽略了境地,只注重了境地便忽略了人物",因此"近来我觉得自然主义在中国应有一年以上的提倡和研究,庶几将来的创作不至于复回旧日'风花雪月'的老调去"。后刊于《鲁迅研究资料》1983 年第 11 期。

10 日　在《民国日报·妇女评论》第 2 期发表杂文《稳健?》(署冰)、评介《妇女要的是什么?》(署雁冰)。

同日　在《小说月报》第 12 卷第 8 号发表《〈德国表现主义的戏曲〉的注》(署记者);发表序跋《〈安那其主义者的声明〉按语》(署雁冰,附上海安那其主义者来信)、《〈红蛋〉附志》①(署记者)、《〈愚笨的裴纳〉译后记》(署沈雁冰)、《刘纲小说〈两个乞丐〉附记》(署雁冰);发表译作小说《愚笨的裴纳》(捷克 南罗达著 署沈雁冰译)、译作剧本《美尼》(犹太 宾斯奇著 署冬芬译,有附记)、译作传记《罗曼·罗兰评传》(Anna Nussbaum 著 署孔常译);发表书信《致崧年》(署沈雁冰)、《致××》(署雁冰)、《致张维祺》(署郎损);发表《海外文坛消息(八十七 — 九十)》(署沈雁冰);发表《最后一页》(未署名)。

同日　在《小说月报》第 12 卷第 8 号发表文论《评四、五、六月的创作》(署郎损),对 115 篇作品题材进行分析,归为"描写农民生活的""描写城市劳动者生活的"等六大类,指出"描写男女

---

①　《红蛋》是短篇小说,法国 A. 法朗士著,六珈译。

恋爱的创作独多,竟占了全数过半有强!最少的却是描写城市劳动者生活的创作。"在这些作品中,他"最佩服的是鲁迅的《故乡》",并肯定鲁迅《风波》"把农民生活的全体做创作背景"、把他们的思想强烈地表现了出来。但这样的作品却太少了。

11 日 致周作人信,希望设法"通融"让沈泽民入英文系。并建议由周作人组织成立北京文学讲演会,普及"种种文学上的常识",答应讲义由商务承印。后刊于《鲁迅研究资料》1983 年第 11 期。

15 日 致胡适信。

16 日 致胡适信,谈及拟在福楼拜百年诞辰时推出《小说月报》自然主义号,并告拟定刊出的内容。后刊于《鲁迅研究资料》1983 年第 11 期。

17 日 在《民国日报·妇女评论》第 3 期发表杂文《妇女经济独立讨论》(署雁冰),提出"最先切要的事是改革现在的社会的经济组织"。

24 日 在《民国日报·妇女评论》第 4 期发表政论《告浙江要求省宪加入三条件的女子》(署冰);发表杂文《青年的误会与老年的误会》(署冰)。

25 日 致胡适信。

31 日 在《民国日报·妇女评论》第 5 期发表论文《恋爱与贞操的关系》(署佩韦)。在《新青年》第 9 卷第 4 号发表译诗《一队骑马的人》(脑威 包以尔著 署沈雁冰译),附后记。

同日 在《戏剧》第 1 卷第 4 期发表论文《中国旧戏改良我见》(署雁冰),主张:"先从思想方面根本改革中国的戏剧"。

9 月

1 日 在《新青年》第 9 卷第 5 期发表译作剧本《海青·赫佛》(爱尔兰 葛雷古夫人著 署沈雁冰译),附译后记。

4 日 在《民国日报·觉悟》发表论文《"中国的无政府主义"质疑》(署冰);发表译作诗歌《海里的一口钟》(檀曼尔著 署沈雁冰译。檀曼尔通译戴默尔),附译后记。

10 日 在《小说月报》第 12 卷第 9 号发表译作小说《旅行到别一世界》(匈牙利 弥克柴斯著 署沈雁冰译,附译后记,弥克柴斯通译米克沙特)、《安琪立加》(新希腊 蔼夫达利阿谛斯著 署孔常译);发表译作剧本《冬》(犹太 阿胥著 署沈雁冰译,附译后记);发表《海外文坛消息(九十一 — 九十五)》(署沈雁冰);发表《两封来信的"按语"和"后记"》(署记者),与周作人、李宗武讨论语体文欧化的问题。

同日 在《小说月报》第 12 卷号外"俄国文学专号"发表译作小说《失去的良心》(俄国 谢特林著 署冬芬译)、《看新娘》(一个断片)(俄国 乌斯潘斯基著 署冬芬译)、《杀人者》(俄国 库普林 署冬芬译)、《蠢人》(俄国 列斯考夫 署冬芬译);发表文论《俄罗斯文学家录》(署明心);发表序跋《〈赤俄小说三篇〉前记》(署记者),原无标题,现题为编者所加;发表译作散文《伏尔加与村人的儿子米苦拉》(俄国叙事诗之一)、《孟罗的农民英雄以利亚和英雄斯维亚多哥尔》(俄国叙事诗之二);发表《近代俄国文学家三十人合传》(署沈雁冰)。这是《小说月报》革新后印行的第一个专号,也是中国现代文学史上第一本集体译介俄国文学的专集。

21 日 在《民国日报·妇女评论》第 8 期发表译作诗歌《我寻

过……了》(比利时 梅得林 署沈雁冰译),有附记;发表论文《"男女社交"的赞成与反对》(署冰)、《男子给了女子的麻药》(署冰)。

同日 致周作人信,谈及辞职一事。因劳心劳力"唱独角戏""出了八期",引起的却是"意外的反动""痛骂"及"对于个人的无谓的攻击",且因编此刊"没有充分时间念书"。决定辞职后"空出身子,做四件事:(一)看点中国书,因为我有个研究中国文学的痴心梦想;(二)收集各种专讲各国民情民俗的书来看一点;(三)试再读一种外国语;(四)寻着我自己的白话文"。后刊于《鲁迅研究资料》1983 年第 11 期。

24 日 作评论《再论男女社交问题》。

28 日 在《民国日报·妇女评论》第 9 期发表评论《再论男女社交问题》(署冰);发表短论《不反抗便怎的?》(署冰)、《不懂与不要懂》(署冰)。

本月 中共上海地方委员会成立,陈望道任书记,沈雁冰为委员。陈独秀回上海,担任商务印书馆名誉编辑,定居法租界环龙路渔阳里二号。茅盾等党员常在陈独秀住处开会到深夜。

10 月

1 日 在《新青年》第 9 卷第 6 期发表译作论文《俄国新经济政策》(布哈林著 署雁冰译)。

5 日 在《民国日报·妇女评论》第 10 期发表杂文《这也是礼教的遗形》(署冰),揭示旧礼教的虚伪性:"旧礼教的精义,一言以蔽之,是叫人作伪,是叫人粉饰外表,糟透其里。"同期发表《〈不离婚而恋爱的问题〉的按语》(署冰)、《虚伪的人道主义》(署冰)。

6 日 在《民国日报·觉悟》发表杂文《"全"或"无"》(署冰)。

7 日 在《民国日报·觉悟》发表译作诗歌《夜夜》(德国 檀

曼尔著 署冯虚女士译）。

9 日 在《民国日报·觉悟》发表论文《对于〈介绍外国文学的我见〉底我的批评》（署冯虚）。

10 日 在《民国日报·觉悟》发表译作小说《伧夫》（阿根庭梅尔顿思著 署冯虚译，附译后记）、译作《匈牙利国歌》（裴都菲著署雁冰译，附译后记）。

同日 在《小说月报》第 12 卷第 10 号发表序跋《〈被损害民族文的文学号〉引言》（署记者），原题《引言》，现题为编者所加；发表《被损害民族的文学背景的缩图》（署记者）；发表译作《芬兰的文学》（Hermione 著 署沈雁冰译，附译后记）、译作小说《贝诺思亥尔思来的人》（新犹太 拉比诺维奇著，一说阿莱汉姆著 署沈雁冰译，附译后记）、译作小说《茄具客》（克罗西亚 森陀卡尔斯基著 署沈雁冰译，附译后记）、译作小说《旅程》（捷克 波希米亚具克著 署冬芬译，附译后记）、译作剧本《巴比伦的俘虏》（乌克兰 L．U．著 署沈雁冰译，附译者志）；发表文论《新犹太文学概观》并《附注》《附启》（署沈雁冰）；发表《杂译小民族诗》（署沈雁冰译），包括：《于死有关的》《无题》《三春》《亡命者之歌》《狱中感想》《最大的喜悦》《梦》《坑中的工人》《今王……》《无限》，附小传、译后记。

12 日 在《民国日报·妇女评论》第 11 期发表译作诗歌《莫扰乱了女郎的灵魂》（芬兰 罗纳褒格著 署冯虚女士译，有附注）、《笑》（芬兰 罗纳褒格著 署冯虚女士）；发表杂文《侮辱女性的根性》（署韦）。

同日 致周作人信，告知明年仍担任《小说月报》主编事，并征求办刊意见。又向周商借《春醒》原版书，拟译后交李石岑主编的《教育杂志》发表。后刊于《鲁迅研究资料》1983 年第 11 期。

同日 致胡适信,催促其为《小说月报》"自然主义号"组稿。①

15 日 致周作人信,后刊于《鲁迅研究资料》1983 年第11 期。

中旬 曾向商务印书馆编译所高梦旦正式提出辞去《小说月报》主编一职。高梦旦找茅盾谈话,表示支持他的改革,因而他决定再干一年。

22 日 致周作人信,谈到次年《小说月报》拟分类的内容。后刊于《鲁迅研究资料》1983 年第11 期。

26 日 在《民国日报·妇女评论》第13 期发表论文《所谓女性主义的两极端派》(署冰);发表杂文《这是哪一种的觉悟》(署佩韦);发表译诗《假如我是一个诗人》(瑞典 巴士著 署冯虚译,附译后记)、《泪珠》(芬兰 罗纳褒格著 署冯虚译)。

11 月

2 日 在《民国日报·妇女评论》第14 期发表随感《两性互助》(署希真)、论文《表示恋爱的方式》(署佩韦)、译作诗歌《乌克兰民歌》(署冯虚译)。在《时事新报·文学旬刊》第19 号发表评论《陀思妥以夫斯基带来了些什么东西给俄国?》(署冰)。

4 日 在《民国日报·觉悟》发表译作诗歌《无聊的人生》(法国 Jules Licmaine 著 署冯虚女士译)。采用书信形式,作《冯虚致信冰先生》《冰答希真先生》。

9 日 在《民国日报·妇女评论》第15 期发表评论《爱伦凯

---

① 沈卫威:《新发现茅盾(沈雁冰)致胡适四封信——茅盾从新浪漫主义向写实主义转变的契机》,《河南大学学报》第36 卷第3 期,1996 年5 月。

学说的讨论》(署冯虚女士,内文署冯虚)。

10 日 在《小说月报》第 12 卷第 11 号发表译作小说《女王玛勃的面网》(尼加拉瓜 达利哇著 署冯虚译),有附识;发表序跋《〈离家的一年〉附注》(署菊农);发表《海外文坛消息(九十六 ——一〇一)》(署沈雁冰)。

11 日 在《民国日报·觉悟》发表译作《佛列息亚底歌唱》(署冯虚译),有附注。

14 日 在《时事新报·学灯》发表通讯《文学研究会启事函》。

23 日 在《民国日报·妇女评论》第 17 期发表杂文《实行与空话主张》(署真)、《弄清楚头脑》(署真)、《一步不走的根本原因》(署真)。

30 日 在《民国日报·妇女评论》第 18 期发表译作诗歌《塞尔维亚底情歌》(署冯虚译)、随感《专一与博习》(署真)、杂文《万宝全书毒的心理》》①(署真)。

12 月

7 日 在《民国日报·妇女评论》第 19 期发表杂感《享乐主义的青年》(署佩韦),劝诫对现实失望而转向享乐主义的青年:"理想是不能马上实现的,要耐心地去面对民族历史背景和现在的环境。"同期发表译作诗歌《塞尔维亚底情歌》(续)(署冯虚译)。

10 日 在《小说月报》第 12 卷第 12 号发表论文《纪念佛罗

---

① 《茅盾研究资料》(下),孙中田、查国华编,中国社会科学出版社,标题为《万宝全书毒的头脑》,疑误。

贝尔的百年生日》(署沈雁冰),介绍法国自然主义派著名作家佛罗贝尔(今译福楼拜)。

同日 在《小说月报》第 12 卷第 12 号发表文论《一年来的感想与明年的计划》(署记者),指出中国文学不能进步的主要原因:文学观念的错误——"以文学为游戏为消遣";描写方法的不当——"凭想当然,不求实地观察"。并指出解决的办法是"自然主义的输进"。

同日 在《小说月报》第 12 卷第 12 号发表《"语体文欧化讨论"两封信的〈按语〉》(署记者),分别致胡天月、王砥之信,谈中国文法及"欧化"问题;发表《海外文坛消息(一〇二——一〇七)》(署沈雁冰);发表序跋《〈文艺上的自然主义〉附志》①(署记者)。

本月 在《新文学》发表《近代文学体系的研究》(署沈雁冰),后收上海新文化出版社《中国文学变迁史》(与刘贞晦《中国文学变迁史略》合印一册)、《近代文学体系的研究》。

本月 《小说月报》第 12 卷第 12 号印数增至 1 万册。

年底 上海建立中国共产党上海地方委员会,陈望道任书记,沈雁冰为委员。

本年底或翌年初 介绍沈泽民加入中国共产党。

本年 介绍沈泽民参加文学研究会。

---

① 《文艺上的自然主义》,日本岛村抱月著,晓风译。

1922年(壬戌,民国十一年) 26岁

▲1月,《学衡》杂志在南京创办,由上海中华书局出版发行,吴宓主编,重要撰稿人有梅光迪、胡先骕等,以反对新文化运动、坚持中国传统文化为宗旨。该刊于1933年7月第79期停刊。

▲5月,创造社在上海创办文艺刊物《创造季刊》。

▲5月,胡适等16人在北京《努力周刊》上发表《我们的政治主张》,提出:"国内的优秀分子,无论他们理想中的政治组织是什么,现在都应该平心降格的公认'好政府'一个目标,作为现在改革中国政治的最低限度的要求。"

▲6月2日,徐世昌下野,黎元洪复任大总统。

▲7月,中国共产党在上海召开第二次全国代表大会。

▲9月,中国共产党机关报《向导》周报创刊。

年初 原在杭州做排字工人的徐梅坤持党中央介绍信来访,商议在印刷工人中建立工会、发展党员等事宜。

1 月

1 日 在《民国日报·妇女评论》新年增刊发表译作政论《让我们做和平的兄弟》(罗马尼亚 玛利亚王后著 署雁冰译),附译者按。在《诗》月刊第1卷第1号发表译作诗歌《二部曲》(包括《神圣的前夕》《在教堂里》)(乌克兰 繁特科微支著 署沈雁冰译),附译后记。

4 日 在《时事新报·学灯》发表论文《独创与因袭》(署玄),

指出"文学贵在'创作',文学不能不忌同求异","真正的作家必有他自己独有的风格,在他的作品里,必能将他的性格精细地透映出来"。

10日 在《小说月报》第 13 卷第 1 号发表译作小说《拉比阿契巴的诱惑》(犹太 宾斯奇著 署希真译,附译后记)、译作诗歌《永久》《季候鸟》《辞别我的七弦竖琴》(瑞典 泰伊纳著 署希真译,附译后记)、译作诗歌《假如我是个诗人》(瑞典 巴士著 署冯虚译,附译后记)、译作散文《祈祷者》《少妇的梦》(阿美尼亚 西曼陀著 署雁冰译,附译后记);发表《〈世界的火灾〉附记》①(署记者);发表文论《陀思妥以夫斯基的思想》(署沈雁冰)、论文《陀思妥以夫斯基在俄国文学史上的地位》(署郎损)、资料《关于陀思妥以夫斯基的英文书》(署记者);发表书信《致梁绳炜》《致赵若耶》《致朱湘》《致陈静观》(署记者雁冰),谈语体文欧化、英文译的俄文学书等问题;发表《海外文坛消息(一〇八 — 一一〇)》(署沈雁冰)、《最后一页》(未署名)。

11日 在《民国日报·妇女评论》第 24 期发表《女子现今的地位怎样?》(署汉英、泽民、雁冰),附按语。

17日 在《民国日报·觉悟》发表《介绍〈民铎〉的"柏格森号"》(署佩韦)。

18日 在《民国日报·妇女评论》第 25 期发表《复〈两个所谓疑问〉》②(署雁冰)。丝另问,晓风、雁冰答。现题为编者所加。

20日 在《民国日报·觉悟》发表杂文《怎样才算是"有意义的"?》(署冰)。

---

① 《世界的火灾》,童话,俄国爱罗先诃著,鲁迅译。
② 丝另问,晓风、雁冰答。

22日　郑振铎、沈雁冰等21人在《民国日报·觉悟》发表启事《拟创"星期讲演会"征求同意启》。

28日　大年初一,参加中共上海地方党组织发起的活动,与其他党员、团员及进步青年到市区大街小巷,向过路行人及沿途各家各户赠送贺年片,上印有陈望道《太平歌》和"恭贺新禧"。①

本月　王云五②取代高梦旦任上海商务印书馆编译所所长。南京东南大学梅光迪等创办《学衡》杂志,反对新文化、新文学运动。

《诗》杂志创刊,由叶绍钧、刘延龄编辑。这是我国第一份专刊诗歌和诗评的杂志,成为主要撰稿人之一。

2月

9日　致周作人信,后刊于《鲁迅研究资料》1983年第11期。

10日　在《小说月报》第13卷第2号发表文论《克雷洛夫简介》(署记者);发表序跋《〈树林中的圣诞夜〉附志》③(署记者)、《〈天鹅梭鱼与螃蟹〉〈箱子〉附注》(署记者);发表译作诗歌《东方的梦》《什么东西的眼泪》《在上帝手里》《你的忧郁是你自己的》(葡萄牙 特·琨台尔著 署希真译)、《浴的孩子》(瑞典 廖特倍格著 署希真译);发表《海外文坛消息(一一一 — 一一三)》(署雁冰);发表《最后一页》(未署名)。

---

①　钟桂松:《茅盾评传》,南京大学出版社2013年5月版。
②　王云五(1888—1979),广东香山(今中山)人,现代出版家。1922年任上海商务印书馆编译所所长,1930年任商务印书馆总经理。曾推出四角号码检字法,并主编《万有文库》等。
③　《树林中的圣诞夜》是一部小说,波兰善辛齐尔著,耿式之译。

同日　在《小说月报》第 13 卷第 2 号发表书信《致蒉蘅》《致吕冕韶》(署记者雁冰,附蒉蘅来信),认为"风俗历史习惯环境的差异,在艺术的了解力上,是相对的,不是绝对的,不但如此,有时反因描写了异地的风俗习惯而使人看了格外赞赏";发表书信《致吕冕韶》(署记者雁冰,附吕冕韶来信);发表书信《文学作品有主义与无主义的讨论——复周赞襄》(署雁冰,附周赞襄来信),认为"消遣的文学观,不忠实的描写方法,是文学进化路上二大梗"。

同日　在《小说月报》第 13 卷第 2 号发表评论《对〈沉沦〉和〈阿 Q 正传〉的讨论——复谭国棠》(署雁冰),文中说:"《沉沦》中三篇,我曾看过一遍,除第二篇《银灰色的死》而外,余二篇似皆作者自传(据友人富阳某君说如此),故能言如是真切。第一篇《沉沦》主人翁心理状态的发展:这点上,我承认作者是成功的;但是作者自叙中所说的灵肉冲突,却描写得失败了。《南迁》中主人翁即是《沉沦》的主人翁,性格方面看得出来。这两篇结构上有个共通的缺点,就是结尾有些'江湖气'……"文章还高度评价了鲁迅刚发表的《阿 Q 正传》:"虽只登到第四章,但以我看来,实是一部杰作","阿 Q 这人,要在现社会中去实指出来是办不到的,但是我读这篇小说的时候,总觉得阿 Q 这人很面熟,是呵,他是中国人品性的结晶呀! 我读了这四章,忍不住想起俄国龚伽洛夫的 Oblomov 了。"

15 日　在《民国日报·妇女评论》第 28 期发表杂感《对于"女子地位"辩论底杂感》(署冰),指出:"不逃避严峻的现实,要在自己所处的现实中认识自己的位置,全力去改革。"

21 日　在《时事新报·文学旬刊》第 29 期发表评论《评梅光迪之所评》(署郎损)。

27 日 在《时事新报·学灯》发表消息《惠特曼考据的最近》（署损）。

本月 赴李达任校长的上海平民女学教英文文法。该校为共产党所办，提倡半工半读，为党培养妇女运动干部。茅盾在这里任教，每周授课三个晚上，每晚一个半小时，前后达半年之久。学生有王剑虹、王一知、蒋冰之等。①

3 月

1 日 在《时事新报·文学旬刊》第 30 期发表文论《近代文明与近代文学》（署郎损）。

同日 在《民国日报·妇女评论》第 30 期发表译作剧作《旅行人》（爱尔兰 葛雷古夫人著 署沈雁冰）。

8 日 在《民国日报·妇女评论》第 31 期发表译作剧作《旅行人(续)》（爱尔兰 葛雷古夫人著 署沈雁冰）。

10 日 在《小说月报》第 13 卷第 3 号发表《海外文坛消息（一一四 — 一一八）》（署沈雁冰）；发表《普洛士简介》（署记者）；发表书信《为什么中国今日没有好的小说出现——复汪敬熙》（署雁冰）、《致吕一鸣》《语体文欧化的讨论——复黄祖沂》《小说月报的名称——复姚天寅》《"反动力怎样帮忙?"——复管毅甫、冯蕴平》（署记者雁冰），附吕一鸣、黄祖沂、姚天寅来信；发表序跋《〈古埃及的传说〉附注》（署记者）；发表《最后一页》（未署名）。

11 日 在《时事新报·文学旬刊》第 31 期发表文论《驳反对白话诗者》（署郎损），指出"视白话诗若'洪水猛兽'"的现象，并非坏事，"文学上越多反对的声浪，便越见得文坛上热闹，有进

---

① 茅盾在《回忆录》中说是 1921 年底，恐有误。

步，能发展"。

20 日　在《教育杂志》第 14 卷第 3 号发表译作小说《罗本舅舅》(瑞典 革拉勒夫 署沈雁冰译 1921 年 11 月 6 日)。

27 日　在《时事新报·学灯》发表消息《"惠特曼考据"的最近》(署损)，介绍了美国霍洛威(E. Holloway)教授的有关惠特曼生平著作的研究。

29 日　在《民国日报·妇女评论》第 34 期发表杂评《解放与恋爱》(署冰)，认为"恋爱固不以性交之达到算为成熟的证据，但是因为恋爱而自然到这地步，就是极合理的事，不能算是可耻，或秽污"。

同日　在《民国日报·妇女评论》第 34 期发表译作剧本《乌鸦》(爱尔兰 葛雷古夫人著 署沈雁冰)。后于《民国日报·妇女评论》第 35、36、37、44 期(4 月 5 日、12 日、19 日，6 月 7 日)续完。

4 月

1 日　在《时事新报·文学旬刊》第 33 期发表文论《一般的倾向——创作坛杂评》(署玄珠)，批评了公式化概念化的雷同倾向，认为要彻底纠正拿"做诗的态度去作小说"及一味模仿的恶习。同期发表随笔《答钱鹅湖君》(署郎损)。

5 日　在《妇女杂志》第 8 卷第 4 号发表论文《离婚与道德问题》(署沈雁冰)，认为"不许离婚固然不对，许人自由离婚毫不加以制裁，也有流弊"，将妨碍"社会组织之固定"。应找到"执中的办法"。

同日　在《民国日报·妇女评论》第 35 期发表杂评《恋爱与贞洁》(署冰)。

7 日　在《民国日报·觉悟》发表书信《非宗教声中两封重要的信》(署独秀、雁冰)。其一为致张闻天的信，对其《非宗教运动杂谭》进行了评论。

10 日　在《小说月报》第 13 卷第 4 号发表译作小说《卡利奥森在天上》(脑威 包以尔 署冬芬译),有附记;发表书信《语体文欧化问题和文学主义问题的讨论——复徐秋冲》(署雁冰)、《致王晋鑫》《致王强男》(署冰复);发表论文《包以尔的人生观》(署沈雁冰);发表《海外文坛消息(一一九 — 一二二)》(署沈雁冰);发表《最后一页》(未署名)。

5 月

1 日　与徐梅坤、董亦湘①在上海北四川路尚贤堂召开纪念"五一"劳动节群众大会。大会由徐梅坤主持,宣布大会宗旨后,由茅盾讲"五一"节来历和意义。刚开口,即遭租界巡捕冲散。

同日　在《时事新报·文学旬刊》第 36 期发表杂谈《杂谈——文学与常识》(署玄),认为文学者要拷打知识领域,多学些常识。

同日　《创造季刊》上发表郁达夫的《艺术私见》和郭沫若的《海外飞鸿》,公开批评文学研究会沈雁冰、郑振铎等人"党同伐异"和压制"天才"。

3 日　在《民国日报·妇女评论》第 39 期发表译作《生育节制的过去、现在和将来》(桑格夫人著 署佩韦译),后于《民国日报·妇女评论》第 40、42 期(5 月 10 日、24 日)续完。

4 日　在交通大学上海学生会纪念五四演讲会上发表题为《五四运动与青年们底思想》的演讲。

10 日　在《民国日报·妇女评论》第 40 期发表论文《"生育节制"底正价》(署冰)。

---

①　董亦湘,商务印书馆编译所编辑,中国共产党党员。

同日 在《小说月报》第 13 卷第 5 号特辟《自然主义的论战》一栏，展开了关于自然主义的大讨论。发表译作诗歌《英雄包尔》(匈牙利 亚拉奈著 署冬芬译)，附作者小传、译后记；发表书信《自然主义的论战——复周赞襄》《自然主义的论战——复史子芬》(署雁冰)，附两封来信；发表书信《自然主义的论战——致汤在新》《致徐绳祖》《致黄祖诉》《致周子光》《致朱畏轩》《致刘晋芸》(署雁冰)；发表《海外文坛消息(一二三 —— 一二五)》(署沈雁冰)；发表《最后一页》(未署名)。

11 日 在《时事新报·文学旬刊》第 37 期发表文论《〈创造〉给我的印象》(署损)，后于《时事新报·文学旬刊》第 38、39 期(5月 21 日、6 月 1 日)续完。文章在评论了郭沫若、郁达夫、成仿吾、张资平等人的作品之后说："创造社诸君的著作恐怕也不能竟说可与世界不朽的作品比肩罢。所以我觉得现在与其多批评别人，不如自己多努力，而想当然的猜想别人是'党同伐异的劣等精神，和卑陋的政客者流不相上下'，更可不必。真的艺术家的心胸，无有不广大的呀。我极表同情于《创造》社诸君，所以更望他们努力！更望把天才两字写出在纸上，不要挂在嘴上。这话也许太唐突了，但我确有这感想，而且朋友们中也确有这些同样的感想，所以还是老老实实说出来罢。"

同日 在《民国日报·觉悟》发表论文《五四运动与青年们底思想》(署沈雁冰，高尔松、高尔柏笔记)，系 5 月 4 日在交通大学上海学校学生会五四纪念讲演会上的讲演。

20 日 在《教育杂志》第 14 卷第 5 号撰文参与"学术界生活独立问题"的讨论(署沈雁冰)，应《教育杂志》约稿以致李石岑信的通信形式刊出。

本月 中国共产党上海地方委员会改组为中共上海地方兼

区执行委员会,茅盾担任宣传委员。

6 月

6 日　致周作人信,向鲁迅约稿,收到茅盾信的当月,鲁迅即作小说《端午节》,发表于同年 9 月出版的《小说月报》。该信后刊于《鲁迅研究资料》1983 年第 11 期。

10 日　在《小说月报》第 13 卷第 6 号发表传记《霍普德曼传》,文论《霍普德曼的自然主义作品》《霍普德曼的象征主义作品》(均署希真),译作《霍普德曼与尼采哲学》(Anton 著 署希真译),后收入《六个欧洲文学家》世界书局 1929 年 6 月版;发表《海外文坛消息(一二六 ― 一三〇)》(署雁冰);发表书信《"译名统一与整理旧籍——复陈德征"》《自然主义的怀疑与解答——复周志伊》《自然主义的怀疑与解答——复吕荑南》《〈王锴鸣和谢六逸的通信〉附志》(均署雁冰,附来信);发表书信《批评创作的六封信》:《致吕荑南》《致黄绍衡》《致徐雉》《致陈友苟》《致许美埙》《致李秀贞》《致谢立民》(署雁冰);发表《最后一页》。

11 日　在《时事新报·文学旬刊》第 40 期发表《杂谈》(署冰);发表评论《读〈小说月报〉第十三卷第六号》(署真),热情肯定冰心的《遗书》"抒写自己情感"时"明丽婉妙而常带点嫩黄色的悲哀",使"她的散文富有诗趣"。

28 日　在《民国日报·妇女评论》第 47 期发表杂文《歧路》(署冰)。

7 月

1 日　在《时事新报·文学旬刊》第 42 期发表评论《最近的

出产——〈戏剧〉第四号》（署玄）。

7 日　出席文学研究会在上海一品香召开的"南方会员年会"，讨论会务及其他问题，欢送俞平伯赴美。

10 日　在《小说月报》第 13 卷第 7 号发表论文《自然主义与中国现代小说》（署沈雁冰），是针对一年来鸳鸯蝴蝶派攻击茅盾和《小说月报》所作的公开答辩和正面批判。指出鸳鸯蝴蝶派对小市民"有广泛影响"，是当前新文化运动的"最大障碍"，非先"铲除"不可。而要改变"游戏的消遣的金钱主义的文学观念"，就必须"提倡文学上的自然主义"。

同日　商务印书馆编译所的新任所长王云五等保守派借口《自然主义与中国现代小说》点到了鸳鸯蝴蝶派的《礼拜六》杂志，对茅盾施压，茅盾据理力争。

同日　在《小说月报》第 13 卷第 7 号发表译作剧本《盛筵》（匈牙利 莫尔奈著 署冬芬译），有译者附记；发表《海外文坛消息（一三一——一三四）》（署沈雁冰）；发表书信《致汪敬熙》《致万良濬》《致齐鲁侗》《致阅者》《致啸云》《致吴溥》《致汤在新》（署雁冰）；发表《最后一页》（署雁冰）。

11 日　在《时事新报·文学旬刊》第 43 期发表《评〈小说汇刊〉创作集二》①（署玄）、杂文《杂谈》（署玄）。

19 日　在《民国日报·妇女评论》第 50 期发表杂感《"我所见"与"我所忧"》（署冰）。

21 日　在《时事新报·文学旬刊》第 44 期发表《文学界小新闻》（署玄），报道了美国、英国、犹太、比利时、俄国的文艺现况。

30 日　应四明暑期教育讲习会邀请，与郑振铎共赴宁波，并

---

①　《小说汇刊》是文学研究会成员的小说集，收入 7 位作家的 16 篇小说。

发表演讲《文学上的各种新派兴起的原因》。

31 日　在四明暑期教育讲习会举行的欢送会上讲话。

8 月

1 日　与郑振铎乘"新宁绍"号由宁波返沪。在《时事新报·文学旬刊》第 45 期发表文论《介绍外国文学作品的目的——兼答郭沫若君》（署雁冰），指出"发你一篇外国文学作品，于主观的爱好心而外，再加上一个'足救时弊'的观念，亦未始竟是不可能，不合理的事。""我觉得文学作品除能给人欣赏而外，至少还需含有永久的人性，和对于理想世界的憧憬。我觉得一时代的文学是一时代缺陷与腐败的抗议和纠正"，因此"极力主张译现代的写实主义的作品。"

5 日　应邀和郑振铎等一起出席郁达夫等为《女神》出版一周年在上海举办的纪念会，并合影留念。

10 日　在《小说月报》第 13 卷第 8 号发表社评《青年的疲倦》（署雁冰）；发表文论《"文艺批评"管见一》（署郎损）、《"直译"与"死译"》（署雁冰）；发表译作剧本《路意斯》（荷兰 斯宾霍夫著署冬芬译，附译者记）、译作文论《新德国文学》（A. 希真译，附译后记）；发表评论《纯文艺定期出版物与民众》（署雁冰）；发表《海外文坛消息（一三五 — 一三八）》（署沈雁冰）；发表书信《怎样提高民众的文学鉴赏力？——致张侃、王砥之、王桂荣》《创作质疑——禹平等二人》《对于本刊名称与体制的讨论——复谷新农等四人》（署雁冰）；发表编后记《最后一页》（未署名）。

12—16 日　在宁波《时事公报》发表演讲《文学上各种新派兴起的原因》（署沈雁冰），本文为 1922 年 7 月末在宁波"四明夏期讲习会"上的演讲稿。

16 日　在《民国日报·妇女评论》第 54 期发表散文《一个女校给我的印象》（署雁冰）。

21 日　在《时事新报·文学旬刊》第 47 期发表书信《致林取先生》（署玄）。

23 日　李芾甘（巴金）致函沈雁冰，建议"一面做建设工作，一面做破坏的工作"，则"将来中国文学便可立足于世界文学之间，并能大放光明"。

29 日　在《民国日报·觉悟》发表杂感《"个人自由"的解释》（署 Y. P.）。

本月　参与发起的妇女问题研究会在上海成立，发表宣言和简章。该会对研究妇女问题、推动妇女运动起了促进作用。

本月　应松江县私立景贤女子中学校长侯绍裘之邀，到松江讲《文学与人生》，初刊于 1923 年出版的松江《学术演讲录》第 1 期（署沈雁冰）。

9 月

1 日　在《时事新报·文学旬刊》第 48 期发表杂感《"半斤" VS"八两"》（署损），对郭沫若《批评意门湖译本及其他》一文中的观点表示了不同看法；发表书信《致郭沫若》（署雁冰）。

10 日　在《小说月报》第 13 卷第 9 号发表论文《文学与政治社会》（署雁冰）、《主义……》（署雁冰）、文论《自由创作与尊重个性》（署雁冰）；发表译作《却绮》（亚美尼亚 阿哈洛艮著 署沈雁冰译），附译后记；发表译作剧本《波兰——一九一九年》（宾斯奇著 署希真译），有译者附志；发表《海外文坛消息（一三九 — 一四一）》（署沈雁冰）；发表书信《通信》（分别致邵立人、吴溥、顾效梁）（署雁冰）；发表编后记《最后一页》（未署名）。

11 日 在《时事新报·文学旬刊》第 49 期发表书信《答苻甘先生》(署记者)。

20 日 致周作人信,坦言:"对于《创造》及郁、郭二君,我本无敌意,唯其语言太逼人,一时不耐,故亦反骂。新派不应自相争,郁君在发启《女神》出版周年纪念时,似亦有此意,不解其何以一面如此说,而一面又谩骂也。"后刊于《鲁迅研究资料》1983年第 11 期。

21 日 在《时事新报·文学旬刊》第 50 期发表文论《"曹拉主义"的危险性》(署郎损,"曹拉主义"今译"左拉主义"),指出"自然主义的真精神是科学的描写法,见什么写什么,不想在丑恶的东西上面加套子:这是他们共通的精神,我觉得这一点不但毫无可厌,并且有恒久的价值,不论将来艺术界里要有多少新说出来,这一点总该被敬视的。"

10 月

1 日 在《时事新报·文学旬刊》第 51 期发表文论《杂谈》(署玄)、《"文艺批评"杂说》(署佩韦)。

2 日 致周作人信,后刊于《鲁迅研究资料》1983 年第11 期。

10 日 在《小说月报》第 13 卷第 10 号发表文论《未来派文学之现势》(署沈雁冰),认为"文学上各种新运动的发生,一方是社会背景和时代精神的反映,一方也是对于环境的反动。未来主义当本世纪初年在意大利勃兴,可说完全是对于环境的反动"。重点介绍了俄国的未来派,同时也相对客观地描述了整个西方未来主义的发生与发展的脉络;发表文论《现代捷克文学概略》(署佩韦)、《英国戏曲家汉更》(署记者);发表书信《致朱畏

轩》《致查士骥》《致允明》《致冯瑾》《致汤逸庐》《致张友鹤》;发表
《海外文坛消息(一四二 —— 一四五)》(署沈雁冰);发表编后记
《最后一页》(未署名)。

同日　在《时事新报·文学旬刊》第 52 期发表文论《译诗的
一些意见》(署玄珠),指出:"一切文学作品的译本,对于新的民
族文学的崛起,都是有间接的助力的。"同期发表杂感《偶然记下
来的》(署玄珠)。

21 日　在《时事新报·文学旬刊》第 53 期发表《杂谈》(署
冰)。

11 月

1 日　在《时事新报·文学旬刊》第 54 期发表《杂谈》(署
冰),以贴切的比喻、犀利的笔法戳穿了青社①社员伪批评的
实质。

同日　在《时事新报·文学旬刊》第 54 期发表文论《"写实
小说之流弊"?》(署冰),针对"学衡派"吴宓《写实小说之流弊》而
发,正文开门见山:"请教吴宓君,黑幕派与礼拜六派是什么东
西!"在《民国日报·妇女评论》第 65 期发表译作《狱门》(爱尔兰
葛雷古著 署沈雁冰译)。

8 日　在《民国日报·妇女评论》第 66 期发表译作《狱门
(续)》(爱尔兰 葛雷古著 署沈雁冰译),附译后记;发表杂感《恋
爱蠡测》(署沈雁冰)。

---

　　①　青社,通俗文学团体。1922 年由鸳鸯蝴蝶派文人在上海成立,发起人为徐
卓呆、胡寄尘、张舍我等。曾出版机关刊物《长青》周刊,其宗旨是"注重批评""以谋
文艺之进步"。但其"批评"除了肉麻的自相恭维,或粉墙上画字式的谩骂外,别无所
有。该社成立不久即告解散,其成员多转入"星社"。

10 日 在《小说月报》第 13 卷第 11 号发表文论《真有代表旧文化旧文艺的作品么？》(署雁冰)，严肃地指出《礼拜六》这一类所谓"通俗"刊物在思想上对读者的毒害；发表杂感《反动？》(署雁冰)，指出要治标也要治本，即既要揭露"礼拜六"派的"谬误思想与浅薄技能"，也要"引青年走上人生的正路"。

同日 在《小说月报》第 13 卷第 11 号发表杂感《文学家的环境》(署雁冰)；发表译作剧本《爸爸和妈妈》(智利 巴僚斯著 署冬芬译)，附译后记；发表译作《欧战给与匈牙利文学的影响》(B. Zolnai 著 署元枚译)，附译者附注，后收入《近代文学面面观》；发表译作文论《脑威现代文学》(Johan Bojer 著 署佩韦译。附译后记)、《赤俄的诗坛》(D. C. Mirski 著 署玄瑛译，附译后记)；发表《海外文坛消息(一四六 — 一四九)》(署沈雁冰)；发表《"创作批评"栏前言》(署记者)、《最后一页》(未署名)；发表书信《致陈介候》《致吕兆棠》《致谢采江》《致关芷萍》《致王志刚》《致黄绍衡》《致马静观》《致马鸿轩》《致张蓬洲》《致姚天寅》《致胡鉴伦》《致徐爱蝶》。

11 日 在《时事新报·文学旬刊》第 54 期发表《〈"中国文学史研究会"底提议〉的按语"》(署冰)、书信《致汪馥泉》(署雁冰)。

19 日 在《民国日报·觉悟》发表书信《介绍西洋文学思潮的重要》(署冰)，此为致陈望道的信，认为有必要继续介绍西洋文艺思潮。

21 日 在《时事新报·文学旬刊》第 56 期发表《启事》(与谢六逸、郑振铎合署)。

12 月

1 日 在《时事新报·文学旬刊》第 57 期发表文论《乐观的

文学》（署玄珠），指出一方面"要有钢一般的硬心，去接触现代的罪恶"，另一方面更要以乐观与自信"去到现代的罪恶里看出现代的伟大来！"同期发表杂感《文学的力》（署玄珠）。

10日　在《小说月报》第 13 卷第 12 号发表文论《欧战与意大利文学》（署洪丹），从地理分布、民族思维等方面指出缘何未来派会兴盛如此；发表译作《新德国文学的新倾向》（G. Haupt-mann 著 署元枚译），附前记；发表《海外文坛消息（一五〇 — 一五二）》（署雁冰）；发表随感《今年纪念的几个文学家》（署佩韦），包括莫里哀、雪莱、霍夫曼、格利古洛维支、大龚古尔、安诺尔特；发表译作《巴西文坛最近的新趋势》（署佩韦译，附译后记）；发表《本刊特别启事二则》（无署名）；发表《最后一页》（未署名）；发表书信《致林文渊》《致 CMC》（署雁冰）。

同日　在《小说月报》第 13 卷第 12 号发表《雁冰启事》，告知读者："本刊自明年起，改由郑振铎君编辑"，结束两年主编生涯。

春　与杨郎垣、曹辛汉等在嘉兴南湖烟雨楼集会，决定新乡人社改名为桐乡青年社，选出理、监事 7 名，新加入者有金仲华、孔另境等。将《新乡人》改为《新桐乡》，铅印出版，由沈雁冰续编。除出版刊物外，还主办过演讲会，在当时产生一定影响。

夏　应松江县私立景贤女子中学校长侯绍裘之邀，在暑期讲演会讲《文学与人生》，介绍法国泰纳的学说。讲演稿刊于松江暑期演讲会《学术演讲录》第 1 期。

本年　因商务印书馆当局违背当初不干涉编辑方针的承诺，加之高梦旦已卸任，在第 13 卷出齐后辞去主编职务，自 14 卷第 1 号起，编务由郑振铎接任。仍担任《海外文坛消息》专栏撰稿人,仍留商务印书馆工作。主要工作:标点、校注林琴南译的《萨克逊劫后英雄传》,伍光建译的《侠隐记》《续侠隐记》《二十年以后》,并加评传。为"国学小丛书"编选《庄子》《楚辞》《淮南子》等。

1923 年(癸亥,民国十二年)　27 岁

▲2 月 7 日,"二七"惨案发生。

▲6 月 12 日,中国共产党第三次全国代表大会在广州举行,会议决定全体共产党员以个人名义加入国民党,以建立各民主阶级的统一战线。

▲6 月 15 日,《新青年》改出季刊,成为中国共产党的理论性机关刊物,迁往广州出版,瞿秋白任主编。《国际歌》中文词曲在创刊号首次刊出。

▲7 月,创造社在《中华新报》上创办《创造日》。

▲10 月,中国共产主义青年团刊物《中国青年》周刊在上海创刊。

▲本年起,邓中夏、恽代英、沈泽民等共产党人倡导革命文学。

1 月

1 日　在《妇女杂志》第 9 卷第 1 号("妇女运动号")发表论文《妇女教育运动概略》(署沈雁冰),有附记。

5 日　在《小说世界》第 1 卷第 1 期发表译作小说《私奔》(匈牙利 裴都菲 署沈雁冰译),附译后记。

10 日　在《小说月报》第 14 卷第 1 号发表杂文《心理上的障碍》(署玄珠),指出"凡一种新运动初发生,不怕顽强的反抗论,却怕这种既不反抗又不研究而惟以游戏态度相对待的阿谀曲解者",希望"努力创造新文学和整理国故的人们除低头用功外,还要多用些消毒功夫,先打破一般人心理上的障碍——误谬的循环论"。

同日　在《小说月报》第 14 卷第 1 号发表论文《匈牙利爱国诗人裴都菲的百年纪念》(署沈雁冰),介绍了裴都菲的生平、主要作品、创作成就,后收《六个欧洲文学家》;发表《海外文坛消息(一五三 — 一五五)》(署沈雁冰)。在《小说世界》第 1 卷第 1 期发表译作《私奔》(匈牙利 裴多菲著 沈雁冰译,附译后记)。

15 日　在《时事新报·学灯》发表《我的说明》(署沈雁冰),附《王统照给沈雁冰的信》。文章对译文《私奔》的发表经过作了说明。

19 日　在《小说世界》第 1 卷第 3 期发表译作小说《皇帝的衣服》(匈牙利 密克柴斯著 署沈雁冰译),附作者小传、译后记,亦刊于《译文》第 1 卷第 1 期(1934 年 9 月 16 日)、《文艺月刊》第 9 期(1941 年 1 月)。

24 日　在《民国日报·妇女评论》第 77 期发表杂感《闻韩女士噩耗后的感想》(署沈雁冰)。

本月　发表译作《十二个月》(译自《捷克斯拉夫神话集》署沈德鸿),由郑振铎辑入《童话》第 3 集第 2 编《鸟兽赛球》,商务印书馆 1923 年 1 月出版。包括《花园之外》(叶圣陶作)、《鸟兽赛球》(沈裴成作)、《阿迷的失踪》(吴立模作)。

2 月

1 日 在《妇女杂志》第 9 卷第 2 号发表译作小说《他来了么?》(保加利亚 伐佐夫,又译伏洛甫著 署雁冰译),附译后记,收开明书店版《雪人》。在《时事新报·文学旬刊》第 63 期发表论文《对于文艺上新说应取的态度》(署冰)。

7 日 在《民国日报·妇女评论》第 79 期发表论文《"母亲学校"底建设》(署冰)。

10 日 在《小说月报》第 14 卷第 2 号发表杂文《标准译名问题》(署沈雁冰);发表译作剧本《太子的旅行》(西班牙 倍那文德署冬芬译);发表序跋《倍那文德的作风》(署沈雁冰),后作为译者序收入《倍那文德戏曲集》(署沈德鸿);发表文论《欧美主要文学杂志介绍》(署沈雁冰);发表《海外文坛消息(一五六 — 一六〇)》(署沈雁冰)。

同日 子沈霜①诞生于上海。

21 日 在《时事新报·文学旬刊》第 65 期发表文论《杂谈》(署冰),认为欣赏文艺作品有以下原则:"(一)文字的组织愈精密愈好","(二)描写的方法愈'独创'愈好","(三)人物的个性和背景的空气愈显明愈好"。

3 月

10 日 在《小说月报》第 14 卷第 3 号发表《海外文坛消息(一六一 — 一六四)》(署沈雁冰)。

---

① 沈霜(又名韦韬,1923—2013),生于上海,1940 年参加革命。1980 年离职修养帮助父亲茅盾撰写回忆录,茅盾逝世后将未完成的回忆录整理发表。

11 日　作《戏曲家的萧伯纳》。

本月　因不满商务印书馆的剥削,同意与编译所几位朋友自行组织出版社,定名"朴社"。并与周予同、胡愈之、郑振铎、王伯祥、叶圣陶、顾颉刚、俞平伯等议定,每人每月出资 10 元出版书籍。"朴社"于 1925 年"五卅"事件后解体。[①]

4 月

约上旬　与郑振铎、胡愈之、谢六逸、费鸿年等筹划合作翻译英国约翰·特林瓦透与威廉·依彭合著的《文学艺术大纲》。后来这一计划未能实现。

10 日　在《小说月报》第 14 卷第 4 号发表译作文论《奥国的现代文学》(John E. Jacoby 著 署韦兴译);发表译作《南斯拉夫的近代文学》(Milivoy S. Stanoyevich 著 署佩韦译),初收《近代文学面面观》;发表《海外文坛消息(一六五 — 一六八)》(署沈雁冰)。

11 日　在《民国日报·妇女评论》第 87 期发表《关于浙女师风潮的一席谈话》(署雁冰记)。

12 日　在《时事新报·文学旬刊》第 70 期发表《杂感》(署雁冰)、诗歌《雨后的小雀》(署雁冰)。

18 日　在《民国日报·妇女评论》第 87 期发表随感《替杨朗垣抱不平》(署雁冰)。

25 日　在《民国日报·妇女评论》第 88 期发表随感《读〈对于郑振埙君婚姻史的批评〉以后》(署雁冰)。

---

① 参见陈福康《郑振铎年谱》。

5月

2 日　在《时事新报·文学旬刊》第 72 期发表文论《自动文艺刊物的需要》（署雁冰）。

9 日　在《民国日报·妇女评论》第 90 期发表书信《致 YW》（署雁冰），是对 YW 来信《补救成年失学妇女的教育方法与材料》的回复，现题为编者所加。

10 日　在《小说月报》第 14 卷第 5 号发表译作小说《最后一掷》（阿塞凡度，又译阿泽维多著 署沈雁冰译），附译后记；发表译作论文《现代的希伯莱诗》（Joseph T. Shipley 著 署赤城译）；发表论文《西班牙现代小说家巴洛伽》及附注（署沈雁冰），收《六个欧洲文学家》；发表《海外文坛消息（一六九 — 一七二）》（署沈雁冰）。

12 日　在《时事新报·文学旬刊》第 73 期发表文论《杂谈》（署雁冰）。

15 日　在《诗》第 2 卷第 2 期发表译作诗歌《南斯拉夫民间恋歌（四首）：离别、新妹丽花、织女、幽会》（署雁冰译）。

16 日　在《民国日报·妇女评论》第 91 期发表杂感《评郑振壎君所主张的"逃婚"》（署沈雁冰）。

22 日　在《时事新报·文学旬刊》第 74 期发表文论《杂感》（署雁冰）、文艺杂感《各国文学史》（署雁冰）、《〈诗〉二卷二号出版预告》（署雁冰）。

本月　开始在上海大学①中国文学系任教②。讲授"小说"
"欧洲文学史"等课程，至 1925 年 5 月。

6 月

1 日　在《妇女杂志》第 9 卷第 6 号发表杂感《妇女自立希望
的好消息》(署冰)。

2 日　在《时事新报·文学旬刊》第 75 期发表文论《杂感》
(署雁冰)。

10 日　在《小说月报》第 14 卷第 6 号发表译作《葡萄牙的近
代文学》(A. F. G. Bell 著　署玄珠译)；发表《海外文坛消息(一七
三 一 一七五)》(署沈雁冰)。

同日　中国共产党第三次全国代表大会在广州召开，讨论
与国民党合作诸问题，毛泽东当选为中央委员。

12 日　在《时事新报·文学旬刊》第 76 期发表文论《杂感》
(署雁冰)。

17 日　在《努力周报》第 57 期发表序跋《〈阿拉伯的 K.
Gibran 的小品文学〉译后记》(未署名)。

22 日　在《时事新报·文学旬刊》第 77 期发表评论《最近的
出产·评〈华伦夫人之职业〉(剧本)》(署雁冰)。

---

① 上海大学系中国共产党创办的培养革命干部的高等学校，邓中夏任总务长，
瞿秋白任教务长、社会学系主任，陈望道任中国文学系主任。在这里，茅盾结识瞿秋
白。可参见黄绍衡《沈雁冰先生初进上海大学任教》(《桐乡茅盾研究会会刊》(三))
中的回忆。

② 据《上海大学教职员一览表》，刊于《党史资料》丛刊 1980 年第 2 辑。

7 月

8 日　出席中国共产党上海区召开的全体党员大会,会上传达中共第三次全国代表大会通过的各项决议,并成立中共上海地方兼区执行委员会,扩大上海地方执行委员会的原有职权,选举沈雁冰等五人为执行委员。

9 日　新选出的中共上海地方兼区执行委员会召开第一次会议,决定沈雁冰为执委会国民运动委员,兼任国民运动委员会委员长,兼管苏州、南通地区工作。

10 日　在《小说月报》第 14 卷第 7 号发表《海外文坛消息(一七六 — 一七八)》(署沈雁冰)。

12 日　在《时事新报·文学旬刊》第 79 期发表文论《杂感》(署 YP)。在《文学》(周刊)第 84 期发表《几个消息》(署玄)。

30 日　在《文学》周报第 81 期发表文论《研究近代剧的一个简略书目》(署沈雁冰),后于《文学》周报第 82 期(8 月 6 日)续完。

本月　与《文学旬刊》诸编辑研究决定,自 81 期起,改名《文学》,由旬刊改为周刊。

本月　与沈泽民等参加桐乡县城崇实小学举办的桐乡县小学教师暑期演讲会,讲了文学方面的问题。后又到屠甸镇的崇道小学和乌镇植材小学演讲,讲了关于桐乡县教育事业发展和关心儿童身心健康的问题。①

---

①　翟同泰:《茅盾在大革命前的社会和革命活动略述》,《茅盾研究》第 3 辑。

8 月

5 日　中共上海地方兼区执行委员会召开第六次会议,时任中央委员的毛泽东代表中共中央出席会议,第一次见到毛泽东。会议决定由沈雁冰联络上海工商界知名人士保释被捕入狱同志。会议决定劳委会和劳动组合书记部合并,沈雁冰以国民运动委员会负责人的身份加入该机构,参加工作。

6 日　在《文学》(周刊)第 82 期发表《研究近代剧的一个简略书目(续)》(署沈雁冰)。

20 日　在《文学》(周刊)第 84 期发表《几个消息》(署玄)。

27 日　在《文学》(周刊)第 85 期发表文论《两个西班牙文人》(署雁冰)。

下旬　出席中共上海地方兼区执行委员会召开的第八次会议。实际到会的只有茅盾和邓中夏。因邓中夏要出席在南京召开的中国社会主义青年团第二次全国代表大会,故由茅盾代理委员长。①

本月　应侯绍裘之邀,赴松江参加暑期讲演会,讲题是《什么是文学——我对于现文坛的感想》。最初发表于松江《学术演讲录》第 2 期。

9 月

2 日　出席中共上海地方兼区执行委员会的全体会议,会上进行改选,选出沈雁冰、王荷波、徐白民、顾作之为执行委员。

---

① 翟同泰:《茅盾在大革命前的社会和革命活动略述》,《茅盾研究》第 3 辑。

3 日 在《文学》(周刊)第 86 期发表译作《圣的愚者》(阿拉伯 Kablyl 著 署雁冰译),有译后附记。

4 日 中共上海地方兼区执行委员会改组,新选的执委会第一次会议决定沈雁冰为秘书兼会计,主持日常工作。

5 日 在《民国日报·妇女周报》第 3 号发表《〈妇女周报〉社评(一)》①(署玄珠)。

10 日 在《小说月报》第 14 卷第 9 号("太戈尔号"上)发表译作诗歌《〈歧路〉选译》(太戈尔著 署沈雁冰、郑振铎译,"太戈尔"今译"泰戈尔");发表《海外文坛消息(一七八 — 一八一)》②(署沈雁冰)。

12 日 在《民国日报·妇女周报》第 4 号发表《〈妇女周报〉社评(二)》(署玄珠)。

17 日 发表译作《阿剌伯 K. Gibran 的小品文字》(署雁冰译),刊于《文学》(周刊)第 88 期,包括:《批评家》《一张雪白的纸说……》《价值》《别的海》。

24 日 在《文学》(周刊)第 89 期发表译作《乌克兰的结婚歌》(署雁冰译);发表书信《与徐奎的通信》(署玄珠),附徐奎 9 月 9 日来信。

27 日 出席中共上海地方兼区执委会第 15 次会议,改组了国民运动委员会,与向警予被推举分管妇女运动方面的工作,在

---

① 《妇女周报》1923 年 8 月 23 日创刊,由《民国日报》副刊《妇女评论》与《现代妇女》合并而成。

② 《小说月报》第 14 卷第 6 号载《海外文坛消息》至一七八条,本期应从第一七九条开始,序号有误。

这次会议上第一次见到恽代英①。

10 月

1 日　在《文学》(周刊)第 90 期发表《杂感》(署玄);发表《通信》(署玄珠),附鑫龄九来信。

8 日　在《文学》(周刊)第 91 期发表评论《读〈呐喊〉》(署雁冰),对鲁迅《呐喊》中的重要作品作了分析和评价,指出《狂人日记》是"最刻薄的攻击""传统的旧礼教"的吃人本质的"前无古人"的"奇文"。并高度赞扬称鲁迅为"创造'新形式'的先锋","《呐喊》里的十多篇小说几乎一篇有一篇新形式,而这些新形式又莫不给青年作者以极大的影响,必然有多数人跟上去试验"。

10 日　与瞿秋白、周建人等参加郑振铎、高君箴结婚仪式。

同日　在《小说月报》第 14 卷第 10 号发表书信《致鸣涛》(署雁冰),指出:"诗的有没有韵律和有没有意义是截然两件事。随便写两三句,只要有内容,即使无韵律,亦未尝不足以为诗;反之,若无内容,哪怕是遵守韵律,苦心刻画成的长篇,亦不能一定可说是诗。像那样长而徒具形骸,其中无物的诗,恐怕也没有多大的意味罢?"同期发表书信《致朱立人》(署雁冰);发表《海外文坛消息(一八二 — 一八七)》(署沈雁冰)。

---

①　恽代英(1895—1931),原籍江苏武进,生于湖北武昌。1919 年参加五四运动。同年加入少年中国会。1920 年 2 月与林育南等人创办武汉地区传播马克思主义和新文化的中心——利群书社。1921 年 10 月入党。1923 年当选共青团中央委员,任《中国青年》主编。1924 年国民党一大后任国民党上海执行部宣传部秘书。1925 年参加领导"五卅"反帝爱国运动。1926 年到黄埔军校任政治教官。1927 年 1 月在武汉中央军事政治学校任行政总教官。中央五大当选为中央委员。大革命失败后参加南昌起义,任中共前敌委员会成员。1931 年 4 月被捕,英勇就义。主要著作收入《恽代英文集》。

22 日　在《文学》(周刊)第 93 期发表评论《答谷凤田》(署沈雁冰),标题为编者所加。

本月　作序跋《郑译〈灰色马〉序》

11 月

5 日　在《时事新报·学灯》发表序跋《郑译〈灰色马〉序》(署沈雁冰),刊于《文学》(周刊)第 95 期,改题为《〈灰色马〉序》,收《灰色马》(文学研究会丛书,俄国路卜洵著,郑振铎译),商务印书馆 1924 年 6 月出版。

10 日　在《中国青年》第 4 期发表译作小说《巨敌》(高尔基著 署雁冰译)。在《小说月报》第 14 卷第 11 号发表《海外文坛消息(一八八 —— 一九〇)》(署沈雁冰)。

12 日　在《文学》(周刊)第 96 期发表译作论文《俄国文学与革命》(Ldat Reato 著 署沈雁冰译)及附注。

14 日　在《民国日报·妇女周报》第 13 号发表《〈妇女周报〉社评(三)》(署玄珠)。

27 日　与同在上海的浙籍人士陈望道、杨贤江等致电浙江省省长、教育厅长,抗议浙江省议员罗织罪名提出查办省立五中校长案。

本月　《近代俄国文学家论》(署沈雁冰)作为《东方文库》第 64 种,由商务印书馆出版印行。

本月　发表文论《文学与人生》(署沈雁冰)、文论《未来派文学之现势》(署沈雁冰)、《陀思妥以夫斯基的思想》(署沈雁冰)、《霍普德曼的自然主义作品》(署希真)、《梅德林克》(署孔常),收入侲工编《新文艺评论》,由上海民智书局 1923 年 11 月印行。

12 月

3 日 在《文学》(周刊)第 99 期发表文论《杂感》(署雁冰)。

10 日 在《文学》(周刊)第 100 期发表文论《杂感》(署雁冰)。在《小说月报》第 14 卷第 12 号发表《海外文坛消息(一九一——一九二)》(署沈雁冰)。

17 日 在《文学》(周刊)第 101 期发表文论《杂感——读代英的〈八股〉》(署雁冰)。

31 日 在《文学》(周刊)第 103 期发表文论《"大转变时期"何时来呢?》(署雁冰),强调"文学能够担当唤醒民众而给他们力量的重大责任",支持邓中夏、恽代英等在《中国青年》上发表的"革命文学"主潮,并再一次抨击了脱离现实的"为艺术而艺术"的唯美主义文艺观。

本月 译作《未来社会之家庭》收入《家庭与婚姻》(俄国 考伦特著 署沈雁冰等译),由商务印书馆出版;《现代独幕剧》(沈雁冰、谢冠生合编)、《泰戈尔短篇小说集》(沈雁冰、邓演存合编)由商务印书馆出版。

本月 上海成立东方艺术学校,被聘为现代文学教授。

本年 在茅盾影响下,孔德沚投入妇女运动,加入中国共产党。

1924 年(甲子,民国十三年) 28 岁

▲1 月 20 日,国民党第一次全国代表大会在广州召开,确定

"联俄、联共、扶助农工"。

▲4月12日,印度著名诗人泰戈尔受邀来华讲学,抵达上海。

▲5月31日,北京政府外交总长顾维钧与苏俄代表加拉罕正式签订《中俄解决悬案大纲协定》,并互换照会,宣布北京政府与苏俄政府建交。

▲6月17日,李大钊代表中国共产党赴莫斯科出席共产国际第五次代表大会,并就中国民族革命问题发表声明。

1月

1日 在《时事新报·妇女周报》第20号发表随感《给未识面的女青年》(署玄珠)。

5日 在《学生杂志》第11卷第1号发表随感《青年与恋爱》(署沈雁冰)。

10日 在《小说月报》第15卷第1号发表传记《现代世界文学者略传(一)》(署沈雁冰 郑振铎),介绍法朗士、拉夫丹、白利欧等现代法国文学者;发表《海外文坛消息(一九三 — 一九六)》(署沈雁冰)。

13日 中国共产党上海地方兼区执行委员会召开党员大会,选出沈雁冰等5人为执行委员,沈雁冰继续任秘书兼会计。①

同日 与叶圣陶、郭沫若、郑振铎、丰子恺、周建人、蒋光赤等44人签署了我国历史上第一个《人权保障宣言》,发表在《民国日报》上,抗议军阀杀害上海总工会代理委员长刘华。

14日 在《文学》(周刊)第105期发表文论《杂感——美不

---

① 翟同泰《茅盾在大革命前的社会和革命活动述略》,刊于《茅盾研究》第3期。

美》(署雁冰),指出"文章的美不美,在乎他所含的创造的元素多不多。创造的元素愈多,便愈美。如果一篇作品的体裁,描写法和意境,都是创造的,那么这篇文章即使不用半个所谓美的词头儿,还是极美的一篇东西"。

15 日 在《学生杂志》第 11 卷第 1 号发表论文《青年与恋爱》(署沈雁冰)。

本月 《新文化辞书》(署沈雁冰等校)由上海商务印书馆出版印行。

2 月

1 日 在《妇女杂志》第 10 卷第 2 号发表译作《南美的妇女运动》(美国 甲德夫人著 署沈雁冰译)。

10 日 在《小说月报》第 15 卷第 2 号发表文论《莫泊三逸事》(署雁冰);发表《海外文坛消息(一九七 — 一九八)》(署沈雁冰);发表传记《现代世界文学者略传(二)》(署沈雁冰 郑振铎),介绍罗曼·罗兰、巴比塞等现代法国文学者。

18 日 在《文学》(周刊)第 109 期发表文论《杂感——谈古文》(署雁冰),对赵景深的《研究文学的青年与古文》提出异议。

3 月

3 日 下午应邀出席中华书局编辑程本海的婚礼,并发表演说。

10 日 在《小说月报》第 15 卷第 3 号发表传记《现代世界文学者略传(三)》(署沈雁冰 郑振铎),介绍犹太、匈牙利文学者;发表《海外文坛消息(一九九 — 二〇一)》(署雁冰)。

26 日　应邵力子之邀主持《民国日报》副刊《社会写真》(5月 12 日起改名《杭育》)的编务工作,向上海地方兼区执委会提出辞去职务,获准。

28 日　在《民国日报·社会写真》发表杂感《参观日舰的感想》(署冰)。

29 日　在《民国日报·社会写真》发表杂感《有害的发展》(署冰)。

31 日　在《民国日报·社会写真》发表杂感《讨论婚姻问题的妙文》(署冰)。

本月　出版《撒克逊劫后英雄略》(英司各特著　林纾、魏易译　署沈德鸿校注),上海商务印书馆 1924 年 3 月印行。

4 月

月初　正式接编《民国日报·社会写真》,至 7 月底离开。在此期间,几乎每天要写一篇短文,大都是抨击劣政、针砭时弊的杂文。5 个月间共写 127 篇短评。

1 日　在《民国日报·社会写真》发表杂文《买卖》(署冰)。

2 日　在《民国日报·社会写真》发表杂文《哭与笑》(署冰)。

3 日　在《民国日报·社会写真》发表杂文《湘匪》(署冰)。

4 日　在《民国日报·社会写真》发表杂文《寿,病》(署冰)。

5 日　在《民国日报·社会写真》发表杂文《清明中的黑暗》(署冰)。

6 日　在《民国日报·社会写真》发表杂文《〈严禁奇装女生的怀疑〉按语》(署冰)。

7 日　在《文学》(周刊)第 116 期发表论文《〈红楼梦〉〈水浒〉〈儒林外史〉的奇辱!》(署沈雁冰),反驳将《红楼梦》《水浒》《儒林外史》分别视作"性欲小说""盗贼小说""科举小说"的说法。在《民国日报·社会写真》发表杂文《绑票》（署冰）。

8日 在《民国日报·社会写真》发表杂文《代表》（署冰）。

9日 在《民国日报·社会写真》发表杂文《群猪种树》（署冰）。

10日 在《民国日报·社会写真》发表杂文《实事求是》（署冰）。

同日 在《小说月报》第15卷第4号发表文论《拜伦百年纪念》（署沈雁冰），亦刊于《民国日报·觉悟》（4月20日）；发表传记《现代世界文学者略传（四）》（署沈雁冰），介绍柯苏尔·科洛维奇、布尔比绥夫斯基、莱蒙脱、推式玛耶尔的生平与创作；发表《海外文坛消息（二〇二 — 二〇四）》（署沈雁冰）。

11日 在《民国日报·社会写真》发表杂文《要不得》（署冰）。

12日 在《民国日报·社会写真》发表杂文《擒，纵》（署冰）。作《对于太戈尔的希望》。

13日 在《民国日报·社会写真》发表杂文《快改"北洋书院"吧》（署冰）。

14日 在《民国日报·觉悟》发表文论《对于太戈尔的希望》（署雁冰，"太戈尔"通译"泰戈尔"）。本文是根据中共中央精神，表明中国共产党人对泰戈尔访华的态度和希望："我们也是敬重太戈尔的：我们敬重他是一个人格洁白的诗人；我们敬重他是一个怜悯弱者，同情于被压迫人们的诗人；我们更敬重他是一个帮助农民的诗人；我们尤其敬重他是一个鼓励爱国精神，激起英国青年反抗英帝国主义的诗人。""所以我们也相对地欢迎太戈尔。但是我们决不欢迎高唱东方文化的太戈尔；也不欢迎创作了诗的灵的乐园，让我们底青年到里面去陶醉去暝想去慰安的太戈尔；我们所欢迎的，是实行农民运动（虽然他底农民运动的方法是我们所反对的），高唱'跟随着光明'的太戈尔！"

16日 在《民国日报·觉悟》发表杂文《洋钱底说话》（署赤城）。在《民国日报·社会写真》发表杂文《学校戒严》（署冰）。

17日 在《民国日报·社会写真》发表杂文《名不符实》（署冰）。

19日 在《民国日报·社会写真》发表杂文《太不自然了》（署冰）。

20日 在《民国日报·社会写真》发表杂文《教育界的人格》（署冰）。

22日 在《民国日报·社会写真》发表杂文《皇会复活》（署冰）。

24日 在《民国日报·社会写真》发表杂文《去留》（署冰）。

25日 在《民国日报·社会写真》发表杂文《罪人与诗人》（署冰）。

26日 在《民国日报·社会写真》发表杂文《孙胡子的可怜语》（署冰）。

27日 在《民国日报·社会写真》发表杂文《勤与惰》（署冰）。

28日 在《文学》（周刊）119期发表论文《匈牙利文学史略》（署玄珠）。后在《文学》（周刊）120、121期（5月5日、12日）续完。

29日 在《民国日报·社会写真》发表杂文《欢迎儿子》（署冰）。

30日 在《民国日报·社会写真》发表杂文《何妨游美洲》（署冰）。

本月　出版《小说月报》第 15 卷号外——"法国文学研究"专号(署沈雁冰主编),商务印书馆印行。在"法国文学研究"专号发表文论《法国文学对于欧洲文学的影响》(署郑振铎、沈雁冰),前半篇由郑振铎作,后半篇由沈雁冰续完;发表文论《佛罗贝尔》(署雁冰)。

本月　中共中央决定,中共上海地方兼区执行委员会改组为中共上海地方委员会。

5 月

1 日　在《民国日报・社会写真》发表杂文《不劳而获》(署冰),现收《茅盾全集》第 15 卷。

3 日　在《民国日报・觉悟》发表随感《读〈智识〉一二期后所感——并答曹君慕管》(署雁冰)。

4 日　应洪深之约,观看其翻译并导演、由上海戏剧协社演出的《少奶奶的扇子》。其后在明星影片公司电影演员训练班上作演讲。

同日　在《民国日报・社会写真》发表杂文《今天的希望》(署冰)。

5 日　在《民国日报・社会写真》发表杂文《人肉馒头》(署冰)。

6 日　在《民国日报・社会写真》发表杂文《吃饭问题》(署冰)。

7 日　在《民国日报・社会写真》发表杂文《保存四库全书》(署冰)。

8 日　在《民国日报・社会写真》发表杂文《在家办公》(署冰)。

9 日 在《民国日报·社会写真》发表杂文《社会写真要改头换面了》（署冰）。

10 日 在《民国日报·社会写真》发表杂文《国家主义》（署冰）。在《小说月报》第 15 卷第 5 号发表传记《现代世界文学者略传（五）》（署沈雁冰、郑振铎），介绍白士洛支、白息那等现代捷克文学者。

11 日 在《民国日报·社会写真》发表杂文《猪仔与妓女》（署冰）。

12 日 在《文学》（周刊）第 121 期发表论文《文学界的反动运动》（署雁冰），指出文学上反动运动的主要口号是"复古"：一是反对白话主张文言，一是主张文言之外，再退后一步。因此，"我们应该立起一道联合战线，反抗这方来的反动恶潮！"

同日 在《民国日报·杭育》发表杂文《"杭育"的意义》（署冰），说明将《社会写真》改版为《杭育》的用意："'杭育'两个字，是吴稚晖先生形容工人做工时喊的最后的一种声音；也就是最后有力的一种声音。工人做工很勤劳，因借这喊声，聊减他们的辛苦；本栏因为看报的人看了许多新闻很疲倦，也想借新闻最后的这一揽，作点有兴趣文字，如同工人喊杭育效力的一样可以减少看报的疲倦，所以就拿'杭育'两个字做本栏的名字，还望同志多惠佳稿，那么，这'杭育'的声音就喊得响了。"

13 日 在《民国日报·社会写真》发表杂文《挂名公使罢》（署冰）。

14 日 在《民国日报·杭育》发表杂文《辞职的性质》（署冰）。

15 日 在《民国日报· 杭育》发表杂文《顾全面子》（署冰）。

16 日 在《民国日报·觉悟》发表随感《太戈尔与东方文

化——读太氏京沪两次讲演后的感想》(署雁冰,"太戈尔"今译"泰戈尔")。指出:"我们不是闭了眼睛不问情由地反对东方文化,我们却极不赞成这种自解嘲式的空叫东方文化,我们尤其反对那徒具空名的东方文化的而仇视西方文化的态度"。

同日 在《民国日报·杭育》发表杂文《同乡的意味》(署冰)。

17 日 在《民国日报·杭育》发表杂文《特别绑票》(署冰)。

18 日 在《民国日报·杭育》发表杂文《谣言如何挽回》(署冰)。

19 日 在《文学》(周刊)第 122 期发表文论《进一步,退两步》(署雁冰);发表书信《致〈文学〉读者》(署雁冰)。在《民国日报·杭育》发表杂文《阅者自决》(署冰)。

20 日 在《民国日报·杭育》发表杂文《恢复科举罢》(署冰)。

21 日 在《民国日报·杭育》发表杂文《送礼》(署冰)。

22 日 在《民国日报·杭育》发表杂文《绑死票》(署冰)。

23 日 在《民国日报·杭育》发表杂文《航空的比较》(署冰)。

24 日 在《民国日报·杭育》发表杂文《欢迎会》(署冰)。

25 日 在《民国日报·杭育》发表杂文《小学界的离奇案》(署冰)。

26 日 在《民国日报·杭育》发表杂文《是否应映自杀影片》(署冰)。

27 日 在《民国日报·杭育》发表杂文《中国的睡病》(署冰)。

29 日 在《民国日报·杭育》发表杂文《根本之策》(署冰)。

30 日　在《民国日报·杭育》发表杂文《溥仪的忠臣》（署冰）。

31 日　在《民国日报·杭育》发表杂文《返老还童说》（署冰）。

6 月

1 日　在《民国日报·杭育》发表杂文《防盗之方》（署冰）。

2 日　在《文学》（周刊）第 124 期发表随感《有许多青年》（署玄珠）、文论《杂感》（署玄珠）①。在《民国日报·杭育》发表杂文《乡民的精神》（署冰）。

3 日　在《民国日报·杭育》发表杂文《皖女学生自杀》（署冰）。

4 日　在《民国日报·杭育》发表杂文《北方的戏》（署冰）。

5 日　在《民国日报·杭育》发表杂文《冯玉祥的捕蝇队》（署冰）。

6 日　在《民国日报·杭育》发表杂文《制毒费》（署冰）。

7 日　在《民国日报·杭育》发表杂文《飞机进步》（署冰）。

8 日　在《民国日报·杭育》发表杂文《空中自由》（署冰）。

10 日　在《小说月报》第 15 卷第 6 号发表《海外文坛消息（二〇五 — 二〇六）》（署沈雁冰）。在《民国日报·杭育》发表杂文《山东的女匪》（署冰）。

11 日　在《民国日报·杭育》发表杂文《易钗而弁》（署冰）。

12 日　在《民国日报·杭育》发表杂文《请看半截人》（署冰）。

---

①　按：人民文学出版社版《茅盾全集》第 15 卷，所注《时事新报·文学旬刊》第 124 期，应为《时事新报·文学》周刊。

13 日　在《民国日报·杭育》发表杂文《办公与营私》(署冰)。

15 日　在《民国日报·杭育》发表杂文《何妨时髦点》(署冰)。

16 日　在《民国日报·杭育》发表杂文《班乐卫的态度》(署冰)。

17 日　在《民国日报·杭育》发表杂文《法国式的接吻》(署冰)。

19 日　在《民国日报·杭育》发表杂文《孙王斗法》(署冰)。

20 日　在《民国日报·杭育》发表杂文《功狗变节》(署冰)。

21 日　在《民国日报·杭育》发表杂文《二老中间的杨森》(署冰)。

22 日　在《民国日报·杭育》发表杂文《风,雨》(署冰)。

23 日　在《文学》(周刊)第 127 期发表杂感《四面八方的反对白话声》(署玄珠)。

24 日　在《民国日报·杭育》发表杂文《小学校奇案之悲观》(署冰)。

26 日　在《民国日报·杭育》发表杂文《土皇帝的寿费》(署冰)。

28 日　在《民国日报·杭育》发表杂文《一幅好影戏》(署冰)。

29 日　在《民国日报·杭育》发表杂文《秀才之妻》(署冰)。

30 日　在《民国日报·杭育》发表杂文《小学校奇案的裁判》(署冰)。

7 月

1 日　在《民国日报·杭育》发表杂文《辟鬼话》(属冰)。

2 日　在《向导》周报第 72 期发表译作《拉德克(Karl Radek)论英国工党政府》(署赤城译)。在《民国日报·杭育》发表杂文《外交官与交际官》(署冰)。

4 日　在《民国日报·杭育》发表杂文《北京的两母》(署冰)。

5 日　在《民国日报·杭育》发表杂文《冷热》(署冰)。

6 日　在《民国日报·杭育》发表杂文《做梦》(署冰)。

7 日　在《民国日报·杭育》发表杂文《孙胡应该出洋》(署冰)。

8 日　在《民国日报·杭育》发表杂文《气之分析》(署冰)。

9 日　在《民国日报·妇女周报》第 43 号发表评论《〈妇女周报〉社评(四)》(署韦)、杂感《打破烦闷之网的利器》(署韦)。在《民国日报·杭育》发表杂文《浴浴》(署冰)。

10 日　在《民国日报·杭育》发表杂文《求雨的笑话》(署冰)。

11 日　在《民国日报·杭育》发表杂文《防盗》(署冰)。

12 日　在《民国日报·杭育》发表杂文《康有为频送秋波》(署冰)。

13 日　在《民国日报·杭育》发表杂文《久不闻此声了》(署冰)。

14 日　在《民国日报·杭育》发表杂文《秀才筹赈》(署冰)。

同日　在《文学》(周刊)第 130 期发表文论《苏维埃俄罗斯

的革命诗人玛霞考夫斯基》①(署玄珠)。亦刊于《时事新报·学灯》,题为《苏维埃俄罗斯的革命诗人》。

15日 在《民国日报·杭育》发表杂文《倪嗣冲死了》(署冰)。

16日 在《民国日报·杭育》发表杂文《成绩卓著》(署冰)。

同日 在《民国日报·妇女周报》第44号发表《〈妇女周报〉社评(五)》(署韦),把妇女运动的目标纳入无产阶级革命的范畴内,强调妇女运动应该建立在"内除军阀,外抗帝国主义"的基础上,指出:"反对军阀,反对列强的帝国主义的侵略,便是今日国民运动的口号,各地的妇女运动也应该在这个口号之下结合成大的联合运动。"

17日 在《民国日报·杭育》发表杂文《顾夫人的威风》(署冰)。

18日 在《民国日报·杭育》发表杂文《做官秘诀》(署冰)。

同日 闸北市民外交协会召开全体代表大会,改名为上海市民对外协会,并聘请恽代英等为协会顾问。

19日 在《民国日报·杭育》发表杂文《黄鹤楼的火》(署冰)。

21日 在《文学》(周刊)第131期发表书信《答郭沫若》(署编者,实为茅盾与郑振铎合写),附《来信》,是对刊于本期的《郭沫若致编辑诸君》的答复。郭沫若以《文学》(周刊)刊载梁俊青对《少年维特之烦恼》(郭沫若译)译文的批评,致函《文学》(周刊)编辑部,指责茅盾等是"借刀杀人"。茅盾、郑振铎以编者的名义答复郭沫若,指出:"郭君及成君等如以学理相质,我们自当执笔周旋,但若仍旧羌无左证谩骂快意,我们敬谢不敏,不再回

---

① 玛霞考夫斯基(Mayakovsky),今译马雅可夫斯基。

答。"从此,持续 3 年的文学研究会与创造社的论战得以终止。

同日 在《民国日报·杭育》发表杂文《黄包车缺乏》(署冰)。

22 日 在《民国日报·杭育》发表杂文《猪兔之争》(署冰)。

23 日 在《民国日报·妇女周报》第 47 号发表《〈妇女周报〉社评(六)》(署韦)。在《民国日报·杭育》发表杂文《取缔猪仔打架的我见》(署冰)。

24 日 在《民国日报·杭育》发表杂文《"社会写真"的来路》(署冰)。

25 日 在《民国日报·杭育》发表杂文《康圣人修孔庙》(署冰)。

26 日 在《民国日报·杭育》发表杂文《乞丐会议》(署冰)。

27 日 在《民国日报·杭育》发表杂文《"审定"的推测》(署冰)。

29 日 在《民国日报·杭育》发表杂文《万牲园的新牲口》(署冰)。

30 日 在《民国日报·杭育》发表杂文《办赈人才》(署冰)。

8 月

1 日 在《民国日报·杭育》发表杂文《谄与媚》(署冰)。

2 日 在《民国日报·杭育》发表杂文《奇》(署冰)。

3 日 在《民国日报·杭育》发表杂文《故警之碑》(署冰)。

4 日 在《民国日报·杭育》发表杂文《打破忌讳》(署冰)。在《文学》(周刊)第 133 期发表政论《欧战十年纪念》(署雁冰)。

5 日 在《民国日报·杭育》发表杂文《偶然的雨》(署冰)。在《妇女杂志》第 10 卷第 8 号发表论文《远东与近东的妇女运动》(署沈雁冰)。

7 日　在《民国日报·杭育》发表杂文《政客之行径》(署冰)。在《民国日报·觉悟》发表短论《少年国际运动》(署赤诚)。

8 日　在《民国日报·杭育》发表杂文《不值一顾》(署冰)。

10 日　在《小说月报》第 15 卷第 8 号发表论文《欧洲大战与文学——为欧战十年纪念而作》(署沈雁冰),后改题《欧洲大战与文学》并加写"自序"(1928 年 6 月 20 日写),由开明书店于 1928 年 11 月出版单行本。论述第一次世界大战时欧洲各国作家对于战争的不同态度以及战争对各国文学的影响。是茅盾第一部外国文学专题史著作。

11 日　在《民国日报·杭育》发表杂文《救灾》(署冰)。

12 日　在《民国日报·杭育》发表杂文《褒奖倪嗣冲》(署冰)。

13 日　在《向导》周报第 48 期发表译作《世界战争第十周年》(D. Petrovsky 著 署韦译)、《民众屠杀三十周年》(署韦译)。

15 日　在《民国日报·杭育》发表杂文《奇怪的称呼》(署冰)。

16 日　在《民国日报·杭育》发表杂文《昨天所见的事》(署冰)。

18 日　在《民国日报·杭育》发表杂文《同是幻术》(署冰)。

19 日　在《民国日报·杭育》发表杂文《空气作用》(署冰)。

20 日　在《民国日报·杭育》发表杂文《媚鬼》(署冰)。

21 日　在《民国日报·杭育》发表杂文《秀才的新议论》(署冰)。

22 日　在《民国日报·杭育》发表杂文《真战欤假战欤》(署冰)。

23 日　在《民国日报·杭育》发表杂文《殷鉴不远》(署冰)。

24 日　在《民国日报·杭育》发表杂文《"打"与"不打"的打》（署冰）。

25 日　在《文学》(周刊)第 136 期发表杂论《非战文学杂谭(一)》（署雁冰）。

27 日　在《民国日报·杭育》发表杂文《忘了自己的地位》（署冰）。

28 日　在《民国日报·杭育》发表杂文《拉夫与拉长》（署冰）。

29 日　在《民国日报·杭育》发表杂文《避难》（署冰）。

31 日　在《民国日报·杭育》发表杂文《移军驻苏》（署冰）。

9 月

1 日　在《文学》(周刊)第 137 期发表杂论《非战文学杂谭(二)》（署雁冰）。

7 日　在《民国日报·觉悟》发表论文《少年国际运动》（署赤城），热情介绍"少年国际共产团"，认为中国青年"特别负有重大的使命"，应在少共国际的号召下作出自己应有的贡献。

10 日　在《小说月报》第 15 卷第 9 号发表传记《现代世界文学者略传(六)》（署沈雁冰、郑振铎），介绍乌拉圭、秘鲁、墨西哥文学者。

13 日　在《儿童世界》第 11 卷第 11 期发表神话《普洛末修偷火的故事——希腊神话之一》（署雁冰），后收入商务印书馆 1925 年 10 月版《希腊神话》。

17 日　在《民国日报·妇女周报》第 55 期发表《〈妇女周报〉社评(七)》（署韦）。

24 日　在《民国日报·妇女周报》第 56 期发表《〈妇女周报〉

社评(八)》(署韦)。

29日　在《文学》(周刊)第141发表译作《复归故乡》(匈牙利 拉兹古著 署玄译)。于《文学》(周刊)第153期(12月22日)续完。后收入开明书店1928年版《雪人》。

10 月

10日　在《小说月报》第15卷第10号发表散文《法朗士逝了!》(署雁冰)。亦刊于《文学》(周刊)第143期,改题为《法朗士逝矣!》。

11日　在《儿童世界》第12卷第2号发表神话《何以这世界上有烦恼——希腊神话之二》(署沈雁冰),初收《希腊神话》。

18日　在《儿童世界》第12卷第3号发表神话《洪水——希腊神话之三》(署雁冰),初收《希腊神话》。

25日　在《民国日报·觉悟》发表杂文《呜呼,研究系之〈时事新报〉!》(署赤城)。在《儿童世界》第12卷第2期发表神话《春的复归——希腊神话之四》(署沈雁冰),初收《希腊神话》。

本月起　担任工运领导机构——"民校"的工人运动委员会组织部指导委员,继续兼任商务印书馆党支部委员。

11 月

1日　在《儿童世界》第12卷第5期发表神话《番松和太阳神的车子——希腊神话之五》(署沈雁冰),初收《希腊神话》。

8日　在《儿童世界》第12卷第6期发表神话《迷达斯的长耳朵——希腊神话之六》(署雁冰),初收《希腊神话》。

15日　在《儿童世界》第12卷第7期发表神话《卡特牟司和

毒龙——希腊神话之七》（署沈雁冰），初收《希腊神话》。

同日 发表《曼殊斐儿略传》，收商务印书馆 1924 年 11 月版《曼殊斐儿》。

本月 与孔德沚参加瞿秋白与杨之华的婚礼。后从鸿兴坊迁居闸北顺泰里 11 号，瞿秋白迁至闸北顺泰里 12 号，二人过往密切，常谈及政局和党内情况；商务印书馆的党支部会议常在茅盾家召开。

本月 桐乡青年社自动解散。

12 月

11 日 作《中国神话的研究》。

春 茅盾、杨贤江等人发起，成立闸北市民外交协会，反对外人扩大租界。

1925 年（乙丑，民国十四年） 29 岁

▲1 月，中国共产党第四次代表大会在上海举行。

▲3 月 12 日，孙中山在北京逝世，全国各地群众隆重悼念。

▲5 月 30 日，上海发生"五卅惨案"，全国掀起反帝国主义浪潮。

▲6 月 3 日，中共中央《热血日报》创刊，由瞿秋白主编。

▲7 月 1 日，中华民国国民政府在广州成立。

▲12 月，毛泽东在广州主编《政治周报》。

1月

月初 开始编选《淮南子》,选注了8篇。

5 日 在《文学》(周刊)第 155 期发表文论《波兰小说家莱芒芯》(署雁冰)。亦刊于《时事新报·学灯》,题为《波兰的伟大小说家莱芒芯》。

同日 在《妇女杂志》第 11 卷第 1 号发表论文《新性道德的唯物史观》(署雁冰),初步运用历史唯物主义的观点和方法来分析恋爱婚姻问题。认为"新性道德反对片面贞操,并非即为主张把旧性道德所责望于女子的贞操主义亦同样的加之于男子身上"。又因恋爱"决不能保其永久不变迁",所以也应有离婚的自由:"在此两性关系正在变化过渡的时代,采取离婚自由便所以实现恋爱神圣。"

10 日 在《小说月报》第 16 卷第 1 号发表论文《中国神话研究》(署沈雁冰);发表传记《现代德奥文学者略传(一)》(署沈雁冰)。

同日 在《儿童世界》第 13 卷第 2 期发表神话《勃莱洛封和他的神马(希腊神话之八)(上)》(署沈雁冰),和 17 日出版的第 3 期。

17 日 在《儿童世界》第 13 卷第 3 期发表神话《勃莱洛封和他的神马(希腊神话之八)(下)》(署雁冰)。

19 日 在《文学》(周刊)第 157 期发表短论《文艺瞭望台》(署沈鸿)。

同日 发表序跋《安德烈夫略传——〈邻人之爱〉代序》(署沈德鸿),刊于商务印书馆版《邻人之爱》①。

---

① 《邻人之爱》,安德烈夫著,署沈泽民译,沈德鸿作序。

24 日　在《儿童世界》第 13 卷第 4 期发表神话《骄傲的阿拉克纳怎样被罚——希腊神话之九》(署雁冰)。

30 日　在《儿童世界》第 13 卷第 5 期发表神话《耶松与金羊毛(希腊神话之十)(上)》(署沈雁冰)。

2 月

2 日　在《时事新报》《文学》(周刊)第 158 期发表文论《杂感》(署玄)。

7 日　在《儿童世界》第 13 卷第 6 期发表神话《耶松与金羊毛(希腊神话之十)(下)》(署沈雁冰)。

9 日　在《时事新报》《文学》(周刊)第 159 期发表文论《杂感》(署玄)。在《时事新报》《文学》(周刊)第 159 期发表短论《文艺瞭望台》(署沈鸿)。

16 日　在《时事新报》《文学》(周刊)第 160 期发表短论《文艺瞭望台》(署沈鸿)。

23 日　在《文学》(周刊)第 161 期发表文论《最近法兰西的战争文学》(署玄珠)。

28 日　在《儿童世界》第 13 卷第 9 期发表神话《喜芙的金黄头发——北欧神话之一》(署雁冰)。

本月　发表《雾飚诗人勃伦纳尔的"绝对诗"》(署沈雁冰),收入商务印书馆出版《雾飚运动》。

本月　支持夫人孔德沚和瞿秋白夫人杨之华、叶圣陶夫人胡墨林深入工厂做宣传鼓动工作。

3 月

7 日　在《儿童世界》第 13 卷第 10 号发表神话《菽耳的冒

险——北欧神话之二》(署雁冰)。

9 日　在《时事新报》《文学》(周刊)第 163 期发表评论《打弹弓》(署玄珠)。

10 日　在《小说月报》第 16 卷第 3 期发表论文《人物的研究——〈小说研究〉之一》(署沈雁冰),分析了中外小说中人物形象塑造的方法及其流变。后收《小说研究 ABC》第 6 章。

14 日　在《儿童世界》第 13 卷第 11 号发表神话《亚麻的发见——北欧神话之三》(署沈雁冰)。

16 日　在《文学》(周刊)第 164 期发表文论《现成的希望》(署玄珠)。

同日　在《时事新报》《文学》(周刊)第 164 期发表短论《文艺瞭望台》(署沈鸿)。

17 日　作《〈淮南子〉(选注本)绪言》。

21 日　在《儿童世界》第 13 卷第 12 号发表神话《芬利思被擒——北欧神话之四》(署雁冰)。

23 日　在《时事新报》《文学》(周刊)第 165 期发表散文《一个青年的信札》(署玄珠),用七封信的形式、以第一人称视角描摹两个人物的爱情心理。

28 日　在《儿童世界》第 13 卷第 13 号发表神话《青春的苹果——北欧神话之五》(署沈雁冰)。

30 日　收鲁迅所赠《苦闷的象征》。

本月　由商务印书馆出版《侠隐记》(中学国语文科补充读本,上下册)(法国大仲马著,伍光健译 署沈雁冰校注)。正文共 68 回,附《〈大仲马评传〉——〈侠隐记〉代序》(署沈德鸿)。这是当时唯一一部系统论述大仲马的著作。

本月　评论《包以尔著作之英译本》(署沈雁冰)收入《包以

尔》,由商务印书馆出版。

4 月

11 日　在《儿童世界》第 14 卷第 2 号发表神话《为何海水味咸——北欧神话之六》(署沈雁冰)。

27 日　在《文学》(周刊)第 170 期发表译作诗歌《玛鲁森珈的婚礼》(署玄珠译)。

本月　当选为上海大学最高领导机构行政委员会教工委员。①发表文论《佛罗贝尔》(署沈雁冰),收入《坦白》商务印书馆 1925 年 4 月版。

5 月

2 日　应邀至上海艺术师范学校作报告,讲无产阶级艺术的形成和发展,以及苏联的文艺现状。

10 日　在《文学》(周刊)第 172 期发表文论《论无产阶级艺术》(署沈雁冰),后于《文学》(周刊)第 173、175、196 期(5 月 17 日、5 月 31 日、10 月 24 日)续完。该文前半篇完成于"五卅"以前,后半篇于 10 月 16 日完成,是我国现代文学史上第一篇用马克思主义的立场、观点、方法、系统全面地论述无产阶级文艺的

---

① 见《民国日报》1925 年 4 月 3 日。

论文。① 同时,该文是茅盾在五四运动以后对自己文艺思想、文艺理论的一次清理,也是他此后发展的一个新起点,是他初步确立无产阶级文艺观的主要标志。

同日 作为《时事新报》《文学》(周刊)的编者之一,同意从本日起将《时事新报》《文学》(周刊),改名为《文学周报》,脱离《时事新报》独立发行。

17 日 在《文学周报》第 173 期发表杂文《风化的伤痕等于

---

① 关于《论无产阶级艺术》是否为茅盾所著,学术界曾引起争论。争论的起因是,叶子铭在《论茅盾四十年的文学道路》初稿中在论述茅盾早期文艺思想时,曾把《论无产阶级艺术》作为一个重要的论据写进论文。茅盾在审阅后致信叶子铭:"我不记得 1927 年以前我在《文学周报》上写过《论无产阶级艺术》。您是否可以告诉我此文的署名? 若把别人的文章算到我的头上了。那会闹笑话的。"(1957 年 6 月 3 日《致叶子铭》,刊于《中国现代文学研究丛刊》1981 年第 4 期。)后经过回忆与思考,茅盾在《我走过的道路》中写道:"在 1924 年,邓中夏、恽代英和泽民等提出革命文学的口号,之后,我就考虑要写一篇以苏联的文学为借鉴的论述无产阶级革命文学的文章。我的目的,一则想对无产阶级艺术的各个方面试作一番探讨;二则也有清理一番自己过去的文学艺术观点的意思,以便用'无产阶级的艺术'来充实和修正'为人生的艺术'。当时我翻阅了大量英文书刊,了解十月革命后苏联文学发展的情形。" "还没有动手写文章,正好艺术师范学院请我去讲演,我就讲了这个题目。后来我就在这个讲稿的基础上,写成了《论无产阶级艺术》。论文的前半部分写于'五卅'以前,全部完成则在'五卅'运动之后的十月十六日。"1988 年 6 月,日本《茅盾研究会会报》第 7 期有白水纪子发表的《茅盾〈论无产阶级艺术〉的出典》一文中,采用把日、英、中三国文字逐段对照图式的方式证明:茅盾此文是"全面依据"亚·波格丹诺夫《无产阶级的艺术批评》一文的英译文字"写出来的"一篇"近乎抄译"的文章。白水纪子《关于〈论无产阶级艺术〉》一文也持此观点,该文刊于《湖州师专学报 1989 年第 3 期》。对此孙中田发表《关于茅盾〈论无产阶级艺术〉的写作》(刊于《文艺报年》1989 年 8 月 20 日),不同意白水纪子的意见。李标晶在《1925 年前后茅盾文学思想辨析——茅盾与波格丹诺夫文学思想比较谈》(刊于《茅盾与中外文化》,南京大学出版社 1992 年)一文中,指出茅盾与波格丹诺夫文艺思想的三点区别,以期反驳白水纪子的观点。丁尔纲在《茅盾评传》(重庆出版社 1998 年版)中也论述了茅盾的文章和观点与波格丹诺夫的不同,得出结论是,茅盾的文章既非"编述",更非"抄译",而是"编著"。

零》(署 Y. P.)。

24 日　在《文学周报》第 174 期发表译作《花冠——乌克兰结婚歌》(署雁冰);发表杂文《软性读物与硬性读物》(署沈雁冰)。

25 日　作评论《谭谭〈傀儡之家〉》。

30 日　与孔德沚、杨之华同上海大学学生宣传队一起,到南京路参加上海工人、学生、群众的反帝示威游行。目睹了"五卅"惨案,义愤填膺,促使茅盾由写政论文转向文学创作。茅盾自述:"'五卅'惨案使我突破了自设的禁忌,我觉得政论文已不足宣泄自己的情感和义愤。我共写了八篇散文,其中就有七篇是与'五卅'有关的。这次的'试笔',也许和我后来终于走上创作的道路不无关系。"①

同日　晚上与陈独秀、蔡和森、李立三、恽代英、王一飞、罗亦农等在闸北宝兴里开会研究对策,决定发动全市的"三罢"(罢工、罢市、罢课)运动,并研究拟定主要诉求。

同日　作散文《五月三十日下午》。

31 日　根据党组织要求,与孔德沚、杨之华等再次参加南京路游行示威。

本月　译作《倍那文德戏曲集》(西班牙倍那文德著 署沈雁冰、张闻天译)由商务印书馆出版。此集由《太子的旅行》与张闻天翻译的《情之花》《伪善者》合成,列入"文学研究会丛书"之一。前有《译者序——倍那文德的作风》(署沈雁冰)。

---

　　①　茅盾:《我走过的道路·五卅运动与商务印书馆罢工》。

6月

2日 与郑振铎、叶圣陶连夜编撰《公理日报》①。

3日 由文学研究会、上海世界语学会、妇女问题研究会等11个团体组成的上海学术团体对外联合会主编的《公理日报》创刊,编辑部设在宝山路宝兴西里9号郑振铎家里。实际的编辑工作由茅盾、郑振铎等文学研究会成员掌握。该报揭露上海各报不敢报道的"五卅"惨案真相。

4日 与杨贤江等30余人在上海小西门立达中学集会,发起成立上海教职员救国同志会,召开上海教职员救国同志会筹备会,会后发表了宣言。

6日 宣布救国同志会的宗旨、章程与六项办法:"一、组织外交股,收集此次交涉资料,并提出交涉意见;二、参与各种救国活动,加入工商学联合会,共同发起国民外交协会;三、辅助学生组织;四、注重实际宣传;五、联络全国教职员一致行动;六、与官厅交涉'五卅'善后事宜。"②

同日 在《公理日报》第4号发表政论《注意段政府的外交政策》(署玄珠)。

7日 在《文学周报》第176期发表剧评《谭谭〈傀儡之家〉》(署沈雁冰)。参加上海教职员救国同志会在立达中学召开的会议。

---

① 《公理日报》1925年6月3日创刊。上海学术团体对外联合会主编,实际的编辑工作由商务印书馆编译所文学研究会会员承担。6月24日,因缺乏经费,印刷也发生困难而停刊。茅盾为该报负责人之一。以玄珠的笔名在该报发表《注意段政府的外交政策》《我们对美国的态度》等文章。

② 茅盾:《我走过的道路·五卅运动与商务印书馆罢工》。

8 日　在《公理日报》第 6 号发表政论《我们对美国的态度》（署玄珠）。

同日　讨论"上海教职员救国同志会"下属机构的工作。

9 日　参加上海教职员救国同志会筹备会议，并与沈联璧负责起草《宣言》。

10 日　在《小说月报》第 16 卷第 6 号发表译作剧本《马额的羽饰》（匈牙利 莫尔奈著 署沈雁冰译）。

14 日　在《文学周报》第 177 期发表散文《五月三十日的下午》（署沈雁冰），截取惨案发生半小时之后上海南京路上的几个情景片段，以鲜明的爱憎、高昂的激情铺衍成文，崇高的心灵与龌龊的心态形成鲜明对比。文章谴责了帝国主义的暴行，讴歌了工农学生的反抗精神，是作者"大题小做"主张的成功尝试。该文是最早记录"五卅"惨案的散文名篇之一，也是茅盾开叙事散文创作先河的作品。

15 日　在《民国日报》发表负责起草的《上海教职员救国同志会宣言》①。

16 日　上海教职员救国同志会组成讲演团，借中华职业学校举办讲座，沈雁冰为演讲团成员之一。以《五·卅事件的外交背景》《五·卅事件之负责者》为题发表演说，揭露帝国主义的侵略行径。

19 日　在中华职业学校讲《"五卅"事件的外交背景》。

---

① 上海教职员救国同志会，是上海教育界反帝爱国团体。五卅运动卷进上海广大教职员队伍后，由上海大学的教职员发起，30 多所学校参加，准备成立教职员联合会。但是，右派势力夺取了刚刚产生的教职员联合会的领导权。于是在党的领导下，由杨贤江、沈雁冰、沈联璧等 30 余人发起成立上海教职员救国同志会，由沈雁冰、沈联璧起草同志会《宣言》。该会决定教职员以个人身份参加同志会，从事救国运动。

21日　商务印书馆工会成立大会在虹江路广舞台举行。党中央派徐梅坤在罢工委员会内组成临时党团,指定茅盾为临时党团成员,与杨贤江共同负责商务印书馆内党组织。

24日　《公理日报》被迫停刊。

同日　开始选注《楚辞》,并作《楚辞》绪言。

7月

5日　在《文学周报》第180期发表散文《"暴风雨"——五月三十一日》(署沈雁冰),以纪实笔法记录了5月31日上海工人学生在南京路慷慨陈词、凛然示威的动人情景。作者大题小做,在生活的横截面中,写出了重大的社会政治主题。

同日　在《学生杂志》第12卷第7期发表论文《告有志研究文学者》(署沈雁冰),认为,文学家的条件是"丰富的想象,透彻的观察,深密的理解,锐敏的感受",必须考虑自己的作品里"有没有你自己的作风""有没有独到的观察""有没有丰富的想象""有没有精密的结构"。而现代文学家的责任应是"描写现代生活的缺点,探求它的病根,然后努力攻击那些缺点和病根,以求生活的改善"。

10日　在《小说月报》第16卷第7号发表传记《现代德奥文学者略传(二)》(署沈雁冰),介绍法兰生、维也贝、汤麦士·漫的生平及创作。

14日　与杨贤江、侯绍裘、邵季昂、王一知乘火车转小火轮赴苏南水乡古镇黎里,参加柳亚子主持的夏令讲习会。

19日　在《文学周报》第182期发表散文《街角的一幕》(署沈雁冰),描绘街角一幕:劝人"镇静优雅"的"安分市民"却无端遭受外国巡捕的毒打。用事实肯定了爱国的战斗的立场,批评

"逆来顺受"的错误观点。作品采用对话体,艺术上别具一格,喜剧式情节蕴含辛辣的讽刺力量。

8 月

9 日　在《文学周报》第 185 期发表译作诗歌《乌克兰结婚歌》(署沈雁冰译),包括《我的花冠》《烘科罗伐叶饼》。

16 日　在《文学周报》第 186 期发表译作论文《文艺的新生命》(布兰特斯的《安徒生论》中的一节 署沈雁冰译)。

20 日　与廖陈云(即陈云)等在天通庵路德兴里三民学校内秘密召开商务印书馆三所一处(即印刷所、编译所、发行所、总务处)党团员和积极分子会议,研究分析形势,商量罢工事宜,并要求加薪。

21 日　晚上避开军警干扰,深夜易地,在上海大学附中参加由廖陈云主持的会议,至 22 日凌晨结束。决议罢工,提出复工条件 12 项、职工工会章程草案、罢工宣言等。并推选 15 人为临时委员,廖陈云为委员长。

22 日　参加罢工委员会内的临时党团,领导商务印书馆大罢工。罢工由中共发动,要求增加工资、缩短工作时间、废除包工制、优待女工等。作《商务印书馆职工会罢工宣言》。

24 日　商务印书馆三所一处的代表召开联席会议,共同商讨修改复工条件,茅盾综合大家意见,亲自起草供正式谈判用的复工条件。

同日　商务印书馆编译所也宣布罢工,作为劳方代表之一参加商务印书馆劳资方代表谈判。

25 日　商务印书馆劳方代表开会,讨论组织罢工中央执行委员会,被选举为罢工中央执行委员会十三名委员之一。在《申报》发表《商务印书馆职工会罢工宣言》（未署名）。

26 日 商务印书馆总务处和编译所职工在弹子房开会，沈雁冰以罢工中央执行委员会委员身份，报告劳资双方谈判经过。

27 日 劳资双方达成协议，沈雁冰等代表劳方在协定上签字。

28 日 商务全体职工大会在东方图书馆的广场上举行，王景云任主席，沈雁冰代表罢工中央执行委员会报告谈判经过，解释协议内容，指出复工条件包括增加工资、承认工会有代表工人之权、改良待遇、优待女工等。报告完毕，受到商务全体工友的热烈欢呼。商务印书馆罢工的胜利推动了上海工人运动的发展。

同日 在《申报》发表《复工宣言》（沈雁冰起草）。

9 月

13 日 在《文学周报》第 190 期发表论文《文学者的新使命》（署沈雁冰），试图运用马克思主义阶级论的基本原则分析我国文艺的实际情况，为文学者提出努力的方向："抓住了被压迫民族与阶级的革命运动的精神，用深刻伟大的文学表现出来。使这种精神普遍到民间，深印入被压迫者的脑筋，因以保持他们的自求解放运动的高潮，并且感召起更伟大更热烈的革命运动来。"并进一步要求："文学者更须认明被压迫的无产阶级有怎样不同的思想方式，怎样伟大的创造力和组织力，而后确切著名地表现出来，为无产阶级文化尽宣传之力。"

20 日 在《文学周报》第 191 期发表散文《疲倦》（署沈雁冰），借生理"疲倦"喻指民族精神的"疲倦"和"衰弱"，指出要"换民族的脊柱"，"取去干枯的脊髓，换进红润多血的新脊髓"，还要

"少饮些自醉的酒"，反映了作者的焦虑、痛心和愿望。

同日　与恽代英、张闻天、沈泽民、杨贤江、郭沫若等联合发起的中国济难会①在上海成立。

27 日　在《文学周报》第 192 期发表散文《复活后的土拨鼠》（署沈雁冰），借"死而无怨"爬出暗洞追求光明的土拨鼠，由物及人，对比追求光明中的青年人。对比中有对黑暗现实的愤懑，有对难耐光明的痛心，又有对拼死追求光明的精神的赞叹。

10 月

11 日　在《文学周报》第 194 期发表散文《大时代中一个无名小卒的杂记》（署沈雁冰），由小序与"垓下之围""恋爱梦"搭建起文章结构，把片断的生活截面重新组合成统一体，似断实续地展示出各种人物的不同面貌与心态。

18 日　在《文学周报》第 195 期发表译作《关于"烈夫"的》（节译苏联罗皮纳的《一篇通讯》署沈雁冰），附《译前言》和《译后记》（署译者）。

24 日　在《文学周报》第 196 期续写《论无产阶级艺术》第 5 节（署沈雁冰）。

25 日　弟媳张琴秋与张闻天等百余人秘密赴莫斯科中山大学深造。

28 日　沈泽民作为李立三同志的英文翻译秘密离开上海赴莫斯科。

---

①　中国济难会是中国共产党领导下的群众性救济组织，总部设于上海，全国各重要城市设有分会。旨在保护和营救受迫害的革命者和革命烈士家族。1929 年 2 月改名"中国革命互济会"。

本月 《希腊神话》(儿童世界丛刊之二,署沈雁冰编译),由商务印书馆印行。收入希腊神话 10 篇,附插图。1933 年 12 月,该书由商务印书馆收入"小学生文库",重新出版,署名沈德鸿。

11 月

15 日 在《文学周报》第 199 期发表译作散文《古代埃及的〈幻异记〉》(署沈雁冰),附译前记。

29 日 在《文学周报》第 201 期发表译作《古代埃及的〈幻异记〉》(续)(署沈雁冰)。

本月 国民党右派分子在北京开会,反对孙中山的三大政策,宣布开除已经加入共产党的国民党员,第二批被开除者中有沈雁冰。

12 月

13 日 在《文学周报》第 204 期发表译作小说《恋爱:一个恋人的日记》(丹麦 维特著 署沈雁冰译),附译后记。

30 日 被上海市党员大会选举为 5 名代表之一,与恽代英、张廷灏、吴开先、洪鼎出席中国国民党第二次代表大会。

31 日 与孔德沚登"醒狮"号轮了解情况后,返回住所。

本月 党中央为了反击国民党右派的猖狂进攻,指令恽代英与沈雁冰筹备组织两党合作的国民党上海特别市党部执行委员会,恽代英任主任委员兼组织部部长,沈雁冰任宣传部部长,张廷灏为青年部长。

春 开始兼任中共商务印书馆支部书记至年底。后由杨贤江接任。

夏秋之际　写就《文艺小词典》,未发表过,选用英文版的《文学小辞典》作底本,编译扩充,并加入中国部分。当时只编写了一部分,即南下广州。1926年4月返沪后,离开商务印书馆编译所,专门从事政治活动,此后一直没有继续编写。此手稿后被保留下来。现据作者手稿编入《茅盾全集》第31卷,收词条155条。

　　秋　作《资本主义之中兴及其将来——资本主义动摇后之稳定及其最后之命运》,是一次讲演提纲的残稿,包括:资本主义国家之自相残杀、资本主义之根本动摇、资本主义国家的冲突又日渐强烈而明显、资本主义之复趋于稳定、资本主义复兴的条件等。

　　本年　参加编译《小说月报》丛刊。译作《丹麦文学一脔》《芬兰文学一脔》《阿富汗恋歌》《新犹太文学一脔》《新犹太小说集》由商务印书馆出版,均署沈雁冰等译。

　　本年　与叶圣陶、郑振铎、陈望道、胡愈之、夏丏尊、刘大白、朱自清、朱光潜、夏衍、许杰、周予同等参加由匡互生、丰子恺创办的"立达学会",成为该会会友。

1926年(丙寅,民国十五年)　30岁

　　▲3月18日,北京发生"三一八"惨案,段祺瑞下令屠杀请愿要求拒绝八国通牒的民众。

　　▲3月20日,中山舰事件发生。

　　▲7月9日,蒋介石就任国民革命军总司令职,革命军誓师北伐。

　　▲10月,上海工人在中共领导下举行第一次武装起义。

1 月

1 日　与张闻天、恽代英、郭沫若等联署在《济难》月刊创刊号发表《〈中国济难会〉宣言》。在《民铎》第 7 卷第 1 号发表论文《各民族的开辟神话》(署沈雁冰)。

同日　国民党上海特别市党部成立大会在上海大学举行。与张廷灏、恽代英、张君谋、杨贤江、杨之华、林钧、王江良、陈杏林等九人被选举为执行委员。恽代英为主任委员,沈雁冰为常委兼宣传部部长,张廷灏为常委兼组织部部长。

7 日　乘"醒狮"轮赴广州参加国民党第二次代表大会,同行者有恽代英、吴开先、刘绍先、张廷灏等。

8 日　作《南行通信(一)》。

12 日　到达广州,参加中国国民党第二次全国代表大会。并与恽代英到文德路拜访广东区委书记、陈独秀的儿子陈延年。陈延年讲了中共中央对于这次会议的三点意见,即团结国民党左派和中间派;打击西山会议派;党不在选举国民党中央委员会时争席位。

18 日　在《民国日报·民国闲话》发表杂文《论丘八及丘九》(署冰)。

20 日　中国国民党第二次代表大会闭幕。与恽代英留在广州工作,被派到东山庙前西街三十八号①,任国民党中央宣传部秘书。

---

①　庙前西街 38 号是一幢简陋的中式楼房,1926 年为毛泽东寓所,毛泽东和夫人杨开慧住在楼上(七前后两间),也是《政治周报》的通讯地址。1926 年 1 月下旬至 3 月下旬,茅盾任国民党中央宣传部秘书时居住在这里。他与萧楚女住在楼下前面一间。

27 日　在《民国日报·妇女周报》发表杂文《自杀案与环境》（署珠）、《南京路上》（署珠）。

31 日　在《文学周报》第 210 期发表书信《南行通信（一）》（署玄珠）。[①]

本月　选注《庄子》（署沈德鸿）编入"学生国学丛书"，由上海商务印书馆印行。底本为浙江局刻的通行本，从通行本的 33 篇中选了 12 篇。前附《绪言》（署沈德鸿 1925 年 5 月 14 日）。《绪言》指出："庄子的根本思想是怀疑到极端后否定一切的虚无主义；庄子的人生观是一切达观，超出乎形骸之外的出世主义。"并认为："《庄子》一本书本身的价值及对于后代思想（例如晋代）的影响，都不容忽视；它（《庄子》）是我们古代思想史上极重要的一页。"

本月　《续侠隐记》（大仲马著 伍光健译 沈雁冰选注），中学国语文科补充读本（上下册），由商务印书馆印行，正文共 98 回。

本月　出席文学研究会广州分会举行的欢迎宴会，并即席发言，对分会的工作表示鼓励和支持。

本月　受陈其瑗之约，为广州中学生做讲演，陈其瑗做翻译。

本月　在国民革命军总司令部政治部编印之丛书第 21 种《革命史上的几个重要纪念日》发表散文《苏俄"十月革命纪念日"》（署雁冰），全文共 9 节，是茅盾最早系统论述十月革命及其对中国的指导作用的论文。

本月　发表论文《各民族的开辟神话》（署雁冰），刊于《民铎》第 7 卷第 1 期。

---

　　① 按：《茅盾全集》第 11 卷人民文学出版社版注，本篇写作时间为 1927 年 5 月 25 日，疑误。

2 月

月初　到国民党中央宣传部办公,与萧楚女[①]合作起草宣传国民党第二次全国代表大会精神的宣传大纲。

8 日　在国民党中央执行委员会常务委员会第三次会议上,通过了"宣传部提出沈雁冰为秘书"等议案。

中旬　应邀为政治讲习班学员讲革命文学。

16 日　国民党中央常务委员会会议决定,由何香凝、沈雁冰等五人审查妇女运动讲习所的章程草案。在毛泽东因病请假期间(实为赴湘粤边界考察农民运动),由沈雁冰代理中央宣传部部长。

下旬　接编毛泽东主编的《政治周报》[②](从第五期开始),至3 月下旬。

下旬　应汪精卫邀请,赴其家宴。

3 月

7 日　在《政治周报》第 5 期发表政论《国家主义者的"左排"

---

① 萧楚女(1893—1927)原籍湖北黄陂,生于湖北汉阳。1911 年参加武昌起义。1919 年参加五四运动。1922 年 8 月加入中国共产党。1925 年 5 月在上海与恽代英一起主编《中国青年》。1926 年 1 月去广州任国民党中央宣传部干事,兼中国国民党政治讲习班教授,并协编《政治周报》。1927 年 4 月 15 日在广州反革命大屠杀中被国民党反动派逮捕。4 月 22 日在狱中被杀害。

② 《政治周报》,广州政治周报社编。1925 年 12 月创刊,1926 年 6 月终刊。是中国共产党与国民党合作的情况下国民党政治委员会机关报。毛泽东曾担任该刊主编。1926 年,茅盾在参加完国民党第二次全国代表大会后,留在广州接替毛泽东编辑《政治周报》。他在第 5 期发表《国家主义的"左排"与"右排"》《国家主义——帝国主义最新式的工具》《国家主义与假革命不革命》等文。在编辑《政治周报》时,从组织稿件、修改文稿,到排版、校对,都亲自参与。《政治周报》成为团结国民党左派,反击右派的战斗阵地。

与"右排"《国家主义——帝国主义最新式的工具》《国家主义与假革命不革命》(均署雁冰)。

10 日 在《小说月报》第 17 卷第 3 号发表译作小说《首领的威信》(西班牙 伐尔音克兰著 署沈雁冰译),附译后记(未署名)。

中旬 接受文学研究会广州分会宴请并讲话。会后刘思慕在《广州文学》发表《沈雁冰访问记》。

17 日 获悉"共产党密谋策动中山舰发动武装政变"的谣言,与毛泽东商谈此事。

19 日 晚上同毛泽东去苏联军事顾问团宿舍了解情况。

20 日 赴陈延年处商谈如何应对中山舰事件。

22 日 得上海来电,催其返沪。夜与毛泽东谈及此事。毛泽东命张秋人接编《政治周报》。

23 日 将中宣部秘书工作移交给张秋人。随后忙中偷闲,游览广州名胜,并到黄埔军校与恽代英话别。

24 日 上午向毛泽东辞行,毛泽东嘱其返沪后设法办个党报。上船后中央党部书记长刘芬交一包秘密文件,嘱托带到上海交党中央。

30 日 抵达上海,秘密文件交陈独秀。

同日 上海特别市全体党员于下午在闸北宋园召开党员大会,茅盾在会上报告"广州政治情况"。

31 日 郑振铎来访,告知已被列入"赤化分子"名单。决定辞去商务印书馆工作,委托郑振铎办理离职手续。

本月 《淮南子》(选注本)(署沈雁冰),编入学生国学丛书由商务印书馆印行。附《绪言》(署沈雁冰 1925 年 3 月 17 日),指出"通观全书,则驳杂殊甚","至若撇开关于思想方面的,而从别的方面来批评,则此书多记'古今治乱,穿望存亡祸福,世间诡异瓖奇之事'(高诱序),后世作家尝多征引,其文词'奇丽宏放,瑰目璨心,谓挟风霜之气,良自不诬'(胡应麟语),扬雄尝以淮南子与司马迁并称,可说是汉世的杰作。古来文人很多爱读此书,大概就取它的材料诡异和文词奇丽罢。"

4月

1日 收到商务印书馆支付的退职金和股票。

3—4日 出席国民党特别市代表大会,在第一天会上作了关于国民党第二次全国代表大会的报告,认为"大会对于革命之敌人,即帝国主义及其工具军阀、买办阶级、土豪等,认识极为清楚",并传达该大会的主要主张,如:"联合各阶级共同努力干国民革命,但……联合战线中之主力应为工农阶级,故发动工运、农运实为当前最重要之任务";"严申纪律,使参与西山会议之党员皆受纪律制裁"。

6日 出席中共上海地方兼区执行委员会主席团会议,担任地方政治委员会委员。

12日 正式辞去商务印书馆编辑职务,担任国民党上海交通局代主任。①

13日 国民党中央执行委员会常务委员会讨论茅盾筹办《国民日报》的报告。拟请张静江为经理,张廷灏为副经理,柳亚

① 国民党上海交通局,第一次国共合作时期国民党中央宣传部在上海的秘密机关。最初的负责人为恽代英,办事人员全是共产党员。交通局的职责是翻印《政治周报》和国民党中宣部所发的各种宣传大纲和其他文件,转寄北方及长江一带各省的国民党党部。其时毛泽东任国民党中宣部代部长,所编《政治周报》及有关宣传文件,均为宣传我党发动工运、农运的材料,因此上海交通局在传递党的宣传信息,在当时尚属旧军阀统治区域进行革命宣传工作方面起了重要作用。茅盾受党派遣,于1926年4—5月间接替恽代英任上海交通局代主任,同年6月正式任主任。在其任职期间,又特设视察员一人,视察各省党务及工农运动情况,使交通局工作更有起色。

子为编辑部正主笔,沈雁冰为副主笔,侯绍裘、杨贤江、顾谷宜为编辑委员。

下旬　被委任为中共上海区委委员并分管"民校工作"①。此外还兼任中共中央宣传部消息科长的工作。

月底　致函广州,辞去交通局代主任职务,结果却被正式委任为交通局主任,并确定每月拨给经费 1000 元。有了经费,工作范围得以扩大。

5 月

4 日　毛泽东请宣传部出面,向第二十五次中常委会议提出并通过"宣传部请委任驻沪编纂国民运动丛书干事案",会议决议"委任沈雁冰同志担任"。这部丛书"是为对外宣传、对内教育训练及介绍国际政治经济状况"②,茅盾离开商务印书馆后立即投入到这套丛书的编纂工作。③

9—10 日　9 日的《民国日报》和 10 日的《申报》均刊登《上海〈国民日报〉定期出版》的广告,声明"定于五月十六号出版"。但因国民党右派从中作梗,未能如期出版。

16 日　《民国日报》和《申报》刊登《〈国民日报〉展期出版通告》,称《国民日报》改为六月一日出版。但因法租界当局不准,未能出版。

---

① 　中共党内分管对国民党及工农妇运领导工作的代称。
② 　茅盾:《我走过的道路·中山舰事件前后》。
③ 　丛书编纂情况参见钟桂松:《茅盾评传》,南京大学出版社 2013 年 5 月版。

6 月

1 日　《民国日报》刊出"上海《国民日报》展期七天出版"的告示。茅盾等试图做最后的努力,但张静江取消了《国民日报》的经费,蒋介石下令"停止筹备《国民日报》"。

6 日　致林伯渠信,后刊于《书屋》1997 年第 5 期。

18 日　改任中共上海区委候补委员兼"民校"主任。工作重点由党内转到对外的特别是对国民党的统战工作。此外,还兼任中共中央宣传部消息科长,负责从英文报刊上搜集材料。

21 日　晚上在上海仁余里二十八号叶圣陶寓所召开党团会议。茅盾任主席,顾治本等参加。

7 月

5 日　在《光明》第 3 期发表杂感《光明运动与"中国济难会"》①(署玄珠),指出中国济难会是一种特殊的"慈善团体",也是一个广泛的"憎黑暗、向光明、诅咒强暴、爱护自由的"光明运动。

18 日　在《文学周报》第 234 期发表译作小说《老牛》(保加

---

① 中国济难会,中国共产党在第一次国内革命战争时期建立的群众性救济组织。1925 年五卅运动后,为营救中、外反动派逮捕的革命者,救济其家属,根据中共中央 9 月扩大会议《救济问题决议案》于 9 月 20 日在上海发起成立。中国济难会的宗旨是救济一切为解放运动而死伤或入狱者及其家属,发展世界各国被压迫群众的团结精神。总会设在上海,并先后在全国部分省市建立分会。济难会通过宣传、募捐等各种方法,反对帝国主义和新老军阀镇压革命者的暴行,组织对受难者的救济,宣传被害者、革命者的事迹。该会曾出版发行《济难》《光明》半月刊及《牺牲》《白华》等刊物。1929 年 12 月,中国济难会改名为中国革命互济会,在白区和苏区继续工作。由于王明"左"倾错误的领导,该会受到敌人的严重破坏。1933 年后停止活动。

利亚 潘林著 署沈雁冰译），附译后记。收入开明书店 1926 年 7
月版《雪人》。

8 月

1 日　作政论《怎样求和平？》。

5 日　在《光明》第 5 期发表政论《怎样求和平？》（署玄珠）。

29 日　鲁迅因受段祺瑞政府通缉，离开北京准备前往厦门
大学任教，路经上海。

30 日　与鲁迅、胡愈之、朱自清、叶圣陶等在中洋茶楼饮茶，
后在郑振铎寓所夜饭。这是茅盾第一次与鲁迅晤面。

本月　发表政论《最近国际情势与中国革命策略》，刊于广
州某大学出版的《演讲录》，由甘家馨、林一元记录，未经作者审
阅。当时茅盾是国民党中央宣传部的秘书。

10 月

16 日　浙江省长夏超反孙传芳，闹独立。中共中央拟请沈
钧儒组建浙江省政府，内定茅盾担任秘书长，后未果。

17 日　在《文学周报》245、246 期合刊发表政论《万县惨案
周》（署玄珠）。

11 月

15 日　发表杂文《争废比约的面面观》（署玄），刊于《响导》

第 5 卷第 178 期,现收《茅盾全集》第 15 卷。①

21 日　在《文学周报》第 4 卷第 1 期发表文论《中国文学不能健全发展之原因》(署雁冰),指出:"一、没有明确的文学观与文学之不独立;二、迷古非今;三、不曾清楚地认识文学须以表现人生为首务,须有个性——此三者便是源远流长的中国文学不能健全发展的根本原因。"

25 日　在《响导》第 5 卷第 179 期发表杂文《〈字林西报〉目中之"赤化"原是如此》《〈字林西报〉之于顾维钧》《靳云鹏、国家主义、棒喝团!》(均署玄)。

12 月

上旬　接武汉来电,党中央拟派茅盾到中央军事政治学校武汉分校任教。

中旬　接武汉分校负责人包惠僧来电,嘱茅盾在上海招生。茅盾通过党的关系在上海报纸刊登招生广告。投考者约千人,茅盾请编译所同事帮助阅卷,最后录取二百名。又接包惠僧来电,为武汉分校在沪物色三名政治教官。

月底　偕孔德沚乘英国轮船赴武汉。

秋　茅盾白天忙于政治活动,晚上则阅读希腊、北欧神话及中国古典诗词。夫人孔德沚社会活动多,经常有女性朋友到家里找她。"由于这些'新女性'的思想意识、音容笑貌,各有特点,也可以说她们之间,同中有异,异中有同。和她们相处久了,就

---

①　《茅盾全集》第 15 卷人民文学出版社版注明发表于 1926 年 10 月 17 日《响导》第 5 卷第 178 期。

发生了描写她们的意思。"①

1927 年(丁卯,民国十六年)   31 岁

▲4 月 12 日,蒋介石在上海反动反革命政变。

▲4 月 18 日,蒋介石在南京成立国民政府。4 月 28 日,李大钊等 20 名共产党人和革命者在北京被奉系军阀杀害。

▲7 月 15 日,汪精卫叛变革命,宁汉合流。

▲8 月 1 日,周恩来、朱德等领导南昌起义。8 月 7 日,中共中央召开紧急会议,清算陈独秀右倾投降主义路线,撤销其职务。

▲9 月,毛泽东同志领导秋收起义。十月底到达井冈山,建立第一个革命根据地。

▲11 月 8 日,中共中央在上海召开临时政治局扩大会议。

1 月

1 日   与孔德沚在赴武汉轮船上共度元旦佳节。在《新女性》第 2 卷第 1 号发表散文《现代女子的苦闷问题》(署雁冰)。

月初   抵武汉,任中央军事政治学校武汉分校②政治教官。

---

① 茅盾:《我走过的道路·中山舰事件前后》。

② 中央军事政治学校武汉分校,第一次国共合作时期由国民党主办的旨在培养军事政治干部的学校。校长蒋介石,教育长邓演达,许多共产党员在该校工作,并担任重要职务。茅盾受党派遣,于 1927 年 1 月到武汉分校,任政治教官,历时两个多月。

该校实际主持工作的是恽代英。

本月 有感于武汉文艺界缺少文艺刊物,与傅东华、顾仲起、郭绍虞、孙伏园等文学研究会成员商议,成立小型文学社团上游社。拟出刊《上游》附于孙伏园编的《中央日报·中央副刊》,因此又称《中央日报》副刊星期日特别号。该刊由茅盾负责编辑,通信地址即茅盾住处。每周一期,共出 16 期,7 月 17 日终刊。

2 月

上旬 中央军事政治学校武汉分校正式发布"委任沈雁冰为本校政治教官"的委任令。茅盾在此讲授的主要课题有"什么叫帝国主义""什么叫封建主义""国民革命军的政治目的是什么""妇女解放运动"等。

3 月

1 日 在《民铎》第 8 卷第 4 号发表杂文《"士气"与学生的政治运动》(署玄珠)。

5 日 作《〈红光〉序》。

27 日 在《中央日报·中央副刊》星期特别号《上游》第 6 期发表杂文《最近苏联的工业与农业》(署沈雁冰)。后于《上游》第 7 期(4 月 3 日)续完。在《中央日报》副刊星期特别号《上游》第 6 期发表序跋《〈红光〉序》①(署沈雁冰),充分肯定诗作的内容和倾向,殷切勉励作者努力提高自己,望其逐步从"标语式文学"发展

---

① 《红光》是顾仲起在北伐途中,利用空隙时间写的一部长诗。

到"更完善的新形式的革命文学"。

4 月

1 日　在《洪水》第 3 卷第 30 期发表《中国文学家对于英国知识阶级及一般民众宣言》,该宣言原署名中有沈雁冰,后因考虑安全等问题,只署了鲁迅、成仿吾等。

月初　中央决定让茅盾编《汉口民国日报》①。此为"共产党办的第一张大型日报",社长董必武、总经理毛泽民、总主笔茅盾。迁至汉口歆生路德安里一号《汉口民国日报》社编辑部楼上居住。

29 日　在《汉口民国日报》发表社论《欢送与欢迎》(署雁冰),欢送北伐将领出征、国际工人代表回欧,欢迎日本工人代表抵鄂。

30 日　在《汉口民国日报》发表社论《怎样纪念今年的五一节》(署雁冰)。

本月　孔德沚到农工部工作。

5 月

4 日　在《汉口民国日报》发表社论《"五四"与李大钊同志》(署雁冰),表示:"我们对于李大钊同志等的被害,无限的悲哀,我们一定要从悲哀中生出更大的勇气与反革命派决一死战。"同

---

①　《汉口民国日报》创办于 1926 年 11 月 25 日,是北伐军攻占武汉以后,由国民党湖北省党部,北伐军总政治部和汉口特别市党部联合创办的,后确定为湖北省党部的机关报。这张报纸名义上是国民党湖北省党部的机关报,但实际上报纸的实权掌握在共产党人手中。董必武为社长,毛泽民为总经理,茅盾自 1927 年 4 月至 7 月 3 日担任总主笔。这张报纸从方针到内容,都是由中央宣传部决定的。

期发表社论《革命者的仁慈》(署雁冰),揭露蒋介石秘密绞死江苏党部负责同志 20 余人的残暴罪行。认为右派反革命势力所以猖獗一时,是因为"革命者的仁慈"。主张实行在"五一"节中民众提出的"以赤色的恐怖镇压白色的恐怖"的革命口号,坚决镇压一切反动派的反革命活动,扑灭白色恐怖。

5 日 在《汉口民国日报》发表社论《五五纪念中我们应有的认识》(署雁冰),指出当日是革命导师马克思的生日,也是六年前孙中山就职临时大总统之日,应把"新三民主义"和马克思主义结合起来,并"更清楚地认识我们的使命,切实担负起这个使命来"。

7 日 在《汉口民国日报》发表社论《〈廿一条〉与一切不平等条约》(署雁冰)。

9 日 在《汉口民国日报》发表社论《袁世凯与蒋介石》(署珠),指出:"蒋介石实在是一个具体而微的袁世凯,他比吴佩孚、张作霖、孙传芳等更能学袁世凯……他的覆亡一定比袁世凯更快,他结局一定比袁世凯更坏!……打倒袁世凯后身的蒋介石!"

10 日 在《汉口民国日报》发表社论《蒋逆败象毕露了》(署珠),揭露了青红帮的"共进会"与蒋介石狼狈为奸、镇压革命、敲剥良民、制造街巷恐怖的罪恶行径。指出在北伐军节节胜利的大好形势下,"一须武装民众,二须严厉镇压武汉反动派,三须根本铲除乡村封建势力"。

11 日 在《汉口民国日报》发表社论《巩固后方》(署珠),提出"缺一不可"的三大主张:一是"政府要武装革命的民众,以增厚后方防军的力量";二是"必须对于潜伏的反动势力举行大规模的扫除";三是"应以敏捷的手腕铲除乡村的封建余孽,土豪劣绅,反动团防等类反动武装势力"。

12 日 在《汉口民国日报》发表社论《英帝国主义又挑衅》（署雁冰），就 5 月 11 日英兵在汉口码头枪伤中国码头工人一事发声,指出这是帝国主义者在挑衅。①

13 日 在《汉口民国日报》发表社论《前方胜利中我们的责任》（署珠）。

15 日 在《汉口民国日报》发表社论《〈汉口民国日报〉社论》（未署名）,原标题失存。在《上游》第 8 期发表序跋《〈楚辞选注〉序》（署沈雁冰）,后于该刊第 9 期（5 月 22 日）续完。

16 日 在《汉口民国日报》发表社论《祝中央军事政治学校特别党部成立大会》（署雁冰）,祝贺中央军事政治学校特别党部在两湖学院成立。

20 日 在《汉口民国日报》发表社论《巩固农工群众与工商业者的革命同盟》（署雁冰）。

21 日 在《汉口民国日报》发表政论《工商业者工农群众的革命同盟与民主政权》（署雁冰）,阐明与工商业者建立革命同盟的重要性,殷切希望工商业者加入革命阵线。

同日 夜,长沙许克祥部发动反革命"马日事变"。

22 日 在《汉口民国日报》发表社论《夏斗寅失败的结果》（署雁冰）。针对 17 日武汉国民党军队夏斗寅部发动政变,随即被国民军击败一事,文章指出:夏斗寅的失败是对蒋介石的沉重打击。

23 日 在《汉口民国日报》发表社论《我们的出路》（署雁

---

① 人民文学出版社版《茅盾全集》第 15 卷收录该文,并在脚注中指出该文曾发表于 1927 年 5 月 11 日《汉口民国日报》,疑日期有误。

冰),针对蒋介石集团的反动宣传表示:"我们有出路!我们已经到了出路之口,再进一步,就是胜利!"

25日 在《汉口民国日报》副刊第 20 号发表杂文《"五卅"走近我们了》(署雁冰)。

26日 在《汉口民国日报》发表社论《整理革命势力》(署雁冰),颂扬了农民运动在国民革命中建立的功勋,指出整理革命势力的目的是"建立乡村自治机关,确定乡村的民主政权","切切实实为一般农民谋利益","保障乡村封建势力之不至死灰复燃"。

29日 在《汉口民国日报》发表社论《英俄绝交之观察》(署雁冰)。

本月 中国共产党"五大"后不久,陈独秀对沈雁冰说《民国日报》太红了,要他少登左派文章。沈雁冰请示董必武,董必武让其不必在意。

6 月

1日 浙江省主席周凤歧签发的浙江省政府公报令转发了国民党蒋政权的通缉令,其中有沈雁冰。为掩人耳目,孔德沚对外称"雁冰去日本了"。

4日 在《汉口民国日报》发表散文《读李品仙军长等东电》(署雁冰)。

6日 在《汉口民国日报》发表社论《民众应认识有奖债券之性质》(署雁冰)。

9日 在《汉口民国日报》第 36 号发表社论《郑汴洛克复后之革命形势》(署雁冰);发表《编完以后》(署雁冰)。

11日 在《汉口民国日报》发表社论《杨森溃败之观察》(署

雁冰）。

12 日 在《汉口民国日报》第 39 号发表社论《负伤同志的娱乐问题》（署雁冰）；发表启事《寻找汪原放的启事》（署珠）；发表《编完以后》（署雁冰）。

13 日 在《汉口民国日报》发表社论《欢迎中央委员会暨军事领袖凯旋与湖南代表团之请愿》（署雁冰），指出在农民运动蓬勃发展的大好形势下，反动派必然破坏湖南农民运动，或混入农会，或造谣诬蔑挑拨离间，最后实行屠杀。《动摇》中胡国光等土豪劣绅所使用的正是这些反革命伎俩。

14 日 在《汉口民国日报》发表社论《扑灭本省各属的白色恐怖》（署雁冰）。

15 日 在《汉口民国日报》发表政论《长沙事件》（署雁冰）。福建政务委员会呈请南京当局通缉沈雁冰。呈文列 88 人，沈雁冰排 58 名。

18 日 在《汉口民国日报》发表社论《肃清各县的土豪劣绅》（署雁冰），针对各地土豪劣绅疯狂屠杀共产党人和革命群众的白色恐怖，提出"肃清各县的土豪劣绅"；发表启事《约赵特夫谈话启事》（署雁冰）。

21 日 在《汉口民国日报》发表政论《第四次全国劳动大会》。

22 日 在《汉口民国日报》发表政论《湖北省市县党部联席会议（一）》（署雁冰）。

23 日 在《汉口民国日报》发表政论《湖北省市县党部联席会议（二）》（署雁冰）。

24 日 在《汉口民国日报》发表社论《论上海之反日运动》

（署雁冰），揭露蒋介石暗中指使红枪会①以反日为幌子，在信阳、柳林等地掘断路轨扰乱北伐军后防的罪恶阴谋，让人们认清蒋介石的真面目。

月底 孔德沚将临产，恐在武汉不安全，托友人乘轮船送回上海。

本月 在《小说月报》第 17 卷号外《中国文学研究》（下）发表文论《中国文学内的性欲描写》（署沈雁冰）。

本月 南京政府正式发布通缉令，浙江、福建等省转发此令。沈雁冰成了被通缉的政治犯。

7 月

1 日 在《汉口民国日报》第 57 号发表《编完之后》（署雁冰）。

7 日 在《汉口民国日报》发表社论《武汉市民怎样解除目前经济的痛苦》（署雁冰）。

9 日 在《汉口民国日报》发表社论《讨蒋与团结革命势力》（署雁冰），分析武汉民众讨蒋热情的原动力的来源。写完此社论，即致信汪精卫辞掉《汉口民国日报》职务，与毛泽东一起转入"地下"。

13 日 接到宛希严、黄慕兰夫妇带来的董必武指示："隐于

---

① 有浓厚迷信色彩的民间秘密结社，以红缨枪为武器，故名红枪会。

笔耕,善自珍重,后会有期"。①

18 日　汉口《民国日报·副刊》停刊,改组。

23 日　接到党的命令,与宋云彬、宋敬卿从武汉乘船去九江,与董必武、谭平山接头。

25 日　去南昌的火车不通,改道上庐山,住庐山大旅社;是夜,写通讯《云少爷与草帽》②,寄给汉口《中央副刊》。

26 日　晚上突然腹泻,来势凶猛,躺了三四天才能起床。在旅馆里翻译了西班牙作家柴玛萨斯的中篇小说《他们的儿子》。作《牯岭的臭虫——致武汉的朋友们(二)》。

29 日　在《中央副刊》发表散文《云少爷与草帽》(署玄珠),该文为致武汉的朋友们书之一。

8 月

1 日　在《中央副刊》发表散文《牯岭的臭虫——致武汉的朋友们(二)》(署玄珠),系《云少爷与草帽》的续篇。

9 日　作诗歌《我们在月光底下缓步》。

10 日　在《小说月报》第 18 卷第 8 号发表序跋《柴玛萨斯评传》(署沈余);发表译作小说《他们的儿子》(西班牙 柴玛萨斯著

---

①　学界认为大革命后茅盾暂时和组织失去联系,所以转向写作。黄慕兰女士在自传体回忆录《黄慕兰自传》中,对 1927 年的茅盾由政治转向文学的人生转折有另一说。据"自传",当年茅盾在大革命失败后在上海的写作,是遵循了中共党组织的指令。因此,1927 年茅盾从政治转向文学并不是找不到党组织,对中国革命前途感到迷茫,充满矛盾和悲观失望而闭门著书。茅盾在回忆录中说:"自从我到了日本以后,就与党组织失去了联系,而且以后党组织也没有再来同我联系"。这也说明去日本以前,茅盾与中共组织是有联系的。(参见钟桂松《性情与担当——茅盾的茅盾矛盾人生》,复旦大学出版社 2011 年 12 月版)

②　云少爷即宋云彬。

署沈余译),后于《小说月报》第 18 卷第 10 号(10 月 10 日)续完。

12 日　作诗歌《留别云妹》。

中旬　与范志超乘船到镇江,在码头遇军警搜查。

19 日　在汉口《中央副刊》发表《留别云妹》(署玄珠),诗中"云妹"并非实有其人,而是作者心目中革命事业与理想的化身,留别山上的"云妹",也是在与 1927 年的大革命依依惜别。它既对失败了的大革命做了痛苦而又无奈的诀别,又对革命事业的最后成功,满怀希望,有着美好的憧憬。

20 日　《民国日报·党务》上登载消息:"十五年四月中央交通局设于上海,主持者为著名跨党分子沈雁冰,兹搜得该局各省通讯留底二十三本,书籍无数,支款存根四本。取款者皆著名共产党,如……"上海形势险恶,茅盾行动受限。

27 日　晚上回到上海横浜路景云里 11 号甲,得知孔德沚因小产住院,遂去看望,小产女婴,已埋掉。从孔德沚处得知被国民党明令通缉的消息。之后,茅盾隐居在家约十个月。大革命的骤然失败使茅盾创作小说的欲望复萌,作为作家的茅盾即将步入文坛。

9 月

月初　于孔德沚产后的病榻前酝酿小说创作。计划写 3 个连续的中篇。先用两个星期写完了《幻灭》的前半部,因尚被通缉,故署名"矛盾"。叶圣陶看了《幻灭》前半部的原稿,决定 9 月份发排,并建议改"矛"为"茅"。从此,"茅盾"成为沈雁冰笔名。

本月　在《小说月报》第 18 卷第 9、10 号①发表中篇小说《幻灭》,初收入文学研究会丛书,由上海商务印书馆于 1928 年 8 月出版,后收入开明书店 1930 年 5 月版《蚀》。此为茅盾的小说处女作,以第一次国内革命为背景,通过描写静女士不断追求与不断幻灭,反映当时一部分青年在"革命前夕的亢昂兴奋和革命既到面前的幻灭",批判未经改造的小资产阶级知识分子个人主义的弱点,揭露大革命前北洋军阀统治下社会的黑暗,热情歌颂了北伐战争的胜利,还以非凡的胆量与气魄把刚刚发生不到一个月的震惊世界的南昌起义写进作品。作品从广阔的背景中描摹人物内心复杂的变化,心理刻画细致,相当真实地反映了大革命时代一部分青年的生活和思想面貌,刊出后引起读者普遍注意。

　　本月　继续写小说《动摇》《追求》。在写《幻灭》时,茅盾已构思好《动摇》和《追求》的大意,决定写出现代青年在革命壮潮中由亢奋到幻灭、动摇,再到再度追求之过程。

10 月

　　8 日　鲁迅迁居景云里,与茅盾相距甚近,考虑到茅盾正在受通缉,不便外出,遂与周建人同往茅盾寓所探视。这是茅盾第二次与鲁迅见面。

　　30 日　作文论《鲁迅论》。在《文学周报》第 5 卷第 11 期发表文论《各民族的神话何以多相似》(署玄珠)。

---

　　①　按:第 9 号版权页署 1927 年 8 月 10 日初版,而实际上到 9 月 19 日后才付印;第 10 号版权页署 1927 年 10 月 10 日初版,实际上至少在 11 月 4 日后才出版。

11 月

4 日　作文论《看了〈真善美〉创刊号以后》。

6 日　在《文学周报》第 5 卷第 12 期发表文论《看了〈真善美〉创刊号以后》(署方璧)。

10 日　在《小说月报》第 18 卷第 11 号发表文论《鲁迅论》(署方璧),较系统地概述了鲁迅当时已发表的小说和杂文,认为鲁迅的作品"充满了反抗的呼声和无情的剥露。反抗一切的压迫者,剥露一切的虚伪","老实不客气地剥脱我们男男女女,同时他也老实不客气地剥脱自己"。该文还批评了现代评论派对鲁迅"思想界权威""青年叛徒的领袖"等嘲讽,充分肯定了鲁迅杂文的审美作用,在中国现代文学史上树立了正确认识和评价鲁迅的第一块界石。

本月　开始创作《动摇》。《拜伦百周年纪念》收入《革命文学论》(沈雁冰等著　丁丁编),由上海大新书局出版。

12 月

1 日　在《新女性》第 2 卷第 12 号发表译作论文《初民社会中之两性关系》(署雁冰译)。

4 日　在《文学周报》第 5 卷第 18 期发表诗歌《我们在月光底下缓步》①(署玄珠),全诗均以男青年的口吻写出,通过男女之间的感情活动,既表现对革命理想的热切追求,也流露出当时还不知道我国革命的前途而产生的苦闷心情。每节均以"我们在

---

①　茅盾作为共产党员根据组织安排,离开武汉经九江去南昌的火车停开,本人又身患严重腹泻,只好滞留庐山。此诗即在山上写成。

月光底下缓步"开头,回环反复,音韵和谐。

冬 冯乃超等由日本归国,展开后期创造社活动;钱杏邨和从苏联归国的蒋光慈等成立"太阳社";洪灵菲、戴平万等成立"我们社"。随着革命的深入,革命文学运动亦发展起来。

1928年(戊辰,民国十七年)　32岁

▲2月,《语丝》杂志在上海复刊。

▲4月28日,朱德、陈毅率南昌起义军余部与毛泽东会师井冈山,组成红军第四军,朱德任军长,毛泽东任党代表。

▲6月18日,中国共产党在莫斯科召开第六次全国代表大会。

▲6月,鲁迅和郁达夫合编的《奔流》月刊在上海创刊。

▲12月,中国著作者协会在上海成立。

▲本年,创造社、太阳社倡导无产阶级革命文学,并与鲁迅、茅盾等开展论争。

1月

5日 作文论《欢迎〈太阳〉》。在《一般》第4卷第1号发表论文《自然界的神话》(署玄珠)。

8日 在《文学周报》第5卷第23期发表文论《欢迎〈太

阳〉》①（署方璧），为太阳社②主编《太阳》月刊创刊而写。该文一方面对太阳社的成立和《太阳月刊》的出版表示欢迎，认为"《太阳》是一些从革命高潮里爆出来的青年文艺者的集团"，"《太阳》旗帜下的文学者，要求光明，要求新的人生；他们努力要创造出表现社会生活的新文艺"；另一方面，也批评了蒋光慈提出的"惟有描写第四阶级生活的文学才是革命文学"的主张。其后爆发了一场茅盾与太阳社（包括创造社）作家之间的论争。

10 日 在《小说月报》第 19 卷第 1 号发表文论《王鲁彦论》（署方璧），对比了王鲁彦与鲁迅的创作，认为王鲁彦"如果完全抛弃了时时有的教训主义的色彩，用他的锐敏的感觉去描写乡村小资产阶级，把他的 canvas 扩展开来，那么，一定还有更好的成绩"。

12 日 作散文《严霜下的梦》。

本月 在《小说月报》第 19 卷第 1、2、3 号连载中篇小说《动摇》。单行本由商务印书馆 1928 年初版，为文学研究会丛书之一，后收开明书店 1930 年版《蚀》。《动摇》是《蚀》三部曲第 2 部，共 12 章，从正面反映大革命失败前夕的艰难困苦。主要书写了汪精卫叛变前夕、反革命势力已向革命势力发动反攻的几个月里，湖北武汉附近某县所发生的故事，如实表现了革命的失败和反革命的胜利。作品的素材来自 1927 年 4 月至 7 月 8 日茅盾主编《汉口民国日报》时耳闻目睹的大革命的种种现象。那

---

① 《太阳》月刊，是太阳社蒋光慈、钱杏邨等编辑的，1928 年 1 月 1 日创刊于上海，1928 年 7 月出停刊号。

② 太阳社，1927 年冬由蒋光慈、钱杏邨、洪灵非等在上海创办的革命文学团体。成立时其成员都是共产党员，曾先后出版《太阳月刊》《时代文艺》《海风周报》《新流月报》等刊物和《太阳社丛书》，在革命文学的理论宣传和创作实践上起过积极作用。1930 年"左联"成立后，自动解散。

时,《汉口民国日报》天天收到各地反动势力骚动和农民协会反击的消息,茅盾在《光明与黑暗的斗争》的总标题下据实作了报道。6月份以后,白色恐怖猖獗,不断有反动派屠杀工农的消息传来。茅盾后来回忆说:"这些小县城中发生的动乱和惨剧,那里同志们不幸遭遇,以及我在社论中讲到的反动派的阴谋,'苦肉计',残忍等等,深深地印入我的脑海,后来我写《动摇》时,就取材于这些事件。"①茅盾在把这些真实的素材写进作品时,融进了自己的深沉思考。作品通过复杂、剧烈的阶级斗争和社会生活的真实描写与一系列革命者和知识分子形象的塑造,从某些侧面揭示了大革命失败的根源和教训。作品生动形象地揭示了由"左"到右的必由之路,闪耀着独具慧眼的批判光芒。小说结构较为复杂,主要情节开展紧张有力,不过较多爱情细节穿插,与主题的表现联系不密切,冲淡了主要情节。

2 月

5 日　在《文学周报》第 6 卷第 2 期发表散文《严霜下的梦》,运用西欧神话、中国小说寓言的某些材料,以奇特的象征及意识流手法,来反映刚刚逝去的动乱岁月,抒写了自己的认识和心情。该文构思奇特,结构严谨,梦境描写与精神幻象有机相融,具有极大的感染力。

23 日　作短篇小说《创造》。

3 月

5 日　在《贡献》第 2 卷第 1 期发表作家介绍《伊本纳兹》(署

---

①　茅盾:《我走过的道路·创作生涯的开始》。

沈余），文末署"2月，于北京"。①

18 日　在《文学周报》第 6 卷第 8 期发表文论《〈楚辞〉与中国神话》（署玄珠），本文后收作《〈楚辞〉选注》一书的绪言。

4 月

25 日　在《东方杂志》第 25 卷第 8 号发表短篇小说《创造》，采用古典主义戏剧"三一律"进行创作，叙述父亲已死且小有财产的青年君实要亲自"创造"一个半新半旧的理想夫人，即既继承中国五千年文化传统而又解放了的女子。但两年后，君实创造结束之日，也是他理想失败之时，夫人不辞而别。这是一篇通过谈妇女解放来谈中国社会解放的作品，证明了中庸之道的失败，也证明被解放了的思想是束缚不住的，它将冲破一切阻拦，勇往直前。作品表达了革命虽失败，并且还会失败，但最后终于要胜利的信念，标志着《幻灭》之后茅盾思想上的第一次变化。茅盾自述："我写《创造》完全是'有意为之'。……轰轰烈烈大革命的失败使我悲痛消沉，我的确不知道以后革命应走怎样的路，但我不认为中国革命到此就完了。……革命是一定还要起来的。中国共产党 1921 年成立时，只有五十几个党员，到 1927 年就发展到五万党员，谁能说共产党经此挫折，遂一蹶不振？……为了辩解，也为了表白我的这种信念，我写了《创造》。"②

---

① 当时北京已改为北平，茅盾当时也不在北平。这样写是为了迷惑国民党反动政权。
② 茅盾：《我走过的道路·创作生涯的开始》。

5 月

13 日　在《文学周报》第 6 卷第 15、16 合刊发表文论《中国神话的保存》(署玄珠),收入《神话研究》。

同日　翻译小说集《雪人》(匈牙利 莫尔纳等著 署沈雁冰译)作为《文学周报》丛书,由开明书店出版。收匈牙利、保加利亚、瑞典、荷兰、芬兰等国共 19 位作家的作品 22 篇,书前有译者写于 1927 年 4 月的"自序",后附作家小传。

6 月

3 日　在《文学周报》第 6 卷第 19 期发表文论《人类学派神话起源的解释》(署玄珠),收入《神话研究》。

10 日　在《小说月报》第 19 卷第 6 号发表《帕拉玛兹评传》(署沈余);发表译作小说《一个人的死》(帕拉玛兹著 署沈余译),后于《小说月报》第 19 卷第 7 号(7 月 10 日)续完。1928 年 11 月收入"文学研究会丛书"由商务印书馆印行,后收入《万有文库》商务印书馆 1936 年 9 月。

同日　在《小说月报》第 19 卷第 6 号发表中篇小说《追求》,后于《小说月报》第 19 卷第 7—9 号(7—9 月,每月 10 日出版)续完。1928 年 12 月由商务印书馆出版单行本,后收入开明书店1930 年 5 月版《蚀》。茅盾自述:"《追求》从四月份开始写,到六月份写完。《追求》原来是想写一群青年知识分子在经历了大革命失败的幻灭和动摇后,现在又重新点燃希望的火炬,去追求光明了。"但在写作中,听闻在陈独秀右倾错误后,革命又走上瞿秋白"左"倾盲动的歧途,许多党的优秀干部无谓地牺牲了,其中有茅盾在上海、广州、武汉熟识的朋友。眼见这条路行不通,而自己又无法指出一条正确的路,《追求》就是在这样复杂的心情被创作出来的。所以,完全离开了原来的计划,"书中的人物个个都在追求,然而都失败了"。小说采用撒网式结构,用多线索、多人物平行推进的办法展开情节。主要写大革命失败后,一部分小资产阶级知识分子失去了革命高潮时的那种热情,过着悲观灰色的生活。他们精神苦闷,思想混乱,却又不甘了此一生,在幻灭的痛苦中各有所追求。

24 日　在《文学周报》第 6 卷第 22 期发表文论《神话的意义与类别》(署玄珠),收《神话研究》。

月底　陈独秀来访,称正在研究音韵学,将作《文字学注释》,向茅盾请教上海话中的古音。茅盾请孔德沚帮助。陈独秀在茅盾家住一夜,离去。

本月　译作《他们的儿子》(西班牙 柴玛萨斯著 沈余译)由商务印书馆印行,书前附《柴玛萨斯评传》作为代前言,共 7 章。

本月　陈望道来访,见茅盾久居斗室身体精神欠佳,建议去日本换换环境。后由陈望道帮助买船票、兑换日元,决定去日本。

7 月

月初　经陈望道帮助,化名方宗保东渡日本。同行者秦德君①（化名"徐舫"）。两人先到神户,由陈望道女友吴庶五安排食宿。次日乘火车赴东京,秦德君住吴庶五准备好的白山御佃中华女生寄宿舍,茅盾则住附近的"本乡馆"。碰到在此居住的原武汉《中央日报》总编辑陈启修。黄源和表弟陈渝清前来探望。

8 日 创作到日本后的第一篇小说《自杀》。

16 日 作文论《从牯岭到东京》。

22 日 在《文学周报》第 7 卷第 1 期发表文论《北欧神话的保存》(署玄珠),收《神话研究》。

8 月

10 日 在《小说月报》第 19 卷第 8 号发表文论《希腊神话与北欧神话》(署沈玄英)。

15 日 作《小说研究 ABC》一书的凡例。

20—25 日 作短篇小说《一个女性》。

本月 专著《小说研究 ABC》(署名玄珠)收入"ABC 丛书",由上海世界书局出版。全书共 8 章,在国内完成初稿,赴日后改定出版。书前凡例指出:"本编目的有二:一是研究近代小说(Novel)发达的经过;二是研究一部小说内所应包含的技术上的要素。"内容参照外国小说理论,兼及中国小说史规律,史论结合,以论为主,是当时最完备的小说理论专著。

本月 《幻灭》(文学研究会丛书)由商务印书馆出版,共14 章。

---

① 秦德君(1905 年 8 月 15 日—1999 年 1 月 12 日),重庆忠县人 1923 年入党,长期从事革命活动,曾任西安市妇女协会主席、西安市党部常委兼妇女部长。1931年任国民革命军第 21 军司令部参议官、第七战区司令部参议官。在新中国成立后任教育部参事,后任政协委员。

9 月

10 日 在《小说月报》第 19 卷第 9 号发表短篇小说《自杀》，亦刊于《诗与散文》第 1 期(1929 年 9 月 1 日)。东渡日本后写的第一篇小说，在木乡馆读了偶然看见的陈启修的小说《酱色的心》后创作，是《创造》的续篇。五四运动唤醒了许多向来不知人生为什么的青年，但被唤醒的青年们走的道路却各不相同，作者认为《创造》中娴娴那样的勇敢者属于少数，《自杀》是另一种道路。作品直接细腻地描绘了环小姐思想苦闷的全过程，写出了她热爱生活又缺乏直面生活的勇气的复杂矛盾心理。

23 日 在《文学周报》第 7 卷第 10 期发表文论《希腊、罗马神话的保存》(署玄珠)。

30 日 在《文学周报》第 7 卷第 11 期发表文论《埃及、印度神话的保存》(署玄珠)。

本月 《〈楚辞〉选读》(署沈雁冰)收入"学生国学丛书"，由上海商务印书馆出版。

10 月

9 日 中共中央复信中共东京市委，允许脱党一年多的茅盾恢复党籍。① 信中说："沈雁冰过去是一同志，但已脱离党的生活一年余，如他现在仍表现的好，要求恢复党的生活时，你们可斟

---

① 原件底稿现存中央档案馆，新中国成立后编的中央文件汇编铅印本中全文收录。

酌情况,经过从新介绍的手续;允其恢复党籍。"①

10 日 在《小说月报》第 19 卷第 10 号发表文论《从牯岭到东京》,全文共 8 节,主要谈及《幻灭》《动摇》《追求》构思及创作的情况,并反驳了创造社、太阳社的不公批评。针对国内文坛的错误倾向,尤其是"左"的与标语口号化的倾向,提出值得讨论的三个问题:第一,革命文艺应是革命文艺而不是革命的标语口号。第二,读者对象问题,即阅读革命文艺者是哪些人,或更清楚地说,是哪个阶级或阶层的人。第三,文艺的技巧问题。文章把小资产阶级作为文艺的主要服务对象强调得过分了一些,是茅盾在大革命失败后经过重新认识、探索后的一次自我思想总结,是他创作思想上克服暂时的苦闷、低沉,趋向振作的一个新起点。②

20 日 作《中国神话研究 ABC》序言。

28 日 作《〈脑威现代文学〉译后补记》。

本月 作《近代文学面面观》序;作散文《叩门》

11 月

3 日 作《现代文艺杂论》序。

10 日 在《小说月报》第 19 卷第 11 号发表短篇小说《一个女性》,初收入大江书铺 1929 年 7 月版《野蔷薇》。

---

① 据相关资料证明,信中提到的 5 位同志于 1928 年夏先后离开日本,故没有收到中央的信,也就无法解决茅盾的党籍问题。另外,信中说"但已脱离党的生活一年余"指茅盾处地下状态一年多未过组织生活,并非脱离组织关系。当时他通过孔德沚和党保持联系。孔德沚当时仍过组织生活。可参见唐天然《1928 年中共中央曾考虑恢复茅盾党籍》,刊于《江海学刊》1991 年第 4 期。

② 按:《茅盾全集》第 19 卷,人民文学出版社版下注发表时间为 1928 年 10 月 18 日,疑误。

14 日　作散文《雾》。

本月　《欧洲大战与文学》(署沈雁冰)由开明书店出版,书前有 6 月 20 日写的《序》。该书系 1924 年为《小说月报》"纪念欧战 10 周年"而写,共 7 节:1.发端;2.文学家对于战争的赞助;3.文学家对于战争的反对;4.不谈战事的青年文艺家;5.战争文学一瞥;6.战争文学一瞥——诗歌;7.战争文学一瞥——戏曲。

本月　译作《一个人的死》(文学研究会丛书)(希腊 帕拉玛兹著 署沈余译)由商务印书馆出版。共 4 章,《帕拉玛兹评传》一文为代前言。

12 月

月初　茅盾和秦德君由相恋到同居,为避人耳目,决定离开东京赴京都。遂告别陈启修,双双坐火车去了京都。

9 日　作文论《关于中国神话》。

13 日　作《致平兄——关于陈因女士底〈归家〉的通信》。

15 日　在《大江》第 1 卷第 3 期发表文论《关于中国神话》;发表短篇小说《诗与散文》,塑造了体面人家的寡媳桂太太的形象。她刚毅,狡诈,一旦打破了贞操观念即无所顾忌地向封建礼教宣战;发表通信《陈因女士底〈归家〉》[①]。

本月　《追求》(文学研究会丛书)由商务印书馆出版,共 8 章,附《从牯岭到东京》(代跋,1928 年 7 月 16 日东京)。

---

① 复旦大学中文系学生沉樱的课后习作小说《归家》(收入短篇小说集《喜筵之后》时改名《回家》)在该校中文系主任陈望道主编的《大江月刊》第 2 期发表。茅盾收到月刊后,对《归家》一文很有兴趣,遂致信陈望道,对该文做了评论。

1929 年(己巳,民国十八年) 33 岁

▲1 月,毛泽东、朱德率领红四军开辟以瑞金为中心的中央革命根据地。

▲2 月,国民政府颁布《宣传品审查条例》,加紧反革命的文化围剿。

▲11 月,陈独秀被开除出党。

▲11 月,我国第一个无产阶级戏剧团体上海艺术剧社成立,首次提出"普罗列塔利亚戏剧"口号。

1 月

10 日 在《小说月报》第 20 卷第 1 号发表散文《叩门》(署 M. D),作品中连续三次叩门声,唤醒了即将入睡的"我",却又很快模糊了,消失了,剩下的只是寂寞的虚空。借象征手法,表现了当时普遍存在的迷惘、忧郁、失望、探求的精神特征。日本学者松井博光在《黎明的文学——中国现实主义作家茅盾》中称此文"能够推测出茅盾当时的心境,并能够感受到茅盾当时情绪的阴郁的程度"。钱杏邨在《现代十六家小品序》中说:"茅盾的《叩门》、《雾》一类的小品……正象征了一个时代的苦闷。"茅盾在《宿莽·弁言》中说此文是镂刻着"探求"的作品。

15 日 作《骑士文学 ABC》例言。

本月 论著《中国神话研究 ABC》(上下册,署玄珠著)由世

界书局出版,共 8 章,书前所附《序》中说:"这本书是企图在中国神话领域内作一次大胆的探险","同类性质的书,中国文的还没有过","所以此编之作,实在是'开荒'的性质"。该书集中表现了茅盾的神话观点。

2 月

6 日 作散文《速写一》。

10 日 在《小说月报》第 20 卷第 2 号发表散文《卖豆腐的哨子》(署 M. D),巧妙地把哨子声与主观感受融合起来,创造出充满惆怅、略带愤懑的意境,在抒情主人公的自怨自艾和自我解剖中,折射出强烈的时代气氛。通篇以诗意的笔触出之,具有诗的含蓄、诗的凝练。

同日 在《小说月报》第 20 卷第 2 号发表散文《雾》(署 M. D),雾是大革命失败后的苦闷时代的象征:"白茫茫的浓雾吞噬了一切,包围了大地……只使你苦闷,使你颓唐阑珊,像陷在烂泥淖中,满心想挣扎可是无从着力呢"。同时,作者也抒发了"我诅咒这抹煞一切的雾""既然没有呆呆的太阳,便宁愿有疾风大雨"的战斗愿望。

17 日 作散文《速写二》。

本月 国民党反动派封闭创造社出版部;颁布《宣传品审查办法》。

3 月

3 日 作短篇小说《色盲》。

9 日 作短篇小说《昙》。

10 日　在《小说月报》第 20 卷第 3 号发表散文《虹》(署 M. D),虹是美丽的希望的象征,但彩虹易散,"虹一样的希望也使人伤心"。文章物我一体,情理交融,借象征手法,写出个人的苦闷和时代的特征;发表《红叶》(署 M. D),记述和友人一起看红叶的情景。

25 日　在《东方杂志》第 26 卷第 6 期发表短篇小说《色盲》(署 M. D),后于《东方杂志》第 26 卷第 7 期(4 月 10 日)续完,通过林白霜的恋爱、苦闷、压抑、斗争等心理变化,解剖了大革命失败后小资产阶级知识分子的思想情绪。

4 月

1 日　在《新女性》第 4 卷第 4 号发表短篇小说《昙》(署 M. D)。主人公张女士是一个旧官僚的女儿,经历过革命的风浪;革命高潮过后,她又回复到原来的生活。封建官僚的父亲把她作为向上爬的礼物,逼她给南京一个军官做姨太太,她以暂时的逃避来消极对抗。这是一个暗淡的结局,正可看出作者以此促使大家猛省的用心。

3 日　作短篇小说《泥泞》。

10 日　在《小说月报》第 20 卷第 4 号发表散文《速写一》、《速写二》(均署 M. D),两篇散文分别描述了日本浴池洗浴的场面及浴场机构。在"我"看来,沟通男女浴池的"水槽"正是沟通两个世界的"阴阳镜"。

同日　在《小说月报》第 20 卷第 4 号发表短篇小说《泥泞》(署丙生),叙述愚昧农民因受反动宣传影响而对游击队深感恐惧。最后国民党部队进村,杀了给农民协会造花名册的黄老爹父子,抢走农民财务,农民反倒认为这是"老样子"而"松一口气"。这是茅盾第一次写农村,据其自述:"从国内传来的消息,共产党与蒋介石的部队,仍在一些农村中有小规模的战斗。因此我写了短篇小说《泥泞》。"作品着力描绘了农民因循守旧、保守落后的一面。

本月 《骑士文学 ABC》(署玄珠)由世界书局出版,前有"例言"。全书采用说故事的叙述方法,分5章对12世纪至16世纪中的骑士文学的发展及流派作了概述,介绍了骑士文学重要作品的内容。

本月 开始创作长篇小说《虹》。小说以胡兰畦从反抗旧式婚姻、追求自由解放到冲出四川走向向往的生活,参加革命的生活经历为线索,以胡兰畦、杨森、魏宣猷等为模特,加以典型化,创作出来的。写完《虹》的第3章,茅盾致信《小说月报》主编郑振铎,提到:"'虹'是一座桥,便是春之神由此以出冥国,重到世间的那一座桥;'虹'又常见于傍晚,是黑夜前的幻美,然而易散;虹有迷人的魅力,然而本身是虚空的幻想。这些便是'虹'的命意;一个象征主义的题目。从这一点,你当可以想见《虹》在题材上,在思想上,都是'三部曲'以后将移转新方向的过渡;所谓新方向,便是那凝思甚久而终于不敢贸然下笔的《霞》。"

茅盾用象征的手法表明他创作《虹》时的心境,以及《虹》与《蚀》三部曲的不同,还透示出他打算继续写梅女士思想转变的过程及其最终完成的意图。

5 月

4 日 作《读〈倪焕之〉》。

9 日 作《写在〈野蔷薇〉的前面》。

10 日 《小说月报》第 20 卷第 5 号《最后一页》栏目登出《关

于长篇小说〈虹〉的通信》。《最后一页》中介绍道:"茅盾君的长篇创作《虹》已经放在我们的桌上了,下月号里一定可以登出。"

12 日 在《文学周报》第 8 卷第 20 号发表《读〈倪焕之〉》。此文继续参与对革命文学的论争,除充分肯定《倪焕之》的成就外,还对《从牯岭到东京》发表以后受到的批评作一总的答辩,可看作《从牯岭到东京》的姐妹篇。文章提出了关于"时代性"的著名论断:"所谓时代性,我认为,在表现了时代空气而外,还应该有两个要义:一是时代给与人们以怎样的影响,二是人们的集团的活力又怎样地将时代推进了新方向,换言之,即是怎样地催促历史进入了必然的新时代,再换一句话,即是怎样地由于人们的集团的活动而及早实现了历史的必然。在这样的意义下,方是现代的新写实派文学所要表现的时代性!"文章还论述了作品的内容和形式问题,认为两者应该统一,反对"标语口号式的无产文艺",并指出新写实文艺"应该拣自己最熟悉的事来描写,包括对小资产阶级生活的描写。"

15 日 作散文《邻一》《邻二》《樱花》。

本月 《近代文学面面观》由世界书局出版,全书分 9 节介绍了欧洲 9 个民族的近代文学,包括:北欧的丹麦、挪威、冰地、荷兰;中欧的德、奥;南欧的葡萄牙、南斯拉夫和犹太。《序》中说:"介绍弱小民族文学是个人的癖性。此册内所述,除德、奥外,皆为小民族。但德、奥在大战后亦不复能厕身于威焰逼人的列强之列,则亦几已可视为小民族了。"

本月 论著《现代文艺杂论》由世界书局出版,本书分 14 节,旧稿 5 篇,新作 9 篇。介绍了世界文学思潮,包括:《未来派文学之今昔》《大大主义》《青年德意志文学——从表现主义到无产阶级文艺》《欧战与意大利文学泛系党专政下的意大利文学》

《现代匈牙利文学》《现代捷克文学》《捷贝克的〈虫豸的生活〉》《一个波兰新诗人》《巴西文坛与法国文学》《古巴文学》《希腊新文学之胜利》《瑞士现代文学一瞥和》《诺贝尔诗人斯劈脱尔》。书前有1928年11月3日写的《序》。

6月

10日 在《小说月报》第20卷第6号发表长篇小说《虹》(署M.D),后于《小说月报》第20卷第7号(7月10日)续完小说前3章。全书于1930年3月由上海开明书店出版。"欲为中国近十年之壮剧,留一印痕。八月中因移居搁笔,尔后人事倥偬,遂不能复续。"作者的庞大计划虽未能完满兑现,但人们仍然可以从中看到"五四"到"五卅"这一历史时期的轮廓,以及当时青年知识分子如何冲破铁屋子,终于走向群众斗争行列的艰难历程。作品以青年知识分子梅行素在四川和上海的生活经历为主线,展示了从"五四"到"五卅"这一历史时代的面貌和青年思想发展的历程。小说揭露了在"五四"时期那些借标榜新思潮以谋私利的旧军阀的种种丑态;描绘了"五卅"前夕革命工作者热情宣传马列主义,与国家主义派进行斗争以及他们广泛发动群众,开展反帝反封建、建立人民政权而斗争的情景。作品还充分地反映了五卅运动的历史过程,揭露了帝国主义的罪行,热情讴歌了上海人民在中国共产党领导下进行得如火如荼的反帝斗争,显示了革命现实主义的特色。

本月 论著《神话杂论》(署沈雁冰)编入"文艺丛书"由世界书局出版,附例言。本书是作者发表过的4篇神话论文的汇集,包括:《各民族的开辟神话》、《自然界的神话》、《中国神话研究》、《希腊神话与北欧神话》。其中《中国神话研究》一文是作者运用欧洲人类学派的神话理论来解决中国神话问题的首次尝试。

7 月

10 日 在《小说月报》第 20 卷第 7 号（"现代世界文学号"上）发表述评《二十年来的波兰文学》（署沈余）。

本月 短篇小说集《野蔷薇》由大江书铺出版。集中收入作者 1928 年写的短篇小说，包括：《创造》《自杀》《一个女性》《诗与散文》《昙》。书前有《写在"野蔷薇"的前面》作为代序，其中说："真的勇者是敢于凝视现实的，是从现实的丑恶中体认出将来的必然……不要感伤于既往，也不要空夸着未来，应该凝视现实，分析现实，揭破现实；不能明确地认识现实的人，还是很多着。"小说以心理刻画著称，描写一群青年女子爱情生活的不同遭遇，揭露了旧社会的黑暗及旧礼教的弊害。这些小说"都穿了恋爱的外衣"，力图在"恋爱描写的背后"揭示"一些重大的问题"，即反映大革命失败后在反动势力统治下一部分青年知识分子的不幸遭遇。

8 月

1 日 作散文《风化》。

本月 迁居，与漆琪生同租一日本人的余屋。

9 月

10 日 在《诗与散文》第 1 期发表散文《风化》。

本月 论著《六个欧洲文学家》由世界书局印行。全书共 6 节，包括：1. 匈牙利爱国诗人裴都菲；2. 陀斯妥以夫斯基的思想；

3.瑞典现代大诗人赫滕斯顿;4.挪威现代作家包以尔;5.德国戏曲家霍普德曼;6.西班牙小说家巴洛哈。

10 月

10 日 作《西洋文学》例言。

15 日 在《新文艺》第 1 卷第 2 号发表散文《邻一》《邻二》(均署 M. D),作者在《我走过的道路》中说:"在我正写长篇小说《虹》的时候,新搬来了一家日本人做我们的邻居,是夫妇二人和一个七八岁大的男孩子,一个不过两岁的女孩子。这位美丽的少妇……我们感到她是寂寞的。""我写的散文《邻一》和《邻二》(1929 年 5 月 15 日)就是记述这寂寞的两个人的。"

同日 在《新文艺》第 1 卷第 2 号发表散文《樱花》(署 M. D),为纪念"岚山之游"而作。先渲染日本赏樱之盛及作者渴望之切,接着写岚山观花却大失所望。由此感叹"这浓艳的云霞一片的樱花只宜远观,不堪谛视",所见是"使人窒息"的杂乱环境和"摩肩撞腿"的观花人。

11 月

5 日 作短篇小说《陀螺》。

10 日 《新文艺》第 3 期载"国内文坛小消息",报道因茅盾的共产党身份,致使《幻灭》等三部作品停止发行、《虹》停止登载、刊载有茅盾散文的《诗与散文》杂志被审查等消息。

本月 在《新女性》第 4 卷第 12 号发表译作《论嫉妒》(微明译)。在《一般》第 9 卷第 3 号发表《爱与诗》(署微明)。

本月 《小说研究 ABC》第三版出版,署名沈雁冰。

12 月

15 日　钱杏邨在《新流月报》第 4 期发表《茅盾与现实——读了他的〈野蔷薇〉以后》。

本月　作《北欧神话 ABC》例言。

年底　为避日本当局对在日中国共产党员的迫害,由高原町迁居到热闹地段,租一两层小楼居住。

1930 年(庚午,民国十九年)　34 岁

▲2 月,中国共产党领导的中国自由运动大同盟于上海成立。

▲3 月至 10 月,中国左翼作家联盟、中国社会科学家联盟、中国左翼美术家联盟、中国左翼戏剧家联盟及左翼文化界总同盟先后在上海成立。

▲5 月至 10 月,蒋介石与阎锡山、冯玉祥在河南、安徽、山东、江苏混战,史称中原大战,最后蒋介石获胜。

▲11 月,陈子展的《最近三十年中国文学史》由太平洋书店出版。

1 月

1 日　在《中学生》创刊号发表文论《关于高尔基》(署沈余),是在日本写的最后一篇文章;发表译作《公道》(西班牙 FPi Ar-suaga 著 署微明译)。

本月 鲁迅主编《萌芽》月刊创刊。"左联"成立后成为机关刊物,同年被国民党查禁。

2 月

1 日 作序跋《〈虹〉跋》。

10 日 在《小说月报》第 21 卷第 2 号发表短篇小说《陀螺》(署未名),通过 40 岁的五小姐与女友徐女士的对话及心理描写,用轻松诙谐的笔调揭示了人生的要义:为何而生活,暗示着对时代的看法。

3 月

2 日 《鲁迅论》《读〈呐喊〉》,收入李何林编《鲁迅论》由北新书局出版。

中旬 收到孔德沚在石湾振华女校同学钱青从奈良寄来的信,邀请茅盾到奈良游玩。应邀游览了奈良。

月底 作《题词》,原刊于上海开明书店 1930 年 5 月版《蚀》卷首。和秦德君结束了那一段浪漫而又苦涩的亡命生涯,从日本坐船,秘密地回上海。

本月 长篇小说《虹》由开明书店出版单行本。共 10 章,后附《跋》。

4 月

5 日 茅盾从日本返沪,秦德君则回四川。叶圣陶到码头迎接,初住旅馆,后暂住杨贤江家。当天即到景云里看望母亲、孔德沚和两个孩子,并见到借住于此的冯雪峰。从冯雪峰处得知中国左翼作家联盟成立。晚上访叶圣陶,并同去拜访鲁迅。

中旬 经杨贤江介绍,时任左联党团书记的冯乃超来访,代表左联邀请茅盾参加左联活动。自此,茅盾即成为左联成员。

本月 到卢公馆拜访交通银行董事长卢学溥表叔,得悉做公债投机的人曾用 30 万元买通冯玉祥部队在津浦线上北退 30 里,这成为茅盾后来写《子夜》的材料。

本月 参加左联全体大会,讨论迎接"五一"的活动。

5 月

中旬 举家迁至公共租界地静安寺东面一处,化名方宗保在此居住到 7 月中旬。

月底 参加左联纪念"五卅"的活动,鲁迅到会并讲话。在会上结识胡也频。

本月 《蚀》由上海开明书店出版,书前有《题词》(1930 年 3 月底写),是《幻灭》《动摇》《追求》三部中篇的合集,1930 年初,茅盾应开明书店之请将《幻灭》《动摇》《追求》三部曲合为一部长篇出版单行本,为此书取名时,茅盾认为:"书中写的人和事,正像月蚀日蚀一样,是暂时的,而光明则是长久的;革命也是这样,挫折是暂时的,最后胜利是必然的……我的思想中的迷雾,不也是暂时的吗!"遂取名"蚀",并在扉页题字:"……生命之火尚在我胸中燃炽,青春之力尚在我血管中奔流,我眼尚能谛视,我脑尚能消纳,尚能思维,该还有我报答厚爱的读者诸君及此世界万千的人生战士的机会。营营之声,不能扰我心,我惟以此自勉而自励。"该书封面由钱君匋设计:朱红的底色上是一个年轻女子的正面脸庞,有一只蜘蛛从一条丝上挂下来,正好在脸庞正中,生动表现出书中主人公既敢于冲击黑暗的罗网,但又对前途茫然的心情。茅盾对这个封面很满意。

本月 经徐志摩介绍,时任德国《法兰克福汇报》记者的史沫特莱①来访,求赠《蚀》,茅盾在扉页签名后送给她。

本月 《幻灭》《动摇》《追求》(文学周报丛书)由开明书店出版。

7 月

1 日 在《妇女杂志》第 16 卷第 7 号发表序跋《〈文凭〉引言》(署沈余);发表译作小说《文凭》(俄国 V. I. Nemirovitch 著 署沈余译),后于第 16 卷第 8—11 号(8—9 月,每月 1 日出版)续完。

同日 在《中学生》第 7 号发表杂文《青年苦闷的分析》(署止敬),采用书信体,在与青年朋友的直接对话中分析了青年的苦闷,"不是仅仅活下去的问题,而是怎样活得有意义的问题"。批评了他们的幻灭消沉与迷惘失措,热切希望他们能够"为了大多数人也为了你自己的解放而斗争"。

中旬 因房租太贵,由静安寺附近搬到愚园路口树德里②。

---

① 史沫特莱(Agnes Smediey,1890—1950),美国女作家、新闻记者。生于工人家庭,当过烟厂工人、书刊推销员等。1919 年赴欧,在柏林大学学德语并教授英语。1928 年以《法兰克福日报》特派记者身份来到中国,在上海参加中国进步文化运动。次年年底开始与鲁迅联系。1941 年因病回国,受到美国政府迫害。1949 年流亡英国,次年病逝于牛津。遵照遗嘱,骨灰移葬中国。著有自传体长篇小说《大地的女儿》和记述朱德生平的《伟大的道路》,以及关于中国人民革命斗争的报告文学、杂文集《中国人民的命运》《中国红军在前进》《中国在反攻》《中国的战歌》等。

② 树德里,在上海愚园路。1930 年 7 月至 1933 年 4 月茅盾住在树德里一座三楼的厢房里。瞿秋白夫妇从莫斯科回到上海曾在此居住一星期,天天谈《子夜》,瞿秋白提出不少建议。长篇小说《子夜》和历史题材的短篇小说《豹子头林冲》《石碣》《大泽乡》,中篇小说《路》《三人行》,以及短篇小说《林家铺子》《春蚕》等都在这里写成。

母亲回乌镇。为此,茅盾每年至少回乡一次,或接母亲来上海,或送母亲回乌镇。每次在家乡逗留一周至十天。

8 月

10 日　在《小说月报》第 21 卷第 8 号发表短篇小说《豹子头林冲》(署蒲牢),截取《水浒》中林冲初到梁山水泊的故事,塑造了具有农民阶级原始反抗精神的林冲形象。将林冲的出身处理为受压迫的农民子弟,以阶级分析的方法第一次用小说的形式歌颂了农民的斗争,并暗示着农民对"大智大勇"的先进阶级领导的期望。

本月　论著《西洋文学》(署方璧)编入"文化科学丛书"由世界书局出版,附例言(1929 年 10 月 10 日)。1935 年 12 月由上海世界书局改称《西洋文学通论》出版,1985 年又由书目文献出版社收入"阅读辅导丛书"再版。这是茅盾为我国青年读者写的一本概要地了解欧洲文艺思潮史的书。

本月　瞿秋白夫妇从莫斯科回到上海,用暗号写信与茅盾取得联系。茅盾夫妇前去拜访,相互谈了各自在日本和苏联的情况,瞿秋白介绍了当时的革命形势,鼓励茅盾写小说。茅盾把瞿秋白夫妇接回寓所同住。

本月　对左联的存在的问题不满,专注于写作。《我走过的道路·"左联"前期》中回忆:"参加了两次全体会议后,我有了这样的感觉:'左联'说它是文学团体,不如说更像个政党。这个感觉,在我看到了一九三〇年八月四日'左联'执委会通过的决议《无产阶级文学运动新的情势及我们的任务》以后,又得到了加强。""关于'左联'前期存在的这些问题,我也与鲁迅谈到,鲁迅大概出于对党的尊重,只是笑一笑说:所以我总声明不会去做他们这种工作的,我还是写我的文章。"

9 月

10 日 在《小说月报》第 21 卷第 9 号发表短篇小说《石碣》(署蒲牢)。截取《水浒》玉臂匠金大坚刻石碣的情节演义而成,通过金大坚与圣手书生萧让的对话,表现军师吴用策略的奥妙——利用暗刻石碣计谋把梁山众多出身不同、阶级有异的人团结起来,这也从侧面说明了农民斗争团结的重要。

12 日 《申报》刊登一则广告为茅盾所拟:"润民儿览:我在青接汝信,知汝出走,带巨款,如遇坏人,悔之无及。望尔见报,快醒大梦,速到瞿表伯处会我。尔如不愿回原处,另谋别事亦无不可。若不回来,我命难保,养子一场,如此收稍结果,尔细思之。母白"(句读为编者所加)。系茅盾帮助地下党组织寻找沈泽民所写。其中"润民"即泽民;青即家乡青镇;"巨款"即重要文件;"瞿表伯"即卢表叔,在上海有大寓所,沈泽民是知道的;"母白"与"瞿表伯"联系起来即当时的上海地下党负责人瞿秋白。茅盾回忆录中谈及此事所说广告内容是凭记忆,并不准确。

中旬 参加柔石、冯雪峰、冯乃超发起的"鲁迅五十生辰纪念会",到会 30 余人。

17 日 到法租界吕班路 50 号荷兰西菜室,参加上海左翼文化界人士为鲁迅 50 岁寿辰举行的庆祝会。柔石致开会辞,史沫特莱讲话,鲁迅致答辞。

月底 沈泽民夫妇自莫斯科回到上海。

本月 论著《希腊神话 ABC》(署方璧)收入"ABC 丛书"由世界书局出版,全书分 5 节:1. 总论;2. 荷马时代的前后;3. 雅典文学时代;4. 希腊文学衰落时期;5. 结论。

10 月

6 日　作短篇小说《大泽乡》。

10 日　在《小说月报》第 21 卷第 10 号发表短篇小说《大泽乡》(署蒲牢)。借陈胜、吴广大泽乡起义的故事,揭示了农民对土地的要求,热情歌颂了大革命失败后中国共产党领导的土地革命运动。

本月　论著《北欧神话 ABC》(署方璧)收入"ABC 丛书",由上海世界书局出版。该书分上下册,上册 12 章;下册 11 章,后收入天津百花文艺出版社 1981 年 4 月版《神话研究》。书前有《例言》(1929 年 12 月写)。本书专门论述北欧神话产生的环境、演化及其对后世欧洲文学的影响,还把它与中国神话作了比较研究,共 23 节,附参考用书表。

11 月

23 日　作散文《我的中学时代及其后》。

本月　开始创作中篇小说《路》。

秋　因眼疾、胃病、神经衰弱并作,不能写作。闲来无事常到卢表叔的公馆,结识了不少银行家、公务员、商人和在交易所搞投机的人,了解到当时上海经济不振、市场萧条、工厂倒闭、工人罢工,中国民族工业面临绝境,意识到中国民族资产阶级正处于内外交困的时代,中国正在走向半殖民地化。然而在这种形势下,却看到《动力》上刊登的严灵峰、任曙的文章,称帝国主义使中国的封建经济解体,促进了中国民族资本主义势力的发展,中国已经进入资本主义社会。这种托派的欺骗宣传使茅盾十分气愤,并激发了他写小说的欲望,决定用了解到的材料写一部小说,作为参加中国社会性质问题论战的形象化论文。

年末 拟写《〈子夜〉创作的构想、提要和大纲》。最初发表于 1996 年 6 月《小说》杂志第 6 期(署蒲剑)。在《〈子夜〉写作的前前后后》中回忆:"最初设想,写部都市——农村交响曲。都市部分打算写一部三部曲:第一部叫《棉纱》;第二部是《证券》;第三部是《标金》。但是写完了提纲,就觉得这种形式不理想;农村部分是否也要写三部曲?这都市三部曲与农村三部曲又怎样配合,呼应?都不好处理,于是搁下了这个计划。十一月,眼病第二次发作,不能看书,但继续思索这部小说的创作,决定改变计划,不写三部曲而写以城市为中心的长篇,即后来的《子夜》。"

本年 国民党中宣部发出"取缔左联,通缉鲁迅等左联盟员"的密令。

1931 年(辛未,民国二十年) 35 岁

▲1 月 31 日,国民党中宣部颁布《危害民国紧急治罪法》,进一步实施白色恐怖。

▲2 月 7 日,胡也频、柔石、殷夫、冯铿、李伟森 5 位左翼作家和何孟雄、林育南等 19 位共产党员在上海龙华被国民党淞沪警备司令部秘密枪杀。3 月,左联外围刊物《文艺新闻》创刊,披露

青年作家被害消息。

▲9月，丁玲主编《北斗》创刊。该刊是"左联"为扩大左翼文艺运动，克服关门主义和宗派主义而作的努力。

▲9月18日，"九一八"事变爆发。蒋介石下令"不抵抗"。

▲9月，左联发表《告国际无产阶级及劳动民众的文化组织书》。

▲10月，国民党颁布《出版法施行细则》，绞杀进步文化。

▲11月，中华苏维埃共和国临时政府在江西瑞金成立，毛泽东当选为主席。

▲12月，胡秋源等在《文化评论》创刊号以"自由人""第三种人"讨伐左翼文化。

1 月

1 日　在《中学生》第 11 期发表散文《我的中学时代及其后》（署止敬）。

同日　在《妇女杂志》第 17 卷第 1 号（新年特大号）发表译作小说《雷哀·锡耳维埃》（俄国 V. 沈余译），后于《妇女杂志》第 17 卷第 3 号（3 月 1 日）续完；发表文论《勃留梭夫评传》（署沈余）；发表散文《当我们有了小孩时》（署止敬）、《作了父亲》（署止敬）；发表散文《问题是原封不动地搁着》（署朱璟）①，指出："妇女问题的彻底解决，妇女的真正解放，须有待于社会组织之根本改变改造。把妇女问题作为一个单独的问题来研究时，是徒劳而无功的。"

17 日　柔石、殷夫等左翼革命青年作家被捕。

---

①　文章指出妇女问题的真正解决需要社会组织的根本改造。

2 月

本月　完成中篇小说《路》。

3 月

16 日　作文论《致文学青年》。

25 日　左联机关刊物《前哨》创刊①（编好时间为 1931 年 4 月 25 日，正式发行于 7 月），与鲁迅、冯雪峰任该刊编辑。在筹备过程中发生柔石等五位青年被捕被杀的事件，于是临时把第一期改为纪念五烈士的专号。内有鲁迅、茅盾参与起草的《中国左翼作家联盟为国民党屠杀大批革命作家宣言》和《为国民党屠杀同志致各国革命文学和文化团体及一切为人类进步而工作的著作家思想家书》等，前文鲁迅起草，由茅盾、史沫特莱译成英文。茅盾回忆说："这篇宣言的英译稿，由史沫特莱根据我的不好的英语一句一句说，史加以润色，然后我再对原文校勘英译，如此反复而最后定稿的。"②

月底　沈泽民夫妇将去鄂豫皖苏区，到茅盾家辞行，告知瞿秋白住处。遂前后两次去拜访，都谈及《子夜》的创作。瞿秋白建议把吴荪甫和赵伯韬两大集团最后握手言和的结尾，改为一胜一败。茅盾采纳。

---

①　《前哨》，中国左翼作家联盟机关刊物之一。1931 年 4 月创刊于上海。为月刊。创刊号为《纪念战死者专号》。第 2 期起为避免反动派注意，改名《文学导报》。1931 年 11 月停刊，共出 8 期。茅盾在《文学导报》上以丙申、施洛华、石萌等笔名发表《"五·四"运动的检讨》《中国苏维埃革命与普罗文学之建设》《"民族主义文艺"的现形》等文章。

②　茅盾：《我走过的道路·"左联"前期》。

5 月

1 日　在《中学生》第 15 期发表文论《致文学青年》(署止敬)。

下旬　瞿秋白参与左联领导工作,约茅盾晤谈。建议把《前哨》继续办下去,作为"左联"的理论刊物,再办一个专登创作的文学刊物。按瞿秋白的指示,与鲁迅、冯雪峰研究,将《前哨》改名《文学导报》,专登文艺理论研究,另办以刊登文学作品为主的大型文学刊物《北斗》。

本月　《宿莽》(署 M.D)由大江书铺初版印行,收入了写于 1929 年至 1932 年的《色盲》《泥泞》《陀螺》《大泽乡》《石碣》《豹子头林冲》等 6 个短篇小说,《叩门》《卖豆腐的哨子》《雾》《虹》《红叶》《速写一》《速写二》等 7 篇散文。书前附有作者写于 1931 年 2 月底的"弁言"(署 M.D 1931 年 2 秒)。题名"宿莽"意在暗示蒋政权压迫左翼文艺,虽甚残酷,然而左翼文艺必将发皇张大,有如宿莽之冬生不死或遇冬不枯。

本月　左联党团书记冯雪峰恳请茅盾出任"左联"行政书记,10 月份请长假创作《子夜》时卸任。

6 月

1 日　在《中学生》第 16 号发表中篇小说《三人行》,后于《中学生》第 17—20 号续完。单行本由上海开明书店于 1931 年 12 月出版。书名取自《论语·述而》,描写三个中学生在"九一八"事变前后寻找出路的历程。小说反映了国民党反动政权之下社会的黑暗,也表现了青年学生在同旧制度斗争中的反抗精神及其弱点,说明只有把青年学生的进步要求引向革命轨道,才能使之跟上时代步伐。小说用两个否定人物来陪衬一个肯定人物,结尾总叙并点题,显示出正面人物的作用,但抽象叙述过多,有概念化的毛病。

7 月

20 日 在《文艺新闻》第 19 号发表文论《战争小说论》(署朱仲璟),文后有《附注》。

8 月

5 日 在《文学导报》第 1 卷第 2 期发表文论《"五四"运动的检讨——马克思主义文艺理论研究会报告》(署丙申)。文章分四部分,分别论述"五四"的社会基础、文学运动、从"五四"到"五卅"、历史意义等。认为"五四"新文学运动是资产阶级性质的,因此,后来茅盾认为文章"有着贬低'五四'新文学运动成果的缺点"。写作前与瞿秋白交换过意见。

14 日 作文论《关于"创作"》。

9 月

13 日 在《文学导报》第 1 卷第 4 期发表文论《"民族主义文艺"的现形》(署石萌),阐述了"民族主义文学"出现的背景,对"民族主义文学"进行了揭露与抨击,指出:"国民党维持其反动政权的手段,向来是两方面的:残酷的白色恐怖与无耻的麻醉欺骗……这所谓'民族主义文艺运动',便是国民党对于普罗文艺运动的白色恐怖以外的欺骗麻醉的方策。"文章最后指出其必然覆灭的命运。

20 日　在《北斗》创刊号发表文论《关于"创作"》(署朱璟),是作者试图总结"五四"以来文学创作发展道路的一个尝试。着重分析了"五卅"至 1928 年的文学,指出某些普罗文学在创作上存在概念化、内容与形式相脱离的倾向,认为"文艺作品的形式与内容,犹之一张纸的两面,是不能截然分离的。不但不能截然分离,并且就两者的关系而论,倒是内容决定了形式的"。茅盾后来说,这篇文章"对于普罗文学的评论,则针砭有余而肯定其历史功绩不足"。

28 日　在《文学导报》第 1 卷第 5 期发表文论《〈黄人之血〉及其他》(署石崩),对"民族主义文学"的"代表作"《国门之战》《黄人之血》作了具体分析批判,指出所谓"民族主义文学"就是反共反革命的文学,是为国民党反动派投降日本帝国主义鸣锣开道的文学。

10 月

月初　向冯雪峰请辞"左联"行政书记的职务,专心写《子夜》。

15 日　在《北斗》第 1 卷第 2 期发表短篇小说《喜剧》(署何典),是一篇讽刺国民党"革命成功"的作品。

同日　下午与冯雪峰一起去鲁迅家谈左联的工作。晚上在鲁迅寓所同食蟹,冯雪峰、周建人也在座。鲁迅赞同茅盾请长假写《子夜》。

23 日　在《文学导报》第 1 卷第 6、7 期合刊发表文论《评所谓"文艺救国"的新现象》(署石萌)。

本月　着手创作《子夜》。

11 月

15 日　在《文学导报》第 1 卷第 8 期发表文论《中国苏维埃革命与普罗文学之建设》（署施华洛），文后有"附白"。该文对当时流行的"普罗文学"口号提出质疑，强调用"正确而健全的普罗列塔利亚意识"来指导无产阶级文学的创作，而口头上的所谓"普罗文学"实质"只是小资产阶级浪漫情绪的作品"。

12 月

本月　《三人行》由开明书店印行。国际革命作家联盟将机关刊物《世界革命文学》改名为《国际文学》，邀请茅盾为特约撰稿人。

本月　译作《大仇人》（高尔基著　署沈雁冰译）收入《小说杰作选》，由现代书局出版。

本年　向瞿秋白讲述自己与党组织失去联系的经过，表示希望恢复组织生活。后来，茅盾在《我走过的道路·"左联"前期》中说："自从我到了日本以后，就与党组织失去了联系，而且以后党组织也没有再来同我联系。我猜想，大概我写了《从牯岭到东京》之后，有些人认为我是投降资产阶级了，所以不再来找我。……在一九三一年，瞿秋白在我家中避难时，我向他谈过此事的经过，并表示能恢复组织生活。秋白后来告诉我，上级组织没有答复，而他自己正受王明路线的排挤，也无能为力。他劝我安心从事创作，并举了鲁迅的例子。"

1932年(壬申,民国二十一年) 36岁

▲1月28日,"一·二八"事变在上海爆发。

▲5月,国民党采取不抵抗政策,与日军签订《上海停战协定》。

▲7月1日,邹韬奋在上海创办生活书店。

▲8月,国民党特务大肆搜查书店,逮捕店主或经理。左联刊物《北斗》被迫停刊。

▲9月,林语堂等人在上海创办《论语》半月刊,提倡幽默和闲适的小品文。

▲12月30日,宋庆龄、蔡元培等发起的中国民权保障同盟在上海成立。

1月

1日 在《中学生》第21期发表散文《贡献给今日的青年》。

20日 在《北斗》第2卷第1期发表文论《创作不振之原因及其出路——致编辑》。

月底 《子夜》一章以《夕阳》为题,选入《小说月报》第23卷新年号,署逃墨馆主,因战火被毁,未能问世。茅盾在《我走过的道路·〈子夜〉写作的前前后后》回忆:"关于《子夜》的题名也有个变化,最初的题名我曾拟了三个:夕阳、燎原、野火,后来决定用《夕阳》,署名逃墨馆主。当时应《小说月报》主编郑振铎之请,打算从1932年起先在《小说月报》连续刊登(其实,那时全书尚未写完,只写了一半)。不料突然发生'一二八'上海战事。商务

印书馆总厂为日本侵略炮火所毁,《小说月报》从此停刊,我交去的那部分稿子也被毁了。幸而还有我亲手写的原稿,交去的是德沚抄的副本。何以不用原来的笔名(茅盾)而用逃墨馆主呢?这无非一时的好奇,让人家猜猜:自有新文学运动以来,从没有写过的企业家和交易所等,现在有人写了,这人是谁呢?孟子说过,天下之人,不归于阳,则归于墨。阳即阳朱,先秦诸子的一派,主张'为我',阳朱的书早已亡佚,仅见《列子》的《阳朱篇》保存'为我学说'的大概。我用'逃墨馆主'不是说要信仰阳朱的为我学说,而是用了阳字下的朱字,朱者赤也,表示我是倾向赤化的。《夕阳》取自前人诗句'夕阳无限好,只是近黄昏',比喻蒋政权当时虽然战胜了汪、冯、阎和桂、张,表面上是全盛时代,但实际上已在走下坡路,是'近黄昏'了。"

2 月

3 日 与鲁迅等 43 人联名在《文艺新闻》战时特刊《烽火》第 2 期以及《申报》等报刊发表《上海文化界告世界书》,抗议日本的侵略暴行。

7 日 与鲁迅等 129 位作家联名发表《为日军进攻上海屠杀民众宣言》,进一步揭露日本帝国主义的罪行。

26 日 致舒新城信。

29 日 写成短篇小说《小巫》。

本月起 茅盾第二次担任"左联"的行政书记,主要搞组织工作、工农通信员工作等。茅盾和鲁迅一道,为"左联"提供经费。鲁迅每月二十元,茅盾每月十元。①

4 月

18 日　作《〈路〉校后记》,后附于上海光华书局 1932 年 6 月出版的《路》初版本卷末。

22 日　作《我们所必须创造的文艺作品》。

24 日　作《〈地泉〉读后感》。

本月始,住上海山阴路大陆新邨三弄九号。

5 月

1 日　在《中学生》第 24 期发表散文《"五四"谈话》(署止敬)。

同日　郑振铎在《民众教育季刊》第 1 卷第 3、4 期合刊发表《新文坛的昨日今日与明日》,提出"茅盾时代"的论断。认为:"五卅"时代(民十四—十七)为"茅盾时代"。

2 日　在《文艺新闻》第 53 号发表文论《"五四"与民族革命文学》。

20 日　在《北斗》第 2 卷第 2 期发表文论《我们所必须创造的文艺作品》,指出文艺家不仅要反映现实,更要指示通向未来的路。

23 日　写成《关于作者》。

本月　中篇小说《路》(1930 年 11 月开始写作,1931 年 2 月续完全书 12 章)由上海光华书局初版印行,附《〈路〉校后记》。

---

①　参见胡风《关于"左联"及与鲁迅关系的若干回忆》,《鲁迅研究动态》1981 年第 1 期。

后又于 1935 年 12 月由上海文化生活出版社出版。① 小说以
1930 年 5—6 月武汉学生运动为背景,着重反映了大革命失败
后,青年学生为争取自由,求生存,向国民党当局进行斗争的正
义性,表现了大学生火薪传的觉醒道路。同时也揭露了国民党
当局在学校中推行法西斯教育、镇压学生运动的罪行。小说追
求洗练平易而又绵密的艺术风格。善于抓住人物的神情、对话
和心理活动的特征,以素描手法描绘人物形象。结构广阔,布局
绵密紧凑,贯穿一气。

6 月

1 日　在《中学生》第 25 号发表作家介绍《高尔基》。在《读
书杂志》第 2 卷第 6 期发表短篇小说《小巫》,通过老爷、少爷、姑
爷、菱姐之间的复杂关系,揭露了封建统治阶级钩心斗角、尔虞
我诈的内部矛盾和对人民的罪行。

　　同日　在《现代》月刊第 1 卷第 2 期发表散文《故乡杂记》,
后于《现代》月刊第 1 卷第 3、4 期(7、8 月)续完。文章由 3 节组
成,用纪实手法,反映了上海"一·二八"事变的影响。茅盾自
述:"'一二八'战争时,母亲正在上海,等到战争结束,我又怕乡
下不安宁,一直拖到 5 月,才把母亲送回乌镇。这次回乡,我感
到与往年有明显的不同,处处能嗅到抗日的火药味,人们不是谈
论抵制日货,就是骂东洋鬼子。回到上海后,我连续写的三篇
《故乡杂记》,就是想把农村的这种变化反映出来。"②

---

　　①　《茅盾全集》第 2 卷人民文学出版社版《本卷说明》中注明《路》"1932 年 6 月
由上海光华书局初版"。
　　②　茅盾:《我走过的道路·〈春蚕〉、〈林家铺子〉及农村题材的作品》。

10 日　左联刊物《文学月报》创刊①。在《文学月报》创刊号（第1卷第1号）以《火山上》为题发表《子夜》第2章；发表传记《我的小传》。

18 日　写完小说《林家铺子》。该小说是应《申报月刊》主编俞颂华之约，为《申报月刊》创刊号写的。小说原名《倒闭》，但创刊号登《倒闭》不吉利，遂改题《林家铺子》。

28 日　短篇小说《喜剧》由乔治·青尼迪（George A. kennedy）译成英文，刊于本日出版的《中国论坛》。

本月　《〈路〉校后记》载《路》，由光华书局出版。

7 月

10 日　与鲁迅、柳亚子、郁达夫等联名致电国民党当局，要求释放被捕的国际革命组织之一的泛太平洋产业同盟秘书牛兰及其夫人。

同日　在《文学月报》第1卷第2期发表小说《骚动》（《子夜》第四章）；发表散文《第二天》，描述了日军侵占上海闸北及中国军队进行抵抗的情景，对侵略者的罪行，对"租界"的"中立性"，对"只是'抵抗'而已"的腐败政府，进行了揭露批判。

同日　在《文学月报》第1卷第2期发表文论《问题中的大众文艺》（署止敬），针对《文学月报》创刊号上宋阳（瞿秋白）的《大众文艺的问题》一文而发。二者的争论焦点主要在语言问题上：宋阳既反对社会上流行的古文，又反对"五四"式的欧化"新

---

①　《文学月报》，中国左翼作家联盟机关刊物之一。1932年6月10日创刊于上海。同年12月15日出至第5—6期合刊，被国民党政府查禁。主要刊载文学创作、文艺理论及翻译介绍。注意培养新进作家。曾开展大众文艺问题和翻译问题的讨论。

文言"，主张发动一次"新的文学革命"，采用"新兴阶级"正在产生的"中国的普通话"来写；茅盾则认为，现代中国普通话"是并不存在的"，目前"还不能不用通行的'白话'——宋阳先生所谓'新文言'"。并且认为，大众文艺既是文艺，"在读得出听得懂的起码条件而外"，还必须"使听者或读者感动"，这感动的力量不在文字，而是靠文字所运用的"描写的手法"。该文发表后，宋阳在《文学月报》第3期发表《再论大众文艺答止敬》，进行论争。

15日 在《申报月刊》第1卷第1期发表短篇小说《林家铺子》，描述上海"一二八"战争前后上海附近小市镇上林老板苦心经营的百货店——林家铺子倒闭的全过程，全面地反映了20世纪30年代初期中国乡镇社会现实，揭示了林家铺子倒闭的必然性，深刻地分析了国民党统治所造成的社会、民族危机及人民生活极端贫困的根源。

同日 文论《〈地泉〉读后感》刊于上海湖风书局重版的《地泉》一书。站在指导左翼文学创作发展的高度，从扭转革命文学创作的公式化，概念化倾向入手指出阳翰笙作品的缺点，认为革命文学失败的原因："（一）缺乏对社会现象全部的非片面的认识,（二）缺乏感情地去影响读者的艺术手腕。"指出作家要能运用唯物辩证法去观察社会，把他所获得的对于社会的认识"用形象的语言、艺术的手腕"表现出来，并且要做到"感情地去影响读者"。阳翰笙把茅盾的评论，一字不改地编入《地泉》新版内。

16日 作散文《热与冷》。

31日 朱自清从欧洲游学回到上海，茅盾等在上海的老朋友为其在三马路"梁园"洗尘。

8 月

本月 祖母去世,与孔德沚和两个孩子赴乌镇奔丧。

本月 作序跋《谈谈翻译——〈文凭〉译后记》。作小传《关于作者》。

9 月

1 日 译作《文凭》(苏联 丹青科著 署茅盾译)由上海现代书局初版印行,附《关于作者》(署译者)及译后记。《谈谈翻译——〈文凭〉译后记》刊于《现代出版界》第 4 期。

同日 在《现代》第 1 卷第 5 期发表散文《热与冷》。

8 日 作小说《右第二章》。

18 日 为纪念"九一八"事变,作《九一八周年》。

25 日 与鲁迅、曹靖华等 7 人联名撰文《高尔基的四十年创作生活——我们的庆祝》,并联名致电高尔基表示祝贺。

本月 《茅盾评传》由现代书局出版,收复三《茅盾三部曲》、徐蔚南《幻灭》、云裳《〈幻灭〉中的强惟力》、普鲁士《茅盾三部曲小评》等。

10 月

15 日 在《文学月报》第 1 卷第 3 期发表散文《九一八周年》。

16 日 在《东方杂志》第 29 卷第 4 号发表短篇小说《右第二章》(署终葵),后于《东方杂志》第 29 卷第 5 号(11 月 1 日)续完。茅盾自述:"《右第二章》是以'一二八'上海战争为背景的,小说用了新笔名'终葵',典出《周官考工记·玉人》:'杼上终葵首,疏:齐人谓椎为终葵'。"①作品表现了作者对上海战争题材作品的态度:不仅要像镜子真实地反映现实;还须是一把斧子,正确地分析现实创造生活、影响民众,唤起民众反帝的运动。本篇发表时因查禁而有所删改。

11 月

1 日 在《现代》第 2 卷第 1 期发表短篇小说《春蚕》,以养蚕为线索,以江南水乡为背景,描述了农民老通宝一家日夜辛劳夺得春蚕丰收;但债台高筑,白欠上 15 担桑叶和 30 块钱的债。通过老通宝养蚕的过程,揭露了旧中国的黑暗,证明在帝国主义、封建主义剥削压榨下,农村经济破产,农民生活贫困的现状。这是茅盾短篇小说代表作之一,发表当年,被夏衍改编为电影。小说还被译成多种文字。

8 日 作散文《秋的公园》《冥屋》。

26 日 作散文《光明到来的时候》。

28 日 作文论《我们这文坛》。

12 月

8 日 在《申报·自由谈》发表杂文《关于住的话》(署曼)。

9 日 作文论《"连环图画小说"》。

12 日 作散文《健美》《公墓》。

13 日 作文论《封建的小市民文艺》、散文《现代的!》。

---

① 茅盾:《我走过的道路·〈春蚕〉、〈林家铺子〉及农村题材的作品》。

15 日 在《文学月报》第 1 卷第 5—6 期合刊(延至 1933 年 1 月出刊)发表《中国著作家为中苏复交致苏联政府电》(与鲁迅、叶圣陶等 57 人合署);发表文论《"连环图画小说"》,支持鲁迅《"连环图画"辩护》的观点,认为连环画可成为"大众文艺的最有力的作品";发表评论《〈法律外的航线〉》(1932 年 12 月 18 日),特别肯定沙汀写实的创作手法:"作者用了写实的手法,很精细地描写出社会现象——真实的生活的图画","他的'对话'部分,是活生生的四川土话,是活的农民和小商人的话","没有别的作家硬捉来的那些知识分子所有的长篇大论以及按着逻辑排得很好很齐整的有训练的辞句"。他的描写能使读者获得实感,"如同你亲身经历过"。书中大部分短篇"不是蹈袭了那个旧公式,并且作者的手法也是他自己的,这便是可喜的现象"。

16 日 在《东方杂志》第 29 卷第 8 号发表散文《冥屋》,记述了乡下与都市纸扎店糊"阴屋"一类东西的情形,强调后者"工程的进行,在组织上、方法上,都是道地的现代工业化",揭示出"时代的印痕也烙在这些封建的迷信的仪式上";发表散文《秋的公园》,摩登男女在"秋的公园"上演"都市式高速度恋爱",这折射出他们的疲惫的人生观和空虚的精神生活用杂文笔法,文章借个别展示一般,从一个侧面批判了国民劣根性。

22 日 作《〈茅盾自选集〉后记》。

25 日 作《徐志摩论》。

27 日 在《申报·自由谈》发表散文《"自杀"与"被杀"》(署玄),倡严肃认真、不肯苟安的人生态度,呼吁人们不能醉生梦死。

本月 《子夜》脱稿,写《〈子夜〉跋》。经再三斟酌,终于把书名从《夕阳》改为《子夜》。因"子夜"是最黑暗的时刻,也是黎明到来的先兆,取名"子夜"更能预示革命发展的形势。书名的更易,正反映着茅盾创作意图的不断深化和主题的升华。

同日　发表序跋《我的回顾》,指出:"社会对于我们的作家的迫切要求,也就是那社会现象的正确而有力的反映!"后收天马书店初版《茅盾自选集》1933 年 4 月版。

同日　国民政府与苏联复交。与鲁迅、柳亚子、周起应、沈端先、胡愈之、陈望道等 55 人共同签署《中国著名作家为中苏复交致苏联电》。

约本年　作笔记《"白话"与"文学史"——评胡适之白话文学史》,未发表。

本年　内弟孔另境①在天津受诬被捕,茅盾托鲁迅营救保释出狱。

1933 年(癸酉,民国二十二年)　37 岁

▲1 月 17 日,中华苏维埃临时中央政府和工农红军军委发表宣言,表明愿在三条件下与全国军队停战议和,共同抗日。

▲2 月 17 日,英国作家萧伯纳抵达上海,开始访问中国。

▲5 月 8 日,中华苏维埃临时中央政府任命朱德为中国工农红军总司令兼第一方面军总司令,周恩来为总政委。

▲6 月,中国民权保障同盟总干事杨铨被国民党特务杀害,

---

①　孔另境(1904—1972),原名孔令俊,字若,笔名东方曦,浙江桐乡人,著名作家、出版家、文史学家,是茅盾夫人孔德沚之弟。

鲁迅等被列入黑名单。

▲10月,蒋介石调动百万军队发动第5次反革命军事围剿。

1月

1日　在《东方杂志》第30卷第1号("新年特大号")发表散文《梦想的中国》《梦想的个人生活》①;发表文论《我们这文坛》,焦虑不满于我们这文坛"庞杂混乱,幼稚粗拙"的现状,热切希望"最美满的文坛的将来"。

同日　在《中学生》第32期发表散文《光明到来的时候》,用对话体真切传神地写出了光明逐渐到来之时的感受。并指出:光明不能等,而应积极寻求,应以行动争取光明的早日到来,充满振奋执着的激情,闪现出新的思想光彩。

8日　作短篇小说《神的灭亡》。在《申报·自由谈》发表散文《紧抓住现在》(署玄),指出:"生当这全世界转变时代全中国苦难时代的我们呀! 再不要迷恋过去,空想未来! 过去的已经过去了,未来的只是未来! 让我们高呼一声:紧紧抓住现在!"

15日　在《申报·自由谈》发表诗歌《磨命》(署曼),表示要"执着自己的生命",在"繁华世界"里"磨命",只要最终"鲜明的血水照破了黑天地","生命已经磨完"也在所不惜。

16日　在《东方杂志》第30卷第2号发表散文《公墓》《健美》。

23日　在《申报·自由谈》发表杂文《血战后一周年》(署

---

①　系《东方杂志》主编胡愈之邀请茅盾参加《东方杂志》新年特大号《新年的新梦》特别征文,征文旨在让全国各界知名人士谈论"梦想中的未来中国"和"个人生活",茅盾应征送去此文。

玄），为纪念"一二八"事变而作，历数当时的种种怪现状，抨击了国民党所谓的"长期抵抗"乃是"长期不抵抗"的实质。

25 日　在《申报·自由谈》发表散文《最近出版界的大活跃》（署玄）。文章关注了百业萧条中出版界却空前活跃的现实，指出"这景气的糖衣内面却是山河破碎的辛酸，前途黑暗的苦闷"以及"人'心未死'的灵光"，认为出版物驳杂混乱，"正是历史进展不可避免的阶段，时代的轮子将碾出一道笔直的正轨。人为的取缔是徒劳的！"

30 日　《申报·自由谈》①的《编辑室读者书》中说："编者为使本刊更为充实起见，近来约了两位文坛老将何家干先生和玄先生为本刊撰稿。""何家干"是鲁迅，"玄"先生则是茅盾。

本月　作短篇小说《秋收》。《子夜》由开明书店出版，附《后记》（1932 年 12 月）。全书共 19 章，以 20 世纪 30 年代初的上海为背景，以民族资本家吴荪甫为中心，表现了中国民族资产阶级在帝国主义经济侵略和国民党新军阀混战的影响下，奋斗、挣扎，直至破产的必然命运，揭示了中国社会发展的必然趋势，有力地驳斥了托派散布的中国已是资本主义的谬论，是我国现代

---

①　《申报·自由谈》，上海《申报》副刊。《申报》创刊于 1872 年 4 月 30 日。《自由谈》创刊于 1911 年 8 月 24 日。原以刊载《鸳鸯蝴蝶派》的作品为主，其时主编先后为王蕴章、周瘦鹃。"九一八"事变后，间或也发表一点反日文学，但整体整个版面仍充斥着庸俗的趣味主义。至 1932 年 12 月改由黎烈文主编，实行改革，刷新内容，邀请鲁迅、茅盾、叶圣陶、巴金、老舍、郁达夫、陈望道、陶行知、陈子展、曹聚仁等左翼作家和进步作家撰稿。遂使《自由谈》别开生面，成为具有进步倾向的副刊，因此也遭到反动势力诋毁。茅盾从 1932 年 12 月 27 日起，以平均每月 6 篇的数目，向《自由谈》供稿，到 1933 年 5 月 16 日，写了 29 篇。大多是抨时弊，砭锢蔽的文章。茅盾和鲁迅密切配合，以《自由谈》为阵地进行战斗，一直到 1934 年 11 月，茅盾又写了 33 篇文章，包括谈论儿童读物的，杂谈文艺的，还有几篇时论。笔名经常变换，如仲方、仲元、伯元、微明、止水、木子、维敬等。

文学史上革命现实主义的重要作品。茅盾曾在《〈子夜〉是怎样写成的》一文中谈到创作《子夜》的情况和体会。《子夜》出版后3个月内，重版4次；初版3000部，重版各为5000部。初版本为平装报纸印，封面为灰绿色纹纸，封面题字为叶圣陶所写的篆字。1933年4月出版精装本《子夜》，米色道林纸精印。据北平《晨报》1933年4月份的报道，某书店一日内曾售出《子夜》100余册。当时，评论和研究《子夜》一时形成热潮，鲁迅多次对《子夜》作出充分肯定。瞿秋白称《子夜》"是中国第一部写实主义的成功的长篇小说"，作者能够"应用真正的社会科学，在文艺上表现中国的社会关系和阶级关系。"[①]朱自清指出："这几年我们的长篇小说渐渐多起来了，但真能表现时代的只有茅盾的《蚀》和《子夜》。"[②]这些评论，说明了《子夜》所取得的成就。[③]

月底　参加中国民权保障同盟上海分会。[④]　其目的是援助革命者，反对国民党反动派的迫害，争取言论、行动、结社、集会等自由。

2 月

1 日　在《中学生》第 32 期发表文论《创作与题材》(与万良湛的通信)，是一篇关于创作的通讯。认为题材的选择"第一须

---

　　① 瞿秋白：《〈子夜〉和国货年》，《申报·自由谈》1933 年 4 月 2 日。

　　② 朱自清：《〈子夜〉》，《文学季刊》1934 年第 2 期。

　　③ 当时上海一家小报还登过一个冒充茅盾给人签名的逸闻，可见《子夜》影响之大。

　　④ 中国民权保障同盟，1932 年 12 月，宋庆龄、蔡元培、杨杏佛等在上海发起组织的进步团体。总会设在上海，北平(今北京)、上海等地设有分会。其目的是援助革命者，反对国民党反动派的迫害，争取言论、行动、结社、集会等自由。1933 年 6 月，蒋介石指使特务刺杀了杨杏佛，同盟的活动被迫停止。

有普遍性,第二须和一般人生有重大的关系",同时指出:"一位作家一方面必须从社会生活中摄取题材,而另一方面又必须自创'故事',把那些社会生活用最经济最有力的形式(艺术手腕)表现出来"。发表杂文《"抵抗"与"反攻"》(署敬),抨击国民党的消极抵抗政策。

同日 在《现代》第 2 卷第 4 期发表文论《徐志摩论》,以《志摩的诗》《翡冷翠的一夜》《猛虎集》这三部诗集为代表,将徐志摩的创作分为三个时期,分析了徐志摩诗情枯窘的原因,认为他是"中国布尔乔亚'开山'的同时又是'末代'的诗人"。

同日 在《东方杂志》第 30 卷第 3 号发表文论《封建的小市民文艺》,对以《火烧红莲寺》为代表的武侠片进行了批判,指出"这些影片的看客更无例外地是小市民",这些影片出现原因,"一方面,这是封建小市民要求'出路'的反映,而另一方面,这又是封建势力对于动摇中的小市民给的一碗迷魂汤"。并批评《啼笑因缘》是"小市民文艺"的另一种"半封建的形式";发表杂文《现代的——》。

同日 在《申报·自由谈》发表散文《新年的新梦》(署阳秋)。

4 日 与孔德沚及孩子同去鲁迅家,签赠《子夜》一本,橙子一筐。鲁迅赠积木一盒、儿童绘本二册,饼及糖各一包。

7 日 在《申报·自由谈》发表杂感《读"词的解放运动专号"后恭感》(署阳秋)。

9 日 在《申报·自由谈》发表杂文《欢迎古物》(署玄),直指国民党不思抵抗、保护百姓,而只将古物用火车运走的举动,抨击了国民党的不抵抗政策。

同日 鲁迅致信远在苏联的曹靖华,高度肯定了茅盾的《子夜》："国内文坛除我们仍受压迫及反对者趁势活动外,亦无甚新局,但我们这里,亦颇有新作家出现,茅盾作一小说《子夜》计三十余万字,是他们所不及的。"这应该是对《子夜》最早的评论。

10 日 在《申报·自由谈》发表散文《萧伯纳来游中国》(署玄)。

12 日 在《申报·自由谈》发表文论《神怪野兽影片》(署玄),把《人猿泰山》《科学怪人》等四五部影片的卖座,归因于统治者与市民逃避现实。

15 日 在《申报·自由谈》发表杂文《"惊人发展"》(署玄)。

16 日 在《东方杂志》第 30 卷第 4 号发表短篇小说《神的灭亡》,取材北欧神话,用以象征蒋家王朝的腐朽堕落及其必然灭亡的命运。

18 日 在《申报·自由谈》发表散文《关于萧伯纳》(署玄)。

19 日 在《申报·自由谈》发表散文《"回去告诉你妈妈"》(署阳秋)。

24 日 在《申报·自由谈》发表散文《把握住几个重要的问题》(署阳秋)。

本月 第二次担任"左联"的行政书记,主要搞组织工作、工农通信员工作等。至 10 月卸任。

3 月

1 日 在《申报·自由谈》发表文论《阿 Q 相》(署玄);发表散文《"阳秋"答"阳春"》(署阳秋)。

3 日 作散文《灰色人生》。

4 日 在《申报·自由谈》发表散文《学生》(署玄)。

5 日 晚上至鲁迅寓所,一起到聚丰楼用晚餐。鲁迅赠《初期白话诗稿》一册。

10 日　在《申报·自由谈》发表杂文《何必"解放"》(署玄)。

11 日　在《申报·自由谈》发表杂文《哀汤玉麟》(署阳秋)。

16 日　在《申报·自由谈》发表书信《玄先生复信》(署玄),附胡怀琛来信,题为《复胡怀琛信》,题目为编者所加。

同日　在《论语》第 13 期发表散文《老乡绅》,被称为"×老"的老乡绅"喜欢信口开河撒点儿不伤脾胃的小谎",最终自己被谎言所累。作者放弃了常用的夹叙夹议,代之以白描手法,借对老乡绅性格的刻画,在故事出人意料的逆转中,显示出深邃的寓意。描写藏锋不露,谐趣横生,可见作者多笔调多风格的不凡功力。

17 日　得鲁迅赠沈霜玩具一件。在《申报·自由谈》发表杂感《关于"救国"》(署阳秋)。

18 日　在《申报·自由谈》发表杂感《反攻》(署何典)。

20 日　作《〈春蚕〉跋》,附于开明书店 1933 年 5 月版短篇小说集《春蚕》卷末。

22 日　作文论《都市文学》。

24 日　在《申报·自由谈》发表文论《〈狂流〉与〈城市之夜〉》①(署玄)。晚上应《申报·自由谈》黎烈文之邀,在聚丰园用餐,同席有鲁迅、郁达夫等。

25 日　在《申报·自由谈》发表散文《"回到农村去!"》(署玄)。

28 日　鲁迅在刊于《申报·自由谈》的《文人无文》中指出:"我们在两三年前,就看见刊物上说某诗人到西湖吟诗去了,某

---

① 《狂流》夏衍编剧;《城市之夜》费穆导演。

文豪在做五十万字的小说,但直到现在,除了并未预告的一部《子夜》外,别的大作都没有出现"。

4 月

6 日　应郑振铎之邀,在会宾楼用晚餐,同席有鲁迅、胡愈之等 15 人。席间决定创办《文学》月刊,一致通过编委会名单,由郑振铎、傅东华任主编,决定版权页署"文学社",以示由编委会集体负责。编委会包括:茅盾、郑振铎、鲁迅、胡愈之、叶圣陶、郁达夫、陈望道、洪深、徐调孚、傅东华。

14 日　赴鲁迅家祝贺乔迁之喜,鲁迅建议茅盾也搬到大陆新村。

15 日　在《申报月刊》第 2 卷第 4 期发表散文《在公园里》,写春天游公园的四种人,感叹公园是"真真实实的一个人种展览会"。在形象地勾勒中,表现出社会批评的倾向。

同日　在《申报月刊》第 2 卷第 4 期发表文论《机械的赞颂》;发表短篇小说《秋收》,后于《申报月刊》第 2 卷第 5 期(5 月 15 日)续完,是《农村三部曲》第二部。小说中老通宝受了"春蚕丰收"的打击之后,又把希望寄托在水稻大秋作物上,吃南瓜、芋头,强迫儿子们日夜忍饥抗旱。老天虽不负老通宝一家,但帝国主义、封建主义、高利贷者则加紧对他的压榨。"谷贱伤农"使他一家陷入更深的贫困之中,老通宝也赔上了性命。但他的小儿子多多头则走上反抗之路。

中旬　经鲁迅介绍,自愚园路口树德里搬至施高塔路大陆新村 3 弄 9 号。房票上写沈明甫,以掩人耳目。鲁迅住大陆新村 1 弄 9 号。在此期间,与鲁迅过往甚密。

25 日　在《申报·自由谈》发表杂文《时髦病》(均署玄)。

28 日　在《申报·自由谈》发表文论《玉腿酥胸以外》(署玄),肯定了《狂流》《城市之夜》《三个摩登女性》"这一些崭新的片子",但是担心这些抗战影片起到的是负面的麻醉作用,即"足以使老百姓放下一百二十四个心,醉迷迷地等待'长期抵抗'的最后胜利"。

30 日　在《申报·自由谈》发表散文《再谈"回农村去"》(署玄)。

本月　《茅盾自选集》由天马书店出版。收短篇小说《创造》《陀螺》《大泽乡》《喜剧》《林家铺子》《小巫》及《骚动》(长篇小说《子夜》中的一章)等 7 篇,随笔《叩门》《雾》《浴池的 sketch》。书前有写于 1932 年 12 月的代序《我的回顾》,书末有写于 1932 年 12 月 22 日的《自选集后记》。

本月　沈端先化名蔡叔声把《春蚕》改编成电影剧本,并由明星影片公司摄制成同名影片(程步高导演,王士珍摄影,萧英、艾霞、郑小秋等主演),在上海新光戏院上映。这是中国第一次把进步文学作品改编成为电影。鲁迅指出这是国产片从武侠片中"挣扎起来","是进步的"。

5 月

1 日　在《现代》第 3 卷第 1 期发表文论《关于文学研究会》,分析了文学研究会的特点及贡献。认为:"现在看来,文学研究会这团体虽然任何'纲领'也没有,但文学研究会多数会员有一点'为人生的艺术'的倾向,却是事实。""文学研究会除了反对'把文学当作高兴时的游戏或失意时的消遣'这一基本的而且共同的态度以外,就没有任何主张呀!也许有人以为这是大大的缺点。可是我们也不妨说,正因为它没有什么纲领,所以在'五四·以后新文学运动萌芽时期能够形成一个虽然很散漫但是很广大的组织,因而在反对游戏的和消遣的文学观这方面尽了微薄的贡献。"

同日 作文论《几句旧话》。在《申报·自由谈》发表散文《论洋八股》(署玄)。

6 日 访鲁迅,赠《茅盾自选集》一本,共进午餐。下午邀鲁迅到新寓所,共食"野火饭"。

7 日 在《申报·自由谈》发表文论《读了田汉的戏曲》(署珠)。

10 日 史沫特莱将赴欧洲,许广平在寓所为之饯行,茅盾应邀作陪。

11 日 在《申报·自由谈》发表文论《给他们看什么好呢?》(署玄)。

15 日 在《申报月刊》第 2 卷第 5 期发表文论《作家和批评家》,针对作家和批评家相互不满的现象指出:"互相抱怨是无聊的,要互相帮助";发表文论《都市文学》(署茅盾)。

同日 与鲁迅、郁达夫等联名在《文学杂志》第 2 号发表《为横死之小林遗族募捐启》①。

16 日 在《申报·自由谈》发表文论《孩子们要求新鲜》(署玄)。在《论语》第 17 期发表散文《也算是"现代史"罢》(署玄)。

17 日 去鲁迅寓所,赠《春蚕》一册。

本月 短篇小说集《春蚕》由上海开明书店出版,附 3 月 20 日写《〈春蚕〉跋》。内收 1931 年至 1932 年间写的《春蚕》《秋收》

---

① 小林系日本革命作家、共产党员小林多喜二,于 1933 年 2 月被日本反动派迫害致死。

《小巫》《林家铺子》《右第二章》《喜剧》《光明到来的时候》《神的灭亡》等8篇。

本月 在《良友画报》第76期(四、五月合刊)发表散文《春来了》。在福建《国光日报》副刊《纵横》发表短篇小说《自由的心》。

6 月

1 日 在《中学生》第 36 期发表杂感《关于公债买卖》(署玄),原为答该刊读者质疑,题为《质疑与解答——"公债买卖"》,现标题为编者所加。

同日 在《正路》月刊创刊号发表散文《速写》,写了客轮上的一幕闹剧:一个"武装同志"蛮不讲理独霸了一个房舱,与旅客、茶房、账房发生冲突。寥寥几笔,几个人物形象神形毕肖,揭露和讽刺了不敢去打东洋人却在老百姓面前飞扬跋扈的国民党军人。

6 日 在《申报·自由谈》发表散文《徐悲鸿为刘海粟弟子考》(署何典)。

12 日 在《申报·自由谈》发表散文《现代青年的迷惘》(署郎损)。

15 日 在《申报·自由谈》发表散文《青年们的又一迷惘》(署郎损)、杂文《兰采和非仙女辨》(署典)。

17 日 在《申报·自由谈》发表文论《论儿童读物》(署珠),指出"历史的科学的高级儿童读物在目前需要很急迫",建议用故事体作品向儿童普及科学知识。

19 日 在《中国论坛》第 2 卷第 7 期发表文论《女作家丁

玲》,本文亦刊于《文艺月报》第 1 卷第 2 期。[1] 午后访鲁迅,赠精装本《子夜》一册,扉页题"鲁迅先生指正"。

21 日　据本日出版的《社会新闻》(国民党报纸)第 3 卷第 27 期载:成立一个国际革命作家同盟,系指第三国际利用国际文化宣传以推广共产运动,确有收获,如中国的"左联",日本的"普罗同盟"。现国际共产党又把各国文化支部合组一个"国际革命作家同盟",设总部于莫斯科,并出有一机关杂志,名曰"世界革命文学"。延聘各国左翼作家撰稿。闻中国方面有鲁迅、郭沫若、茅盾、田汉、钱杏邨、华汉等。该杂志所用文字有英、俄、德、法等文字,闻鲁迅、茅盾等正计划按期翻译,以便推广。[2]

23 日　在《申报·自由谈》发表杂文《大减价》(署珠)。

本月　《几句旧话》收入《创作的经验》由天马书店出版。

7 月

1 日　在《现代》第 3 卷第 3 期发表短篇小说《当铺前》,描绘了王阿大等农民贫苦饥馑的惨状:他们半夜启程从四面八方聚集在未开门的当铺前,脱下身上的衣服典当买米充饥,老太婆被挤倒,孕妇被挤流产……好不容易当铺开门了,而等待他们的是压价和嫌衣服破旧的拒收。真实反映了贫苦农民走投无路的社会现实,表现了作者对黑暗社会的痛恨和对劳动人民的同情。

---

①　5 月 4 日,丁玲在上海租界突遭绑架后失踪,不久传来她已被秘密杀害的消息。茅盾非常悲痛,赶写此文,以资纪念。

②　1933 年 8 月 1 日创刊的《国际每日文选》(上海中外出版公司出版),在 1933 年 8 月 21 日第 21 期上有:"国际"每日文选特约译家一览。下注:"本年七月前约定之诸家先后以姓名笔画为次序",其中确有鲁迅、茅盾、郭沫若等人为特约译家。

同日 《文学》创刊号(第 1 卷第 1 号)出刊。^① 茅盾参与并负责审定稿件、给作品写评论等。在创刊号上发表文论《文学家可为而不可为》(未署名)、《枪刺尖上的文化》(未署名)、《智识独占主义》(未署名)、《新作家与"处女作"》^②(未署名);发表短篇小说《残冬》^③,是《农村三部曲》第三部。

同日 在《东方杂志》第 30 卷第 13 号发表文论《灰色人生》,以契诃夫、葛雷古里为例论述"灰色人生"问题。

8 日 作文论《"九一八"以后的反日文学——三部长篇小说》。

14 日 上海《中国论坛》(中英文合刊)第 2 卷第 8 期,载有国民党计划暗杀的共产党人和进步人士名单,其中有茅盾的

---

① 《文学》,月刊,1933 年 7 月 1 日创刊于上海,生活书店发行。由文学社编辑委员会茅盾、郁达夫、胡愈之、洪深、陈望道、徐调孚、傅东华、叶绍钧、郑振铎等负责编辑,郑振铎、傅东华任主编。1937 年 11 月 10 日出至第 9 卷第 4 期终刊。共出 52 期。茅盾和郑振铎是《文学》的实际策划人,并承担主要的筹备工作和编辑工作。《文学》创刊后,茅盾和其他同人为了破国民党当局的查禁想了不少办法。为与国民党反动当局周旋,自第 2 卷起,茅盾退居幕后。到 1934 年 7 月出版第 3 卷时,茅盾摸清了敌人的底细,知道怎样写文章可以瞒过敌人的眼睛,就又走上前台。他变换笔名,写了大量书刊评论、作家论、文学评论,参加这时期开展的小品文论战,大众语论战,以及关于伟大作品产生问题、文学遗产问题、翻译问题的讨论。由于茅盾和众多左翼作家、进步作家的共同努力,《文学》成为 30 年代上海大型文艺刊物中历时最长、影响也最大的刊物。茅盾在《文学》上发表各类文章 149 篇,其中有小说《残冬》《赛会》《喜剧》《拟浪花》《无题》《多角关系》等,翻译作品《在公安局》《桃园》等,作家论《落花生论》《冰心论》《庐隐论》等,以及大量文艺评论及杂文。所用笔名有东方未明、味茗、惕若、吉卜西、丙申、蒲牢、芬君、子苏、若水等 30 多个。在"社谈"栏内的未署名文章,大部分出自茅盾之手。

② 人民文学出版社版《茅盾全集》第 8 卷,注该文刊于《东方杂志》第 30 卷第 4 号 1932 年 2 月,疑误。

③ 人民文学出版社版《茅盾全集》第 8 卷,注该文刊于 1933 年 2 月《东方杂志》第 30 卷第 4 号,疑误。

名字。

同日 在《申报·自由谈》发表散文《教科书大倾销》(署珠)。

15 日 《微言》第 1 卷第 9 期"文坛进行曲"专栏载:"茅盾有被捕说,确否待证。"《文艺月报》第 1 卷第 2 号载茅盾被捕消息,"是否被害不明"。

同日 在《申报月刊》第 2 卷第 7 期发表杂文《"现代化"的话》,历数了"中国是在步步地'现代化'"的种种表现,指出这种"现代化","不但中国人自家工厂,外国人也来开","将更被开发,而且'利用'了外资",借反语讽刺、揭露了帝国主义的经济侵略和官僚资本的摧残破坏;发表散文《香市》,通过"我"的见闻感受,真切而生动地描写家乡的"香市",以今昔香市的对比,说明农村经济的不振;发表散文《我不明白》。

19 日 在《申报·自由谈》发表散文《怎样养成儿童的发表能力》(署珠)。

下旬 全家回乌镇,参加祖母仙逝周年除灵埋葬仪式。

31 日 在《文学杂志》第 3—4 期合刊发表文论《"杂志办人"》。在《申报·自由谈》发表杂文《关于兰采和》(署典),

本月 《茅盾散文集》由上海天马书店出版,书前有作者1933 年 7 月写的自序。全书分 3 辑,收入茅盾 1929 年至 1932年写的 46 散文:第 1 辑文艺随笔 23 篇,多是针对当时文坛现象、社会现象写的短评、感想;第 2 辑社会随笔 20 篇,批判锋芒直刺日本侵略者及国民党当局;第 3 辑故乡杂记 3 篇,集中反映30 年代初农村经济凋敝,农民日趋破产的状况。这些散文取材角度较小,但反映的都是大问题,故作者称它为"大题小做"。

8 月

1 日 在《文学》第 1 卷第 2 号发表文论《批评家的神通》（未署名），指出："我们觉得现在真正需要的，还是切切实实的不说大话不目空一切而且不搭锅煤的批评家"；发表文论《"九一八"以后的反日文学——三部长篇小说》（署东方未明），评论了《齿轮》（铁池翰作）、《义勇军》（林箐作）、《万宝山》（李辉英作），认为"这些作品即使还有缺点或甚至于严重的错误，但作者的目标是前进的。读者与其去看肉麻的恋爱小说，还不如读读这一类作品"；发表散文《我的学化学的朋友》，借"我"与阔别 10 年的朋友 K 君的对话，写出了上海的巨大变化，也批判了帝国主义的文化侵略；同期发表文论《文坛往何处去》《关于〈禾场上〉》《日本文学家的水浒观》（均未署名）。

4 日 致何家骏、陈企霞信，后刊于《涛声》第 2 卷第 32 期副刊《曼陀罗》第 5 期（8 月 19 日），对有意出版《连环图画》的材料选择和形式问题发表意见。

5 日 《文学》创刊号出刊后，主编傅东华请包括鲁迅、茅盾、巴金等几位作者聚餐。这是茅盾第一次见巴金。

13—14 日 《中华日报》副刊《小贡献》发表施蒂而（瞿秋白）的《读〈子夜〉》，指出："从'文学是时代的反映'上来看，《子夜》的确是中国文坛上的新收获，这可说是值得夸耀的一件事。"

14 日 致施蛰存信（署玄）。

15 日 在《申报月刊》第 2 卷第 8 期发表散文《乡村杂景》，是作者大规模反映中国社会历史发展的恢宏计划的一部分，是写作《子夜》《春蚕》等力作的"余事"。该文揭示出帝国主义、官僚资本主义经济侵入对农村造成的混乱和动荡，并也批评了农民的不觉悟;发表散文《陌生人》,"陌生人"指蚕的"洋种"和肥田粉。洋种取代了土种,肥田粉取代了豆饼,"陌生人"霸占农村,"农村的金钱流入了都市,流到了外洋"。从一个侧面反映了在帝国主义经济入侵下农村的破产。

27 日　在《申报·自由谈》发表杂文《杂谈七月》《睡病颂》(均署文)。

本月　在《反战新闻》第 2 期与鲁迅等联名发表《欢迎反战大会国际代表的宣言》。

9 月

1 日　在《文学》第 1 卷第 3 号发表散文《一个文学青年的梦》(未署名);发表文论《批评家种种》《暴力与倾向》《〈雪地〉的尾巴》(均未署名);发表书评《丁玲的〈母亲〉》(署东方未明),认为"《母亲》的独特的异彩便是表现了'前一代女性'怎样艰苦地在'寂寞中挣扎'! 也许将来还有作品把这样'前一代女性'的挣扎为题材,而且比《母亲》写得更好;但在现今,我们不能不把这部《母亲》作为'前一代女性'怎样从封建势力的重压下挣扎出来,怎样憧憬着光明的未来,——这一串酸辛的然而壮烈的故事的'纪念碑'看了";发表书评《几种纯文学刊物》,评论了《无名文艺》《文艺月报》《文学杂志》等,对这些刊物的成绩作了肯定,对其中的某些作品作了推荐;发表书信《关于〈春蚕〉中时间问题的复信》。

同日　在《文学》第 1 卷第 3 号发表短篇小说《牯岭之秋》,后于《文学》第 1 卷第 5—6 号续完。原拟写 9 章,后减为 5 章,根据作者 1927 年 7 月从武汉经九江到牯岭的亲身经历撰写,反映了大革命失败后三位知识分子经受的苦难与思想波动、心理变化以及各自所走的不同道路。作品着力于时局背景的介绍与政治气氛的描绘,是大革命风暴的一个片段,具有风云画卷的特色。①

本月 表叔卢学溥在乌镇发起修纂《乌青镇志》,聘请当地文人及亲友担任编辑、采访、财务等具体事务。茅盾亦被邀与卢学溥一起商订体例,决定大纲。编修过程中,曾多次回故乡参与其事。卷前有乌青镇地图,是茅盾从上海请人画制的。《乌青镇志》于1936年6月告成。茅盾直到晚年,仍赞赏这部镇志在当时是一个"创举"。

本月 《茅盾自选集》上海天马书店再版。

---

① 该文是用小说笔法写的,但人物和事件基本是真实的。第1章写老明(茅盾)、云少爷(宋云彬)和老宋三人7月23日晚在汉口六码头乘日本轮船"襄丸号",奉命去九江。第2章写船上情景,遇到了密司王和密司陶(范志超和唐棣华)。第3章写老明他们于清晨到达九江,先找旅社住下。密司王等想直接到南昌,不料火车忙于装运军队,无法乘车,也来住华洋旅社。第4章写老明和老宋各自出门找办事处接洽,跑了一天也没有准信,两人交换信息后不由得发牢骚。小说缺了第5章至第8章,把原先第9章提前为第5章。写老宋随大家去南昌,二老明和云少爷滞留庐山。在第五号之末,茅盾写了一则"附白":"这篇小说原共九章,陆续写起来,赶应市场。不料第五章至第八章写成后,过了一夜,不知怎的,忽然不见了,要是我肯找,或许找得到的,而我不曾找。重写罢?不高兴了。况且本刊第一卷即届结束,也未必赶得及罢。因想:'史'尚有'阙文',何况我这小说?就马马虎虎将预定的第九章提上来改为第五,并且算是最末一章,给登出去,了此一重公案。"而其真实原因却是:"我写完第四章就遇到了困难:第五章以后应该写这几个知识分子上了牯岭,有的赶往南昌参加了'八一'起义,有的则滞留在牯岭,有的回了上海;在内容上必然要涉及不少当时禁违的东西。这使我很难下笔,因为在十一月间我已风闻国民党要对左翼文艺书刊大肆挞伐,而《文学》则有被禁的危险。不写这些内容或者用暗示和侧笔罢,又觉得没有多大意思了。经过反复考虑,我决定割舍小说的主要部分,匆匆来一个结束。为了对读者有个交代,就写了上面这一段'附白'。"参见茅盾:《多事而活跃的岁月——〈回忆录〉(十六)》,《新文学史料》1982年第3期。

10 月

1 日 　在《文学》第 1 卷第 4 号发表文论《怎样编制"文艺年鉴"》(未署名),就已经公开出版的《中国文艺年鉴》提出 5 点建议;发表书信《〈文学〉编委会复鲁迅先生函》,原信系茅盾起草,以《文学》编辑委员会名义发表,现收入《茅盾全集》第 19 卷,附《鲁迅先生来函》《伍实先生来函》;发表散文《"第三种人"的去路》(未署名);发表文论《不要太性急》《"词"的存在问题》(均未署名);发表文论《一张不正确的照片》(署东方未明),评论了当时出版的《中国文艺年鉴》。

同日 　在《中学生》第 38 期发表散文《我所见的辛亥革命》。

7 日 　在《生活》周刊第 8 卷第 40 期发表文论《从〈怒吼罢,中国!〉说起》①。

10 日 　在《申报·自由谈》发表散文《"双十"闲话》(署止水)。

13 日 　在《申报·自由谈》发表散文《对于〈小学生文库〉的希望》(署止水)。

18 日 　在《申报·自由谈》发表杂文《读了〈处女和登龙〉以后》(署止水)。

27 日 　在《申报·自由谈》发表散文《预言》(署止水)。作文论《王统照的〈山雨〉》。

11 月

1 日 　在《文学》第 1 卷第 5 号发表文论《文学青年如何修

---

① 　《怒吼罢,中国!》系苏联作家脱烈泰耶夫的作品,以 1925 年的万县惨案为题材。

养》(未署名),不同意施蛰存提出的青年人应该读点《庄子》和《文选》的主张,指出"为青年们'对症发药'计,应该希望他们多读《水浒》等书,这……于青年们倒是有益的";发表文论《一个青年诗人的〈烙印〉》^①(未署名),充分肯定《烙印》的成功:"全部 22 首诗,没有一首诗描写女人的'酥胸玉腿',甚至没有一首诗歌歌颂恋爱,甚至也没有所谓'玄妙的哲理'以及什么'珠圆玉润的辞藻'","只是用了素朴的字句写出了平凡的老百姓的生活","作者的创作态度是够严肃的,而也因为这一点,我对于诗集《烙印》起了'不敢亵视'之感,我相信在今日青年诗人中,《烙印》的作者也许是最优秀中间的一个了"。同期发表文论《关于〈达生篇〉》《传记文学》《日本普罗作家同盟的裂痕》《查尔诞生百年纪念》(均未署名)。

同日　在《中学生》第 39 期发表文论《"读破一卷书"》(署微明)。

12 日　在《申报·自由谈》发表文论《文学家成功秘诀》(署仲方)。

15 日　在《申报月刊》第 2 卷第 11 期发表杂文《谈迷信之类》,从辛亥革命前夜洋学生幼稚的反迷信,写到而今借祈雨迎神赛会"振兴市面"。前者虽幼稚,然"朝气"难忘。后者虽堂皇,更让人失望。写出了畸形的现实,也写出了迷信之顽固。

同日　在《申报·自由谈》发表文论《蒲宁与诺贝尔文艺奖》(署仲芳)。

16 日　在《申报·自由谈》发表杂文《不关年龄》(署仲芳)。

20 日　在《申报·自由谈》发表文论《天才与勇气》(署伯元)。胞弟沈泽民因肺病复发,又患疟疾不幸去世。

---

① 《烙印》是臧克家第一部诗集。

本月 国民党特务连续捣毁艺华影片公司、良友图书公司等文化单位，扬言对于"赤色作家鲁迅、茅盾"之作品，"一律不得刊行，登载，发行。如有不遂，我们必以较对付艺华及良友公司更激烈更彻底的手段对付你们，决不宽假！"

12 月

1 日 在《文学》第 1 卷第 6 号发表文论《本年诺贝尔文艺奖金》（未署名），初收《话匣子》，改题为《一九三三年诺贝尔文艺奖金》；发表文论《"木刻连环图画故事"》（未署名），介绍良友图书印刷公司选印的麦缓莱勒的四种木刻连环画故事，提出了如何学习的问题；发表文论《主义与外力》（未署名，与傅东华商量，由傅执笔）；发表文论《王统照的〈山雨〉》（署东方未明），分析了《山雨》的主要人物，指出，"全书大半部的地方农村描写是应得赞美的。到现在为止，我们还没有看见过第二部这样坚实的农村小说。这不是想象的概念的作品，这是血淋淋的生活的记录"；发表《自己检讨》（未署名）。

同日 在《申报·自由谈》发表文论《力的表现》（署伯元），指出："中国现在不乏咄咄逼人的作品，然而温醇的愈咀嚼愈有力的作品，还是少见"，"真正有力的文艺作品应该是上口温醇的酒。题材只是平易的故事，然而蕴含着充实的内容；是从不知不觉中去感动了人，去教训了人。文字只是流利显明，没有'惊人之笔'，也没有转弯抹角的结构，然而给了读者很深而且持久的印象"。

上旬 傅东华来访，告知从 1934 年起，《文学》的稿件要经过国民政府的审查员审查，通过了才能排印；编者不能署文学社，必须署主编姓名。经编委会商定，从第 2 卷第 1 号起，版权页上注明"编辑人"为傅东华和郑振铎。

13 日 在《申报·自由谈》发表文论《批评家辨》(署履霜)。

中旬 成仿吾从鄂豫皖到上海治病,请鲁迅引见瞿秋白,并向茅盾告知沈泽民病故的消息。

17 日 在《申报·自由谈》发表文论《花与叶》(署仲方)。

下旬 瞿秋白奉命赴江西苏区,行前向茅盾辞别,并谈及沈泽民病故等事。

本月 在《上海法学院季刊》创刊号发表《从"蚂蚁爬石像"说起》(署沈余),谈到莫泊桑、契诃夫、蒲雷苏夫、安特莱夫等作家。后收入《话匣子》,改题为《蚂蚁爬石像》。

本月 《希腊神话》(署沈德鸿)由上海商务印书馆出版。

本年 《鲁迅论》《文学与人的关系》《创作的准备》《创作的前途》,收入谢六逸编《模范小说集》,由上海黎明书店出版。

1934 年(甲戌,民国二十三年) 38 岁

▲1 月,中共临时中央召开六届五中全会,"左"倾机会主义路线在党内占统治地位。

▲4 月,林语堂主编的《人间世》半月刊创刊。

▲5 月,国民政府在上海成立"图书杂志审查委员会",并于6 月颁布《图书杂志审查办法》。

▲7 月,中国工农红军发表《北上抗日宣言》。

▲9 月,鲁迅编辑的《译文》创刊;陈望道主编的《太白》半月

刊创刊。

▲10月,中央红军第五次反"围剿"失利,于10日开始战略性大转移——长征。

1 月

1 日　在《文学》第 2 卷第 1 号发表散文《新年试笔(其四)》(署蒲牢);发表文论《〈清华周刊〉文艺创作专号》(署惕若),称赞刊物"描写现实,企求改变现实"的"一贯态度"。在《东方杂志》第 31 卷第 1 号发表散文《个人计划》(署茅盾)。在《申报·自由谈》发表散文《新年展望》(署奚求)。

同日　在《中学生》第 41 期发表散文《地方印象记——上海》(署朱璟),以第一人称方式,通过"我"的找房子、找职业过程中的见闻,写出了畸形的上海以及上海人艰难的生存状况。收入《速写与随笔》时改题《上海》。

7 日　作短篇小说《赛会》。

15 日　在《申报月刊》第 3 卷第 1 期发表散文《冬天》(署形天),借"冬天"喻指白色恐怖,表示"'春'要到来的时候,一定先有冬'。冷罢,更加冷吧,你这吓人的冬!"抒发了不屈的信念和乐观的精神,一扫此前《雾》的苦闷彷徨,又无此后《雷雨前》的壮阔气势,而是刚柔相济,犷妩并举,别有一番情趣。

23 日　与刚从北京来上海的郑振铎一起,到傅东华家研究《文学》的出刊问题。为对付国民党的审查,决定从第 3 期起,连出 4 期专号:翻译专号、创作专号、弱小民族文学专号、中国文学研究专号。其中中国文学专号由郑振铎负责,其他 3 期由茅盾和傅东华负责。

25 日　中午与郑振铎拜访鲁迅,共进午餐。介绍《文学》的处境与对策。

本月 美国记者伊罗生①请鲁迅、茅盾帮他编选《草鞋脚》②。鲁迅和茅盾觉得这是一次介绍左翼青年作家的好机会。两人拟定的选目包括 23 位作家的 26 篇作品、介绍的左翼期刊有 21 种。两人各写了 900 字的《小传》,和鲁迅写的"序言",一起交给伊罗生。

本月 在《新中华》第 2 卷附刊《上海的将来》发表散文《上海的将来》(一四)。

2 月

1 日 在《文学》月刊第 2 卷第 2 号发表短篇小说《赛会》(署吉卜西),正面描述农村严重的旱象及迎神办会求雨的场景,侧面揭露农村繁重的苛捐杂税以及农民生活的贫困和思想的愚昧;发表杂文《说"歪曲"》(署水);发表书评《〈文学季刊〉创刊号》(署惕若),重点评论了吴组缃及其发表于创刊号的小说《一千八百担》;发表文论《读〈文学季刊〉创刊号》(署仲方),肯定了《文学季刊》"以忠实恳切的态度为新文学的建设而努力"的办刊方针。

13 日 与鲁迅、亚丹、曹靖华等去 ABC 茶店,以饮茶为名举行左联秘密会议。

15 日 在《申报月刊》第 3 卷第 2 期发表散文《田家乐》(署小凡)。

---

① 原名哈罗德·艾萨克斯,伊罗生是鲁迅、茅盾给他取的中文名。
② 《草鞋脚》是一本英译中国现代短篇小说集。1934 年开始收集,1935 年编译完毕,没有立即出版。直至 1974 年才由英国麻省理工学院出版部出版。全书共选译了 16 位作家的 25 篇作品,其中鲁迅的作品 5 篇,茅盾的作品 3 篇,叶绍钧、丁玲、适夷各 2 篇其他的人各 1 篇。

18 日　作书评《郭译〈战争与和平〉》。

20 日　作书评《伍译的〈侠隐记〉和〈浮华世界〉》。

27 日　在《申报·自由谈》发表散文《蝙蝠》(署微明)。

28 日　作散文《上海大年夜》。

本月　国民党中央宣传委员会以"鼓吹阶级斗争"为由,查禁了大江书铺出版的《野蔷薇》《宿莽》,光华书局出版的《路》,天马书店出版的《茅盾自选集》,开明书店出版的《春蚕》《虹》《蚀》《三人行》《子夜》等。

本月　《话匣子》精装本由上海良友图书公司出版发行。全书分上下两编,上编14篇,大都反映都市畸形发展状况和农村经济破产的景象,并揭示其根源;下编30篇,谈论文学批评、文学遗产、文学修养、文学翻译、文艺作品等问题。

3 月

1 日　在《文学》第2卷第3号发表文论《又一篇帐单》(署铭)、《"媒婆"与"处女"》(署丙生)、《直译·顺译·歪译》(署明)、《译什么和叫谁译》(署水)、《翻译的理想与实际》(署华)、《关于文学史之类》(署惕若);发表散文《一个译人的梦》(署蒲),借一个译人的梦的破灭,从一个独特的角度,反映出社会经济的日益衰败;发表译作《改变》(荷兰 菩提巴格著 署芬君译),前附译前记;发表书评《郭译〈战争与和平〉》(署味茗)、《伍译的〈侠隐记〉和〈浮华世界〉》(署味茗)。

本月　作文论《中国青年已从十月革命认识了自己的使命》《答国际文学社问》。后者由鲁迅代为抄写并寄往苏联,经萧三转交《国际文学》社。译作《百货商店》①（左拉著 署茅盾编译）由新生命书局印行。书前附《序言》，正文7节，附插图。

本月 送母亲回乌镇，请泰兴昌纸店经理黄秒祥翻修故居后院的三间平房，亲作草图。

本月 国民党图书杂志审查委员会公布的禁书名单中，包括茅盾的《宿莽》《茅盾自选集》《蚀》《春蚕》《虹》《三人行》《子夜》《野蔷薇》等。

4 月

1日 在《文学》第2卷第4号发表文论《从"五四"说起》（署芬）、《我们有什么遗产？》（署芬）、《思想与经验》（署兰）、《新，老？》（署蕙）；书评《彭家煌的〈喜讯〉》（署惕若 3月1日写）、《杜衡的〈怀乡集〉》（署阳秋 3月8日写）、《一·二八的小说〈战烟〉》（目录内署丙申，文内署丙申生）、《黑炎的〈战线〉》（署陶然 2月尾作）；

同日 在《文学季刊》第2期发表散文《上海大年夜》（署形天），记录了1933年旧历年关上海南京路商店多半停业的萧条情景，揭露了20世纪30年代初都市经济的破产和市民的愚昧。

14日 在《申报·自由谈》发表散文《读史有感》（署固）。

17日 自本日起，与鲁迅合作为伊罗生所编英译中国现代短篇小说集《草鞋脚》收集材料，拟订篇目。作《〈草鞋脚〉初选篇目》《〈草鞋脚〉部分作家作品简介》《中国左翼文艺期刊编目》（关于《鹭华》月刊的介绍文字系鲁迅所补），并为该书作《茅盾自传》。

---

① 据法国左拉的长篇小说《太太们的乐园》缩写而成。

20 日　晚上邀鲁迅、许广平来寓所,共进晚餐。

21 日　在《申报·自由谈》发表杂感《谈"小品文"和"幽默"》(署由)。

本月　文论《文学与人生》(署沈雁冰)收入张若英编《中国新文学运动史资料》,由光明书局出版。

5 月

1 日　《文学》第 2 卷第 5 号出版。发表文论《英文的弱小民族文学史之类》(署冯夷);发表译作小说《耶稣和强盗》(波兰 K. P. Tetmajer 著 芬君译)、《门的内哥罗之寡妇》(斯洛伐尼 Zofka Kveder 著 署牟尼译)、《在公安局》(南斯拉夫 Ivan Kmic 著 署丙申译)、《春》(罗马尼亚 Michail Sadoveanu 著 署芬君译)、《催命太岁》(秘鲁 Lopez Albujar 著 署余声译)、《桃园》(Resik Halid 著 署连琐译),前附译前记,后收入文化生活出版社 1935 年 11 月版《桃园》。

4 日　作文论《读〈中国的水神〉》。

10 日　作文论《小品文半月刊〈人间世〉》。

11 日　得鲁迅赠《文史》一册。

22 日　在《申报·自由谈》发表杂感《"科学灵乩"》(署微)。

23 日　在《申报·自由谈》发表杂感《小题大做》(署公羽)。

24 日　在《申报·自由谈》发表杂感《为什么》(署阿含)。

27 日　应鲁迅之邀,共进晚餐,同席有姚克等。

28 日　在《申报·自由谈》发表杂感《谈补习》(署尊慧)。

29 日　接鲁迅转来伊罗生信,谈及对《草鞋脚》的意见。

本月　作《〈红楼梦〉(洁本)导言》,收入《红楼梦》(洁本)由开明书店出版。

6月

月初 从鲁迅处获悉史沫特莱对《草鞋脚》的意见，即认为篇幅太长。与鲁迅商议，决定压缩删减。

1日 在《中学生》第46期发表散文《升学与就业》（署朱璟）。在《申报·自由谈》发表杂感《味水轩日记》（署殊）。

4日 在《申报·自由谈》发表杂感《丑恶》（署秋光）。

5日 在《申报·自由谈》发表杂感《论欺骗》（署洞若）。

6日 在《申报·自由谈》发表杂感《青年的痛苦》（署象轩）。

7日 作文论《庐隐论》。

8日 在《申报·自由谈》发表杂感《关于人性》（署非心）。

9日 为商谈创办《译文》事，与黎烈文等到鲁迅家便饭。受托转请黄源与生活书店联系印行事宜。

14日 作文论《小市民文艺读物的歧路》。

15日 在《申报·自由谈》发表杂感《谈面子》（署蒲）、《流言》（署止）。

18日 发表杂感《梦想与理想》（署渊）、《论读书人》（署大琨），均刊于《申报·自由谈》1934年6月18日。

19日 发表杂感《五明与三明》（署穆），刊于《申报·自由谈》1934年6月19日。

20日 发表杂感《说荔》（署无为），刊于《申报·自由谈》1934年6月20日。

23日 访鲁迅，继续商谈有关《译文》出刊事宜。

29日 致黄源信（署玄），请他继续与生活书店商谈《译文》出刊之事，并请黄源担任《译文》编辑（据《忆念鲁迅先生·鲁迅先生与〈译文〉》摘录收入）。

7 月

1 日 在《文学》第 3 卷第 1 号发表文论《庐隐论》(署未明)，全面评论了庐隐前期作品的思想意义："庐隐，她是被'五·四'的怒潮从封建的氛围中掀起来的，觉醒了的一个女性"，"我们现在谈庐隐的全部著作，就仿佛再呼吸'五·四'时期的空气，我们看见一些'追求人生意义'的热情的然而空想的青年们在书中苦闷地徘徊，我们又看见一些负荷着几千年传统思想束缚的青年们在书中叫着'自我发展'，可是他们的脆弱的心灵却又动辄多所顾忌"，"庐隐作品的风格是流利自然。她只是老老实实写下来，从不在形式上炫奇斗巧。她的前期的作品(包括短篇集《海滨故人》及《曼丽》)，结构比较散漫……后期的作品如《归雁》和《女人的心》就进步得多了"。

同日 在《文学》第 3 卷第 1 号发表文论《小品文半月刊〈人间世〉》(署仲子)，对林语堂等人为提倡小品文所办的《人间世》提出批评："在下并不反对'小品文'，尤不反对专登'小品文'的定期刊；也不主张'小品文'一定非有'世道人心'的大议论不可。"不过"把'闲适''自我中心'之类给'小品文'定起惟一的规范来"却是一种误导。同期发表文论《关于小品文》(署蕙)、《伟大的作品产生的条件与不产生的原理》(署兰)、《再谈文学遗产》(署风)、《〈文学季刊〉第二期内的创作》(署惕若)；发表文论《读〈中国的水神〉》(署味茗)，评论了欧阳镜蓉、吴组缃、张天翼、何谷天等的小说。

14 日 与鲁迅同复伊罗生信，对其正在编辑的中国现代作家短篇小说集提出三点意见，后刊于《鲁迅研究月刊》1980 年第 1 期。

21 日 上午与鲁迅同往须藤医院就诊,医生诊断二人均有胃病。

31 日 与鲁迅共致伊罗生信,同意其最后的编选意见。信件后刊于《鲁迅研究月刊》1980 年第 1 期。

本月 《我曾经穿过怎样紧的鞋子》收入《我与文学》(《文学》周年纪念特刊),由生活书店出版。

8 月

1 日 在《文学》第 3 卷第 2 号发表文论《论"入迷"》(署曼),强调"一位作家写作品的时候,也非'入迷'不可。他的感情要和他笔下人物的感情合一。他写的人物不止一个,然而他所憧憬的,或拈出来使人景仰或认识的人物,却只有一个或一群;作家就要恨此人物所憎恨的对象,拥护此人物所拥护的一切!"同期发表文论《"文学遗产"与"洋八股"》(署风)、《所谓"杂志年"》(署兰)、《对于所谓"文艺复兴运动"的估价》①(署蕙)、《翻译的直接与间接》(署惠)、《关于〈士敏士〉》(署芬君)、《小市民文艺读物的歧路》(署惕若)。

同日 在《文学》第 3 卷第 2 号发表文论《冰心论》,分 5 节分析了冰心的创作道路,认为"'五·四'时期的热蓬蓬的社会运动激发了冰心女士第一次的创作活动",随后,"因为个人生活环境的影响,冰心女士所借以'躲避风雨'的'母亲的怀抱'也就不得不是'爱的哲学',——或者也可说是神秘主义的爱的哲学",并指出"在所有'五·四'时期的作家中,只有冰心女士最最属于她自己。她的作品中,不反映社会,却反映了她自己,她把自己

---

① 文章对文言复兴进行批驳。

反映得再清楚也没有"。

5 日 晚上与鲁迅同赴生活书店经理徐伯昕举行的宴会，交付为《译文》所译稿件。

10 日左右 邀鲁迅、黄源商谈《译文》有关事宜。

17 日 在《申报·自由谈》发表散文《女人与装饰》(署微明)。

20 日 在《申报·自由谈》发表文论《白话文的洗清和充实》(署仲元)。在《文史》第 1 卷第 3 号发表文论《莎士比亚与现实主义》(署味茗)，文中转引了恩格斯关于"莎士比亚化"的论述。

22 日 与鲁迅同复伊罗生信。回答伊罗生提出的问题，并同意小说集名《草鞋脚》，对伊罗生的译介表示感谢。信件后刊于《鲁迅研究月刊》1980 年第 1 期。

24 日 在《申报·自由谈》发表文论《不要阉割的大众语》(署仲元)。

28 日 在《申报·自由谈》发表散文《聪明与矛盾》(署微明)。

9 月

1 日 在《文学》第 3 卷第 3 号发表文论《所谓"历史问题"》(署兰)、《论模仿》(署风)；发表书评《两本新刊的文艺杂志》①(署惕若)、《读〈上沅剧本甲集〉》(署丙生)。在《中学生》第 47 期发表文论《〈伊利亚特〉和〈奥德赛〉》(署茅盾)，后于《中学生》第 48 期(10 月)续完。

2 日 与郑振铎赴鲁迅寓所，赠《清人杂剧》(二集)一部，计 12 本，名印两方。

---

① "两本新刊"是指《当代文学》(天津书局发行)和《作品》(上海思潮出版社发行)。

4 日 在《申报·自由谈》发表散文《团结精神》(署微明)。应陈望道之邀,与鲁迅共赴东亚酒店进晚餐,商讨《太白》出刊事宜。

7 日 在《申报·自由谈》发表杂文《说"独"》(署止水)。

8 日 作散文《戽水》。

15 日 在《申报月刊》第 3 卷第 9 期发表散文《桑树》(署横波),与小说《春蚕》一样表现了"丰灾"主题,揭露了帝国主义的经济入侵和国民党的残酷敲诈对农村经济的破坏。艺术上注意情节的完整曲折,讲究人物的形神兼备,具有小说化的倾向。

16 日 与鲁迅、黎烈文等筹办的《译文》①创刊,并由生活书店发行。茅盾是主要负责人之一。在《译文》第 1 卷第 1 期发表译作文论《普式庚是我辈中间的一个》(苏联 A. 耳尼克斯德著 署芬君译),附后记;发表译作小说《皇帝的衣服》(匈牙利 K. 密克萨斯 署茅盾译),附译后记,后收入《桃园》;发表译作《教父》(新希腊 G. 特罗什内斯著 署味茗译),附译后记,后收入《桃园》。

17 日 在《申报·自由谈》发表评论《二十四史应该整部发卖吗?》(署佩韦)。

19 日 在《申报·自由谈》发表文论《"创作与时间"的异议》("九一八"前夜写,署止水)。

---

① 《译文》,月刊,由鲁迅、茅盾、黎烈文发起筹办。1934 年 9 月 16 日在上海创刊。前 3 期由鲁迅主编,后由黄源主编。出至第 2 卷第 6 期后,于 1935 年 9 月 16 日发终刊号。次年 3 月 16 日复刊,卷期另起,改由上海杂志公司发行。1937 年 6 月 16 日出至第 3 卷第 4 期终刊。共出 29 期。茅盾为本刊翻译了不少作品,还写了译介文章、作家评论等,所用笔名有味茗、芬君、谢芬等。

20 日 《太白》创刊①。在《太白》半月刊创刊号发表散文《大旱》(署形天),以"我"的沿途见闻组织材料,记述了大旱临头时的乡镇。全文以正面实写为主,间以侧面暗示的虚写,表现了小镇由"鱼米之邦的天堂",一变而为"半死不活的荒岛",巧妙地表现了"人患助天灾,人患甚于天灾"的深刻主题;发表杂感《"买办心理"与"欧化"》(署曲子)②。

同日 在《新文字》月刊第 2 期发表文论《关于新文字》,曾以拉丁化中国字刊于《拥护新文字六日报》。③

同日 在《漫画生活》第 1 期发表散文《雷雨前》,亦刊于《太白》第 1 卷第 5 期(1934 年 11 月 24 日)。文章写密云不雨的郁闷和雷电巨人劈开密云、呼风唤雨的搏击,一扫此前苦闷彷徨的心绪,代之以乐观昂扬的情感。把自己内心对现实的感受,通过象征手法,巧妙地转化为具体可感的形象画面,成功地创造出蕴藉深厚的艺术境界。

22 日 致赵家璧信(署玄)。在《绸缪》月刊创刊号发表散文《人造丝》,反映了近百年来中国民族工业被外国经济入侵吞噬殆尽的血泪历史。

本月 《茅盾短篇小说集》(第一集)由开明书店初版印行。

---

① 《太白》,文学杂志,半月刊。1934 年 9 月 20 日在上海创刊,生活书店发行,陈望道主编,编辑委员有艾寒松、傅东华、郑振铎、朱自清、黎烈文、曹聚仁、徐懋庸、郁达夫、叶绍钧等。特约撰述 68 人。1935 年 9 月 5 日出至第 2 卷第 12 期停刊。茅盾在《太白》先后发表 23 篇,署名未名、牟尼、微明、微波等。

② 按:《茅盾全集》第 16 卷人民文学出版社版,《茅盾全集》第 16 卷黄山书社版注明该文发表时间为 1934 年 9 月 24 日,疑误,《茅盾全集》第 16 卷黄山书社版的《茅盾生平著译年表》中注明发表时间为 1934 年 9 月 20 日,《茅盾研究资料(下)》(中国社会科学出版社)中"茅盾著译年表及其他"中注明发表时间也是 1934 年 9 月 20 日。

③ 该报由中国新文学提倡者 1934 年在苏联伯力创办。初为"十日报",后改为"六日报"。

共 5 辑。第 1 辑:《创造》《自杀》《诗与散文》;第 2 辑:《一个女性》《色盲》;第 3 辑:《春蚕》《小巫》《林家铺子》;第 4 辑:《昙》《泥泞》《陀螺》;第 5 辑:《右第二章》《石碣》《神的灭亡》。

10 月

1 日 在《文学》第 3 卷第 4 号发表文论《关于"写作"》(署曼),介绍了契诃夫、乔治·布兰兑斯、巴尔扎克、革拉特科夫等人不同的写作方法;发表文论《不算浪费》(署惠)、《一律恕不再奉陪》(署风);发表文论《大众语运动的多面性》(署江),认为:大众语运动自始就是一个多方面的广泛的文化运动,在思想方面是"反封建",在文学方面是"白话文"的清洗与充实,在语言方面是将来的全国一致的"新中国语"的要求,而在适应大众解放斗争过程中的文化上的需要是汉字拉丁化;发表书评《中国新文学运动史》(署山石),质疑王哲甫"把'五卅'作为分界线"的文学史分期,认为替"新文学运动划分时代的话,1927 年比'五卅'妥当些";发表评论《〈东流〉及其他》①(署惕若),把左翼刊物《东流》和京派刊物《学文》进行比较,认为《东流》"是个小型的然而具有前进意识的刊物"。

同日 在《文学》第 3 卷第 4 号发表文论《落华生论》,用主、客对话的方式介绍许地山创作的特点,指出"落华生的作品里没有现代都市的生活","充满了'异域情调'",认为他的人生观"积极的昂扬的意识"与"消极的退婴的意识",是"二重性"的。这两种"二重性",都可以从作家的世界观与时代之关系的角度作出

---

① 文章把左翼刊物《东流》和京派刊物《学文》进行比较,认为《东流》"是个小型的然而具有前进意识的刊物"。

回答:前者是"昂扬的积极的'五四'初期的市民意识产物";后者则是"五四"落潮后"满眼是平凡灰色的迷惘心理的产物"。两者都和时代与作家世界观具有有机联系,与许地山研究佛学也有一定的关系。发表评论现均收入《茅盾全集》第20卷。

2日 午后去鲁迅寓所,赠《茅盾短篇小说集》一本。

5日 在《太白》第1卷第2期发表散文《戽水》(署高子苏),写三个村子的人戽水抗旱,却租不起洋水车,反映了农村的经济凋敝,并将农村破产的原因归之于帝国主义的经济、军事侵略和国民党的反动统治。

6日 晚上与鲁迅同去南京路饭店,出席黎烈文、傅东华代表"文学社"为即将赴日的巴金举行的饯行宴。

8日 在《申报·自由谈》发表杂感《关于命数字》(署棱磨)。

13日 在《新生》第1卷第36期发表文论《文学的新生》(署茅盾),对国民党治下的文化统制政策表示了不满,表示:"目前我们这棵'文学'树正因为有大石头压着,正因为空气光线的关系,只能抽放着不大像样的茎叶。我们是感到不满的。"

同日 应美国记者斯诺而作《小传》,未发表。致斯诺信。

15日 在《申报月刊》第3卷第10期发表散文《谈月亮》(署横波),通过月亮与人的命运的联系,揭示出环境和传统的力量,具有哲理意味。

16日 在《世界知识》第1卷第3期发表文论《波斯大诗人费尔杜西千年祭》。

同日 在《译文》第1卷第2期发表译作文论《怎样排演古典剧》(苏联 A.泰洛夫著 署味茗译),附译后记;发表译作《关于萧伯纳》(苏联 A.卢那卡尔斯基著 署芬君译),附译后记。

17日 在《申报·自由谈》发表文论《不关宇宙或苍蝇》(署

维敬）。

19 日　作散文《小三》。在《申报·自由谈》发表文论《不是"异议"了》（署止水）。

20 日　在《新语林》第 6 期发表散文《双十节看报》（署钗光）。

23 日　在《申报·自由谈》发表文论《欧洲的讽刺作家》（署微明）。

24 日　作短篇小说《赵先生想不通》。

29 日　与鲁迅同往上海疗养院看望史沫特莱，得俄译《中国的运命》一本。

30 日　晚上与鲁迅同赴梁园饮宴，席间吴朗西为《漫画生活》向鲁迅等约稿，得鲁迅赠文艺杂志一本。

本月　与赵家璧有信件往来，讨论编《新文学大系》的问题。

本月　作散文《疯子》。

本月　上海天马书店出版的《茅盾自选集》被西南出版物审查会查禁，理由是"宣传普罗文艺"。

11 月

1 日　在《文学》第 3 卷第 5 号发表书评《〈西柳集〉》①（署惕若），认为："吴组缃先生是一位非常忠实的用严肃的眼光去看人生的作家；他没有真实体验到的人生，他不轻易落笔。"他把他所熟悉的"崩溃动荡的农村，皖北的农村，分析给我们看"时，暴露出"他的生活经验中""缺少了热惹惹的一方面"，对熟悉的生活这方面的"描写格外出色"，但"却下意识地多少占着些儿纯客观

---

①　《西柳集》为吴组缃的第一个小说集。

的气氛"。同期发表书评《诗人与"夜"》①(署子苏),评论林庚的诗集《夜》和蒲风的诗集《茫茫夜》;发表杂文《我们的第一批货色》(署冰);发表文论《大众语文学有历史吗?》(未署名)。

同日 在《中学生》第49期发表文论《伊勒克特拉》,后于《中学生》第50期(12月1日)续完。介绍古代希腊戏剧的社会背景、代表作家和作品,以及演剧活动;发表文论《〈伊利亚特〉和〈奥德赛〉的讨论》(署茅盾),刊出罗念生的《茅盾先生论〈伊利亚特〉和〈奥德赛〉》和《茅盾的回答》两篇文章。茅盾的文章回答了罗睟文章中提出的5个问题。

2日 作短篇小说《微波》。

10日 在《读书生活》创刊号发表评论《怎样读杂志》(署敬)。

13日 作散文《阿四的故事》。

15日 在《小说》半月刊第12期发表随笔《题字一则》。在《申报月刊》第3卷第11期发表散文《疯子》(署横波),写颇有艺术才华的阿三被世俗的人们视作疯子,聪明能干的阿四在生活重压下也变成疯子。茅盾在《再谈"疯子"》中说,这两个疯子"都是封建社会的产儿"。

16日 在《译文》第1卷第3期发表译作小说《娜耶》(克罗地X. 桑陀·药里斯基著 署芬君译。药里斯基,通译雅尔斯基,克罗地亚作家),附译后记,后收入《桃园》;发表《〈饥饿之夜〉后记》(署编者),附于译文《饥饿之夜》之后。

20日 在《太白》第1卷第5期发表散文《〈黄昏〉及其他》(署形天),包括《黄昏》《沙滩上的脚迹》《天窗》。在《漫画生活》

---

① 评论林庚的诗集《夜》和蒲风的诗集《茫茫夜》。

第 3 号发表散文《苍蝇》,揭露国民党御用文人及其走狗的劣迹。

25 日 在《读书与生活》第 1 卷第 2 期发表论文《世界史教程——封建社会史》(署敬)。

本月 译作《坑中做工的人》(白鲁支著 署沈雁冰译)收入苏渊雷编《诗词精选》,由世界书局出版。

12 月

1 日 在《文学》第 3 卷第 6 号发表文论《一年的回顾》(署丙),认为过去的一年,文艺书出版的数量比前一年少些,但文坛上并不寂寞:"小品文论战""大众语论战""伟大作品产生问题的讨论""文学遗产问题的讨论""翻译问题的讨论",杂文速写的活跃,新人的涌现,刊物数量的增多等等,无不证明着"这一年来,文坛是时时刻刻在充实,在前进呀! ……刚刚过去的这一年并不是'空白的一页',在将来的文学史上,它将是很有意义的一页! 它是不远的'伟大作品'到来的潜修时代!"同期发表文论《再多些》(署明)、《关于"史料"和"选集"》(署波)、《论"低级趣味"》(署朔)、《〈水星〉及其他》(署惕若);发表评论《今日的学校》(署丙申)。

同日 在《文学》第 3 卷第 6 号发表短篇小说《赵先生想不通》(署蒲牢),通过赵先生的"想不通"揭露 20 世尼 30 年代大金融家们对公债市场的操控,像赵先生型的精明能干的生意人也难逃破产的厄运。截取生活的一个浪花,反映了社会时代的走向,是典型的大题小做的篇章。

5 日 在《太白》半月刊第 1 卷第 6 期发表散文《阿四的故事》(署微明),原手迹题为《阿四和粽子的故事》。

10 日 在《好文章》第 1 卷第 3 期发表短篇小说《微波》(11

月 2 日写),亦刊于《生生》月刊创刊号(1935 年 2 月 1 日),用现实主义手法,通过李先生的遭遇,高度概括地反映了 20 世纪 30 年代城乡经济全面凋敝的现实。

10 日　在《水星》第 1 卷第 3 期发表散文《小三》,揭露了上流阶层奢侈、腐朽的习性,嘲讽了小市民的庸俗无聊、奴性十足。在《读书生活》第 1 卷第 3 期发表杂文《从十月到十一月半》(署敬)。

16 日　在《译文》第 1 卷第 4 期发表译作《安琪吕珈》(新希腊 A. 蔼夫达利哇谛斯著 署茅盾译),附译后记,后收入《桃园》;发表译作《现代荷兰文学》(荷兰 J. 哈德铁斯著 署芬君译),附译后记。

24 日　作散文《再谈"疯子"》。

25 日　在《读书生活》第 1 卷第 4 期发表文论《怎样写作》(署丙生)、《苏联国民教育之进展》(署冰)。

本月　作《"健康的笑"是不是?》。致郑振铎信(署弟方保宗)。《残冬》(上海生活书店版)被国民党中宣部以"诋毁当局"为由查禁。

本年　在《青年近卫军》第 5 期发表由苏联伊万翻译党的《罢工之前——摘自长篇小说〈子夜〉》。在俄文版《世界文学》第 3—4 期发表《我们与你们之间不存在"万里长城"——致苏联作家第一次代表大会》。

本年　国民政府查禁进步书籍 149 种,其中包括《路》《宿莽》《野蔷薇》《茅盾自选集》《虹》《三人行》《春蚕》《蚀》《子夜》。关于《子夜》的批语是:"讥刺本党""描写工潮,应删改"。

本年　为发展家乡教育事业,给母校——植材高级小学资助中华书局出版的《小朋友》《儿童世界》《少年》等刊物。

下半年 救国出版社出版未经删改的完整版《子夜》,道林纸精印,分上下册。书前有"翻印版序言":"《子夜》的作者,不仅想描写中国现社会的真相,而且也能把这个社会之某几方面忠实扫映出来。《子夜》之伟大处在此,《子夜》不免触时忌,也正因此。它出版不久,即被删去其最精彩的两章(第四章及第十五章);这样,一经割裂,精华尽失,已非变瑰奇壮丽之旧观了!本出版社有鉴于此,特搜求未遭删削的《子夜》原本,从新翻印,以飨读者。""天才的作品,是人类的光荣成绩,我们为保存这个成绩而翻印本书,想为尊崇文艺,欲窥此书全貌的读者们所欢迎的罢。"

1935年(乙亥,民国二十四年) 39岁

▲1月15至18日,中共中央在长征途中于遵义召开政治局扩大会议,确定了毛泽东在红军和党中央的领导地位。

▲6月18日,瞿秋白在福建长汀就义,时年36岁。

▲11月28日,中华苏维埃人民共和国中央政府、中国抗日红军革命军事委员会发表《抗日救国宣言》。

▲12月9日,北平学生在中国共产党领导下举行抗日爱国示威游行,并在全国掀起抗日救亡运动的新高潮。

▲12月17日,中共中央在陕北安定县瓦窑堡召开政治局扩大会议,制定出符合中国国情的抗日民族统一战线新策略。

年初 史沫特莱拟请人把《子夜》译成英文送往美国出版,

约茅盾写一篇自传。茅盾即用第三人称写了小传。后因抗日战争全面爆发,《子夜》英译本未能出版,小传亦未刊出。《茅盾小传》后刊于 1982 年 3 月《文献》第 11 期。

1月

1日 在《文学》第 4 卷第 1 号发表文论《论所谓"感伤"》(署波)、《猜得再具体些》(署预)、《"革命"与"恋爱"的公式》(署何籁);发表杂感《"革命"与"恋爱"的公式》(署何籁);发表评论《匈牙利小说家育珂·摩耳》(署昧茗);发表译作小说《雪花球》(安徒生作),附译后记;发表译作《跳舞会》(育珂·摩耳著 署芬君译),附译后记。

同日 在《中学生》第 51 期发表文论《吉珂德先生》,后于《中学生》第 52 期(2 月 1 日)续完。

10日 在《读书生活》第 1 卷第 5 期发表文论《一月杂志谈》(署敬)。

11日 在《生生月刊》创刊号发表散文《论"健康的笑"》(署形天)。

12日 与鲁迅等应邀前往黎烈文家共进晚餐,席间与黄源、吴朗西等共商《译文》出丛书事宜。

15日 在《申报月刊》第 4 卷第 5 期发表散文《再谈"疯子"》(署横波)。

16日 在《译文》第 1 卷第 5 期发表译作小说《两个教堂》(克罗地亚 N. 奥斯列曹维支著 署芬君译),附译后记,后收入《桃园》。

20日 作散文《旧帐簿》。

21日 与郑振铎赴鲁迅寓所,并请鲁迅到冠珍酒家进晚餐,席间郑振铎提出拟筹办《世界文库》的计划,茅盾与鲁迅均表示大力支持。

22 日　致鲁迅信,并寄为编《中国新文学大系·小说二集》代购的有关资料。

本月　应亚细亚书局老板之约,赶写《汉译西洋文学名著》一书。

本月　阿英编校《现代十六家小品》由上海光明书局出版,其中第 8 卷收茅盾《都市文学》《机械的赞颂》《现代的——》《叩门》《雾》《冥屋》《阿 Q 正传》《灰色人生》等 8 篇。

2 月

1 日　在《文学》第 4 卷第 2 号发表文论《"质地"的征服》(署水),指责北方文人学者首先挑起南北文坛的战争,认为南北文坛的斗争是质地的斗争,北方的学者文人要批评南方作家作品,除了"从自己的货色的质地上去用死功夫外,并没有别的巧妙办法";发表文论《谈题材的"选择"》(署波)、《关于儿童文学》(署江)、《"健康的笑"是不是?》(署胡绳祖)、《对于"翻译年"的希望》(署顺)。

同日　在《中学生》第 52 期发表文论《再答罗睺先生》,列举了罗念生在与他争论中的错误。

5 日　在《太白》第 1 卷第 10 期发表文论《谈封建文学》(署微波)。

15 日　作文论《给一个未会面的朋友——从〈读书生活〉一至六号所载青年文艺作品得的感想》。在《申报月刊》第 4 卷第 2 期发表散文《旧帐簿》(署秋生),写潦倒的"乡亲"对"旧帐簿"的利用:一能用以"挡债",二能"揉平了现实的潦倒的痛疮",三能使之"心广体胖",随遇而安。"旧帐簿"记载了自欺欺人的"乡亲",同时也暴露了现实社会的困顿衰败。

16 日 在《译文》第 1 卷第 6 期发表译作《莱蒙托夫》(苏联 D. 勃拉梁夷著 署谢芬译)附 3 条注释及译后记。

17 日 应郑振铎之邀,与鲁迅等共进晚餐。

19 日 在《申报·自由谈》发表文论《文艺经纪人》(署仲元)。

20 日 作《狂欢的解剖》。在《太白》第 1 卷第 11 期"掂斤簸两"发表杂感《歌川先生论山水画》(署牟尼)、《掂斤簸两》(署牟尼)。

22 日 作《〈娜拉〉的纠纷》。

25 日 作《给一个未会面的朋友——从〈读书生活〉一至六号所载青年文艺作品的感想》。

3 月

1 日 在《文学》第 4 卷第 3 号发表文论《"翻译"和"批评"翻译》(署量)、《奢侈的消闲的文艺刊物》(署恺)、文论《关于悲观的文字》(署绳);发表评论《几本儿童杂志》(署子渔)。

同日 在《中学生》第 53 期发表文论《雨果和〈哀史〉》(《世界文学名著讲话》之六),后于《中学生》第 54 期(4 月 1 日)续完。

10 日 作《〈中国新文学大系·小说一集〉导言》。在《读书生活》第 1 卷第 9 期发表文论《给一个未会面的朋友——从〈读书生活〉一至六号所载青年文艺作品得的感想》。

15 日 在《申报月刊》第 4 卷第 3 期发表散文《狂欢的解剖》(署微明),解剖了"向上"与"没落"两种不同性质的"狂欢",歌颂前者而批判后者。

17 日 晚上与鲁迅应郑振铎之邀赴夜宴。

20 日 在《漫画生活》第 7 期发表杂文《〈娜拉〉的纠纷》(署微明)。

同日 在《太白》第 2 卷第 1 期"掂斤簸两"发表杂文《老爷》(署牟尼)。

下旬 迁至万航路信义村一弄四号,直至抗战全面爆发后离开上海。

本月 在《太白》1 卷纪念特辑(即由陈望道编辑的《小品文和漫画》一书)发表文论《小品文和气运》。

本月 文论《〈中国新文学大系·小说一集〉编选感想》(原手迹)收入良友书店《中国新文学大系》(预约样本)。

本月 《上海》(署朱璟编,新生命大众文库·大都市之一)由新生命书局印行。

本月 在搬往信义村的前一日,与鲁迅告别,得知瞿秋白被捕的消息。讨论如何设法营救,但想不出好办法。6 月 20 日前后,传来了秋白同志高唱《国际歌》从容就义的噩耗。

4 月

1 日 在《文学》第 4 卷第 4 号发表文论《能不能再写得好懂些》(署方),指出要"多用活字,少用死字;活字就是日常生活所用的字。……真正的修辞学决不会教我们做难懂的文字,却教我们做易懂的文字";发表文论《编辑人的私愿》(署水),认为"编辑人是一种沉默的批评家;他也鉴赏,也判断,却只把鉴赏和判断的结果表现在选择和编排上,并不用文字发表出来";发表文论《这一期》《说"需要"》(均署水)、《十年前的教训》(署清)。

同日 在《中学生》第 54 期发表文论《关于别瑟尼·别尔

生》,为纪念挪威作家别瑟尼·别尔生（即比昂逊）逝世25周年作。

4日 在《申报·自由谈》发表论文《在儿童节对于儿童幸福的展望》(署钟元)。

5日 在《太白》第2卷第2期"掂斤簸两"发表杂文《孝女姚锦屏》(署牟尼)。

10日 《汉译西洋文学名著》编入"基本知识丛书",由上海亚细亚书局出版,前附序言。该书写作的意图是希望引导青年"对欧洲文学及其发展有一个初步而又正确的认识"。后又由中国文化服务社于1936年4月10日再版。

20日 在《世界文学》第1卷第4期发表文论《读安德生》("安德生"今译"安徒生")。

同日 在《漫画生活》第8期发表杂文《姚家女变男的故事》(署茅盾)。

26日 作散文《真妮姑娘》。

5月

1日 在《文学》第4卷第5号发表文论《科学和历史的小品》(署固),指出"科学小品和历史小品之写作,是非常切要的。因为这,一方面是科学或历史与文艺的结婚,另一方面是科学或历史走进大众队里的阶梯";发表文论《杂志年与文化动向》(署明)、《杂志"潮"里的浪花》(署惕若)。

同日 在《中学生》第55期发表文论《〈神曲〉》,后于《中学生》第56期(6月)续完,介绍了但丁的生活、思想和创作成就以及《神曲》的创作背景、内容和意义。

5日 在《太白》第2卷第4期"掂斤簸两"栏发表短论《道在

北平》(署牟尼)、《大事摘要——关于中外文化沟通》(署未名)。

12 日 作短篇小说《有志者》。

15 日 在《申报·自由谈》发表杂感《曲拾》(署沃圃)。

20 日 在《太白》第 2 卷第 5 期发表《追求》手稿一页。在《芒种》第 6 期发表短论《监狱即是安乐乡》(署牟尼)。译作散文《我的回忆》(脑威 别尔生著 署茅盾译),收入《世界文库》第 1 册,由世界书局初版印行,附译前记。

25 日 夜访鲁迅。

本月 茅盾编选的《中国新文学大系·小说一集》由上海良友图书公司出版,共选文学研究会成员 29 人写的小说 58 篇。书前《导言》(3 月 10 日作)论述了文学运动第一个十年小说创作的发展途径,对入选作家及其作品作了精当分析。

本月 文论《戏曲家的萧伯纳》(署沈雁冰)收入《华伦夫人之职业》(英萧伯纳著,潘家洵译),由商务印书馆出版。

6 月

1 日 在《文学》第 4 卷第 6 号发表文论《也不要"专读白话"》(署风)、《一个希望》(署渔);发表散文《真妮姑娘》(署子渔)。

同日 在《中学生》第 56 期发表短篇小说《有志者》,该篇与《尚未成功》《无题》构成"城市三部曲"。茅盾说:"这是三篇故事、人物有连续性的小说,写一个脱离生活的空头文学家的创作苦恼,当然也是讽刺那两年大批冒出来的各种自封的'作家'们的。《有志者》是写这位主人公还在小学教员时的创作的'苦闷'。他幻想写出一部一鸣惊人的伟大作品来,可是他的脑袋空空如也。""于是他悟出了'真理''没有生活,就没有创作'。不过他所谓的'生活',是指安逸舒适的生活条件。"①

5 日　在《太白》第 2 卷第 6 期"掂斤簸两"栏发表短论《"中国本位文化建设"在〈人间世〉》(署牟尼)、《"自由"的推论》(署牟尼)、《"自传"作法——才人笔调》(署未名)。

11 日　在《申报·自由谈》发表文论《小品文的题材》(署文)。

16 日　与郑振铎、黎烈文同去鲁迅寓所。

20 日　在《太白》第 2 卷第 7 期发表短论《世界上没有的》(署未名)、《说谎的技术》(署未名)。译作《游美杂记》(波兰 显克微支,附译前记)收入《世界文库》第 2 册,后收入《回忆·书简·杂记》。

25 日　与伊罗生同往鲁迅寓所。

7 月

1 日　在《文学》第 5 卷第 1 号发表文论《文艺与社会的需要》(署舫)、《一点小声明》(署方)、《孟夏草木长》(署扬)、《科学的历史的小品》(署固)。在《妇女生活》创刊号发表短篇小说《第一个半天的工作》,通过黄女士第一天上班的经历,揭露了公司职员分三六九等,一等向一等阿谀逢迎的污浊、虚伪的现实。作者以写实的笔触,用讥讽的口吻,艺术地展现了那乌七八糟的世界一角。

月初　黎烈文代交鲁迅赠画扇二柄。

5 日　在《太白》第 2 卷第 8 期"掂斤簸两"栏发表短论《支配与被支配之间》(署未名)、《到哪里去学习》(署未名)。

---

① 茅盾:《我走过的道路·一九三五年记事》。

15 日 在《新小说》第 2 卷第 1 期发表短篇小说《夏夜一点钟》,叙述一位女职员因黄主任另有新欢而又气又妒,参考《情书大全》写信指责黄侮辱女性尊严。可以说是《第一个半天的工作》的插曲与补充,揭示了所谓"女性的尊严"的实质。

同日 在《申报月刊》第 4 卷第 7 期发表短篇小说《尚未成功》,是"城市三部曲"第二部,故事紧接《有志者》,用揶揄的笔法写那位中学教师得了清闲职位,生活无忧,却又将创作无灵感归之于生活太平淡。

16 日 前往鲁迅寓所访谈。

20 日 译作散文《英吉利片断》(德国 海涅著),收入《世界文库》第 3 册,后收入《回忆·书简·杂记》,附译前记。在《太白》第 2 卷第 9 期"掂斤簸两"栏发表短论《理论的基础》(署未名)。

22 日 下午访鲁迅。

本月 傅东华主编《文学》二周年纪念特辑《文学百题》由生活书店印行,内收茅盾《略述表现骑士风度的中世纪文学》《什么是写实主义?》《什么的实感主义?》《欧洲大战对文学有怎样的影响?》(署昧著)等文。

本月 《红楼梦》(洁本)(署茅盾叙订),由开明书店印行。正文将原书 120 回删改为 50 回,并改题了回目。书前有作者写于 1934 年 5 月的《导言》,其中谈到删削的三个原则,主要去除了那些虚幻的、卖弄的成分,而突出其写实精神与社会意义的原则。

本月 与鲁迅一起到郑振铎家商量编印瞿秋白遗作之事。

8 月

1 日　在《文学》第 5 卷第 2 号发表文论《批评和谩骂》（署舫），指出"要使批评真能发挥它的研究出个真理的使命，则红着脸的力争倒是必要"；发表文论《小说作法之类》（署明）、《文艺自由的代价》（署扬）。

5 日　在《太白》第 2 卷第 10 期发表散文《未能名相》（署易若）、《大自然的礼赞》（署未名）。

6 日　与鲁迅到郑振铎家便宴，同席 12 人，谈及为瞿秋白筹款事。推举郑振铎为收款人。

9 日　在《申报·自由谈》发表散文《针孔中的世界》（署渔）。

13 日　在《申报·自由谈》发表散文《麻雀与灶蚁》（署渔）。

16 日　在《译文》第 2 卷第 6 期发表译作小说《最后的一张叶子》（O. 亨利著 署芬君译），附后记。在《世界知识》第 2 卷第 11 号发表译作小说《凯尔凯勃》（阿尔及耳 E. 吕海司女士著 ），附译后记。

20 日　在《太白》第 2 卷第 11 期"掂斤簸两"栏发表短论《大同小异》《很明白的事》（均署未名）。在《世界文库》第 4 册发表译文《集外书简》（脑威 易卜生著 署茅盾译），附译前记。

21 日　应陈望道之邀，赴大雅楼共进晚餐，同席有鲁迅等 9 人。

31 日　作文论《对于接受文学遗产的意见》。

9 月

1 日　在《文学》第 5 卷第 3 号发表文论《更聪明的"沉默是

聪明的"》（署衡），勾画出文坛某些人自己不作却大肆骂人家作品的情状；发表文论《读〈小妇人〉——对于翻译方法的商榷》（署惕若）、《关于"杂文的艺术价值"》（署平）、《又是〈庄子〉和〈颜氏家训〉》（署平）；发表短论《补订"文艺自由的代价"》（署扬）。

同日 在《中学生》第 57 期发表书评《〈十日谈〉》，后于《中学生》第 58 期（10 月 1 日），评介了薄伽丘的生平、思想和创作，着重评析了《十日谈》的内容和意义。

2 日 致赵家璧信（署弟玄）。

4 日 晚上到鲁迅寓所，商谈编印瞿秋白遗作事宜。

15 日 应黄源邀请出席南京饭店的晚宴，同席有鲁迅、黎烈文、傅东华、巴金、吴朗西等。商定《译文社丛书》交文化生活出版社出版。

16 日 在《译文》终刊号发表《〈译文〉终刊号前记》（署译文社同人公启系与鲁迅合撰）。

17 日 晚上与郑振铎去鲁迅寓所小坐，后应生活书店之请到新亚公司夜饭，共商《译文》合同事。

18 日 午后与黎烈文到鲁迅寓所，黄源亦在座。商谈《译文》相关事宜。

20 日 在《杂文》第 3 期发表文论《对于接受文学遗产的意见》。

同日 译作《蜜蜂的发怒及其他》（比利时 梅特林克著）收入《世界文库》第 5 册出版，附译前记。应史沫特莱之约，为她所编中国革命作家小说集写题为《给西方的被压迫大众》（1935 年 9 月 20 日上海）的文章，谈道："左翼作家联盟成为中国革命文学运动的中心以后，不断地受着统治阶级的残酷的压迫。从一九三〇年到现在，左联盟员被捕被杀的总在一百以外。左翼刊物，作品，被禁止的，更三倍四倍于此数。""中国的统治阶级……专一利用非常严密的'书报检查制度'来封锁左翼文学,并且利用'社会法西斯蒂'的文人们用种种方法欺骗和麻醉群众。"

22日 下午为调解《译文》与生活书店的矛盾,到鲁迅寓所小坐。

24日 上午与黎烈文到鲁迅寓所,告知与生活书店调解失败,《译文》停刊。

27日 在《立报·言林》发表随笔《人与书》(署文)。国民党当局查禁《动摇》(开明书店版),理由是"宣传普罗文学"。

同日 回乌镇两个月,创作中篇小说《多角关系》。

10 月

1日 在《文学》第5卷第4号发表文论《补订〈文艺自由的代价〉》(署扬)、《"究竟应该怎样地反映或表现"》(署渔);发表杂文《也是文坛上的"现象"》(署绮)、杂论《"世界上还有人类的时候……"》(署扬)。

同日 在《文学》第5卷第4号发表短篇小说《无题》,是"城市三部曲"最后一篇,故事紧接《尚未成功》,写主人公的"创作"终于"成功",并指导其妻写作《朗诵说》,但稿件却屡屡被拒、无法出版,主人公自我安慰要待后世发现其作品价值。茅盾晚年回忆:"我这3篇连续的短篇,用的是讽嘲揶揄的笔调,在我的短篇小说中也算别具一格。后来有人把这3篇与'农村三部曲'对称,戏呼为'城市三部曲',其实哪里够得上'城市',它们只不过讽刺了一下那几年文坛的一种颓风罢了。"①

15日 文论《什么是文学——我对于现文坛的感想》(署沈

---

① 茅盾:《我走过的道路·一九三五年记事》。

242

雁冰)载《中国新文学大系·文学论争集》，由上海良友图书印刷公司出版。

20 日 在《生活知识》第 1 卷第 2 期发表文论《〈都市风光〉的推荐》（署未名）。译作散文《忆契诃夫》（俄国 蒲宁著）收入《世界文库》第 6 册，附译前记。

本月 《大旱》《阿四的故事》《〈黄昏〉及其他》收入《三种船》，由生活书店出版。

11 月

1 日 在《中学生》第 59 期发表文论《〈战争与和平〉》，介绍托尔斯泰的生平、思想和创作成就，着重评析了《战争与和平》的内容和社会意义；发表随笔《黄克强及其手迹》（署佩韦）。

同日 在《文学》第 5 卷第 5 号发表文论《理论家与作家之间》（署水）、《"究竟应该怎样地反映或表现"》（署渔）、《"世界上还有人类的时候……"》（署扬）。

4 日 作短篇小说《拟〈浪花〉》。

5 日 在《生活知识》第 1 卷第 3 期发表文论《怎样看〈钦差大臣〉?》（署未名）。

8 日 晚上应邀到苏联驻沪领事馆参加庆祝会，观看电影。同去的有鲁迅、史沫特莱等。酒会上史沫特莱与茅盾谈及鲁迅生病一事，希望茅盾劝鲁迅前往苏联休养。

9 日 劝鲁迅赴苏联疗养，鲁迅表示愿意考虑。随即将此消息函告史沫特莱。

20 日 发表译作散文《〈拟情书〉(一)》（罗马 渥维德著），附译前记及题解，收入《世界文库》第 7、9、10 册。

本月 作《〈路〉改版后记》，后附于 1935 年 12 月上海文化生活出版社重排新版《路》的卷末。

本月 译文集《桃园》(土耳其 哈理德等著)由文化生活出版社出版,附前记(1935 年 11 月),收土耳其、匈牙利、波兰、秘鲁等国小说 15 篇;《现代作家书简》(茅盾等著)由生活书店出版,收鲁迅、茅盾等 58 位作家书简 212 封;《〈红楼梦〉(洁本)导言》刊于《红楼梦》(洁本),由开明书店出版;芸丽氏、筱梅编《茅盾创作选》由上海仿古书店出版。

12 月

1 日 在《文学》第 5 卷第 6 号发表文论《两方面的说明》(署蒲)、《关于对话》(署清)、《一个小小的实验》(署水);发表散文《全运会印象》,文章记述了两次看全运会的印象。最不热闹的一天,看的是愚昧的"看客",最热闹的一天,看的是"群众的'运动'——夺门和抢车"。对如此"全运会"和如此国民,表现了深深的失望。

5 日 在《大众生活》第 1 卷第 5 期发表短篇小说《拟〈浪花〉》,车夫阿二在物价飞涨中艰难求生,有钱人却靠囤积发财,反映了当时社会的经济状况和城市劳苦大众生活的日益贫困。

9 日 致胡风信(署弟方宗保)。

11 日 在《立报·言林》发表散文《变好和变坏》。

19 日 访鲁迅,赠《桃园》和《路》各一册。

26 日 在《立报·言林》发表文论《非战的戏剧》(署玄珠)。

本月 在俄文《世界文学》第 5 期发表《暴动》(《子夜》中的一章),由苏联普诃夫从英文版转译而来。

本月 俄译长篇小说《动摇》(C. 辛译)由列宁格勒国家文艺出版社出版。

本月　《路》编入巴金主编"文学丛刊"第一集,由文化生活出版社出版。后记(1935年11月写)中提及该版本校正了初版错字、删掉了"不必要的恋爱描写"。

　　本月　《速写与随笔》(开明文学新刊)由开明书店出版,附《前记》(1935年12月2日作)。全书分3部:第1部19篇,第2部10篇,第3部11篇,是30年代纪实散文的重要作品,是作者在《关于小品文》中强调倡导的"摆脱名士气味,成为新时代的工具"的"新的小品文"。郁达夫在《中国新文学大系散文二集导言》评价其"观察的周到,分析的清楚"和"切实的记载"。

　　本月　《作家论》(茅盾等著)由开明书店出版,内收茅盾《徐志摩论》《落华生论》《冰心论》《王鲁彦论》等4篇。

　　本月　《都市的风光》(沈雁冰等著)由开明书店出版。《西洋文学通论》由世界书局出版,即《西洋文学》。

　　本年　郑振铎编《世界文库》,邀请茅盾翻译一篇连载的长篇小说。茅盾打算翻译英国女作家勃朗特的《简·爱》。但才开了一个头,就被杂事打断了。看交稿的日子渐进,又不愿意边译边载,只好放弃了原计划,改译了一篇比昂逊的散文《我的回忆》。①

---

　　① 《简·爱》未完成的原稿现藏上海图书馆,包含了"第一章"至"第三章"的译文,共计16页。该译稿封面名为《珍雅儿》(第一册),以黑色钢笔书写于绿色硬封面的笔记本。乍一看,不容易发现是《简·爱》的译稿,但文首标注出的作品英文名"珍雅儿(JANE EYRE)"显示是《简·爱》。

1936年(丙子,民国二十五年)　40岁

▲5月5日,毛泽东、朱德代表红军发表《停战议和一致抗日》通电。

▲5月31日,沈钧儒、邹韬奋等在上海发起成立"全国各界救国联合会",并于6月1日发表成立宣言和政治主张。

▲6月,中共中央发出《告中国国民党书》,再次呼吁停止内战,一致抗日。

▲10月19日,鲁迅先生病逝于上海北四川路底施高塔路大陆新村9号寓所。

▲12月12日,西安事变发生。

▲本年,左联解散,左翼作家展开"国防文学"与"民族革命战争的大众文学"两个口号的论争。

年初　"左联"党团通过郑振铎让夏衍约茅盾在郑振铎寓所谈话,就解散"左联"和筹建文艺家协会事向茅盾通气,并请茅盾将此事转告鲁迅,征求鲁迅意见。

1月

1日　在《文学》第6卷第1号发表文论《最流行的然而最误人的书》(署惕)、《再谈儿童文学》(署惕)、《迎一九三六年》(署水)、《经验理论与实践》(署水)、《谈我的研究》。

同日　在《文学》第6卷第1号发表中篇小说《多角关系》,

以上海附近的小县城为背景,以地主兼资本家唐子嘉 1934 年年关时节的债务纠纷为线索,巧妙穿插儿女情事,形成两重多角关系,反映了 1934 年间城市金融的危机,农村经济的破产,人民生活的贫困。小说在表现形式上追求通俗化。作者善用白描手法,从一连串行动中,以简劲的笔墨勾勒人物形象的特点。

同日 在《申报·读书俱乐部》发表文论《大题小做——〈速写与随笔〉序》,回顾自己散文创作的历程。在《东方杂志》第 33 卷第 1 号发表短篇小说《搬的喜剧》,以 1935 年 11 月 9 日日本士兵中山秀雄在上海窦安乐路被暗杀、日本军国主义蓄意扩大事态发动战争为背景,以喜剧手法讽刺国民党军官及国民党的不抵抗政策。

3 日 在《立报·言林》发表文论《谈小型报的编辑技巧》。

8 日 致马子华信。在《立报·言林》发表文论《小型报的性质》(署玄珠)。

9 日 收鲁迅信。信中说他看到英文《今日中国》上刊载的《阿 Q 正传》,觉得总是"炒阿 Q 的冷饭",也颇无聊,不如选些未曾介绍过的作者的新作品。鲁迅请茅盾与史沫特莱相商。

10 日 致胡风信。在《新少年》第 1 卷第 1 期发表中篇小说《少年印刷工》,前有《本文提要》。后于《新少年》第 1 卷第 1 至第 12 期,第 2 卷第 1、5、6、7、8、11 期续完,各期均有前节内容简介。小说的背景纵跨 1932 年到 1935 年,共 4 个年头,并交织着三条故事线。以满腔的同情,生动、逼真地描绘了旧社会印刷所的徒工生活,揭露了日本帝国主义军事入侵的罪行,抨击了国民党新军阀的黑暗统治。

16 日 致马子华信(署惕若)。

20 日 译作《拟情书〈二〉》(罗马 渥维德著)收入《世界文

库》第 9 册,前有题解。在《生活知识》第 1 卷第 8 期发表散文《文化情报》(署丙)。

25 日　在《立报·言林》发表文论《晚明文学》。

29 日　访鲁迅共进餐,后一道访越之。

本月　在《海燕》1 月号发表译作《做贼出身的作家阿乌登珂》(外村史朗著)。《作家论》由文学出版社出版,内收茅盾《落花生论》《冰心论》《王鲁彦论》。

2 月

1 日　在《文学》第 6 卷第 2 号发表文论《关于乡土文学》(署蒲),重点评析了马子华的中篇小说《他的子民们》,并谈及对乡土文学的认识:"我以为单有了特殊的风土人情的描写,只不过像看看一幅异域的图画,虽能引起我们的惊异,然而给我们的,只是好奇心的餍足。因此在特殊的风土人情而外,应当还有普遍性的与我们共同的对于运命的挣扎。一个只具有游历家的眼光的作者,往往只能给我们以前者;必须是一个具有一定的世界观与人生观的作者方能把后者作为主要的一点而给予了我们";发表评论《"盘肠大战"的反响》[①](署水)、《"懂"的问题》(署恪)、《我们还是需要批评家》(署文)。

同日　午后拜访鲁迅。

3 日　致胡风信(署弟方宗保)。

5 日　作《"一个真正的中国人"》。在《生活知识》第 1 卷第

---

①　1935 年 12 月《文学》第 5 卷第 6 期发表周文(何谷天)的短篇小说《山坡上》,主编傅东华未经作者的同意,删去其中描写一个战士负伤后露出肠子仍继续战斗的情节而引起了作者的抗议。

9 期发表散文《文化情报》(署丙)。

9 日 与鲁迅、黎烈文、巴金、吴朗西、黄源、胡风、萧军、萧红9 人,前往宴宾楼。商定《译文》于 3 月 16 日复刊,改由上海杂志公司出版,并要出特大号。由鲁迅写《复刊词》,定名《译文》新 1卷 1 期。

11 日 致马子华信(署惕若)。经内山完造介绍,鲁迅同日本改造社山本实彦在饭店相见。席间,鲁迅同意山本实彦向日本介绍一些中国现代作家的作品。当晚即致信茅盾,说明山本实彦点名要茅盾的一篇,愿意把茅盾的稿子译成日文。茅盾得知鲁迅愿意翻译他的作品,十分感激,连忙回信表示要赶写一篇稿子,这篇新稿就是《水藻行》。

12 日 获鲁迅信,即复。

15 日 在《良友画报》第 114 号发表散文《证券交易所——上海地方生活素描之五》,记述了华商证券交易所证券交易的紧张混乱场面,从一个侧面写出了都市的畸形繁荣。后收入《印象·感想·回忆》,改题为《交易所速写》。

同日 得鲁迅信。颇不满于解散左联、另组作家协会。

17 日 致马子华信(署惕)。

20 日 在《生活知识》第 1 卷第 10 期发表散文《文化情报》(署丙)。

26 日 作短篇小说《水藻行》。分别致马子华、黄萍荪信。

本月 译作《拟情书(三)》(罗马 渥维德著)收入《世界文库》第 10 册,附题解。短篇小说集《泡沫》收入"文学社丛书",由上海生活书店出版,其中囊括了《夏夜一点钟》《第一个半天的工作》《赵先生想不通》《微波》《有志者》《尚未成功》《无题》《当铺前》《赛会》《牯岭之秋》等 10 篇 1933 年至 1935 年写的小说。

《送考》《技巧问题偶成》收入《名作家近作集》，由金城书局出版。

本月 《路》(上海文化生活出版社版)，被国民党中央宣传部诬为"普罗文艺"，遭查禁。

本月 春节后某日，到鲁迅家拜年，鲁迅告以史沫特莱传话，红军长征已到达陕北，并建议与鲁迅联名致贺电，二人商量后即发贺电。

3 月

1 日 在《文学》第 6 卷第 3 号发表文论《作家们联合起来》(署鼎)，呼吁作家在国难当头之时放下嫌隙联合起来："在这个苦难的时代，在这个存亡危急的关头，还有什么不可解释的怨恨能把我们前进作家们彼此分化，甚至成为敌体，互相仇视呢？站在一条战线上的，大家联合起来，一同走向前去罢!"发表文论《关于〈山坡上〉的最后几句话》(署水)

8 日 收鲁迅信，告病情："中寒而大气喘，几乎卒倒"。

9 日 下午去鲁迅寓所探望，并亲切交谈。

10 日 作《〈路线〉代跋》。致马子华信。阅马子华小说后复信，指出："你的缺点还是在没有深刻明白这一类人的生活实际，所以写来不免浮光掠影。"

16 日 在《译文》新 1 卷第 1 期发表译作散文《世界的一日》(M. 柯尔曹夫著)，附译后记。

20 日 译作文论《散文的〈喜剧的史诗〉》(英国 菲尔定作)收入《世界文库》第 11 册，附译前记。

23 日 午后去鲁迅寓所探望。

24 日 致马子华信(署惕若)。

25 日 午后去鲁迅寓所探望。

27 日　午后去鲁迅寓所探望。

28 日　在《永生》第 1 卷第 4 期发表散文《从半夜到天明》，记述了"九一八"事变前后的中国社会现实。

29 日　与鲁迅联名致中共中央信，祝贺红军东征胜利。原刊于中国共产党西北中央局机关报《斗争》第 95 期（蜡纸刻写油印本，1936 年 4 月 17 日），题为《中国文化界领袖××、××来信》。

本月　译作《战争》（苏联 铁霍诺夫作）由上海文化生活出版社初版印行，附译后记，文末注"作于伦敦海军会议破裂之日"。译作《散文的〈喜剧的史诗〉》（英国 菲尔定著）被收入《世界文库》第 11 册，附译前记。

本月　同意与郑振铎、傅东华等积极筹备组织文艺家协会。

本月　《野蔷薇》（大江书铺出版）被国民党中央宣传部查禁，理由是"鼓吹阶级斗争"。

4 月

1 日　在《文学》第 6 卷第 4 号发表文论《向新阶段迈进》（署波）、《中国文艺的前途是衰亡么》（署横）、《悲观与乐观》（署横）、《论奴隶文学》（署横）①、《再论所谓非常时期的文学》（署惕）；发

---

① 茅盾说，他写《中国文艺的前途是衰亡么》《悲观与乐观》《论奴隶文学》，是针对徐懋庸写过的一篇题为《中国文艺的前途》的文章，其中说："中国的前途无论是灭亡，是抗战，是现状似的下去，中国的文艺都不免于衰亡。"因此，他拥护"国防文艺"。他还认为"整个中华民族倘竟无抵抗地被帝国主义所灭亡"，"也许会有奴隶文艺的产生"等语。三篇文章是针对这些观点而发的。"我的三篇文章……从正面驳斥了徐的'衰亡'论，指出中国的文艺不论是在述的哪一种情形下，都不会衰亡，相反，将会发展，甚至飞跃，我又从侧面指出，如果一个作家存在着中国文艺一定要衰亡的心理去创作，那么不管他怎样热烈地拥护'国防文学'，也写不出好的'国防文学'作品来。"（《我走过的道路·抗战前夕的文学活动》）

表杂文《电影发明四十周年》(署惕)。

月初　茅盾与周扬在沙汀家见面,谈及"国防文学"口号问题。周扬问茅盾对"国防文学"口号的看法。茅盾说这个口号简单通俗,有其优点,但从已经发表的文章看,观点还很混乱,需要作正确的解释。

12日　收鲁迅信一件,并《写于深夜里》文稿。信中说"乞告S(即史沫特莱),在中国这报上,恐怕难以完全发表"。信中并托催问史沫特莱为《珂勒惠支版画选集》所写的序。

13日　午后访鲁迅,赠《战争》一本。

15日　在《作家》第1卷第1号发表散文《作家和读者在苏联》。

25日　访鲁迅。见到刚从陕北来沪、暂住鲁迅处的冯雪峰。冯到上海的主要任务是建立一个秘密电台,以方便与陕北党中央及上海文化界救国会取得联系,并考察长江一带地下党组织的情形。

26日　冯雪峰来访,谈及上海文化界的情况。

27日　在上海《大公报》发表《〈中国的一日〉征稿启事》(署文学社、《中国一日》编委会同启)。

下旬　邹韬奋找到茅盾,谈及高尔基在苏联发起和主编《世界的一日》,提议编一本《中国的一日》,商请茅盾作主编。茅盾起初推辞,并推荐鲁迅。邹韬奋称鲁迅身体不好、不便烦扰,茅盾不好再推荐,担当下来。《中国的一日》拟选定以1936年5月21日为中心,向全中国发出征文启事,恳请全国各界人士将自己在"5·21"这一天的所见所闻、所作所感,记录下来,作为全中国在1936年5月21日这天的横断面。两人经过协商,大致商定了《中国的一日》的体例、字数,编辑工作完全由主编茅盾负责。

几天后,生活书店宴请编委会成员王统照、沈九兹、金仲华、茅盾、柳湜、陶行知、章乃器、张仲实、傅东华、钱亦石、邹韬奋。席间共同商议有关编辑事宜。

下旬 得史沫特莱应鲁迅之约撰写的《凯绥·珂勒惠支——民众艺术家》一文,遂译成中文。携译稿到鲁迅家,冯雪峰也在座。谈到"国防文学"口号。鲁迅说打算提一个新口号"民族革命战争的大众文学",以补救"国防文学"这口号在阶级立场上的不明确性,以及在创作方法上的不科学性。该译文收入鲁迅编《凯绥·珂勒惠支版画选集》,由三闲书屋出版。

本月 鲁迅写于1936年4月的《写于深夜中》写成后,史沫特莱着意要介绍到国外去,约请茅盾共同翻译。

本月 《茅盾选集》(徐沉泗、叶忘忧编)上海万象书屋1936年4月版,作为现代创作文库第16辑出版。上海中央书店1947年9月新1版。

5 月

1日 在《文学》第6卷第5号发表文论《需要一个中心点》(署波),着重谈了什么是"国防文学",认为"'国防文学'是顺应时代的潮流而产生的。这是讴歌为祖国而战,鼓励抗战情绪的文学。然而这不是黩武的战争文学","这是民族的文学,咏赞民族自救的文学。然而这不是狭义的民族主义的文学",并强调:"'国防文学'的战线是多方面的。这不仅是描写了不怕压迫不畏诬蔑的民众救亡运动;凡是现代的我们的社会现象——从都市以至农村,从有闲者的颓废生活,小市民的醉生梦死,以至生活线上挣扎的劳苦大众的生活,都可以组织在此一题目之下。不过凡此种种的题材都必须有一个中心思想,即提高民众对于

'国防'的认识(使民众了解最高意义的国防),促进民众的抗战的决心。"同期发表文论《关于"出题目"》(署明)、《"不要你哄"》(署波)、《一个小小的提议》(署横)。

同日 在《生活知识》第 2 卷第 1 期发表散文《文化情报》(署丙)。

5 日 晚上访鲁迅。

10 日 与鲁迅等 680 人联名在《生活知识》第 2 卷第 2 期发表《我们对于推行新文字的意见》。

中旬 与冯雪峰研究给鲁迅治病的问题,茅盾建议多请几位医生来查一查。

27 日 作小说《大鼻子的故事》。

30 日 在《申报·每周增刊》第 1 卷第 21 期发表文论《也是"想到什么就说什么"》。

31 日 下午史沫特莱陪美国肺科专家 D 医生,为鲁迅诊治,茅盾陪同,并担任口译。

本月 作《"佛诞节"所见》、文论《想到什么就写什么》、散文《"佛诞节"所见——游了上海静安寺庙会以后》;散文集《故乡杂记》由现代书店初版印行,原为《茅盾散文集》中的第 3 辑,经单独抽出印单行本,内收《一封信》《内河小火轮》《半个月的印象》等 3 篇;《多角关系》由文学出版社印行;《茅盾文选》(耀如编)由上海青春出版社出版。

6 月

1 日 在《文学》第 6 卷第 6 号发表文论《有原则的论争是需要的》(署横),指出:"每一问题的讨论过程中有可喜的现象,即展开了多方面的意见,而使读者得理解每一问题的多方面性",

但"在现今文坛上要求一致反抗最大的民族敌人的侵略——要求着文艺界的统一战线的时候",最好停止"无谓的论争";发表文论《进一解》(署惕)、《再多些,再多方面些》(署惕);发表散文《车中一瞥》(署茅盾),写"我"的一次乘车见闻,渲染了动荡不安的时代气氛,写出了这个时代里的各种人物,对忧国忧民与同仇敌忾的抗战热情诸多褒奖,对慢慢等待与无动于衷的消极态度痛心不已;发表杂感《三周年》(署云)。

7 日 中国文艺家协会①在上海四马路大西洋菜社大厅召开成立大会并发表宣言,宣言由茅盾起草。被推举为理事、常务理事召集人。

10 日 在《文学界》第 1 卷第 1 期发表文论《想到什么就写什么》。

同日 在《光明》第 1 卷第 1 期发表短篇小说《儿子去开会了》(1936 年 6 月写),茅盾自述:"这篇小说严格地说是一篇特写,因为它记述了一件真实的事情。小说中的儿子,就是我的儿子。他那时是小学六年级的学生。学校(叫时代小学)在曹家渡,离我们住的信义村不远。因喜欢看小说,儿子挤进初中生的圈子,并结识了进步的刘老师。1936 年 5 月 30 日,儿子和那几

---

① 抗战全面爆发前夕进步文艺界旨在促进建立文艺界抗日统一战线的组织。最初由周扬、夏衍等人发起。1936 年 6 月 7 日召开成立大会,通过协会的简章和宣言。宣言由茅盾起草,周扬、王任叔、茅盾等 120 余人在宣言上签名。茅盾被推举为常务理事会的召集人。由于在协会成立前后,进步文艺界内部爆发了"国防文学"与"民族革命战争的大众文学"两个口号的论争,终未形成文艺界的团结,因而在《中国文艺家协会宣言》上签名的多为赞成"国防文学"口号的作家。而赞成"民族解放战争的大众文学"口号的作家,则另拟组建"中国文艺工作者协会"(最后未正式成立)并已发表《中国文艺工作者宣言》,鲁迅、胡风、巴金等 60 人签名。茅盾对两个口号都持赞同态度,因而也在《中国文艺工作者宣言》上签名。他在这两部分作家之间做了许多协调工作,为促进文艺界的团结并最终组成文艺界抗日统一战线作出了极大贡献。

个初中生在刘老师的带领下,参加了上海文化界救国会组织的纪念'五·卅'运动11周年的示威游行。《儿子开会去了》就是记载这件事的经过。……没有去叙述儿子参加游行的过程,而是着重描写了父母的心情。小说的寓意很简单:老一代曾在'五·四'运动的感召下经历了革命的暴风雨,现在年青的一代又在新的感召下冲向街头了! 这就是中国革命的接力赛。"①

同日 将鲁迅病中由冯雪峰笔录的《论现在我们的文学运动——病中答访问者》一文交《文学界》编辑部。文中说:"'民族革命战争的大众文学'这口号,也不是我一个人'标新立异',是几个人大家经过一番商议的,茅盾先生就是参加商议的一个。"

11 日 在《申报·自由谈》发表杂感《谈梦》(署于菟)。

13 日 在《申报·自由谈》发表杂感《觉迷》(署非心)、《谈鬼》(署棱磨)。

14 日 在《申报·自由谈》发表杂感《第三个娜娜》(署棱磨)。在《申报·每周增刊》第 1 卷第 23 期发表散文《"佛诞节"所见——游了上海静安寺庙会以后》(署茅盾),对亲日卖国的行径进行了冷嘲热讽,对帝国主义文化侵略的罪行予以揭露控诉。

15 日 与鲁迅、巴金、曹靖华等 77 人联名发表《中国文艺工作者宣言》,刊于《作家》第 1 卷第 3 号和《译文》新 1 卷第 4 期,后由《文学季刊》第 1 卷第 2 期转载。

26 日 作《关于〈论现在我们的文学运动〉》。

本月 《世界文学名著讲话》收入"开明青年丛书(二)",由开明书店初版印行。本书为第 1 辑,所收篇目刊登在 1936 年 9 月至 11 月的《中学生》上。重点介绍了《伊利亚特》和《奥德赛》

---

① 茅盾:《我走过的道路·抗战前夕的文学活动》。

《伊勒克特拉》《神曲》《十日谈》《吉珂德先生》《雨果和〈哀史〉》《战争与和平》。

本月 《〈路线〉代跋 茅盾先生的信》（1936 年 3 月 10 日写）收入马子华著《路线》（新钟创作丛刊，短篇小说集），由新钟书局出版。

本月 耀如编《茅盾文选》由上海青春出版社初版印行。

下半年 发表《漫评二则》，分别刊于《文学》杂志，《北荒之夜》（黑丁《文学》1936 年×月号）、《寿平》（许杰《文学》1936 年×月号）。

7 月

1 日 在《文学》第 7 卷第 1 号"儿童文学"专号发表文论《儿童文学在苏联》；发表中篇小说《大鼻子的故事》（预告题目为《流浪儿》）。这是一篇别具一格的散文特写式小说，真实而生动地塑造了流浪儿的典型形象，也反映了大动荡的时代气息及"一二·九"运动带来的变化；刊登文学出版社的出版消息，预告茅盾中篇小说《多角关系》将出版："这个中篇可以算是《子夜》的续篇。写的是 1934 年关的金融恐慌，与《子夜》一般的真实生动。"

5 日 在《生活知识》第 2 卷第 4 期发表由茅盾起草的《中国文艺家协会宣言》，1936 年 6 月 7 日在中国文艺家协会成立大会上通过。发表时附有《中国文艺家协会简章》和会员名录。

10 日 在《文学界》第 1 卷第 2 期发表《关于〈论现在我们的文学运动〉——给〈文学界〉信》，是对鲁迅所作《论我们的文学运动》的呼应，表示支持鲁迅对两个口号的解释，认为两个口号不是对立的，而是相辅相成的。

21 日 作《给青年作家的公开信》。致信流亡日本的郭沫若，随信附上潘汉年给郭沫若的信，两封信都是谈关于"两个口号"论争的问题。收信人为"佐藤和夫"(郭沫若长子的名字),寄信人署名"沈惕若"。

27 日　作《关于引起纠纷的两个口号》。

28 日　在《申报》开明书店创业十周年纪念特刊发表题词《开明书店创业十周年纪念题词》,刊于《申报》开明书店创业十周年纪念特刊。

本月　译作小说《文凭》(丹青科著)由永祥印书馆印行;译文集《回忆·书简·杂记》(别尔生等著)收入"世界文库",由生活书店初版印行,附《〈蜜蜂的发怒〉及其他》。茅盾说:"这是我译的唯一的一本散文集,在我的所有译作中,这本散文集是比较难译的,也是我比较满意的。"

8 月

10 日　在《文学界》第 1 卷第 3 号发表文论《关于引起纠纷的两个口号》。在《光明》第 1 卷第 5 期发表文论《给青年作家的一封公开信》。

15 日　致鲁迅信,劝其易地疗养。在《作家》第 1 卷第 5 号发表译作《凯绥·珂勒惠支——民众的艺术家》(A. 史沫特莱作),本文亦刊于《散文》创刊号。

中旬　编定《中国的一日》。征文启事在全国各大报刊上登出后,截至 7 月初,共来稿 3000 多篇,约 600 多万字。请孔另境当助手,夜以继日看稿,累得小病一场。7 月中旬,终在 3000 多篇稿件中选出了 860 多篇,字数有 130 万字。

16 日　作《再说几句——关于目前文学运动的两个问题》。在《申报·每周增刊》第 1 卷第 32 期发表散文《看模型》,记述由"儿童玩具展览会"上由"精心结构的中国形势模型"所引发的争论。借"模型"潜在的意义,略加点染,概括出抗战全面爆发前夕的中国政治形势,含蓄巧妙地批判了蒋介石政府"只安内不攘外"的卖国反共政策,善意批评了知识分子式的迂阔态度。

17 日　收鲁迅信一件。信中表示"转地实为必要,至少,换口空气,也是好的",但又恐成绩"亦未必佳"。

20 日　作《关于编辑〈中国的一日〉的经过》。

21 日　作《〈随笔三篇〉题记》。

22 日　作《〈斧声集〉序》。

23 日　在《生活星期刊》第 1 卷第 12 期发表文论《再说几句——关于目前文学运动的两个问题》,驳斥周扬在《茅盾先生论国防文学的口号》中的观点,认为关门主义和宗派主义是一对姊妹:"文艺联合战线的健全的展开和扩大,只有在反对关门主义,反对宗派主义、反对争'正统'的'内战'之下,才能完成。"

27 日　作《需要脚踏实地的批评家》。

30 日　在《申报·每周增刊》第 1 卷第 34 期发表短篇小说《官舱里》,描绘官舱里老少两对夫妻的言行,尽管他们的年龄、服饰等有许多差异,但谈话内容、认识水平却几乎一致。这正反映出时代向前推移却未曾进步的现实。

本月　参加开明书店创办十周年纪念活动,与开明书店的编辑及著译人员欢聚一堂,并合影留念。

9 月

1 日　收鲁迅信一件,提到加快印瞿秋白遗作《海上述林》。

4 日　致巴金信(署弟玄)。

5 日　在《中流》创刊号发表文论《"创作自由"不应曲解》,反驳周扬、黎觉奔对《关于引起纠纷的两个口号》一文的曲解。在

《新认识》创刊号发表杂文《谈谈请客之类》(署未名)。

6日 在《生活星期刊》第1卷第14号发表文论《需要脚踏实地的批评家》。

13日 在《申报·每周增刊》第1卷第36期发表散文《国文试题》,讽刺国文题"我的邻人",写四邻为错,而"解释作口口声声要同我们亲善提携'友邦'的"却"榜上有名"。

16日 收鲁迅信一件。在《译文》第2卷第1期发表译作小说《红巾》(爱特堡著),附译后记。

20日 作《致言语》。在《中流》第1卷第2期发表散文《好玩的孩子》。

同日 与巴金、王统照、鲁迅等联名在《新认识》第1卷第2号发表《文艺界同人为团结御侮与言论自由宣言》,亦刊于《文学》第7卷第4号。此篇与郑振铎共同起草,又与冯雪峰商定,在宣言上签名的共21人。宣言称:"在文学上,我们不强求其相同,但在抗日救国上,我们应团结一致以求行动之更有力","主张全国文学界同人应不分新旧派别,为抗日救国而联合。"此宣言标志着文艺界抗日民族统一战线的初步形成。

23日 作《技巧问题偶感》。致信流亡日本的郭沫若,告知《文艺界同人为团结御侮与言论自由宣言》已发表,论争告结束。

26日 作《谈最近文坛现象》。

29日 作《民族的'深土'的产物——民间文艺》。

本月 《中国的一日》由生活书店初版印行,系茅盾发起征文并亲自主编的大型报告文学集,编委会成员有:王统照、金仲华、陶行知、张仲实、钱亦石、沈兹九、柳湜、章乃器、邹韬奋、傅东华等。书前有蔡元培写的序,附有茅盾写的《关于编辑的经过》(1936年8月20日),收《茅盾文艺杂论集》时改题为《关于编辑

〈中国的一日〉的经过》。全书按地区分 18 编，收 490 篇，80 万字，包括短篇小说、报告文学、小品文、日记、信札、游记、速写、印象记、短剧等。撰稿者既有鼎鼎大名的陈独秀、黄炎培，也有从没动过笔的店员、小商人、公务员、士兵、警察等社会各层人物。

本月 《历史小品集》（鲁迅、茅盾等著）由长江书店出版，收茅盾所作《神的灭亡》《大泽乡》《石碣》3 篇。

本月 《〈斧声集〉序》收入孔令境著《斧声集》，由上海泰山出版社出版。

10 月

1 日 作散文《纪念日预感》。在《文学》第 7 卷第 4 号发表短篇小说《烟云》，后于《文学》第 7 卷第 5 号（11 月 1 日）续完。描述铁路局三等科员陶祖泰与妻阿娥的家庭生活及与朱先生的瓜葛，反映了时代大潮流中普通人的人生的一个方面。

同日 在《明星》半月刊第 6 卷第 5—6 期合刊发表杂文《负起我们的武器来！》（署蒲牢）。

同日 在《文季月刊》第 1 卷第 5 期发表短篇小说《送考》，揭示了当时教育存在的问题：教会学校文凭不被认可，私立学校学费昂贵，官立学校报考人数众多但录取率极低，这导致大批学生面临失学的严重威胁。

2 日 陪同《中国呼声》的编者格兰尼奇（Garnich）拜访鲁迅，长谈并合影。

4 日 在《生活星期刊》第 1 卷第 18 号发表文论《被考问了〈中国的一日〉》，是《中国的一日》的宣传、辩护词。以客主问答的形式，对集子的编选，特别是作品的内容，作了简约的介绍，展现出 1936 年中国社会的全貌。

5 日 在《中流》第 1 卷第 3 期发表文论《技巧问题偶感》,对夏衍《包身工》被奉为报告文学的"标本"提出异议。认为《包身工》不仅不能作为报告文学的"典则",而且还不如宋之的的《一九三六年春在太原》。因为后者是"亲身经过来,'实生活'供给了他新的形式和技巧"。

7 日 致鲁迅信。

10 日 在《申报·每周增刊》第 1 卷第 40 期发表散文《纪念日预感》;在杭州文史月刊《越风》第 20 期发表散文《辛亥年的光头教员与剪辫运动》,收《印象·感想·回忆》时改题为《回忆辛亥》;在《新少年读本》(为上海开明书店编印的《新少年》第 2 卷第 7 期附册)发表散文《随笔三篇》,包括《雷雨前》《黄昏》《沙滩上的脚迹》及题记;在上海《大公报》发表文论《谈最近的文坛现象》。

同日 下午到上海大戏院观看苏联影片《杜勃洛斯基》(又译作《复仇艳遇》),适遇鲁迅一家。

11 日 在《生活星期刊》第 1 卷第 19 期发表文论《民族的"深土"的产物——民间文艺》。

14 日 返乌镇看望生病的母亲,停留约 10 天,住修缮后的平房。原拟写题为《先驱者》的长篇小说①,后因鲁迅逝世,急着返回,未成。

19 日 下午 3 时得孔德沚电报,得知鲁迅逝世。急欲返沪,但因痔疮大作,"卧在床上动不得",整夜在"悲痛回忆中过去"。

同日 与蔡元培、宋庆龄、内山完造、沈钧儒、萧参、曹靖华、史沫特莱、胡愈之、胡风、许寿裳、周建人、周作人等 13 人在上海

---

① 反映辛亥革命、五四运动前后一些无名的革命先驱者的故事。

《大晚报》发表《鲁迅先生讣告》。

20 日 清晨决定乘早班船再转火车,可是痔痛如割,刚走得一步就蹲下了,未能成行。

同日 "鲁迅先生治丧委员会"成立,与宋庆龄、蔡元培、沈钧儒等列名治丧委员会。在《中流》第 1 卷第 4 期发表杂文《输血是否犯法?》(署何典)。

21 日 作文论《研究和学习鲁迅》。

22 日 在《立报·言林》发表杂文《文化强盗》(署未名)。

23 日 致马子华信。

本月 散文集《印象·感想·回忆》收入巴金主编"文学丛刊"第 3 集,由文化生活出版社出版,附后记(署茅盾,记于鲁迅逝世后 10 日),至 1946 年 1 月共出 7 版。收入散文 11 篇;《茅盾创作集》由上海永生书店出版。

本月 鲁迅丧仪结束后不久,痔病初愈,返回上海。

11 月

1 日 在《文学》第 7 卷第 5 号发表散文《写于悲痛中》,谈到鲁迅逝世的悲痛心情及由此引发的回忆,指出"中国只有一个鲁迅,世界文化界也只有几个鲁迅,鲁迅太可宝贵了。"在上海英文杂志《中国呼声》第 1 卷第 18 期发表文论《一口咬住……》,赞扬鲁迅"一口咬住不放"的"韧"的战斗精神。后由锡敏译成中文刊于 1981 年 9 月 22 日《文艺报》第 18 期。

5 日 在《中流》第 1 卷第 5 期发表散文《学习鲁迅先生》,认为永久纪念鲁迅先生的"先决条件"是"学习鲁迅","不但要从他的遗著中学习文学创作的方法,尤其重要的,是学习他的斗争精神"。

18 日　在法国《欧罗巴》第 633—634 期合刊发表书信《致法国左派作家协会》(茅盾起草,与宋庆龄、蔡元培联署),信中指出,"鲁迅的逝世,使中国人民失去了一位最著名的、最受人爱戴的作家","鲁迅成了我们民族精神的代表","更是我国民族自由革命战争拥护者的象征","虽然鲁迅出生在中国,但他却是属于全世界的。他深深地同情每个为建立一个博爱自由的新世界的战斗的民族",呼吁国际友人共同参与纪念鲁迅的活动。此信件由宋庆龄亲自用英文打字机打印,通过中华全国学生联合会寄给世界大学生联合会,再由世界大学生联合会秘书安德烈·维克托寄给罗曼·罗兰、伐扬·古久列等进步作家。后由戴君华译成中文,刊于 1982 年 12 月 30 日《文学报》。

19 日　与许广平女士及其他亲友等拜祭鲁迅逝世周月。

20 日　发表《鲁迅先生纪念委员会筹备会公告第一号、第二号、第三号》(茅盾起草,由蔡元培签署),一号、二号刊于《中流》第 1 卷第 6 期(1936 年 11 月 4 日写),第三号未发表(11 月 25 日写),手稿存于上海鲁迅纪念馆。

21 日　向鲁迅纪念基金捐 100 元。

22 日　致马子华信(署玄)。

23 日　致蔡元培信(署沈雁冰),谈及两件事:一是向蔡元培请示鲁迅安葬事宜;二是替亲戚孔另境所编的《五卅运动史料》一书求序。

24 日　作《"立此存照"续貂》。

25 日　在《立报·言林》发表文论《卑劣根性》(署未名)。

本月　《创作的准备》收入"青年自学丛书",由上海生活书店出版社出版,共 8 节,在作家的社会责任、创作和生活的关系、人物描写、写作态度、作家修养等创作理论方面提出了一系列独到的、精辟的见解,是一部有一定理论高度的现实主义创作论。

本月 《茅盾创作选》(筱梅编)由上海仿古书店出版。

12 月

1 日 在《文学》第 7 卷第 6 号发表文论《研究和学习鲁迅》,亦刊于 1937 年《文摘》创刊号,强调当前的急务不是"学究式的研究",而是学习鲁迅的战斗精神和战斗技术。

4 日 在《立报·言林》发表杂感《私相授受》(署未名)。

5 日 致黄旭信(署雁冰)。在《中流》第 1 卷第 7 期发表文论《"立此存照"续貂》[①](署蒲牢);发表散文《孔夫子与补鞋匠的故事》(署何典);发表杂文《人瑞》(署何典)。

20 日 分别致黄旭、增田涉信。

23 日 致马子华信(署玄)。

30 日 在《中流》第 1 卷第 8 期发表文论《谈〈赛金花〉》[②],批评了被周扬誉为"给国防剧作开辟了一个新的园地"的《赛金花》,认为"单写赛金花,或用赛金花为主角,并不是不可以,然而要在'国防文学'的旗帜下以赛金花为题材,终于会捉襟见肘。如果一定舍不得'赛金花',那么,我们应当以写庚子事件为主而以赛金花为点缀"。

本月 《暴动》(《子夜》的一章,普珂夫译)收入俄文版《中国文学作品选》。

本月 短篇小说《手的故事》收入"开明书店创业 10 周年纪

---

① 鲁迅于 1936 年 9 月 5 日至 11 月 5 日在《中流》陆续发表题为《立此存照》的短文 7 篇,茅盾继续用这个题目,故曰"续貂"。

② 《赛金花》7 场话剧,夏衍著,刊于《文学》1936 年 4 月 1 日第 6 卷到 4 号。

念专刊"《十年续集》,由开明书店出版。茅盾说该文"讲国民党的所谓战备活动在某个小县城里惹起的一场风波"。通过风波,赞扬张不忍夫妇的爱国抗日热情,暴露国民党当局包庇汉奸、打击抗日力量的罪恶。

本月 《二十人所选短篇佳作集》(茅盾等选,赵家璧辑)由良友图书公司出版。共选 1935 年 11 月至 1936 年 11 月期间的短篇小说 56 篇,收入茅盾作品 6 篇。此外,还有老舍、端木蕻良、陈白尘、宋越、金山城、王道的小说。

本月 芸丽、筱梅编《茅盾创作选》由上海仿古书店出版;巴雷、朱绍元合编《茅盾杰作选》由上海万象书屋盗版印行;译文集《现代翻译小说选》由交通书局出版,收翻译小说三十篇,并附《近年内来介绍的外国文学》作为序;《国防文学论战》《现阶段的文学论战》《鲁迅访问记》分别由新潮出版社、文艺科学研究会、长江书店出版,均收入茅盾关于国防文学论争的文章。

本月 《文艺日记》(1936 年重编本)12 月份题词,载《文艺日记》生活书店版。

本年 日本小田岳夫把《动摇》《追求》译成日文,题为《大过渡期》,由第一书房出版。

1937 年(丁丑,民国二十六年) 41 岁

▲4 月,中共中央发表《告全党同志书》,号召"为巩固国内和平,争取民主权利,实现对日抗战而斗争"。

▲7 月 7 日,七七事变爆发。

▲8 月 13 日,日军大举进攻上海,淞沪抗战爆发。

▲8 月,中国工农红军改编为国民革命军第八路军,开赴山西抗日。

▲8 月 25 日,中共中央在陕北举行扩大会议,通过了《抗日救国十大纲领》。

▲10 月,上海战时文艺协会、上海戏剧界救亡协会相继成立。

1 月

1 日　在《文学》第 8 卷第 1 号发表文论《论初期白话诗》,对"五四"以前的白话诗作了较全面的评析。认为"写实主义"是初期白话诗最重要的精神,"写实主义的精神,在初期白话诗中,题材上是社会现象和人生问题的大量抒写,方法上是所谓'须要用具体的做法,不可用抽象的说法";发表简讯《两个反法西斯的奖金》(署芬)。

同日　在天津《大公报·文艺》第 276 期发表文论《渴望早早排出》,文中说:"《日出》所包含的问题,也许不及《雷雨》那样多,然而我觉得《日出》的所有主要次要各人物的思想意识……都有机地围绕于一个中心轴,——就是金钱的势力。……这是半殖民地金钱资本的缩影。将这样的社会题材搬上舞台,以我所见,《日出》是第一回。"

4 日　作文论《日记及其他》。

5 日　致增田涉信。

7 日　致马子华信(署玄)。

9 日　作散文《鞭炮声中》。

10 日　作《"通俗化及其他"》。

15 日　在《中流》第 1 卷第 9 期发表文论《日记及其他》，亦刊于《月报》第 1 卷第 2 期。

16 日　在《译文》第 2 卷第 5 期发表文论《真亚耳（Jane Eyre）的两个译本——对于翻译方法的研究》，收入《茅盾文艺杂论集》时改题为《〈简爱〉的两个译本——对于翻译方法的研究》。

19 日　作述评《普式庚百年忌》。

20 日　作文论《叙述诗的前途》。

23 日　致黄旭信。

2 月

1 日　在《世界知识》第 5 卷第 10 号发表述评《普式庚百年忌》。在《语文》第 1 卷第 2 期发表文论《"通俗化"及其他》。

同日　在《文学》第 8 卷第 2 号发表文论《叙述诗的前途》，评介了臧克家的《自己的写照》（1936 年 7 月文学出版社版）和田间的诗《中国·农村底故事》（1936 年 7 月诗人出版社版），认为："田间太把眼光放远了而臧克家又太管到近处。把两位的两个长篇来同时研究，是一件有意义的事；我们不妨说，长篇叙事诗的前途就在两者的调和。"

5 日　作短篇小说《一个"真正的中国人"》。

16 日　在《译文》新 2 卷第 6 期发表译作文论《十二月党人的诗》（苏联 V. 李倍窦夫·波尔耶斯基著），附后记。在《读书》半月刊第 1 卷第 1 期发表论文《赛金花论》（署何典）。

18 日　夜致许广平信一件，随信寄上鲁迅写给茅盾的书信 9 封。

20 日　在《中流》第 1 卷第 11 期发表文论《关于"报告文学"》，指出："'报告'的主要性质是将生活中发生的某一事件立即报道给读者大众。……‘报告’作家的主要任务是对刻刻在变化刻刻在发生的社会的和政治的问题立即有正确尖锐的批评和反映。好的‘报告’须要具备小说所有的艺术上的条件，——人物的刻画，环境的描写，氛围的渲染等等；但‘报告’和‘小说’不同。前者是注重在实有的‘某一事件’和时间上的‘立即’报道。而后者则是作家积聚下多少的生活经验，研究分析得了结论，借创作想象之力而给以充分的形象化。‘小说’的故事，大都是虚构，——不过要合情合理，使人置信。‘报告’则直须是真实的事件。"对《包身工》曾被奉为报告文学"标本"的提法再次进行了批判。

28 日 致黄旭信。

本月 《茅盾散文集》（普及本）由上海天马书店初版印行；《名作家近作集》由金城书局印行，收茅盾《送考》《技巧问题偶感》。

3 月

1 日 在《热风》终刊号发表散文《鞭炮声中》①，写了"西安事变"这一重大问题。作者避实就虚，不写蒋介石被扣及被迫承认停止内战一致抗日的种种事实，而是抓住其获释返宁的历史截面，从不同的社会反响来折射这一事件的政治内容。以第一人称"我"串联起各种画面，用"手臂是穿了制服的"这一细节暗示欢庆喧嚣完全是国民政府一手导演的假戏。

5 日 在《中流》第 1 卷第 12 期发表文论《读画记》。

---

① 《茅盾散文速写集》附作者 1979 年的《附记》："此篇写于‘西安事变’之后，当时被国民党检查官抽去，未能出刊，现在找出原稿，编入本集。"实际情况是：《热风》出一期后即遭禁，《终刊号》封面印有"奉令停刊"字样。但《终刊号》仍然印了一部分。

10日　在《工作与学习丛刊之一·二三事》发表散文《杂记一则》、文论《"奴隶总管"解》；发表短篇小说《一个"真正的中国人"》，写一个买办资本家听到西安事变和平解决，国共两党停止内战的消息后的惶恐心情，勾勒了一幅媚日反共卖国者的丑恶嘴脸。

20日　致胡风信（署玄），刊于胡风主编的《工作与学习丛刊》。作文论《〈春天〉》。

25日　作《〈玄武门之变〉序》。在《工作与学习丛刊之二·原野》发表文论《〈春天〉》①，具体分析了作品中的人物，然后说："《春天》只是五、六万字的中篇而已，但它展开给我们看的，却是众多人物的面相以及农村中各阶层的复杂关系。这一切，作者都能给以充分的形象化；人物是活人，故事是自然浑成，不露斧凿的痕迹。"

31日　作《读报有感》。

本月　作文论《精神食粮》，初由增田涉译成日文刊于日本《改造》第19卷第3号（1937年3月）。后由钱青据日文译成中文，刊于1981年9月23日《解放日报》。本文是茅盾为在日本翻译出版的《大鲁迅全集》而写的推广辞。②

---

①　《春天》系艾芜写的中篇小说。

②　茅盾当年所写的原文没有保留下来。根据增田涉的日文本，有三个中文译本：钱青译的《精神食粮》刊于《解放日报》1981年9月23日，思一（即楼适夷）译的《精神的食粮》刊于《人民日报》1981年9月23日，严绍璗、高慧勤译的《精神的食粮》作为孙玉石纪念鲁迅所写的《深情的纪念　珍贵的记录——介绍几篇纪念鲁迅的珍贵短文》的附录，刊于《新观察》1981年第18期。三篇译文略有差异。收入《茅盾全集》的是根据钱青的译本。三个译本，在形式上，钱青译本分5个自然段，后二者均为一大段；内容上，也存在差异。参见杨华丽《茅盾〈精神食粮〉的三个译本考论》，刊于《鲁迅研究月刊》2015年第8期。

4 月

1 日　在《文学》第 8 卷第 8 号发表文论《德国流亡作家的文学杂志 Das Wort》(署芬)。

13 日　致许广平信(署明)。

本月　序跋《〈玄武门之变〉序》收入宋云彬著《玄武门之变》(开明青年丛书),由开明书店出版。

5 月

5 日　在《中流》第 2 卷第 4 期发表散文《农村来的好音》,戳穿了报纸上关于"农村经济复苏"这一不实的"好消息"。

15 日　在《读书》创刊号发表散文《希望分工合作》。

同日　在《译文》新 3 卷第 3 期发表译作散文《给罗斯福总统的信》(美国　T. L. 斯比伐克著),附译后记。

16 日　在《文风》第 1 卷第 1 期发表文论《求全的责备》。

25 日　作《〈烟云集〉后记》。

本月　《多角关系》(署茅盾)由上海文学出版社出版;《楚辞选读》(署沈德鸿校注)收入"中学国文补充读本第一集",由商务印书馆印行;《烟云集》收入"良友文学丛书",由良友图书印刷公司初版印行,附后记。集内收《烟云》《拟〈浪花〉》《搬的喜剧》《大鼻子的故事》《"一个真正的中国人"》《水藻行》《手的故事》等 7 篇小说,题材多样,时代气氛浓厚。

本月　在日本东京《改造》第 19 卷第 5 期发表《水藻行》,附"编者注"。1936 年 2 月,鲁迅代日本改造社向茅盾约稿,茅盾因此创作《水藻行》。原稿交给鲁迅时,因病无法翻译。山本实彦来信催问,鲁迅只好把原稿寄给山上实彦,请他代为译成日文。原文后发表在上海《月报》第 1 卷第 6 期(1937 年 6 月 15 日)。这是茅盾唯一一篇先在国外发表的小说。

6 月

7 日 致赵家璧信,答关于《世界短篇小说大系》中俄国与苏联两集名称问题。后刊于 1957 年 5 月 16—17 日的《人民日报》。

3 日 作杂文《"思想测验"》《知识饥荒》。

10 日 作文论《〈窑场〉及其他》。杂文《"思想测验"》《知识饥荒》收入《黎明》,由生活书店印行。在《好文章》第 1 卷第 9 期发表杂文《变好和变坏》。

同日 在《工作与学习丛刊·收获》发表散文《读报有感》并《附记》,亦刊于《月报》第 1 卷第 6 期(6 月 16 日);发表评论《〈烟苗季〉和〈在白森镇〉》①,认为《烟苗季》中的旅长和《在白森镇》中的年轻服务员具备典型性格。

16 日 在《译文》新 3 卷第 4 期发表译作散文《菌生在厂房里》(美国 约翰·牟伦著),附后记。

23 日 作《荒与熟——一个商人的哲学》。

25 日 在《立报·言林》发表散文《哭声与贺电》(署末名)。

27 日 与巴金、周扬、夏衍、光未然等 140 余人在上海《大晚报》联名发表《反对日本(新地)辱华片宣言》。

7 月

1 日 在《文学》第 9 卷第 1 号发表文论《新文学前途有危机

---

① 《烟苗季》和《在白森镇》,分别为周文的长篇和中篇小说。

么》,亦刊于《月报》第 1 卷第 7 期。

同日 在《文学》第 9 卷第 1 号发表文论《文风与"生意眼"》《〈窑场〉及其他》①。

5 日 在《中流》第 2 卷第 8 期发表文论《关于"差不多"》。

14 日 作《想到》。

15 日 作《"差不多"》。在《月报》第 1 卷第 1 期发表散文《上海的棚户生活》(署仲)。在《文丛》第 1 卷第 5 号发表散文《荒与熟——一个商人的哲学》,拟商人口吻,通过一个典当商人的哲学"荒荒熟熟,才有饭吃",反映了底层人民生活的艰难。作者借商人之口说:"谁不愿'清水'里也能过日子? 可是,这总得世界先来变个样。"

18 日 致力群信。

20 日 在《中流》第 2 卷第 9 期发表文论《关于〈武则天〉》②。在《中华公论》月刊第 1 卷第 1 期发表短评《想到》。

28 日 上海市文化界救亡协会成立,茅盾为理事之一。设有组织、宣传、总务、经济四个部,为中国共产党领导的上海文化界抗日民族统一战线组织。③

29 日 作散文《爆竹声以后》。

本月 《子夜木刻叙说》收入《子夜之图》(刘岘刻)由未名木刻社印行,包括:前记(1937 年 4 月 5 日于东京);茅盾木刻像一幅;《子夜》木刻图 28 幅;《子夜木刻叙说》(1937 年 6 月于上海)

---

① 《窑场》系葛琴创作的中篇小说。

② 《武则天》系宋之的创作的历史剧。

③ 上海市文化界救亡协会是在中国共产党领导下的上海文化界的抗日民族统一战线组织。西安事变后即开始筹备,1937 年 7 月 28 日正式成立。蔡元培、潘公展、胡愈之、茅盾、张志让等 83 人为理事。团体成员有上海戏剧界救亡协会、上海战时文艺协会、上海漫画界救亡协会等。

简要介绍了吴荪甫。书中"略述《子夜》一书的梗概"一段,是茅盾有关《子夜》创作的首次自叙:"故事背景在上海,一九三〇年夏秋之交。工厂主吴荪甫的老父避'匪'来上海,不意在到的那一晚,急病死了。老太爷是个'旧派',儿子却一向不读父书,所以'苫块昏迷'一类的话是谈不到的,然而严酷的现实正在以三方面夹攻,要求这位有野心的儿子来集中心力。'匪'患几乎覆没了吴荪甫在家乡的产业,而罢工又威胁着他在上海的企业。他向公债市场投机,前途也还是暗昧。他有大志,有魄力,也有计划,他也不缺少同志,然而帝国主义政治经济势力控制下的半殖民地国家的民族资产阶级的惨运,不是他们几个人所能挽回的。他终于败于买办全融家赵伯韬之手。"

本月　鲁迅先生纪念委员会在上海成立,茅盾为主要领导成员之一。

8 月

1 日　在《文学》第 9 卷第 2 号发表文论《剧运平议》。

5 日　在上海《新闻记者》月刊第 1 卷第 3 号发表杂文《"差不多"》,表明了对《立报》坚持救亡图存的办刊立场的支持与称许。

9 日　致施子阳信(署惕若)。

11 日　致陶亢德信。

12 日　闸北和虹口区居民纷纷撤离。茅盾全家因无壮劳动力和交通工具而无法搬迁。

13 日　上午闸北日军已经开火,沪战爆发。晚上郑振铎来,得知民间抗日救亡活动被政府允许,《文学》将停刊。

同日　致施子阳信(署惕若)。在《国民周刊》第 15 期发表散文《小病》。

14日 参加周六集会。会上多数人主张创办适应战时需要的小型刊物，初步确定叫《呐喊》，由茅盾写发刊词。晚上与巴金等前往黎烈文家商谈创办《呐喊》的具体事宜。刊物出两期后被查禁，改名《烽火》继续出版。

15日 到《文学》社找王统照，提议《呐喊》创刊号上"《文学》等四个刊物的主编要各写一篇文章"。与巴金等商谈《呐喊》编辑方针、纸张、印刷等事项。从巴金处获悉，胡风、萧乾也同意不拿稿酬写文章。

16日 作文论《站上各自的岗位——〈呐喊〉创刊献辞》。

18日 作散文《写于神圣的炮声中》。

20日 在《中流》第2卷第10期发表散文《爆竹声以后》。

22日 《呐喊》①创刊号出版，封面上印"文学社、文季社、中流社、译文合编"。编辑人署茅盾，发行人署巴金。② 在《呐喊》创刊号发表茅盾起草的《本刊启事》(署《呐喊》周报同人启)；发表文论《站上各自的岗位——〈呐喊〉创刊献辞》(未署名)；发表散文《写于神圣的炮声中》。

23日 作《关于"投笔从军"》《街头一瞥》《炮火的洗礼》。

---

① 《呐喊》，小型综合性委员刊物，周刊，茅盾主编，系文学季刊社、中流社、译文社联合刊物，出版两期后，改名《烽火》另行编期。《烽火》出至第12期，暂时停刊，1938年5月1日，《烽火》改为旬刊移至广州出版发行，编辑人巴金，发行人茅盾。《烽火》于1938年10月11日出至20期终刊。在《呐喊》创刊号上，茅盾发表发刊词《站在各自的岗位》。关于《呐喊》的创刊时间，有一说为8月22日，参见杨丽华《茅盾与〈呐喊〉〈烽火〉杂志相关史实辨证》，刊于《现代中文学刊》2019年第1期。

② 按：学界及《茅盾全集》人民文学出版社版和黄山书社版均注明《呐喊》创刊于8月25日。"晚清民国期刊全文数据库"显示《呐喊》创刊号出版时间是8月22日。相应地，发表在创刊号上的《本刊启事》《站上各自的岗位——〈呐喊〉创刊献辞》《写于神圣的炮声中》也应是22日。

24 日　上海文化救亡协会编《救亡日报》①创刊号出版,茅盾系编委之一。在《救亡日报》创刊号发表散文《炮火的洗礼》,亦刊于《抗战半月刊》第 1 卷第 1—2 号,是"八一三"上海军民奋起抵抗的怒潮中写的急就章,从民族精神的历史渊源,着重强调这场战火使我们警醒和振奋。

26 日　作文论《对于时事播音的一点意见》。在《抗战》3 日刊第 3 号发表文论《关于"投笔从军"》,亦刊于西北文化日报社编《抗战新辑》半月刊第 1 期。在《救亡日报》第 3 号发表文论《此亦"集体创作"》。

28 日　在《救亡日报》第 5 号发表文论《对于时事播音的一点意见》。

29 日　在《呐喊》第 2 期发表杂文《"恐日病"一时不易断根》。《呐喊》第 2 期出刊,但被工部局扣留,同时被扣的还有《抗战》三日刊、《救亡日报》,茅盾等到工部局抗议。工部局拿出国民党上海新闻检查所的公函,称照章办事。

31 日　与邹韬奋、胡愈之、郑振铎等联名给国民党中央执行委员会宣传部部长邵力子发电报,抗议扣留抗日刊物,要求立即查办此事。

9 月

3 日　从上海市社会局长潘公展处转来邵力子的回电和信,嘱其从速办理登记,经商议,决定趁机改换刊名为《烽火》,编辑

---

①　《救亡日报》系上海文化界救亡协会机关报,社长郭沫若,主编夏衍。该刊与《抗战三日刊》《呐喊》一起,成为抗战全面爆发初期上海宣传抗日救亡的主要阵地。茅盾在该报发表文章十余篇。

人为茅盾,发行人为巴金。上海沦陷后,《烽火》搬到广州继续出版,改为:编辑人巴金、发行人茅盾。

5 日　《烽火》创刊,为《呐喊》的更名刊。茅盾为编辑人,巴金为发行人。在《烽火》创刊号发表杂感《战神在叹息》。

6 日　作杂文《不是恐怖手段所能慑伏的》。

8 日　在《救亡日报》第 10 号发表杂文《不是恐怖手段所能慑伏的》,嘲讽了日寇对"恐怖手段"的迷信,讴歌了中国人民保卫祖国的决心。

10 日　在《救亡日报》第 12 号发表散文《从三方面入手》。

11 日　作《一支火箭以后》《首先是干部问题》。

13 日　在《救亡日报》第 15 号发表文论《展开我们的文艺战线》。

14 日　在《救亡日报》第 16 号发表散文《一支火箭以后》。

15 日　在《救亡日报》第 17 号("怎样组织民众特辑")发表散文《首先是干部问题》。

中旬　战局的变化显示上海不能久守。欲接母亲来上海租界,母亲执意留在乌镇。

16 日　作散文《今年的"九一八"》。

17 日　作《光饼》。

19 日　在《烽火》第 3 期发表散文《今年的"九一八"》,庄严而又自信地写道:"国耻的'九一八'将永远过去了,从今以后,'九一八'就是民族自由解放纪念碑的'九一八'!"在《救亡日报》第 21 号发表散文《光饼》。

20 日　在《救亡日报》第 22 号发表散文《内地现状的一鳞一爪》。

21 日　作《写于九月二十一日上午》。在《救亡日报》第 23

号发表文论《还是现实主义》,亦刊于《世界知识》等的《战时联合旬刊》第 3 期。在《立报·言林》发表杂感《战时读报感想》。

24 日　在《救亡日报》第 26 号发表散文《漫谈二则》,包括:一、绅士与海盗流氓;二、"罢工"与"研究"。

月底　收德沚老朋友陈达人来电,表示欢迎孩子去长沙读书。遂决定把孩子送往长沙。德沚留在上海,负责清理家当。

10 月

1 日　作散文《三件事》。

4 日　在《救亡日报》第 36 号发表散文《三件事》。

同日　在《国闻周报》第 14 卷战时特刊第 33 期—35 期合刊发表散文《街头一瞥》,写上海市苏州河南特一区、特二区的街头所见。高度赞扬了为民族解放而战的英雄,对麻木不仁游手好闲的同胞表示痛心和失望。希望在国难当头的形势下,漫天炮火能够锻炼出做一个中国人应有的胆识气魄!

5 日起至下旬　与沈霞、沈霜离开上海,绕道嘉兴,到达苏州;再由苏州到镇江,再到武汉,转去长沙。中旬到长沙,安排沈霞、沈霜入学读书。沈霞进长沙周南女中,沈霜进岳云中学。约一周后,绕道武汉、南昌,到达杭州,取道宁波回上海。

6 日　《救亡日报》载:上海大学留沪同学会战时服务团,于静安寺冯存仁堂药号门口创办一壁报,名《实弹》,第 1 期有茅盾等的文章。

10 日　在《救亡周刊》第 1 期发表杂文《如何能持久》。在《文学》第 9 卷第 3 号发表散文《无题》,热情讴歌童子军,对悲叹"战必败,而且必亡国"的先生们,予以讥讽挞伐。

28 日　在《文摘》1937 年第 1 号发表杂文《写于九月二十一

日中午》。

11 月

1 日 在汉口《大公报·战线》发表影评《关于苏联影片〈克隆斯达海军〉》[①]。

5 日 在《妇女前哨》创刊号发表杂感《平凡的话》,号召妇女在民族危难的时刻应该贡献她的力量于国家,"应该把讲究烫发和高跟鞋的精神,移到留心时事"。

12 日 辗转回到上海,与孔德沚避居租界地。

21 日 在《烽火》第 12 期发表报告文学《"非常时代"(一)》,后于《烽火》第 13 至 15 期续完[②],收《茅盾速写散文集》时,总题改为《苏嘉路上》。文章分两节:1 月 5 日的上海西站;苏嘉路上。记述了从上海到嘉兴逃避战乱途中的见闻,暴露了日本飞机狂轰滥炸的暴行。

本月 上海沦陷,《烽火》停刊,后迁至广州续出。离开上海前,将《子夜》手稿交给在上海交通银行工作的二叔沈永钦保管,沈永钦将手稿锁入交通银行保险柜里,使得《子夜》手稿得以完整地保存下来。

---

① 苏联电影《克隆斯达海军》原名《我们来自喀琅施塔得》,1936 年上映,1941 年获斯大林奖金二等奖。茅盾在第 2 次观看本片后写下这篇评论,为其"捧场"。(参见金传胜:《抗战时期茅盾佚文考述》,刊于《现代中文学刊》2019 年第 1 期。)

② 第 12 期封面目录题为《"非常时代"(一)》,正文中题为《"非常时代"》;13 期封面目录中该文题为《苏嘉路上》,正文中,"苏嘉路上"前面添加了"二、",并被置于大标题"非常时期"之下;14 期封面目录中该文题为《苏嘉路上(再续)》,正文中标题为《"非常时期"》(再续);第 15 期封面目录中,题为《苏嘉路上(续完)》,正文中标题为《"非常时期"》(续完)。

12 月

5 日　南京被日军包围，作离开上海的准备。搬出信义村，在法租界一间公寓里以难民的身份租了一间房，托人买到去香港的船票。

31 日　离开上海，和妻子登上去香港的轮船。

春　建议创办进步文艺刊物《工作与学习丛刊》，后共出了四辑。参与组织并主持"月曜会"的活动。

本年　《普式庚研究》(茅盾等译)由上海生活书店出版。《战争》(茅盾译)由文化生活出版社出版。《茅盾代表作选》由全球书店编辑出版。

1938 年(戊寅，民国二十七年)　42 岁

▲1 月，中共中央长江局机关报《新华日报》在汉口创刊。

▲3 月 27 日，中华文艺界抗敌协会在武汉成立。

▲4 月，鲁迅艺术学校在延安成立，后改名鲁迅艺术学院。

▲5 月，毛泽东发表《论持久战》。

▲6 月，鲁迅先生纪念委员会编纂的 20 册《鲁迅全集》由复社正式出版发行。

▲10 月 27 日，武汉三镇失陷，武汉会战结束。

▲12 月 19 日，汪精卫、周佛海、陈璧君等自昆明飞往河内。29 日汪精卫发表"艳电"，公开叛国投日。

1 月

1 日 在香港度新年,住九龙太子道。

3 日 从香港赴广州。

4 日 偕夫人往广州新亚酒店出席沪、港、粤文化人联欢会。到会的有郭沫若、蔡楚生、欧阳山、林焕平等。

5 日 作《还不够"非常"》。

8 日 挤上北上的列车,拟去长沙转武汉,车开出两小时,因道路故障,退至广州西站等待。在广州《救亡日报》发表杂文《还不够"非常"》,揭露了贪污土劣借战争加紧剥削,加深人民苦难的罪恶。

9 日 晚上离广州西站去长沙。致夏衍信,后以《粤湘途中》为题刊于《救亡日报》1938 年 1 月 14 日。

11 日 抵达长沙。住白鹅塘 1 号,与孩子相聚。

中旬 中国文艺界举行聚餐会讨论文协筹备事。茅盾、老舍、胡风、楼适夷等 14 人被推为临时筹备会成员。

16 日 由田汉发起,长沙文化界在远东咖啡馆召开欢迎茅盾及其他近期到湘的文化人士,到会计百余人。欢迎会由田汉主持,徐特立发言,茅盾也应邀讲话。茅盾回忆:"徐老在茶话会上的即席讲话,有几句给了我深刻的印象,他不赞成青年们离开湖南到陕北去,他认为目前在湖南工作比去陕北更重要。后来,我在写《你往哪里跑?》(即第一阶段的故事)的《楔子》的时候,就把徐老的这个观点写了进去。"①

20 日 作《这时代的诗歌》。

---

① 茅盾:《我走过的道路·烽火连天的日子》。

25 日　作杂文《为着幼年的中国主人》。

26 日　在广州《救亡日报》发表文论《这时代的诗歌》，认为"诗歌活跃于今日之文艺界就正是极合理的事"，指出战斗的新诗有以下三个特点："第一，是步步接近大众化。诗人们所咏叹者，是全民族的悲壮斗争，诗人们个人的情感已溶化于民族的伟大斗争情感之中。第二是并不注意于技巧而技巧自在其中……第三是抒情与叙事熔冶为一，不复能分。"

30 日　在《抗战日报》发表杂文《为着幼年的中国主人》，后改题为《珍惜我们民族的未来主人》，刊于《救亡日报》2 月 11 日和《少年先锋》创刊号（2 月 20 日）。

本月　在《文摘战时旬刊》新年特大号发表散文《"孤岛"见闻》，描述了他所见到过的愤慨而悲观的士绅，逃难至上主义的小有产者。

2 月

1 日　作《第二阶段》。

2 日　在《抗战日报》发表散文《忆钱亦石先生》，赞扬钱亦石为抗日救亡斗争而献身的精神。

上旬　打电话约见在《新华日报》工作的楼适夷，告知将到香港九龙安家，欲办一个全国性的文艺刊物，在广州印刷，委托楼在武汉为刊物组稿。

上旬　拜访老舍，请他为《文艺阵地》写新鼓词，将老舍的新鼓词视为文艺大众化的一条途径。在武汉时，还见到叶以群、冯乃超、洪深、孔罗荪、宋云彬等。

上旬　到中国共产党长江局（对外通称八路军驻汉办事处）会见周恩来副主席，商谈他出版《文艺阵地》的计划及他个人在社会上的活动方式,希望得到周副主席的指导和支持。第二天,奚如去茅盾住处,商讨编稿及筹组中华全国文艺界抗敌协会事。

7 日 只身赴武汉,住交通路一旅馆内。与徐伯昕研究编刊物的事,邹韬奋也在场。决定办综合性文艺刊物《文艺阵地》,半月出一期,编辑出版地点移至广州。

8 日 到达汉口。在广州《救亡日报·文学岗位》发表散文《第二阶段》。

10 日 作《"抗战文艺展望"之发端》。

11 日 作《关于大众文艺》。

12 日 在汉口《大公报》发表散文《我们怎样回答朋友的热心》。

13 日 在《抗战三日刊》第 45 号发表文论《"抗战文艺展望"之发端》。在《新华日报》发表文论《关于大众文艺》,评介了《大众读物丛刊》中的《八百壮士》等书,并由此而论及大众化中利用旧形式的问题,指出:"利用旧形式是现在抗战文艺运动中一个重要的课题。但是,这一课题的最正确的意义,应该不是活剥了形式过来,而是连它特有的技巧也学习之,变化之,且更精练之,而成为我们的技巧。"而"要办到这一步,先须科学的研究民间文艺,洞见了它的构成的要素与技巧的特长……合作,是不能缺少的"。

同日 参加响应国际反侵略大会宣传周"儿童日"大会。两天后,到孩子剧团看望他们,并观看他们排演的独幕剧《咱们帮助游击队》。

14 日 在汉口量才图书馆讲《文艺大众化问题》。

15 日前后 楼适夷来访。

中旬 与邹韬奋商量办《文艺阵地》的计划,在广州出版。

16 日 作《关于〈鼓词〉》。出席全国文艺界抗敌协会筹备委员会第六次会议,会上通过草案、缘起、公函及表格文件等。

17日 作散文《记"孩子剧团"》。钱亦石先生追悼会筹备会成立,为发起人之一。在广州《救亡日报》发表文论《抗战文艺的重要课题》,该本文和13日发表于《新华日报》的《关于大众文艺》内容相同。

18日 致长江、陆诒信,约写文稿。在《战斗旬刊》第2卷第4期发表文论《广"差不多"说》。在《少年先锋》创刊号发表散文《"青年日"速写——国际反侵略宣传周第三日》。

19日 回到长沙。在《新华日报》发表散文《"战时如平时"解》。

20日 《少年先锋》①半月刊在武汉创刊,由叶圣陶、宋云彬、楼适夷、茅盾合编。在《少年先锋》创刊号发表散文《"青年日"速写——国际反侵略宣传周第三日》和《珍惜我们未来的主人》②。

24日 到达广州,住生活书店安排的爱群大酒店,广州朋友陆续来看望。与生活书店广州分店经理商谈《文艺阵地》的排印问题。

25日 晚上萨空了来看望,当时不在,未见,向孔德沚留话,拟请茅盾到香港编《立报》副刊《言林》。晚上与孔德沚交谈后,表示愿意去香港编《言林》。

26日 约生活书店广州分店经理来谈关于《文艺阵地》的印刷问题。萨空了再次来访,谈《言林》编务等。下午应邀去知国中学讲演,欧阳山担任翻译。

---

① 《少年先锋》是一本以中学生为对象的青少年读物。1938年2月20日创刊于武汉。发起人是宋云彬。茅盾列名编委,曾为刊物写了两篇文章。
② 该文与《为着幼年的中国主人》内容相同。

27 日　应邀出席广东文学研究委员会的第一次文学座谈会,谈了两点意见:(一)对于战时文艺工作的纲领:一要反映前后方士兵生活,征募新兵动员,伤兵的英勇与教育。二要反对和揭穿一切汉奸言论,与似是而非的破坏统一抗战的言论。三要注重创作少年儿童文艺,培养后一代的主人翁。(二)重视文学大众化与中国化。要尽量利用旧形式来表现新内容。

同日　下午去香港,在九龙尖沙咀附近轩尼诗道租到一间房暂住。因房子在电车路旁,不安静,后又迁到九龙太子道196号四楼。把孩子分别送进华南中学的女学部和男校部。全力投入《文艺阵地》的创刊工作。

28 日　文协筹备会推茅盾起草致世界文坛公开宣言。

3 月

5 日　在《少年先锋》第 1 卷第 2 期发表散文《记"孩子剧团"》,描写由 25 个收容所中的小难民组成的剧团怎样加入救亡洪流,满怀激情热情歌颂这个抗战血泊中产生的"奇花"——"孩子剧团"①。

7 日　致马子华信。

9—10 日　在广州《救亡日报》发表文论《文艺大众化问题——二月十四日在汉口量才图书馆讲》。文中谈到以下几方

---

① 孩子剧团,1937 年"八·一三"事变后,由上海一部分失掉家庭和学业的少年儿童组成,是上海戏剧界救亡协会团体成员。后去各地开展抗日救亡演剧活动。该团成员最大的 20 岁,最小的 10 岁。1938 年起隶属于周恩来参与领导的军事委员会政治部第三厅,在中国共产党领导下开展工作。1938 年初,曾到过武汉。"皖南事变"后,因演出揭露国民党黑暗统治的《乐园进行曲》《猴儿大王》等剧,于 1942 年 9 月被国民党强令解散。

面。第一，文艺大众化的迫切性、必要性。"我们现在十万火急地需要文艺来做发动民众的武器"，大众化问题，"非赶快解决不可了"。第二，文艺大众化的标准，"应该把大众能不能接受作为第一义，而把艺术形式之是否'高雅'作为第二义"。第三，文艺大众化的要求，"必须从文字的不欧化以及表现方式的通俗化入手"，具体应做到："从头到底说下去，故事的转弯抹角处都交代得清清楚楚"；"抓住一个主人翁，使故事以此主人翁为中心顺序发展下去"；"多对话，多动作；故事的发展在对话中叙出，人物的性格，则用叙述的说明"。第四，利用传统的艺术形式来表现抗战的内容，写"抗战的鼓词""抗战的京戏""抗战的楚剧和湘戏"，都是"令人兴奋的好音"，应使其"扩大而普及起来"。

12日 晚上出席香港中华艺术协会文艺组主办的座谈会，发表演讲。

14日 致戈宝权信，后刊于《新文学史料》1981年第3期。

16日 在《文艺月刊》(战时特刊)第8期发表文论《关于鼓词》。

20—21日 将《文艺阵地》第1期校样稿寄广州。在香港《大众日报·大众呼声》发表《抗战后文艺的一般问题——茅盾先生在艺协文艺组座谈会上的演讲及讨论》，马凡记录，后收入卢玮銮《茅盾1938年至1942年间在香港的活动》。

24日 为《文艺阵地》排版事赴广州。

27日 中华全国文艺界抗敌协会①在武汉商会大礼堂召开成立大会，通过大会宣言《告世界文艺作者书》及简章、草案。茅

---

① 中华全国文艺界抗敌协会，简称"文协"。抗战时期，在中国共产党领导下，为广泛团结一切抗日力量而成立的文艺界统一战线组织。出版刊物《抗战文艺》。

盾当选为理事。《告世界文艺作者书》为茅盾起草。

28 日 致戈宝权信(署雁冰),后刊于《新文学史料》1981 年
第 3 期。

29 日 参加广州市"黄花节"大游行。

30 日 晚上出席庆祝"黄花节"文艺晚会。

4 月

1 日 《立报》在香港出版,茅盾担任副刊《言林》编辑。在
《立报·言林》发表《言林·献词》,指出:"今日我中华民族正在
和侵略的恶魔作殊死战,《言林》虽小,不敢自处于战线之外;《言
林》虽谈不上是什么重兵器,然亦不甘自谓在文化战线上它的火
力是无足轻重的。它将守着它的岗位,沉着射击。"

同日 在《立报·言林》发表长篇小说《你往哪里跑》,连载
至 12 月 31 日,1945 年 4 月改题为《第一阶段的故事》由重庆亚
洲图书社出版。作品原计划由两部分组成,第一部分写上海战
时各阶层人物的思想和动向;第二部分写武汉生活。大量从上
海来到武汉的知识分子,一部分去往陕北,另一部分继续留在武
汉从事救亡活动。但最终,小说实际上只完成了上海战争时期
的内容,原来的"楔子",也成为单行本的"附录"。作品着重反映
了上海"八一三"事变从发生到终结的历史进程,描写了上海"八
一三"战争期间各阶层人士对抗战所持的不同态度。热情歌颂
了上海军民英勇抗战的战斗精神和爱国热情,也毫不留情地揭
露、鞭挞了国民党当局的降日活动和汉奸、投机商、托派分子的
罪恶行径。小说在艺术形式的通俗化方面作了可贵探索,布局
与情节安排以及场景处理都受中国古典小说影响,语言通俗明
快。作品的缺点是人物形象个性化不充分,结构较松散,语言少

变化。茅盾自己对这部未完成的作品的解释是："逐日写一点发表一点的办法我既不习惯，而生活经验之不足又使我在写作中途愈来愈怯愈烦恼，写到过半以后，当真有点意兴阑珊。"不仅如此，《立报》主编萨空了远赴新疆，而茅盾自己"亦因杜仲远先生之邀，准备离开香港到新疆去教书"。① 从此，就再没有机会将残稿续上。

同日 在《文艺月刊》第 9 期发表由茅盾起草的文论《告全世界的文艺家书》，文末署中华全国文艺界抗敌协会。文中说："集合在这抗日建国旗帜下的我们，虽然在文艺的流派上说起来是可以区分为多种多类的，但是我们在政治上只有一个目标一个信念：中华民族必须求得自由独立，而要求得自由独立，必须全民族精诚团结！"

2 日 在《立报·言林》发表杂文《针失败主义》（署止水），后收入卢玮銮、黄继持编《茅盾香港文辑》。

3 日 在《立报·言林》发表论文《"知识分子"试论之一——正名篇》（署仲方），后收入卢玮銮、黄继持编《茅盾香港文辑》。

4 日 在《救亡日报》发表散文《我们对儿童给了些什么?》，收《文艺论文集》时加副标题《为香港儿童保育院专刊作》。

5 日 返香港。在《立报·言林》发表论文《"知识分子"试论之二——知识篇》（署仲方），后收入卢玮銮、黄继持编《茅盾香港文辑》。

6 日 在《立报·言林》发表《致各方惠稿的朋友》；发表散文《烧尽了现存的卑污与狂暴——祝"中华全国文艺界抗敌协会"》（署止水），后收入卢玮銮、黄继持编《茅盾香港文辑》。

---

① 参见茅盾：《〈第一阶段的故事〉后记》。

8日　在广东编辑《文艺阵地》杂志,有许多朋友建议组织全国范围的《抗战的一日》征稿。

11日　在《立报·言林》发表散文《战利品》,后收入卢玮銮、黄继持编《茅盾香港文辑》。为台儿庄大捷而作。

12日　在《立报·言林》发表散文《记两大学》(署微明),后收入卢玮銮、黄继持编《茅盾香港文辑》。

16日　《文艺阵地》①在香港创刊,署茅盾主编。在《文艺阵地》创刊号发表序跋《〈文艺阵地〉发刊辞》(未署名);发表杂文《祝全国文艺家的大团结》(署微明)、《"战斗的生活"进一解》(署仲方);发表书评《给与者》②、剧评《飞将军》③(署玄珠);发表文论《时调》④(署玄珠)、消息《文阵广播(消息九则)》《新刊简讯》《〈文艺阵地〉征稿简约》、评论《国际文化巨人的正义之声》。

中旬　收到许广平从上海的来信,上海商务印书总店工厂毁于战火导致无法印刷,希望《鲁迅全集》转由香港分店出版,并希望求助蔡元培。

---

①　《文艺阵地》,1938年4月16日创刊于广州,半月刊,茅盾主编。自第2卷第7期起茅盾去新疆,由楼适夷编辑,至第5卷改《文阵丛刊》,共出两辑。从第6卷第1期起迁重庆出版,组成编委会,编委有以群、艾青、沙汀、宋之的、章泯、曹靖华、欧阳山等,改为月刊。1942年11月出至第7卷第4期,被迫停刊。1943年11月至1944年3月又续出《文艺新辑》3期。该刊在抗战期间的国民党统治区进步文学活动中起了积极作用。茅盾主编《文艺阵地》时,罗致了当时最广大的作家群,开展了关于深入生活、反映时代、创造典型、浪漫主义和写实主义、大众化与民族形式、暴露与讽刺、通俗与提高、报告文学等问题的讨论。茅盾以微明、仲方、玄珠、若南、老迟生等笔名,发表文艺论文与书评57篇,"文艺广播"35则,编后记17期。第2卷第7期后,茅盾在《文艺阵地》还发表《风金风景谈》《白杨礼赞》等文章。

②　《给与者》系中篇小说,东平、欧阳山、草明集体创作,东平执笔。

③　《飞将军》系独幕剧,洪深著。

④　《时调》为诗歌半月刊,编辑人为穆木天,1938年在武昌创刊,在生活书店等代售。

18 日 致《战时艺术》编者信一件。信中谈及对收到的两册《战时艺术》的意见。茅盾后来在《新刊三种》一文中,对《战时文艺》杂志做过介绍。

19 日 拜访蔡元培,请为《鲁迅全集》写"序"和为全集排印事帮忙。蔡答应写"序";排印方面,蔡致信商务香港分店经理黄访书。黄访书强调排印技术差,且费用大,未接受"全集"在香港排印。

同日 致力群信。

23 日 分别致戈宝权、陶亢德信。

24 日 去广州,停留 4 日。

29 日 在《珠江日报·妇女周刊》发表散文《从〈娜拉〉谈起——为〈珠江日报·妇女周刊〉作》。晚上应香港学生赈济会中环段段委会的邀请,在港侨中学发表《战时文学问题》的演讲。请木刻家陈烟桥用粤语翻译。

本月 送沈霞、沈霜去香港华南中学的女生部和男生部学习。

本月 在《自由中国》创刊号发表由茅盾等 97 人签署的《中华全国文艺界抗敌协会发起旨趣》。作杂文《从敌人摧残文化谈起》

5 月

1 日 作散文《漫谈二则:忆孤岛友人、所谓战时景气》。在《文艺阵地》第 1 卷第 2 期发表散文《"五四"的精神》;发表文论《浪漫的与写实的》(署玄珠)、《所谓时代的反映》(署微明)、《"深入"一例——评陆定一〈一件并不轰轰烈烈的故事〉》、《新刊三种》①；发表书评《八百壮士》②；发表《编后记》（二）；发表消息《"文阵"广播》，介绍《广东文学》、《战潮》半月刊（成都）；介绍诗人与作家——朱雯、陈占元、蒋弼、黎烈文、巴金、萧乾、沈从文、绀弩、萧军。

同日 在《烽火》第13—14期合刊发表《苏嘉路上》，系《非常时期》续篇。在《战时艺术》第5期发表《致〈战时艺术〉编者的信》（4月18日写），对《战时艺术》作了中肯评价，表达了他对抗战文艺理论建设和批评工作的重视。

4日 在《立报·言林》发表散文《忆五四青年》（署微明）。下午在广州丰宁路女青年会讲《文艺批评的建设问题》。

12日 在广州出席"鲁迅纪念委员会"会议，商讨有关《鲁迅全集》的出版事宜。与巴金、胡愈之等举行茶话会招待文化界人士。

14日 在《抗战文艺》第1卷第4期与郁达夫、老舍、冯乃超等18人联名发表《给周作人的一封公开信》，对周作人的汉奸行为予以谴责，劝其幡然悔悟。

15日 在《大众生路》第2卷第7期发表杂文《从敌人摧残文化谈起》。

16日 在《文艺阵地》第1卷第3期发表文论《"孤岛"文化最近的阵容》（署玄珠），介绍上海沦陷后新出版的《华美周报》、《上海妇女》半月刊、《读物》月刊、《杂志之杂志》半月刊、《新青年界》、《孤岛上》、《学生生活》、《青年生活》、《青年读物》、《译报》副

---

① 介绍《战地》半月刊（丁玲、舒群编辑）、《自由中国》月刊（臧云远、孙陵编辑）、《战时艺术》半月刊（桂林战时艺术半月刊社编辑）。
② 《八百壮士》系崔嵬、王震之、丁里、宋之的等集体创作的三幕剧，《大时代文库》第2种，上海杂志公司出版。

刊《爝火》等；发表消息《文阵广播》，介绍一些作家的行踪和编刊物的情况；在"补白"栏发表短评《曼氏兄妹的著作》《匈牙利作家的悲观倾向》（均未署名）；发表序跋《编后记》

同日　在《宇宙风》半月刊第 68 期发表散文《我的小学时代》，副题为《自传一章》。

23 日　在广州《救亡日报》发表文论《对于文艺通讯的意见》（李伟涛记）。

29 日　在《立报·言林》发表杂论《读史偶得》（署迁士）。

本月　中华全国文艺界抗敌协会会刊《抗战文艺》创刊，茅盾为编委之一。[①]

6 月

1 日　在《文艺阵地》第 1 卷第 4 期发表文论《大众化与利用旧形式》，后被《文艺》半月刊第 1 卷第 4 期（8 月 10 日）转载。文章认为，文艺大众化应当研究如何利用旧形式；发表文论《质的提高与通俗》（署玄珠）、《利用旧形式的两个意义》（署仲方）、《每日"精神食粮"在"孤岛"》（署宜生）；发表剧评《突击》[②]、书评《〈游击中间〉及其他》[③]（署微明）。

16 日　在《文艺阵地》第 1 卷第 5 期发表书评《北方的原

---

①　《抗战文艺》为中华全国文艺界抗敌协会会刊。1938 年 5 月 4 日在汉口创刊。由《抗战文艺》编辑委员会编辑，刊旨是推动抗日文艺运动发展。自第 2 卷第 5 期起迁至重庆编印。最初是三日刊，第 1 卷第 5 期起改为月刊，共出 71 期。1946 年 5 月改出《中国作家》。《抗战文艺》是抗日战争时期的文艺期刊，茅盾为编辑委员，为该刊撰写许多文章。

②　《突击》系集体创作的三幕剧，塞克执笔，端木蕻良、萧红、聂绀弩参与讨论。

③　《游击中间》系刘白羽作，战地生活丛刊之三，由上海杂志公司出版。

野》①,认为"在同类的作品中,《北方的原野》是值得一读的","它是一部报告文学,然而处处闪耀着诗篇的美丽的色调";发表序跋《编后记》;发表"补白"。

20 日　作《留心被技术工作束缚住》。

23 日　致孔另境信(署玄),后刊于《海洋文艺》1980 年 10 月号。

27 日　作《论加强批评工作》。在广州《救亡日报》发表文论《留心被技术工作束缚住》。致孔另境信(署明甫),后刊于《海洋文艺》1980 年 10 月号。

29 日　在《立报·言林》发表杂论《民族的心声》。

本月　由于从 4 月中旬起广州连遭敌机轰炸安全无保障,经与生活书店商量,《文艺阵地》从第 1 卷第 4 期起(6 月)在上海秘密排印,印好后运回香港,再转发内地和东南亚。此间,请在上海的孔另境帮助发稿、看校样。

本月　由沙尖咀搬到九龙太子道 196 号 4 楼。在九龙接待辗转多年的楼适夷等,请楼留下来,协助编《文艺阵地》。

7 月

1 日　在《文艺阵地》第 1 卷第 6 期发表消息《"文阵"广播》(二则)、序跋《编后记》。

4 日　在《立报·言林》发表政论《保卫武汉的决心》,后收入卢玮銮、黄继持编《茅盾香港文辑》。

5 日　在《立报·言林》发表杂论《从"戏"说起》,后收入卢玮銮、黄继持编《茅盾香港文辑》。在《少年先锋》第 1 卷第 10 期发

---

① 《北方的原野》系碧野著中篇小说《战地报告丛刊》之一,上海杂志公司出版。

表散文《"七七"献辞》。

6 日　致孔另境信(署明甫),后刊于《海洋文艺》1980 年第 10 号。

7 日　在《立报·言林》发表散文《七七》,后收入卢玮銮、黄继持编《茅盾香港文辑》。

同日　在成都《新新新闻》报增出《每旬增刊》创刊号发表论文《关于利用旧形式和创造新典型》,就"利用旧形式"和"创造新典型"两个文艺问题展开论述:首先,文艺工作者要提高自己的思想与才力,对于旧形式加以"批判地研究",批评家们则要从作品的本身下切实的批评,深入研究旧形式的特长与优点以指导试验者;其次,关于"典型"问题,承认抗战产生了"民族的新人"的正面典型,同时提醒读者抗战也催生了"负的种类",如要正确地把握抗战现实,作家们也应该将这些"'负'的新典型""捉到纸上来"。在理论上支持了"暴露与讽刺"类的抗战文艺。同期《编辑后记》特意提及茅文。①

8 日　在《立报·言林》发表杂论《退一步想?》(署迁士)。致孔另境信(署玄),后刊于《海洋文艺》1980 年第 10 号。

10 日　在《立报·言林》发表短评《祝"时代剧团"》。

11 日　在《立报·言林》发表杂论《古不古》(署迁士)。作文论《宣传和事实》。

15 日　在《立报·言林》发表杂论《关于青年问题的一二言》,后收入卢玮銮、黄继持编《茅盾香港文辑》。

16 日　在《文艺阵地》第 1 卷第 7 期发表书评《〈台儿庄〉》②、

---

① 见金传胜《抗战时期茅盾佚文考述》,《现代中文学刊》2019 年第 1 期。

② 《台儿庄》系三幕剧,锡金、王莹、舒群、适夷等集体创作。

294

消息《"文阵"广播（四则）》①、文论《编后记》。在《抗战文艺》第2卷第1期发表文论《论加强批评工作》。致孔另境信（署玄），后刊于《海洋文艺》1980年10月号。

20日 致孔另境信（署玄），后刊于《海洋文艺》1980年10月号。

23日 致孔另境信（署玄）。

25日 在《立报·言林》发表杂文《又一种看法》（署迁士）。

29日 作文论《关于士兵读物》。

本月 在《东方画刊》第1卷第4期发表短篇小说《铁怎样炼成钢》，共4000多字，分五部分，文末注明写于1938年5月8日。小说讲述以王金魁为首的一支游击队与日军"扫荡队"和汉奸组织"别动队"顽强战斗的过程。②

本月 因《立报》在香港所遭遇的困境，有了离开香港回上海编《文阵》的想法。

8月

1日 在《星岛日报·星座》发表文论《宣传和事实》，后收入卢玮銮、黄继持编《茅盾香港文辑》。致孔另境信（署玄），后刊于《海洋文艺》1980年10月号。信中说："福弟有闲，可写点居乡（指乌镇）闻见来。"③

---

① 介绍林娜、周文、李辉英、张天翼等作家近况。

② 见金传胜《〈东方画刊〉上的茅盾佚作》，刊于《中国现代文学研究丛刊》2017年11期。

③ 福弟指孔德沚的小弟弟孔另杰，又名孔彦英，笔名司徒宗。司徒宗在姐夫茅盾的鼓励下，学习写作，先后写了几篇总名为《江南的故事》的报告文学性质的文艺作品，得到茅盾的鼓励和指导。

同日　在《文艺阵地》第 1 卷第 8 期发表文论《关于士兵读物》、《不要误解了报告文学》①(未署名)、《从作品中看"群众工作"》(未署名);发表书评《〈两个俘虏〉》②、《大众抗敌剧丛》③(署玄珠)、《怎样写报告文学》④;发表消息《"文阵"广播(一则)》⑤;发表序跋《编后记》(未署名)。

　　2 日　在《立报·言林》发表文论《谈"作风"》,后收入卢玮銮、黄继持编《茅盾香港文辑》。

　　5 日　在《立报·言林》发表杂文《闲话"临大"》,后收入卢玮銮、黄继持编《茅盾香港文辑》。在《抗战大学》⑥月刊第 1 卷第 10 期发表杂文《对国参会的意见》⑦,茅盾文章与石辟澜的《实现国参会的重要议案》、任启珊的《我对省县参政会的意见》等文,总题为《我们对于国民参政会的意见》,以收稿先后为序,编入该刊推出的"国民参政会特辑"。与《对国参会的意见》同期还刊发了

---

　　①　文章批评了轻视报告文学的种种表现。

　　②　《两个俘虏》系天虚写的"报告",《战地生活丛刊》之二,上海杂志公司发行。

　　③　包括王逸作《木头人》《打东洋》《捉汉奸》《来几个杀几个》,刘良模作《黄家庄》,吴新稼作《帮助咱们的游击队》等。

　　④　《怎样写报告文学》系周鸣钢所作,《青年自学丛书》之一,生活书店发行。

　　⑤　介绍刘白羽到延安和前线的情况。

　　⑥　《抗战大学》是抗战时期中共广东省委领导的具有统战性质的大型综合性月刊,创刊于 1937 年 11 月 1 日。它的前身是广州北新书店编印出版的《激流》,是文摘性质的刊物,主编是阳光(温京),编委有李育中、梁威林、龙世雄等。其中李育中与茅盾多有往来。

　　⑦　"国参会"第二次国共合作正式建立后,在中国共产党与其他民主党派及无党派爱国民主人士强烈要求实行抗日民主的呼声推动下,国民政府建立了国民参政会(简称"国参会")这一全国最高咨询机关。1938 年 7 月 6 日至 15 日,国参会第一届第一次会议在武汉召开。从成立伊始到 1948 年 3 月结束,共开过 4 届 13 次会议。它虽对国民党政府没有实际约束力,但因为它比国防参议会前进了一步,初具民主形式,制定了一些制度,参政员人数和其所代表的范围亦有所扩大,它给各党各派提供了一个公开发表政见的场所,所以得到了共产党及其他党派的欢迎与支持。

茅盾为《抗战大学》所写的题词手迹："学习革命的理论加强救亡的工作茅盾七月十九。"文章基于抗日救亡统一战线的立场,对国参会的决议案表示支持。①

6 日 在《立报·言林》发表杂文《论〈论游击队〉》(署迂士),驳斥陈独秀在《论游击队》一文中的错误观点,肯定新四军游击队抗战中的作用。

7 日 作散文《追记一页》,后收入《炮火的洗礼》。

8 日 作杂论《光荣的一周年》。在《星岛日报·星座》发表散文《漫谈二则:忆孤岛友人、所谓战时景气》。在《大公报》发表散文《追记一页》,记录了"八一三"在沪西地区的所见所闻所感。

13 日 在《救亡日报》发表杂论《光荣的一周年》,回忆 1937年"八一三"战争前后上海军民英勇抗敌的决心和行动。在《立报·言林》发表散文《今日》,认为"八一三"是个伟大的日子。

14 日 在《天文台·半周评论》发表散文《今日之上海》,后收入卢玮銮、黄继持编《茅盾香港文辑》。作文论《八月的感想——抗战文艺一年的回顾》。

16 日 在《文艺阵地》第 1 卷第 9 期发表文论《八月的感想——抗战文艺一年的回顾》,共 4 节,对一年来小说创作进行总结,并明确提出"创作的最高目标是写典型事件中的典型人物",作家既要写"代表新时代的曙光的典型人物",也要写"正在那里作最后挣扎的旧时代的渣滓",同时"应当从各种各样的活动中去表现时代的面目";发表文论《从西北到西南》(署玄),介绍了三种文艺刊物:《西北文艺》(西安《国风日报》副刊)、《文艺后防》旬刊、《小战报》(通俗的士兵读物);发表书评《河内一郎》

---

① 见金传胜《抗战时期茅盾佚文考述》,《现代中文学刊》2019 年第 1 期。

（署玄），评论丁玲写的三幕剧《河内一郎》，介绍了剧情、结构、主要人物；发表书评《大上海的一日》①（署玄），指出抗战全面爆发后，"作者就投效了上海市防护团，干着真正艰苦的工作；这短篇集里的前四篇，就是作者在那时期生活的实录"，所以"我不必多说，这里的七个短篇写的如何好；这样用血用怒火写成功的作品，读者自能认识它们的价值"；发表序跋《编后记》（未署名）；发表《〈文艺阵地〉稿约》（未署名）。

同日 致孔另境信（署玄），后刊于《百花洲》1981 年第 2 期。

21 日 在《烽火》第 18 期发表散文《也谈谈"周作人事件"》。

同日 在成都《新新新闻》报增出《每旬增刊》第 8 期发表论文《论师资》，主要讨论了战时中学师资训练问题，反思了只重形式上的文凭与履历的师资选拔制度。②

24 日 致孔另境信（署玄）。

26 日 作评论《对于时事播音的一点意见》。

28 日 在《救亡日报》第 5 号发表评论《对于时事播音的一点意见》。

29 日 作散文《谈"逻辑"之类》。

31 日 在《立报·言林》发表散文《谈"逻辑"之类》，后收入卢玮銮、黄继持编《茅盾香港文辑》。致孔另境信（署玄）。

9 月

1 日 致孔另境信（署玄）。在《文艺阵地》第 1 卷第 10 期发

---

① 《大上海的一日》是骆宾基的短篇小说集，《烽火小丛书》第 5 种，文化生活出版社发售。

② 见金传胜《抗战时期茅盾佚文考述》，《现代中文学刊》2019 年第 1 期。

表书评《北运河上》①（署玄）、《中华女儿》②（署玄）；发表文论《〈南洋周刊〉及其他》（署玄），介绍了《南洋周刊》③、《青年月刊》④近期所反映的内容；发表消息《"文阵"广播（四则）》（未署名），介绍黑丁、田涛、李石峰、曾支、陈白尘、何其芳、任钧、周文等的近况，以及陕甘宁边区文化界救亡协会、成都文艺抗敌协会的活动；发表序跋《编后记》（未署名）。

2日 作文论《暴露与讽刺》。

3日 在《立报·言林》发表杂文《论"中性逻辑"》，后收入卢玮銮、黄继持编《茅盾香港文辑》。

4日 致孔另境信（署玄）。作文论《与斯范论大众文学的写法——致斯范先生》

7日 致孔另境信（署玄）。

13日 在《立报·言林》发表杂论《"闲话"之闲话》，后收入卢玮銮、黄继持编《茅盾香港文辑》。致孔另境信（署玄）。

16日 在《文艺阵地》第1卷第11期发表书评《阳明堡底火战》，介绍了吴奚如短篇小说集《阳明堡底火战》所收3篇小说的内容、成就；发表书评《黄河北岸》⑤，认为作品"画出了战区生活的主要面目，提供了不少素材，耐人思索的问题；缺点是'印象'多于'观察'"；发表书评《小说与民众》⑥，介绍了作者和全书内

---

① 《北运河上》，李辉英作，《抗战动员丛刊》之一，大众出版社刊行。

② 系张周作中篇报告，《战地报告丛刊》之六，上海杂志公司出版。

③ 康人编辑，新加坡《南洋商报》出版部代售。

④ 吴逸生编辑，新加坡马六甲等地六个青年团体办的刊物，马来亚励志社联合出版。

⑤ 文章评论田涛作中篇报告《黄河北岸》，《战地报告丛刊》之一，上海杂志公司出版。

⑥ 《小说与民众》系美国左翼作家福克斯著，何家槐译。

容；发表序跋《编后记》（未署名）。

18 日 在《立报·言林》发表杂文《第七个"九一八"》，后收入卢玮銮、黄继持编《茅盾香港文辑》。致孔另境信（署玄）。

20 日 致孔另境信（署玄）。

22 日 在上海《译报》发表文论《与斯范论大众文学的写法——致斯范先生》。致孔另境信（署玄）。

25 日 致孔另境信（署玄），后刊于《百花洲》1981 年第 2 期。

本月 《烽火》迁至广州出版，改为旬刊。

10 月

1 日 在《文艺阵地》第 1 卷第 12 期发表散文《伟大的十月》《新生前的阵痛》；发表文论《暴露与讽刺》，分析"暴露"与"讽刺"的作用，强调"现在我们仍旧需要'暴露'与'讽刺'"；发表书评《大时代的插曲》①（署玄）；发表书评《在汤阴火线》②（署玄），指出这是"一群勇敢的女性的工作记录"，"这本书的特色是充满了：对于胜利有确信，对于工作有热情的，一群青年们的，活泼兴奋倔强愉快的笑声！"发表书评《西北高原与东南海滨》（署玄），介绍《民族革命》（半月刊）、《文艺》（半月刊）；发表序跋《编后记》（未署名）。

7 日 作《抗战中的第二个"双十"》。

9 日 晚上出席中华艺术协进会文艺组座谈会，主题是"怎样纪念鲁迅"。在会上发表《学习鲁迅》的演讲。

---

① 《大时代的插曲》为谷斯范的短篇小说集。
② 《在汤阴火线》为曾克的中篇报告，《战地报告丛刊》之一。

10 日　在《立报·言林》发表散文《抗战中的第二个"双十"》,后收入卢玮銮、黄继持编《茅盾香港文辑》。

同日　在香港《申报》第 4 版发表评论《祝第一届戏剧节》①,回顾、总结了一年来戏剧运动的发展历程,集中论述了戏剧领域"利用旧形式"的问题。②

11 日　《烽火》停刊,共出 20 期。

12 日　在《大众日报·大众堡垒》发表文论《学习鲁迅》,后于 12、19、26 日续完。全文收入香港广角镜出版社 1984 年 12 月版《茅盾香港文辑》。该文系作者 1938 年 10 月 9 日晚在香港中华艺术协进会文艺组召开的"怎样纪念鲁迅"座谈会上的讲演整理而成整理而成(游子笔录,整理稿未经茅盾过目)。

14 日　作《悼李南桌——一个坚实的文艺工作者》。

16 日　在《文艺阵地》第 2 卷第 1 期发表杂文《"宽容"之道》,指出"从鲁迅著作中我们不但学到了如何去对付那些'宽容不得'的人,而尤其重要的,鲁迅教给了我们如何去分辨出那些不能和他们讲宽容";发表杂文《……有背于中国人现在为人的道德》;发表短评《谨严第一》,指出"鲁迅先生给我们取法的,首先是'严谨'二字,这是人人应当学习而且能够学习的";发表短评《韧性万岁》,赞美鲁迅的韧性战斗精神;发表《编后记》(未署名)。

---

①　中华全国戏剧界抗敌协会于 1938 年元旦在武汉成立,决定于每年的 10 月 10 日举行戏剧节。第一届戏剧节最初准备在汉口举办,但随着日军侵略的步步紧逼,武汉受到严重威胁,于是剧协随大量戏剧工作者迁往陪都重庆,首届戏剧节遂改在山城举办。戏剧节期间共有 25 个演出队走上街头乡镇,连续七天公演抗敌戏剧。压轴戏为曹禺、宋之的编剧的四幕剧《全民总动员》,阵容强大,轰动一时,被誉为"中国话剧史上的空前盛举"。

②　参见金传胜:《茅盾佚文〈祝第一届戏剧节〉》,《文汇报》2019 年 6 月 10 日。

同日　在《立报·言林》发表散文《悼李南桌——一个坚实的文艺工作者》，后收入卢玮銮、黄继持编《茅盾香港文辑》。

17 日　作文论《以实践"鲁迅精神"来纪念鲁迅先生》。

18 日　作文论《关于"鲁迅研究"的一点意见》。

19 日　在香港《大公报·文艺》发表文论《关于"鲁迅研究"的一点意见》。在《立报·言林》发表文论《以实践"鲁迅精神"来纪念鲁迅先生》，认为"一口咬住了不放"是鲁迅精神之所在，它"养育了无数年轻的战士"，故要以'鲁迅精神'的发扬和普及，来保证抗战必胜，建国必成！该文后收入卢玮銮、黄继持编《茅盾香港文辑》。

22 日　《致孔另境信》（署玄），刊于《鲁迅风》周刊第 3 期。出席香港文化界"中国记者公会"、《大众文艺》等团体在铜罗湾加路连山孔圣堂举办的鲁迅逝世二周年纪念会，并作演讲。

25 日　锡金到港，暂住茅盾家。

本月　在《自由》半月刊第 1 卷第 1 期发表杂文《常谈》。作文论《公式主义的克服》。

11 月

1 日　在《文艺阵地》第 2 卷第 2 期发表书评《战地书简》①（署玄）、《士兵读物两种》②（署玄）；发表文论《"孤岛"的新刊》（署玄），介绍沦为孤岛后的上海所出版的几个刊物：《自学》旬刊、《杂志》半月刊、《上海妇女》半月刊；发表序跋《编后记》（未署

---

①　《战地书简》是姚雪垠写的中篇报告，《战地报告丛刊》之四，上海杂志公司出版。

②　介绍《戚继光辕门斩子》（民族英雄抗敌故事第一集）、《一个自卫团员的故事》（抗战连环图画第一集）。

名）。

3 日 作杂论《少数民族》。在《立报·言林》发表杂论《从数字说起》，后收入卢玮銮、黄继持编《茅盾香港文辑》，列举一些数字说明苏联 20 年来取得的成就。

5 日 在《立报·言林》发表杂论《少数民族》，后收入卢玮銮、黄继持编《茅盾香港文辑》。

7 日 在《立报·言林》发表杂论《从图表说起》，后收入卢玮銮、黄继持编《茅盾香港文辑》，通过苏联工业生产的图表，说明其两个五年计划的成功，以祝贺苏联国庆。

16 日 致若君(孔另境)信一件，提到："也许不久，我将有内地之行。"后刊于《鲁迅风》周刊 1939 年第 4 期。在《文艺阵地》第 2 卷第 3 期发表书评《军民之间》[①]（署玄）、《到明天》[②]（署玄）；发表书刊评《诗时代》[③]（署玄），指出，《诗时代》和《抗战文艺》的《武汉特刊》，"两个刊物都登了不少好诗"；发表消息《文阵广播》（未署名）。

21 日 作散文《怀念行方未明的友人》。

24 日 在《立报·言林》发表散文《怀念行方未明的友人》，后收入卢玮銮、黄继持编《茅盾香港文辑》。当时广州已沦陷，文章对原在广州的一些文化界人士下落不明感到焦虑。

25 日 发表文论《关于"鲁迅研究"的一点意见》，由《蜜蜂》转载。

27 日 致罗清桢信，请为姚雪垠《差半车麦秸》在英文杂志发表刻木刻二、三帧。

---

① 《军民之间》，李辉英写的中篇报告，《战地报告丛刊》之五，上海杂志公司出版。
② 《到明天》是左明作剧本集，海燕出版社出版。
③ 《诗时代》是武汉诗时代社编辑发行，发表诗歌和诗评的刊物。

本月 作《从〈风洞山传奇〉说起》。开始在香港九龙中华业余学校文科任教,讲授文学创作。

12 月

1 日 在《文艺阵地》第 2 卷第 4 期发表影评《影片〈高尔基的少年时代〉》(署明),介绍影片在高尔基故乡拍摄的情况;发表短评《苏联纪念托尔斯泰生年一百拾周》(署明),介绍苏联纪念托尔斯泰的情景;发表短评《辛克莱六十生辰》(署明);发表消息《"文阵广播"(一则)》(未署名);发表序跋《编后记》(未署名)。

月初 决定去新疆,《文阵》请楼适夷编辑,但仍挂主编的名。

中旬 中华业余学校校长吴涵真夫妇设家宴,为茅盾赴新疆钱行。同席有金仲华、刘思慕、沈志远、千家驹、楼适夷、林焕平等。①

16 日 在《文艺阵地》第 2 卷第 5 期发表消息《"文阵"广播(三则)》(未署名);发表序跋《编后记》(未署名)。

17 日 致罗清桢信。

20 日 乘法国邮船公司"小广东"号离港。同行的除茅盾一家四口外,还有杜太太的弟弟,以及杜公司的一名高级职员。送行的有楼适夷、李南桌和其他朋友。

22 日 早上到达海防。

28 日 上午到达昆明,下榻护国路西南大旅社。晚上云南省文协在西南大旅社举行"洗尘"晚宴,欢迎茅盾。

29 日 上午赴民众教育馆桂香楼,参加楚图南主持的文协

---

① 林焕平:《茅盾在香港教书——回忆茅盾之一》,《语文园地》1981 年第 3 期。

云南分会欢迎会。在会上作题为"统一战线与基本工作"的演讲,为使云南听众听懂,用的是兰青官话且讲得很慢。中午接受云南《民国日报》记者采访。

30 日　上午顾颉刚来看望。晚上文协分会请去看金马剧团演出的话剧《黑地狱》(凌鹤编剧)。当晚作剧评《看了〈黑地狱〉》,向社会呼吁,并希望地方当局扶助话剧的发展。

31 日　全家到顾颉刚家回拜。由顾陪同拜访了朱自清、闻一多、吴晗。

月底　作《大众化与"诗歌的斯泰哈诺夫运动"》《谈"深入民间"》《海防风景》。主编《文艺阵地》至第 2 卷第 5 期。从 1939年 1 月第 2 卷第 6 期起由楼适夷代理主编。第 2 卷第 6 期"编后记"说:"本刊编辑人茅盾即将到内地旅行,编务暂由楼适夷代理。"但第 2 卷第 7 期以前的大部分稿件已经由茅盾预先校阅选定,楼适夷"只是作了一道编排的手续"。

夏　《炮火的洗礼》收入"呐喊小丛书第 1 种"由桂林文化生活出版社出版。收入散文 15 篇,这些散文勾画了上海"八·一三"战争前后的轮廓。

秋　在中华业余学校义务任教,并推荐楼适夷、林焕平,三人分任三个班的文科课程。会晤杜重远[①],一再劝其去新疆工作;初未定,后看了杜重远写的《三渡天山》(后改写并改名为《盛世才与新新疆》)之后,有了赴新疆之念。

---

①　杜重远(1897—1943),辽宁开原人,早年留学日本,回国后在沈阳创办肇新窑业公司,并创办《生活》周刊、《新生》周刊等。1943 年被军阀盛世才杀害。

1939年(己卯,民国二十八年) 43岁

▲1月21—30日,国民党五届五中全会在重庆召开,通过《限制异党活动办法》,确立"溶共、防共、限共、反共"的反动方针。

▲7月,中共中央发表对外时局宣言,提出"坚持抗战、反对投降,坚持团结、反对分裂,坚持进步、反对倒退"三大政治口号。

▲8月,国民政府修订《战时图书杂志原稿审查办法》,进一步钳制言论自由。

▲9月1日,德国入侵波兰。3日,英、法对德宣战。第二次世界大战正式爆发。

▲12月,蒋介石命胡宗南部进犯边区,掀起第一次反共高潮。

1月

1日 在云南文协分会楚图南的陪同下,与家人游览了昆明西山龙门,并荡舟滇池。在《云南日报·南风》第785期发表剧评《看了〈黑地狱〉》[①]。在《文艺阵地》第2卷第6期发表《文阵广播》(未署名)、序跋《编后记》(未署名)。

2日 作《文化上的分工合作》。出席文协云南分会举办的新年联欢会。下午1时,出席全国文艺界抗敌协会云南分会在

---

① 《黑地狱》,四幕话剧,石凌鹤作,最初发表在上海出版的《电影戏剧》第1卷第3期(1936年12月),1937年春在南京首次公演。

民教馆桂香楼举办的座谈会。下午四时,西南联大国文系请茅盾到校讲演,题目是《文艺问题的两面看法》。[1]

4日 作文论《谈"深入民间"》。下午应云南大学文史学研究会邀请,到云南大学至公堂讲演,题目为《抗战文艺的创作与现实》。

5日 在《云南日报》发表讲演《抗战文艺的创作与现实》。在《云南日报·南风》第788期发表政论《统一战线与基本工作——在"文协分会"欢迎席上报告》。早上全家登上直飞兰州的欧亚航空公司班机,同行者有萨空了的太太和女儿。到机场送行者有楚图南等云南文协分会的朋友。飞机飞行九个小时,途中在成都、西安停留半小时。在成都,张仲实登机同行。下午4时50分抵达兰州,入住中国旅行社兰州招待所。第一次领略了西北高原的风光。[2]

6日 和张仲实一道去看望杜重远夫妇。杜住在国民党军委办的内部高级招待所励志社。杜告知,去新疆没有班机。与张仲实拜访中共驻兰办事处的代表谢觉哉,顺便了解新疆情况,谢不在,见到了刚从延安来的伍修权。数日后,谢觉哉到招待所看望茅盾、张仲实,他表示对新疆情况不甚了解,只称有人在那里帮助盛世才工作,到那里后可以与他们取得联系。

同日 中央社记者来访,写了一篇访问记登在当地报纸上。

7日 薛迪畅陪三四个文学青年来访,其中有《现代评坛》的

---

① 参见《云南日报》1939年1月3日。

② 据张仲实回忆:(1)茅盾一家从昆明出发应是1939年1月9日。(2)萨空了太太金秉英及女儿与张仲实同机,是从重庆出发的,茅盾说与他同机从昆明出发有误。(张积玉《茅盾与张仲实在新疆时期的交往史实考辨》,刊于《中国现代文学研究丛刊》2015年第9期)

赵西。赵带来了几本《现代评坛》,请提意见。

8 日 原定今日乘飞机去新疆,因同行待机者过多,未能成行。

9 日 致楚图南信,后刊于 1937 年 1 月 17 日《云南日报》副刊《南风》。

16 日 在《文艺阵地》第 2 卷第 7 期发表文论《公式主义的克服》,指出批评家不了解作品、作家不了解所写事物是导致公式主义的原因,认为"要避免公式主义就只要遵守作品产生的顺序:材料丰富了,成熟了,确有所见了,然后写";发表《文阵广播》(未署名)。

17 日 在《云南日报》第四版《南风副刊》发表《兰州来鸿》,写给云南分会的同志。

23 日 致楼适夷信,后刊于《文艺阵地》第 3 卷第 9 期(1939年 2 月 16 日)。

25 日 在《战时知识》第 2 卷第 1 期发表评论《文艺上的分工合作》。本日出版的《鲁迅风》第 3 期上有一则编者按:"茅盾先生偕其夫人已于本月 8 日从兰州乘飞机往迪化,应新疆学院之聘,一路颇为平安"。

28 日 在昆明《新云南》创刊号发表文论《谈"深入民间"》,亦刊于 2 月 16 日桂林《救亡日报》、2 月 28 日香港《立报·言林》。

30 日 在《新阵地》第 30 期发表译作散文《今日苏联的西伯利亚》(未署原作者)。①

---

① 参见金传胜《抗战时期茅盾佚文考述》,《现代中文学刊》2019 年第 1 期。

中下旬 在《战歌》^①第 1 卷第 5 期发表文论《大众化与诗歌的斯泰哈诺夫运动》。飞机遥遥无期,单独搬进招待所新建的平房,作印象记《海防风景》。在兰州等待赴新疆新交通工具期间,曾应《现代评坛》编者赵西等邀请,到甘肃学院作两次演讲:《抗战与文艺》《谈华南文化运动的概况》。

2 月

5 日 在《现代评坛》第 4 卷第 11 期发表文论《抗战与文艺》,系茅盾应该刊编者赵西之邀请在兰州甘肃学院所作讲演,由赵西记录整理。

16 日 在《文艺阵地》第 2 卷第 9 期发表《茅盾先生来信》(1月 23 日写),为致楼适夷的信。

20 日左右 新疆驻兰州办事处新疆土产公司黄贤俊通知:有一架欧亚航空公司的飞机将在几天内飞往新疆哈密。

22 日 下午飞抵哈密。以哈密区行政长刘西屏为首的一群地方官员到机场迎接。晚上在距招待所不远的广场举行欢迎晚会。德沚着凉,半夜发高烧,喘气急促困难。

23 日 清早请来医生,刘西屏也赶来探望,立即决定送苏联红军军医院。医生诊断孔德沚为肺炎。住进专门接待苏联过往人员和军官的"外宾招待所"。

24 日 领孩子去看孔德沚,精神已大好。

26 日 孔德沚卧床第四天完全退烧,但遵医嘱,她继续住院

---

① 《战歌》1938 年 8 月创刊于昆明,由徐嘉瑞、溅波、罗铁鹰共同创办,以"救亡诗歌社"名义编辑,中华全国文艺界抗敌协会云南分会出版。初为月刊,但经常延期出刊。自第 2 卷起刊期不定,1941 年 1 月后终刊。

休养一周。

3 月

1 日 在《文艺月刊》第 3 卷第 1 期发表评论《问题的两面观》,原系作者应邀在西南联大所作讲演。

6 日 迪化派来的汽车抵达哈密,随车有一位副官负责陪同去迪化。

8 日 早饭后向哈密地方官告别。金秉英、张仲实乘坐小卧车,茅盾一家乘旅行车离开了哈密。晚上九点多宿于天山脚下一个山坳里的七角井。

11 日 正午翻过天山抵达达板城,进午餐、休息,继续赶路。4 时许,到达迪化郊外 20 公里处,盛世才在杜重远的陪同及全副武装的卫队保护下前来迎接。盛世才亲自送到寓所,寓所在南梁一个狭长的大院内。

12 日 晚上盛世才在督办公署设盛宴款待,出席的有省主席李榕,化名为周彬的财政厅厅长毛泽民,教育厅厅长孟一鸣,民政厅厅长邱宗睿(盛世才岳父)。

14 日 在杜重远陪同下与新疆学院的同学见面。

中旬 盛世才邀去谈话。提出要成立新疆文化协会,请茅盾任委员长,张仲实任副委员长。要求先立个章程,订个一年计划,尽快编出一套符合六大政策精神的小学教科书来。

16 日 拜访几位厅长,得知教育厅长孟一鸣也是从延安来的。毛泽民说新疆现在实行六大政策是进步的,对抗战有利。但盛世才多疑,嫉贤,他周围一伙亲信,是他的耳目,提醒接触时要小心。

17 日 孟一鸣来回拜,建议:多观察,少说话,多做事,少出风头。

下旬 经过一个多星期的了解,对今后的行动定下了以下方针:工作上,以马列主义观点来宣传六大政策下的新文化,进行文化启蒙工作,教好新疆学院的课程;有选择地进行文学艺术方面的介绍和人才的培养;人事关系上,实行"坚壁清野",一切对外联系由一人出面,把孔德沚和两个孩子同当地社会隔开。

下旬 新疆学院开学,承担历史、中国通史、中国艺术思想概论、西洋史等好几门课程;每周上课 17 小时,边编讲义边上课。

4 月

5 日 发表演讲《谈华南文化运动的概况》①,后刊于《现代评坛》第 4 卷第 12 至 15 期合刊、第 16 期。

8 日 新疆文化协会宣告成立,茅盾被推为委员长,张仲实、李佩珂被推为副委员长,李兼秘书长。李佩珂是盛世才的亲信。茅盾与张仲实商量决定,把文化协会的行政(包括财务)、人事工作与各民族文化促进会的联络工作都推给李管,他们只搞文化工作。协会下设三个部:编译部、艺术部和研究部。编译部在茅盾主持下编写了一套汉文小学教科书,并翻译成维吾尔、哈萨克、蒙古三种文字,供全疆各族小学使用。还亲自担任艺术部部长,指导话剧、歌咏和漫画三个科开展活动,并主持成立戏剧运动委员会。

12 日 以"首长"身份参加"四月革命"六周年庆祝大会。②

---

① 原系茅盾应该刊编者之邀在兰州甘肃学院所作讲演,收入 1981 年《河北师院学报》时,改题为《谈抗战初期华南文化运动概况——1939 年 1 月的讲话》。

② 1933 年 4 月 12 日,迪化发生政变,盛世才被政变发动者以及东北军和迪化军的将领推上台,此后盛便将这一天称"四一二革命日",年年纪念。

茅盾在会上作抗战形势与新疆建设的讲演。在《新疆日报》发表文论《新疆文化发展的展望》，对盛世才的"六大政策"表示支持和拥护，并指出："目前新疆文化工作不患其'质'的方面不能迅速进展到理想的阶段，而患其'里'的方面不能有普遍的扩大"，"所以，新疆不但在资源开发上说是一块'处女地'，即在文化的开展上说也是一块'处女地'"。

30 日　致楼适夷信，后改题《茅盾行踪》刊于《东南日报·周末版》(1939 年 8 月 25 日)。

本月　散文杂文集《炮火的洗礼》收入"烽火小丛书"第 6 种（署茅盾），由烽火社印行。

5 月

上旬　刚担任新疆反帝会秘书长的《新疆日报》社社长王宝乾来访，转告盛世才希望茅盾加入反帝会并担任该会会刊《反帝战线》主编，茅盾婉拒。从 1939 年 7 月至 1940 年 4 月，为该刊写有 15 篇文章，显得并非沉默不语，又避开了新疆的现实问题。

7 日　应新疆妇女协会副委员长张谷南的邀请，在女子中学作讲演:《中国新文学运动》。

8 日　在《新疆日报·女声》第 12 期发表文论《中国新文学运动——茅盾先生在妇女协会的演讲》，系茅盾应新疆妇女协会邀请在女子中学所作的讲演。从思想政治、艺术形式、创作方法、文艺斗争等多方面概括总结了新文学的经验教训，最后指出新文学进一步发展的要求和任务:"(一)文学的反帝反封建的任务之完成，必须展开与加强现实主义的创作方法；而要获得现实主义的创作方法，则作家的正确而前进的世界观人生观实为必要。(二)大众化——中国革命文学要完成其任务，须先解决大众化的问题。"

9日 应邀在新疆学院作题为《"五四"运动之检讨》的演讲。

12日 在《新疆日报》发表诗歌《筑路歌》。

13日 在《新疆日报》副刊《绿州》发表诗论《关于诗》,对诗的分类、诗的韵律和节奏的基本理论知识作了深入浅出的阐释,提出了对现代诗的基本要求。

17日 应《新疆日报》文艺副刊《新疆青年》的邀请作《青年的模范——巴夫洛夫》,并发表于该刊。在《新疆日报》发表《新疆文化协会致全省公路会议贺电》。

26日 在《新疆日报》发表剧评《为〈新新疆进行曲〉的公演告亲爱的观众》,该剧是新疆学院爱好戏剧的学生集体创作的以现实生活为题材的四幕报告剧,茅盾亲自执笔修改、整理,还写了一首歌词《新新疆进行曲》。文中指出该剧公演"一方面是我们的一点点微忱,另方面是希望抛砖可以引玉,在不久的将来,就有伟大的文艺杰作产生出来"。

下旬 前往汉族文化促进会俱乐部观看《新新疆进行曲》。应《新疆日报》副总编的邀请,在报社大会议室作《〈子夜〉是怎样写成的》演讲。孟一鸣来访,告诉茅盾有人在背后讲他闲话,说茅盾讲演、写文章太多,提醒茅盾有所提防。茅盾当即决定:"以后一不讲演,二不写文章。"

本月 一个星期日,全家和张仲实、金秉英一家,由卢毓麟副官长陪着乘马车到迪化郊外学骑马。经过学习,基本上已能驾驭"老爷马"了。迫于盛世才的压力,担任《反帝战线》挂名编委至1940年5月。

5—8月 写《中国通史讲授大纲残稿》,是茅盾在新疆学院授课的讲稿。

6 月

1 日　在《新疆日报》副刊《绿州》发表演讲《〈子夜〉是怎样写成的》,1939 年 5 月下旬应《新疆日报》社之邀介绍创作《子夜》的情况和体会的讲演稿,介绍《子夜》成书经过及构思特点。

中旬　晚上盛世才宴请经迪化去苏联治疗臂伤的周恩来和邓颖超,请茅盾夫妇赴宴作陪,同席的除盛世才夫人外,还有孟一鸣、杜重远、张仲实等。周恩来表示张仲实和茅盾可以去延安,张与茅决定迅速离开新疆。

本月　两个孩子闲居四个月后,决定让儿子阿霜去新疆学院语文系学习。盛世才建议,办个文化干部训练班,调些青年干部,学习一年半载,回去加强各地的文化促进会。训练班主要讲六大政策,由李佩珂主讲,希望茅盾每周给学员讲一次课,茅盾允诺。

7 月

上旬　新疆学院放暑假,杜重远征得盛世才同意,组织了"新疆学院暑期赴伊犁旅行团"。杜重远邀茅盾和张仲实同往。但因到迪化谈英印侨民问题和商务问题,盛世才指定茅盾与王宝乾、陈培生一起接待英国驻喀什新领事,因此未去伊犁。

12 日　作政论《显微镜下的汪派叛逆》。

本月　《新芒》月刊创刊①。名誉社长杜重远,编辑顾问沈雁

---

①　《新芒》,新疆学院校刊。1937 年 7 月创刊。茅盾作为编辑顾问,从刊物方向、内容到版面设计、编排都给予具体指导。并在刊物上先后发表《五·四运动之检讨》《学习与创造》等文章,还有歌词《新新疆进行曲》。

冰、张仲实、郭慎先。在《新芒》第1卷第1期发表文论《"五四"运动之检讨》("五四"二十周年写);发表散文《一九四一年的日蚀》(署玄);发表《新新疆进行曲》(茅盾词,陈谷音配曲1939年6月写),这首歌词是特定历史时期的产物。歌词表达了茅盾对新疆表面呈现的大好革命形势的歌颂,也表达了他愿新疆各族人民团结战斗,为建设新新疆,建设新中国而奋斗的愿望。

本月 开始给文干班上课。文干班包括13个民族,200余人。以"问题解答"的方式,重点介绍抗日战争,讲解《论持久战》、六大政策。

8 月

1 日 在《反帝战线》第2卷第10—11号合刊发表时论《白色恐怖下的西班牙》《"纳粹"的侵略并不能挽救经济上的危机》《显微镜下的汪派叛逆》。

同日 在《新芒》第1卷第2期发表论文《学习与创造》,强调"把前代学习的知识接受下来,又从而更进一步以求更高更深,这便是人类之所以能进步发展,日益文明之要诀。所以人类的学习精神,自始即与猿猴之模仿不同;模仿只是学会了皮毛,生吞活剥,不能消化而变为自己的血肉,所以模仿是没有创造性的……学习之可贵,即在能采取众长,加以消化而成为自己的营养,而且更在人家已经达到的那一阶段上前进一步,创造了新东西,开展了新境界"。

月初 赵丹、徐韬等到达迪化,盛世才嘱茅盾代表他去欢迎,同行有德沚、亚男。向赵、徐二人介绍了新疆的复杂情况。在盛世才授意下,组织话剧运动委员会。

上旬 话剧运动委员会正式成立。盛世才让茅盾代表他正式宴请全体成员,表示欢迎;宴会前率全体男演员去见了盛世才。第一次演出的剧目选定了章泯的五幕剧《战斗》。

本月 代跋《悼李南桌——〈李南桌文艺论文集〉代序》收入《李南桌文艺论文集》,由生活书店出版。《茅盾短篇小说集》(第二集)由开明书店印行,第1辑:《秋收》《残冬》《当铺前》《赛会》《水藻行》;第2辑:《牯岭之秋》《喜剧》《搬的喜剧》;第3辑:《赵先生想不通》《微波》《拟〈浪花〉》《夏夜1点钟》《第一个半天的工作》;第4辑《烟云》《大鼻子的故事》《一个真正的中国人》《手的故事》;第5辑:《有志者》《尚未成功》《无题》《大泽乡》《豹子头林冲》《光明到来的时候》。

9 月

1 日 在《文艺阵地》第3卷第10期发表书信《寄自新疆》,是几封给楼适夷的信,信中说:"初到时旅途劳顿,心绪纷乱","与内地文艺家隔绝,即欲作文,恨无题目","在此'打杂'之忙,甚于在港";"弟在此间生活,约略可述如下:来后成立一文化协会,弟与张仲实现即主持此会工作";"此间民族既甚复杂,而社会情形亦颇复杂,新来者茫无头绪,此等工作其实非弟等所宜,今惟在编书方面(小学教科书)略尽其力耳。水土不服,身体日感衰弱,是个人方面的困难";"此间虽与苏联接近,然苏联书报亦殊少来,无现购之书店,唯有订阅,然在三月杪购之书报,至今未见到来,此间殊出意外,深觉闷闷者也"。

3 日 作时论《英法苏谈判迁延之症结》。

17 日 在《新疆日报·〈战斗〉公演特刊》发表剧评《关于〈战斗〉》,《战斗》以赵丹等为主,吸收新疆学院学生参加演出,经过三个星期排练,定于"九一八"纪念日公演。《新疆日报》为此专门出版《〈战斗〉公演特刊》,这篇文章就为特刊所写,对剧本和演出作了介绍和推荐。

18 日 在《反帝战线》第 2 卷第 12 号发表时论《英法苏谈判迁延之症结》。

23 日 杜重远在新疆学院操场上举行中秋节茶话会,一则欢度佳节,二则与演员联欢。茅盾应邀参加茶话会,杜重远在会上发了几句牢骚。

26 日 盛世才让茅盾担任中苏文化协会迪化分会会长,王宝乾、张仲实担任副会长。并向茅盾了解杜重远在中秋茶话会上的牢骚言论,茅盾作了解释并将此事告知张仲实和杜重远。

本月 在《文艺月刊》第 2 卷第 1 期发表《文艺漫谈(一)(二)》。在《明星月报》第 1 卷第 5 期发表《春蚕》摄制台本(茅盾原著 蔡叔声编剧),后于《明星月报》第 1 卷第 6 期续完(10 月)。

10 月

1 日 在《反帝战线》第 3 卷第 1 号发表政论《侵略狂的日本帝国主义底苦闷》。

上旬 杜重远被迫辞掉新疆学院院长的职务,闭门休养。此为盛世才对杜重远软禁的开始。

10 日 在《星岛日报·星座》发表文论《双十纪念与"抗战八股"》,后收入卢玮銮、黄继持编《茅盾香港文辑》,系 1938 年 10 月 7 日为《星岛日报》纪念"双十节"作,因稿到较迟,未及刊出。

19 日 新疆学院召开鲁迅先生逝世三周年纪念会,在会上演讲《在抗战中纪念鲁迅先生》。

下旬 在新疆学院学习的杜重远的内弟候立达被捕。候立达是作为杜重远的人质被捕的,是警告杜重远不要幻想离开新疆,候立达的被捕,使茅盾全家十分紧张,儿子刚刚在9月份进了新疆学院,便于12月初让其退学。

本月 在《文艺月刊》第2卷第2期发表评论《文艺漫谈(三)莎士比亚出生三七五周年纪念》。在新疆文化协会举办"新疆文化干部训练班",亲自担任班主任,接收包括13个民族的文化骨干在内的200多名学员。聘请赵丹、徐韬、白大方等分别讲授"表演艺术""戏剧概论""编剧"等课程,茅盾上"问题解答"课。

11 月

1日 在《反帝战线》第3卷第2号发表散文《在抗战中纪念鲁迅先生》,阐述了鲁迅的不朽精神;发表译文《民族问题解决了》(苏联 阿斯拉诺伐著)。

5日 主持"中苏文化协会新疆分会"成立大会,被推举为会长。在《新疆日报》发表文论《诚恳的希望》,为中苏文化协会迪化分会成立而作。

7日 在《新疆日报》发表文论《二十年来的苏联文学》。

16日 在《新疆日报·画展特刊》发表评论《由画展得到的几点重要意义》。

本月 姜作周接替杜重远任新疆学院院长,茅盾和张仲实辞去新疆学院的工作。盛世才又进行了一次大逮捕,抓捕所谓企图发动政变的"阴谋集团"。

12 月

1日 在《反帝战线》第3卷第3号发表杂论《送一九三九年》。茅盾和张仲实都感到形势日趋恶化,找孟一鸣商量如何离开新疆。孟分析,二人名声大,平时言行又谨慎,盛世才还不至于下手,要茅盾等待时机,不要贸然提出辞职。

月底 塔斯社的罗果夫自重庆经新疆回国休假。全面抗战初期茅盾与他在上海就认识。他到迪化时通过总领事和茅盾见了面。茅盾向他提出全家去苏联的要求,但未经盛世才同意,总领事不能擅自邀请中国人去苏联作客。茅盾只能打消通过去苏联而离开新疆的念头。但放风称眼疾复发,为回内地制造舆论。

本月 在茅盾担任文化协会委员长期间,在文化协会的推动下,新疆开展了冬学运动。主要任务是扫盲。组织形式有夜校、识字班、家庭学习班、补习班等。作评论《把冬季运动扩大到全疆去》。

本年 担任《反帝战线》编辑委员会委员。开明书店出版的《子夜》被国民党中央图书杂志审查委员会查禁。《茅盾代表作选》(全球书店编)由贵阳全球书店出版。

1940年(庚辰,民国二十九年) 44岁

▲1月,毛泽东发表《新民主主义论》。

▲3月30日,日本扶持汪精卫于南京组建国民政府,汪自任代理主席。11月,汪精卫在南京正式就任伪国民政府主席。

▲3月,陕甘宁边区文化协会在延安创办《中国文化》月刊。

▲8月20日,彭德怀指挥第十八集团军在华北发动"百团大战"。

▲8月,夏衍等在桂林创办《野草》月刊。

▲10月,蒋介石掀起第二次反共高潮。

▲11 月,田汉主编的《戏剧春秋》在桂林创刊。

1 月

1 日 在《反帝战线》第 3 卷第 4 号发表政论《所谓"芬兰事件"》(署盾),针对 1940 年苏联入侵芬兰,作了辩解;发表评论《把冬季运动扩大到全疆去》(署盾)。在《新疆日报·元旦增刊》发表评论《从"有眼与无眼"谈起》①,亦刊于重庆《新华日报》(2 月 20 日)、《救亡日报》(4 月 20 日)。

3 日 陕甘宁边区文协代表大会开幕,被选为名誉主席之一。

28 日 在《新疆日报》发表时论《记取一二八的经验与教训》。

2 月

1 日 在《反帝战线》第 3 卷第 5 号发表文论《通俗化、大众化与中国化》。

上旬 沈志远从重庆来迪化讲学,茅盾张仲实往访。次日沈志远到茅盾寓所回访,茅盾约张仲实同叙。沈志远想探听杜重远的真实情况,因不是谈话之地,没有回答。

15 日 在《文学月报》第 1 卷第 2 期发表书信《茅盾先生自迪化来信》(节录),此为致孔罗荪信,提及眼疾发作一事;同期刊出《文坛备忘录》中发表了茅盾的一封信,略去了受信人和落款。从这封信中可看出茅盾十分关注抗战文运。②

下旬 下午正与张仲实闲谈,突然接到盛世才要他马上去

---

① 《有眼与无眼》系上海商务印书馆早期编译出版的《童话》丛书之一。
② 潘颂德《茅盾佚简三封》,刊于杭州师范学院学报 1988 年第 1 期。

督办公署的通知,全家为之担忧。直到暮色降临,仲实返回。第
二天,两人去找孟一鸣,希望听听党方面有什么办法能帮助脱离
这个险境。孟认为当前仲实比较危险,至于茅盾,盛世才顾虑到
国内外的影响,还不会下手。孟的这些意见与陈潭秋、毛泽民商
量过。

本月 作《致苏联作家》。日文版《虹》(武田泰淳译)由东京
东成社发行出版。武田泰淳选译了小说原著第一章至第七章,
而将小说的第八章至第十章的内容以"后记"的形式将各章节情
节大纲译出附于文末。

3 月

15 日 作《六大政策下的新文化》。

28 日 致蒋锡金信(署雁冰),后刊于《文艺新闻》第 2 卷第
8 号(1940 年 6 月 10 日)。

4 月

1 日 在《反帝战线》第 4 卷第 1 号发表杂论《六大政策下的
新文化》;发表散文《苏联的科学研究院》。

11 日 在《新疆日报》发表评论《文化工作之现在与未来》
(署茅盾)。

17 日 母亲陈爱珠逝世,享年六十五岁。

19 日 丧事办毕,黄妙祥差人去上海向茅盾的几家本家亲
戚报告茅盾母亲逝世经过和丧事情况。

20 日 收到二叔沈仲襄从上海拍的加急电报,告知母亲 17
日在乌镇病故的消息,并云丧事已毕。茅盾拟讣告,经盛世才过

目,登在《新疆日报》,并定 22 日在汉族文化促进总会开表。

22 日 上午举行开表仪式。仪式后得知,盛世才允诺张仲实与茅盾一道回内地。

24 日 盛世才在督办公署设宴为茅盾一家和张仲实送行(张仲实是请假回去为伯母安葬)。

月底 盛世才已答应茅盾、张仲实回内地,并开了欢送会,但迟迟不提供交通工具。遂求助苏联总领事。

5 月

1 日 在总领事帮助下,盛世才不得不当面答应茅、张二人可乘苏联飞机离开。后向杜重远告别,允诺设法营救。在《反帝战线》第 4 卷第 2 号发表政论《帝国主义战争的新形势》(发表时目录内标题改为《帝国主义战争的新阶段》)。

2 日 观看赵丹等演出《新新疆万岁》后,作《演出了〈新新疆万岁〉以后》。

4 日 晚上接盛世才电话,想留住茅盾儿子。茅以儿子患病需一同返回内地治病为由脱身。

5 日 经多方努力,终于离开迪化,当日在哈密机场停落加油,盛世才电令哈密机场扣留茅盾,幸好该密电为中国共产党地下组织人员截获,盛世才的阴谋未能得逞,遂与张仲实、孔德沚、沈霞、沈霜离开哈密。

6 日 下午 3 时飞机在兰州降落。原定次日清晨飞往重庆,但从绥远来的傅作义一行要去重庆,占了茅盾的座位,没有成行。张仲实想去延安,动员茅盾一家也去延安,茅盾夫妇商量决定,到西安后如交通方便就与张同赴延安。

7 日 游览了战时"繁荣"的兰州街道。为解决交通工具问题,拜访了生活书店兰州分店经理薛迪畅和西北公路局的沈局长。沈局长让他们搭乘送青海活佛喜饶嘉错经西安去重庆的专车。

14 日　早上茅盾一家和张仲实搭乘去西安的"专车",同车的除喜饶嘉错一行 4 人外,还有生活书店的经理薛迪畅和一名职员,以及公路局的两个职员。西北公路局沈局长专程赶到车站送行。下午 3 时许,专车到达华家岭车站,因下雨,留宿华家岭。

15 日　《文学月报》第 1 卷第 5 期刊登消息称:"茅盾先生前在迪化目疾未愈,近将由迪化飞渝,一则医疗目翳,一则将重主《文艺阵地》编务。"

19 日　途经六盘山、平凉和咸阳,下午抵达西安,入住中国旅行社西京招待所,受到经理的热情接待。晚 7 点敌机空袭,乘车到郊外躲警报。

20 日　下午和张仲实一起去七贤庄八路军办事处。在客厅里偶遇周恩来和朱德同志。周恩来详细询问了离开新疆的情况,欢迎茅赴延安。

24 日　茅盾一家和张仲实随朱德的车队离开西安,前往延安。当晚在铜川一旅店歇宿,并与朱德漫谈。

25 日　拜谒黄陵,并在陵前留影。茅盾接受朱总司令的建议,当场向大家介绍黄帝的故事。朱总司令也讲话鼓励大家发扬民族精神,把抗战进行到底。

26 日　下午车队到达延安南郊七里铺。各界代表齐集南门外迎接,其中包括张闻天和茅盾的弟媳张秋琴①。被送到南门外的交际处休息,傍晚参加了延安各界在南门外操场上举行的欢

---

①　张琴秋(1904—1970),出生于浙江桐乡县石门镇。1912 起在石门振华女校读书,结识孔德沚。1924 年加入中国共产党。1925 年 11 月与沈泽民成婚,并赴莫斯科中山大学留学。1949 年后,在纺织工业部工作。

迎会,朱总司令讲话。

27 日　时任女子大学教育长的弟媳张秋琴来看望,根据她的建议和孩子的要求,决定让亚男进女子大学,阿桑进陕北公学。张闻天也来看望。晚上参加延安各界在中央大礼堂开的欢迎会,毛泽东同志也来了,和大家一一握手,茅盾应邀讲了话。鲁艺演出了《黄河大合唱》及京剧《陆文龙》。

28 日　出席延安文化界在文化俱乐部举行的座谈会,会上见到吴玉章、艾思奇、丁玲、周文等老朋友。观看烽火剧团演出的节目。

30 日　到杨家岭回访张闻天,表示愿在延安住下去,有机会想到前方看看。同一天,拜访毛泽东,谈在新疆一年的经历,并转告赵丹希望离开新疆一事。毛让找中宣部部长罗迈(即李维汉)想办法。于是又造访了罗迈,罗迈答应去了解一下情况。大约两周后得知杜重远和赵丹等已被盛世才关押起来。

31 日　延安《新中华报》刊登《热烈欢迎总司令及茅盾、张仲实两先生》,报道茅盾和张仲实达延安的活动情况。

6 月

1 日　在《反帝战线》第 4 卷第 3 期剧评《演出了〈新新疆万岁〉以后》。

月初　毛泽东到交际处茅盾住处看望,送刚出版的《新民主主义论》,并建议茅盾住到鲁艺去。过了两天,周扬(鲁艺副院长)来请茅盾搬到鲁艺。

2 日　抗大三分校举行欢迎朱德总司令及陈嘉庚、茅盾、张仲实诸先生并纪念抗大成立四周年的大会,请茅盾出席。但因身体不适,临时让夫人孔德沚代表出席。

上旬 茅盾夫妇搬到桥儿沟东山脚下鲁迅艺术学院宿舍（系两孔窑洞）。

9 日 下午与张仲实应邀前往鲁艺大礼堂参加延安鲁迅艺术文学院二周年纪念会，并在会上作了讲话，阐述了抗战文艺理论落后于现实的问题，作家和理论家深入斗争生活问题以及作家批评家之间的联系问题，希望鲁艺真正继承鲁迅精神，努力于创作和批评，以巩固中国新民主主义的文艺堡垒"鲁艺"。毛泽东、朱德、洛甫、任弼时、康克清等亦参加。

11 日 作《关于〈新水浒〉——一部利用旧形式的长篇小说》。

15 日 作《纪念高尔基杂感》。

18 日 在《新中华报》发表杂感《纪念高尔基杂感》。

21 日 下午出席延安新哲学举行的第一届年会，毛泽东、朱德也到会。在《中国文化》第 1 卷第 4 期发表文论《关于〈新水浒〉——一部利用旧形式的长篇小说》①，亦刊于《十日文萃》第 6 期（8 月 30 日）。

月底 往访吴玉章，应邀参加发起陕甘宁边区新文学学会。

本月 在鲁艺篮球场上向全院师生作报告，漫谈自己的创作经验。

本月至 10 月初 每周参加定期学术讨论会：一是范文澜、吕振羽组织的中国历史问题讨论会，讨论中国历史的分期问题；二是艾斯奇主持的哲学座谈会；三是中宣部组织的报告会，由专人讲解《联共（布）党史简明教程》第 4 章斯大林写的《辩证唯物主义和历史唯物主义》。

---

① 《新水浒》系谷斯范写的长篇小说，桂林文化供应社 1940 年出版。

7 月

10 日　作《论如何学习文学的民族形式——在延安各文艺小组会上演说》。

14 日　下午文协延安分会在文化俱乐部举行茶话会,欢迎总会理事茅盾。

23 日　作《为了纪念鲁迅的六十寿辰》。

25 日　在《中国文化》第 1 卷第 5 期发表评论《论如何学习文学的民族形式——在延安各文艺小组会上演说》。该文是茅盾参与当时关于民族形式问题讨论的重要文章,大致反映了茅盾在鲁艺文学系讲的中国市民文学的基本观点,强调"学习文学的民族形式",一是"向中国民族的文学遗产去学习",二是"向人民大众的生活去学习"。文章对毛泽东《中国共产党在民族战争中的地位》与《新民主主义论》给予高度评价。

27 日　应邀出席延安音乐界举行的纪念聂耳逝世五周年大会。

30 日　假托在西安给乌镇黄妙祥发一信,信中对母亲寄托无限哀思,对黄妙祥表示感激。此信到 9 月 11 日才由在上海的堂弟德溶先生收到转给黄妙祥。

本月　应鲁艺文学系邀请,在鲁艺文学系讲了 6 次课,题目是"中国市民文学概论"①。在苏联《国际文协》第 7—8 期合刊发表文论《关于写什么》。《文艺阵地》因"触犯审查标准"之莫须有的罪名,出至第 5 卷第 2 期被迫停刊,改为丛刊形式出版。

---

①　当时写了讲稿,但已丢失。《论如何学习文学的民族形式》一文大体反映了讲稿的基本观点。

8 月

3 日　致柯灵信。

5 日　致《文学月刊》编者信,后以《关于"民族形式"的通讯》为题刊于《文学月报》第 2 卷第 1—2 期(1941 年 9 月 15 日),系作者自延安致孔罗荪的信。

7 日　据《新华日报》载,延安中山图书馆聘茅盾为文艺讲座报告人。

15 日　在《大众文艺》第 1 卷第 5 期发表散文《为了纪念鲁迅的六十寿辰》。[①]

20 日　作《谈水浒》。

9 月

4 日　作《关于〈呐喊〉和〈彷徨〉》。

6 日　作《旧形式、民间形式与民族形式》。

8 日　下午中国电影制片厂西北摄影队在陕北拍《塞上风云》,朱德设宴招待,茅盾应邀出席作陪。

10 日　校阅演讲稿《论如何学习文学的民族形式》,并写《附记》一则。

15 日　在《大众文艺》第 1 卷第 6 期发表文论《谈水浒》,本文亦刊于《救亡日报》11 月 27—29 日。

18 日　应邀出席延安召开的庆祝百团大战胜利、纪念"九一八"九周年大会,作为文艺界唯一的代表,被推为主席团成员。

[①]　茅盾与鲁迅第一次见面时间为 1926 年 8 月 30 日,文中写的是"1927 年 10 月"系误记。

中共中央领导人毛泽东、朱德等出席。

24 日 在上海出版的《正言报》第 8 版《草原》发表致《草原》编者柯灵信(署玄),写于 8 月 3 日于鲁艺东山,信中谈及母亲病逝和自己的身体情况。[①]

25 日 在《中国文化》第 2 卷第 1 期发表文论《旧形式、民间形式与民族形式》,批评了向林冰的民族形式的建立应以民间文艺形式为其中心源泉的主张,指出:建立中国文艺的民族形式,一是"吸取过去民族文艺的优秀的传统";二是"学习外国古典文艺以及新现实主义的伟大作品的典范";三是"继承发展'五·四'以来的优良作风"。

下旬 张闻天送来周恩来从重庆打来的电报,希望茅盾到重庆工作,拟担任文化工作委员会的常务委员。茅盾表示听从分配。向张闻天提出恢复党籍的问题,中央书记处认为茅盾目前留在党外对今后的工作和人民的事业更为有利。

26 日 张闻天专门设宴,为董必武和茅盾夫妇饯行,陈云作陪。

10 月

1 日 在《回教文化》第 1 卷第 1 期发表论文《谈新疆各回教民族的文化工作》。

4 日 作《一点小小的意见》。

7 日 应邀赴中央大礼堂,出席中国回教救国会陕甘宁边区分会、边区回民文化促进会成立大会暨边区回民第一次代表大会,并被推选为大会主席团成员。

10 日 茅盾夫妇随董必武的车队离开延安,奔赴重庆。两

---

① 参见潘颂德:《茅盾佚简三封》,《杭州师范学院学报》1988 年第 1 期。

个孩子留在延安上学,托张秋琴和张仲实照顾。

15 日 在《大众文艺》第 2 卷第 1 期发表文论《关于〈呐喊〉和〈彷徨〉——读书杂记》,亦刊于《救亡日报》12 月 19 日。文章批驳了"《彷徨》是(鲁迅)悲观思想的顶点"的论点,指出《彷徨》是《呐喊》的发展,"是更积极的探索"。茅盾不否认鲁迅这时有些悲观,但"只是对于当时资产阶级的代言人所企望的目标……怀疑其可能实现;而不是对于中国人民大众的终于能得到解放表示了悲观"。因此绝非"悲观思想的顶点"。文章对鲁迅的小说特别是《阿 Q 正传》作了透彻的分析。

19 日 在《救亡日报》10 月 19 日发表散文《纪念鲁迅》,亦以《纪念鲁迅先生》为题刊于《新华日报》10 月 19 日。

本月 在《中国文化》第 2 卷第 2 期与林伯渠、吴玉章、徐特立等 16 人发表《鲁迅文化基金募捐缘起》,后转载于《学习》半月刊第 5 卷第 2 期。

本月 据《文学月报》消息,政治部第三厅改组后,设文化工作委员会,郭沫若任主任委员,茅盾等为委员。

11 月

15 日 在《大众文艺》第 2 卷第 2 期发表评论《茅盾先生对于本文的意见》,题中"本文"指漠芽作《谈才能或天才》,刊于同期《大众文艺》;发表评论《一点小小的意见》;发表短文《中国青年已从十月革命认识了自己的使命》(即《答国际文学社问》,原作于 1934 年 3 月),1957 年 11 月号《新港》发表了该文的影印件,该文指出:"中国的统治阶级目前正用了强暴的手段压迫萌芽中的无产阶级文学;甚至反封建帝国主义的自由主义立场的文学作品也被禁止。"

月底 茅盾夫妇随董老的车队到达重庆。先住在化龙桥红岩嘴 30 号八路军驻渝办事处。周恩来和邓颖超来看望,谈当前的形势和茅盾今后的工作。抵达重庆的第三天,搬至市中心生活书店市部楼上。邹韬奋、徐伯昕前来看望,介绍了生活书店被国民党压迫的处境,邀请茅盾续任《文艺阵地》主编。晚上郭沫若、田汉、老舍等也来看望。

12 月

1 日 由生活书店搬至枣子岚垭良庄居住。① 此期间,经常接待来送稿件的戈宝权。

月初 沈钧儒、邹韬奋和茅盾商量营救杜重远的办法,并征求周恩来的意见。周认为,目前可行的办法是以私人名义联名给盛世才去电,为杜重远作保,要求盛世才把杜重远送回重庆,由中央司法部门审理。他认为用这种方式也许盛世才能让步。于是大家推举茅盾起草电文。茅盾花了一天时间用文言文写了一千多字的电文。电报由沈钧儒、邹韬奋、郭沫若、沈志远、沈雁冰带七八个人署名。一个星期后来了回电,只一句话:"在新疆六大政策下没有冤狱"。大家看了都气得发抖。

2 日 下午,应田汉之邀,参加在天官府街 7 号文化工作委员会,由《戏剧春秋》的主编田汉组织的讨论戏剧的民族形式问

---

① 枣子岚垭良庄,是重庆一栋坐落在小山坡上的小楼。茅盾 1940 年 12 月 1 日至 1941 年 2 月在此居住。屋主是四川人,与四川军政界有关系。小楼共三层,每层有大小三间房,一楼房东自己住,二楼沈钧儒和他的儿女住,三楼茅盾住一大间,另外的房客是王炳南和他的德国夫人安娜。茅盾在此居住期间写作《旅途见闻》《风景谈》等散文,积极进行《文艺阵地》的复刊工作,从事文艺运动的组织领导工作,写作文艺评论、杂文多篇。

题的座谈会。会上，茅盾简单介绍了延安的同志对民族形式的意见和讨论经过，也谈了自己的基本观点。

4 日 写成《旅途见闻》。

同日 晚，陶行知、范长江、沈钧儒等一起用餐，欢迎茅盾夫妇和李公朴。

7 日 下午 3 时，参加全国文协举行的欢迎来渝作家茶话会，到会 70 余人，周恩来莅临参加。

8 日 参加在中苏文化协会举行的中苏文化人联欢会。在会上发表题为《抗战期间中国文艺运动的发展》的讲话，向苏联友人介绍大后方抗日根据地及延安文艺运动的情况。

同日 晚上，参加由全国文协总会组织的关于小说创作的专题讨论会。在会上讲话，着重谈如何观察人物。后来整理成文，题为《关于小说中的人物》。

14 日 发表散文《旅途见闻》(4 日写)，刊于《全民抗战》第150 期，现收《茅盾全集》第 12 卷。

20 日 作《粮食问题浅见》。

24 日 致萧三信一件。① 担任《大众文艺》主编的萧三应苏联作家罗果夫之请，要求介绍中国的情况，萧三请茅盾给予支持，此时茅盾已离开延安，信中谈及相关情况。

28 日 上午，出席在重庆国泰大戏院举行的"本年度抗战文艺的回顾与前瞻"讲演会。讲演会由郭沫若主持，老舍报告一年来的工作，茅盾在会上发言，中心议题是介绍敌后抗日根据地的文艺运动。

29 日 作杂文《"时代错误"》。

---

① 此系佚信，参见许建辉：《茅盾佚信再拾》，《茅盾研究》第 13 辑。

本月　书《中国作家致苏联人民书》手迹一帧。作《新疆杂咏》四首、散文《风景谈》。筹备《文艺阵地》复刊,组成茅盾、叶以群、沙汀、宋之的、章泯、曹靖华、欧阳山等 7 人的编委会。

1941 年(辛巳,民国三十年)　45 岁

　　▲1 月 6 日,"皖南事变"发生。

　　▲4 月,夏衍主编的《华商报》在香港创刊。

　　▲5 月,中共中央机关报《解放日报》创刊。

　　▲6 月,苏德战争爆发。

　　▲11 月 16 日,郭沫若五十寿辰和创作生活二十五周年庆祝会在重庆举行。

　　▲12 月 8 日,日本发动"太平洋战争",国民政府对日、德、意宣战。是日,侵沪日军占领了上海公共租界,上海"孤岛"局面结束,完全处于日军控制之中。

1 月

　　1 日　在《中苏文化》文艺特刊第 8—10 期合刊发表《致苏联作家》,指出:"中国的抗战建国是艰巨而伟大的事业,我们已经坚持了三年多了,而且将继续坚持下去,直到最后胜利;我们相信,我们国家的种种方面已有而且将有更大的进步。由于进步,举国一致的团结将更巩固,而中华民族求得独立自由的事业亦必终能完成;这是我们中国作家努力的目标,亦即我们的工作。"后收入《茅盾全集》时,题为《致法捷耶夫》。

　　同日　在《新蜀报·蜀道》发表杂感《"我的一九四一年"》。

同日　在重庆《大公报·战线》发表杂文《"时代错误"》,针对陈铨等鼓吹战国时代的谬论,指出这是古今两种不同战争的性质,蓄意歪曲抗日民族解放战争的性质,"混称之曰'战国时代'","那实在是非常危险的一件事!"

上旬　为《文艺阵地》复刊,主持招待在渝作家。经常在家中与叶以群商讨编辑计划,研究组稿工作。

6 日　作《戏剧的民族形式问题》。

7 日　作《一个读者的要求》。

8 日　出席由罗荪主持、《七月》杂志举办的关于"作家的主观与艺术的客观性"座谈会,并发言。

10 日　《文艺阵地》复刊号第 6 卷第 1 期出版。仍挂主编,实际编辑工作由叶以群、罗荪承担。

同日　为《文艺阵地》第 6 卷第 2 期作《编后记》。在《文艺阵地》第 6 卷第 1 期发表散文《风景谈》。文章由六个风景画面组成,突出反映了解放区军民紧张愉快的生活工作和崇高充实的精神风貌。董必武对茅盾说:"你这篇《风景谈》写得很好!那些审查官低能得很,你谈风景,他们就没有办法了。"

11 日　为纪念《新华日报》创刊 3 周年,在《新华日报》发表杂论《一个读者的要求》。

12 日　下午往嘉陵宾馆,出席苏联塔斯社中国分社招待重庆文化界、新闻界人士的茶话会。

同日　在重庆《大公报》发表杂论《今后文艺界的两件事》,又刊于香港《大公报》1 月 19 日。此文由 1940 年 12 月 28 日在文化工作委员会组织召开演讲会上的演讲整理而成。

15 日　在《抗战月刊》第 3 卷第 4 期"粮食公卖问题"专号发表杂感《粮食问题浅见》。

同日 作《"家"与解放》。

17日 居住在同一幢楼的沈钧儒来告知"皖南事变"消息。

18日 《新华日报》刊印周恩来的悼词:"千古奇冤,江南一叶;同室操戈,相煎何急?!"下午叶以群来良庄,讲述当日《新华日报》出版经过以及周恩来和办事处同志亲自上街卖报并发表演讲之情形。

23日 致曹靖华信。

25日 在《全民抗战》第155期发表杂感《谈"中国人真有办法"之类》。

30日 夜间作《现实主义的道路——杂谈二十年来的中国文学,为〈新蜀报〉二十周年纪念作》。

下旬 参加周恩来对一些民主党派和无党派人士的约见,听他介绍皖南事变的前因后果以及中共中央的立场。

下旬 徐冰来打招呼,为了防止意外变故,过于集中的重庆文化人要作适当疏散。当即向徐冰表示服从安排。

本月 在《中国工人》第11期发表评论《喜悦和希望——读了〈中国工人〉的文学作品以后》。

本月 作题画诗《题〈游龙戏凤图〉》。按:1941年春重庆进步文化界为著名画家关良举行水墨戏剧人物画展览。其展品中有《凤姐图》《游龙戏凤图》等颇为精彩的戏剧人物画。茅盾、老舍在参观画展后,欣然各题一首饶有风趣的讽刺诗。1983年11月17日《文学报》"文坛轶事"栏刊载谷苇的《老舍与茅盾的佚诗》首次向读者披露。

2 月

1日 在《新蜀报·蜀道》发表评论《现实主义的道路——杂

谈二十年来的中国文学》，亦见 7 日《立报·言林》。该文为《新蜀报》20 周年纪念作，强调抗日战争时期的文艺也必须坚持"现实主义的道路"。

同日 在《戏剧春秋》第 1 卷第 3 期发表文论《在戏剧的民族形式问题座谈会上的讲话》（摘录）。在《野草》第 1 卷第 6 期发表杂文《杂谈两则》（署佩韦）。

10 日 在《文艺阵地》第 6 卷第 2 期发表评论《"家"与解放》以及序跋《编后记》。

12 日 作《听说》。

13 日 作《谈新疆各回教民族的文化工作》。

16 日 作《雾中偶记》。

17 日 在《新蜀报·七天文艺》发表杂感《听说》。

19 日 作《文艺论文集》"后记"、文论《抗战期间中国文艺运动的发展》。

25 日 在《国讯》旬刊第 261 期发表散文《雾中偶记》，表达忧国忧民心情的真情实感，相信"浓雾之后，朗天化日也跟着来"，呼唤"血不会是永远没有价值的！民族解放的斗争，不达目的不止……"①。

下旬 在曾家岩小客厅见到周恩来。周恩来建议茅盾去香港。

下旬 徐冰建议茅盾先搬到郊区，沈太太（德沚）仍旧住枣子岚垭，活动照常，以迷惑特务。

下旬 搬至近郊南温泉，蛰居黄炎培先生创办的中华职业教育社一间房屋，并在此创作 6 篇散文。

---

① 茅盾在《我走过的道路》中说，洪深一家五口自杀，可见"政治的黑暗，社会的畸形，人性的被摧残"，"使我感慨万端，决定无论如何也要吐一吐心中的郁闷。于是我写了一篇杂感，叫《雾中偶记》"。

3 月

15 日 被选为文协第三届理事。

中旬 从重庆南温泉动身,乘汽车赴桂林,一周后抵达。在桂林过了一夜,次日傍晚即飞香港。

20 日 在《抗战文艺》第 7 卷第 2—3 期合刊发表评论《关于小说中的人物》和文论《戏剧的民族形式问题》,后文明确提出建立戏剧的民族形式的途径。

下旬 在香港暂住旅馆。次日,许地山、萧红、端木蕻良、夏衍和范长江等朋友纷纷前来看望,并答应将"见闻录"交夏衍正在筹办的《华商报》发表。

下旬 筹办《大众生活》的邹韬奋来找茅盾。编委会同人考虑到办刊物经费短缺,需要有部长篇小说在创刊号连载,扩大刊物销售,希望请茅盾承担这个任务。茅盾欣然接受。

本月 作七绝《渝桂道中口占》,直接编入《茅盾文集》第 10 卷。此诗在国民党反动政府压迫更甚、文网更严的背景下,在重庆至桂林途中即兴口占而成。

4 月

4 日 在《立报·言林》发表杂感《不许做梦》(署佩韦)。

8 日 应香港业务联谊社之邀,讲关于文艺问题。

11 日 在《华商报·灯塔》发表杂感《"复活"》(署明)。

中旬 与徐伯昕夫人先乘车到湛江,由湛江乘船抵达香港。随后,从旅馆搬到香港半山坚尼地道一所房子。

20 日 在《华商报》发表《重要更正》及杂感《古已有之》。

本月 在《中苏文化》第 8 卷第 3、4 期发表文论《抗战期间中国文艺运动的发展》。该文由 1940 年 12 月 8 日在中苏文化协会举行的中苏文化人联欢会上的讲话增补而成。文章谈到民族形式问题,认为:"'民族形式'的正解,显然是指植根于人民大众生活,而为中国人民大众所熟悉所亲切的艺术形式。这里所谓熟悉,当然是指文艺作品的用语、句法、表现思想的形式乃至其他构成形象之音调、色彩等等而言。这里所谓亲切,应该指作品的生活习惯、乡土色调、人物的声音、笑貌、举止等等而言。"

本月 应夏衍和范长江之约,为《华商报》作《如是我见我闻》为总题的一组散文,刊于《华商报》副刊《灯塔》,自 4 月 8 日至 5 月 16 日共刊出 18 篇:《弁言》《兰州杂碎》《风雪华家岭》《白杨礼赞》《西京插曲》《市场》《"战时景气"的宠儿——宝鸡》《拉拉车》《"天府之国"的意义》《秦岭之夜》《某镇》《成都——"民族形式"的大都会》《"雾重庆"拾零》《最漂亮的生意》《司机生活片断》《"如何优待征属"》《贵阳巡礼》《旅店小景》。在《弁言》中,茅盾以激愤的感情和犀利的文笔讽刺了国民党封锁言论的丑行。

按:除"弁言"外,该刊编者也作了宣传,"名作家茅盾先生,年来漫游大西北及新疆,长征万里,深入民间。……《如是我见我闻》长篇笔记,以其年来随时精密而正确的观察,用充满着爱与力的笔,作深刻而隽永的叙述。尤其注意的是抗战中旧的势力和新的运动的斗争与消长,暴露着黑暗社会孕育着危机与没落,指示出新中华民族的生长与出路"。在《弁言》中,茅盾直言:"这不是游记","然而到底是什么呢?说来很简单,就是七零八落的杂记。也许描几笔花草鸟兽,也许画个把人脸,也许讲点不登大雅之堂的'人事',讲点人们如何'穿',如何'吃',又如何发昏做梦,或者,如何傻头傻脑卖力气,——总之,好比是制片厂剪下扔掉的废片","因此,作者的我,未便在此自吹这些七零八落的记述,是什么'观察',或什么'印象',老实一句话,只是所见所闻的流水帐;不过我自信,同时既未重听,见时亦没有戴眼镜,形诸笔墨,意在存真,故曰《如是我见我闻》"。上述文章后结集为《见闻杂记》,由桂林文光书店于1943年4月出版。结集时,《弁言》《如何优待征属》《旅店小景》三篇删去,补进《海防风景》《太平凡的故事》《新疆风土杂忆》3篇。

本月 作《杂谈延安的戏剧》。

本月 中国文艺通讯社成立于香港,旨在促进抗日文艺的发展,发起人茅盾、叶以群等。12月因太平洋战争爆发,该社活动即告结束。

5 月

1 日 在《野草》第2卷第3期发表杂论《大题小解之一》。

同日 在《电影与戏剧》第1卷第3期发表文论《杂谈延安的戏剧》。

2 日 在《华商报·灯塔》发表杂论《事实最雄辩》。

3 日 应邹韬奋之邀,任《大众生活》周刊编委并出席第一次编委会,出席编委还有金仲华、夏衍、千家驹、胡绳、乔冠华。

4 日 下午出席在香港大学圣约翰堂举行的中华全国文艺界抗敌协会香港分会第三届会员大会,当选本届新理事。

同日 在《华商报·灯塔》发表杂文《科学与民主》。

8 日 中华全国文艺界抗敌协会香港分会在许地山住宅举行新理事会。茅盾出席会议,并与夏衍、杨刚等负责研究部工作。

11 日 在《华商报·灯塔》发表杂文《复活》和杂感《诺言与

头颅》。

17日　邹韬奋主编、茅盾等任编委的《大众生活》新 1 号在香港出版。

同日　长篇小说《腐蚀》在《大众生活》(周刊)开始连载,至 9 月 27 日第 20 号止。全文由 51 则日记组成,同年 10 月由上海华夏书店出版单行本。该小说原计划写到小昭被害结束,但读者来信纷纷要求作家给赵惠明一条自新之路。杂志发行部亦希望将《腐蚀》连载延续几期,刚好是一个合订本。为此,只得改变原计划,给了赵惠明以自新之路。人民文学出版社 1954 年版《腐蚀·后记》中说明了作品写作过程及表现形式的特点。

18日　在《华商报·灯塔》发表杂感《中庸之道》。

19日　在《华商报·灯塔》发表杂感《释"谣"》。

22日　在《华商报·灯塔》发表杂论《谈所谓"暴露"》。

24日　在《大众生活》新 2 号发表评论《关于"新中国研究"》,亦见《大众文粹》第 1 辑。

27日　在《华商报·灯塔》发表杂感《"士"与"儒"之混协》。

29日　与邹韬奋、范长江、金仲华、韩幽桐、沈兹九等联名作《我们对于国事的态度和主张》,后发表在香港《大众生活》新 4 号。痛斥国民党投降派破坏抗日统一战线、摧残进步文化的劣迹。

30日　在《华商报·灯塔》发表杂论《再谈"暴露"》。

6 月

1日　在《文学月报》第 3 卷第 1 期发表文论《在"作家的主观与艺术的客观性"座谈会上的发言》。本篇系座谈笔录,与他人发言合为一篇。

4日　作《高尔基与现实主义》。

5 日 作《人权运动就是加强抗战的力量》。在《华商报·灯塔》发表评论《孔夫子》。

6 日 作《大题小解》。

7 日 在《大众生活》新 4 号发表评论《文化近事有感》和政论《我们对于国事的态度和主张》（与邹韬奋等合署），后者亦刊于香港《大众文萃》第 2 辑。

8 日 在南洋华侨《建国日报》发表杂感《文化上的逆流》。

同日 在《新疆日报》"文学创作与理论特辑"发表《关于小说中的人物》，说明小说创造人物的重要性和如何观察塑造人物。

9 日 作《谈自杀者盛妆新衣之心理》，并在《华商报·灯塔》发表杂论《谈提倡学术之类》。

13 日 在《华商报·灯塔》发表杂感《偶然看到》。

15 日 在香港《大公报》发表文论《高尔基与现实主义》，此文亦见《中苏文化》第 8 卷第 6 期。

16 日 在《时代批评》半月刊第 4 卷第 73—74 期合刊发表评论《人权运动就是加强抗战的力量》。

同日 作《致××》，刊于桂林《文化杂志》创刊号，收信人疑为当时《文化杂志》主编邵荃麟。

18 日 作《再谈孔夫子及其他》。在《华商报·灯塔》发表散文《纪念高尔基》。

20 日 在《华商报·灯塔》发表杂论《再谈孔夫子及其他》。

22 日 在《华商报·灯塔》发表杂感《谈自杀者盛妆新衣之心理》，此文亦见《文化杂志》创刊号。

23 日 作《如何加强我们的抗建文艺》。

24 日 在《华商报·灯塔》发表杂感《由"侦谎机"而建一议》。

27 日　在《华商报·灯塔》发表杂论《事实是最无情的!》。

30 日　在《华商报·灯塔》发表杂论《青年的痛苦》。

7 月

1 日　在《时代文学》第 1 卷第 2 号发表评论《大题小解》,并附作者照片及手迹。

3 日　在《华商报·灯塔》发表杂感《记性之益》。在《华商报·今日论坛》发表杂论《论今日国内的复古倾向》。

5 日　在《大众生活》新 8 号发表杂论《谈所谓"可塑性"》及评论《如何加强我们的抗建文艺》。

同日　在《上海周报》第 4 卷第 2 期发表杂论《更须努力进步》,此文亦见《华商报·灯塔》7 月 7 日,二处发表略有不同。

6 日　在《华商报·灯塔》发表杂感《"古"与"今"》。

7 日　在《新华日报》发表《题词》,为纪念全面抗战 4 周年而作。

同日　与郭沫若、许地山、巴金、夏衍、胡风等联名,在《华商报》发表《中国文艺家给欧美文化界的一封信》,呼吁建立国际反法西斯联合阵线。

10 日　在《华商报·灯塔》发表评论《读"人权运动专号"》。

同日　在《新蜀报·蜀道》第 429 期发表杂感《抗建文艺的展望》。[①]

11 日　与郭沫若、沈钧儒、邓初民、陶行知、柳亚子、郁达夫、曹靖华、翦伯赞等 264 人联名,在《新华日报》发表《中国文化界

---

① 张宝珍:《关于茅盾和丁玲生平与创作年谱补充》,《徐州师范学院(哲学社会科学版)》1989 年第 2 期。

致苏联科学院会员书》,响应苏联科学家的号召,呼吁全世界文化人士一致行动起来,反对法西斯。

12 日　在《大众生活》新 9 期发表杂感《奖励学术之道》(署玄珠)。

13 日　在《华商报·灯塔》发表杂感《偶感》。

17 日　在《华商报·灯塔》发表杂论《民主·人权·反法西斯》。

22 日　在《华商报·灯塔》发表杂感《释"公务员"》。

24 日　在《华商报·灯塔》发表杂感《一个"妙喻"》。

26 日　在《大众生活》新 11 号发表杂感《"善忘"与"不忘"》(署玄珠)。

31 日　在《华商报·灯塔》发表杂感《成见与无知》。

8 月

1 日　在《野草》第 2 卷第 3 期发表评论《大题小解之一》,列举抗战文艺创作中的公式化概念化的倾向,认为这种倾向与作家的创作仍然受到种种限制有关。

同日　在《时代文学》第 1 卷第 3 号发表《茅盾先生悼许地山语》(摘录)。

2 日　在《大众生活》新 12 期发表杂论《V 字运动的"双包案"》(署玄珠)。

4 日　作《悼许地山先生》。

5 日　在《华商报》发表散文《悼许地山先生》,此文亦刊于 8 月 21 日《星洲日报》和 9 月 2 日《新华日报》。

6 日　在《青年知识》创刊号发表评论《如何缩短距离》,同年 9 月 14 日刊于《新华日报》时改题为《如何欣赏文学作品》。

10 日 在《文化杂志》创刊号发表评论《大题小解之二》,指出文学作品的描写技巧"不可能超时代,但万万不应落在时代之后。"

13 日 作《谈一件历史公案》。在《华商报·灯塔》发表杂感《"八一三"纪念感言》。

16 日 作综述《两周间》。

19 日 作散文《大地山河》。

30 日 在《大众生活》新 16 期发表杂论《民主原来还是要得的》(署浦)。

本月 与郭沫若、沈钧儒等联名发表通电,表示愿与苏联人民并肩作战,扑灭人类的公敌——法西斯,维护人类正义,争取世界和平。

9 月

1 日 茅盾主编的文艺性综合半月刊《笔谈》在香港创刊。这个被茅盾称为"杂拌式"的杂志出版后大受读者青睐,发行不到 5 天创刊号即再版。

同日 在《笔谈》创刊号发表《笔谈·征稿简约》(未署名)、《编辑室》(未署名)、综述《两周间》(未署名);发表杂感《寓言式之预言》(署明)、评论《国粹与扶箕的迷信——纪念许地山先生》(目录署茅盾,文内未署名);发表杂论《七笔勾》(署来复)、《乩语》(署文直)、《所谓"白夜"》(署何典);发表书评《科学先生活捉小魔王的故事》①、《刘明的苦恼》②(署仲)、《忆兰州》③(署玄)、

---

① 《科学先生活捉小魔王的故事》,原名《抗战与防疫》,高士其著,读书出版社出版,后在国统区出版时曾改名《活捉小魔王》;新中国成立后又改为《细菌漫话》印行。

② 《刘明的苦恼》,严文井著,炎黄出版社发行。

③ 《忆兰州》,许之方著,中国国货实业服务社发行。

《简明中国通史》①（署甫）；发表散文《大地山河》、《客座杂忆之一：〈新青年〉谈政治之前后》（署形天）②、《客座杂忆之二：周、杨姻缘之一幕》（署形天）。

2 日 为第 2 期《笔谈》作《编辑室》《两周间》各一篇。

同 日 作《为什么我们要求进步的文化》。

6 日 在《大众生活》新 17 号发表杂论《国际青年日》（署玄珠）。

10 日 作《某一天》。

11 日 在《华商报·灯塔》发表评论《研究鲁迅的必要》，从出版《鲁迅三十年集》谈到研究鲁迅的意义。

12 日 在《华商报·舞台与银幕》发表评论《为了〈雾重庆〉的演出》③。

13 日 作《论许地山的小说》。在《大众生活》新 18 期发表杂感《克复福州感言》（署玄珠）。

14 日 在《新华日报》发表文论《如何欣赏文艺作品》。作《从"九一八"十周年想到文学》。

15 日 在桂林《力报》副刊《半月文萃》发表文论《我写文章的经验——中国文艺通讯社座谈会纪录》（加因、文芝记）。

同 日 在《野草》第 3 卷第 1 期发表杂文《我们的狗之死》（署佩韦）。

16 日 在《笔谈》第 2 期发表《编辑室》（未署名）、《两周间》（未署名）；发表杂感《妙联二则》（署明）、《法国革命空气浓厚》

---

① 《简明中国通史》，吕振羽著。

② 《客座杂忆》，茅盾的散文作品，共 13 则，连载于《笔谈》1941 年 9 月 1 日至 11 月 16 日第 1 至第 6 期，署名形天。是受柳亚子为《笔谈》所写谈辛亥革命前后的掌故的《羿楼日札》的启发而创作的，是专谈大革命前后的小掌故，内容丰富，不乏珍贵的史料。现收《茅盾全集》第 12 卷。

③ 《雾重庆》原名《鞭》，宋之的著，五幕话剧，重庆生活书店 1940 年 12 月出版。

（署民）、《纳粹德国的宗教如此》（署亮）、《"夥颐"》（署文直）、《纳粹人员之恶魔的生活》（署文）；发表书评《我是劳动人民的儿子》①（署文）、《法兰西崩溃的内幕》②（署玄）；发表散文《客座杂忆之三：民九以后沪报之副刊》（署形天）、《客座杂忆之四：陈某之春婆一梦》（署形天）。

同日　作《希特勒怎及拿破仑》。

同日　在《时代批评》第 4 卷第 79 卷发表评论《为什么我们要求进步的文化》，亦刊于桂林《力报》副刊《半月文萃》第 11 期。

17 日　在《华商报》发表杂感《〈希特勒的杰作〉上演感言》。

18 日　在《光明报·鸡鸣》"九一八"纪念特辑中，发表杂论《从"九一八"十周年想到文学》。

19 日　在《华商报·灯塔》发表杂论《希特勒怎及拿破仑》。

20 日　为《笔谈》第 3 期作《编辑室》《两周间》。

21 日　在香港《大公报·文艺综合版》发表评论《论许地山的小说》，此文亦见于 29 日桂林《大公报》。

26 日　作《"最理想的人性"——为纪念鲁迅先生逝世五周年》。

27 日　在《大众生活》新 20 期发表杂论《统一、团结与民主》（署玄珠）。

10 月

1 日　在《笔谈》第 3 期发表《编辑室》（未署名）、《两周间》（未署名）；发表杂感《挪威一店主》（署威）、《妇女动员》（署文）、《军犬

---

① 《我是劳动人民的儿子》，苏联卡达耶夫著，曹靖华译，文学出版社印行。
② 《法兰西崩溃内幕》，法国莫洛华著，赵自强译，商务印书馆出版。

团》(署文)、《战时英国之科学家》(署华)、《"翠盘"》(署明);发表杂论《谈一件历史公案》;发表书评《中国字拉丁化运动年表》[①](署文)、《希特勒的杰作》[②](署直);发表散文《客座杂忆之五:记李汉俊》(署形天)、《客座杂忆之六:民十前后上海戏剧界》(署形天)。

同日 在重庆《回教文化》第 1 卷第 1 期发表杂感《谈新疆各回教民族的文化工作》。

同日 在《青年知识》第 9 号发表散文《店员们向前进》(署微明)。

4 日 在《大众生活》新 21 号发表杂论《科学与民主》(署玄珠)。为《笔谈》第 4 期作《编辑室》《两周间》。

7 日 在《解放日报》发表杂论《大题小解》。

9 日 作《研究、学习,并且发展他》。

10 日 在《国讯》旬刊港版第 1 期(总 283 号)发表短篇小说《某一天》,此文亦见《解放日报》1942 年 1 月 29 日。作品以夸张的手法,真实地画出了国民党统治集团的腐朽。

11 日 在《华商报·灯塔》双十纪念增刊发表杂感《卅双十感言》。

16 日 在《笔谈》第 4 期发表《编辑室》(未署名)、《两周间》(未署名);发表评论《"最理想的人性"——为纪念鲁迅先生逝世五周年》;发表杂论《捷克人民的反抗精神》(署克)、《希特勒的"文化政策"》(署华)、《苏联的文艺阵线》(署文);发表杂感《指模》(署明)、《武王候殷》(署玄)、《廷杖与黥刑》(署文);发表书评

---

① 《中国字拉丁化运动年表》,倪海曙编,中国拉丁化书店出版。
② 《希特勒的杰作》,德国乌尔夫著,吴天、陈非瑾合译,上海潮锋出版社出版。

《小市民画像〈读书记〉》①（署玄珠）、《生命在呼喊》②（署玄）、《人之初》③（署叶明）；发表散文《客座杂忆之七：萧楚女与恽代英》（署形天）、《客座杂忆之八：武汉时代之民运》（署形天）。

同日　在《学习》半月刊第 5 卷第 2 期发表散文《记"鲁迅艺术文学院"（上）》、评论《关于〈呐喊〉和〈彷徨〉——读书杂记》。

17 日　作《耿译〈兄弟们〉书后》。

18 日　在《大众生活》新 23 号发表文论《研究·学习·并且发展他》，系为纪念鲁迅逝世 5 周年而作。

20 日　与杜国庠等联名，在《光明报·鸡鸣》发表《郭沫若先生创作生活二十五周年及五十寿辰纪念论文集》征稿启事。为《笔谈》第 5 期作《编辑室》《两周间》。

30 日　在《国讯》旬刊港版第 6 期发表短篇小说《十月狂想曲》④。该期《编辑后记》专门说明此文为"本期特约之文艺作品"，可视为茅盾名作《某一天》的姊妹篇。

本月　长篇小说《腐蚀》单行本由华夏书店初版印行。按：洁泯在《〈腐蚀〉出版经过》，（《茅盾研究》第 4 辑）称，"华夏书店的出版工作，实行的是对付国民党的麻雀战，用着多种出版社名义，使敌人无法辨识……《腐蚀》用的是'知识出版社'名义出版的。此书付印是在 1945 年冬，正式出版是在 1946 年初了。……《茅盾全集》第五卷，〈本卷说明〉中写了'〈腐蚀〉始作于1941 年初夏……同年 10 月由上海华夏书店印成单行本'"，这句

---

① 该文是读高尔基小说《奥古洛夫镇》的感想。
② 《生命在呼喊》，苏联贝洛·贝尔采可夫斯基著，葛一虹译，4 幕剧。
③ 《人之初》，法国巴若来著，顾仲彝改编，新青年书店出版。
④ 标题和署名据手迹排印，计 4100 余字，是新发现的茅盾抗战时期小说佚作。参见邓龙建《三十年来首度发现茅盾抗战时期小说佚作——被遗忘的〈十月狂想曲〉论略》，《现代中文学刊》2019 年第 1 期。

话是不真实的，"1941 年 10 月上海还没有成立过华夏书店"。备考。

11 月

1 日　在《笔谈》第 5 期发表《编辑室》(未署名)、《两周间》(未署名)；发表杂感《八股之害》(署明)、《衣冠之盗》(署玄)、《柏林人的菜单》(署华)、《吏之权威》(署文)、《漂亮名词》(署德)；发表散文《客座杂忆之九：工商学联合会时代之上海学联会》①(署形天)、《客座杂忆之十：湘人之幽默》②(署形天)；发表书评《波兰烽火抒情》③(署兰)、《油船德宾特号》④(署德)。

同日　在《大众生活》新 25 号发表杂感《无话以后》(署玄珠)。

4 日　为《笔谈》第 6 期作《编辑室》《两周间》。

7 日　与廖沫沙等 11 人联名提议组织反法西斯作家同盟，并发表致世界作家书。

12 日　作《谈技巧、生活、思想及其他》。出席在柳亚子寓所举行的纪念孙中山先生诞辰集会。

15 日　与柳亚子等联名发表《敬祝郭沫若先生五十初度》。

16 日　郭沫若 50 诞辰暨创作生活 25 周年，香港文化界百余人集会庆祝，茅盾与柳亚子、杜国庠、叶灵凤等为主席团成员。会上发表演讲，并与柳亚子、邹韬奋等 127 人联名发电祝贺。

同日　在《学习》半月刊第 5 卷第 4 期发表散文《记"鲁迅艺

---

① 介绍 1924 年前后上海学生运动。
② 介绍 1927 年前后湖南农民运动。
③ 《波兰烽火抒情》，波兰 W. 华西列夫斯卡等著，陈原译，孟夏书店出版。
④ 《油船德宾特号》，苏联克雷莫夫著，曹靖华译，文学书店印行。

术文学院"（下）》。在《华商报》发表散文《为祖国珍重！——祝郭沫若先生五十生辰》。

同日 在《笔谈》第 6 期发表《编辑室》（未署名）、《两周间》（未署名）；发表杂感《轴心国的衣着》（署明）、《饥饿的希腊》（署希）；发表杂论《武器与人》（署明甫）；发表书评《兄弟们》（上卷）[①]（署玄）、《菌儿自传》[②]（署明）；发表散文《开荒》（未署名）、《客座杂忆之十一："算盘珠"与"酱色的心"》（署形天）、《客座杂忆之十二：所谓"小拉塞尔"者》（署形天）、《客座杂忆之十三："两湖书院"之风光》（署形天）。

20 日 与郭沫若、沈钧儒等 68 人，联名在《新华日报》发表《文化界人士致苏联人民书》，向在反法西斯前线的苏联人民致敬。

22 日 在《大众生活》新 28 号发表杂论《谈"提高"和"增加"之类》、《人心不古》（署玄珠）。

同日 为《笔谈》第 7 期作《编辑室》《两周间》。

23 日 作《读〈北京人〉》《一段回忆》。在《华商报·灯塔》发表杂论《这是他们的本色》。

28 日 在《华商报》发表散文《一段回忆》。

29 日 在香港《大公报·〈北京人〉公演特辑》发表评论《读〈北京人〉》[③]，此文亦见 1942 年 5 月《戏剧岗位》第 3 卷第 5、6 期。

---

① 《兄弟们》，俄国陀思妥耶夫斯基著，耿济之译，上海良友复兴图书印刷公司印行。

② 《菌儿自传》为高士其撰写的科普读物。

③ 《北京人》，剧本，曹禺著，重庆文化生活出版社 1941 年 11 月版。

12 月

1 日 在《笔谈》第 7 期发表《本刊启事》(未署名)、《广告一则》(未署名)、《编辑室》(未署名)、《两周间》(未署名);发表评论《〈直入〉和〈刀笔〉》①(署华);发表书评《面包》②(署文)、《医师忏悔录》③(署晓)。此即《笔谈》终刊号。《笔谈》共出版 7 期,茅盾在此共发表散文、杂文、书评 63 篇。

2 日 为电影《东亚之光》题词"《东亚之光》为民族解放战争中伟大的文化武器",刊于香港《大公报》。

4 日 在《星洲日报·晨星》4—6 日发表评论《谈技巧、生活、思想及其他》,此文亦见 12 月 5 日《奔流新集》第 2 集《横眉》。

6 日 在《上海周报》第 4 卷第 24 期发表书评《耿译〈兄弟们〉书后》。

同日 在《大众生活》新 30 号发表评论《关于"北京人"》。

8 日 日本偷袭珍珠港,太平洋战争爆发。日军开始进攻香港。与夫人孔德沚分工,由她去银行取款和采购生活必需品,自己则去找朋友打听消息。

同日 《大众生活》停刊。

9 日 被房东太太视为"危险人物",并被其暗地检查了装满信件和底稿的网篮。怀疑这些东西与抗日有关,遂遣人将这些材料烧掉。

---

① 《直入》系《奔流新集》之一,《刀笔》系文艺综合刊物,均在上海出版。
② 《面包》,A. 托尔斯泰著,俞荻、叶菡译,言行社出版。《面包》,今译《粮食》,一译《保卫察里津》。
③ 《医师忏悔录》,魏列沙益夫著,祝秋江译,开明书店印行。

10 日　在叶以群帮助下,搬至轩尼诗道一所设在三层楼的"舞蹈学校"避难。

24 日　日军进入市区,并在"舞蹈学校"附近巷战。晚,炮弹击穿这栋楼屋顶。同住的叶以群、戈宝权等 8 人立即召开紧急会议,决定搬到较安全的市中心中环。

25 日　迁至德辅道大中华旅社。

29 日　日军部分征用了大中华旅社,几个日本兵还"光顾"了茅盾等居住的房间。大家决定分散居住。

31 日　搬入大同旅馆,仍与叶以群同住。

年底　史沫特莱回美国治病途中路过香港,特意拜访茅盾,劝茅盾离开香港去新加坡,茅盾婉谢。

本年　《茅盾代表作》(现代作家选集第 4 集)由上海三通书局出版。

1942 年(壬午,民国三十一年)　46 岁

▲1 月 1 日,中、美、英、苏四国领衔,26 个国家签名的《联合国家共同宣言》发表,世界反法西斯同盟正式形成。

▲4 月 3 日,中共中央宣传部发出关于讨论毛泽东整顿"三风"报告的决定,成为延安整风运动开始的标志。

▲5 月 2 日,中共中央宣传部在延安召开文艺座谈会,毛泽东两次到会讲话,后以《在延安文艺座谈会上的讲话》为题发表。

▲本年,尼·奥斯特洛夫斯基自传体小说《钢铁是怎样炼成的》由上海新知书店出版发行,译者系中共地下党员梅益。

1 月

4 日 由于叶以群的努力,迁至西区,二房东为宁波人,大北电报公司职员。

8 日 以群来告知,次日可过九龙,但需轻装。

9 日 茅盾夫妇和叶以群、胡仲持、廖沫沙一起离开香港。

11 日 到达东江游击队总部所在地白石龙镇,见东江游击队司令员曾生和政委林平,受到盛大欢迎。为避免给东江游击队增添麻烦和负担,后离开此地。

20 日 下午 3 时,与德沚以及叶以群、胡仲持、廖沫沙,加上两位持枪护送者和两位挑夫,一行 9 人离开白石龙。午夜时分,在山间草棚过夜。

21 日 下午 4 时出发。半夜至预先安排的住宿处时,发现敌哨,急转至附近山中熬过一夜。

22 日 继续赶路,宿于小镇一家客店。

25 日 休息两天后继续行军。晚至小村洲田过夜。

26 日 游击队一队长转告:敌人攻占博罗,可能进攻惠阳,需要根据形势变化决定行踪。

27—29 日 在洲田村等候消息。30 日得知日军进攻惠阳,遂继续滞留。

本月 《文艺阵地》出至第 7 卷第 4 期停刊。

2 月

上旬 日军占领惠阳,故继续滞留洲田村。

13 日 午后获次日赴惠阳通知。

14 日　早饭后乔装逃难商人,化名孙家禄,孔德沚化名孙陈氏,赴惠阳。

30 日　15 日从惠阳乘船出发,历时半月水路,到达老隆。

3 月

2 日　致陈此生信。

3 日　离老隆。当日因车辆故障,住柳城镇。

5 日　抵登塔。

9 日　到达桂林,受到文化界的热烈欢迎。邵荃麟夫妇腾出一间房作为茅盾夫妇的住处。

中旬　"文协"桂林分会在正阳路大华饭店召开近两百人的茶会,欢迎从香港脱险归来的茅盾、夏衍等人。

本月　作《仍是纪念而已》。

本月　开始创作《桂渝札记》至 1943 年 6 月,最初发表于 1996 年 6 月《茅盾研究》第 7 辑,标题为编者所加。

4 月

8 日　在《新蜀报·蜀道》发表书信《致姚蓬子》。

中旬　应邵荃麟之邀,赴中国文协桂林分会举办的讲习班授课《杂谈文学修养》。

25 日　在《文化杂志》第 2 卷第 2 期发表杂论《仍是纪念而已》,一针见血地指出,当前社会的"症结所在,还不是两句老话:科学化不够,民主化不够而已。'五四'所提出的课题,一向没有作完篇。今天还不是否定五四传统的时期","今天我们还须继续发扬五四传统"。

26 日　下午参加中国文协桂林分会在广西艺术馆召开的"保障作家权益"座谈会。会上报告了保障作家合法权益,争取提高版税和稿费的建议酝酿和提出经过。与田汉、胡风、宋云彬、艾芜等被推为与出版商交涉的成员。

本月　开始创作中篇报告文学《劫后拾遗》。

5 月

1 日　中篇报告文学《劫后拾遗》脱稿。

月初　应刘百闵之邀,赴乐群社午餐。刘此次奉蒋介石之命来桂林,邀请由香港归来的文化人去重庆。

5 日　在《中学生》第 55 期发表评论《杂谈文学修养》(茅盾讲,涧青记)。

20 日　在《文艺阵地》第 6 卷第 5 期发表文论《"最理想的人性"》。

25 日　出席广西省紧急救侨会在乐群社举行的茶会,商讨救侨事宜,参会者有梁漱溟、金仲华、蔡楚生、叶浅予、马思聪等100 余人。

同日　在《戏剧春秋》第 2 卷第 1 期发表文论《戏剧的民族形式问题》。

26 日　作《有意为之——谈如何收集题材》。

31 日　作《大题小解》及《前记》。

本月　出席由广西李济深、黄旭初招待脱险文化人的茶会,主人代表刘百闵向大家表示了慰问。参会者还有胡风、沈志远等。

6月

月初 开始酝酿和构思长篇小说《霜叶红似二月花》。邵荃麟和葛琴夫妇把他们楼下当厨房用的一间小房让给茅盾,地址在丽泽门外丽君路①。

按:该小说叙述了江南某个小县城的轮船公司经理王伯申因为要发展民族工业,打算动用积善堂的存款创办"全民习艺所",遭到了经营积善堂公款的地主赵守义的反对。他一方面上告王伯申占用学堂公田储放煤炭,另一方面上告土著地主曹志诚以轮船在内河航行破坏农田为由,挑动农民砸王伯申的轮船。为此,王伯申只得答应赵守义不再清算积善堂的公款,求得轮船得以通航。作品展示了民族资产阶级在发展资本主义的过程中,同地主阶级既斗争又妥协的复杂情景,也反映了农民阶级同地主阶级、民族资产阶级的矛盾,表现出农民阶级自发反抗斗争及其弱点,还表现了资产阶级改良主义的软弱无力。作品还反映了"五四"前夜,青年的民主呼声和个性解放要求。小说在处理重大题材,表现各种复杂斗争时,不是采用直接交锋、渲染气氛的作法,而是以委婉多姿的手法来表现。这种艺术手法和我国古典小说如《红楼梦》有直接的承传关系。小说的结构方式与中国小说的传统布局方法也有明显的承传关系。

4日 下午,在宋云彬寓中与刚从成都到桂林的叶圣陶晤谈。

---

① 为桂林市郊丽泽门外一座木楼,茅盾在此住至12月离开桂林时。室内只能放一张木床,两把椅子,一张方桌。楼上说话,楼下可以听见,走路重些,四壁就要震动。在这样的环境里,茅盾完成了长中篇小说《劫后拾遗》和长篇小说《霜叶红似二月花》。

5 日 在《新华日报》发表论文《材料的搜集与研究》。

7 日 在《解放日报》发表杂感《文艺节的感想》。晚,在天然餐馆与诸友会餐,欢迎叶圣陶,并向叶圣陶介绍新疆的情况。

9 日 设家宴招待叶圣陶。

15 日 在《野草》第 4 卷第 3 期发表报告文学《最后一次防空演习——〈劫后拾遗〉之一节》。

同日 在《文艺新哨》第 1 卷第 5 期发表文论《论鲁迅的〈呐喊〉和〈彷徨〉》,认为"《呐喊》主要地表现了那些长期受封建势力压迫与麻醉的人们,在怎样痛苦地而又麻痹地生活着,他们有忿怒,而又如何愚昧,他们不明白生活痛苦的来源,他们有偏见,固执,然而他们能哭能笑,敢哭敢笑,而且敢于诅咒","在这样的人们身上,作者看见了革命的力量,然而还没有看见革命的人物"。《彷徨》"主要地表现了那些从黑暗中觉醒,满肚子不平、憎恨,然而脑子里空空洞洞,成日价只以不平与牢骚喂哺自己的灵魂,但同时肩上又负荷着旧时代的重担,偏见,愚昧,固执,虚无思想,冒险主义,短视,卑怯,——这样的人们","《彷徨》应该看作是《呐喊》的发展,是更积极的探索"。

20 日 在《半月文萃》第 1 卷第 2 期发表报告文学《"扭纹柴——"〈劫后拾遗〉之一节》,后收入《劫后拾遗》。

22 日 在《新华日报》与郭沫若、田汉、欧阳予倩等联名发表《中国文艺界为苏联抗战周年致斯大林先生及全体苏联战士书》。

24 日　作《雨天杂写之一》。①

25 日　作《雨天杂写之二》。

27 日　作《雨天杂写之四》。

30 日　作《雨天杂写之三》。

同日　在《时事新报·青光》发表评论《大题小解》及《前记》，后连载于《时事新报·青光》7 月 2 日、7 月 5 日。

下旬　接叶以群自重庆来信，称《文艺阵地》将继续出刊，并建议写完《霜叶红似二月花》后去重庆，同时希望能对《文艺阵地》的编辑方针提出意见和推荐、提供一篇创作。立即回信表示：暂不打算去重庆，但可将《霜叶红似二月花》在《文艺阵地》上连载。

本月　创作《谈描写技巧——大题小解之二》。

本月　中篇报告文学《劫后拾遗》由桂林学艺出版社出版。按：《劫后拾遗》的文体，学界看法不一，有的认为是中篇小说，有的认为是中篇报告文学。茅盾自己在《回忆录》中称中篇报告文学。

7 月

6 日　作《我对于〈文阵〉的意见》。

7 日　在《解放日报》发表杂感《读报偶感》。

---

①　关于 1942 年，茅盾在桂林创作了"雨天杂写"系列杂文（之一、二、三、四、五）很多版本的茅盾全集、选集、年谱、词典在收录或表述中都存在史料错误，包括内容残缺、标题与正文张冠李戴、最初刊载信息混乱等。这些普遍存在的错误导致大量的专著和论文在引用"雨天杂写"系列杂文时陷入了史料的混乱，鉴于此，刘铁群发表《关于茅盾"雨天杂写"系列杂文的史料问题》，刊于《中国现代文学研究丛刊》2019 年第 4 期，该文对"雨天杂写"系列杂文的史料问题作出系统的梳理与考证，可参见。

11 日　与郭沫若等联名,在《新华日报》发表《致苏联科学院会员书》。

14 日　应田汉邀请,前往七星岩大枫树下,参加由田汉主持的"历史剧问题座谈会",会上就历史剧创作目的和历史剧作家的任务作了发言。

15 日　在《文艺杂志》第 1 卷第 5 期发表报告文学《闪击之下——〈劫后拾遗〉之一节》。

25 日　作《雨天杂写之五》。

本月　秦似常去茅盾住处为《野草》杂志约稿。茅盾每次对刊物的内容和编辑提出许多意见,也常谈及中外文学的有关问题。

本月　《茅盾自选集》(天马书店出版)被国民党中央图书杂志审查委员会查禁,理由是"鼓吹偏激思想,强调阶级对立。"

本月　黄果夫在《杂志》月刊第 9 卷第 5 期(复刊号)发表《记茅盾》,评述了茅盾写《子夜》和在新疆、香港的生活与创作,说道:"表面冷得象一块寒光闪闪的钢铁,而他的内心却潜伏着无限的热和力。"

8 月

月初　熊佛西为办大型文学刊物《文学创作》来约稿。觉得在当时形势下,办这样一个杂志很有必要。答应每期至少写一篇文章。

5 日　作《耶稣之死》。

10 日　在《文化杂志》第 1 卷第 1 期发表文论《谈描写的技巧——大题小解之二》。

15 日　在《创作月刊》第 2 卷第 3 号发表报告文学《偷

渡——〈劫后拾遗〉之一节》。

23 日　作《"诗论"管窥》。

30 日　在《文艺阵地》第 7 卷第 1 期发表评论《我对于〈文阵〉的意见》①。

本月　长篇小说《霜叶红似二月花》在《文艺阵地》第 7 卷第 1 期开始连载。② 桂林华华书店 1943 年 5 月出版单行本。

本月　创作谈《有意为之——谈如何收集题材》(5 月 26 日警报声中写完),刊于《新文学连丛》之一《孟夏集》。

9 月

1 日　散文《新疆风土杂忆》,刊于《旅行杂志》第 16 卷第 9 期(9 月 1 日)、第 10 期(10 月 1 日)。文章全面论述了新疆的风土习俗,间以介绍历史沿革和文物掌故,同时在一定程度上揭露了新疆统治者盛世才的真实面目,发表时曾遭国民党检查官删改。

同日　发表七绝《新疆杂咏》,写于 1939 年,原附入《新疆风土杂忆》文中,现收《茅盾全集》第 10 卷。③

6 日　作《记温涛的刻——香港之劫》。

10 日　作《关于研究鲁迅的一点感想》。

15 日　在《文学创作》第 1 卷第 1 期发表短篇小说《耶稣之

---

①　《文阵》即《文艺阵地》。

②　小说第 1 章至第 9 章连载在《文艺阵地》第 7 卷第 1 期至第 4 期,后 5 章以《秋潦》为题,连载于重庆《时事新报·青光》第 1 期至第 29 期。

③　当时还有一绝:"谁将旧谱缀新词,北准南回亿万斯。细恩杨姑齐解唱,六星高耀太平时。"编《茅盾文集》第 9 卷时,这首从《新疆风土杂忆》中删除。此后编辑、出版的两种茅盾诗词专集和《茅盾全集》中,也没将此绝纳入《新疆风土杂忆》和《新疆杂咏》中。参见陆啃林《茅盾诗词闻见散记四题》,《茅盾研究》第 11 辑。

死》。小说取材于《圣经》《新约》四福音书中有关耶稣和法利赛人是怎样结下仇恨的一段故事，以耶稣和法利赛人的矛盾为线，层层展开，情节错综曲折，采用中国传统小说结构方法，饱含中国味。茅盾说这"是对当时国民党法西斯统治的诅咒并预言其没落；因为只有用这样的借喻，方能逃过国民党那时的文字检查，蒋自己是基督徒，他的爪牙万万想不到人家会用《圣经》来骂蒋"。

按：《茅盾全集》第 9 卷人民文学出版社版，注明本篇发表于 1942 年 9 月 5 日《文学创作》创刊号，据查，《文学创作》创刊时间为 1942 年 9 月 15 日。

24 日　作《序〈种子〉》。此文最早是为张煌《种子》一书（文学编译出版社，1942 年）而作。后略作改动并改题《序狱中记——种子》，作为《狱中记》（此为《种子》的再版，上海新新出版社，1946 年 7 月）序言。

同日　正值中秋节，与柳亚子、熊佛西等前往桂林牯牛岭赏月，泛舟江上。柳亚子于归途中吟填《醉江月》词一首。

10 月

10 日　在《青年文艺》创刊号发表文论《谈"人物"描写》。

同日　在《大公报·文艺》第 201 期"庆祝双十增刊"发表散文《回忆是辛酸的罢，然而只有激起我们的奋发之心！》，回忆对辛亥革命的认识过程后说："多少烈士的热血和头颅，无数千万民众的痛苦与牺牲，然后把中华民国的招牌撑到今天，然后把一代一代的青年教育培养成革命的继承人，而尤其把这艰苦的抗战撑住到而今，这是辛酸的罢，但只有激起我们的感奋，只有加强我们的信心，我们的为求民族自由解放的抗战必得最后的胜利，中国的革命大业最后必得全部完成。"

15 日　在《文学创作》第 1 卷第 2 期发表杂论《历史会证明》和短篇小说《列那和吉地》，该小说亦见《天下文章》创刊号（1943年 3 月 10 日），以茅盾一家离开新疆以前的生活为依据写成。

同日　在《人世间》月刊桂林复刊第 1 卷第 1 期发表散文《雨天杂写之四》，后收入《时间的记录》，改题《雨天杂写之一》。文章以报载希特勒要法国献出拿翁当年侵俄时的一切文件的"消息"为由，在拿破仑与希特勒、秦皇与汉武的比较中，对希特勒的法西斯行径予以无情地揭露和谴责。涉笔古今中外，行文纵横捭阖，显示出磅礴凌厉的气势。茅盾在《我走过的道路》中说："杂文不容易写，稍稍直露了，就过不了检查关，我只得用信笔写来的方式漫无边际地说古论今，而寓某些思想于'清淡'之中"，"我曾在一个星期中连续写了 4 篇这样的杂文。……那一个星期，桂林正阴雨绵绵，没有空袭，所以我给该杂文取名《雨天杂写》，而以之一之二之三之四区分之……"

同日　在《创作月刊》第 1 卷第 4、5 期发表《随笔二则：谈所谓"可塑性"；关于〈北京人〉》。

16 日　应广西艺术师资培训班之邀，在艺术馆向该班师生作《文学之产生、发展及其影响》之报告。

28 日　茅盾夫妇、柳亚子夫妇和熊佛西夫妇、朱荫龙夫妇同游阳朔。

30 日　在《诗创作》第 15 期发表文论《"诗论"管窥》。

同日　在《戏剧春秋》第 2 卷第 4 期发表文论《历史剧问题座谈会发言》。

31 日　在《文艺阵地》第 7 卷第 3 期发表评论《关于研究鲁迅的一点感想》。

本月　《序〈种子〉》一文收入张煌中篇小说《种子》，由桂林文学编译社出版。

本月 文协桂林分会同人协议出书,茅盾送上《马达的故事》。

本月末 决定离开桂林赴重庆。

11 月

1 日 在《野草》第 4 卷第 6 期发表杂论《雨天杂写之五》,收入《时间的记录》时改题《雨天杂写之二》。此文借古讽今,影射蒋介石国民党之卑鄙行径。

7 日 与郭沫若、夏衍、胡风等百余人联名,在《新华日报》发表《向苏联文化界致书》。

同日 在《大公报》发表杂论《打击共同的敌人》。

同日 与宋之的、黄药眠等联名发表《致世界作家书》,提议组织反法西斯作家同盟。

12 日 作《〈白杨礼赞〉自序》。

15 日 在《文学创作》第 1 卷第 3 期发表短篇小说《虚惊》。①

同日 在《青年文艺》第 1 卷第 2 期发表散文《风雪华家岭》,记述了作者 1940 年 5 月车过华家岭被雨雪所阻的经历。

中旬 作《题〈白杨图〉》(画幅《白杨图》系沈逸千作)。1979

---

① 茅盾说:"《虚惊》和《过封锁线》,实在只能算是'特写',搁在这里是很勉强的。这两篇是真人真事;五个'客人'是廖沫沙、叶以群、胡仲持和作者夫妇,事情是我们在东江游击队的大力保护下从沦陷了的香港通过敌占区到桂林——这一旅程中的片段。想来读者也知道,一九四一年日本人占了香港后,沦陷于香港的文化人约一、二千,东江游击队奉党中央的命令,组织力量,布置工作,帮助这一、二千人陆续由香港进入内地;这是一件史无前例的伟大的工作!"(参见《茅盾文集》第 8 卷《后记》)

年,茅盾曾以此诗为云南下关市群众文艺刊物《洱海》题写刊头和书赠条幅。①

23日 杂感《对逸千画展的感想》,刊于衡阳《力报》之《沈逸千写生画展特刊》,后亦刊于《阵中日报》(12月10日)、《中山日报》(1943年1月18日)。

28日 作杂感《明年展望》。

29日 柳亚子邀茅盾夫妇到月牙山品尝桂林名菜豆腐,为茅盾赴重庆饯行,田汉夫妇等友人作陪。

本月 作《〈见闻杂记〉后记》,作杂论《一年回顾》。

本月 为筹赴重庆经费,除编《白杨礼赞》《见闻杂记》两本集子,再编《茅盾自选短篇集》,出版审查时未能通过。

12月

1日 作五言古风《将赴重庆,赠陈此生伉俪》。

同日 散文《雨天杂写之一》收入《山水文艺丛刊》第2辑《荒谷之夜》,由桂林远方书店于12月1日出版。

同日 致莫志恒信(署玄)。

3日 离开桂林;作七律《赠张发奎将军》。

7日 抵贵阳,因换车,停留四天。

10日 在《文化杂志》第3卷第2号发表散文《太平凡的故事》。

14日 到达重庆,住张家花园65号。

15日 在《创作月刊》第2卷第1期发表短篇小说《参孙的复仇》。小说取材《旧约》《士师记》中的14至16章。是对当时

---

① 收入《茅盾全集》第10卷时,注明写作时间为"1943年重庆",疑误。

国民党法西斯统治的诅咒并预言其没落。

同日 在《创作月刊》第 2 卷第 1 期发表散文《市场》。

同日 在《文艺杂志》第 2 卷第 1 期发表短篇小说《过封锁线》。该小说是《虚惊》续篇,反映 1941 年东江游击队遵照党中央命令从沦陷区的香港转移文化人到内地这一历史事件。

20 日 在《半月文萃》第 1 卷第 8 号发表杂论《一年回顾——太平洋战争一周年》。

30 日 出席祝洪深 50 岁寿辰茶会。出席者还有沈钧儒、郭沫若、老舍、张西曼、曹禺、夏衍等 300 余人。

31 日 中午,出席周恩来举办的为洪深祝寿的宴会。午后,出席洪深先生 50 寿辰座谈会,并在会上发言。

同日 在《新华日报》发表散文《祝洪深先生》。

本月 出版《文艺论文集》并《后记》,重庆群益出版社印行 1942 年 12 月。分上、下两编,收入文艺论文 12 篇。

本月 发表评论《今后文艺界的两件事》,载《文艺论文集》群益出版社出版。

本月 发表书评《从〈风洞山传奇〉说起》。

本月 作旧体诗七绝《渝桂道中杂诗,寄桂友》(四首),直接编入《茅盾文集》第 10 卷。由桂林赴重庆途中写成,寄赠桂林友人柳亚子。第一首揭露国民党统治区实施白色恐怖造成文坛寂寞的状况。第二首指斥国民党当局腐朽不堪。第三首指责国民党当局的卖国投降政策。第四首通过对比,传达作者对国统区与解放区的憎爱分明的感情。全诗深沉含蓄。

本月 散文集《雾》(茅盾等著)由地球出版社出版,收入茅盾《官舱里》。

秋 作七律《无题》,表达了抗日战争相持阶段作者的苦闷心情,直接收入《茅盾文集》。

秋 作五言古风《感怀》,直接收入《茅盾文集》。茅盾在《我走过的道路·桂林春秋》中说:"困居桂林斗室,对两个孩子的思念,日夜牵动着我和德沚的心!我曾写过一首五言诗《感怀》,寄托了我和德沚思念孩子的感情。"

冬 作七律《赠桂林友人》,1979年改定,刊于《诗刊》1981年5月号。①

本年 《中国作家与鲁迅》(茅盾等著),由桂林学习出版社出版。

本年 《文艺新论》(茅盾、郭沫若等著),由成都莽原出版社出版。

本年 作《〈烟云集〉内地版后记》,该集未能通过审查而未出版。

本年 《学生时代》(茅盾等著)由沈阳文艺书局出版。收入回忆录22篇,包括茅盾《我的中学时代及其后》。

本年 《关于创作》(茅盾等著)由香港达德学院出版,收入茅盾《关于创作》。

1943年(癸未,民国三十二年)　47岁

▲3月,《新华日报》以"中共中央召开文艺工作者会议"为

---

① 发表时注明写作时间为"1943年春,1979年改定",疑误。柳亚子曾写《陈此生索诗,次沈雁冰韵一首》,柳亚子诗写于1943年1月2日,茅盾原诗应在这个时间之前。

题,首次在国统区报道了毛泽东《在延安文艺座谈会上的讲话》消息。办法》。

▲5月15日,共产国际执行委员会主席团作出《关于提议解散共产国际的决定》,5月26日,中共中央发表决定,完全同意解散共产国际。至此,共产国际走完了它24年的历程。

▲6月,蒋介石发动第三次反共高潮。

▲10月19日,《解放日报》全文发表毛泽东的《在延安文艺座谈会上的讲话》。

▲11月22—26日,罗斯福、丘吉尔、蒋介石三国首脑举行开罗会议,讨论对日作战及战后大计。12月1日,中、美、英发表经斯大林同意的《开罗宣言》,宣称:三国必战到日本无条件投降为止。

1 月

1 日　在重庆《新华日报》发表杂感《希望二三》。

同日　在《学习生活》第 4 卷第 1 期发表杂感《明年展望》。

同日　在《野草》第 5 卷第 2 期发表评论《记温涛木刻——香港之劫》。

同日　在《正气周刊》第 1 卷第 1 期发表旧体诗七律《赠张发奎将军》,诗前有编者志,表面是赞颂这位常胜将军的战功、政绩,其深意是鞭策其记取当年抗日战功,在当下继续坚持抗战,直至驱逐外敌,收复国土。

3 日　与郭沫若、老舍、田汉等 50 名文化界人士在《新华日报》联名发表《沈衡山先生七十寿辰》贺词。

5 日　在《半月文萃》第 1 卷第 8 号发表杂论《一年回顾》。

8 日　作《谈副刊——并祝〈新华日报〉发刊五周年纪念》。

11 日   在《新华日报》发表评论《谈副刊——并祝〈新华日报〉发刊五周年纪念》。

14 日   出席国民党中宣部为庆祝英美取消不平等条约和另订条约而举行的文化界茶话会,与国民党中央宣传部部长张道藩初次见面。

15 日   为《新华日报》5 周年纪念题词"加强团结,争取进步",后刊于《新华日报》。

同日   在《文学创作》第 1 卷第 4 期发表杂感《新年感怀》。

同日   在《笔阵》新 7 期发表文论《"诗论"管窥》。

19 日   为纪念张静庐先生从事出版活动 25 年,与老舍、夏衍、姚蓬子等 25 人发起征文、征画活动,刊于《新华日报》。

22 日   在重庆《时事新报·青光》发表《秋潦》(《霜叶红似二月花》的后 5 章),连载至 6 月 9 日。文前有《解题》一则(1 月 11 日写)。

本月   在《天行杂志》新 1 卷第 1 期发表散文《回忆》。

本月   主编的《文艺阵地》改为《文阵新辑》(丛刊)之一《去国》出刊。

2 月

3 日   写《〈祖国在呼唤〉读后感》。

8 日   在《新华日报》发表评论《〈祖国在呼唤〉读后感》①。

12 日   作《给他们什么》。

同日   在《联合画报》周刊第 14 期发表《希特勒的魔术》,亦刊于《前锋副刊》第 65 期(3 月 10 日)。

---

① 《祖国在呼唤》话剧剧本,宋之的作,桂林远方书店出版。

17 日 作《为纪念不平等条约的取消——写作方面的零碎感想》。

20 日 在《文艺先锋》第 2 卷第 2 期发表杂感《文艺杂谈》。

25 日 与郭沫若、沈钧儒、黄炎培、陶行知、罗章龙等联名致电印度总督林里资哥,要求释放甘地,后刊于《新华日报》。

本月 《白杨礼赞》由桂林柔草社出版。收 18 篇散文,分 4 辑,书前有自序(1942 年 11 月 10 日于桂林)。

3 月

5 日 在《国讯》旬刊第 328 期发表评论《给他们什么》。

6 日 为《时事新报》的同人演讲,题目是《新闻记者的文学修养》。

7 日 应邮政汇业局同人进修服务社之邀,在重庆上清寺储汇大楼讲《从思想到技巧》。

同日 作评论《抗战以来文艺理论的发展——为"文协"五周年纪念作》。

11 日 作《确有其事》。

16 日 作《"文协"五周年纪念感想》。

18 日 在中央文化会堂讲《认识与学习》。

25 日 下午与阳翰笙、凡海、叶以群等在郭沫若家听戈宝权谈苏联文化现状。

26 日 在《联合画报》第 16 期发表杂文《春风骀荡》,揭穿希特勒及其党徒穷途毕现、大势已去的处境,并批判其"东方的轴心小伙伴"——日本。坚信日军最终必将失败,勖勉广大民众继续战斗,以实现抗战的最后胜利。

27 日 出席在文化会堂召开的文协成立 5 周年纪念会和文

协第 5 届年会,并讲话。与邵力子、张道藩、郭沫若、老舍、孙伏园等被推为大会主席团成员。

同日 在重庆《大公报·战线》发表评论《抗战以来文艺理论的发展——为"文协"五周年纪念作》,亦刊于《抗战文艺·文协成立五周年纪念特刊》。文章总结了抗战以来文艺理论的发展、普及与提高的关系等问题,并指出创造民族形式需认识到:"第一,'五四'以来的新文艺一向就是朝着民族化和大众化的方向走的";"第二,文艺形式与内容的问题决非对立,亦不可能分离";"第三,视野最广阔,观察最深刻的作品,也就是最能普及的作品"。

同日 在重庆《大公报》发表评论《"文协"五周年纪念感想》。

30 日 在《戏剧月报》第 1 卷第 3 期发表《在"洪深先生五十寿辰座谈会"上的发言》。

本月 序跋《〈百货商店〉序言》收入《百货商店》①,由新生命书局出版。《西北行》(茅盾等著 潘泰封编辑)由桂林中国旅行社出版,收茅盾《新疆风土杂记》《巷战——但也是尾声》《再迁》《一九四一年的最后一天》《香港死了》等。

本月 迁至重庆郊区唐家沱新村天津路一号居住。②

4 月

1 日 在《人世间》桂林复刊第 1 卷第 4 期发表散文《雨天杂

---

① 《百货商店》是茅盾根据左拉的长篇小说《太太们的乐园》缩写的。

② 唐家沱新村,位于嘉陵江南岸,这里距市中心约 30 华里。茅盾在这里一直居住到 1946 年 3 月 16 日。此期间,茅盾参与"文协"的领导工作,编辑《文阵新辑》,创作了《清明前后》和一些短篇小说。

写之三》①。

5 日　在《国讯》第 331 期发表杂论《"确有其事"》。

9 日　致曹靖华信。

10 日　出席中华全国文艺界抗敌协会第 5 届年会,改选理事、监事,仍当选为理事。

12 日　作序跋《关于〈复仇的火焰〉》。

15 日　在《笔阵》新 8 期发表杂感《读书偶记》,评介孟德斯鸠的《波斯信札》和伏尔泰的《哲学信札》。

20 日　作《论所谓"生活的三度"》。在《文艺先锋》第 2 卷第 4 期发表演讲《认识与学习——一九四三年三月十八日在中央文化会堂讲》。

26 日　作短篇小说《委屈》。

本月　散文集《见闻杂记》由文光书店印行,附后记(11 月于桂林)。

本月　作《〈复仇的火焰〉序》。在《见闻杂记》发表散文《海防风景》。

5 月

7 日　在《联合画报》第 26 期发表评论《〈香港的受难〉画展》。②

13 日　下午在国民党中央宣传部集中,由张道藩领头去上清寺面见蒋介石。蒋介石曾问及对于他的《中国之命运》的意

---

①　按:人民文学出版社版《茅盾全集》第 16 卷,下注本篇最初发表于 1942 年 10 月 15 日《人世间》复刊第一卷第一期,疑误。见刘铁群:《关于茅盾"雨天杂写"系列杂文的史料问题》,刊于《中国现代文学研究丛刊》2019 年第 4 期。

②　参见宫立:《"沉痛而悲愤的情绪"》,《东方早报》2016 年 9 月 18 日。

见。同去的还有胡风、沈志远等。①

15 日　在重庆《储汇服务》第 26 期发表文论《从思想到技巧》(徐修梅、熊曜晖笔录)，系作者应邀在重庆储汇局进修服务社的演讲。

同日　在《抗战文艺》第 8 卷第 4 期发表杂感《为了纪念不平等条约的取消——写作方面的零碎感想》。

同日　在《国讯》第 335 期发表译作小说《共通的言语》(苏联 西蒙诺夫著)，后收入《苏联爱国战争短篇小说译丛》永祥印书馆 1946 年 10 月版。

19 日　作序跋《关于〈脱缰的马〉》，后收入自强出版社 1943年版《脱缰的马》(穗青著)，亦收入《时间的记录》。

同日　作《序〈没有结局的故事〉》。

30 日　致徐霞村信。在《中苏文化》第 13 卷第 9、10 期发表序跋《关于〈复仇的火焰〉》。

本月　在《风雨谈》第 2 期发表自传《我的小学时代——自传一章》。论著《戏剧的民族形式问题》(署茅盾等)由桂林白虹书店初版印行。

6 月

1 日　在《天下文章》第 1 卷第 3 期发表散文《偷渡》。

14 日　作评论《读〈乡下姑娘〉》。

15 日　在《国讯》第 338 期发表译作《亚尔方斯·肖尔的军功》(苏联 E. Petrov 著，附译后记)。后收入《苏联爱国战争短篇小说译丛》永祥印书馆 1946 年 10 月版。

---

① 胡风:《再返重庆》,《新文学史料》1988 年第 4 期。

24 日 作《七七感言》。

25 日 作散文《雨天杂写之二》。

30 日 作《船上》。

本月 在《半月文萃》第 2 卷第 1 期发表文论《新闻记者的文学修养——三月六日对重庆〈时事新报〉同人演讲》。在《中原》创刊号发表译作小说《审问及其他》（苏联 E. Petrov 著，包括《审问》《音乐教师》，附译前记）。后收入《苏联爱国战争短篇小说译丛》永祥印书馆 1946 年 10 月版。

本月 译作小说《复仇的火焰》（苏联 巴甫林科著）由重庆中苏文协编译委员会出版。短篇小说集《耶稣之死》收入"当代文学丛书"，由作家书屋印行，收入《耶稣之死》《列那和吉地》《虚惊》《过封锁线》《参孙的复仇》等写于 1942 年的 5 篇小说。

7 月

1 日 在《天下文章》第 1 卷第 4 期发表评论《〈祖国在召唤〉读后感》。在《现代妇女》第 2 卷第 1 期发表杂感《"七七"感言》（署未明）。

同日 在《文学创作》第 2 卷第 3 期发表短篇小说《委屈》，写抗战时随政府内迁的小工厂主张太太衣箱遗失，天气骤热却无钱购新衣的委屈。通过日常生活真切生动地反映了大后方物价暴涨、生产每况愈下、社会治安混乱的现实，同时也透露着市民对抗战胜利、回归故乡的热望。

5 日 在《国讯》旬刊第 340 期发表杂感《对抗战文艺第七年的期待》。

8 日 开始写作《走上岗位》。

22 日 作《报施》。

24 日 作《暑期随笔》。

27 日 下午出席文化工作委员会委员会议,到会的还有郭沫若、阳翰笙、孙伏园、胡风等。

本月 《茅盾随笔》由桂林文人出版社初版印行,内收《1943年试笔》《回忆是辛酸的罢,然而只有激起我们的奋发之心》《日记及其他》《雨天杂写》《关于鲁迅先生》《关于报告文学》《关于"差不多"》《读〈北京人〉》等 8 篇于 1942 年至 1943 年创作的散文。

本月 发表散文《雨天杂写之二》收入《艺术新丛·阳光》由桂林集美书店出版。①

8 月

3 日 致黄炎培、杨卫玉信一件,原刊于《出版史料》第 6 辑《国讯书店史话》。1943 年 7 月 30 日,黄炎培、杨卫玉、季寒筠三人联名以国讯书店出版委员会名义,邀请茅盾为该委员会委员,茅盾回信表示同意,并提四点意见:第一,"先出文艺丛书……以篇幅较轻,销路较畅者为标准……倘能精选青年新作,郑重推荐,或者能辟一新局面蔚成风气";第二,"关于弟个人著作。……年来产量少而预约者多,粗制滥造,固于心不安;而题材选择,要求其不犯忌讳而有意义,颇为不易。……对于旧作选集,则冷饭再炒,窃以为无谓。计惟有翻译苏联之抗战短篇小说尚可急就。日内当约略规划……下月下旬或可成书";第三,"(黄老)来函所云'或采用国讯副刊形式',这一办法,登记上较

---

① 按:人民文学出版社版《茅盾全集》第 16 卷,下注贵州集美书店 1943 年 7 月出版。

易为力",也赞同杨卫老主张短篇文字的文艺期刊之"便利之处,即拉稿较易";第四,关于所聘待遇,"主编费用,虽书店有此规例,而在目前,弟不愿受之……校对等事,弟不善为,自当仍劳书店其他同仁,则弟所为不过计划与约稿,费时费力有限,何足计酬"。

13 日 在《国讯》第 343 期发表随笔《暑期随笔》。

17 日 译完 A. 杜甫仁科的小说《作战前的晚上》。

本月 在《新中华》复刊第 1 卷第 8 期发表评论《论大众语》。

本月 在《文艺先锋》连载中篇小说《走上岗位》,刊于第 3 卷第 2—6 期;第 4 卷第 1、3、5 期;第 5 卷第 1、3、4、5、6 期。第一章发表时题作《在岗位上》,自第二章起改题为《走上岗位》。① 小说描写抗日战争初期民族资本家坚决以工厂内迁,支持抗战的故事。肯定了阮仲平坚决以工厂内迁,坚持生产,支援前线的爱国思想,批判了民族资本家朱竞甫拒绝工厂内迁、妄图叛国的可耻行径,指出民族资本家只有参加抗日斗争,才有光明前景。小说在表现形式上力求通俗化,注意通过人物对话和行动来表现人物性格。但有的人物形象刻画过于简单,结构较散漫。

本月 《茅盾随笔》由文人出版社出版。

9 月

20 日 在《新华日报·副刊》发表杂论《一点零碎的意见》,为《新华日报·副刊》发刊 1 周年而作。

---

① 《文艺先锋》第 3 卷第 3 期上有编者的两个"启事",其一是和连载茅盾长篇小说《走上岗位》书名有关,照录如下:"茅盾先生之长篇创作,题为《走上岗位》,上期误为《在岗位上》,抱歉之至。谨此更正。并希作者谅之,幸甚。"原来,连载第一章时的书名《在岗位上》不是茅盾拟的,是杂志编辑的工作失误。

同日　在《中原》第 1 卷第 2 期发表评论《论所谓"生活的三度"》。

10 月

1 日　在《半月文萃》第 2 卷第 3 期发表散文《归途杂拾》,写东江游击队抢救沦陷于香港的文化人的经历。全文分六部分,此处发表的是前两个部分("一、九龙道上","二、东江乡村")。收入全集的还有"三、烧山","四、惠阳","五、韩江船","六、老隆"。

同日　在《文学创作》第 2 卷第 4 期发表短篇小说《船上》,通过船上众多乘客的牢骚,反映出广大市民对黑暗社会的愤懑、怨恨情绪。

同日　在《文艺杂志》第 5 期发表译作《他的意中人》(苏联苏呵莱夫著)。

13 日　致尤其能信。

14 日　作译作小说《母亲》译后记。

20 日　桂林《自学》杂志和《读者俱乐部》联合举行座谈会,肯定《霜叶红似二月花》的巨大成就,并联名发电给寄居在重庆的茅盾,表示热烈慰问和祝贺。出席座谈会的有巴金、艾芜、田汉、孟超、林焕平、周钢鸣、黄药眠、韩北屏、端木蕻良等。

本月　作《"爱读的书"》,本篇初载报刊未详。

本月　作《序〈一个人的烦恼〉》,后收入严文井长篇小说《一个人的烦恼》(当今文艺丛书),1944 年由重庆建国书店出版。

本月　长篇小说《霜叶红似二月花》由桂林华华书店印行,共 14 章。

11 月

1 日 在《中外春秋》第 1 卷第 3 期发表译作小说《母亲》(苏联 吉洪诺夫著),附译后记,后收入《苏联爱国战争短篇小说译丛》永祥印书馆 1946 年 10 月版。

5 日 致戈宝权信(署玄)。

7 日 与郭沫若、冯玉祥、邵力子、沈钧儒、陶行知等联名在《新华日报》发表《中国文化界给苏联领袖和人民的信》。

同日 上午到重庆琵琶山苏联大使馆祝贺十月革命纪念节。经叶以群介绍,认识了碧野,并称赞他的《奴隶的花果》写得很好。

11 日 致戈宝权信(署冰)。

30 日 在《中苏文化》第 14 卷第 7 至 10 期合刊发表散文《向苏联全体人民致敬》(与郭沫若等合署)。

本月 在"文阵新辑之一"《去国》发表短篇小说《报施》,通过军人张文安将医药费转赠重病军人之妻的故事,揭示了国民党统治下民众在死亡线上挣扎的悲惨命运,赞扬了农民之间传统的互相救助的高尚品德,同时也表明了农民抗战到底的热情与决心。

12 月

20 日 在《文学修养》第 2 卷第 2 期发表评论《杂谈思想与技巧,学力与经验》。

21 日 下午往百龄餐厅,出席重庆各界为祝贺沈钧儒 70 寿辰而举行的盛大茶会。到会的有董必武、郭沫若、于右任、邵力子、陶行知等。

本月　茅盾主编的《新绿丛辑》开始出书。编这套丛书的目的是想打破出版界只发名人作品的陋习,给一些有才华的无名作者发表作品的机会。第一辑为穗青的小说《脱缰的马》。序跋《〈新绿丛辑〉旨趣》。《关于〈脱缰的马〉》代序收入《脱缰的马》,由重庆自强出版社出版。

　　本月　叶以群转来一位名叫钱玉茹的女青年写的小说,希望提些意见。钱玉茹是《文艺阵地》唯一的工作人员,以前仅有工作上的联系。送来的稿子只是小说的后半部分,茅盾看后,让叶以群转嘱作者一定要把前半部赶写出来。给该小说题名为《遥远的爱》,并为作者取笔名"郁茹",准备将该小说收入《新绿丛辑》发表。

　　夏　在唐家沱到重庆朝天门码头的班轮上,偶然结识了载英中学的高中生胡锡培(即田苗)。此后,这个文艺社的成员就常在茅盾寓所聚会,讨论文学创作的各种问题。1944 年,又为这些文学青年办的文艺刊物《突兀文艺》题写了刊头,并写了一篇短论《什么是基本的》。给予这一新生事物以热烈的支持。以后又介绍胡锡培去陶行知创办的育才学校学文学和进新民报社工作,使他最终走上了革命的道路。

　　夏　接王鲁彦从桂林的来信,流露了贫病交加之中的极端苦闷的心情。接信后即汇款补其医药费。

　　本年　《外国作家研究》(茅盾等译)由新知书店印行。

　　本年　《戏剧的民族形式》(茅盾等著)由广西白虹书店出版。

　　本年　《散文选》(茅盾等著)由桂林文化服务社出版。

　　本年　《文艺新论》(沈雁冰等著)由成都莽原出版社出版。

本年　《小说精华》(茅盾等著)由重庆自强出版社出版。

1944 年(甲申,民国三十三年)　48 岁

▲2 月,中国共产党领导的戏剧界在桂林举行第一届戏剧展览会,是全面抗战时期进步戏剧界第一次大规模的集会,历时 90 天,有 33 个戏剧团参加。

▲9 月 5 日,国民参政会三届三次会议在重庆开幕。15 日,林伯渠代表中共中央提出建立联合统帅部和成立联合政府的建议。

▲11 月 10 日,汪精卫在日本名古屋病死。12 日,伪中央政治委员会召开临时紧急会议,决定由陈公博代理伪政府主席并兼行政院院长。

▲11 月,中共中央派周恩来赴重庆,与国民党商讨建立民主联合政府,被蒋介石拒绝。

▲本年,上海物价上涨速度为战后七年来最快,是上海市民抗战中灾难最深重的一年。

1 月

1 日　在《当代文艺》第 1 卷第 1 期发表短篇小说《小圈圈里的人物》,以略带讽刺的语调描述了洋师母等 4 人由于精力过剩,又能"适应战时生活",迷恋麻将,夜夜奋战在方城之中的空虚无聊生活。揭露她们钩心斗角的心计,进而批评抗战的大时代中置国家民族安危于脑后的卑琐人生。作品中 4 个人物,同中有异,反映出"小圈圈"中的各种层次、各种性格。作品大量运

用白描手法,精当、生动。①

19 日　作《从百分之四十五说起》。

本月　在《中苏文化》第 15 卷第 1 期发表译作小说《作战前的晚上》(苏联 A. 杜甫仁科著),后收入《苏联爱国战争短篇小说译丛》永祥印书馆 1946 年 10 月版。

2 月

1 日　作《关于〈遥远的爱〉》。在《抗战文艺》第 9 卷第 1、2 期("小说专号")发表评论《读〈乡下姑娘〉》②。

同日　王由、政之在《自学》第 2 卷第 1 期发表记录《〈霜叶红似二月花〉第一部座谈会记录》,是《自学》杂志社和读书俱乐部联合主持的关于茅盾长篇小说《霜叶红似二月花》的座谈会讨论记录,与会者有巴金、艾芜、田汉等文艺界人士十余人,大家就该部小说的题目寓意、时代背景、中心主题、人物形象、表现技巧、写作态度、语言对话、风格情调等议题展开广泛深入的讨论。主要意见有:该小说既受了托尔斯泰小说的影响而独具气魄,又融合了中国小说的传统技法显示了民族风格,像《红楼梦》而又走出了《红楼梦》;有的认为小说是从家庭故事反映主线,是从侧面描写;也有的认为是写新旧之间的斗争,写社会经济斗争;最后一致认为此作"为抗战以来,文艺界巨大之收获"。

14 日　作《为〈亲人们〉》。

20 日　在《华西日报·每周文艺》发表书信《致××》。

---

①　按:《茅盾全集》第 9 卷,人民文学出版社注"本文刊于 1944 年 1 月 1 日《当代文学》创刊号",应为《当代文艺》。

②　长篇小说《乡下姑娘》,于逢作,桂林科学书店 1943 年版。

23 日　致熊佛西信,后刊于《当代文艺》第 1 卷第 4 期(4 月 1 日)。

本月　主编《文阵新辑》之二《哈罗德的旅行及其他》,由文艺阵地社出版。

3 月

11 日　致戈宝权信,并请代赠费德林手书一幅。

17 日　作《谈鼠——闲谈之一》。

24 日　在文协理事会上被定为年会论文起草人之一。

25 日　在《中苏文化》发表杂论《苏联红军节祝词》。

本月　作《生活与"生活安定"》。

本月　在《天下文章》第 2 卷第 2 期发表译作小说《我们落手越来越重了》(苏联 F. 潘菲洛夫著),附后记。后收入《苏联爱国战争短篇小说译丛》永祥印书馆版 1946 年 10 月版。

本月　主编《文阵新辑》之三《纵横前后方》出版。在《文阵新辑》之三《纵横前后方》发表译作小说《上尉什哈伏隆科夫》(苏联 V. 考兹夫尼可夫著,9 月 15 日译毕),后收入《苏联爱国战争短篇小说译丛》永祥印书馆 1946 年 10 月版。

本月　文论《怎样选择题材》收入福建南平战时文化供应社版《文艺写作讲话》。

4 月

1 日　在《青年文艺》新 1 卷第 1 号发表序跋《关于〈遥远的爱〉》(代序),后收入郁茹著《遥远的爱》(新绿丛辑 2),由重庆自强出版社 1944 年 4 月出版。在《当代文艺》第 1 卷第 4 期特辑

《作家生活自述》发表书信《给编者的一封信》(2月23日写)。

7日 作《如何把工作做好——为"文协"六周年纪念作》《光辉工作二十年的老舍先生》。

同日 与郭沫若等提议定17日在重庆百龄餐厅举办"老舍先生创作生活二十年纪念茶会"。(刊于《新华日报》)

15日 参加文协举办的"文艺与社会风气"讨论会。发表《如何把工作做好——为文协六周年纪念作》,后收入《时间的记录》。

16日 出席中华全国文艺界抗敌协会召开的成立6周年纪念大会。在这次会上初识吴组缃。

同日 在重庆《大公报·文艺周刊》第24号发表评论《生活与"生活安定"》。

17日 出席重庆文艺界在百龄餐厅举行的"老舍先生创作生活二十周年纪念茶会",并致辞。晚上出席在郭沫若寓所举行的向老舍祝贺的宴会。散席后,与叶以群、吴组缃等四五人一起去"文协"宿舍过夜。在路上,有人建议也应该为茅盾先生做纪念,茅盾婉拒。

同日 在《新华日报》发表评论《光辉工作二十年的老舍先生》,亦刊于《抗战文艺》第9卷第3、4期。

19日 作序《阿Q正传插图(画册)序》。

本月 书臧克家《柳荫下》第一节条幅,赠臧克家,并附跋文。

本月 《新绿丛辑》第二辑:郁茹的小说《遥远的爱》由重庆自强出版社出版。

5 月

12 日　致熊佛西信。作《"无关"与"忘了"》。

15 日　在《文艺创作》第 3 卷第 1 期发表短篇小说《过年》,描述安分守己、勤勤恳恳的小公务员老赵买年货的沉重与犹豫的心理,把他想买又买不起、准备过年又怕过年的境况表现得淋漓尽致。通过老赵皱着眉头过年的片断,反映出国民党下层小公务员的艰难生活,抨击其统治的腐败。笔触细腻、幽默、生动。

23 日　作《幻想与现实》。

24 日　作杂文《东条的"神符"》,后收入《时间的记录》。

6 月

10 日　在《文风杂志》第 1 卷第 4—5 期合刊发表散文《谈鼠——闲谈之一》,借杂文形象的刻画,论时事贬痼弊,对 20 世纪 40 年代国统区相当普遍的"专述'夜生活'"的社会丑类,进行了辛辣地讽刺批判。

15 日　在《文学创作》第 3 卷第 2 期之"文创点滴"栏发表书信《致友人信》,为 5 月 12 日致熊佛西信。

16 日　致戈宝权信。

26 日　分别致非杞、朱海观信。

27 日　在《时事新报·文林》发表杂论《幻想与现实》。

本月　在《天下文章》第 2 卷第 3 期发表序跋《光影交织中的知识青年——严文井著〈一个人的烦恼〉序》,收入《一个人的烦恼》重庆建国书店 1944 年版。

本月 与老舍等 78 人联名要求国民党当局准许言论出版自由。

7 月

1 日 致戈宝权信一件、附《人民是不朽的》译文质疑。

8 日 与沈钧儒、郭沫若、邓初民等联名致电广西党政军学文化界各界,表示响应桂林文化界关于保卫西南的呼吁,刊于《新华日报》。

同日 在《新华日报》副刊发表杂论《时间,换取了什么?》。

15 日 在《时与潮文艺》第 3 卷第 5 期发表译作《晚上》(苏联 V. 格罗斯曼著),附译后记。后收入《苏联爱国战争短篇小说译丛》永祥印书馆版。

19 日 作《排队静候之类》。

8 月

4 日 作译作小说《新生命的降生》译后记。

16 日 致沈霞信。

23 日 致戈宝权信。

27 日 书王静安《浣溪沙》22 首之两首(第 2 首和第 5 首),赠风子(唐弢),署"玄珠"。

本月 在《微波》创刊号发表杂论《"无关"与"忘了"》。

9 月

1 日 在《青年文艺》新 1 卷第 2 期发表评论《杂谈文艺现象》,指出在抗日战争时期,文艺"必须服务于最大多数人的利益,服务于民族的自由解放,适合于当前抗战的要求"。因为世界的潮流逼着中国不能不前进,作家、艺术家就应该"负起时代的使命——反映现实,喊出人民大众的要求"。

2 日　致××信。

10 日　致戈宝权信,奉上《人民是不朽的》译稿两册。并去开明书店与叶圣陶长谈,回忆了新疆的一段经历。

16 日　晚 7 时赴观音岩中国文艺社,参加王鲁彦追悼会,并讲话。

18 日　作《永远年轻的韬奋先生》。

27 日　作《什么是基本的》。

30 日　与宋庆龄、于右任、孙科、冯玉祥、柳亚子、邵力子、郭沫若等知名人士共同发起"邹韬奋先生追悼大会"。

同日　在重庆《新民报》发表散文《永远年轻的韬奋先生》。

下旬　沈钧儒在一次集会上建议茅盾加入救国会。茅盾表示,无意加入党派,但为了更多地了解各方面的形势,可以列席救国会的各种会议。沈钧儒表示赞同。

本月　《新绿丛辑》第三辑由自强出版社出版,包括王维镐的中篇小说《没有结局的故事》和韩罕明的《小城风月》。《序〈没有结局的故事〉》收入其中。

本月　在《中原》第 1 卷第 4 期发表杂论《从百分之四十五说起》。

10 月

1 日　赴银社参加"邹韬奋先生追悼大会",系发起人之一。和曹靖华、孙伏园、叶以群联合送的挽联上写道:"失地见机先,未睹北定中原,吐气且期家祭告;埋名隐敌后共图东北三省,腐心总为国威扬。"

同日 致戈宝权信,附《人民是不朽的》第三批译稿。

10 日 在《时事新报·青光》发表散文《回忆之类》。

同日 在《青年文艺》新 1 卷第 3 期发表译作小说《新生命的降生》(苏联 吉洪诺夫著),附译后记。后收入《苏联爱国战争短篇小说译丛》永祥印书馆 1946 年 10 月版。

13 日 致梅林信,附汇票一张,计国币 1000 元整。

14 日 与沈钧儒、郭沫若、老舍等 150 人代表中国文化界联名致电苏联科学院院长柯马洛夫,祝贺他 75 岁寿辰,后刊于《新华日报》15 日。

18 日 致戈宝权信。

19 日 下午与宋庆龄、沈钧儒在百龄餐厅主持"纪念鲁迅逝世八周年茶会",并讲话。

本月 作《闻笑有感》。

本月 十八集团军总政治部宣传部选编的"文艺读物选丛之二"《林家铺子》在延安发行。这本纯土纸印的《林家铺子》,收入了茅盾 30 年代创作的 3 部作品:《骚动》(《子夜》第 4 章)、《春蚕》、《林家铺子》。"编后记"说,"我们人民的苦难与奋斗,以及统治阶级新旧营垒内的荒淫与无耻,都在这几个短篇中鲜明地反映出来了",认为茅盾的作品"更加表现出清醒的现实主义,更加富于战斗精神"。

本月 《怎样练习写作》收入"新少年文库"第三集,由重庆文风书局印行。

11 月

1 日 作《放弃成见》。

5 日　下午 1 时在重庆广播大厦召开"中国著作人协会成立大会",茅盾等当选为理事。

6 日　致沈霞信。

7 日　在《新华日报》发表杂论《放弃成见》,奉劝那些认为苏联抵抗不住德国进攻的人"放弃成见"。

21 日　毛泽东致信茅盾,希望与茅盾见面。此信于 1945 年 1 月由周恩来从延安带到重庆,交给茅盾。①

同日　致沈霞信。

22 日　在《解放日报》发表散文《始终保持着天真》。

25 日　作《把文艺空气普及起来罢》。

本月　作《民族文化的大危机——如何击退颓风开展文化的新运》。作政治讽刺诗七绝《戏笔》,诗前自注:"自唐家沱赴重庆,轮船中偶见戏笔,时为 1944 年。"虽言"戏笔",却包含着极严肃的政治内容。

本月　在《天下文章》第 2 卷第 4 期发表杂论《谈描写的技巧——大题小解之二》。在《突兀文艺》第 2 期发表杂论《什么是基本的》。

本月　致陈白尘信。

12 月

1 日　致赵清阁信。在《文艺春秋丛刊》之二《星花》发表评论《谈出版文化》。

5 日　在成都《华西日报·每周文艺》第 1 号发表散文《祝圣陶五十寿》。

---

①　金振林《1980,晚年茅盾谈话录》,刊于《同舟共进》2016 年第 7 期。

14 日　致戈宝权信,就译作《人民是不朽的》中的质疑处,向戈宝权请教。

20 日　在《青年文艺》新 1 卷第 5 期发表杂论《闻笑有感》。在《文学新报》创刊号发表评论《把文艺空气普及起来吧》,为祝贺本刊创刊而作。

本月　《回忆·书简·杂记》由重庆学艺出版社,1944 年 12 月出版。

秋　"突兀文艺社"的田苗、徐邨和穆仁来到唐家沱寓所,感谢茅盾对他们所办刊物的支持。

本年　苏联奥沙宁所译《林家铺子》收入莫斯科《中国小说集》。

1945 年(乙酉,民国三十四年)　49 岁

▲4 月,中国共产党第 7 次全国代表大会在延安举行。毛泽东作《论联合政府》的报告。

▲4 月,联合国成立大会在美国旧金山举行。

▲8 月 15 日,日本天皇发表《终战诏书》,宣布无条件投降。

▲8 月 28 日,毛泽东、周恩来、王若飞抵重庆,与蒋介石会谈。10 月 10 日,国共双十协定签字。

▲12 月 1 日,昆明西南联合大学、云南大学等学生集会,反对内战,反对美国干涉中国内政,国民党当局派大批军警特务镇压,造成"一二·一"惨案。

1 月

1 日　下午赴文化工作指导委员会,参加新年诗歌座谈会并讲话。到会的还有郭沫若、戈宝权、何其芳、冯乃超、王亚平、袁水拍、徐迟、臧克家等。

7 日　与郭沫若等出席中国民主同盟欢迎来渝文化工作者的茶会,并讲话。

10 日　作《对于文坛的一种风气的看法——谈长篇小说需要之多及其写作》。

20 日　在《文学新报》第 3 期发表杂论《拿出力量来》,为悼念法国作家罗曼·罗兰而作,见报载噩耗后之翌日作于重庆文协。

21 日　作《对于文坛的又一风气的看法——谈短篇小说之不短及其他》。

25 日　出席由当时党的文委负责人之一的冯乃超召开的小型座谈会,讨论舒芜的文章《论主观》。在会上首先发言,认为该文对大后方文艺界情况的分析不符合实际。说完即退席。

31 日　在《旅行杂志》第 19 卷第 1 期发表散文《旧书铺》。

本月　出席由周恩来在曾家岩周公馆召开的座谈会,继续讨论舒芜的《论主观》。在会上谈了自己的批评意见。

本月　作《〈第一阶段的故事〉后记》。

本月　在《希望》第 1 卷第 1 期发表杂文《"骄"与"馁"》(署牟尼)。

本月　译作《蓝围巾》(苏联 索勃列夫等著 署茅盾等译)由中苏文协编译委员会印行。

2 月

1 日 作《永恒的纪念与景仰》。

15 日 在《青年文艺》新 1 卷第 6 期发表评论《对于文坛的一种风气的看法——谈长篇小说需要之多及其写作》,指出要创作好长篇小说,"走进人民中间""生活经验的丰富""向名著学习"是重要的,而"思想基础,进步的宇宙观,尤为必要"。

22 日 与郭沫若、老舍、夏衍、冯雪峰等重庆 300 多名文化科学技术工作者及知名人士联名在《新华日报》发表《文化界时局进言》。

27 日 "五十年代读书会"为增进读者读书兴趣,特约请有关人士评选 1944 年好书 12 种,应邀与曹靖华等前往参加投票。

下旬 《文化界时局进言》发表后,蒋介石暴跳如雷。张道藩则一面调查签名的经过,一面另拟了一份"宣言",拉文化界人士签名。张道藩要求茅盾签名,茅盾拒绝。

本月 在《抗战文艺》第 10 卷第 1 期发表杂论《谈排队静候之类》。

3 月

15 日 在《时与潮文艺》第 5 卷第 1 期发表短篇小说《一个够程度的人》,亦刊于《文艺复兴》第 1 卷第 1 期(1946 年 1 月 10 日),塑造了一个把国民党腐朽的原因皆归为百姓"不够程度"、对老百姓蛮横无理的市侩形象。

25 日 出席《文哨》编辑部举行的座谈会,在会上建议《文哨》多登反映农村生活的稿子,注意培养农村文艺青年。到会的还有叶以群、夏衍等。

30 日　以郭沫若为主要领导者、茅盾等为委员的"文化工作委员会"奉蒋介石之令解散。

本月　在《艺文志》第 2 期发表散文《马达的故事》，文章由两部分组成：马达的"屋子"；马达的烟斗和小提琴。通过对"染有他的个性"的屋子、"硕大无比的"烟斗、"专心一意兴趣盎然"制作小提琴等描写，展示了延安艺术家们执着坦诚、乐观进取的精神风貌。作者在《记鲁迅艺术文学院》中说，当年访问延安在"鲁艺"所在地一住 4 个月，"可以说是和'鲁艺'生活在一起的"。如此贴近了解，使他写出了栩栩如生的木刻家马达。

本月　短篇小说集《委屈》由重庆建国书店作为星火文丛1945 年 3 月初版，内收《委屈》《报施》《船上》《小圈圈里的人物》《过年》5 篇小说，反映了国民党统治下政治黑暗、经济凋敝、社会风气败坏，人民怨声载道，愤懑不已。作品的构思力求曲折又明晰，善于把不多的人物和情节组织在严整又曲折的结构中，人物描写既采用外国小说常用的间接叙述方法，又较多地运用民族传统的手法，通过人物动作、谈话来表现人物性格，语言追求精炼，简劲有力又富有表现力。

本月　作《近年来介绍的外国文学——国际反法西斯文学的轮廓》。

本月　作《读书杂记》。

4 月

1 日　与柳亚子等人在《新华日报》联名发表《为沈振黄①先

---

① 　沈振黄系青年画家，不幸死于车祸。

生补给募集子女教育基金启事》。

6日　作《窒息下的呻吟——序甘永柏的小说》。

7日　作杂论《如何把工作做好——为"文协"六周年纪念作》。

12日　作《关于〈人民是不朽的〉》。

14日　在重庆《大公报·小公园》发表译作散文《刽子手的卑劣》(苏联 A. 托尔斯泰著)，亦刊于 19 日昆明版《扫荡报》，《中苏文化》第 16 卷第 4 期特刊。

16日　致金兆梓信。

19日　作《关于阿 Q 正传故事画》《五十年代是"人民的世纪"——纪念"文协"七周年暨第一届"五四"文艺节》。

23日　致金兆梓信。

本月　在《突兀文艺》第 4 期发表序跋《序〈纯真的爱〉》①，后收入 8 月印行的《纯真的爱》。

本月　长篇小说《第一阶段的故事》由重庆亚洲图书出版社印行，附后记。该小说连载于香港《立报·言林》1938 年 4 月至 12 月 31 日，发表时题为《你往哪里跑》，单行本改题为《第一阶段的故事》。

5 月

1日　作《一点回忆和感想》。在《世界日报·明珠》发表评论《格罗斯曼及其小说——苏联战争文学管窥》，后于 2、3、5、6、8日《世界日报·明珠》续完。

---

①　《纯真的爱》系徐邨著，包括 5 个短篇小说，突兀文艺社丛书之一，自力书店发行。

4 日 上午与叶以群一起参加重庆学生公社为庆祝"五四"文艺节而组织的文艺讲座,并作讲演。下午出席"文协"7 周年暨第一届文艺节纪念会,会上通过了保障作家人身和写作自由等提案。

同日 在重庆《大公报》发表杂感《文艺节的感想》,亦刊于《解放日报》《天下文章》第 2 卷第 5、6 期;发表散文《一点回忆和感想》,后刊于《文哨》第 1 卷第 2 期(7 月 5 日)。文章从人生观、政治观、审美观等方面,评论了"五四"青年和当代青年不同的精神状态,指出了"五四"青年身上的幼稚清高、恃才傲物,着重赞颂了他们有革命觉悟,有理想抱负,勇敢地追求,大胆地探索,"鄙夷权势,敝屣尊荣"。批评了当代青年的夸夸其谈、言行不一、趋炎附势、"世故深通",热情激励他们拂净所沾染的历史尘埃,继承发扬"五四"青年的战斗精神和优良传统,开创一代新风。文章感情真挚,对比鲜明,高屋建瓴,论述深透。1980 年 1月 26 日《中国青年报》重新发表该文时,茅盾作了说明:"为编集子、检阅旧作,发现了这一篇。此文写于三十五年前国民党陪都重庆,回忆了五四——五卅——大革命时代青年人的精神面貌,也许对现在的青年还会有用处,所以奉献给《中国青年报》。"

同日 在《文哨》第 1 卷第 1 期发表《我们的方向——在〈文哨〉编辑部座谈会上的发言》;发表杂感《读书杂记》,附前记,评及《肥沃的土地》(碧野)、《动乱》(马宁)、《风砂之恋》(碧野)、《戎马恋》、《春暖花开的时候》(姚雪垠)等 5 部小说;发表序跋《近年来介绍的外国文学——国际反法西斯文学的轮廓》,是为《现代翻译小说选》写的序言,介绍了抗战以来翻译的世界古典名著以及苏联和欧美反法西斯文学作品的情况。

同日 在《抗战文艺》之《文协七周年特刊》发表评论《五十年代

是"人民的世纪"——纪念"文协"七周年暨第一届"五四"文艺节》，亦刊于《新世纪》1946年第1卷第1期，上海《文汇报》5月4日。

7日 中华全国文艺界抗敌协会公布改选结果，茅盾当选常务理事。在《贵州日报》副刊《新垒》第22期发表杂感《不可补救的损失》。

16日 作《悼念胡愈之兄》。

18日 致金兆梓信。

19日 作《贝当与赖伐尔的下场》。

21日 作《森林中的绅士》。

23日 作《写下了第一篇作品以前的高尔基》。在《希望》第1卷第2期发表杂感《略论祀灶》《无常》(均署牟尼)。

26日 作评论《如何辨别作品的好坏——答复"想搞文学"的青年的第二个问题》。

30日 致葛一虹信。

本月 接方敬从贵阳来信，为他主编的《大刚报》副刊《阵地》约稿。在回信中说，副刊必须坚持抗战的文艺方向，发表的文学作品要短小精悍，丰富多样，生动活泼，要登一些翻译的进步诗文，要办出特色。并提醒方敬，高尔基逝世9周年纪念日快到了，副刊应该发表一些纪念文章，并随信寄去《写下了第一篇作品以前的高尔基》等文章。①

6月

1日 在《中学生》复刊号第88期发表评论《个性问题与天才问题——答复"想搞文学"的青年的第一个问题》。

---

① 方敬《缅怀茅盾同志》,刊于《抗战文艺研究》1982年第1期。

月初 作《回顾》。徐冰、廖沫沙到唐家沱,代表周恩来专程商议为茅盾庆 50 大寿与创作活动 25 周年。他们劝茅盾:"不要以为这是个人的事,这是进步文艺界的一件大事,是文艺界的朋友荟萃一堂,向国民党的一次示威,对于当前的民主运动,也是一个推动。请沈先生不要推辞。"于是决定:1945 年 6 月 24 日,重庆文艺界为茅盾举行隆重的庆祝活动。①

月初 为沟通中外文化及联络各地作家、介绍稿件并交流消息资料,与沙汀、以群等人筹备成立中外文化联络社。

上旬 "中外文艺联络社"成立,任社长,总编辑叶以群、总经理冯亦代。"文联社"的活动资金由宋庆龄资助。1945 年夏至 1946 年初,社址在重庆。1946 年春,移至上海。主要编辑成员有郭沫若、茅盾、老舍、闻一多、叶圣陶、曹禺、洪深、夏衍、冯乃超、曹靖华、李青崖、焦菊隐、戈宝权、徐迟、袁水拍、叶以群。②

6 日 应邀出席中苏文化协会为欢迎彼得罗夫大使举办的鸡尾酒会。《新华日报》刊登短讯:《茅盾五十寿辰 作家发起庆祝》。

7 日 在重庆《大公报》发表杂感《文艺节的感想》。

8 日 下午出席中苏文协、剧协等单位联合举行的茶会,欢送郭沫若访苏。茅盾代表文协致欢送词。

10 日 在《大刚报》副刊《阵地》发表评论《读〈春暖花开的时候〉》③。

---

① 生日为农历五月二十五日,公历 7 月 4 日。定 6 月 24 日,是从当时的需要的角度考虑的。另按传统习俗大寿过九不过十,所以时年 49 岁庆祝 50 寿辰。

② 王中忱《茅盾参与过的三个文学社团》,刊于《东北师范大学学报》1982 年第 4 期。

③ 《春暖花开的时候》为姚雪垠的长篇小说。

11 日　在《贵州日报·新垒》发表杂论《贝当与赖伐尔的下场》，重庆《新华日报》7 月 29 日转载时改题《丑角》，后与《又一副嘴脸》一起收《茅盾文集》第 10 卷，题为《杂感二题》。

15 日　致金兆梓信。

18 日　在《新华日报》发表译作《流浪生涯——高尔基生活之一页》（苏联 A. 罗斯金著），后收入传记小说《高尔基》由北门出版社和新中国书店同时印行。

21 日　郭沫若、叶圣陶、老舍等发起成立"茅盾寿辰、创作 25 周年纪念"筹委会，并在《新华日报》发表《庆祝茅盾五十寿辰通启》。

23 日　为纪念茅盾先生 50 寿辰和创作生活 25 周年，重庆各书店特价发售茅盾著作 3 天，并在《新华日报》发布《茅盾著作目录》①。

24 日　《新华日报》发表由廖沫沙起草，经周恩来、王若飞修改审定的社论《中国文艺工作者的路程》，这篇社论是为中国共产党驻重庆办事处负责人周恩来、董必武、王若飞同志领导下，重庆文化界举行祝贺茅盾 50 寿辰与创作活动 25 周年的庆祝活动而发的。社论对茅盾前半生的光辉业绩作了高度评价。

同日　在《新华日报》发表散文《回顾》，亦刊于《文哨》第 1 卷第 3 期（10 月 1 日），谈到自己写小说的经过："我怎样开始写第一篇小说的？事极平凡。因为那时适当生活'动'极而'静'，许多新的印象、新的感想，萦回心头，驱之不去，于是好比寂寞深夜失眠想找人谈谈而不得，便喃喃自语起来了。……认真来考虑结构，分析人物，而且先写比较详细的大纲，是从《动摇》开

---

① 陈漠《一份茅盾先生著作目录》，《新文学史料》1979 年第 4 期。

始的。"

同日　重庆各界知名人士和文化界人士共七八百人在重庆白象街西南实业大厅举行庆祝茶会。王若飞代表中共出席,老朋友邵力子,知名人士沈钧儒、柳亚子、马寅初、章伯钧、邓初民、刘清扬、胡子婴等在场,张道藩也在场。其中有刚从新疆监狱中死里逃生的赵丹、徐韬、王为一、朱今明。美国新闻处窦爱士、苏联大使馆一等秘书费德林,以及外国新闻记者等 11 位盟邦友人都来参加盛会,会上有不少贺词贺幛。

25 日　与德沚应邀出席宋庆龄、沈钧儒、史良在史良寓所举行的宴会,出席作陪的还有王若飞、陶行知、邓初民、沙千里等。

同日　昆明文艺界也举办了庆祝茅盾生日的活动。第二天,参与活动的光未然给茅盾写信,描述了活动的场景。光未然在会上说了两件事,引起了大家的兴趣:一是茅盾的长篇小说《腐蚀》在南洋发行的情况。二是"皖南事变"后,光未然在缅甸听到一个"不幸消息":茅盾和邹韬奋先生一同殉难了。当时,光未热恼然写了一首悼念茅盾的诗。①

30 日　致沈霞信。

本月　作《〈清明前后〉大纲》,未发表。

本月　在《抗战文艺》第 10 卷第 2、3 期发表散文《永恒的纪念与景仰》,为悼念罗曼·罗兰而作。本文亦刊于《文萃》第 3 期(10 月 23 日),收入《茅盾文集》时专门撰写了《附记》(1958 年 11 月 17 日于北京);发表评论《对于文坛的又一风气的看法——谈短篇小说之不短及其他》。

---

①　杨建民《茅盾五十寿辰收到悼念诗》,刊于《文学教育》2016 年第 3 期;李广德《一代文豪:茅盾的一生》。

本月 译作传记小说《高尔基》(苏联 罗斯金著,茅盾、戈宝权、郁文哉、葛一虹合译,郭沫若序)由北门出版社和新中国书店同时出版印行,共 13 章,茅盾译第 3 至第 6 章。

本月 《关于〈阿Q正传〉的故事画》收入罗洪编《点滴集》,由安徽中央日报社出版。后收入《茅盾文艺杂论集》时改题《读丁聪的〈阿Q正传〉故事画》。

本月 译作长篇小说《人民是不朽的》(苏联 格罗斯曼著)收入曹靖华主编的"中苏文化协会文学丛书",该书据英文版转译,由文光书店印行,附《关于〈人民是不朽的〉》一文。

本月 开始创作剧本《清明前后》。

7 月

1 日 在《中学生》复刊号第 89 期发表《悼念胡愈之兄》,曾收《时间的记录》,后改由大地书屋出版时在《后记之后记》中说,这篇文章"是讹传愈之不幸时写的,现在既知愈之兄幸庆健在,自当删去"。

5 日 在《文艺春秋》第 3 卷第 2 期发表译作小说《苹果树》(苏联 N.吉洪诺夫著),附译者后记,并辑入《欧战胜利纪念特辑之二——战时苏联文艺》,《苏联爱国战争短篇小说译丛》永祥印书馆 1946 年 10 月版。

同日 在《文哨》第 1 卷第 2 期发表散文《一点回忆和感想》。

7 日 作《时间的记录·后记》。

同日 作《记 Y 君》①,载《我的良友:良友图书公司创业二

---

① Y君即恽代英。

十周年纪念文集》(上集)1946年版。

11日 在《新华日报》发表译作《做怎样一个人？——高尔基传记小说的一节》(苏联 罗斯金著 署茅盾等译)。

14日 作《又一副嘴脸》。

17日 作《在人民的求自由解放的浪潮中,您永远的活着!》

20日 作《光明磊落、热情直爽的杜重远先生》。

24日 应邀出席重庆文化界人士举行的"邹韬奋、杜重远先生逝世一周年纪念会"。为《新华日报》的《邹韬奋、杜重远先生逝世周年纪念特刊》题写刊头;在《新华日报》发表散文《光明磊落、热情直爽的杜重远先生》;发表散文《在人民的求自由解放的浪潮中,您永远的活着!》。

28日 致金兆梓信。

29日 在《新华日报》发表杂感《杂感二题——一,丑角,二,又一副嘴脸》。

本月 作《〈回顾〉后记》。《回顾》为茅盾部分散文的合集,因抗战胜利后的人事变动,未能出版。

本月 《时间的记录》由良友复兴图书印刷公司出版。原收29篇。该书出版后刚出售,存书及纸型即遭火灾,付之一炬,后于1946年11月由上海大地书屋出版,抽去4篇,增加7篇,全书分4辑,共32篇,并附"后记"。包括散文《不能忘记的一面之识》《不可补救的损失》、书评《为〈亲人们〉》、杂论《如何把工作做好——为"文协"六周年纪念作》等。除《风景谈》外,都是1942年初作者从香港回到大后方两年半时间内所作。作品从侧面反映了1941年到1944年国统区的黑暗社会和文化怪相,多采用杂文、评论体。

8 月

1 日 "文艺杂志社"与"文哨月刊社"在《文艺杂志》新 1 卷第 3 期联合发表"茅盾文艺奖金征文启事",亦刊于 3 日《新华日报》。征文以反映农村生活的短篇小说、速写、报告为限。茅盾、老舍、靳以、冯乃超、冯雪锋、邵荃麟、叶以群 7 人为评委。

5 日 赴重庆张家花园 65 号文协总会参加常务理事会,商讨处理美国援华会捐款问题。

6 日 在《青年知识》创刊号发表杂论《如何缩短距离》。

同日 在重庆《大公晚报·小公园》发表《清明前后》,连载至 10 月 1 日,单行本由开明书店于 1945 年 10 月出版。此为茅盾唯一剧作,共 5 幕。前两幕写成于日本投降之前,后 3 幕脱稿于日本投降之后。剧作以当时在重庆发生的轰动一时的国民党的"黄金案"丑闻为直接背景,以民族资本家林永清、小职员李维勤、交际花黄梦英为核心展开 3 条线索,借此反映了抗战胜利前的社会现实:经历了多年浴血奋战的中华民族,正处于生死存亡的关键时刻,作为国民党统治中心的重庆,一些人关心的不是民族和国家的前途、命运,而是股票市场的涨落和投机买卖的行情。一些人终日过着纸醉金迷的腐朽生活,广大人民却在水深火热之中受煎熬,从而尖锐深刻地揭示了国民党统治的黑暗、腐败本质。剧作在追求大众化的表现形式方面作了可贵的探索。对话简洁、口语化,矛盾冲突的安排曲折有致,又清晰分明。

10 日 在《国讯》旬刊第 396 期发表评论《怎样复兴抗战后的文化事业》。

12 日 在重庆《大公报》发表杂论《为民营出版业呼吁》。

13 日 晚上出席文协在重庆张家花园召开的庆祝抗战胜利座谈会。

15 日 在重庆《文学》月刊革新号发表评论《几个初步的问题》。

29 日 作《读宋霖的小说〈滩〉》。下午 4 时出席中苏文协为欢迎郭沫若、丁西林访苏归来而举行的茶会。

30 日 致郑伯奇信,后刊于《秦风日报》、《工商日报》联合版副刊《每周文艺》第 2 卷第 3 期。作《〈我向祖国的人民歌唱〉阅后意见》①(署雁冰),因诗集作者地址不详未寄出。

本月 读到了土纸印刷的毛泽东《在延安文艺座谈会上的讲话》全文。

本月 日本投降后,每周参加两次固定的活动。一次活动是在郭沫若的寓所,参加者为各民主党派头面人物,也有共产党的代表,会议主要漫谈时局的演变,最后由共产党的代表讲一点意见。另一次活动是在周公馆,参加者绝大多数是党员文艺工作者,会议内容为总结抗战时期的文艺运动和探讨今后新形势下文艺运动的方向,也讨论当时比较敏感的一些文艺问题。周恩来参加了这两个会。

本月 《名作家选集》(茅盾等著),由南京读书出版社出版。

9 月

1 日 应邀出席中苏文协举办的庆祝中苏同盟条约签订的盛会。前来重庆参加国共谈判的中共中央主席毛泽东亦来参加此会,第一次与各界人士见面。(参见 2 日《新华日报》)

---

① 《我向祖国的人民歌唱》为李尚智(笔名李俐)的诗集。

同日 在《中学生》复刊第 91 期发表评论《如何辨别作品的好坏——答复"想搞文学"的青年的第二个问题》。

3 日 应邀与郭沫若同去重庆红岩村,会见毛泽东。曾问毛泽东:"您高瞻远瞩,对形势的看法如何?"毛泽东回答,蒋介石是要打仗的,但是,他不得人心。和平的旗帜在我们手里了。他要打,我们也不怕,我们有准备。①

上旬 与孔德沚同去重庆红岩村,向到渝不久的毛泽东作礼节性拜访。

上旬 将《清明前后》剧本交给专程来取剧本的林朴晔,要他将本子转交中国艺术剧社。

上旬 赵丹、徐韬、王为一、朱今明等刚刚组织的中国艺术剧社,决定上演《清明前后》。赵丹任导演,并前来谈剧本搬上舞台时所必须作的一些修改。向赵丹表示:一切由你全权处理。

7 日 应邀出席苏联驻华大使彼得罗夫招待文化界人士的宴会。

10 日 在贵阳《大刚报·阵地》发表评论《写下第一篇作品以前的高尔基》,亦刊于《文学新报》第 2 卷第 1 期。

15 日 在《文艺杂志》新 1 卷第 3 号发表杂感《狼》(6 月写),亦刊于《人民文艺》第 1 期(1946 年 1 月 25 日)。

16 日 在重庆《大公报》发表序跋《读宋霖的小说〈滩〉》②。

18 日 出席重庆文艺界和文化界在文化会堂举行的座谈会。到会者签名发起国际文化合作促进会和中华全国文艺家协会。

---

① 参见何其芳:《毛泽东之歌》,载《何其芳文集》第 3 卷。

② 长篇小说《滩》系宋霖,即胡子婴作。

23 日 与德沚同去观看《清明前后》彩排。

同日 在《秦风·工商日报》联合版《每周文艺》第 20 期发表书信《文艺往来》（茅盾、穆木天等的通信）。

26 日 《清明前后》在重庆青年馆正式公演。主演：赵丹，舞台监督：朱今明，参演演员有秦怡、赵韫如、王萍、黄宛苏、顾而已、王为一、孙坚白等。茅盾特意由唐家沱赶到城里看演出。公演前曾在《新华日报》发了广告。

下旬 刚从延安调来重庆《新华日报》社工作的刘岘夫妇偕女儿来访。谈话中无意中透露了沈霞因人工流产手术事故而于 8 月 20 日去世的消息。闻此噩耗，悲痛万分。当日下午，与德沚回唐家沱，并未将沈霞去世的消息告诉德沚。得知沈霞去世消息的第二天，又赶进城，在周公馆见到了徐冰。徐冰告知延安已处分了造成沈霞手术事故的医生。茅盾欲把儿子沈霜由延安接来重庆，再将噩耗告诉德沚。

下旬 《清明前后》公演 4 天后，观众愈来愈多，场场爆满，甚至星期天得加演才能满足观众的需要。该剧在工业部门引起的共鸣更为强烈，有的工厂老板包场请工人看。在这期间，还曾收到永利化学公司的来信，要求允许他们自己排演《清明前后》。回信时答应了他们的要求，并且免收演出税。

本月 在《反攻》第 17 卷第 5 期发表《在"建设东北之路"座谈会上的发言》。

本月 出版《茅盾短篇小说集》（第二集），根据 1939 年开明书店版重印。分为 4 册：（一）赛会（即原版第 1 辑 5 篇）；（二）夏夜一点钟（即原版第二、三辑 8 篇）；（三）手的故事（即原版第四辑 4 篇）；（四）尚未成功（即原版第五辑 6 篇）。

10 月

1 日　《文哨》第 1 卷第 3 期辟"茅盾先生五十寿辰暨创作二十五周年纪念特辑"，发表叶圣陶、吴组缃、沙汀、艾芜、以群等人的回忆、祝贺文章。

同日　在《民主星期刊》第 1 期发表杂感《月半杂感》。在《大公晚报·小公园》发表《清明前后·后记》，文中说："学写剧本，这还是第一次。主要是受了朋友们的鼓励"，"'清明'前的一天，把一天之内报上的新闻排列一看，不禁既悲且愤！……于是从那天报纸上的形形色色中拣取一小小的插曲来作为题材，而仍然称之曰《清明前后》"。

8 日　徐冰告知重庆谈判即将结束，周恩来已去电延安，请他们安排沈霜来重庆，很可能搭乘毛泽东回延安的那架回程飞机。同时转来张秋琴的两封信，其中一封为致周恩来信，提到沈霞的死："霞的死，确系鲁子俊的严重错误，由于消毒不严而发生肠杆菌的感染，事后又未及时发觉，如早发觉尚有可救，实所痛惜！经检讨后已给鲁以处分并召开会议教育别的医生。"中午重庆工业界章乃器、胡光尘、吴羹梅、胡曲园等 6 人，特地招待茅盾和《清明前后》演职员，共四五十人。席间，人们希望茅盾能再写一个《中秋前后》。

9 日　上午往医院与李少石①遗体告别。将所得《清明前后》的演出税的一半，宴请全体演员，宋之的、史东山、陈鲤庭、赵丹、顾而已等 30 余人出席。宴后，茅盾征求大家对剧本的意见，史东山、徐韬等热情地发了言。

---

①　李少石系十八集团军驻渝办事处秘书，是廖仲恺的女婿，于 10 月 8 日在重庆遇害。

11日 中国共产党中央委员会主席毛泽东返回延安。与柳亚子等文化界人士百余人一同到机场送行。下午参加李少石同志安葬仪式。

同日 据《新华日报》载:"《清明前后》历遭意外阻难,可能日内停演。"

12日 傍晚八路军办事处主任钱之光的夫人告知,沈霜今天已到重庆,现在红岩村。随即与德沚同去红岩村,告知德沚沈霞的死讯。

13日 接沈霜到家同住。原打算让沈霜在重庆工作,而沈霜则希望在重庆期间把盲肠割掉,再回延安去。德沚同意和支持这一想法。问及沈霜今后打算,他表示想搞工业。考虑到中国将来需要大量建设人才,对他的打算表示赞同。

14日 出席"文协"理监事联席会议,主要讨论改名和作家复员的问题。一致同意将"中华全国文艺界抗敌协会"中"抗敌"二字去掉,改名"中华全国文艺界协会"。

15日 在《民主》第3期发表杂文《"立此存照"》。

16日 《解放日报》发消息,真实地记录了《清明前后》演出的盛况:"观众极为拥挤,买票时由单行站成双行,也有人从上午等起,还是没有买到票。"曹禺称赞:"这是我们中国舞台上第一个有'话'的剧本。"晚上重庆中央广播电台一项特别节目称《清明前后》有毒素,叫看过的人"反省"一下,不"受愚";没有看过的人,不要去看。另据《新华日报》消息,《腐蚀》在上海印行后,三数天即售出两千余册。

同日 在《文萃》第2期发表文论《民族文化的大危机——如何击退颓风开展文化的新运》,文末附注系转自昆明《评论报》(日期不详)。

18 日 据《新华日报》载,《清明前后》共演出 30 场,卖座打破过去青年馆上演的任何戏剧。21 日演出结束。

19 日 与重庆文化界人士发起组织的"鲁迅逝世九周年纪念大会",于下午召开。

20 日 出席"文协"组织的记者招待会。

22 日 赠戈宝权《清明前后》一册。在《建国日报·春风》发表杂感《"暹逻"的"友善"姿态》。

23 日 在《建国日报·春风》发表杂感《关于"原子弹"》。

25 日 在重庆《新华日报》发表评论《"柳诗""尹画"读后献词》①,亦刊于《周报》第 10 期。

30 日 在《新华日报》发表《清明前后·后记》(作于中秋日),收入本月重庆开明书店版《清明前后》。

同日 国民党中央文化委员会主任张道藩密函:"为茅盾(即沈雁冰)所著之《清明前后》剧本,内容多系指摘政府,暴露黑暗,而归结于中国急需变革,以暗示煽惑人民之变乱,种种影射既极明显,而诬蔑又无所不至,请特加注意"。

本月 在《青年知识》第 1 卷第 3 期发表创作谈《我怎样写〈春蚕〉》,亦刊于《文萃》第 8 期(11 月)。

本月 《清明前后》由重庆开明书店出版,共 5 幕,附后记(1945 年中秋)。

11 月

20 日 在《联合画报》第 155—156 期合刊发表散文《悼六逸》。

---

① "柳"指柳亚子;"尹",指尹瘦石。

21 日 在《新华日报》发表杂感《门外汉的感想》。

28 日 《新华日报》发表《清明前后》和夏衍的《芳草天涯》两个剧本的座谈记录。

本月 国民党中央宣传部密令各地禁止《清明前后》出版及演出。

12 月

2 日 致孔另境信。信中谈到对沈霞去世的悲痛惋惜："我有月余之久胸中如塞冰块,现在只要静下来时也郁郁难以自解。亚男如果死于战斗,我倒不会这样难过的! ……我并为亚男悲,因为她力求上进,牺牲了青春时代应有的享受,但结果如此;她是一颗'未出膛的子弹',这是人的浪费!"①

7 日 作《为"一二·一"惨案作》。并与郭沫若、巴金、曹靖华等 26 人联名发表《重庆文艺界慰唁昆明教授学生电》,声援昆明各校师生反对内战争取民主的正义行动,对在"一二·一"反内战示威中遭国民党反动派血腥镇压而死伤者,表示慰问和悼念。

9 日 在《新华日报》发表杂论《为"一二·一"惨案作》,亦刊于 23 日《解放日报》。文章说:"青年学生的血,自来是不能白流的。让我们后死者咽住热泪,沉着地踏着死者的血迹前进罢!"

10 日 作《现在我们要开始检讨——八年来文艺工作的成果及倾向》。在《月刊》第 1 卷第 2 期发表散文《文艺节的感想》。

15 日 在《文艺春秋》第 2 卷第 1 期发表文论《论鲁迅的〈呐喊〉和〈彷徨〉》。

---

① 参见金韵琴《茅盾和他的女儿、女婿》,《百花洲》1982 年第 1 期。

同日 在《民主》第 10 期发表《声援昆明学生》（署郭沫若、茅盾等）。

18 日 作《谈歌颂光明》。

20 日 出席重庆文艺界在张家花园文协会址召开的座谈会，讨论总结过去、展望未来的文艺工作。

23 日 在《自由导报》第 6 期发表杂论《谈歌颂光明》，亦刊于《文联》第 1 卷第 2 期（1946 年 1 月 20 日）。

25 日 出席"文协"召开的第二次讨论总结过去、展望未来文艺工作座谈会。

26 日 作《要真正的民主才能解决问题》。

30 日 出席"文协"在张家花园举行的辞年晚会，并即席讲话。

同日 在《新华日报》发表《冼星海先生纪念演奏会启事》（署冯玉祥、周恩来、茅盾等）。

31 日 在《华西晚报》发表评论《现在我们要开始检讨——八年来文艺工作的成果及倾向》，亦刊于 1946 年 1 月 5 日《文联》创刊号、5 月 4 日《人民文艺》第 1 卷第 5 期。后改题《现在要开始检讨》收入《时间的记录》（大地书屋 1946 年 11 月版）。该文的目的是"总结过去经验而决定今后努力的方针"，指出："今后的文艺的任务依然是对外求挣脱任何帝国主义加于我民族之政治的经济的军事的锁链，对内为争取民主，除此两者而外，暂时应无其他的任务"，而"今后较长的一个时期，我们文艺的首要任务必为配合广大人民的迫切的民主要求。认定了此一中心任务，然后，我们对过去曾经热烈讨论过的一些问题，如深入民间，如大众化，如政治性与艺术性等，我认为也须以能否配合人民的民主要求为准则"。

同日 作《看了汪刃锋作品展》。在重庆《新华日报·新华副刊》发表评论《门外汉的感想》。

月底 参加由东北抗敌协会主持的在重庆"中苏友好协会"会议室举行的萧红逝世3周年纪念会,并讲话。

月底 苏联对外文化协会代表向茅盾发出访苏邀请,茅盾希望能同夫人一同前往。苏联表示同意。

本月 短篇小说集《耶稣之死》由上海作家书屋印行。

本月 国民党特务在上海疯狂实行文化"围剿",《腐蚀》等均遭非法扣留或销毁。

本月 在成都《华西晚报》发表评论《读丁聪的〈阿Q正传〉故事画》,后印入丁聪所作《阿Q正传插图》一书中,题为《关于〈阿Q正传〉故事画》。

本月 作《茅盾编选〈(全面)抗战八年小说集〉选目》,后刊于《新文学史料》1984年第1期。

本月 散文《不可补救的损失》收入《时间的记录》,在该书《后记之后记》中说"是讹传愈之不幸时写的,现在既知愈之兄幸健在,自当删去"。

冬 作五言绝句《偶闻》。

冬 作七绝《偶闻》,未发表。

本年 作《〈清明前后〉大纲》,未发表。《世界短篇小说精华》(柳无忌编)由正风出版社印行,内收茅盾译《雪人》一篇。

1946年(丙戌,民国三十五年) 50岁

▲1月,政治协商会议在重庆开幕,国共双方正式签署《停战协定》。

▲2月10日,重庆进步人士和群众于校场口集会,庆祝政治协商会议召开。大会遭到国民党特务破坏,出席会议的郭沫若、李公朴等被殴伤。此即"校场口事件"。

▲2月23日,中国人民救国会领导人沈钧儒等联名发表时局主张,呼吁和平,制止内战。

▲6月26日,蒋介石悍然撕毁停战协定,大举进攻中原解放区。

▲7月,民盟中央委员李公朴、闻一多在昆明被国民党特务暗杀。

1月

1日 在《新华日报》发表杂论《要真民主才能解决问题》,应《新华日报》之约而作,指出:"二十年来,尤其是最近几年,我们受尽了欺骗。……我们不能再忍受那种欺骗了。……我们就要求一个真正的民主。我们不要假民主。"

同日 在《文选》第1卷第1期发表评论《论大众语》。

同日 在《新文学》创刊号发表散文《森林中的绅士》,并手稿一页及附记。紧扣40年代官场和知识界"绅士们"的性格特征,塑造了"森林中的绅士"——豪猪的形象。豪猪生活养尊处优、在属地内主宰一切,但面对攻击只会"等在那里'挨打'",或是凭借身上的刺"让敌人自己碰伤,知难而退",甚至"无病呻

吟"，极具讽刺意味。在惟妙惟肖的描写中，亦透露出忧国忧民的良苦用心。

3 日　在《新华日报》发表评论《看了汪刃锋的木刻展》。

4 日　据《华西日报》消息：茅盾《清明前后》被严密封锁发售，并暗中禁止读者购买。

同日　致许广平信，后刊于《鲁迅已经资料》1983 年第 11 辑。

5 日　作《忆冼星海》。与叶以群合编的中外文艺联络社机关刊物《文联》半月刊在上海创刊①，并在创刊号上发表《文联·发刊词》，指出："这一个小小的期刊只想做到下列几件事：报道国内外的文艺活动乃至一般文化活动的概况；介绍国内外出版的新书——主要是文艺的；发表同人对于当前文化——文艺运动，以及文化——文艺活动中各具体问题的意见，同时并愿尽量刊登通讯讨论，以及文化——文艺界友人对于本刊言论的商榷和批评。"

6 日　作《写于政治协商会议前夕》。

8 日　与巴金、冯雪峰、胡风等数十人联名在《抗战文艺》第 10 卷第 6 期发表《陪都文艺界致政治协商会议各委员书》，亦刊于 20 日《新华日报》。提出"废止文化统制政策"和党化教育、保障文化工作者的自由权、惩治文化汉奸等九项要求。

9 日　在《民主生活》创刊号发表杂感《新年杂感》。

同日　重庆文化界茶会招待参加政协的文化界人士，被公推为茶会的主席团成员，在会上提议组织"陪都各界政治协商会

---

①　《文联》，中外文艺联络社的刊物，由茅盾、以群主编。1946 年 1 月 5 日创刊于上海，半月刊。《文联》共出 7 期。茅盾除为《文联》写《发刊词》外，还写《谈歌颂光明》等文章。《八年来文艺工作的成果及倾向》也刊于《文联》。

议协进会",获全体一致通过。

11 日 傍晚王炳南来通知,让沈霜当晚去周公馆,第二天乘飞机去北平。当即与德沚一起将沈霜送至周公馆。随后被周恩来邀至其办公室,谈及沈霞去世及《清明前后》演出等事。

15 日 分别致胡愈之和××信,前者后刊于《风下》周刊(新加坡)1946 年 3 月 23 日,后者后刊于上海《消息》半周刊第 1 期 1946 年 4 月 7 日。

16 日 "陪都文化界政治协商会议协进会筹备会"与救国会和民主建国会联合邀请各界代表正式成立了"政治协商会议陪都各界协进会"。作为文艺界的代表参加了协进会的理事会。与巴金等联名发表《陪都文艺界致政治协商会议各委员会书》,要求"结束一党专政,制定和平建国纲领","废止文化统制政策"。协进会旨在制止国民党破坏政协召开的阴谋,推动和平民主运动,国民党曾多次组织打手扰乱协进会组织的大会,直至酿成"校场口事件"。

18 日 在《新民报》晚刊发表报告文学《生活之一页》,连载至 27 日,1947 年由上海新群出版社出版单行本,详细记述了香港抗战时期及陷落后的社会动态。

20 日 在《中原·文艺杂志·希望·文哨联合特刊》第 1 卷第 2 期发表杂感《写在政治协商会议的前夕》(内文题目为《写于政治协商会议的前夕》)、《陪都文化界人士对政治协商会议之意见》(署茅盾等,共 228 人)。

同日 主持"文协"为即将赴美访问讲学的老舍、曹禺而举行的欢送酒会,并致欢送词。到会的有巴金、阳翰笙等 50 余人。

21 日 作《仍是漫谈而已》。

22 日 下午出席东北文化协会在中苏文化协会举办的萧红

逝世 4 周年纪念会,被公推为会议主席。出席会议的有郭沫若、冯雪峰、胡风等八九十人。

23 日 在《解放日报》发表杂感《门外汉的感想》。

28 日 在《新文学》第 2 号发表散文《忆冼星海先生》。

本月 与郭沫若等 17 人联名在《中原·文艺杂志·希望·文哨联合特刊》第 1 卷第 1 期发表《中国作家致美国作家书》,同期与郭沫若等 26 人联名发表《重庆文艺界慰唁昆明教授学生电》。

本月 《第一阶段的故事》由联益出版社出版。共 12 章,附后记。《记 Y 君》收入《我的良友》上集,由上海良友图书公司出版,Y 君即恽代英。

本月 苏联对外文化协会代表,口头转达邀请茅盾赴苏联访问之意。

2 月

2 日 在《真话》第 1 期发表杂论《和平 民主 建国》。

9 日 在《文艺新闻》第 1 号发表杂论《为"一二·一"惨案作》。

15 日 出席重庆戏剧界在江苏同乡会举行的庆祝第三届戏剧节会议。在《人民文艺》第 2 期发表《生活之一页》,后在《人民文艺》第 3、4 期连载。在《文讯》第 6 卷第 2 期发表文论《近年来介绍的外国文学》。

17 日 出席前文化工作委员会同人暨文化界人士在中苏文化协会举行的晚会,欢送鹿地亘、池田幸子夫妇回国。

20 日 在《中原·文艺杂志·希望·文哨联合特刊》第 1 卷第 3 期发表评论《仍是漫谈而已》,亦刊于《文联》第 1 卷第 4 期(2 月 25 日),改题为《也是漫谈而已》。该文是读了冯雪峰《论民主革命的文艺运动》上篇之后的感想,对该到的中国现代文学分期、发展、统一战线、大众化等问题,提出了一些具体意见。

25 日 在《文联》第 1 卷第 4 期发表杂文《也是漫谈而已》。

26 日 致萧逸①信。

27 日 与力扬、巴金、田汉等 100 余人联名发表《为校场口血案告国人书》。

28 日 在《真话》第 4 期发表杂感《"文艺复兴"》。

本月 茅盾文艺奖金评选委员会公布评选名次,甲等 3 人:《兴文乡疫政即景》(徐疾);《互替的两船夫》(田苗);《丰收》(木人)。乙等 2 人:《会议》(温士扬);《还政于民记》(李俞)。丙等 3 人:《农村的一角》(生群);《么店子》(夏培静);《风波》(汪文孙)。

本月 在《文选》第 2 期发表纪实小说《闪击之下——〈劫后拾遗〉之一段》。

本月 在曹禺赴美讲学前,邀其至家中便宴。②

本月 延安西北文工团上演《清明前后》,《解放日报》发表评介文章。

3 月

3 日 下午中华全国文艺协会举办茶会欢迎田汉、马思聪、端木蕻良,被公推为茶会主席。

4 日 与郭沫若、田汉、阳翰笙等 20 余人联名致函洪深,对他仗义执言却横遭迫害,表示慰问。

---

① 萧逸,沈霞的丈夫。
② 曹禺:《"我的心向着你们——悼念茅盾同志"》,《中国青年报》1981 年 4 月 16 日。

上旬　收到沈霜从北平的来信,得知他已留在北平。临离开重庆前,去周恩来处辞行。

13 日　与郭沫若、沈钧儒、陶行知、田汉等致电西安《秦风日报》《工商日报》,为两报于月初被国民党特务捣毁感到"不胜痛愤",并望"再接再厉,共同争取民主自由之实现"。

同日　就美国援华会事致函文协秘书默林。分别致萧逸、梅林信。

16 日　与夫人离开重庆。

17 日　到广州,下榻开明书店二楼。原只打算在广州逗留两三天,但闻讯赶来探望的朋友都有挽留之意,并希望给广州文艺界谈谈当前的政治形势和文艺运动。考虑到朋友们的热情和周恩来临行时的嘱托,就决定在广州暂住些日子。

24 日　应文协港粤分会、剧宣七队等文艺团体之邀,出席在教育路民众会堂举行的欢迎会。并作题为《和平、民主、建设阶段的文艺工作》的报告。

25 日　在《中苏文化》第 2 期("苏联红军节第二十八周年纪念特刊")"苏联红军节祝辞"一栏发表《苏联红军节祝辞》,原无标题。

28 日　应邀出席广州杂志联谊会在新都餐厅举行的欢迎会。张铁生代表三十几个团体致欢迎词,茅盾就有关发展文化事业问题发表讲话,着重谈了民主问题。他指出有些人讲民主,常常唱双包案来欺骗读者,希望大家提高识别能力。①

29 日　在《风下》周刊第 20 期发表评论《民主运动与文艺运动》,该文系茅盾在广州中山大学的演讲稿,指出,"人民文艺的

---

①　茨冈《民主文化在恶劣环境中生长》,《文联》第 7 期,1946 年 6 月。

发展,不能离开现实的民主运动",而应"配合着政治上的民主运动"。文艺家首要的工作是"使文艺真正做到'为人民'及'为人民所有'"。要完成这一任务,文艺家应"深入民间,向人民学习,坚定地站在人民的立场,反映人民的要求。在形式和内容两方面使作品真能为人民所理解和爱好。"

本月　出席美国新闻处在胜利宾馆举行的欢迎酒会并即席讲话。

本月　致梅林信,谈援助葛琴事。

本月　《后方集》(茅盾、巴金等著)由上海天下图书公司出版。

4月

1日　在《新文学》第3期发表杂感《谈歌颂光明》,亦刊于1945年12月《自由导报》,文章略有改动。该文对国民党的"只许歌颂,不许暴露"的政策作了抨击。

2日　赴开明书店2楼开会,在会上转达了党中央关于做好应付内战准备的指示。到会的有周钢鸣、司马文森等。后在广州荔枝湾民大讲《文艺作品的理解和欣赏》。

3日　在《文艺新闻》第5期"征军纪念特辑"发表散文《悼征军》。

6日　作《学习民主作风》。

8日　应邀在广州青年会讲《人民的文艺》。

10日　在《文艺生活》新4期发表《和平·民主·建设阶段的文艺工作——三月二十四日在广州三个文艺团体欢迎会上的讲演》,亦刊于6月25日《联合特刊》第1卷第6期。文章指出"和平依然是支配一切的主流",但除了"和平"之外,也要争得

"民主","有了和平、民主,才可以谈到建设"。"文艺运动与民主运动是不可分的",不可"关门做'民主运动'",而"应当走到群众中间""实践'文章下乡',真正地替老百姓服务,改造我们的生活内容与生活方式,创造我们的民族形式的新文艺"。至于作品的题材,则提倡任何阶级及"任何社会现象都应当作为写作的对象",只要"站在人民大众的立场,用批判的眼光去写,就是正确的、进步的"。

12 日　韩北屏来访,交谈有关"五四"等问题的看法。

13 日　与夫人一起乘佛山轮离开广州赴香港,住海景酒店。

14 日　香港文化界设宴欢迎,应邀在公宴上发表讲话。全体出席者签名留念。

15 日　《华商报》辟专栏刊登欢迎茅盾的文章。

16 日　在《自由世界》第 1 卷第 12 期发表杂论《从"自由"说起》,批判以民主自由做招牌却施行野蛮暴力的执政当局。

同日　在香港一家酒店旅馆会见《正报》记者钟紫、《华商报》记者黄新波、《正报》副刊编辑主任孙孺等。下午 5 时,与德沚一同出席"文协"港粤分会、青年记者学会、歌咏协会、港九妇女联谊会联合举办的欢迎会。在会上作了《人民的文艺》的演讲。

17 日　在《华商报》发表《人民的文艺》(黄新波笔记),为 1946 年 4 月 16 日在香港青年会上的讲演词。

18 日　与张澜、郭沫若、巴金等 70 余人联名致函美国国会争取和平委员会,呼请重视中国严重局势,抗议美国将五亿至七亿美元贷款给国民党,并坚信"中美两国人民将并肩为世界的民主和平共同奋斗"。

同日　参加香港文化界举行的公宴,席上作《现阶段文化运动诸问题》的讲演。

19日　应香港华侨工商学院之请,作《文艺修养》的报告。应香港岭英中学侨风社之请,讲《关于写作》,并为之题词:"向生活学习,为社会服务"。

同日　在《华商报》发表《现阶段文化运动诸问题——在香港文化界公宴席上的讲话》(吕剑记)。

20日　在《人民世纪》第8期发表文论《民主与文艺》(路丁笔记),亦刊于《风下》周刊第20期,改题《民主运动与文艺运动》。

同日　在《中国诗坛》光复版第3期发表文论《为诗人们打气》,指出:"如果'五·四'时期的白话诗是对于旧体诗的解放运动,那么,抗战时期中的诗歌运动便可说是对于白话诗的再解放……就其最主要的项目而言,都是紧紧抓住了大众化的方向的……这正为我们今日的民主运动时期的人民的歌手作了先驱。"文章希望诗人们充实自己,改造自己。

25日　在广州《国民》新3—4期合刊发表杂论《学习民主作风》。

下旬　因香港到上海的船票极为紧张,只得在香港继续等待。曾经想到沈霞过去常去游玩的蝴蝶谷看看,但又怕引起德沚的伤感而终未成行。此间,曾应在澳门某医院任院长的远亲柯麟的邀请去澳门小住,但对澳门印象不佳。在澳门时,曾会见菲律宾马尼拉《侨商公报》记者,并应其要求题词:"人民受炮火的洗礼,就不愿再受奴役,全世界涌起了民族民主的浪潮。"①

本月　利用在香港澳门的空闲时间,翻译苏联作家卡泰耶

---

① 李标晶《茅盾在香港的文学活动》,刊于《学术研究》1985年第6期。

夫的中篇小说《团的儿子》，并开始在汉口《大刚报》连载，亦见于上海《文汇报》；在《生活周报》创刊号发表杂感《半月杂感》；在《愿望》第16期发表文论《关于写作》，该文系在香港岭英中学、华侨学院的演讲。

本月 "中国木刻研究会"从重庆迁往上海，改名"中华全国木刻协会"，与宋庆龄、郭沫若等被聘为筹备全面抗战八年木刻展的赞助人。

本月 文协桂林分会所编《二十九人自选集》（沪版）收茅盾《秦岭之夜》。《回忆·书简·杂记》（茅盾辑译）由生活书店1946年4月出版。

本月 开明书店出版的《清明前后》被国民党中央宣传部查禁，理由是"指摘政府，煽惑人心"。国民党当局密令所部，禁止茅盾《清明前后》上演。

5 月

月初 由澳门返回香港。

4 日 在《华商报》发表杂感《"五四"与新民主运动》。在《抗战文艺》第10卷第6期发表茅盾等签署的《陪都文艺界致政治协商会议各会员书》。

5 日 据上海《文汇报》载，国民党当局密令禁演和禁售《清明前后》。

8 日 作《关于广州"五四"暴行》。

10 日 在《华商报》发表杂感《关于广州"五四"暴行①》。

---

① 指"五四"那天，国民党特务分子捣毁《华商报》广州分社、《正报》广州营业处和兄弟图书公司的暴行。

13 日　在汉口《大刚报》发表书信《茅盾先生来简》。

23 日　列名夏丏尊治丧委员会。

24—25 日　在上海《文汇报》副刊《世纪风》发表序跋《窒息下的呻吟——序甘永柏的小说〈暗流〉》[①]。

26 日　下午 1 时与夫人孔德沚乘新生轮由香港抵达上海。开明书店的傅彬然、内弟孔另境夫妇和欧阳翠等亲友到码头迎接。住大陆新村 6 号。晚上出席在沪朋友举行的洗尘宴会。

27 日　接受上海《文汇报》记者采访,谈到要续写《霜叶红似二月花》和长篇《走上岗位》。

28 日　在上海《文汇报》发表《答记者问》并手迹一帧。

本月　作《为殊明先生题词》。在《生活周报》第 2 期发表《杂感》。

本月　作七绝《再赠陈此生伉俪》,后收入《茅盾诗词集》上海古籍出版社 1985 年版。诗后有一篇幅较长的《附记》,全面地记述了作者与陈此生夫妇自抗战以来在香港、桂林等地频繁交往的情况,以及此诗写作的具体背景。

本月　《白杨礼赞》由新新出版社出版,内容同 1943 年 2 月柔草社版《白杨礼赞》。

6 月

1 日　在《鲁迅文艺》第 1 卷第 3 期发表《人民的文艺——在香港文化界欢迎晚会上的演讲》。

同日　在《新文艺》创刊号发表《人民的文艺——四月八日在广州青年会演讲》,对"人民的文艺"的性质作了三层界定:一

---

①　中篇小说《暗流》,甘永柏作,文光书店 1946 年 4 月印行。

是"为人民所作"；二是"为了人民"而作；三是"为人民所有"。对"人民的文艺"的功能作出两条规定：一是"站在大众的立场，反映着大众的意见"，"所表现者是人民大众之好恶而非个人之爱憎"；二是要暴露贪官污吏及其产生的政治根源，即"不民主的政治"。同时"应当歌颂人民的英雄"，"歌颂人民的积极性和创造性"。为了实现此目标，作家应"努力作自我改造"，克服小资产阶级意识和"文人习气"。

2 日　出席夏丏尊先生追悼会，并作讲演。

4 日　在《文汇报·世纪风》发表杂感《献给诗人节》①，附前记。出席中华全国文艺协会上海分会等团体举行的纪念诗人节的集会，并讲话。晚上与文协同人为柳亚子补庆六十寿辰。

9 日　应邀在上海中小学教师联合会作《认识现实》的演讲。

10 日　在《文联》第 1 卷第 7 期发表杂感《新民主运动与新文化》②。在上海《文汇报》10—12 日发表杂感《认识现实！》，是作者在上海小教联晨会上的演讲词，由湖深记录。

同日　茅盾、以群主编的《文联》停刊。应邀到上海圣约翰大学讲《人民的文艺》。

12 日　出席上海美术欣赏会，观看李桦所作抗战史画。

15 日　应邀至上海中学教师研究会作演讲。

同日　在《时代》周刊第 6 卷第 23 期发表评论《高尔基与中国文坛——纪念高尔基逝世十周年》，亦刊于重庆《新华日报》21 日和《华商报》24 日，《生活与学习》第 1 卷第 5、6 期；在《周报》第 41 期发表杂论《十五天后能和平吗？》；在《民主》第 35 期发表杂

---

①　该文与发表在《中国诗坛》新 3 期的《为诗人们打气》内容相同。

②　该文内容与《"五四"与新民主运动》相同。

论《美国的对华政策》;在《大公报》1946 年 6 月 15 日发表文论《高尔基与现实主义》,亦刊于《联合日报》晚刊 6 月 18 日。

17 日　在湖南长沙《中兴日报》发表《民主与文艺》,后于《中兴日报》18、19 日续完。本文系 1946 年 3 月 29 日应广州中山大学文、法连院邀请所作讲演,由李莎记录。

18 日　在《联合日报》晚刊发表评论《高尔基与现实主义》。上午应邀出席中华全国文艺协会等 8 个文化团体在沪光大戏院举行的高尔基逝世 10 周年纪念会。下午去开明书店,与叶圣陶、梅林晤谈,告知苏联方面已发出访苏邀请,可能于今秋成行。晚上出席在苏联侨民俱乐部举行的纪念晚会,作简短讲话。

19 日　晚上应上海"苏联之声"电台的邀请,作题为《高尔基和中国文学——一九四六年六月十九日下午七时在上海"苏联呼声"电台广播词》的广播讲话,后刊于《时代》第 163 期"高尔基研究"号,1949 年 6 月 18 日《新华日报》再次发表时,文字上略有修饰。

21 日　在《新华日报》发表文论《高尔基和中国文坛》,又刊于《时代》第 6 年第 23 期。

22 日　致范泉信。作杂感《读报偶感》。在《新世纪》第 1 期发表《"警管区制"座谈会上的发言》(莫明记录)。

23 日　致范泉信。

24 日　书《题赠〈文艺青年〉半月刊》,后刊于《文艺青年》第 9 期。

25 日　在上海《文汇报》发表讲演《和平、民主、建设阶段的文艺工作——在广州三个文艺团体欢迎会上的讲演》。

29 日　在上海《文汇报》发表杂论《下关暴行与人民最后的

期望》①,对此事件表示了强烈的愤慨。

30 日 与上海文化界 200 余人联名在上海《文汇报》发表《上海文化界反内战争自由宣言》。

本月 接苏联驻华大使彼得罗夫函件,正式邀请其去苏联参观游览。但因事多缠身,天气又热,表示希望将此行推迟至秋季。

本月 《文艺修养——四月十九日在香港华侨工商学院讲》,收入广州国华书局版《文艺修养》。《茅盾文选》(耀如编)由上海青春出版社出版。

本月 给丁景唐题词,原无标题,亦未公开发表。

7 月

2 日 作杂感《从原子弹演习说起》。在上海《文汇报》副刊《文化街》发表杂感《中学生怎样学习文艺》(湖深记录);在上海《文汇报》副刊《笔会》发表杂感《读报偶感》,亦刊于《解放日报》7 月 17 日。

3 日 在上海《大公报》副刊《戏剧与电影》发表杂感《戏剧与小说——在上海戏校讲》(陈默记)。

6 日 在《民主》第 38 期发表杂论《万一再"拖"呢?只许拖向和!》。

7 日 在上海《文汇报》发表杂感《迎胜利后的第一个"七·七"》。

8 日 作《请问这就是"反美吗?"》。

---

① "下关暴行",指 1946 年 6 月 23 日"上海人民团体赴京请愿团到达南京下关时,遭国民党指使暴徒横加殴打"一事。

10 日　在昆明《民言》第 2 期发表杂论《答〈民言〉问"国共的前途怎样?"》。①

13 日　在《周报》第 45 期发表杂论《请问这就是"反美吗?"》。

同日　据上海《文汇报》报道,茅盾正主持筹编《大同文学丛书》,编委有郭沫若、茅盾、叶圣陶、郑振铎、洪深等。

15 日　在《文艺春秋》第 3 卷第 1 期发表译作小说《作战前的晚上》(苏联 A. 杜甫辛科著),并附记、生活照两帧手稿一页;在《华商报》副刊《热风》发表杂感《从原子弹演习说起》。

18 日　作《对死者的安慰和纪念——敬悼李公朴、闻一多先生》。

19 日　与郭沫若、洪深、叶圣陶等联名致电联合国人权委员会,指控国民党反动派杀害闻一多、李公朴,并吁请立即派调查团来华。

20 日　在《民主》周刊第 40 期发表散文《对死者的安慰和纪念》,亦刊于《新华日报》28 日,认为"李公朴、闻一多两先生是为民主而死,唯有力争民主政治之实现,才是对于他们最好的安慰和纪念"。

同日　在新加坡《风下》第 33 期发表散文《久长的纪念》。在《时代日报》发表《为李闻血案致联合国人权委员会书》(与郭沫若等合署)。

21 日　中华全国文艺协会总会召开会员大会,为李公朴、闻一多遇害一事共商应急之计,茅盾到会作了激昂的发言。

---

①　按:人民文学出版社版《茅盾全集》第 17 卷,下注该文发表于昆明《民主》周刊第 2 期。

23 日 致沈如璋信。晚上到郭沫若寓所,听周恩来谈近年来时局,到会的有叶圣陶等 20 余人。

25 日 在《华商报》发表杂论《四天之内》。

26 日 出席中华全国文艺协会召开的追悼闻一多、李公朴先生大会。在会上提议,请老舍、曹禺在美国揭露国民党反动派杀害李、闻的法西斯暴行。下午《世界晨报》记者来访,得知陶行知先生逝世。

30 日 在汉口《大刚报》发表《茅盾先生来笺》。

本月 担任上海《民言》杂志特约撰稿人。作《〈时间的记录〉后记之后记》。

本月 译作小说《文凭》(俄国 丹青科著)由永祥印书馆出版;文论《谈人物描写》收入《谈人物描写》,由福建文史出版社出版。

本月 克维编《鲁迅研究》(上集)由长春嘉陵江出版社出版,收论文 9 篇,首篇为茅盾《最理想的人性》,卷后有“作者介绍——茅盾”一节。

8 月

1 日 在《导报月刊》创刊号发表杂感《美国人对中国新文艺的兴趣》。

月初 苏联大使馆一等秘书费德林专程从南京到上海,交给茅盾一封苏联对外文化协会(VOKS)邀请信,邀请茅盾夫妇访问苏联。

3 日 在《周报》第 48 期发表散文《我们有责任使他们永远不死》,亦刊于香港《华商报》8 月 5 日。文章写听闻陶行知先生逝世噩耗后的复杂感情,抒发了对陶行知先生的敬仰、对反动派的愤怒之情,表达了"我们有责任使他们永远不死"的决心。

同日 在菲律宾《〈侨商公报〉创刊二周年特刊》发表《为殊明先生题词》手迹,原稿为茅盾书赠殊明的条幅,标题为编者所加。

上旬 去南京办理赴苏联的护照,按照沈钧儒的指教,先去找了外交部部长王世杰,未遇。在外交部填写了一张表格。当晚住民盟驻南京办事处,第二天返回上海。

7 日 在重庆《民主报》副刊《呐喊》发表散文《我所见的陶行知先生》,亦刊于《读书与出版》第 5 期。

9 日 作《〈滩〉——战时民族工业受难的纪录》。

11 日 作《〈周报〉何罪》《纠正一种风气》。

15 日 与上海文化界人士 50 余人联名致函"劳工协会",表示慰问。①

同日 周扬离沪飞往张家口,茅盾前往送行,并在周扬笔记本上写道:"盼望你把我们的敬意和热忱带给北方的朋友。"此前,周扬因国民政府多方阻挠而无法出国访问,滞留上海多日。

同日 致范泉信。在《文艺春秋》第 3 卷第 2 期发表译作小说《苹果树》(苏联 吉洪诺夫著),附译后记。在《文艺青年》第 9 期发表《题赠〈文艺青年〉》手迹,题目为编者所加。

16 日 在上海《文汇报》发表书评《〈滩〉——战时民族工业受难的纪录》②;发表《送周扬返解放区时的题词》。

18 日 致曹辛之信。

19 日 致范泉信。在《侨声报》发表杂感《"浇之以水泥"云

---

① 6 日,国民党指使重庆"总工会"率同特务、警察 200 余人,武装接收了中国劳工协会重庆办事处以及所属各机构,并逮捕工作人员 30 余人。

② 长篇小说《滩》,宋霖,即胡子婴作。

云》,亦刊于《萌芽》第 1 卷第 3 期(9 月 15 日)。

22 日　作《关于〈吕梁英雄传〉》。在《华商报》发表杂感《周作人的"知惭愧"》,亦刊于《萌芽》第 1 卷第 3 期(9 月 15 日)。

24 日　在《周报》休刊号发表杂感《〈周报〉何罪》[①]。

同日　上海《文汇报》记者王坪来访。

31 日　出席中华全国文艺协会在红棉酒家举行的宴会,欢迎邵荃麟等到上海。

本月　作《〈呼兰河传〉序》。

9 月

1 日　在《中华论坛》第 2 卷第 1 期发表书评《关于〈吕梁英雄传〉》。

同日　在《上海文化》第 8 期发表杂感《纠正一种风气》。

4 日　在汉口《大刚报》发表《萧红的小说〈呼兰河传〉》,亦刊于 10 月 17 日上海《文汇报》副刊《图书》第 24 期、《文艺生活》光复版第 9 号,收入《呼兰河传》及《茅盾文集》第 10 卷时改为《〈呼兰河传〉序》。文章分析了萧红写作《呼兰河传》时的心境及其形成原因,指出《呼兰河传》是一篇叙事诗,一幅多彩的风土画,一串凄婉的歌谣,认为萧红写作该作品时的心情是"苦闷和寂寞"的,因为一方面"不满于她阶层的知识分子们的各种活动,觉得那全是扯淡,是无聊;另一方面却又不能投身到工农劳苦大众的群中,把生活彻底改革一下","这一心情投射在《呼兰河传》上的暗影不但见之于全书的情调,也见之于思想部分,这是可惋惜

---

①　《周报》1945 年 9 月创刊于上海,何灵、唐弢主编,1946 年 8 月被查禁,共出 50 期。

的"。文章既对 1942 年在香港去世的萧红流露了深切的怀念，也对 1945 年 9 月因难产殁于延安的沈霞寄托了无限哀思。

5 日 在《文萃》第 2 卷第 46 期发表杂感《学步者之招供》，亦刊于 11 月 22 日《新华文综》第 3 期。篇末的"附记"系作者编入《茅盾文集》第 10 卷时所加。

12 日 在《华商报》发表序跋《〈血债〉序》。

16 日 作《抗战文艺运动概略》。

18 日 邀孔另境和范泉到家便餐，谈到《苏联爱国战争短篇小说译丛》的封面设计，范泉建议用茅盾的墨笔字制版做书名，茅盾表示赞同。

20 日 在重庆《新华日报》发表杂论《对美国华莱士外交演说的意见》。

23 日 作《关于〈李有才板话〉》

24 日 作《谈谈平等与自由》。

25 日 在《新文化》第 2 卷第 6 期发表序跋《〈团的儿子〉译后记》，后收入《团的儿子》万叶书店 1946 年 10 月版。

26 日 与马叙伦、郭沫若、周建人、翦伯赞等 30 余人，出席上海文化教育界为"美军退出中国周"而举行的座谈会。

29 日 在《群众》第 12 卷第 10 期发表书评《关于〈李有才板话〉》，亦刊于《解放日报》11 月 2 日。

月底 南京方面仍无有关护照的消息，沈钧儒为此事给邵力子去信，请其催办。

本月 作《〈苏联爱国战争短篇小说译丛〉后记》《民间、民主诗人》。

本月 万叶书店的钱君匋来家中约稿，将翻译稿——苏联卡泰耶夫的《团的儿子》交给钱君匋。①

10 月

1 日 茅盾等致函文协总会，提议援助陈翔鹤。

2 日 赴南京办理访问苏联的出国手续。

3 日 在《文萃》第 2 卷第 50 期发表杂感《谈平等与自由》，亦刊于《华商报》9 月 5 日。

4 日 李公朴、闻一多追悼大会筹备委员会成立，系发起人之一。

6 日 办好出国手续后返沪。

8 日 在《民主》周刊(华北版)第 11 期发表政论《我们大声疾呼美军应赶快退出中国》(署茅盾等)。

9 日 晚上出席中华全国文艺协会在杏花楼举行的欢迎刘开渠、萧乾，并慰问洪深近日为李公朴、闻一多追悼会所付出的辛劳的宴会。出席的还有郭沫若、叶圣陶、田汉、陈白尘、许广平、翦伯赞、陆梅林、郑振铎、赵清阁等。

10 日 在《文萃》第 2 卷第 1 期发表杂感《一年间的认识》，认为过去的一年间，"认识了美国对华政策的总面目"，"认识了美国对华政策的远大企图"，"认识了美国代管日本政策的真面孔"，"看罢，法西斯分子及帝国主义者，决定要使人民流血的话，人民的血终必将淹死了法西斯分子及帝国主义者!"

同日 作《在开明书店二十周年纪念会上的讲话》。与沈钧儒等 39 人联名在《民主》第 1 卷第 1、2 期发表《我们要求政府确实保障言论自由》，亦刊于《文萃》第 2 卷第 1 期。

---

① 钱君匋《深厚的乡情与友谊》，刊于《文汇报》1981 年 4 月 19 日。

同日　出席在金城餐厅召开的开明书店成立 20 周年纪念会，并致辞。

15 日　在《文艺春秋》第 3 卷第 4 期发表杂感《鲁迅是怎样教导我们的》；发表序跋《谈苏联战时文艺作品——〈苏联爱国战争短篇小说译丛〉后记》，后收入《苏联爱国战争短篇小说译丛》永祥印书馆 1946 年 10 月版。在《清明》第 4 号发表杂感《美丽的梦如何美化了丑恶的现实》。

同日　据上海《文汇报》消息，《清明前后》在马尼拉演出，颇为轰动，菲律宾的中国青年会为表示对茅盾的感激和祝贺，特购买派克 51 型金笔一套，托群声华侨篮球队庄清华君代赠。

中旬　收到邵力子从南京发来的快信，望速去南京办理出国护照。恰在此时，凤子从京沪路争取到一个免费旅游杭州的机会，决定先与德沚去杭州散散心，再去南京办理护照。此次同游杭州的除凤子外，还有阳翰笙、洪深、陈白尘、葛一虹、赵清阁等。在杭州与诸友饮酒赏景，畅游甚欢。

17 日　由杭州返沪。

19 日　出席中华全国文艺协会等 12 团体在上海辣斐大戏院举行的鲁迅逝世 10 周年纪念大会。周恩来在会上发表重要讲话。出席大会的还有郭沫若、叶圣陶、许广平、沈钧儒、马叙伦、翦伯赞等。

20 日　与周恩来、许广平及郭沫若、冯雪峰、沈钧儒、叶圣陶、曹靖华、田汉、洪深、胡风等文化界朋友一道，至万国公墓祭扫鲁迅墓，并在墓前讲话表示：要在先生的精神感召下，与大家共同努力，实现先生所希望的民主自由理想世界。

同日　译作《团的儿子》(苏联 卡泰耶夫著)收入"中苏文化协会文学丛书"，由万叶书店出版。共 25 章，附译后记。

21 日　随和谈代表专机去南京领取出国护照。

22 日　由宁返沪。

本月　《苏联爱国战争短篇小说译丛》由上海永祥印书馆印行,附后记《谈苏联战时文艺作品》,共收小说 10 篇;《现代翻译小说选》(茅盾编辑)由文通书局印行,附绪言《近年来介绍的外国文学》。

本月　在《中学生》杂志编增刊《战争与和平》发表文论《抗战文艺运动概略》。

本月　《阿 Q 正传插画序》收入丁聪《阿 Q 正传插画》,由上海出版公司出版。

11 月

3 日　应陈望道之邀,到复旦大学演讲。

7 日　在《时代》周刊第 6 年第 43—44 期合刊发表杂论《和平民主的堡垒万岁!》。在《时代日报》发表《苏联伟大十月社会主义革命二十九周年纪念题词》手迹。

12 日　中午与德沚到叶圣陶寓所,告诉他两星期内就要动身赴苏联参观访问。

15 日　在《文艺春秋》第 3 卷第 5 期发表杂感《谈杜重远的冤狱》。该期目次标题为《记杜重远》。

16 日　傍晚到金门饭店,出席大地书屋举行的饯行宴会,席间致答词。

17 日　中午出席叶圣陶在开明书店举行的饯行宴会。

23 日　出席中苏文化协会上海分会举行的饯行宴会。

24 日　与德沚出席中华全国文艺协会总会、中国木刻协会、中国漫画协会、创作者联谊会、诗歌工作者联谊会、新音乐社等

10 团体联合在八仙桥举行的欢送会,为其赴苏饯行,郭沫若、马寅初、叶圣陶、熊佛西、潘梓年、侯外庐、许广平、阳翰笙等 200 余人出席欢送会。

25 日 苏驻沪领事海林在苏领事馆设宴欢送茅盾夫妇。席间宾客即席赋诗,气氛热烈。戈宝权把这些诗都抄录下来,集为一册,题名《欢送茅盾访苏唱和诗辑》。后在茅盾启程前印出,分赠给前来送行的友人们。

28 日 致戈宝权信。

本月 加紧做赴苏的准备工作。已经了解苏联的社会制度和经济状况,阅读了一些苏联游记,还准备了一些自己的译著,打算赠给苏联同行。为了克服语言障碍,特购俄文读本数种,并向几位曾经留苏的朋友学习若干简单的俄语会话。德沚触景生情,又想起精通俄语的沈霞,不禁黯然哀伤。

本月 《时间的记录》由上海大地书屋印行,附《〈时间的记录〉后记之后记》;译作《蓝围巾》(苏联 索伯列夫等著 署茅盾等译)由上海文光书店印行;《茅盾代表作》由上海全球书店初版印行。

本月 赠戈宝权《苏联爱国战争短篇小说集》一册。

12 月

1 日 作《里程碑的作品——赵树理的小说〈李家庄变迁〉》《序〈军中归讯〉》。在《上海文艺》第 11 期发表散文《雨天论英雄,唏嘘忆辛亥》。

3 日 与德沚同去马斯南路中共上海办事处辞行。周恩来不在,由办事处主任陈家康接待,谈到全面内战已成定局的国内形势。下午到叶圣陶处小坐,告知其行程。晚上在家与郭沫若等部分文艺界朋友会餐话别。

4 日　开明、新知等书店及东方出版社来访,商谈有关出版事宜。晚上文化界多人来话别。

5 日　早上与德沚和戈宝权搭乘苏联领事馆的汽车来到码头。郭沫若等朋友已在码头等候,郭沫若夫人于立群送上花篮一只。随后与欢送的人们同乘汽艇登上"斯摩尔纳号"轮。"斯摩尔纳号"于下午三时起航。苏联大使馆三等秘书冉可夫同行。

6 日　书《向南方友人们致意》,后刊于《华商报》12 月 9 日。

9 日　在《华商报》发表《留别友人题字》。

10 日　到达海参崴,在船上住宿。在《华商报》发表评论《里程碑的作品——论赵树理的小说〈李家庄变迁〉》》①,亦刊于 12 月 12 日《文萃》第 2 年第 10 期,改题为《论赵树理的小说》;发表散文《写给苏联〈新生活报〉》》,标题为编者所加。

11 日　参观海参崴市容。原计划乘当天火车离开,但托运行李的卡车被堵,耽误了时间,只好住进乞留司金旅馆。

12 日　作《斯摩尔纳号》。

13 日　致戈宝权信,附寄稿件。整理 5—12 日日记。写成《海参崴印象》。将《斯摩尔纳号》和《海参崴印象》两文托即将返沪的"斯摩尔纳号"带回,并请戈宝权转交致罗果夫、哈林、郭沫若、叶以群信各一件。下午 6 时乘上横穿西伯利亚的国际列车前往莫斯科。

15 日　在《文艺春秋》第 3 卷第 6 期发表散文《寄语》。

25 日　早上到达莫斯科。苏对外文协副会长卡拉介拂诺夫

---

①　《李家庄变迁》上海新知书店 1947 年 1 月版,茅盾《里程碑的作品——论赵树理的小说〈李家庄变迁〉》作为序刊出。

和该会东方部主任叶洛菲耶夫前来迎接。随后下榻于萨优伊旅馆。下午散步至红场,并参观新年临时商场。

26 日 上午在叶洛菲耶夫和翻译史班诺夫陪同下,赴"高尔基公园"参观红军战利品展览会。下午拜访苏对外协会会长凯美诺夫,并转达郭沫若、曹靖华、戈宝权的问候。将中国出版家和作家们所赠的书转交给苏联对外文协。晚上观看高尔基 4 幕剧《小市民》。

27 日 凌晨一时许睡觉,四时许起床,为苏联《文学报》作短文《恭贺新年》。上午参观列宁博物馆和红军博物馆。

28 日 中国大使馆秘书胡邦济开车来接至中国大使馆,受到大使傅秉常的接待。夜 11 时参观《真理报》社。

同日 整理笔记。写成《红军战利品(武器部分)展览会》。在苏联《文学报》发表《敬祝苏联朋友幸福——新年祝词》。

29 日 晚上至中央红军大戏院观看《斯大林格勒的人们》。

30 日 访问《小火星》杂志社和《鳄鱼》编辑部。晚上为《小火星》杂志撰写短文《中国民间艺术之新发展》。

31 日 下午出席苏联对外文协举行的宴会,与在莫斯科的苏联作家见面。晚上参加"欢送旧年,欢迎新年"晚会。

本月 在开明书店内部刊物《明社消息》发表演讲《在开明书店二十周年纪念会上的讲话》,标题为编者所加。

本月 《茅盾杰作集》由上海全球书店出版。

本月 作《自传》,系作者 1947 年访苏前应苏联友人罗果夫之请写的"自叙传略";当时曾由戈宝权译成俄文,未发表。

春 作六言诗《无题》,是 1946 年途经广州所写。诗意隐晦曲折,有意识地采用"曲笔",通过男女方的感情活动以抒发自己的政治抱负。

初夏 作七绝《为曹辛汉题诗》。南京师院《文教资料简报》1982年7—8月合刊,史明《茅盾的一首佚诗》一文首次披露。1946年初夏,茅盾由重庆回到上海。曹辛汉正在上海法学院担任教授兼教务长,邀请茅盾到校讲话,讲话题目为《新疆归来》。讲演结束后,学生们请茅盾题词留念。他写了100多份"正视现实"的题词。之后曹辛汉设宴款待,这首七绝即在宴席上应曹辛汉要求而作。诗云:"忧时不忍效乡愿,论世非为惊陋儒;岂有文章真传世,酒酣耳热歌乌乌。"诗中化用《赠归桂林友人》中的诗句而另出新意,看似游戏笔墨,却颇深刻地表达了作者对当时时局的观感和忧虑之情,以及渴望国家和平、反对内战的情怀。

1947年(丁亥,民国三十六年)　51岁

▲1月,国共再次谈判,彻底破裂。

▲4月18日,蒋介石宣布改组"国民政府",并任国民政府主席。

▲5月起,"反饥饿、反内战、反迫害"的民主爱国运动遍及全国60多个大中城市。

▲7月,中国人民解放军由战略防御转入战略进攻。

▲10月10日,中国人民解放军总部发表《中国人民解放军宣言》,发出"打倒蒋介石,解放全中国"的号召。中共中央公布《中国土地法大纲》,解放区掀起土改运动。

1 月

1 日　上午到中国大使馆拜年。沈泽民之女玛娅来,隔日携张太雷之子、刘少奇之子来。晚上参观莫斯科地下铁道。

2 日　下午与德沚出席苏联作家协会举办的茶会,与在莫斯科的苏联作家见面。

3 日　上午参观"列宁图书馆",并将国内友人托赠该馆的书交给图书馆负责人。下午参观《儿童真理报》。晚上在寓所整理笔记。

4 日　下午参观专门生产巧克力的"红十月工厂"。随后访问"高尔基世界文学研究院",参观"高尔基博物馆"。

5 日　在《华商报》发表散文《斯摩尔纳号》。自本日起《苏联游记》在《华商报》分期连载。《文汇报》《文萃》《时代》《中苏文化》等报刊均选载或转载。

7 日　作《列宁博物馆》。致戈宝权信[①],随信寄去日记一部和短文一篇。并附给叶圣陶、曹靖华的信各一封,希望叶圣陶在国内代购关于中国民间故事、中国作家所写的童话、中国文法等的书。

8 日　下午南斯拉夫、波兰、捷克斯洛伐克、保加利亚的记者来访。向各位记者如实介绍了国内的情况。

9 日　为苏联《儿童真理报》作《民族解放斗争中之中国儿童》,刊于俄文《儿童真理报》。晚上观看歌剧《塞伐斯托堡保卫战》。

10 日　作《红军博物馆》。

---

①　录自《忆耿济之先生》,《新文学史料》1982 年第 3 期。

11 日 在旅馆整理笔记。

12 日 在《京沪周刊》第 1 卷第 1 期发表《回忆之一页》,后于《京沪周刊》第 1 卷第 3 期(1 月 26 日)续完,写战时香港生活的一个侧面:为防强盗,居民们每晚都要敲锣盆箱盘以自壮胆。然而,"在湾仔一带,晚上敲门进去抢劫奸淫的,虽然也有'烂仔',然而大多数却是伪军和东洋兵"。该文无疑对这一事实进行了辛辣嘲讽。

同日 赴马戏院看马戏表演。参观"革命博物馆"。

13 日 接受塔斯社记者采访。

14 日 参观莫斯科"第七十六学校"。随后参观"东方文化博物馆"。

15 日 致戈宝权信,并附日记和《列宁博物馆》《红军博物馆》两篇文章。下午拜访苏联妇女反法西斯总会主席宁娜·波波娃夫人。

同日 在《新华日报》发表散文《海参崴印象》。《文艺春秋》第 4 卷第 1 期刊登与柳亚子合影一帧。

16 日 晚上离开莫斯科,赴乔治亚首府第比利斯一带访问。

21 日 乘列车抵达第比利斯。

22 日 参观斯大林故居和斯大林博物馆,以及乔治亚国立梯俾利斯电影制片厂,并观看《二十五年之乔治亚》等短片。

23 日 参观格鲁吉亚民族历史博物馆。晚上观看意大利戏剧家哥尔尼的喜剧《一仆二主》。

24 日 参观"儿童宫"。晚上出席格鲁吉亚对外文协举办的晚会。在苏联《少先队真理报》发表散文《民族解放斗争中的中国儿童》,此文系据南江译文。

25 日 参观格鲁吉亚国立大学和马恩列斯学院格鲁吉亚分

院。晚上观看歌剧《阿俾萨隆与叶台丽》。

26日 登大卫山,参观山顶的园林和夏令餐厅。下山后参观革命遗迹——斯大林和他的同志们建立的秘密地下印刷所。晚上赴音乐学院,听该院师生演奏的爵士乐。

27日 上午游市街。下午往市外参观格鲁吉亚旧都遗址和保存完好的第五世纪大教堂。晚上听音乐会。

28日 下午乘车赴亚美尼亚共和国访问。

29日 抵达亚美尼亚共和国首都埃里温。中午参观"民众图书馆"。随后驱车游览全城。晚上参加埃里温市民与最高苏维埃代表候选人见面的盛会。

30日 拜访亚美尼亚共和国教育部,参观"纪念列宁夫人的十年制"学校。接着参观国立艺术馆和文学研究所。晚上观看话剧《亲爱的祖国》。

31日 出席亚美尼亚对外文协举行的座谈会,结束后,参观"亚美尼亚历史博物馆"和基洛夫区托儿所。下午赴城外亚美尼亚科学院直属的酿酒和葡萄种植研究所参观。晚上观看舞剧《洪都忒》。

2 月

1日 上午访问亚美尼亚科学院,随后参观亚美尼亚大学。下午赴亚美尼亚国立制片厂,观看短片三部。被其中一部纪录片《我们的祖国》深深感动。晚上出席亚美尼亚对外文协举办的欢送宴会。

2日 离开亚美尼亚共和国。

6日 晚上抵达莫斯科。

7日 致戈宝权信。在《中苏文化》第 18 卷第 1 期发表《苏联社会的缩影"斯摩尔纳"号》。

10日 在《时代日报》之《普希金逝世一百一十周年纪念特刊》发表《1947年在苏联普式庚纪念馆题字》,亦刊于《时代》第7年第5期。

11日 上午塔斯社记者来访。下午观看木偶戏《灰姑娘》,赴工业博览会参观。

12日 赴国际书店选购图书。下午访问莫斯科大学。

13日 参观"三八集体农场"。

14日 参观克里姆林宫。

15日 拜访苏联作家卡达耶夫。赠送《团的儿子》中译本。卡达耶夫回赠新版《团的儿子》。

16日 下午拜访苏联儿童文学作家马尔夏克。

17日 与苏联作家K.西蒙诺夫交谈后,又与苏联木刻与漫画家座谈,随后观看电影《伟大的转折点》。

18日 作《抗战时期的中国文艺概况》。

19日 上午赴广播电台,制作广播讲话录音。下午拜访苏联作家吉洪诺夫。

21日 下午参观"托尔斯泰博物馆"和"奥斯托洛夫斯基博物馆"。

22日 晚上赴中国大使馆,出席傅大使举行的宴会,对苏联这次邀请茅盾夫妇访问表示感谢,苏联对外文协的朋友和作家艺术家朋友应邀赴宴。

23日 上午参观龚却洛甫斯基个人画展。晚上乘车赴列宁格勒。

24日 上午抵达列宁格勒。下午访问科学院东方研究所。参观列宁格勒儿童宫。

25 日　上午参观冬宫内的艺术馆。下午乘车游览市容。晚上赴基洛夫歌舞剧院观看歌剧《杜补罗夫斯基》。

26 日　上午参观红旗棉织厂。下午参加苏联作家协会列宁格勒分会茶会。后赴东方研究所,作中国新文学运动的简略报告,并参观该研究所的图书馆。晚上观看芭蕾舞《天鹅湖》。

27 日　上午参观 19 世纪大诗人涅克拉索夫博物馆和"国立萨尔蒂科夫——谢德林图书馆",又至大学图书馆看了《永乐大典》残本。下午赴广播电台,作 3 分钟广播讲话。晚上赴普希金戏院观看话剧《祝福海上的人们》。

28 日　致戈宝权信。下午参观普希金博物馆。晚上乘车返莫斯科。

本月　《〈血债〉序》收入《血债》①,由华华书店出版。

3 月

1 日　抵莫斯科。致戈宝权信,并寄出一部分日记。

2 日　看电影《伐吕阿格之歌》。晚上观看四幕歌剧《萨瓦洛夫》。

3 日　为《小火星》周刊作《莫斯科百年纪念祝辞》。在《华商报》发表《苏联日记》,后于《华商报》4 日续完。

4 日　下午访问国立出版局文学部。晚上赴大戏院观看歌剧《奥涅金》。

5 日　晚上出席苏联对外文化协会举行的送别宴会,并致辞答谢。在《华商报》5—7 日发表散文《记"红军战利品展览会"》。

6 日　登机赴乌兹别克加盟共和国首都。

---

① 《血债》,司徒宗著短篇小说集。

8日 抵达塔什干。晚上参加庆祝国际妇女节大会。

9日 上午参观"奈伐依戏院"和斯大林纺织印染厂。晚上观看五幕歌剧《蒲朗》。

10日 上午拜访乌兹别克共和国外交部部长,随后参观科学院和语文研究所。晚上看电影《中亚五民族歌舞大会》和《那失勒荆在蒲哈拉》。在《华商报》10—11日发表《苏联日记》。

11日 上午参观59中学和飞机制造厂。晚上观看歌剧《兰倚丽·麦其依》。

12日 飞抵撒马尔罕,参观15世纪的文化遗址,当日返回塔什干。

13日 上午参观艺术馆和历史博物馆。下午与乌兹别克作家协会的作家们座谈。参加乌兹别克最高苏维埃开幕典礼。晚上出席共和国外交部部长在宾馆举行的送别宴会。

14日 离塔什干,飞抵阿塞拜疆共和国首都巴库。

15日 上午参观石油学院和科学院。随后赴电影部看影片《花布小贩》。晚上观看民族歌舞。

16日 上午参观近郊油井和游览市容。晚上观看歌剧《瞎眼者之子》。

17日 上午参观"纪念列宁机器制造厂"和"纪念基洛夫自然疗养研究所"。晚上出席巴库市长举行的宴会。

18日 晚上观看歌剧《兰绮丽和麦其依》。

19日 下午参加阿塞拜疆作协举行的茶会,介绍中国文学发展的情况。晚上观看话剧《依萨贝》。

20日 下午阿塞拜疆作协所办《文学报》记者来访。

21日 乘飞机返莫斯科,中途在阿斯特拉停一宿。

22日 抵达莫斯科。

24 日 在《文汇报》发表散文《红军博物馆》。

26 日 上午塔斯社女记者来访。下午整理笔记。

28 日 晚上赴柴可夫斯基厅观看西欧古典舞。

29 日 晚上观看话剧《胜利者》。

本月 《霜叶红似二月花》由上海光华出版社印行;《生活之一页》收入"新群文艺小丛书",由上海新群出版社出版;储菊人选编《茅盾近作精选》由上海正气书局出版;《茅盾短篇创作选》由长春国民书店出版;短篇集《委屈》由上海新风书店出版。

本月 在苏联《小星火》杂志第 9 期发表文论《中国民间艺术的新发展》,据南江译文编入《茅盾全集》第 23 卷。

4 月

1 日 在旅馆整理笔记。

2 日 晚上观看话剧《青年近卫军》。

3 日 下午赴东方语文大学讲"中国新文学的任务"。晚上观看话剧《俄罗斯问题》。

4 日 上午上街购物。

5 日 赴苏联对外文化协会向凯美诺夫会长辞行。晚上乘火车离开莫斯科。在新加坡《风下》周刊第 69 期发表散文《列宁博物馆》。

7 日 在《华商报》发表《对塔斯社访员发表的谈话》,原题《茅盾在苏发表谈话》,据 1947 年 3 月 30 日莫斯科电。

11 日 在《评论报》第 15 期发表《旅苏信札》两件。

17 日 抵达海参崴。

20 日 乘轮船返沪。

同日 在《人世间》复刊第 2 期发表散文《一所"博物馆"》,

后改题《列宁博物馆》。

25 日　下午 3 时半到达上海，郭沫若夫妇、叶圣陶等到江海码头迎接。

26 日　在上海《文汇报》发表《答记者问》。

27 日　在上海《文汇报》发表散文《致〈文汇报〉记者》。

28 日　在上海《文汇报》发表散文《古列巡礼》。

30 日　出席上海文化界在郭沫若寓所举办的"洗尘小集"。郭沫若亲自裁好一块洁白的宣纸，并题上"为茅盾先生及夫人洗尘小集"一行字，作为来宾签名纸。郑振铎、洪深、熊佛西、沈钧儒、廖梦醒、史东山、许广平、陈白尘、叶圣陶、叶以群、戈宝权、田汉、傅彬然、阳翰笙、丁聪等应邀赴宴。茅盾向朋友们谈了访苏观感。

5 月

1 日　在《大家》月刊第 1 卷第 2 期发表译作《这女人是谁》①（契诃夫著）。

2 日　下午出席中苏文化协会和中华全国文艺协会总会举行的欢迎茶会，谈访苏观感。

3 日　中华全国文艺协会总会在上海清华同学会举办成立 9 周年纪念会，并改选理事。与郭沫若、巴金等当选，并任会刊《中国作家》编辑委员会成员。致金兆祥信。

4 日　出席上海文艺界庆祝文艺节大会，即席报告苏联文艺界情况。

9 日　致戈宝权信。

_____

①　此文译于 1920 年，寄《妇女画报》，因该刊物未能出版，故未问世。幸保存此稿者未予散失。

15 日　在《中国建设》第 3 卷第 4 期发表杂感《深入社会，面向民众》（节自《文艺节的感想》）。

17 日　在《天风》发表散文《茅盾先生对于苏联的观察——五月五日在上海青年干事周一早会讲词》（凯旋记）第 72 期，附前记简单介绍茅盾的情况。①

23 日　作《"高尔基世界文学院"及"高尔基博物馆"》。

25 日　应邀在小教联进会讲《苏联的印象》，介绍苏联的妇女问题、人民生活、复兴工作、私有财产、教育和民主等防内方面的情况，到会近千人。

28 日　在《时代日报》发表《上海文艺界对当前学潮的呼吁》（郭沫若、茅盾、叶圣陶等合署）。

29 日　在《时代日报》发表《苏联的印象》（小心记），系作者 1947 年 5 月 25 日在上海小教联欢迎他访苏归来的集会上演讲后答问的笔录。原题为《茅盾氏讲苏联印象》，记录者注明："因时间关系本记录未经茅盾先生改正"。

30 日　致戈宝权信。

本月　应金仲华之约，开始翻译苏联作家西蒙诺夫的话剧《俄罗斯问题》。

6 月

1 日　在《国讯》第 415 期发表杂感《苏联作家们的权益是有保障的》。

2 日　作《答编者问——关于苏联作家的生活及作协如何帮助青年作家》。

---

① 金传胜：《茅盾佚文三篇考证及其他》，《平顶山学院学报》2017 年第 6 期。

4日 作《"列宁博物馆"》。

5日 在《华商报》发表杂感《苏联的精神工程师们的权益》。

9日 作《〈俄罗斯问题〉前记》。

14日 致梅林信。在《世界知识》第15卷第23期发表译作剧本《俄罗斯问题》(苏联 K. 西蒙诺夫著),附前记,后于《世界知识》第15卷第24期,第16卷第1、5、7、8期续完。单行本由世界知识出版社1947年9月出版。

15日 致戈宝权信。

18日 应叶圣陶之邀,为开明书店同人谈访苏观感,介绍苏联职业青年、妇女、出版界概况等。

20日 在《人世间》复刊第4期发表散文《莫斯科的国立列宁图书馆》;在《妇女》月刊第2卷第3期发表散文《苏联的妇女和家庭》(署茅盾先生讲),文末有附记。①

21日 在俄文版《文学报》发表散文《向远方朋友致敬》。

22日 在马来亚《现代周刊》复版第57期发表散文《游苏归来》。为茅盾于5月20日应上海某文化团体之请,往作谈话式的演说的记录。②

同日 《〈呼兰河传〉序》收入萧红长篇小说《呼兰河传》("寰星文学丛书"),由寰星书店出版。

本月 郭沫若、茅盾、叶圣陶、郑振铎等百余人,联名呼吁停止内战、释放无辜被捕学生和各界人士,使被迫停刊的《文汇报》《新民晚报》《联合晚报》等得以继续印行。

---

① 金传胜:《茅盾佚文三篇考证及其他》,《平顶山学院学报》2017年第6期。

② 金传胜:《茅盾佚文三篇考证及其他》,《平顶山学院学报》2017年第6期。

7 月

1 日　在《文艺知识连丛》第 1 集之《论普及》发表《答编者问——关于苏联作家的生活及作协如何帮助青年作家》,后改题《苏联作家的生活及青年作家》,收入《杂谈苏联》。

7 日　在《开明》新 1 号发表杂论《苏联的出版情形》,系作者 1947 年 6 月 19 日应邀为开明书店同人讲演的记录稿(部分),曾经作者校阅。

8 日　出席文协答谢沈钧儒等三律师宴会。

11 日　作《K. 西蒙诺夫访问记》。

25 日　在《时与文》第 1 卷第 20 期发表散文《记香港战争时韬奋的琐事》。

本月　在《文艺生活》光复版第 15 期发表评论《群众是文艺的创造者》(署蒲)。

8 月

1 日　在《文艺复兴》第 3 卷第 6 期发表散文《K. 西蒙诺夫访问记》。

3 日　作《苏联职业教育的一面》。

4 日　作《莫斯科的话剧院》。

16 日　出席《中国作家》商谈茶叙,和叶圣陶一起主张缓出该刊。

24 日　在《国讯》第 427 期发表杂感《苏联职业教育的一面》。

26 日　致戈宝权信。

29 日 中秋节,中国福利基金会为筹备文化救济基金举办游园会。茅盾等亲往劝买。

9 月

1 日 在《中学生》第 191 期发表散文《苏联的青年生活》(黄彬记),为讲演的记录稿,曾经作者订正和补充。

12 日 作《"不但造机器,也造人"》。

14 日 作《乌兹别克文学概略》。

15 日 在《文讯》第 7 卷第 3 期发表散文《忆谢六逸兄》,追忆了与谢六逸交往的几件往事,对其累于生活而过早病故表示了深深的惋惜和痛心。文章借忆友而讽世。刻画了一个正直自重的知识分子形象,并由他的郁悒而死,写出了现实社会的黑暗罪恶。作者说:"贵阳如果可算是缩小的中国,那么,唐家沱倒像是缩小的贵阳。于是对于六逸的空虚寂寞的心境,我自以为能够了解了。"可知其锋芒所指。

同日 在《艺声》第 2 期发表散文《莫斯科的话剧院》。

20 日 作《记莫斯科的"红十月工厂"》。书郁达夫遗诗"赠默林兄留念"。

21 日 在《国讯》第 431 期发表散文《"不但造机器,也造人"》。

本月 作《〈茅盾文集〉后记》《记莫斯科的托翁博物馆》。

本月 《论赵树理的创作》(署茅盾等著)由华北新华书店印行;译作《俄罗斯问题》(三幕剧 苏联 西蒙诺夫著)收入"中苏文化协会文学丛书",由上海世界知识社印行,附译后记。

10 月

1 日　在《中国建设》第 5 卷第 1 期发表散文《记莫斯科的"红色工厂"》,后改题《红十月厂》收入《苏联见闻录》。

同日　在刊于《大学》第 6 卷第 5 期发表评论《乌兹别克文学概略》。

同日　在《人世间》复刊第 7 期发表散文《记莫斯科的托翁博物馆》,后改题《"托尔斯泰博物馆"》。

4 日　作《记耐克拉索夫博物馆》。

10 日　在《新闻报》第 40 期副刊《艺月》发表散文《儿童诗人马尔夏克》;在《新文化丛刊》发表《美国电影歌颂"酒色财气",苏联电影表现人的"尊严"》。

同日　作《莫斯科的革命博物馆》。

13 日　作《列宁格勒的"普希金博物馆"》。

14 日　致范泉信。

16 日　在《创世》第 2 期发表散文《莫斯科的革命博物馆》。

28 日　作《关于〈忆江南〉》。

30 日　在《今文学丛刊》第 1 本《跨着东海》发表散文《记耐克拉索夫博物馆》。

本月　在《文艺丛刊》之一《脚印》发表评论《民间艺术形式和民主的诗人》,收入《茅盾文集》第 10 卷时改题《民间、民主诗人》。

本月　纪念鲁迅逝世 11 周年之际,与许广平、苏联东方学术研究者 B. H. 罗果夫人等前往万国公墓祭扫修缮一新的鲁迅墓,并拍下若干张照片留念。

11 月

1 日 在《创世》第 3 期发表散文《莫斯科的儿童团》。在《中国建设》第 5 卷第 2 期发表评论《苏联文学的民主性》。

3 日 在上海《新闻报》副刊《艺月》第 93 号发表评论《关于〈忆江南〉》。

5 日 作《马尔夏克谈儿童文学》。在《消息报》发表《作家茅盾对苏联人民的问候》,亦刊于苏联《真理报》。

7 日 在《时代》第 7 年第 43—44 期合刊发表《祝词》,收入《茅盾全集》时改题为《祝十月革命三十周年》。在《时代日报》"伟大十月社会主义革命三十周年纪念特刊"发表政论《祝伟大的苏联人民更大更多之成功与胜利》。

15 日 在《文讯月刊》第 7 卷第 5 期发表散文《V. P. 卡泰耶夫访问记》。

16 日 在《创世》第 4 期发表散文《"儿童宫"》。

本月 在《今文学丛刊》第二本《我是中国人》发表散文《马尔夏克谈儿童文学》。

12 月

月初 与丁聪同船离沪赴香港。为掩人耳目,德沚未同行,对外称茅盾回乌镇了。约两周后,德沚与郭沫若夫人于立群同船赴香港。

24 日 作《〈儿童真理报〉访问记》。

30 日 作《中国民间艺术之新发展》。

本月 应九龙青山达德学院陈其瑗邀请,到该院文学系作关于文艺创作问题的报告。

本年 在文协资助新中国剧社文件上签名表示赞成。文协总会将一笔福利基金拨交文协香港分会,由郭沫若、茅盾保管。

本年 短篇小说集《一天的工作》(茅盾等著)由东北书店再版,收短篇小说7篇,有茅盾的《某一天》《过年》;《有志者》由上海良友书店再版。

1948年(戊子,民国三十七年) 52岁

▲6月,北平各大学教授数百人联名发表声明,抗议美国扶植日本,表示宁愿饿死,也拒绝领取"美援"面粉。

▲7月15日,国民党军警包围昆明云南大学等学校,并向学生开枪射击,造成死伤150余人的大血案。

▲9月,辽沈战役打响;11月结束,东北解放。

▲11月,淮海战役打响;次年1月结束,淮海地区解放。

▲12月,平津战役爆发;次年1月结束,平津及华北解放。

1月

1日 在《华商报》发表杂论《祝福所有站在人民这一边的!》。在《时代日报·新生》发表杂感《从"民之所好"说起》。

3日 在《国讯》第6期发表散文《两个中学校》。

4日 与德沚出席港九妇女联谊会在六国饭店举行的新年联欢晚会。德沚应邀在会上报告了苏联妇女的状况。随后,就

德汜的报告作了补充。①

5 日 出席中华全国文艺协会香港分会举办的新年团聚会，作即席讲话。并出席文协香港分会举办的春季文艺讲座，谈苏联青年的文化生活。

10 日 致曹靖华信。

16 日 在《创世》第 8 期发表散文《记乔其亚历史博物馆》。

23 日 作《杂谈方言文学》。在《华商报》发表散文《关于〈真理报〉》。

24 日 作《歌剧〈兰绮丽和麦其侬〉》。在新加坡《风下》周刊第 110 期发表散文《〈儿童真理报〉访问记》，亦刊于《自由丛刊》第 11 辑《统一战线诸问题》。

29 日 在香港《群众》第 2 卷第 3 期发表评论《杂谈方言文学》。

本月 《1948 年文艺日记献词》收入《文艺日记》，由春明书店出版；《〈生活日记〉题词》收入《生活日记》，由香港生活书店出版；《茅盾文集》（梅林主编）收入中华全国文艺协会"现代作家文丛"，由上海春明书店出版，附后记（1947 年白露、上海）；《茅盾文选》（劳实编）由上海新文学刊行社出版；《茅盾选集》（陈磊编选）由上海绿杨书店出版。

2 月

1 日 作《再谈方言文学》。在《中学生》2 月号发表散文《记梯俾利司的地下印刷所》，后收入《苏联见闻录》《茅盾散文速写集》，改题《地比利斯地下印刷所》。1946 年底至 1947 年春访苏

---

① 《妇女开新年晚会——茅盾夫人报告苏联妇女状况》，《华商报》1 月 5 日。

时,曾到梯比利斯的地下印刷所参观考察。文章详尽描写了斯大林及其同志们当年从事革命活动的"地下印刷所"。

3 日 作《〈苏联见闻录〉序》。

14 日 在《野草文丛》第 8 集《春日》发表散文《〈星火〉和苏尔科夫》,亦刊于《人世间》复刊第 2 卷第 4 期。

16 日 在《开明少年》第 32 期发表散文《苏联的〈儿童真理报〉》。

17 日 在《正报》第 76—77 期合刊发表杂感《新春笔谈——幻想终必破灭》。

本月 在《文艺生活》海外版第 1 期发表评论《乌兹别克的第一歌剧〈蒲朗〉》。

3 月

1 日 在《大众文艺丛刊》第 1 辑发表评论《再谈方言文学》,谈了三个问题:一是方言文学与白话文学;二是方言文学与大众化;三是大众化与民间形式。

6 日 在中华全国文艺协会港粤分会春季文艺讲座讲《苏联青年的文化生活》。

9 日 在《华商报》发表评论《略谈苏联电影》。

15 日 在《华商报》发表杂论《我看——》,批判标榜"自由主义"的所谓"中国经济研究会"。该会成立于 1948 年 3 月 1 日,系解放战争后期一部分主张"民主个人主义"的上层知识分子组成的团体。茅盾指出该会的目的有二,"一、为军事溃败到最后阶段而演出的政治阴谋预先作思想上的准备;二、亦为此政治阴谋预先招兵买马",表现出他反对资产阶级个人主义者的鲜明立场。

18 日　与郭沫若、夏衍、叶以群等联名在《人世间》复刊第10 期发表《祝葛一虹、陈翰芸结婚》广告一则。

20 日　在《人间世》复刊第 10 期发表《〈星火〉和苏尔科夫》。

本月　在《学生文丛》第 5 辑《我最爱的先生》发表评论《如何提高文学修养》。

本月　在《开明》新 4 期发表序跋《〈苏联见闻录〉序》,亦刊于《国讯》周刊第 457 期,题为《谣言和事实》。

4 月

26 日　与旅港民主人士 100 余人联名发表《慰问平津学生教授电》。

本月　散文集《苏联见闻录》(1947 年 9 月完成)收入曹靖华主编"中苏文协文艺丛书",由上海开明书店出版,书前有写于 1948 年 2 月 3 日的《序》。同年,收入"光华丛刊",由哈尔滨光华书店出版。10 月,大连光华书店第二版出版。全书分二部,第一部收入作者访问苏联的日记 142 篇;第二部收入访苏见闻录 31 篇。书中附有插图 24 幅。该书以翔实的资料介绍了苏联政治、经济、文化等方面的成就。成书前曾陆续在一些报刊发表。

5 月

1 日　在《风下》周刊第 124 期发表杂感《反帝、反封建、大众化——为"五四"文艺节作》,亦刊于《时代日报》(5 月 4 日)、《文艺生活》海外版新四卷第 3—4 期合刊(5 月 15 日)。

4 日　在中华全国文艺协会香港分会编《知识分子的道路》("庆祝第四届五四文艺节纪念特刊")发表《纪念"五四"致国内

文化界同仁书》（与郭沫若等 60 余人合署），表示响应中共中央关于迅速召开新政治协商会议，成立民主联合政府的号召；同期发表评论《知识分子的道路》。

同日　下午应邀出席香港文化界"庆祝第四届文艺界纪念大会"，并讲话，题为《文艺工作者目前的任务》，指出："文艺工作者的任务，简单地说来，第一是文艺大众化；第二是自我改造；第三是扩大文艺的统一战线"，而"'自我改造'的意义就是向人民学习"。出席中华全国文艺协会港粤分会改选理监事及第三届年会，当选为常务理事。

6 日　在《华商报》发表《文艺工作者目前的任务》，系作者 1948 年在"文协"香港分会举办的"五四"文艺节纪念晚会上的讲演。

7 日　与郭沫若等捐出大宗款项，支援重获解放的陕北人民。

15 日　在《读书与出版》第 3 年第 5 期发表杂论《苏联妇女与家庭》，肯定苏联共产党在妇女解放运动中的领导作用和苏联妇女本身的刻苦努力，并与资本主义国家的妇女境况相比照，褒此贬彼。

17 日　在《生活周报》第 187 期发表杂感《文化人的呼吁》。

21 日　在《华商报》发表影评《关于〈侵略〉》①。

29 日　在《华商报·热风》发表评论《赞颂〈白毛女〉》。

本月　在《文艺生活》海外版副刊发表评论《文艺与生活》。

本月　中共中央电示中共上海局：拟请茅盾等民主人士前来解放区协商召开新政协问题。②

---

①　《侵略》系苏联拍摄的影片。

②　《五星红旗从这里升起——中国人民政治协商会议诞生纪事暨资料选编》。

6月

4日　与香港各界人士125人联名呼吁团结,以促成新政协早日召开,成立民主联合政府,以争取民主和平的实现。

5日　与香港部分中国文化学术工作者联名发表宣言,抗议荷兰政府迫害中国进步人士、无理拘捕王任叔等的暴行。

9日　作《四版序》(《第一阶段的故事》)。本篇原刊于1949年4月上海文光书店版《第一阶段的故事》,现收《茅盾全集》第4卷。

13日　作短篇小说《惊蛰》。

本月　《第一阶段的故事》由文光书店出版,共12章,附《〈第一阶段的故事〉四版序》及《后记》(1945年1月写)。

本月　应沈兹九的要求,续写《生活之一页》,将在东江游击队保护下撤出沦陷区,到达惠阳的一段经历较详细地写出来。

7月

1日　《小说》月刊在香港创刊。编委有茅盾、巴人、葛琴、周而复、以群、适夷等,前进书局经售。茅盾挂名主编,实际工作由周而复主持。

同日　在《小说》月刊创刊号发表《〈小说〉月刊发刊词》(署编委会,由茅盾执笔写成),阐述了办刊起因:一是当时香港文艺刊物寥寥无几,职业作家希望有发表作品的平台;二是尽力使文艺为人民服务。同期发表短篇小说《惊蛰》,是茅盾唯一一篇寓言体政治讽刺小说,小说以解放战争的大好形势为背景,通过豪猪、黄鼠狼、癞蛤蟆、蝙蝠、金头大苍蝇等形象,辛辣地讽刺了从惊蛰中醒来的"自由主义"投机者,嘲笑了政治上的所谓第三种力量。

2 日　与郭沫若、欧阳予倩等联名发表宣言,反对美帝国主义扶持日本军国主义。与郭沫若、冯乃超、夏衍、邵荃麟等举行茶会,招待演出《白毛女》的 3 个戏剧团体。

3 日　与香港文教界人士联合签署声明,抗议缅甸反动统治者的反动暴行,要求释放被捕人士。

7 日　作《苏联少数民族的生活》。

11 日　应邀出席香港中国新文字学会年会,并讲话。

15 日　在《时代批评》第 5 卷第 103 期发表杂论《苏联少数民族的生活》。

25 日　在《华商报》发表散文《纪念杜重远先生》,揭露盛世才杀害杜重远的阴谋罪行,指出:"我们不能上当,必须提高警惕。杜重远的惨痛经验应当是我们永远不忘的教训。"

26 日　被聘为香港新文字学会名誉理事。

29 日　赴六国饭店出席诗人刘火子的新婚宴会,作贺诗《贺刘火子、金端苓新婚》(署孔德沚 茅盾)一首,由韩北屏当场朗诵。①

本月　在《中学生》第 201 号发表短评《读本年首次征文稿》。

本月　《多角关系》由香港生活书店出版。

8 月

1 日　在《小说》第 1 卷第 2 期发表译作小说《蜡烛》(苏联

---

① 陆哨林《茅盾诗词闻见散记四题》,刊于《茅盾研究》第 11 辑。

西蒙诺夫著），附译后记。

12 日　朱自清病逝，与郭沫若、夏衍、冯乃超等联名发唁电。

17 日　在《人民日报》发表杂论《"中间路线者"挨了当头一棒》。

本月　作短篇小说《一个理想碰了壁》。

9 月

1 日　作影评《〈夜店〉》。在《小说》第 1 卷第 3 期发表短篇小说《一个理想碰了壁》，托 L 君十年前的经历，用大量篇幅描绘了抗战初期的形势，特别是国民党老爷利用民众的爱国热情所干的害民之事，从侧面再一次对比了国统区与抗日根据地的天渊差别。

3 日　在《华商报》发表影评《〈夜店〉》[①]。

9 日　《文汇报》香港版复刊，由茅盾主编副刊《文艺周刊》。[②] 在香港《文汇报·文艺周刊》第 1 期发表短论《我们的愿望》（署编者），提出征稿范围，并希望文艺界关心这块园地；发表散文《悼佩弦先生》。

同日　在香港《文汇报》发表长篇小说《锻炼》，连载至 12 月 29 日。1979 年，修改《走上岗位》第 5、6 章（初刊于 1943 年《文艺先锋》）成为《锻炼》第 14、15 章。1980 年 12 月和 1981 年 5

[①]　《夜店》系柯灵改编，黄佐临导演的影片。

[②]　《文汇报·文艺周刊》创刊于 1948 年 9 月 9 日，由茅盾主编，茅盾以"编者"名义写《我们的愿望》，提出征稿范围，并希望文艺界关心这块园地，刊载的文章兼顾理论和创作。最初 5 期上，每期都有茅盾执笔、署名"编者"的《编余漫谈》，或就来稿中的倾向性问题发表意见，或对当时文艺界的问题提出自己的看法，写得生动、活泼而有深度，使刊物别具特色。1948 年 12 月底，茅盾应召去华北解放区，即离开编务岗位。

月,分别由香港时代国际图书有限公司和北京文化艺术出版社出版单行本。《锻炼》原计划写五卷,但 1949 年后担任文化部部长,无暇续写,未完成写作计划。已完成的部分以"八·一三"战争为背景,广泛地展现了全面抗战初期上海各阶层的社会动态。全篇采用开放型结构,交织多条情节线索,庞大繁杂而又井然有序,展现了特定阶段的时代风云,并成功塑造了众多人物。

同日 《张自忠纪念集题词》收入《张上将自忠纪念集》,由张上将自忠纪念委员会出版。

11 日 在《正报》第 106 期发表影评《关于影片〈我的大学〉》。出席中华全国文艺协会港粤分会举行的朱自清先生追悼会,并报告朱自清生平事迹。

12 日 作短论《编余漫谈》。

16 日 在《文汇报·文艺周刊》发表短论《编余漫谈》。

17 日 在《华商报》发表杂感《从月饼和斗香说起》,亦刊于《文汇报·文艺周刊》。

19 日 作短论《编余漫谈》。

23 日 在《文汇报·文艺周刊》发表短论《编余漫谈》,就发表青年作者的作品及对稿件提出意见等问题答复读者;发表评论《〈论批评〉及其他》(署玄),介绍《论批评》(《大众文艺丛刊》之一)、《文化自由》(《新文化丛刊》之一)、《文艺生活》第 41 期等刊物。

27 日 作短论《编余漫谈》。

30 日 在《文汇报·文艺周刊》发表短论《编余漫谈》,为纪念鲁迅逝世 12 周年征求文稿;发表书评《〈论约瑟夫的外套〉读后感》[①](署玄),后收入《茅盾文艺杂论集》。

---

① 《论约瑟夫的外套》,黄药眠著文艺论集。

本月 作评论《鲁迅的小说》。在《新文化丛刊第一种·文化自由》发表《谈"文艺自由"在苏联》。

10 月

1 日 在《小说》第 1 卷第 4 期发表评论《论鲁迅的小说》,指出鲁迅的小说"是中国的社会主义现实主义文学的先驱","它们和西欧'批判现实主义'文学还是有本质的不同的。它是比巴尔扎克他们的'批判的现实主义'更富于战斗性,更富于启示性的","从《狂人日记》到《离婚》……不但表示了鲁迅思想发展的道路,也表示了他的艺术成熟的阶段。《祝福》、《伤逝》、《离婚》等篇,所达到的艺术的高峰,我以为是超过了《阿 Q 正传》的"。

3 日 作《编余漫谈》。

7 日 在香港《文汇报·文艺周刊》发表《编余漫谈》《本刊约稿》。

10 日 在《华商报》发表杂感《剪掉精神上的辫子》。

11 日 作《编余漫谈》。

14 日 在香港《文汇报·文艺周刊》发表《编余漫谈》。

19 日 出席中华全国文艺协会港粤分会在六国饭店礼堂举行的"鲁迅先生逝世十二周年祭",任大会主席。在香港胜利剧院观看影片《此恨绵绵无绝期》①。

20 日 在《华商报》发表影评《看了〈此恨绵绵无绝期〉之后的一点意见》。

27 日 与郭沫若等联名电贺莫斯科艺术剧院 50 周年纪念。

28 日 在《文汇报·文艺周刊》发表《本刊稿约》(未署名)。

---

① 《此恨绵绵无绝期》,粤语影片,黄谷柳编剧,卢敦导演。

本月 在《新文化丛刊第二种·保卫文化》发表评论《对美国电影和苏联电影的看法》,题目为编者所加,发表时题为《美国电影歌颂"酒色财气"·苏联电影表现人的尊严》。

本月 应香港南方学院林焕平院长之邀,赴该院讲关于文艺创作的问题。

11 月

4 日 在《华商报》发表评论《新社会的新人物》,祝贺粤语《小二黑结婚》剧本的演出成功。

7 日 在《华商报》发表政论《人民世纪始于三十一年前的今天》,为纪念俄国十月革命而作。

同日 与郭沫若等联名电贺苏联人民的十月革命节。

18 日 在《文汇报·文艺周刊》发表散文《乌兹倍克诗人奈伐衣五百年祭》。

25 日 在香港《文汇报》发表《附启》一则(未署名)。

26 日 在《华商报》发表影评《伟大音乐家创作的道路》,系看了苏联传记故事影片《陌上春回》后的感想。《陌上春回》是描写 19 世纪俄国音乐家葛林卡生活道路的影片。

本月 散文《冯焕章将军在"文协"》收入中国国民党革命委员会编《冯玉祥将军纪念册》。

12 月

3 日 应邀到香港《文汇报》社讲《新闻与文学》。

6 日 在香港《文汇报》发表《新闻与文学》(湖深记录),系讲演记录稿,原刊注明记录稿未经茅盾审阅。

7 日　作杂感《岁末杂感》。

9 日　在《文汇报·文艺周刊》发表《附启》一则（署编者）。

11 日　在香港《文汇报》发表评论《看了〈野火春风〉》[①]。

12 日　作短篇小说《春天》。

23 日　作《〈在吕宋平原〉序》，载散文报告文学集《在吕宋平原》（杜埃著）。该书收入"人间文丛"，由香港人间书屋出版。

25 日　在《文艺生活》海外版第 9 期发表杂感《岁末杂感》。

31 日　在党组织安排下，秘密登船离开香港，赴东北解放区参加新政协的筹备工作。李济深、章乃器、邓初民、洪深等 20 余人同行。

本月　中共中央统战部致电中共香港分局的方方、夏衍、阳翰笙，请他们邀请茅盾、洪深等来解放区参加新政协筹备工作。

本月　在《青年生活》创刊号发表杂感《为"一二·一"惨案作》。

本月　《文学战线》第 1 卷第 5—6 期合刊转载《K. 西蒙诺夫访问记》。

夏　作《无题》未完稿，标题为编者加。

夏　作《〈锻炼〉创作笔记》，主要部分初刊于《茅盾研究》1990 年 3 月第 4 辑，标题为编者所加。包括《锻炼》的创作笔记，《锻炼》原稿中的旁注。

---

①　《野火春风》，以群编剧，欧阳予倩导演，主要演员为舒秀文等，1948 年由香港大光明影业公司摄制。

1949年(己丑,民国三十八年)　53岁

▲1月31日,北平宣布和平解放。

▲3月5日,中国共产党在西柏坡举行七届二中全会。

▲3月23日,南京解放。中共中央迁入北平。

▲6月30日,毛泽东发表《论人民民主专政》。

▲7月2—19日,中华全国文学艺术工作者第一次代表大会在北平举行。

▲9月,中国人民政治协商会议第一届全体会议在北平举行。

▲9月,全国文联机关刊物《文艺报》正式创刊。

▲10月1日,中华人民共和国成立,北京30万人在天安门集会,隆重举行开国大典。

1月

1日　香港开往大连的船上,请李济深题词:"同舟共济。一心一意,为了一件大事,一件为着参与共同建立一个独立、民主、和平、统一、康乐的新中国的大事,前进前进、努力努力。"

同日　在《华商报·茶亭》发表参加《华商报》元旦团拜的签名;①发表政论《迎接新年,迎接新中国》,写道:"新中国诞生了,这是五千年来中华民族的第一件喜事,这也是亚洲民族有史以

---

① 茅盾此时已离开香港,在前往东北的船上,此举可能是为了迷惑国民党反动派。

来第一喜事!""这是人民力量必然战胜贪污暴戾的特权集团的有力证据;这是民主力量必然战胜反民主力量的有力证据。"文章预言:"新民主主义的新中国将是一个独立、自主、和平的大国,将是一个平等、自由、繁荣、康乐的大家庭","在世界上,中国人将不再受人轻侮排挤。人人有发展的机会,人人有将其能力服务于祖国的机会"。

同日 在《小说》第 2 卷第 1 期发表短篇小说《春天》,是茅盾最后一篇短篇小说,反映当时一方面工业、农业正在恢复、发展,祖国大地一派生机,万物萌发,另一方面国民党的残渣余孽不甘心退出历史舞台。用象征与写实相结合的手法,歌颂人民革命的胜利,同时提醒人们切不可被胜利障住眼睛,放松对阶级敌人的警惕与斗争。

7 日 抵达刚解放的大连。与李济深、马叙伦、郭沫若等收到河北平山县来电:民主人士周建人、翦伯赞、田汉、胡愈之等呼吁"在中共的领导下,各民主党派和民主人士一致行动,通力合作,完成人民革命之大业"。

中旬 到达大连后不久,在李一氓陪同下,去哈尔滨、小丰满水电站参观,后至沈阳。

20 日 译作《团的儿子》(卡泰耶夫著)由万叶书店出版。

22 日 发表《我们对于时局的意见》(署茅盾等 55 人),表示支持毛泽东提出的人民民主和平的八项条件。[①]

同日 在《人民日报》发表散文《关于〈俄罗斯问题〉》。

26 日 出席中共中央东北局、东北政务委员会、人民解放军东北军区以及东北各界人民代表为欢迎新到达东北解放区的全

---

① 参见《东北日报》1949 年 1 月 25 日。

国民主人士举行的盛大欢迎会,在会上作了《打到海南岛》的讲话。①

27日　在《东北日报》发表政论《打到海南岛》。

30日　香港达德学院文学系主编的《海燕文艺丛刊》第2辑《关于创作》一书出版,内收《关于创作》。该文由达德学院的一次讲话记录整理而成,《编者按》指出"未送茅盾过目,文责自负"。后改题《关于创作的几个问题》,收入《茅盾文艺杂论集》。

本月　序跋《序〈军中归讯〉》收入《军中归讯》,由文光书店出版。

本月　中国保卫世界和平委员会在北平成立,郭沫若任主席,茅盾任副主席。

2月

1日　与李济深、沈钧儒、马叙伦、郭沫若等56人联名致电中共中央,祝贺解放战争的伟大胜利。

2日　得毛泽东、朱德的复电。

月初　草明由皇姑屯铁路工厂来,并送她的中篇小说《原动力》,请求指教。

9日　写书信《致草明》,后刊于《新文学史料》1989年第4期。认为《原动力》"写得很好。特别因为现在还很少描写工业及工人生活的作品,所以值得珍视",同时指出作品的不足之处。

25日　与李济深、沈钧儒、郭沫若等35人,由沈阳抵达北平,受到林彪、罗荣桓、聂荣臻、董必武、薄一波、叶剑英、彭真等的热烈欢迎。

---

① 参见《东北日报》1949年2月1日。

26 日　出席人民解放军平津前线司令部、北平市人民政府、中共北平市委在中南海怀仁堂举行的北平各界欢迎到达解放区的各民主党派和民主人士的盛大集会,并出席晚宴。

本月　序跋《〈在吕宋平原〉序》①收入杜埃著小说散文集《在吕宋平原》,由香港人间书屋出版,亦刊于香港《文汇报·文艺副刊》第 26 期(3 月 3 日)。

本月　《书函两通》收入《作家书简》,由上海万象图书馆编。

3 月

3 日　下午出席华北人民政府文化艺术工作委员会、华北文艺协会为欢迎近期来北平的文艺界人士举行的茶会,并在会上发言。

14 日　出席在平民主人士就北平大学教育管理问题所举行的座谈会,到会的有钱俊瑞、马叙伦、洪深、许广平等。

16 日　出席北平文物机构改革问题座谈会,到会的还有郭沫若、翦伯赞、楚图南、钱俊瑞等。

20 日　作《关于目前文艺写作的几个问题》。

22 日　中华全国文艺协会在平理监事郭沫若、茅盾、柳亚子、曹禺、郑振铎等集会,鉴于多数理监事已到北平,决议文协自即日起迁北平办公。同时与华北文艺界协会在平理事举行联席会议,茅盾、周扬等 20 余人一致同意发起成立中华全国文学艺术工作者代表大会筹备委员会,当场推定郭沫若、茅盾、郑振铎、周扬、沙可夫等 31 人(最后增加至 41 人)为筹备委员。

24 日　中华全国文学艺术工作者代表大会筹备委员会举行

---

① 《在吕宋平原》系杜埃著,小说散文集。

第一次筹委会,并推定郭沫若、茅盾、周扬、沙可夫、叶圣陶、李广田、艾青等7人为常务委员,郭沫若为主任,茅盾、周扬为副主任,并以沙可夫为秘书长。

27日　在《电影论坛》第3卷第2期(香港版第4号)发表《〈俄罗斯问题〉》。

本月　柳亚子作七绝一首,评赞郭沫若和茅盾为"双峰"。诗云:"旗鼓文坛角两雄,迅翁逝后屹双峰。东阳病损怜腰瘦,十里郊迎威郭公。"

4 月

3日　致萧逸信。

9日　与郭沫若等303人联名发表宣言,响应召开世界拥护和平大会。

11日　与郭沫若、田汉、成仿吾等330人联名在《人民日报》发表宣言《声讨南京政府盗运文物宣言》,声讨南京反动政府盗运文物罪行。

15日　参加文艺界代表大会常委会议。女婿萧逸①在解放太原战斗中不幸中弹牺牲。

19日　作评论《新的战线在形成中——记茅盾先生关于全国文代筹委会的谈话》。

20日　作评论《关于目前文艺写作的几个问题》。

---

①　萧逸(1915—1949),原名徐德纯,江苏南通人。中学毕业后,因家庭困难,不再升学,后当工人。抗战开始后投奔延安,进鲁艺学习,成为鲁艺文学系第一期学员。毕业后,担任周扬秘书。后考入延安大学俄文系。后与沈霞相恋,结婚。沈霞不幸去世后,萧逸忍着悲痛担任新华社记者,在解放战争中写了一批战地通讯,最终牺牲在解放太原的战役中。

23 日 在《人民日报》发表政论《响应召开世界拥护和平大会，痛斥南京政府拒绝和平协定》。

24 日 在《人民日报》发表政论《拥护进军命令》。

28 日 作《一些零碎的感想》。

30 日 出席全国第一次文代会筹委会第一次临时常务委员会会议，并负责起草关于国统区文艺工作的报告。①

同日 《杂谈苏联》由致用书店印行，附后记（1948 年 9 月写于香港）。1949 年 7 月由北平新中国书局再版，8 月由上海生活·读书·新知三联书店再版。全书共 4 编，比较全面地介绍了苏联的政治、经济、文化教育、社会生活各方面的情况。书中附有各有关插图 32 幅。《后记》写道："为了迎接新中国，我在四八年上半年除了继续写完《苏联见闻录》，又着手写《杂谈苏联》。我想：蒋介石政权 20 多年来的反苏联宣传，在一般人的脑海中蒙上了一层对苏联的阴影，总觉得苏联张着一张'铁幕'，其真相不可得知；即使是进步人士，有的也流露出不理解和神秘感……要全面介绍苏联，我的《苏联见闻录》就不够了。《苏联见闻录》只着重于文化艺术方面的介绍，其他方面，我虽然也零星地记了一点，也带回了一些材料，但距'全面'，相差尚远。幸而我得到一本英文版的 1947 年《苏维埃年历》，再参考了其他的苏联出版的英文书报，才使我大着胆子，花了两个月的时间，写了《杂谈苏联》。"

5 月

1 日 在《华北文艺》第 4 期发表评论《新的战线在形成

---

① 仲呈祥《新中国文学纪事和重要著作年表》。

中——记茅盾先生关于全国文代筹委会的谈话》，谈了五个方面的问题："新的组织的意义"；"全国文协的活动方式"；"怎样吸收会员"；"评奖全国的文艺作品"；"文艺报"。

2日 致张帆信，后刊于《人民日报》1981年4月25日。前此，新华社张帆同志来函，告知萧逸逝世情况，此信即谈萧逸逝世后的心情及思想活动。

4日 在《人民日报》发表政论《还需准备长期而艰巨的斗争——为"五四"三十周年纪念而作》，分析了"五四"以来文化思想的发展过程，指出30年来，"正确地领导人民前进的是马克思主义"，并指出"我们并不反对资本主义各国具有建设性的学术思想、古典文艺以及批判现实主义的文艺"，但是要坚决反对那些对中国人民精神有腐蚀作用和麻醉作用的东西。他还强调："革命在全国胜利是计日可待了。然而正像在全国范围内扫清帝国主义、封建主义和买办资产阶级的余孽尚须要我们继续努力一样，在全国范围内扫除帝国主义文化、封建文化、买办文化所需时间和努力，也许还要多些，但我们相信是能够清除掉的。"

同日 在《文艺报》创刊号发表杂感《一些零碎的感想》，说明了全国文代会的筹备情况，对代表的产生、新的全国文协的性质和组织形式提出了一些初步设想；发表《发刊词》（未署名）。

同日 《进步青年》在北平创刊，茅盾系编委之一。在《进步青年》创刊号发表评论《关于目前文艺写作的几个问题》，谈论工农兵的问题和形式问题，亦刊于香港《文汇报》6月23日。

13日 晚上去中南海开会。周恩来阐述了党的统一战线政策及文艺方面的具体方针，并就即将召开的文代会、新闻工作和上海解放后的文化工作等问题征求到会者的意见。出席会议的有周扬、夏衍、钱杏邨、沙可夫、胡愈之等。

14 日　在《天津日报》发表评论《谈谈工人文艺》,亦刊于《华商报》6 月 12 日。

17 日　作评论《略谈工人文艺运动》。

22 日　出席《文艺报》编委会邀请部分文艺工作者的座谈会,研讨新文协的任务、组织、纲领及其他有关事宜,主持了会议。钱杏邨来访,交谈有关文代会问题。

23 日　作评论《关于〈虾球传〉》。

25 日　去车站迎接出席世界拥护和平大会归来的郭沫若等。黄克诚、阿英来访,谈文代会事。

26 日　在《文艺报》周刊第 4 期发表评论《关于〈虾球传〉》,指出"1948 年,在华南最受读者欢迎的小说,恐怕第一要数《虾球传》的第一、二部了。作者原定的计划一共要写四部:《春风秋雨》、《白云珠海》、《水远山长》、《光天化日》。这都是要把流浪儿虾球作为主角,并以他的身上反映出时代的变化",认为《虾球传》的成功与作者谷柳丰富的生活经验有关:"他熟悉黑社会的内容,从那有组织的码头和车站上的扒手,直到神通广大的'捞家'。他也在国民党军队里干过一个时期。他的文章,也颇为奔放而矫健。"

30 日　在《人民日报》发表杂论《各取所值与私有财产——杂谈苏联之一》,亦刊于《华商报》7 月 25 日。

同日　下午出席《文艺报》召开的关于新文协诸问题的第二次会议。主持会议,并发言。《在〈文艺报〉召集的座谈会上的发言》后刊于《文艺报》试刊第 4、5 期。

6 月

1 日　出席全国文代大会筹委会组织的欢迎到平代表大会,

并报告文代会筹备情况。

2 日　与郭沫若、黄炎培、许广平等 56 人联名电贺第三野战军解放上海。①

4 日　在《进步青年》第 2 期发表《脱险杂记》(1948 年 9 月追记于香港)，并附前言。后在《进步青年》连载至第 7 期，题为《生活之一页》。1949 年 6 月由新加坡南洋出版社出版单行本，后经作者略作修改并改为现题。文章共 23 节，详细追述了中共领导的东江游击队护送 1000 多名文化人，离港后经沦陷区到达惠阳的经历，揭露了日军在香港和沦陷区的罪行，暴露了英帝国主义软弱无能的丑态，抨击了国民党抗日战争中的卑劣行径，着力讴歌了中国共产党及其东江游击队。

7 日　在《人民日报》发表评论《苏联的电影事业——杂谈苏联之二》。

11 日　晚上赴毛泽东寓所香山双清别墅，与毛泽东、朱德、周恩来、李济深、黄炎培、沈钧儒等共同商讨新政协的筹备问题。

12 日　作评论《瞿秋白在文学上的贡献——瞿秋白逝世十四周年纪念》。

13 日　在《人民日报》发表散文《莫斯科的大戏院、小戏院和艺术剧院——杂谈苏联之三》。

14 日　文代会筹委会决定：由郭沫若作大会总报告；茅盾和周扬分别作国统区和解放区文艺工作报告。茅盾开始起草此报告。

15 日　新政协筹备会在北平成立，茅盾系筹备委员、"拟定国旗国徽国歌方案"的第 6 组组员。晚上赴中南海勤政殿旁室

---

① 参见《东北日报》1949 年 6 月 4 日。

出席新政协筹备会第一次全体会议,听取毛泽东报告。

16 日　下午在新政协筹备会议上被通过为筹备会常务委员。晚上出席周恩来主持的新政协筹备会常务委员第一次会议。任"拟定国旗国徽国歌方案"的第 6 小组副组长。

18 日　在《人民日报》发表评论《瞿秋白在文学上的贡献——瞿秋白逝世十四周年纪念》。

20 日　在《人民日报》发表政论《在新政协筹备会上的发言》,指出:"这次会议充满了民主与团结精神","召开这样民主团结的新政协,产生人民民主的联合政府,完全符合人民的要求和利益,可以成立新民主主义的新中国","在新民主主义的政权下,文化事业一定会得到很大的发展,因为人民政府是扶植进步文化的,而且翻了身的工农兵,他们需要文化,他们能够自由地创作和享受文化,他们会是文化界最有希望的新生力量"。

21 日　出席新政协筹备会常务委员第二次会议。

27 日　作《读〈血染潍河〉》。在《人民日报》发表杂感《苏维埃的音乐——杂谈苏联之四》。

30 日　出席中华全国第一次文学艺术工作者代表大会预备会议,任大会副总主席,总主席为郭沫若。

本月　出版《第一阶段的故事》,文光书店 1948 年 6 月版,附《后记》(1945 年 1 月),《四版序》(1948 年 6 月九龙)。

7 月

1 日　《译文》创刊,茅盾兼任主编。

2 日　出席中华全国第一次文学艺术工作者代表大会,为主席团成员、副总主席,报告大会的筹备经过。

4 日　在文代会上作《在反动派压迫下斗争和发展的革命文

艺——十年来国统区革命文艺运动报告提纲》的报告,后收入新华书店 1950 年 3 月发行的《中华全国文学艺术工作者代表大会纪念文集》。报告包括绪论、创作方面的各种倾向、文艺思想理论的发展、结语四部分,总结了十年来国统区革命文艺运动的成就、不足和经验教训。

同日　在《人民日报》发表散文《学习与娱乐——杂谈苏联之五》。

5 日　晚上出席新政协筹备会常务委员会第三次会议,并签署《新政治协商会议各党派各团体为纪念"七七"抗日战争十二周年宣言》。

7 日　《人民日报》发表有茅盾签名的《新政治协商会议各党派各团体为纪念"七七"抗日战争十二周年宣言》。

8 日　任第一次文代会当日会议主席。

9 日　在新华广播电台讲《为工农兵》。

11 日　张西曼逝世,茅盾为治丧委员会成员。

14 日　出席中共中央华北局等十余单位组织的鸡尾酒会。

同日　在《文艺报》周刊第 11 期发表讲话《为工农兵——在新华广播电台播讲》。

15 日　出席中国民主同盟召开的李公朴、闻一多殉难烈士追悼会。

16 日　中苏友好协会筹备会成立,茅盾为筹备委员。

17 日　参加投票选举全国文联领导成员。

18 日　在《中国青年》第 11 期发表评论《从话剧〈红旗歌〉说起》。

19 日　出席全国第一次文代会闭幕式,当选为全国文联委员。

同日　张元济在上海寓所主持商务印书馆董事会,提议将原来编审部改为出版委员会,聘请沈雁冰担任会长,获得通过。会后,商务印书馆给在北京的陈其通写信,请他向沈雁冰发出邀请。沈雁冰转请中共中央宣传部指示。

20 日 下午出席中共中央、中国人民革命军事委员会联合为参加文代会演出的各文艺工作团举行的招待会,并即席讲话。

21 日 出席中国人民政治协商会议第一届全体会议,当选为大会主席团成员。

同日 与郭沫若、周扬等设宴欢送参加世界第二次青年节的青年文工团全体人员。

23 日 出席中华全国文学工作者大会,当选为大会主席。下午出席中华全国文学艺术工作者联合会第一次全体委员会议,任会议主席,并当选为常务委员、副主席。

24 日 中华全国文学工作者协会正式成立,当选为该会主席。

25 日 在《华商报》发表评论《"各取所值"与私有财产》。

28 日 出席"中国戏曲改进会发起人大会",为发起人之一。

本月 序跋《读〈血染潍河〉》收入董均伦著《血染潍河》,由新中国书局出版。

本月 在中国"影协"成立大会的晚宴上,为孙瑜题签:"继续为中国电影努力!"①

8 月

3 日 在《人民日报》发表政论《愤怒谴责英舰"紫石英号"暴行谈话》,愤怒谴责英国军舰"紫石英号"击沉我客轮一事,指出

---

① 孙瑜:《缥缈的遐思——我与沈雁冰的相识》,《艺术世界》1981 年第 5 期。

"这是十足的海盗行为"，"中国人民将永远记住英帝国主义在我国领土内此种无法无天的罪行，并将追究责任"。

5日　出席新政协筹备会第六小组举行的第二次会议。决定聘请徐悲鸿、梁思成、艾青为国旗国徽图案的初选委员会顾问；马思聪、贺绿汀、吕骥、姚锦新为国歌词谱初选委员会顾问。

16日　中共中央宣传部出面给华东总社转上海市委、文管会及出版委员会沪分会发出经周恩来修改过的关于请沈雁冰担任出版委员会主任兼编辑部部长的回复公函。

17日　新政协筹备会就新政协代表名单问题，来征求意见，茅盾谈了自己的看法。

同日　在《人民日报》发表政论《谴责美帝白皮书》，指出"白皮书把美帝欲得中国而甘心的狰狞面目完全暴露了，这对于中国一部分对美帝尚存幻想的人们，真是当头一棒；白皮书还企图恐吓中国人民，不过中国人民是吓不倒的"，"中国人民是有把握粉碎美帝的奴役中国的任何阴谋诡计的"。

同日　参加投票选举全国文联领导成员。

18日　出席新政协筹备会召开的关于新政协代表名单问题的座谈会，听取了李维汉作的《政协代表名单协商经过情形》的发言。

24日　与王昆仑等发起组织冯玉祥先生追悼大会。

28日　与郭沫若、马叙伦等联名写信致毛泽东主席，陈述对文字改革的意见。

同日　随毛泽东、朱德等到车站，欢迎到达北平的宋庆龄。

本月　《杂谈苏联》(署茅盾)由上海生活·读书·新知三联书店出版。

9 月

1 日　出席首都人民公祭冯玉祥大会。

2 日　作《一致的要求和期望》。

5 日　出席中国文字改革协会发起人第四次会议,讨论文字改革的原则问题。

6 日　出席中苏友好协会总筹备委员会全体会议,讨论有关总会成立事宜。

9 日　与陈其通、郑振铎、邵力子拜访 8 日抵达北京的张元济。张元济告知董事会欲聘请茅盾出任出版委员会会长,并递交聘书。

11 日　出席张元济宴请商务旧友的宴会。

13 日　下午与郭沫若、周扬等在中山公园来今雨轩举行茶会,招待到达北平的各地文艺工作者及文代大会东北参观团。

16 日　出席周恩来主持的新政协筹备会常务委员会第七次会议,通过有关草案。①

17 日　出席新政协筹备会常委会第七次会议,通过了新政协第一届全体会议主席团名单。出席中国人民政治协商会议第二次全体会议,听取周恩来关于筹备情况的报告,会议正式决定将新政协会议定名为"中国人民政治协商会议"。

18 日　晚上出席北平市党、政、军暨各群众团体联合举办的欢迎到达北平的中国人民政治协商会议代表而举行的宴会。

20 日　出席政协筹备会常委会第八次会议。会议决定 9 月 21 日下午 7 时在中南海怀仁堂召开中国人民政治协商会议的第

---

① 《我走过的道路·五星红旗从这里升起》。

474

一届全体会议,并通过了议事日程。

21 日 出席中国人民政治协商会议第一届全体会议,当选为大会主席团成员。

22 日 当选为中国人民政治协商会议第一届会议主席团常务委员。任"宣言起草委员会"委员、"国旗、国徽、国都、纪年方案委员会"委员。

23 日 代表"中华全国文学艺术界联合会"在政协第一届全体会议上发言。

24 日 在《人民日报》发表《在中国人民政治协商会议第一届全体会议上的发言》,表示:广大文艺工作者拥护中国共产党的领导,赞成通过的《中国人民政治协商会议共同纲领》《人民政协组织法》和《中央人民政府组织法》。并特别表示拥护"共同纲领"第45条关于"提倡文学艺术为人民服务,启发人民的政治觉悟,鼓励人民的劳动热情"的规定,"必须提高自己,教育自己,和文化界人士以及全国人民一起,为新民主主义国家的文化建设而奋斗"。

25 日 出席中国人民政治协商会议第一届全体会议,听取朱德总司令报告。

同日 出席毛泽东召开的"国旗、国徽、国歌、纪年、国都"协商座谈会。

同日 在《文艺报》第1卷第1期发表评论《一致的要求和期望》,指出:"第一,是加强理论的学习";"第二,是加强创作活动";"第三,是加强文艺的组织工作";"第四,继续对封建文艺以及买办文艺、帝国主义文艺展开顽强的斗争"。此外,还对文艺研究工作提出了要求,认为编写《中国文学史》《中国新文艺运动史》等都应该提上工作日程。

26 日　出席"国旗、国徽、国歌、国都、纪年方案审查委员会"举行的会议,对各项方案作最后的审查。

27 日　出席政协第一届全体会议,会议通过以下议案:中华人民共和国定都北平,自即日起将北平改称北京;采用公元纪年;以《义勇军进行曲》为代国歌;国旗为五星红旗。

30 日　出席政协第一届全体会议,通过《共同纲领》,选举中央人民政府主席。当选为政协全国委员会委员、常委,中央人民政府委员会委员。

本月　以《人民文学》主编身份,致信毛泽东。请求毛泽东主席为该刊题词并写刊头。① 后收到毛泽东 9 月 23 日写的复信,内容如下:"雁冰兄:示悉。写了一句话,作为题词,未知可用否?封面宜由兄写,或请沫若兄写,不宜我写。"同信还附一张宣纸,写着:"希望有更多的好作品出世 毛泽东"。②

本月　毛泽东找茅盾谈话,欲让茅盾担任文化部部长一职。毛泽东说:"听说你不愿意做官,这好解决,你可以挂个名,我们给你配备个得力的助手,实际工作由他们去做。"这位助手就是周扬,文化部第一副部长。③

10 月

1 日　下午 3 时在天安门城楼出席中华人民共和国开国大典。

同日　在《小说》月刊第 3 卷第 1 期发表评论《略谈工人文

---

① 李频:《不朽的编辑巨匠茅盾》,《文艺报》1995 年 6 月 17 日。
② 李频:《不朽的编辑巨匠茅盾》,《文艺报》1995 年 6 月 17 日。
③ 韦韬、陈小曼:《茅盾的晚年生活(一)》,《新文学史料》1995 年第 1 期。

艺运动》。

2 日　前往车站欢迎法捷耶夫率领的苏联文化艺术代表团。

3 日　出席中国保卫世界和平大会，为主席团成员，并在会上发言。

4 日　出席中国保卫世界和平大会，当选为全国委员会委员、副主席①。

5 日　下午出席中苏友好协会总会成立大会，被推举为该会理事。

6 日　出席中国文字改革协会发起人会议。并出席全国文联主办的招待解放军代表茶会。

8 日　出席在怀仁堂举行的苏联文学艺术工作者代表团团长法捷耶夫讲演会，并代表中华全国文学艺术界联合会等单位致答词。（法捷耶夫因病未出席，由萧三代读书面发言）。

同日　应张元济之约赴翠华楼台，与宦乡、郑振铎、农山、陈其通等为商务发展大计提意见。

9 日　作序《读〈挺进大别山〉》。在《人民日报》发表政论《感谢苏联承认新中国，庆贺中苏建立新邦交》。

同日　下午出席中华全国文学艺术界联合会主办的招待苏联文学艺术工作者茶会。

10 日　在《文艺报》第 1 卷第 2 期发表政论《欢迎我们的老

---

①　中国人民保卫世界和平委员会，1949 年月成立，郭沫若任主席，茅盾被选为副主席。1950 年 10 月，中国人民保卫世界和平大会委员会与中国人民反对美国侵略台湾朝鲜运动委员会合并，改称中国人民保卫世界和平反对美国侵略委员会（简称中国人民抗美援朝总会），后又改称中国人民保卫世界和平委员会。茅盾积极参加该委员会活动，为推进世界和平事业作出了重要贡献。抗美援朝期间，曾作《响应保卫世界和平签名运动》《剥落'蒙面'强盗的面具》等文，与丁玲等 145 人联名发表《在京文学工作者宣言》，强烈谴责美帝国主义侵略朝鲜的行径。

大哥,向我们的老大哥看齐》。

同日 出席中国文字改革协会成立大会,当选为理事;出席政协全国委员会第一次全体会议,当选为政协全国委员会常务委员;出席全国文学工作者协会召开的邀请苏联作家法捷耶夫谈文艺问题座谈会。

11 日 与胡愈之、陆定一、徐特立、张元济等共进午餐,商议编辑"新中国丛书"的计划。席间,张元济希望由茅盾具体策划。

同日 出席周恩来主持的欢送苏联文艺工作团的鸡尾酒会。下午赴火车站欢送苏联文学艺术工作者代表团赴沪参观访问。

13 日 与郭沫若、周扬、丁玲等代表全国文联,邀请全国总工会、全国妇联、全国青联及北京市委等单位共商筹备鲁迅先生逝世 13 周年纪念的有关事宜。

18 日 出席全国文联等单位纪念鲁迅逝世 13 周年筹备会。下午张元济和陈其通来访,望其回到商务印出馆出任出版委员会会长。因将出任国家公职,谢辞。当天张元济在日记中写道:"午后二时,偕叔通访沈雁冰。余复申前请。沈坚辞。"①

17 日 作文论《认真研究,认真学习》。

19 日 在《人民日报》发表评论《学习鲁迅与自我改造》,强调"在今天,知识分子特别需要自我改造之时,鲁迅所经历的从进化论到阶级论,从个性主义到集体主义的过程,尤其值得我们注意学习";在《光明日报》发表文论《认真研究,认真学习》,提出:"如果从我们文艺工作者本身来说,那么,最应该做的纪念方法还是学习鲁迅,研究鲁迅,把鲁迅普及到工农大众。"

---

① 钟桂松《起步的十年——茅盾在商务印书馆》,商务印书馆 2017 年 1 月版。

478

同日　出席全国文联等单位联合组织的鲁迅逝世 13 周年纪念会。并出席中央人民政府委员会第三次会议，被任命为文化教育委员会副主任、中华人民共和国中央人民政府文化部部长。毛泽东主席签发了任命书："兹经中央人民政府委员会第三次会议通过任命沈雁冰为中央人民政府文化部部长。"

20 日　在《人民日报》发表《抗议美帝无耻迫害美共领袖的书面谈话》。

同日　为北京市人民体育大会题词："在旧时代，体育为少数人所专有，只是一种奢侈性的娱乐。在人民民主的时代，体育将成为锻炼体魄的、群众性的集体主义的而非锦标主义的，第一届的北京市人民体育大会就是这样的人民体育运动的第一步。"

同日　出席中国文字改革协会会议，当选为常务理事。

21 日　出席中央人民政府政务院文化教育委员会全体会议，受任为文教委员会宣传中国人民政协共同纲领专门小组的召集人。

同日　作《美国电影与苏联电影的比较》。

22 日　在《人民日报》发表《首都体育大会开幕题词》手迹。

同日　出席政务院成立大会，受任为文教委员会召集人。

23 日　赴火车站欢迎由沪返京的苏联文学艺术科学工作者代表团。

25 日　《人民文学》创刊，任主编，为创刊号撰写发刊词，刊于《人民文学》。在《发刊词》中谈到《人民文学》的任务："一、积极参加人民解放斗争和新民主主义的国家建设，通过各种文学形式，反映新中国的成长，表现和赞扬人民大众在革命斗争和生产建设中的伟大业绩，创造有思想内容和艺术价值、为人民大众所喜闻乐见的人民文学，以发挥其教育人民的伟大效能。二、肃清为帝国主义者、封建阶级、官僚资产阶级服务的反动的文学及其在新文学中的影响,改革在人民中间流行的旧文学,使之为新民主主义国家服务。批判地接受中国和世界的文学遗产,特别要继承与发展中国人民的优良的文学传统。三、积极帮助并指导全国各地区群众文艺活动,培养群众中的新的文学力量。四、开展国内各少数民族的文学活动。五、加强革命理论的学习,组织有关文学问题的研究与讨论,建设科学的文学理论与批评。六、加强中国与世界各国人民的文学的交流。"

26 日 出席由政务院文教委员会举办的、与苏联代表团西蒙诺夫等交流文教科学问题的座谈会。

27 日 与郭沫若等联名致电莫斯科国立小剧院,祝贺其成立 125 周年。

28 日 在《人民日报》发表散文《把我们对苏联人民和斯大林的敬爱带回去罢!》。

同 日 出席欢送苏联文艺工作团的宴会。

29 日 赴车站欢送苏联文艺工作团返国。

30 日 在《人民日报》发表评论《美国电影和苏联电影的比较》。

月底 陈其通从北京回沪,带来沈雁冰拟订的"新中国丛书"计划和商务出版丛书的合同底稿,张元济致信沈雁冰,就"新中国丛书"提出四条意见:(一)将"新中国丛书"改名为"新民主丛书";(二)每种字数改为三万至五万字;(三)商务北京分馆可作编辑人员集会商计之地;(四)最好能于明年春开学之期,全部完成。另外,张元济还托沈雁冰在京代购苏俄书籍。①

本月 为马烽的短篇小说《村仇》提出修改意见,并将其发

---

① 钟桂松《起步的十年——茅盾在商务印书馆》,商务印书馆 2017 年 1 月版。

表在《人民文学》创刊号。①

本月 为基督教青年会主办的"新民主主义讲座"作《苏联人民的生活》专题讲演。

本月 《中国文学》英文版在北京出版,茅盾兼任主编。

11 月

1 日 为纪念俄国十月革命 32 周年,中央电影局编《苏联电影介绍》,内收茅盾等的评介文章。

2 日 主持文化部成立大会,文化部正式开始办公。

3 日 作《在十月革命前,反动派疯狂而发抖了!》并与郭沫若联名致电苏联文艺界,祝贺十月革命节。

4 日 出席全国文联、文化部举行的欢迎参加国际青年节的青年文工团胜利归来宴会,并讲话。

5 日 在俄文版《消息报》《真理报》发表散文《中国作家茅盾祝福苏联人民》。

7 日 在《人民日报》发表政论《在十月革命前,反动派疯狂而发抖了!》,亦刊于《中苏友好》创刊号。该文是为《中苏友好》创刊号而作。

同日 出席首都庆祝苏联十月社会主义革命节大会。出席苏联驻华大使馆举行的苏联十月社会主义革命节庆祝宴会。出席中苏友好协会举办的苏联十月革命节晚会。

10 日 在《文艺报》第 1 卷第 4 期发表评论《略谈革命的现实主义》,系复乡村小学教员张忠江信。

14 日 致张元济信(署晚乡沈雁冰),后刊于《出版史料》第

---

① 马烽《怀念茅盾同志》,刊于《汾水》1981 年第 5 期。

4 辑(1985 年 12 月),赞同张元济针对"新中国丛书"提出的四点意见。此信原本请准备去上海的郑振铎带呈,但因故未能动身,因此延误了。

19 日 致张元济信,后刊于《出版史料》第 4 辑(1985 年 12 月),谈及"新民主丛书"的编辑事宜。和前信一并发出。

25 日 出席中央人民政府政务院第七次会议。

本月 大众文艺创作研究会举办星期讲演会,邀请茅盾作专题报告。

12 月

2—3 日 出席中央人民政府委员会第四次会议。

4 日 作政论《斯大林就是民主,就是和平》。

5 日 在《人民日报》发表政论《关于发行公债》。

15 日 在《中苏友好》第 1 卷第 2 期发表政论《斯大林就是民主,就是和平》。

21 日 作杂感《充满了光明和希望》。在《人民日报》发表评论《斯大林与文学》。与教育部部长联名发布《关于开展新年文艺宣传工作的指示》。

同日 晚上出席中苏友好协会等单位主办的庆祝斯大林 70 寿辰的宴会,为主席团成员。

31 日 出席各民主党派组织的除夕联欢晚会。

本月 《新民主主义的文学》(茅盾等著),由新生活出版社出版。

本月 发表评论《读挺进大别山》①(代序),现收《茅盾全集》

---

① 《挺进大别山》,曾克著,新华书店 1949 年 12 月印行。

第 24 卷。

本月 为中国文艺界庆祝斯大林 70 岁寿辰纪念册题字一则。

1950 年（庚寅） 54 岁

▲2 月 16 日,毛泽东抵莫斯科会见斯大林。

▲3 月,中共中央发出《严厉镇压反革命分子的指示》。

▲5 月,中共中央发出《关于在全党开展整风运动的指示》。

▲6 月 25 日,朝鲜战争爆发。

▲10 月 25 日,中国人民志愿军赴朝,参加抗美援朝战争。

1 月

1 日 在《文汇报》新年特刊发表杂感《充满了光明和希望》。

同日 出席在北京饭店举行的中央人民政府元旦团聚会。

4 日 赴北京饭店出席全国文联新年联欢并欢迎老舍等作家回国茶会,即席讲话。

6 日 出席文化部举办的对北京市文艺干部的报告会,发表《文艺的创作问题》的讲话。回顾了文代会以来的文艺现状,指出近年来文艺创作中存在的问题,还论述了人物典型性、结构与人物公式化、配合政策、创作方法等问题。

8 日 在北京市大众文艺讲座作《欣赏与创作》的讲演。

同日 作《文艺创作问题》。

11 日 在天津《进步日报》发表《欣赏与创作——一九五〇年一月八日在北京大众文艺讲座上讲》(萧风记录整理),亦刊于上海《文汇报》1月14日。

22日 在《人民日报》发表影评《关于〈俄罗斯问题〉》。

24日 致田间信,对田间的诗《一杆红旗》作了评论。

25日 在《文艺报》第1卷第9期发表短论《目前创作上的一些问题》,后收入《鼓吹集》,并加副标题"1950年3月在〈人民文学〉社召开的创作座谈会上的讲话"。按:副标题中"3月"系笔误,因若系"3月"之讲话,不可能提前在"1月"发表。

本月 为《说说唱唱》题词一则。

本月 由北京饭店迁往东四头条5号文化部宿舍。

2 月

5日 出席政务院文教委员会会议,任大会主席,通过该会今年工作计划。

6日 在《文汇报》发表评论《从话剧〈红旗歌〉说起》。

12日 出席全国文联第四次常务委员扩大会议,任大会主席。

15日 出席中苏友好同盟互助条约签订庆祝会。

16日 在《人民日报》发表讲话《庆祝中苏友好互助的新纪元》。

25日 在《文艺报》第1卷第11期发表短论《敌人所不喜欢的,一定对我们有利》《中苏兄弟同盟万岁》。

28日 戴望舒逝世,代表中国文学家协会前往吊唁。

同日 致陈此生信。

本月 电影文学剧本《腐蚀》(柯灵改编)收入"文艺复兴丛书",由上海出版公司出版。

3 月

1 日 在《人民文学》第 1 卷第 5 期发表文论《文艺创作问题——一月六日在文化部对北京市文艺干部的讲演》,亦刊于《群众日报》3 月 24 日。该文据 1 月 6 日在文化部对北京市文艺干部的讲演整理而成,指出当时创作中存在的普遍性问题有:关于人物典型性的问题;结构与人物公式化问题;配合政策问题,认为解决这些问题的关键是提倡社会主义的现实主义。

3 日 上午前往团城参观"虢季子白盘"特展,向捐献者刘肃曾颁发奖状,并合影留念。照片刊《人民日报》。

4 日 晚上在北京火车站欢迎毛泽东、周恩来自苏联返京。

5 日 出席祭悼戴望舒仪式。

8 日 出席中国保卫世界和平委员会,并欢送萧三出国。当选为中国保卫世界和平委员会副主席。

同日 与郭沫若、刘宁一等联名致电美国会抗议其拒绝中国保卫世界和平大会代表团入境。

11 日 出席全国政协和各民主党派举行的欢迎毛泽东、周恩来回国大会。

24 日 在《群众日报》发表文论《目前创作上的一些问题——一九五〇年三月在〈人民文学〉社召开的创作座谈会上的讲话》,针对"真人真事与典型性的问题""形式与内容的问题""完成任务与政策结合的问题"等创作难题,认为:"写真人真事也可以有典型性,问题是在怎样写",如果政治性与艺术性不能兼得,那么与其牺牲了政治任务,毋宁在艺术性上差一些。茅盾虽然也承认赶任务和提高作品的艺术性会有矛盾,但认为"思想上应当不以'赶任务'为苦,而要引以为荣。有任务交给我们赶,这正表示了我们对人民服务有所长，对革命有用，难道这还不光荣？"

26 日　在《人民日报》发表书评《读〈新事新办〉等三篇小说》，亦刊于《文汇报》3 月 31 日，高度评价了《新事新办》，指出："他从农村的日常生活中选取了这一典型性的题材"，"表现了土改后农村生活的兴旺和愉快"，在形式方面，"结构紧凑，形象生动，文字洗练"，"从头至尾，无懈可击"，"是一篇技术水准很高的短篇小说"。

29 日　出席中国民间文艺研究会成立大会，大会通过《中国民间文艺研究会章程》和《征集民间文艺研究资料办法》，并与郭沫若、周扬等 47 人被选为理事。①

本月　报告《在反动派压迫下斗争和发展发革命文艺——十年来国统区革命文艺运动报告提纲》收入《中华全国文学艺术工作者代表大会纪念文集》，由新华书店出版。

4 月

3 日　与周恩来、张澜等前往车站，欢迎从沪赴京的宋庆龄。

10 日　在《文艺报》第 2 卷第 2 期发表论文《谈〈水浒〉的人物和结构》，以林冲、杨志、鲁达 3 个人物为例，阐述了《水浒》描写人物的两个特点：善于从阶级意识去描写人物的立身行事；人物的一切都由人物本身的行动去说明，作者绝不下一按语。并

---

　　①　中国民间文艺研究会，中国各民族民间文艺工作者自愿结合的群众性研究团体，中国文联团体会员之一。1950 年 3 月 29 日，在北京召开成立大会。周扬、郭沫若、老舍、茅盾、郑振铎先后在大会上讲话，大会通过了《中国民间文艺研究会章程》和《征集民间文艺资料办法》。大会选出郭沫若、沈雁冰、周扬等 47 人为理事。4 月 12 日召开第一次理事会。

指出《水浒》结构的特点："第一,故事的发展,前后勾联,一步紧一步,但又疏密相间,摇曳多姿。第二,善于运用变化错综的手法,避免平铺直叙。"

13日 晚上出席中央人民政府委员会第七次会议,听取陈云关于财务状况和粮食问题的报告,举手表决通过了中华人民共和国《婚姻法(草案)》。

17日 下午出席中苏友好协会总会第一届理事会第一次会议,总结工作并制定今后工作计划。

18日 出席中国保卫世界和平大会工作委员会第三次会议,决定用广播等方式传达世界和平大会决议。

19日 作《关于反映工人生活的作品》。

20日 出席中国保卫世界和平大会委员会举行的一周年纪念会。

22日 出席文教委员会及中苏友好协会欢送苏联三位教授返国的宴会。

28日 与郭沫若、周扬联合发布《中华全国文学艺术界联合会为响应展开和平签名运动的号召》,要求全国文艺界人士踊跃签名,支持世界和平运动。

本月 参加审定颁发1950年新年画创作奖金会议。

本月 序《读〈挺进大别山〉》收入《挺进大别山》,由上海新华书店出版。

5月

1日 赴天安门出席首都人民庆祝五一劳动节盛典,观看20万人大游行。

同日 在《人民文学》第2卷第1期发表文论《关于反映工

人生活的作品》。

4 日　出席首都庆祝五四盛会,参观游行。

5 日　晚上出席欢迎苏联青年代表团酒会。

7 日　应周恩来之约,与郭沫若、陆定一、周扬等审查影片《内蒙古春光》,后来影片经过修改,在捷克的卡罗维发利国际电影节上获最佳编剧奖。

9 日　晚上前往捷克斯洛伐克驻华使馆,出席庆祝捷克斯洛伐克解放五周年宴会。

10 日　与郭沫若、周扬等联名发表《中华全国文学艺术界联合会响应展开和平签名运动的号召》。

12 日　作《悼念 A. 史沫特莱女士》。

13 日　与郭沫若、周扬等前往文物局参加鉴定熊述甸捐赠的"鼬原钟",最终鉴定为春秋吴越时期文物。

14 日　在《人民日报》发表散文《悼念 A. 史沫特莱女士》。

17 日　在《人民日报》发表《中华全国文联电唁史沫特莱逝世》(与郭沫若、周扬联署)。

18 日　出席文教委员会等单位联合举办的宴会,欢迎苏联青年代表团。

20 日　在《中国青年》第 39 期发表文论《关于文艺修养》,用两句话总结了从事创作的要求:"多读多写多生活,边写边读边生活",并作简明阐述。

28 日　出席北京市文学艺术工作者代表大会开幕式并致辞。

6 月

月初　参加筹备成立国际和平奖金、斯大林和平奖金中国作品征集评选委员会筹备会。

3 日 作《科学普及工作如何展开?》

8 日 出席国际和平奖金、斯大林和平奖金中国作品征集评选委员会筹备会,成为 30 名委员会委员之一。

10 日 在《科学普及通讯》第 4 期发表随笔《科学普及工作如何展开?》。

14 日 出席第一届中国人民政治协商会议第二次会议。听取毛泽东主席致开幕词及刘少奇关于土地改革问题的报告。

15 日 上午参加分组讨论土改问题。下午听取周恩来作的政治报告。

17 日 上午参加分组讨论。下午分别听取郭沫若和沈钧儒作的文教和法院工作的报告。

19 日 参加分组讨论,被任命为"国徽组"召集人。

20 日 听取与会代表关对国徽的意见及方案。致葛一虹信。

21 日 听取马叙伦等 23 人的发言。

22 日 听取刘少奇等人的报告。

23 日 出席第一届中国人民政治协商会议第二次会议闭幕式,通过土改法草案和国徽图案。和与会政协委员一起在保卫世界和平宣言上签名。

28 日 出席中央人民政府委员会第八次会议,听取周恩来总理关于国际形势的报告。

月底 出席文化部举行的欢送代表中央人民政府及各团体前往西南边远地区访问的中央西南访问团。

7 月

2 日　出席国际和平奖金、斯大林和平奖金中国作品征集评选委员会,讨论并通过《致全国文学艺术工作者书》,号召广大文艺工作者"发挥高度国际主义和爱国主义精神","参加保卫世界和平签名运动"。

3 日　在《人民日报》《保卫世界和平》专刊发表题词《响应保卫世界和平签名运动》。

9 日　出席政务院文化教育委员会第三次全体会议,讨论救济失业教师及知识分子等问题。

10 日　出席周恩来外长为欢迎丹麦公使穆克举行的宴会。

11 日　任中央人民政府文化部电影指导委员会主任委员,主要负责国产影片思想艺术水平的提高。

14 日　为《甘肃文艺》题词。

23 日　在《人民日报》发表政论《侵略者将自食其果》,亦刊于《文艺报》第 2 卷第 9 期"反对美国侵略台湾朝鲜特辑"(7 月25 日)。

24 日　在《解放日报》"上海市第一届文学艺术工作者代表大会特刊"发表《上海市第一届文艺界代表大会题词》。

25 日　出席并主持到农村、工厂去体验生活的作家座谈会,并讲话。

29 日　出席上海市第一届文代会闭幕式,并被选为上海文联理事会理事。

8 月

9 日　在北京中学国文教员暑期讲习会作报告,题为《怎样阅读文艺作品》。

10日 在《甘肃文艺》创刊号发表为《甘肃文艺》题词一则。

28日 通过中国人民反对美国侵略委员会中国保卫世界和平大会委员会联合发表的抗议声明,抗议美军多次侵略我国东北领空的挑衅和残暴行为。

29日 在《人民日报》发表短论《拥护周外长对美国的抗议,向美帝国主义讨还血债!》。

本月 《茅盾选集》被列入新文学选集出版计划,由中央人民政府文化部艺术局组织出版。

本月 在《火星》第36期发表《侵略者将自食其果》(A. 柯托夫译)。

9月

5日 晚上出席中央人民政府委员会第九次会议,讨论通过《新解放区农业税暂行条例》。

15日 出席第一届全国出版会议,并在开幕式上讲话。《沈雁冰副主任在第一届全国出版会议开幕式上的讲话》①后收入《第一届全国出版会议纪念刊》。讲话从历史的高度充分肯定这次出版会议的意义,并以办《文艺阵地》的亲身经历证明出版事业的重要性和当前加强出版工作的必要性,最后还介绍了上海通联书店、连联书店等走联合之路的成功经验。

17日 在《人民日报》发表剧评《〈俄罗斯问题〉对于我们的教育意义》,亦刊于《光明日报》。

26日 作《在电影局扩大行政会议上的讲话》(未曾发表,署

---

① 见钟桂松《茅盾的一篇谈出版的佚文》,刊于《茅盾研究》第11辑。

沈雁冰),现据文化部档案卷纪录稿编入《茅盾全集》第 24 卷。

27 日 出席中国人民保卫世界和平委员会等 8 团体联合欢迎世界青联代表团会议,并报告中国人民保卫世界和平活动现况。

29 日 晚上出席周总理主持的宴会,欢迎来京参加国庆节庆祝活动的各民族代表,并观看纪录片《中国人民的胜利》。

30 日 出席毛泽东主席为庆祝中华人民共和国国庆举行的宴会。

10 月

1 日 在《人民日报》发表随笔《争取发展到更高的阶段》,亦刊于《文艺报》等之《胜利一周年》特刊。

同日 在《群众文艺》第 3 卷第 3 期发表演讲《感谢苏联崇高的友谊和亲切合作——在庆祝〈中国人民的胜利〉摄制完成大会上的讲话》,亦刊于《大众电影》第 1 卷第 8 期。

同日 赴天安门观礼台,出席中华人民共和国建国一周年庆祝大会,观看 40 万人大游行。

2 日 出席全国文联举办的招待战斗英雄、模范人物茶会。

5 日 出席中苏友好协会成立一周年庆祝会。

上旬 会见保加利亚人民共和国驻中国大使彼得科夫,其曾于 9 月 30 日向中国递交国书。

10 日 出席文化部等单位举办的招待各兄弟民族文工团的联欢会,并讲话。

11 日 在《人民铁道》报副刊《汽笛》创刊号发表散文《歌颂人民铁道》。

同日 出席文化部召开的全国各大行政区文物处长会议,并致词。

19 日　出席全国文联和北京市文联举行的纪念鲁迅逝世14 周年大会。

20 日　致马子华信。

26 日　出席中国保卫世界和平大会委员会与参加中国人民反对美帝国主义侵略台湾朝鲜运动委员会的各人民团体代表及各民主党派代表的联席会议,通过并改组后成立"中国人民保卫世界和平反对美国侵略委员会"的决议,被选为委员会的常务委员。

27 日　任弼时同志逝世,列名任弼时同志治丧委员会。

28 日　赴劳动人民文化宫参加任弼时同志遗体入殓及送灵、吊唁仪式。

29 日　出席任弼时同志治丧委员会会议,决定 30 日上午举行追悼会及下葬仪式。

30 日　赴劳动人民文化宫,为任弼时执绋起灵,前往西郊人民公墓。

本月　出席文化部召开的大会,作《在文化部抗美援朝动员大会上的讲话》,未公开发表,标题为编者所加。

本月　中国人民保卫和平大会委员会与中国人民反对美国侵略台湾朝鲜运动委员会合并,改称中国人民保卫世界和平反对美国侵略委员会(简称中国人民抗美援朝总会),后改称中国人民保卫世界和平委员会。茅盾积极参加该委员会活动,为推进世界和平事业作出贡献。

11 月

6 日　与郭沫若、周扬联名致电苏联文艺界,庆贺苏联十月社会主义革命节。

15 日 作《剥落"蒙面强盗"的面具》。

16 日 与丁玲等 145 人联名发表《在京文学工作者宣言》,号召全国文艺工作者积极行动起来,投入抗美援朝、保家卫国的运动中去。

27 日 出席文化部举办的全国第一次戏曲工作者会议,并致开幕词,题为《全国第一次戏曲工作会议开幕词》,未曾发表,据文化部档案卷手稿编入《茅盾全集》第 24 卷。

28 日 作《〈解放五年来朝鲜文教事业的发展〉序》。

本月 散文《在人民的立场》收入《陶行知先生四周年祭》上集,由北京出版社出版。

本月 在日本《新日本文学》第 11 期发表《在〈北京文艺〉编辑部的讲话》。

12 月

3 日 在《人民日报》发表杂文《剥落"蒙面强盗"的面具》,亦刊于《人民文学》第 3 卷第 2 期。

9 日 作随笔《由衷的感谢》。

10 日 出席全国戏曲工作会议闭幕式。

13 日 晚上设宴招待捷克斯洛伐克文化代表团。

16 日 在《大众电影》第 13 期发表随笔《由衷的感谢》,亦刊于《文汇报》18 日。

20 日 出席中国人民保卫世界和平反对美帝侵略委员会召开的第二次会议。决定组织各民主党派、各人民团体等于 21 日上午 9 时齐集前门车站欢迎出席第二届世界和平大会归来的中国代表团。

同日 作《迎一九五一年题词》《把最高的敬意献给他们》。

23日 作序跋《〈战斗到明天〉初版序言》。

25日 在《人民日报》发表随笔《巨大的教育意义》，亦刊于《新电影》1951年第1卷第1期。

26日 晚上出席中央人民政府委员会第十次会议，通过支持世界和平大会建议和次年年度财政总概算。

本月 序跋《〈中国和平之音〉序》收入散文诗歌集《中国和平之音》（中国人民保卫世界和平反对美国侵略委员会宣传部编），由文化出版社出版。散文部分收茅盾《侵略者将自食其果》。

本月 《〈解放五年来朝鲜文教事业的发展〉序》收入评论集《解放五年来朝鲜文教事业的发展》，由新华书店出版。

本月 讲话《怎样阅读文艺作品——在北京中学国文教员暑期讲习会讲》收入《语文教学讲座》（北京市中小学教职员学习委员会编），由大众书店出版。

本月 作《〈在苏联地图上〉中译本序》，该书为苏联米哈依洛夫著，方士人、庄寿慈、朱文澜、郁文斋译，三联书店1955年8月出版。

本年 捷文版《子夜》由捷克斯洛伐克自由出版社出版。

1951年（辛卯） 55岁

▲1月8日，由文化部领导、全国文联协办的中央文学研究所举行开学典礼。后改名为"文学讲习所"，为现今鲁迅文学院前身。

▲2月,中央人民政府公布《中华人民共和国惩治反革命条例》。

▲3月,人民文学出版社在北京建立。

▲5月,西藏和平解放。

▲5月20日,毛泽东为《人民日报》写社论《应当重视电影〈武训传〉的讨论》,全国开始批评《武训传》。

▲12月1日,中共中央作出《关于实行精兵简政,增产节约,反对贪污、反对浪费和反对官僚主义的决定》。

1 月

1 日 在上海《新民报》晚刊发表《迎一九五一年题词》。

7 日 在《人民日报》发表杂论《拥护二届世界和大的十项建议》。

8 日 出席中央文学研究所开学典礼,并发表讲话。

18 日 致田间信。

27 日 出席印度驻华使馆主办的庆祝印度国庆的酒会。

同日 在《光明日报》发表《关于亚非作家会议对〈光明日报〉记者谈话》。

本月 《序〈战斗到明天〉》收入白刃著《战斗到明天》,由中南军区政治部出版。

本月 《腐蚀》修订本由上海开明书店出版。

2 月

6 日 农历大年初一。由柯灵改编、文华影片公司摄制的电影《腐蚀》在京沪等地上映,反响热烈。

9日 在《文化交流》创刊号发表为《光明日报》《文化交流》题写的刊头。

12日 史沫特莱骨灰运抵北京,前往车站迎接。按:1950年5月5日史沫特莱不幸病逝。在遗嘱中,她提了最后一个要求:把她的骨灰埋葬在中国。我国人民遵从了她的遗愿,将其安葬在北京八宝山革命烈士公墓,墓碑上刻着:中国人民之友美国革命作家史沫特莱女士之墓。

13日 在俄文版《文学报》发表随笔《欢呼着的中国》。

14日 出席苏联驻华使馆主办的中苏友好同盟条约签订一周年庆祝会。出席首都各界组织的中苏友好同盟条约签订一周年庆祝会。

20日 下午出席中央人民政府委员会会议。

本月 《为周信芳先生演剧五十周年题词》,题目为编者所加。

3 月

1日 在《新电影》第1卷第3期发表《沈部长为新片展览周题词》。

7日 出席主持"国营电影厂出品新片展览月"开幕典礼,致开幕词,并为展览月题词。

10日 致朱棠信。

15日 出席中华全国文学工作者协会理事会常委扩大会议。

24日 周恩来召集茅盾、陆定一、胡乔木等开会,研究如何领导电影工作的问题。

26日 出席中国保卫世界和平委员会会议,任理事、执行局委员。

本月　开明版"新文学选集编辑委员会"组成,任主编。

4 月

3 日　出席中国戏曲研究院成立大会,并致词。

5 日　为山东省文学艺术工作者第一次代表大会题词一则,收入《山东省文学艺术工作者代表大会纪念刊》。

10 日　为《大众电影》题词,刊于《大众电影》第 20 期。

14 日　出席中苏友好协会欢送赴苏联参加五一节观礼团茶会。

18 日　出席中央人民政府委员会第十四次会议。

19 日　作评论《关于反映工人生活的作品》。

25 日　出席上海文艺工作者欢迎会,并发表《目前文艺创作上的几个问题的讲话》。

30 日　在《解放日报》发表讲演《目前文艺创作上的几个问题——四月二十五日在上海文艺工作者欢迎大会上的讲话》(署沈雁冰讲 李洛记),讲了三个问题:"一、目前文艺工作者的创作任务";"二、目前文艺创作上存在的问题";"三、加强批评与自我批评的问题"。

5 月

1 日　出席首都庆祝五一国际劳动节群众大会。在《人民文学》第 1 期发表评论《关于反映工人生活的作品》。

6 日　出席史沫特莱逝世一周年纪念会,并详细报告史沫特莱生平事迹。在《人民日报》发表随笔《悼念我们亲爱的朋友史沫特莱》。

8 日　晚上应邀出席德国外交使团团长柯尼希举行的招待会。纪念民主德国解放日,观看电影《民主德国》。

同日　致萧三信①,谈及为《保卫和平》组稿事。

9 日　出席捷克驻华使馆庆祝捷克解放六周年招待会。

14 日　在天津《进步日报》发表《致常、程两烈士的唁词》,悼念因参加第一届中国人民赴朝慰问团,在朝鲜遇难牺牲的相声演员常宝堃、程树堂。下午前往历史博物馆代表中央人民政府文化部招待各国驻华使节参观在北京的敦煌文物展览,主持并致词。

23 日　出席"和平解放西藏"协议签字仪式,并参加晚会。

26 日　致萧三信②,详谈为《保卫和平》组稿的情况。

6 月

5 日　响应全国文联捐献运动的号召,捐献稿费一宗。并出席中国人民保卫世界和平委员会举办的"德中友好月"酒会。

7 日　出席政务院文教委员会嘉奖敦煌文物研究所全体工作人员大会,并致词。

同日　致萧三信③,谈及寄送魏巍《谁是最可爱的人》等稿件事。

16 日　出席文化部召开的全国文工团工作会议,作《文工团的方针、任务与分工的报告》。

---

① 此为佚简,见许建辉《茅公佚简浅疏》,《茅盾研究》11 辑。
② 此为佚简,见许建辉《茅公佚简浅疏》,《茅盾研究》11 辑。
③ 此为佚简,见许建辉《茅公佚简浅疏》,《茅盾研究》11 辑。

17—20 日　出席全国文工团工作会议,听取发言。

21 日　下午前往火车站迎接朝鲜人民访华代表团。

22—29 日　继续出席全国文工团工作会议。

30 日　出席在先农坛体育场举行的中国共产党成立 30 周年纪念会。

7 月

1 日　出席全国政协等团体主办的中国共产党成立 30 周年庆祝酒会。

2 日　在《人民文学》第 4 卷第 2 期发表《在中国共产党成立三十周年大会上的〈献词〉》,亦刊于《人民日报》2 日、《光明日报》2 日。代表全国文联和各个协会向党中央、毛泽东主席表示敬意和祝贺,并表示全国文艺工作者将更紧密地团结在党的周围,贯彻党的文艺方针,用各种文艺形式"反映我们祖国的光荣和伟大历史,人民群众的伟大卓绝的斗争和光辉灿烂的创作,人民解放军和人民志愿军的辉煌卓绝、英勇无比的战绩,工农群众在生产建设方面所获得的光辉成就"。

8 日　致萧三信[1],详谈组稿情况。

11 日　出席蒙古驻华使馆庆祝蒙古人民革命胜利 30 周年招待会。

12 日　作为中央人民政府全权代表,出席中匈文化合作协定签字仪式,并在《协定》上签字。

13 日　前往苏联驻华大使馆,参加《中国人民的胜利》及《解放了的中国》两部电影荣获斯大林奖颁奖仪式,并致辞。

---

[1]　此为佚简,见许建辉《茅公佚简浅疏》,《茅盾研究》11 辑。

14日　在《光明日报》发表《在电影〈中国人民的胜利〉、〈解放了的中国〉授奖典礼大会上的讲话》(署沈雁冰)。

17日　赴机场欢送参加中匈文化合作协定签字仪式的匈牙利代表团回国。

19日　出席全国政协第二十五次常务委员会会议。

21日　致萧三信①,开列所寄稿件,询问是否收到。

8月

1日　在《新电影》第1卷第8期发表演讲《沈雁冰部长讲词》。

同日　出席中国人民解放军建军24周年庆祝大会。

8日　致萧三信②,谈及收到《保卫和平》创刊号,对其编辑方针表示赞同,表示将按刊物需求继续组织稿件。

15日　出席朝鲜驻华使馆举办的朝鲜民主主义人民共和国国庆庆祝会。

20日　晚上出席匈牙利驻华使馆举办的庆祝匈牙利人民共和国宪法颁布两周年招待会。

23日　出席罗马尼亚驻华使馆举办的罗马尼亚人民共和国解放7周年庆祝晚会。

9月

2日　出席越南访华代表团主办的庆祝越南民主共和国成立六周年招待会。

---

①　此为佚简,见许建辉《茅公佚简浅疏》,《茅盾研究》11辑。
②　此为佚简,见许建辉《茅公佚简浅疏》,《茅盾研究》11辑。

3 日　出席中央人民政府委员会第十二次会议。

9 日　出席保加利亚驻华使馆举办的保加利亚国庆招待会。

14 日　致叶以群信。

15 日　下午去机场欢迎苏联"加强国际和平"斯大林国际奖金委员会委员爱伦堡、智利作家聂鲁达等一行。

16 日　下午与周扬等前往宾馆看望爱伦堡和聂鲁达。晚上出席由中国人民保卫世界和平反对美国侵略委员会和中华全国文联联合举行的宴会,招待爱伦堡夫妇和聂鲁达夫妇。

18 日　出席宋庆龄接受"加强国际和平"斯大林国际奖金仪式。

同日　致萧三信①,报告第二次组稿的情况。

19 日　上午出席并主持全国文联举办的欢迎爱伦堡和聂鲁达大会,并致欢迎词。下午主持欢迎爱伦堡和聂鲁达座谈会。晚上出席宋庆龄举行的欢迎爱伦堡和聂鲁达的宴会。

20 日　晚上去火车站欢送赴印缅文化代表团。

22 日　出席中国人民政治协商会议全国委员会常务委员会议。会议通过庆祝中华人民共和国成立两周年宣传口号。

24 日　上午赴火车站欢送爱伦堡和聂鲁达离京赴沪。下午赴机场欢迎罗马尼亚政府访华代表团。迎接应我中央人民政府邀请前来参加国庆庆典的捷克斯洛伐克政府代表团。

26 日　去机场迎接德意志民主共和国、匈牙利、印度来华参加国庆庆典的代表团。

29 日　出席 7 个人民团体联合举办的宴请各国来华代表的酒会,并去机场迎接来华参加国庆观礼的苏联人民代表团。

---

①　此为佚简,见许建辉《茅公佚简浅疏》,《茅盾研究》11 辑。

30 日　下午去机场迎接保加利亚、罗马尼亚、波兰等国政府代表团。晚上出席毛泽东主席主持的中华人民共和国国庆酒宴。

本月　《沈雁冰先生讲话》收入《北京市文学艺术工作者代表大会纪念文集》。

本月　中秋节儿子韦韬和陈小曼结婚,没有按俗礼举行仪式,只用快信寄上一首诗作为赠给儿子儿媳的结婚礼物。[①] 信件内容如下:"祝韦韬小曼结婚之喜　我们为你俩祝福:开始共同的快乐的生活,建立新的美满的家庭。我们为你俩祝福:在生活上,学习上,工作上,互相帮助,互相督促,相敬相亲。我们为你俩祝福:在新中国的建设中,服从祖国的号召,恭恭敬敬,诚诚恳恳,老老实实,努力做一双有用的螺丝钉。我们为你俩祝福:在伟大的毛泽东时代,在伟大的党的教育下,有无限光明灿烂的前程!你俩的爸爸和妈妈:沈雁冰、孔德沚"

10 月

1 日　出席中华人民共和国第二届国庆典礼。

3 日　到机场迎接因故迟滞赶到北京的巴基斯坦人民观礼团一行。

5 日　出席中苏友好协会第二届年会和第一次全国代表会议。

6 日　上午主持各国代表团的作家艺术家与我国文艺界人士的座谈会,并致辞。下午出席捷克斯洛伐克驻华大使为庆祝捷建军节举办的招待会。

7 日　晚上出席德意志民主共和国驻华大使为庆祝民主德

---

① 丁尔纲:《茅盾评传》,重庆出版社 1998 年版。

国成立两周年举行的招待会。

8 日　晚上出席郭沫若为爱伦堡和聂鲁达举行的送别宴会。

9 日　全权代表中华人民共和国,出席中德文化合作协定签字仪式,在《协定》上签字。并去机场欢送爱伦堡和聂鲁达等一行。

15 日　出席中苏友好协会全国代表大会闭幕式。

16 日　作随笔《鲁迅谈写作》。

19 日　在《人民日报》发表随笔《鲁迅谈写作》,亦刊于同日《光明日报》。

同日　出席首都各界纪念鲁迅逝世 15 周年大会,并发表演说。

20 日　与出版总署署长胡愈之联名发布《关于加强年画工作的指示》。

23 日　出席中国人民政治协商会议第一届全国委员会第三次会议,列名常务委员。听取毛泽东主席的开幕词。

25 日　率出席世界和平理事会第二届会议的中国代表团部分人员乘机抵达莫斯科,拟从莫斯科转赴维也纳参加会议。

27 日　乘机抵达维也纳。

11 月

1—7 日　出席在维也纳召开的世界和平理事会。

6 日　作诗歌《给加拿大的文艺弟兄们》,后收入丁茂远编《茅盾诗词鉴赏》杭州大学出版社 1991 年 11 月版。原诗下附注"1951 年 11 月 6 日于维也纳世界和平理事会第二届会议会场之休息室",祝贺加拿大文艺工作者创办了自己的刊物《新地》。

7 日　出席世界和平理事会第二届会议最后一次会议,通过

《告联合国与世界各国人民书》《关于要求缔结五大国和平和约的运动的决议》。

同日　在《人民日报》发表政论《中苏友好改变了历史的行程》。

9 日　离维也纳经莫斯科回国。

同日　在《人民日报》发表演讲《巩固和发展各国人民间的文化交流——在世界和平理事会六日上午会议上的发言》,原副标题为"我国代表茅盾在世界和平理事会六日上午会议上的发言"。论述了保卫世界和平与发展各国文化交流的关系。

10 日　作《在莫斯科苏方招待会上的致词》,标题为编者所加。

15 日　在莫斯科与世界和平理事会结束后途经莫斯科的中国、越南、巴基斯坦等国代表一起与苏联作家联欢。

20 日　在莫斯科出席苏联拥护和平委员会举行的招待会。

同日　受任为北京文艺界学习委员会委员。

12 月

1 日　返回北京。

4 日　罗马尼亚文化代表团拜会郭沫若,应邀出席作陪。晚上参加郭沫若宴请罗马尼亚文化代表团晚会。

7 日　出席中国人民保卫世界和平反对美国侵略委员会举行的欢迎会。

11 日　出席首都各界欢迎参加世界和平大会归来庆祝会,报告了维也纳会议通过关于各国文化交流问题决议的情况。

12 日　全权代表中华人民共和国,出席中罗文化合作协定签字仪式,在《协定》上签字并发表演说。

26 日 出席郭沫若荣获斯大林和平奖金庆祝会,并代表全国文联致贺词。

28 日 前往机场欢送罗马尼亚文化代表团。晚上出席巴基斯坦驻华使馆举办的巴基斯坦国庆招待会。

29 日 作《为什么我们喜爱雨果的作品》。

同日 致朱棠信。

30 日 出席罗马尼亚驻华使馆举办的罗马尼亚国庆招待会。

本年 接受公安部罗瑞卿部长的建议,着手写一部关于镇压反革命内容的电影剧本,但写出后自己不满意,"文革"后期付之一炬。

本年 《子夜》完整日译本《真夜中》(尾坂德司译)由千代田书房出版。

1952 年(壬辰) 56 岁

▲1 月 26 日,中共中央发出"在城市限期开展大规模的坚决彻底的'五反'斗争的指示"。

▲9 月,毛泽东发表题词"百花齐放,推陈出新"。

▲12 月,全国文协召开"胡风文艺思想讨论会"。

1 月

1 日 出席中央人民政府元旦团拜会。

9 日 致楼适夷信。

18 日 出席越南驻华临时代办举行的庆祝越南外交胜利二周年招待会。

25 日 发表《全国各人民团体联合声明》（与郭沫若等联署），抗议香港英当局无理拘捕进步文化人士的暴行。

30 日 作随笔《果戈理在中国——纪念果戈理逝世百年纪念》。

2 月

3 日 致徐仑信。

8 日 出席中波文化合作计划会议，并代表中华人民共和国在《协定》上签字。

同日 致李夏阳信，信中说："您给《文艺报》编辑部的信，批评《创作的准备》一书有错误之处……我感谢您的热心，并诚恳地接受您的意见。"

25 日 在《文艺报》第 4 号发表评论《为什么我们喜爱雨果的作品——为世界和平理事会的机关刊物〈和平〉而写》（1951 年 12 月 29 日写），亦刊于《人民日报》2 月 26 日、《光明日报》2 月 27 日、《保卫和平》第 10 期；发表随笔《果戈理在中国——纪念果戈理逝世百年纪念》。

3 月

3 日 与郭沫若联名致电苏联果戈理逝世一百周年纪念会，参见《人民日报》4 日。

12 日 作《〈茅盾选集〉自序》，后附于人民文学出版社 1955 年版《茅盾短篇小说选集》卷末。

13 日　在《人民日报》发表《为白刃的〈战斗到明天〉一书作序的检讨》（标题系编者所加）。白刃把长篇小说《战斗到明天》校样给茅盾，请茅盾为其写序，序中认为小说写了知识分子在抗日战争时期的敌后游击战争中经受各种考验，批判了"知识分子的小资产阶级意识、优越感、自由主义"，"对于知识分子有一定教育意义"，但在人物形象塑造方面存在不足之处。《战斗到明天》由中南军区政治部出版后，深受读者欢迎。但在1952年《解放军文艺》4月号上，发表了张立云、张亚丁、冯健男等人的批判文章。在此之前《人民日报》刊登了茅盾的文章，有"编者按"云："最近本报收到张学洞等四位同志来信，对茅盾先生为白刃的小说《战斗到明天》作序提出批评。本报把信转给茅盾先生后，已得到他的回信，刊载如下。"《人民日报》没有征得茅盾本人同意，竟将其说明情况的信作为"检讨"登了出来。

21 日　与宋庆龄等11人联名发表《亚洲及太平洋区域和平会议发起书》，后刊于《人民日报》5月14日。

同日　启程去奥斯陆出席世界和平理事会执行局会议。

22 日　抵达莫斯科。

28 日　自莫斯科飞抵奥斯陆，参加保卫世界和平理事会执行局会议。

30 日　出席世界和平理事会执行局会议开幕式。

4 月

1 日　在奥斯陆参加世界和平理事会执行局会议的记者招待会。

2 日　与世界和平理事会执行局奥斯陆会议主席、副主席、全体执行委员、秘书长、秘书及特邀代表等联名发表《为反对细菌战告全世界男女书》。

12 日　出席保卫世界和平理事会执行局会议后返回北京。

17 日　出席中国人民政治协商会议全国委员会学习委员会,报告保卫世界和平理事会执行局讨论有关德国和日本问题的经过。

18 日　出席中央人民政府委员会第十四次会议,对《中罗文化合作协定》的有关事项作说明。

26 日　出席招待缅甸文化代表团的晚会。

27 日　出席周恩来总理接见并宴请缅甸文化代表团晚会。

28 日　到机场欢迎赴我国参加世界四大文化名人纪念会的法国朋友。

29 日　出席中国人民保卫世界和平委员会等 7 个人民团体举行的酒会,招待前来参加"五一"观礼的外宾。

30 日　随周恩来总理接见印度文化代表团,出席周恩来总理主持的招待印度文化代表团的宴会。

本月　《茅盾选集》由开明书店出版。附《〈茅盾选集〉自序》,收《春蚕》《林家铺子》《赵先生想不通》《第一个半天的工作》《官舱里》《儿子开会去了》《列那和吉地》《脱险杂记》等 10 篇作品。《〈茅盾选集〉自序》后收入《茅盾论创作》。

5 月

1 日　上午出席首都庆祝五一国际劳动节大会,登上天安门城楼,与毛泽东主席等国家领导人检阅 5 万人大游行。晚上主持酒会招待缅甸文化代表团,致欢迎词。

2 日　主持文化部举办的招待印度文化代表团酒会,并致欢迎词。

3 日 出席全国文联主办的欢迎各国文艺界来宾的茶话会，并致欢迎词。

4 日 上午陪同来京参加世界四大文化名人纪念大会的外宾参观"世界四大文化名人纪念展览"。下午出席中国人民保卫世界和平委员会等 7 个团体举办的纪念阿维森纳诞生 1000 周年、达·芬奇诞生 500 周年、雨果诞生 150 周年、果戈理逝世 100 周年大会，并代表中国文学界致辞。

5 日 出席缅甸文化代表团和缅甸驻华使馆举办的招待酒会。出席北京市市长彭真举行的酒会，招待赴京参加"五一"庆典的各国外宾。出席《真理报》驻京记者和塔斯社驻华总分社为庆祝苏联出版节和《真理报》创刊 40 周年纪念招待会。

6 日 出席印度驻华使馆为印度文化代表团访华举办的招待会。代表中华人民共和国，出席中捷文化合作协定签字仪式，并在《协定》上签字。晚上出席周恩来总理招待参加中捷文化合作协定签字仪式的中捷人员的酒会。

7 日 出席周恩来总理举办的招待前来参加四大文化名人纪念会的各国来宾的茶会，并合影留念。晚上主持文化部举办的招待印度文化代表团的酒会，并致欢迎词。

9 日 出席文化部在怀仁堂举办的音乐舞蹈联欢晚会。

10 日 应印度驻华大使邀请，出席印度艺术展览会在京开幕仪式。晚上出席外交部副部长章汉夫举办的欢送缅甸文化代表团赴外地参观招待会。

11 日 出席中缅友好协会成立大会。晚上出席政协全国委员会主持的欢送印度文化代表团的宴会。

12 日 出席印度文化代表团团长的招待会。

14 日 与宋庆龄等联名在《人民日报》发表《亚洲及太平洋

区域和平会议发起书》。

15 日　出席章汉夫副部长欢送印度文化代表团的宴会。

16 日　出席中印友好协会成立大会。

17 日　设宴欢送匈牙利国家人民文工团赴我国各地表演，并致辞。

19 日　作短论《认真改造思想，坚决面向工农兵》。

23 日　在《人民日报》和《光明日报》发表短论《认真改造思想，坚决面向工农兵》，阐述了文艺工作者改造思想、清除旧社会带来的影响，用马克思列宁主义、毛泽东思想武装自己头脑，与工农兵相结合的重要意义。

6 月

2 日　下午出席由郭沫若主持的招待会，与出席亚洲及太平洋区域和平会议筹备会议的代表会晤。

3 日　出席亚洲及太平洋区域和平会议筹备委员会会议开幕式。

本月　故事《可诅咒的玩具》《一种从来没有见过的热病》（署名待考）收入法文版《保卫和平》。①

---

①　据李牲《关于新发现〈茅盾的两篇小故事〉》，刊于《茅盾研究》第 11 辑载：茅盾有关细菌战的两则小故事，曾在法国巴黎出版的法文版《保卫和平》上发表。中文版《保卫和平》杂志于 1951 年 6 月在北京创刊，每月一期。稿件大多从巴黎总部的法文版翻译而来，少量自采自编。基本与法文版同时出版发行。茅盾写的这两篇小故事，未在《保卫和平》中文版刊出。是根据当时中宣部副部长熊复的批示决定的。详见该文。

7 月

3 日 出席并主持中国文学工作者协会召开的文艺整风学习会。

14 日 出席中国文联、北京市文联主席团联席会议,讨论文艺整风暂告一段落的问题。

21 日 出席并主持中国文学工作者协会召开的文艺整风学习座谈会。

27 日 致赫德利奇卡娃信。

8 月

6 日 出席中华全国文学工作者协会理事会常委会(扩大)会议。

10 日 出席欢迎捷克斯洛伐克军队文工团招待会。

19 日 出席匈牙利电影展览周预演晚会,并致辞。

20 日 出席匈牙利人民共和国展览会开幕式。

21 日 晚上主持中央文化部举办的欢迎罗马尼亚部队歌舞团的宴会,并致辞。

22 日 代表中央人民政府文化部主持罗马尼亚部队歌舞团歌舞晚会。

23 日 在《人民日报》发表随笔《欢迎罗马尼亚人民共和国部队歌舞团》(署中央人民政府文化部部长沈雁冰)。

29 日 作评论《人民坚决反对战争 就一定能制止战争》。

31 日 出席中国人民解放军政治部举办的招待会,欢宴罗马尼亚部队歌舞团。

同日 致吕剑信。

9 月

1 日 出席文化部举办的《抗战的越南》影片预演报告会,并致辞。

4 日 作《中央人民政府关于 1951、52 年度年画创作的评奖》。

8 日 出席中国人民保卫世界和平委员会和中国各人民团体联席会议,选出参加亚洲及太平洋区域和平会议的中国代表团,被选为代表团成员之一。

10 日 在《文艺报》第 17 号发表评论《人民坚决反对战争,就一定能制止战争》。

13 日 出席参加亚洲及太平洋区域和平会议的中国代表团会议,选出团长宋庆龄、副团长郭沫若、彭真。

同日 作《文艺工作者发挥力量,保卫和平》。

16 日 作《为迎接祖国的建设高潮而准备好自己》。

24 日 下午赴首都机场欢迎中央人民政府政务院总理兼外交部部长周恩来等访苏归来。

25 日 作《三年来的文化艺术工作》。

27 日 在《人民日报》发表评论《三年来的文化艺术工作》,亦刊于同日《光明日报》。发表时为摘要,现据打印稿编入《茅盾全集》第 24 卷。文章总结了中华人民共和国成立三年来电影、戏剧、美术、文学、音乐个方面的成就,指出我国社会主义的文化艺术在毛泽东文艺路线指引下得到了迅速发展。

28 日 赴机场欢迎蒙古人民共和国总理泽登巴尔。

29 日 出席周恩来总理欢迎泽登巴尔的宴会。

30 日　出席毛泽东主席主持的中华人民共和国国庆酒宴。

本月　冯雪峰在《文艺报》第 14、15、17 号发表《中国文学中从古典现实主义到无产阶级现实主义的发展的一个轮廓》，重申了从无产阶级的立场上确定《子夜》历史贡献的必要性，并分析了《子夜》的缺点。

10 月

1 日　出席中华人民共和国第三届国庆庆典，登上天安门城楼与国家领导人一起阅兵。

同日　在《人民文学》10 月号发表随笔《文艺工作者发挥力量，保卫和平》。在《中国青年》第 98 期发表随笔《为迎接祖国的建设高潮而准备好自己》。

2—6 日　出席亚洲及太平洋区域和平会议，于 3 日听取郭沫若作《团结一心，保卫和平》报告。

4 日　出席毛泽东主席欢宴蒙古政府代表团的酒会。

6 日　出席并主持第一届全国戏曲观摩演出大会，发表演讲并担任评奖委员会主任。演讲稿《给全国戏曲观摩演出大会》刊于《人民日报》。

7 日　在《光明日报》发表短评《一点简单的说明》（署名中央人民政府文化部部长沈雁冰）。

12 日　晚上出席亚洲及太平洋区域和平会议，选举新成立的亚太区域和平联络委员会主席、副主席。

13 日　出席亚洲及太平洋区域和平会议闭幕式。

14 日　作《新中国的文艺运动——为苏联〈文学报〉作》，本篇应苏联《文学报》之邀而作。

15 日　晚上出席蒙古驻华大使举行的宴会，招待泽登巴尔总理及蒙古代表团。

16日 下午出席周恩来总理举行的宴会,招待西藏致敬团及各民族代表,听取周恩来关于号召进一步加强民族团结事业的报告。

21日 出席并主持文化部举办的招待罗马尼亚歌舞团宴会。

27日 出席第一届电影行政会议,并作报告。出席并主持捷克斯洛伐克影片《钢铁的城》预演招待会,并讲话。下午出席中国人民政治协商会议全国委员会第四十二次会议。

31日 作《一点简单的说明——欢迎苏联影片展览月》。

11月

1日 出席中国人民政治协商会议全国委员会组织的报告会,听取郭沫若作关于世界和平会议的报告。

2日 下午以中国文联全国委员会副主席的身份去车站欢迎苏联艺术工作者代表团和苏联红军歌舞团。

5日 晚上出席中苏友好协会总会举行的欢迎苏联文化工作者代表团、艺术工作者代表团和苏联红军歌舞团的宴会。

6日 随同毛泽东主席接见苏联文化工作者代表团团长吉洪诺夫。去机场迎接苏联电影代表团。出席首都各界人民庆祝苏联十月革命节晚会。

同日 在《光明日报》发表政论《中苏友好改变了历史的行程》,亦刊于《人民日报》7日。

7日 在《光明日报》发表散文《一点简单的说明——欢迎苏联影片展览月》。

同日 参加周总理主持的庆祝苏联十月社会主义革命节并

欢迎苏联文化代表团酒会。下午出席苏联影片展览的揭幕仪式，致辞，并观看苏联电影《难忘的一九一九》。晚上观看苏联艺术工作团的表演。

8 日　出席中苏两国文艺工作者座谈会，代表中国文联致欢迎词。晚上出席中苏友好协会主办的苏联著名艺术家表演会，并致辞。

10 日　出席中国人民解放军总政治部举办的招待苏联文化代表团酒会。

14 日　出席并主持第一届全国戏曲观摩演出大会的闭幕式。

15 日　在《人民日报》发表演讲稿《苏联艺术家的表演给了我们宝贵的启发》，亦刊于《人民周报》第 48 期。

同日　下午出席中央人民政府委员会召开的第十九次会议，听取周恩来总理的报告。

28—29 日　出席中华全国文学工作者协会召集的学习报告会。

12 月

上旬　出席中国人民保卫世界和平委员会等团体的联席会议，被选为我国出席世界人民保卫和平大会代表团成员。

11 日　随中国代表离京赴维也纳参加世界人民保卫和平大会。

12—22 日　出席在维也纳召开的世界人民保卫和平大会。被选为世界人民保卫和平大会国际委员会委员。

23 日　离开维也纳。

26 日　抵达莫斯科。参观访问，受到苏联文艺工作者的欢迎接待。

本月 在《保卫和平》第 12 期发表随笔《可恶的玩物——无名的病症》。

本年 俄文版《子夜》(鲁德曼译)由莫斯科国家文艺出版社出版。

本年 作笔记《"杂技"是不是艺术》,标题为编者所加。

1953 年(癸巳) 57 岁

▲6 月,毛泽东在中共中央政治局会议上提出党在过渡时期的总路线和总任务。

▲6 月 27 日,朝鲜停战协定在板门店签字。

▲9 月 23 日,中国文学艺术工作者第二次代表大会在北京开幕。

▲12 月,中共中央通过《关于发展农业生产合作社的决议》。

1 月

1 日 《人民文学》编辑部进行人员调整,仍任主编。

4 日 率中国代表团访问波兰,抵达华沙。

5—6 日 在华沙参观、访问。

7—8 日 赴格但斯克参观、访问。

10 日 赴波兰其他地区参观、访问。

13 日 中央人民政府委员会会议决定沈雁冰为宪法起草委员会委员。

23日　从波兰各地参观后返回华沙,会见波兰部长会议主席贝鲁特。

26日　出席中波文化合作协定签字仪式,代表中华人民共和国在协定上签字,并致辞。

2月

3日　下午抵达布拉格,参加保卫世界和平理事会。

4日　下午往访巴西诗人、小说家阿玛多。

7日　得病,决定提前回国。

11日　中央人民政府委员会举行第二十二次会议,被选为中央选举委员会委员。

18日　凌晨抵达北京。

20日　作《一九五三年参加"世和理事会"活动的报告》,为工作报告,标题为编者所加。

本月　致裴少华信。

3月

5日　深夜从广播和报纸上证实斯大林身患重病的消息,深感悲痛。

6日　与郭沫若联名致电苏联作家协会主席法捷耶夫,对斯大林逝世表示哀悼。

7日　作《伟大的斯大林永远活在我们心中! ——为苏联〈真理报〉而作》

9日　赴天安门广场,出席首都人民追悼斯大林大会,为主席团成员。

10 日　致吴奔星信,谈关于《林家铺子》中几个人物的问题,后编入泥土出版社《茅盾小说讲话》。

15 日　在《文艺报》第 5 号发表《伟大的斯大林永远活在我们心中! ——为苏联〈真理报〉而作》。

同日　赴捷克驻华使馆吊唁哥特瓦尔德。并与郭沫若联名致电捷克政府,吊唁哥特瓦尔德。

16 日　作《化悲痛为力量》。

24 日　出席中华全国文学工作者协会常务委员会第六次扩大会议,当选为文协代表大会筹备委员会委员、主任委员。任《译文》主编。

26 日　参加《译文》月刊编委会召开的第一次会议,并主持会议,讲了《译文》月刊筹备经过及方针任务。

本月　《春蚕》(文学初步读物)由人民文学出版社出版。附司徒乔插图。

4 月

2 日　在《人民文学》第 4 期发表散文《化悲痛为力量》,系悼念斯大林的文章。

3 日　出席首都各界庆祝匈牙利解放八周年大会。

14 日　出席并主持"捷克斯洛伐克共和国电影周"开幕式,致开幕词。会后观看影片《新战士站起来》。下午代表文化部设宴招待捷克电影工作者代表团。

15 日　在《文艺报》第 7 号发表演讲《体验生活、思想改造和创作实践——第一届电影剧本创作会议上的发言摘要》;发表《出席世界人民和平大会作家们的宣言》(与郭沫若联署)。

同日　在《人民日报》和《大公报》发表随笔《中捷人民的友

谊就是不可战胜的力量》。

28 日　出席并主持宴会,欢迎波兰玛佐夫舍歌舞团全体人员,并合影。

29 日　出席并主持波兰玛佐夫舍歌舞团演出开幕式,并观看演出。

30 日　离京赴瑞典,出席在斯德哥尔摩召开的世界和平理事会常务委员会会议。

5 月

5 日　与郭沫若等一起出席在斯德哥尔摩召开的世界和平理事会常务委员会会议。

14 日　返回北京。

28—30 日　在上海出席华东文学艺术界联合会筹备委员会举行的常务委员扩大会,被选为筹备委员会委员。

6 月

5 日　出席郭沫若主持的酒会,欢迎芬兰文化代表团。

6 日　作《〈译文〉发刊词》。

9 日　与郭沫若等同机离京,取道莫斯科赴布达佩斯参加世界和平理事会会议。

11 日　抵达莫斯科,稍事休息,即登机去布达佩斯。

12 日　抵达布达佩斯,受到热烈欢迎。

15—20 日　出席世界和平理事会会议。

18 日　出席郭沫若主持的"向匈牙利全国和平理事会献礼"仪式。并出席匈牙利人民共和国主席团和部长会议举行的招待会。

19 日 出席布达佩斯市民为庆祝世界和平理事会召开的群众大会。并参加国际和平奖金与金质奖章评议委员会会议,再次当选为委员。

7 月

1 日 《译文》月刊创刊号出版,茅盾任主编。在《译文》创刊号发表《〈译文〉发刊词》,扼要总结了鲁迅当年创办《译文》的用意,并点明新《译文》同它的血肉关系。认为在新的国内外形势下,创办新《译文》的原因:一是解放了的我国人民迫切需要从外国文学中了解各国人民的生活和斗争;二是文学工作者也迫切需要从外国文学中得到借鉴。

7 日 世界和平理事会会议结束后,返回北京。

16 日 出席中国保卫世界和平委员会报告会,由郭沫若报告中国和平委员会代表团参加世界和平理事会的经过。

18 日 致田间信。

19 日 出席并主持由中苏友好协会总会和全国文协联合举行的纪念马雅可夫斯基诞生 60 周年大会,并致词。

21 日 出席中国人民保卫世界和平委员会举办的招待印度艺术团访华团的宴会。

26 日 出席周总理招待印度艺术团的宴会。

8 月

3 日 赴中央人民广播电台,发表广播讲话《坚决保卫和平——八月三日在中央人民广播电台广播》。

7 日　辞去《人民文学》主编一职，集中力量创办英文刊物《中国文学》和《译文》，并任两刊主编。

11 日　赴车站欢迎中国人民志愿军彭德怀司令员回国。

15 日　在《文艺报》第 15 号发表《坚决保卫和平》，系 8 月 3 日在中央人民广播电台的广播稿。

20 日　在《人民日报》发表影评《人民匈牙利的电影》，介绍了匈牙利电影周的 6 部电影。

21 日　出席中国保卫和平委员会举行的欢迎印度艺术代表团宴会。

22 日　参观"波兰教育及人民体育活动图片展览会"，并讲话。

26 日　陪同毛泽东主席等党和国家领导人观看印度艺术家演出晚会。

9 月

8—11 日　出席中国人民政治协商会议全国委员会第四十九次会议。

12 日　出席中央人民政府委员会第二十四次扩大会议。

14 日　出席中央人民政府委员会第二十五次扩大会议。

15 日　出席中央人民政府委员会第二十六次扩大会议。

17 日　出席中央人民政府委员会第二十七次扩大会议。

18 日　出席中央人民政府委员会第二十八次扩大会议。

23 日　出席中华全国文学艺术工作者联合会第二次全国代表大会开幕式，任主席团成员。下午听取周恩来总理的重要讲话。

24 日　去机场迎接日本拥护和平委员会主席、斯大林国际和平奖金获得者大山郁夫等人。

同日 出席中华全国文学艺术工作者联合会第二次全国代表大会，听取周扬的报告。

25日 在中国文学工作者第二次代表大会上作《新的现实和新的任务——一九五三年九月二十五日在中国文学工作者第二次代表大会上的报告》，后刊于《人民日报》26日，亦刊于同日《光明日报》、《人民文学》第11期。文章总结"全国文协"成立以来取得的成就和存在的缺点，并提出克服这些缺点的途径。文中提到创作上的主要问题有：作品的概念化公式化倾向；如何表现生活矛盾和冲突的问题；关于作家认识生活的问题。要解决这些问题，就"要求作家们用阶级斗争的精神，大胆地来反映我国社会主义改造时期中社会生活的各种矛盾"，"要求作家们更广阔地更自由地更丰富多彩地来描写我们社会各方面的生活，更广阔地选择作品的主题和题材，创造多样的形式和风格"，还要"精通和锻炼我们的艺术表现的技巧"。

26日 获悉中国著名画家，中央美术学院院长、中国美协主席徐悲鸿逝世，前往吊唁。

27日 晚上出席中国保卫世界和平委员会等五团体举办的纪念哥白尼等四大文化名人的盛会，作题为《纪念我国伟大的诗人屈原》的专题报告。

28日 在《人民日报》和《光明日报》发表演说《纪念我国伟大的诗人屈原——一九五三年九月二十七日在北京纪念四位世界文化名人大会上的演说》。

同日 下午出席徐悲鸿先生公祭大会。

29日 出席中国人民保卫世界和平委员会等五团体招待各国参加四位文化名人大会代表的宴会。

30 日 晚上出席周恩来总理招待各国使节及外宾的宴会。

本月 为了更好地开展对外介绍中国文学的工作,英文版《中国文学》的规范化提上议事日程,由中国作协主席茅盾亲自担任该刊主编、叶君健为副主编、作协创作委员会主任沙汀协助指导与审阅。茅盾担任主编至 1966 年"文革"爆发。

10 月

1 日 出席首都人民庆祝中华人民共和国国庆大会。

2 日 晚上出席周总理招待苏联专家的宴会。

3—4 日 出席中国文学艺术工作者第二次代表大会。

5 日 当选为全国文联副主席、全国作家协会主席。

6 日 出席中国文学艺术工作者第二次代表大会闭幕式,代表大会主席团致闭幕词。

9 日 出席作协第一次理事会。出席文联第二届第一次理事会。出席郭沫若招待各国文化代表团宴会。

本月 致郝精华信。

11 月

4 日 出席"苏联电影周"开幕式,并致辞。

6 日 出席首都各界庆祝俄国十月革命胜利 36 周年集会。

7 日 晚上出席首都各界庆祝苏联十月革命节晚会。

10 日 晚上设宴欢送德意志民主共和国科学文化考察团和罗马尼亚文化艺术工作者。

12 日 下午到火车站欢迎金日成元帅率领的朝鲜民主主义共和国政府访问中国代表团。

13 日　出席毛泽东主席在中南海接见金日成仪式。出席周恩来总理欢迎金日成宴会。

同日　致信叶君健,商议英文版《中国文学》的编辑工作。①

14 日　收叶君健信,就《中国文学》来年"插图"的具体择取事宜请示茅盾,并随信附上《古元木刻选》一册。

16 日　出席北京市市长欢送日本大山郁夫的宴会。

同日　致信叶君健,对其 14 日来信作了及时答复与指示。②

17 日　作为中国代表团团长,率团离京赴维也纳出席世界和平理事会。

21 日　致朱棠信。

23 日　出席世界和平理事会开幕式,为大会主席团成员。

24 日　在会上作《为进一步争取国际局势的缓和而努力》的演讲。

25—27 日　继续出席会议。

28 日　出席世界和平理事会维也纳会议闭幕式。

12 月

1—11 日　途经莫斯科,进行访问。

8 日　作序跋《俄译本〈茅盾选集〉自序》(未发现中文原稿,译自苏联国家文学出版社 1955 年出版的《茅盾文集》卷首),后收入李岫编《茅盾研究在国外》湖南人民出版社 1984 年 8 月版。

12 日　返回北京。

---

　　①　此为佚信,见雷超《主编的担当 —— 从茅盾致叶君健的一封佚信谈起》,《新文学史料》2018 年第 4 期。

　　②　此为佚信,见雷超《主编的担当 —— 从茅盾致叶君健的一封佚信谈起》,《新文学史料》2018 年第 4 期。

19 日　出席周恩来总理接见参加世界和平理事会中国代表团成员招待会。

同日　致赫德利奇卡信,对其翻译《在延安文艺座谈会上的讲话》《原动力》《荷花淀》《新中国的美术》等作品表示钦佩和感谢。

23 日　出席中国人民保卫世界和平委员会常务委员扩大会议,报告出席世界和平理事会维也纳会议的经过。

24 日　出席中央人民政府政务院全体会议第一九九次会议,报告 1953 年文化工作情况。

25 日　设宴欢迎德意志民主共和国艺术歌舞团全体成员。

27 日　出席周恩来总理招待德意志民主共和国文化代表团宴会。

29 日　致王年一信。

31 日　出席首都各界举行的除夕晚会。

本年　作笔记《"杂技"是不是艺术》,未发表,标题为编者加。

本年　俄文版《春蚕》《林家铺子》(鲁德曼译)由莫斯科国家文艺出版社出版。

本年　日文版《茅盾作品集》(尾坂德司译)由青木书店出版。包括《春蚕》《林家铺子》《儿子开会去了》《脱险杂记》,附《茅盾年谱》。

1954年(甲午) 58岁

▲2月,中国共产党召开七届四中全会,批判高岗、饶漱石。

▲5月,中国人民对外文化协会在京成立。

▲9月15日,第一届全国人民代表大会第一次会议在北京开幕。20日通过中华人民共和国宪法。毛泽东当选国家主席,朱德为副主席,刘少奇为全国人大常委会委员长。大会任命周恩来为国务院总理。

▲9月,《文史哲》发表李希凡、蓝翎《关于〈红楼梦简论〉及其他》,批评俞平伯在《红楼梦》研究中的唯心主义观点。10月16日,毛泽东给中央政治局委员和其他人写了《关于'红楼梦研究'问题的一封信》。随后,全国展开了对《红楼梦》研究中资产阶级立场、观点、方法的批判,同时展开了对胡适思想的批判。

1月

1日 参加中央人民政府元旦团拜活动。

同日 作随笔《让我们时时刻刻记着……》。

10日 致王年一信。

14日 出席中华全国文学艺术界联合会主席团第二次扩大会议。

18日 出席越南驻我国大使举行的招待会。

本月 在俄文《星火》第1期发表随笔《迎接一九五四年》。

2月

5日 出席中国人民政治协商会议全国委员会常务委员会会议,受任为全国人民慰问中国人民解放军副总团长。

8日 致楼适夷信,附《幻灭》《动摇》《追求》的校订本。

16日 出席首都人民欢送慰问中国人民解放军代表团大会。

23日 出席中波文化合作协定1954年执行计划签字仪式,并在《协定》上签字。

24日 出席中华全国文学艺术界联合会主席团第三次扩大会议。

本月 在《保卫和平》第1号发表演讲稿《为进一步争取国际局势的缓和而努力——一九五三年十一月二十四日在维也纳会议上的发言》。

本月 分别致张志涛、麦硕信。在致麦硕信中说:"为工农兵服务是毛主席指示的文艺方针,是文艺工作者应有的精神。但是,照我看来,帮助你撰写令尊的遗嘱和碑文,恐怕不能用'为工农兵服务'来解释……为子者给父亲立碑,是封建社会的所谓'孝',与新时代的精神完全不符。因此,恕不能效劳。请原谅。"

3月

12日 上午出席政务院文教委员会第五次会议。下午出席全国文教工作会议开幕式。

19日 出席周总理举行的招待朝鲜人民访华团宴会。

20日 与周扬共同主持中朝两国文艺工作者座谈会和报告

会,并致辞。

23日 出席中华人民共和国宪法起草委员会第一次会议。并出席全国文教会议闭幕式。

24—30日 出席中央人民政府文化部召开的第四次全国文化工作会议。

25日 出席中央人民政府政务院文化教育委员会第六次全体委员会议。

同日 致赫德利奇卡信。

本月 《关于〈林家铺子〉的一封信》收入吴奔星《茅盾小说讲话》,由泥土社出版。

4月

2日 致金江信,回答关于《梯比利斯的地下印刷所》一文的疑点及《团的儿子》的翻译问题。

9日 致第六初中语文教研组信,回答关于《梯比利斯的地下印刷所》和许广平《永远不能忘怀的纪念》的相关问题。

同日 致朝霞信,后刊于《茅盾研究》第2辑。

11日 致吴茂俊、高南信,回答关于《梯比利斯的地下印刷所》的疑问。

19日 致田间信,询问中国作家协会所属文学讲习所要求讲授"世界文学概况"课程的相关情况。

20日 出席首都各界联合举行的庆祝世界和平运动5周年大会。

同日 致周谦身信。

本月 陆续写成《夜读抄》(一)至1955年,对1953—1955年前后发表的小说、剧本、译作,作简短扼要的评论。涉及几十位作家的作品。其中大部分曾收入 1991 年 3 月出版的《茅盾研究》第 5 辑。

本月 《子夜》由人民文学出版社出版,共 19 章,附后记(1932 年 12 月)。出版说明:"现经作者修订,重排出版"。

本月 分别致吴光祥、聂继三信。致聂继三信中点评了其作品《期望》。

5 月

1 日 出席首都举行的庆祝"五一"大游行。

同日 在《中国青年》第 9 期发表随笔《让我们时时刻刻记着……》。

3 日 出席中国人民对外文化协会成立大会,被选为理事。

12 日 出席首都各界人士举行的支持中苏朝越四国外长要求制止美国破坏日内瓦会议政策的集会。

同日 作文论《关于"歇后语"》。

14 日 出席中国人民保卫世界和平委员会第十八次常务委员会议。

15 日 离京取道莫斯科赴柏林参加世界和平理事会特别会议。

21 日 抵达柏林。

24 日 出席世界和平理事会特别会议开幕式。

26 日 出席大会闭幕式。

28 日 致黄修平、张衍春信。

31 日 在《人民日报》发表演讲《在世界和平理事会柏林特别会议上茅盾关于文化交流问题的发言》,后改题为《和平、友好、文化——在世界和平理事会柏林特别会议上关于文化交流问题的发言》,刊于《文艺报》第 11 期。讲话表示中国人民"愿与世界各国人民加快彼此之间的文化交流","开展国际文化交流以期有助于国际紧张局势之进一步缓和是完全可能的"。

6 月

1 日　抵达莫斯科。

3 日　出席苏联著名公众领袖、苏联妇女反法西斯委员会主席、国际妇女民主联合会主席尼娜·波波娃接受斯大林国际和平奖金仪式。并出席苏联对外文化协会举行的欢迎中苏友好协会代表团招待会。

同日　致吴伯箫信。

7 日　作为出席缓和局势国际会议中国代表团成员,在莫斯科等待集中。

15 日　在《文艺报》第 11 号发表演讲《和平、友好、文化——在世界和平理事会柏林特别会议上关于文化交流问题的发言》。

15 日左右　到达斯德哥尔摩。

19—23 日　出席缓和局势国际会议。

本月　在《人民文学》6 月号发表文论《关于"歇后语"》,为《中国语文》讨论"歇后语"而作。

本月　致宋永安信,回答关于《腐蚀》的问题。

7 月

2 日　自斯德哥尔摩取道苏联返回北京。

5 日　出席中国人民政治协商会议全国委员会常务委员会第五十六次会议。

6 日 下午与朱德、刘少奇、宋庆龄等到机场,欢迎与胡志明会谈后的周恩来总理回京。

8 日 出席中国人民政治协商会议全国委员会常务委员会第五十七次会议。

同日 致戈宝权信,寄上在纪念契诃夫逝世五十周年大会上的发言稿,请审核后提意见。

9 日 赴机场欢送周恩来总理去日内瓦参加印度支那问题会议。

13 日 赴机场欢送贺龙率中国体育代表团访问苏联。

15 日 主持我国六个人民团体纪念契诃夫逝世五十周年大会,并作专题发言。

16 日 在《人民日报》发表演讲《纪念契诃夫逝世五十年》。

同日 作随笔《斯德哥尔摩杂记》。

17 日 出席并主持中国作家协会主席团第七次扩大会议。出席"纪念契诃夫逝世五十周年展览会"开幕式并剪彩。

同日 致单演义信。

21 日 出席首都各界庆祝波兰国家复兴节十周年招待会。

22 日 出席波兰驻华使馆举办的庆祝波兰国家复兴节十周年招待会。

23 日 下午出席纪念邹韬奋逝世十周年大会,并致辞。晚上出席中国人民世界和平委员会主持的庆祝日内瓦会议关于印度支那停战和恢复和平问题达成协议的盛会,并发表演说。

24 日 在《人民日报》发表短论《邹韬奋和〈大众生活〉》。

25 日 在《文艺报》第 14 号发表随笔《斯德哥尔摩杂记》。

28 日 在《人民日报》发表论文《向持久和平和友好合作的

道路前进——关于赫尔辛基世界和平大会的情况和成就的报告》,亦刊于《新华月报》8月号。

29日 作《〈腐蚀〉后记》。

本月 《伟大的民主主义者契诃夫》收入《纪念契诃夫专刊》,由人民文学出版社出版。

本月 《蚀》由人民文学出版社出版,包括《幻灭》《动摇》《追求》。出版说明:"现经作者略加修订,重排出版。"

本月 《腐蚀》由人民文学出版社根据开明书店版排印新版,附新作《〈腐蚀〉后记》一篇。

本月 分别致刘惠清、李启信。致刘惠清信中说:"你非常喜欢文学,很喜欢看文艺作品,这是初中学生很自然的现象。但如果在此时你就想把文学工作当作终生的事业,那也未免太早了。现在你是求得基本知识的时候,应当各科都注意学习。国文方面,你应先把作文作好。你如果有关于文学上的问题来问我,我愿意尽我所知回答你的。"

8月

1日 与郭沫若、周扬等33人致电狱中的美国共产党总书记丹尼斯,祝贺他50岁寿辰。

同日 赴机场欢迎周恩来总理回国。并出席瑞士驻华公使举行的庆祝瑞士国庆的招待会。

2日 赴机场迎接越南民主共和国总理范文同。晚上出席周恩来总理欢迎范文同的宴会。

3日 晚上出席越南驻华使馆为范文同访问中国举行的招待会。

4日 晚上去火车站欢送范文同离京返国。

6日　上午乘车离京赴北戴河。下午到北戴河,住中海湾42号,与郭沫若同寓。

8日　上午到文化宫座谈"全国人民代表大会组织条例草案"初稿。

9日　上午赴文化宫座谈"国务院组织条例"。

11日　出席中央人民政府委员会第三十三次扩大会议。

14日　出席中国人民外交协会主办的招待英国工党代表团酒会。晚上出席巴基斯坦使馆庆祝巴基斯坦独立七周年招待会。

15日　出席朝鲜驻华大使庆祝朝鲜解放九周年酒会。

16日　出席周恩来总理招待英国工党代表团酒会。并出席周总理招待各国青年代表的宴会。

17日　出席印度尼西亚驻华使馆举行的庆祝印度尼西亚独立九周年酒会。

18日　出席并主持中央人民政府文化部举办的"印度尼西亚艺术展览会"开幕仪式,并致辞。

同日　出席中国政治协商会议全国委员会招待英国工党代表团酒会。

19日　出席全国文学翻译工作会议,作题为《为发展文学翻译事业和提高翻译质量而奋斗》的专题发言。下午,被山东省第一届人民代表大会选为山东省出席全国人民代表大会的代表之一。晚上出席印度尼西亚艺术团在京演出开幕式,并致辞。

20日　出席匈牙利民间艺术展览开幕式,并致辞。

21—22日　出席中国人民政治协商会议全国委员会第五十八次扩大会议,并发言。

23日　出席罗马尼亚驻华使馆举行的庆祝罗马尼亚解放十周年酒会。

同日　在《人民日报》发表《在中国人民政治协商会议常务委员会第五十八次会议上的发言》。

24日　出席英国驻华代办处为英国工党访华团举行的招待宴会。

26日　出席周总理招待印尼艺术团的酒会。晚上出席印尼艺术团演出晚会。

本月　致徐崇寿信，分析《林家铺子》中的林老板。致凌南标信，信中说："业余写作，可先写短的，不要计划太大，不顾主观力量；计划太大了，就不容易写成，而招致苦闷。此外，文字上还须用功钻研和推敲。"

9月

2日　出席越南驻华大使举行的招待会，庆祝越南民主共和国成立九周年。

3日　出席中央选举委员会第五次会议。晚上出席文化部和中国人民解放军总政治部招待保加利亚人民军歌舞团宴会。

4日　上午陪同朱德副主席接见保加利亚人民军歌舞团全体成员。

5日　出席保加利亚人民军歌舞团在京演出开幕式，并致辞。

8日　出席首都人民庆祝保加利亚解放十周年大会。并随同周恩来总理接见保加利亚人民军迪亚科夫中将等。

9日　出席中央人民政府委员会第三十四次会议。

12日　下午出席中华人民共和国宪法起草委员会第九次会议，讨论通过了刘少奇所作关于宪法草案的报告。

14日　出席中国人民政治协商会议全国委员会欢迎达赖喇

嘛和班禅额尔德尼酒会。

15 日　出席第一届全国人民代表大会第一次会议,系主席团成员。

16—18 日　继续参加会议。

19 日　休会。出席保加利亚人民军歌舞团招待晚会。

20—21 日　继续参加会议。

24 日　赴机场迎接来华参加国庆观礼的罗马尼亚、捷克政府代表团。

25 日　出席并主持文化部举办的欢迎苏联国立民间舞蹈团宴会。

26 日　出席大会并发言。

27 日　在《人民日报》发表《在第一届全国人民代表大会第一次会议上的发言》。

同日　出席大会,选举产生国家领导人。毛泽东当选为中华人民共和国主席,朱德当选为副主席,刘少奇当选为全国人民代表大会常务委员会委员长。

28 日　出席大会闭幕式。并随同毛泽东主席接见波兰政府代表团。

29 日　赴机场迎接来华参加国庆典礼的苏联代表团。出席周总理举行的招待各国外宾的酒会。出席招待罗马尼亚、蒙古人民共和国等八国政府代表团的越剧晚会,观看《西厢记》。

同日　毛泽东根据第一届全国人民代表大会第一次会议决定,任命国务院副总理和各部部长,被正式任命为文化部部长。

30 日　在俄文版《文学报》发表随笔《梦想变为现实》。出席周总理主持国庆招待外宾宴会。

本月　《〈腐蚀〉后记》收入《腐蚀》由人民文学出版社出版。

后记扼要解释当时为什么要写《腐蚀》,以及为什么要给特务赵惠明一条自新之路。最后说:"人民文学出版社将重排《腐蚀》,问我对原书有无修改。我在考虑了这几年来我听到的关于《腐蚀》的几种意见以后,终于不作任何修改。……但《腐蚀》既是在当时的历史条件下写成的,那么,如果我再按照今天的要求修改,恐怕不但是大可不必,而且反而会弄成进退失据吧?"

10 月

1 日 赴天安门城楼,出席中华人民共和国国庆阅兵式和游行大会。

同日 在《译文》10 月号发表演讲《为发展文学翻译事业和提高翻译质量而奋斗——一九五四年八月十九日在全国文学翻译工作会议上的报告》。全文分四部分,阐明了文学翻译工作对我国现代文学艺术发展的重要意义,并提出拟定翻译计划及提高翻译质量等问题。

2 日 出席周总理国庆招待各国政府代表团宴会。主持文化部和总政治部招待保加利亚人民军歌舞团酒会,并致辞。

4 日 下午出席周总理招待苏联专家的宴会。晚上出席苏联国立民间舞蹈团在怀仁堂举办的表演会。

7 日 在《人民文学》10 月号发表散文《天安门的礼炮》。

同日 出席德意志民主共和国驻华使馆为庆祝德国国庆五周年举行的宴会。

8 日 出席全国文联和作协主席团联席会议。出席全国政协常务委员会第五十七次会议,听取周恩来总理关于日内瓦会议的报告。

10 日 赴机场为波兰政府代表团回国送行。

同日　致鲁如建信,告知来信询问关于《腐蚀》的几个问题,可在新版《腐蚀》的"后记"中得到解答。

13 日　赴机场为苏联政府代表团回国送行。

14 日　出席中国和阿尔巴尼亚文化合作协定签字仪式,并代表中方在《协定》上签字。

15 日　赴机场为捷克政府代表团送行。下午出席国务院第一次全体会议。

16 日　出席第一届全国人民代表大会常务委员会举行的第一次会议,并作报告。

19 日　赴机场迎接印度总理尼赫鲁。晚上出席周恩来总理为尼赫鲁访华举行的宴会。

20 日　接总理办公室电话通知,约定 23 日下午同郭沫若一起与印度总理尼赫鲁谈科学、文化方面的问题。晚上出席周总理举行的招待尼赫鲁的酒会。

同日　致周恩来信,请示关于会见尼赫鲁时谈中印影片交流方面的问题。

21 日　晚上出席印度驻我国大使为尼赫鲁访华举行的招待会。

23 日　下午与郭沫若一起与尼赫鲁谈科学、文化及中印文化交流的问题。晚上出席毛泽东主席宴请尼赫鲁的招待会。

26 日　下午出席北京市市长彭真举行的欢送尼赫鲁的酒会。晚上出席尼赫鲁举行的告别宴会。

27 日　赴机场欢送尼赫鲁。晚上主持文化部举行的欢宴莫斯科音乐剧院全体人员的招待会,并致辞。

同日　出席中国人民保卫世界和平委员会等单位纪念世界四大文化名人大会,系主席团成员。

28 日 出席苏联驻华使馆欢送苏联文化代表团酒会。

30 日 晚上出席国立莫斯科音乐剧院在京举行的表演会。

31 日 出席中国文联和作协主席团联合召开的第八次扩大会议,会议决定结合毛泽东给中央政治局委员和其他有关同志发出的《关于〈红楼梦〉研究问题的信》的精神,对俞平伯在《〈红楼梦〉研究》中的观点、方法开展批判。

本月 分别致曾广超、查辛人、悢工信。

11 月

3 日 晚上出席莫斯科音乐剧院访问演出开幕式,观看《天鹅湖》。

5 日 晚上出席并主持文化部举办的"苏联电影周"开幕式,并致辞,以庆祝十月社会主义革命三十七周年。

9 日 致叶以群信。

13 日 陪同陈毅接见波兰文化代表团。

15 日 晚上出席北京纪念世界文化名人——古希腊伟大喜剧家阿里斯托芬诞生 2400 周年大会。

24 日 在《真理报》发表演讲《祝你们成功——写于第二次苏联作家代表大会之前》。

25 日 在《文艺报》第 22 号发表《致亚·特拉登堡七十寿辰贺电》。

28 日 出席苏联驻华使馆欢送苏联文化代表团酒会。晚上出席并主持文化部举办的首都各界庆祝阿尔巴尼亚解放十周年大会,会后观看了电影。

30 日 晚上出席周恩来总理招待苏联民间舞蹈团和莫斯科音乐剧院全体人员的酒会。

12 月

1 日 下午赴机场欢迎应我国政府邀请来华访问的缅甸总理吴努。并出席周总理招待苏联民间舞蹈团和莫斯科音乐剧院人员酒会。

2 日 出席中国作家协会主席团和中国科学院联席会议,被选为批判胡适思想讨论会委员会成员。晚上出席周恩来总理欢迎吴努的宴会。

4 日 出席缅甸驻华使馆为吴努访华举行的宴会。并出席中国人民政治协商会议第一届全国委员会常务委员会,被选为参加第二届中国人民政治协商会议的文艺界代表。

7 日 致徐魁元信,回答关于《子夜》书名的含义。

8 日 出席中国文联、中国作家协会主席团扩大联席会议,并作《良好的开端》的发言。

9 日 在《人民日报》发表演讲《良好的开端——一九五四年十二月八日在中国文学艺术界联合会主席团中国作家协会主席团扩大联席会议上的结束语》,亦刊于《文艺报》1954 年第 23—24 期合刊。文中说:"五年来,党中央屡次为我们敲起警钟:从电影'武训传'的批判,直到此次的'红楼梦'批评。党这样地鞭策、督促,都为的是关心我们,教育我们,提高我们。"当涉及《文艺报》的问题,为保护冯雪峰等人,茅盾主动承担责任,指出"作为作家协会主席的我,应当负重大责任"。短短的发言中大量引用郭沫若等"别人"的讲话和观点,体现了茅盾的智慧和策略,其用意不言自明。文章中对自己青年时代接受过胡适思想的影响作了"反躬自省"。

10 日 出席吴努举行的告别宴会。

11 日 出席毛泽东主席欢送吴努的宴会。出席并主持中国作家协会主办的吴敬梓逝世 200 周年纪念会,并致辞。

12 日 在《光明日报》发表演讲《吴敬梓先生逝世二百周年纪念会开幕词》。

同日 上午去机场欢送吴努离京去华东等地参观访问。

16 日 在《人民日报》发表《给"第二次全苏作家代表大会"的贺电》。出席中国作家协会主席团第四次常务办公会议。

21 日 出席中国人民政治协商会议第二届全国委员会第一次全体会议开幕式,系主席团成员。

22—23 日 出席中国人民政治协商会议第二届全国委员会第一次全体会议,23 日发言。

24 日 在《人民日报》发表演讲《在中国人民政治协商会议第二届全国委员会第一次会议上的发言》。

25 日 出席中国人民政治协商会议第二届全国委员会第一次会议闭幕式,当选为常务委员。

27 日 致李人鉴信,回答关于译作《团的儿子》一书提出的问题。

28 日 出席中国人民政治协商会议第二届全国委员会第一次常务委员扩大会议。

同日　出席中苏友好协会第二次全国代表大会,为主席团成员。并出席苏联驻华大使和苏联驻华商务代表举行的招待会,庆祝苏联展览会闭幕和音乐剧院演出结束。

29日　继续出席中苏友好协会第二次全国代表大会。下午出席闭幕式,被选为中苏友好协会副会长。

同日　出席莫斯科音乐剧院在华演出闭幕式,并致辞。

30日　出席宋庆龄欢迎莫斯科音乐剧院和苏联对外文化协会代表团宴会,并致辞。

31日　出席苏联驻华使馆招待中苏友好协会各地代表宴会。

本年　人民文学出版社打算重排《幻灭》《动摇》《追求》,建议茅盾做些修改,茅盾只对字句作了修改。茅盾自述:"不改呢,读者将说我还在'谬种流传',改呢,那就失去了本来面目,那就不是 1927—1928 年我的作品,而成为 1954 年我的'新作'了。这'矛盾'似乎颇不易解决。当时我主张干脆不用重印,但出版社又不以为然。结果我采取了折中方法,把这三本旧作,字句上作了或多或少的修改,而对于作品的思想内容,则根本不动。"①

1955 年(乙未)　59 岁

▲1 月,中共中央批转中宣部《关于开展批判胡风思想的报告》。

---

① 茅盾:《写在〈蚀〉的新版的后面》。

▲3月,中共中央召开全国代表大会,通过《关于中华人民共和国发展国民经济的第一个五年计划草案的决议》《关于高岗、饶漱石反党联盟的决议》和《关于成立党的中央和地方监察委员会的决议》。

▲10月,中共中央举行七届六中全会,通过《关于农业合作化问题的决议》。

1 月

1 日 参加国务院元旦团拜活动。

5 日 下午在首都机场欢迎联合国秘书长达格·哈马舍尔德。并出席周恩来总理举行的招待哈马舍尔德宴会。

6 日 致周恩来信,提及自己多年未曾写作一事,提出:"如果总理以为还值得让我一试,我打算在最近将来请一个短时期的写作假,先把过去陆续记下来的整理出来,写成大纲,先拿出来请领导审查,如果大纲可用,那时再请给假(这就需要较多的日子),以便专心写作。"总理在信上写了批语:"拟给沈部长一个假期专心写作。"

10 日 致戈宝权信。晚上出席周恩来总理为哈马舍尔德饯行的宴会。

28 日 致《文艺报》编辑部信。

2 月

5—7 日 出席中国作家协会主席团第十三次扩大会议。

12 日 出席中国人民政治协商会议全国委员会常务委员和中国人民保卫世界和平委员会常务委员联席扩大会议。大会发起成立中国人民反对使用原子弹武器签名运动委员会,当选为委员。

13 日　出席中苏友好同盟互助条约签订五周年纪念大会。

14 日　出席中国科学院和中华全国文学艺术界联合会共同举办的胡适思想批判讨论会。

同日　出席苏联大使馆举行的宴会,庆祝中苏友好同盟互助条约签订五周年,听取毛泽东主席致辞。

17 日　出席首都文艺界举行的反对使用原子弹武器签名大会,并发言。

19 日　出席中国作家协会主席团常务办公会第七次会议。

23 日　出席苏联大使馆代理武官举行的招待会,庆祝苏联建军 27 周年。

24 日　出席达赖喇嘛和班禅额尔德尼举行的宴会,庆祝藏历木羊新年佳节。

同日　出席中国作家协会主席团常务办公第八次会议。

同日　致饭田吉郎信,后刊于日本《野草》杂志 1986 年 3 月版。

28 日　在《文艺报》第 4 号发表政论《必须禁止原子武器》。

本月　《外国文学》第 2 期发表俄文版《必须彻底地全面地展开对胡风文艺思想的批判》。

3 月

3 日　出席中国作家协会主席团常务办公会第九次会议。

4 日　致黄治平信。赴车站欢迎苏联作家考涅楚克。

5 日　出席中国科学院和中华全国文学艺术界联合会共同举办的胡适思想批判讨论会。

7 日　下午与老舍等同苏联作家考涅楚克就文艺创作问题交换意见。

8 日　在《人民日报》发表短论《必须彻底地全面地展开对胡风文艺思想的批判》，亦刊于《文艺报》第 5 号(3 月 15 日)。该文把胡风的问题概括为三点："胡风的'理论'是披了马克思主义外衣的资产阶级唯心论的思想；他的文艺路线是反对毛主席文艺方向的路线；而他的活动则是宗派主义的小集团活动。"

10 日　在《电影剧作通讯》第 16 期发表文论《关于人物描写的问题》，围绕人物描写展开论述，谈了人物的举动和声音笑貌、人物的环境、共性与个性、人物的内心世界等方面的问题；发表文论《关于文艺创作中一些问题的解答》，谈及以下问题：关于文艺作品中如何创造故事的问题；关于创造人物形象时应该注意哪些问题；关于创造中如何接受民族遗产的问题；《子夜》创作的动机及经过；对目前创作现状的评论。

同日　出席中华全国文学艺术界联合会主席团扩大会议。

11 日　出席全国各人民团体负责人联席会议,成立亚洲国家会议中国筹备会,被选为中国筹备委员会委员。

12 日　下午去火车站欢送达赖喇嘛和班禅额尔德尼离京。

26 日　致张洪、郭庆云信。

本月　出席文化部召集的全国文化局长会议。

本月　《林家铺子》被列为文学初步读物(附王琦插图),由人民文学出版社出版。

4 月

3 日　出席并主持首都人民庆祝匈牙利解放十周年纪念大会。

4 日　致赫德利奇卡、赫德利奇卡娃信,随信寄新版《腐蚀》,后刊于《茅盾研究》第 1 辑。

5 日　致胡光岭信,回答《人民是不朽的》一书中《辽尼亚和他的祖母》一篇提出的问题。

10 日　作《〈茅盾短篇小说选集〉再记》。

11 日　出席首都文艺界纪念梅兰芳、周信芳舞台生活 50 周年庆祝会,并代表文化部向他们颁发奖状。

同 日　致晁真信,谈《子夜》中吴老太爷,后刊于《茅盾研究》第 2 辑。

16 日　列名"石志昂等烈士追悼大会"筹备委员会委员。①

17 日　出席首都人民追悼石志昂等烈士大会。

同 日　致马旺信,回答关于对《梯比利斯的地下印刷所》一文所提出的问题。

20 日　代表文化部设宴欢迎捷克国家歌舞团,并致辞。

22 日　致外交部苏欧司信,致费德林信。致费德林信中谈及《三人行》,认为这"是一本失败了的书,我自己不喜欢这本书。其原因在于此书没有把当时青年学生的典型写好。书中所写的三种思想典型是把当时实际的思想情况简单化了的","如果要翻译我的一个中篇,那么,我建议翻译《动摇》。这本书虽然有缺点,但或多或少反映了一九二七年中国大革命时代的一些本质上的东西"。

27 日　出席捷克国家歌舞团在京演出开幕式。

29 日　晚上出席中国人民保卫世界和平委员会副主席陈叔通举行的宴会,招待赴华访问的世界和平理事会副主席欧仁

---

①　石志昂等赴亚非会议期间因飞机失事而牺牲。

妮·戈登夫人等一行。

本月　致《新德意志文学》杂志社信（署中国作家协会主席茅盾），在捷克优秀的散文家吉希 70 岁诞辰之际，表示怀念和祝愿。

5 月

1 日　出席首都人民庆祝五一国际劳动节大会。

5 日　出席中国文联、对外文协等单位联合举办的席勒、密茨凯维支、孟德斯鸠、安徒生等四位世界文化名人纪念大会，作《为了和平、民主和人类的进步事业》的演讲，介绍四位文化名人的生平和创作。

同日　致王奉瑜信，答复所译《蜡烛》相关问题；致徐尧辅信，对所寄作品《二十年》进行了点评。

6 日　下午在文化部接见访华的捷克斯洛伐克木偶剧团领导人。晚上出席并主持北京举行的德国解放 10 周年庆祝大会，观看演出。

7 日　在《人民日报》发表演讲《为了和平、民主和人类的进步事业——在世界文化名人纪念大会上的讲话摘要》。

同日　出席并主持首都各界人士庆祝捷克斯洛伐克解放 10 周年大会。并赴机场迎接周恩来总理回国。

9 日　晚上出席捷驻华大使举行的解放 10 周年招待会。

21 日　出席各人民团体负责人联席会议。

25 日　出席中华全国文学艺术界联合会主席团和中国作家协会主席团联席扩大会议。

6 月

1 日　出席中国科学院学部成立大会,经国务院全体会议第十次会议批准,受任为哲学社会科学学部委员会委员。

同日　毛泽东主席欢宴印尼总理,应邀出席作陪。

2 日　出席印尼总理告别宴会。

4 日　中国人民保卫世界和平委员会等团体决定组成中国出席世界和平大会代表团,任团长。

9 日　出席中国科学院学部成立大会闭幕式。

12 日　致骆华珍信,答复译作《我们的落手越来越重了》相关问题。

13 日　作《纪念秋白同志,学习秋白同志》。并出席中国人民保卫世界和平委员会举行的全体工作人员大会。

15 日　在《人民日报》发表短论《提高警惕,挖尽一切潜藏的敌人》,亦刊于《文艺报》第 11 号,改题《提高警惕,挖尽一切潜藏分子》。

同日　率中国代表团离京赴赫尔辛基出席世界和平大会。

16 日　抵达莫斯科。

18 日　在《人民日报》发表散文《纪念秋白同志,学习秋白同志》。

22—29 日　出席世界和平大会。

29 日　在苏联《真理报》发表《茅盾在世界和平理事会上的讲话》。

7 月

1 日　出席世界和平大会理事会,当选为常务理事。

2 日　出席会议,听取各国理事关于裁军、安全问题、民族主权、和平问题等建议。

3 日　致音协理论创作委员会信,对塞克《烈士颂》大合唱提出几点意见。

5 日　上午返抵北京。毛泽东主席宴请越南民主共和国主席胡志明,应邀出席作陪。

8 日　赴机场欢送胡志明。

20 日　与郭沫若一起宴请各国和平代表团团长。

21 日　出席第一届全国人民代表大会第二次会议。

23 日　继续出席会议,并发言。并出席周恩来总理招待和平代表的宴会。

25 日　在《人民日报》发表《在第一届全国人民代表大会第二次会议上的发言》。

25—26 日　继续出席会议。

27 日　出席首都各界人士拥护世界和平大会宣言和建议的大会,并作报告:《向持久和平和友好合作的道路前进——关于赫尔辛基世界和平大会的情况和成就的报告》。

28 日　在《人民日报》发表报告《向持久和平和友好合作的道路前进——关于赫尔辛基世界和平大会的情况和成就的报告》,后刊于《新华月报》8 月号。

30 日　出席第一届全国人民代表大会第二次会议,当选为中华人民共和国参加各国议会联盟执行委员会委员。

8 月

1 日　出席中华全国文联主席团和中国作家协会主席团联席会议,并讲话。

10 日 致戈宝权信。

12 日 作《把斗争进行到底,并在斗争中获得锻炼》。

15 日 致电托马斯·曼夫人,对托马斯·曼的逝世表示哀悼。

22 日 致陈瑜清信。

23 日 下午出席北京各界支援印度人民收复果阿的大会,并致辞。晚上出席罗马尼亚驻华大使举行的招待会,庆祝罗马尼亚解放 10 周年。

28 日 出席青年团北京市委等单位在北京天桥剧场联合举办的大中学生文艺创作演出观摩会。

29 日 洪深逝世,前往吊唁,列名治丧委员会。

9 月

1 日 出席洪深同志追悼会。

8 日 在《人民文学》9 月号发表短论《把斗争进行到底,并在斗争中获得锻炼》。

14 日 以文化部名义设宴欢迎越南人民歌舞团全体成员。

19 日 出席郭沫若、沈钧儒举办的宴会,招待两位斯大林奖金获得者:英国普里特和比利时布伦姆夫人。

同日 作评论《中华人民共和国六年来的文化艺术建设》,未公开发表,据文化部档案卷打印稿编入《茅盾全集》第 24 卷。

22 日 致工人出版社信。晚上出席陈毅副总理招待越南人民歌舞团的宴会。

26 日 致潘尼迦信。

27 日 出席中华人民共和国主席毛泽东授衔、授勋典礼。

29 日 赴机场迎接世界和平理事会副主席、意大利和平理事会主席南尼和夫人一行。

30 日　陪同周恩来总理会晤南尼。

10 月

4 日　出席并主持中国文联和中国作协举办的中国作家与苏联文化代表团团长苏尔科夫座谈。晚上设宴招待苏尔科夫。

5 日　出席并主持中国文联和中国作协联合举行的欢迎苏尔科夫的盛会，并致欢迎词。晚上出席日本歌舞伎剧团赴华演出开幕式，并观看演出。

6 日　晚上出席观看缅甸文化代表团的演出。

12 日　致教育部干部文化教育局语文编研组信，谈及《雷雨前》，指出："一篇带着暗示性的散文，它的政治意义只能从全篇要旨上去推求，而不能从篇中一字一句去'索隐'"，"把一篇散文当作政策性的文件来读，好像已成为风气，这'风气'是有害于欣赏、理解文艺作品的"。

15 日　出席全国文字改革会议开幕式，并作题为《文学艺术工作者必须把自己的创造劳动和文字改革工作相结合》的开幕词。后收入《中国文字改革第一步》人民出版社 1956 年版。

20 日　作《俄译本〈茅盾文集〉自序》，未发表中文原稿，译自苏联国家文学出版社 1956 年出版的《茅盾文集》第一卷，并收入李岫编《茅盾研究在国外》湖南人民出版社 1984 年 8 月版。

27 日　出席中国作家协会主席团第十四次扩大会议，讨论加强领导、调整机构及发展少年儿童文学创作等问题。

11 月

12 日　致新文艺出版社编辑室信。

23 日 在《光明日报》发表论文《文化艺术工作者必须把自己的创造劳动和文字改革工作相结合——在全国文字改革会议上的致词》。

25 日 出席并主持首都各界人士纪念世界名著《草叶集》(美国惠特曼)出版一百周年、《堂吉诃德》(西班牙塞万提斯)出版 350 年大会,并致辞。

29 日 致斯·丹古洛夫信,表示同意为《外国文学》写一篇关于中国文化工作近况及发展远景的文章。后刊于《茅盾研究》第 2 辑。

12 月

9 日 出席周恩来总理欢宴德意志民主共和国总理格罗提渥招待会。

11 日 出席苏联莫斯科"小白桦树"舞蹈团演出开幕式,并致辞。

12 日 晚上出席北京市市长彭真欢送"小白桦树"舞蹈团的宴会。

23 日 陪同周恩来总理接见香港大学英籍教授布兰敦等人士。

26 日 随周恩来、贺龙到机场欢送德意志民主共和国总理格罗提渥离京。

27 日 致刘白羽信,为拟召开的培养新生力量问题的座谈会拟定八个问题。

29 日 出席中国人民保卫世界和平委员会等团体举行的宴会,欢迎西班牙保卫和平委员会主席、世界和平理事会常务委员希拉尔。

本月　《茅盾短篇小说选集》由人民文学出版社出版。共 3 辑，第 1 辑包括《春蚕》《秋收》《残冬》《小巫》；第 2 辑包括《林家铺子》《右第二章》《大鼻子的故事》；第 3 辑包括《喜剧》《赵先生想不通》《微波》《"一个真正的中国人"》；第四辑包括《官舱里》《儿子开会去了》《委屈》等。书末附《后记》(1952 年 3 月 12 日作)和《再记》(1955 年 4 月 10 日作)。

本月　作《在全国省、市文化局长会议上的讲话》，未公开发表，后据手稿编入《茅盾全集》第 24 卷。

本年　匈牙利版《子夜》由布达佩斯匈牙利出版社出版。

本年　俄文版《茅盾文集》由莫斯科国家文学出版社出版。收入《俄译本〈茅盾选集〉自序》(1953 年 12 月 8 日于莫斯科)，本篇未发现中文原稿，由戈宝权译自苏联国家文学出版社 1955 年版《茅盾文集》卷首第 17—18 页，后收入李岫编《茅盾研究在国外》湖南人民出版社 1984 年 8 月版。

本年　俄文版《茅盾选集》由莫斯科国家文艺出版社出版，绪论作者、编选者、总编辑是 H．T．费德林，收长篇小说《子夜》，收短篇小说 10 篇。

本年　俄文版《中国作家短篇小说集》由莫斯科国家文艺出版社出版。内收茅盾《林家铺子》《春蚕》《秋收》《第一个半天的工作》《儿子开会去了》。

本年　日文版《茅盾选集》(尾坂德司译)列入青木文库《新中国文学选集》出版。

本年　创作一部反映资本主义工商业社会主义改造的长篇

小说,未完成,原稿于 1973 年春被销毁。[①]

1956 年(丙申) 60 岁

▲1 月 14—20 日 中共中央召开关于知识分子问题会议,周恩来作《关于知识分子问题的报告》。

▲4 月 28 日,毛泽东在中共中央政治局扩大会议上讲话,正式提出把"百花齐放、百家争鸣"作为繁荣和发展当代中国文化、科学事业的一项基本方针。

▲8 月 24 日,毛泽东与部分音乐工作者谈话,涉及古为今用、洋为中用、推陈出新等问题。

▲9 月,中国共产党第八次代表大会在北京召开。

年初 作笔记《"艺术技巧"笔记一束》,后刊于《文艺理论与批评》1999 年第 3 期。

1 月

1 日 出席元旦团拜活动。

3 日 出席中捷文化合作协定签字仪式,代表中华人民共和国在《协定》上签字,并致辞。

8 日 在《文艺学习》1 月号发表演讲《沸腾的生活和诗——迎接第一次全国青年文学创作者会议》。

10 日 致黄世瑜信。

---

① 韦韬、陈小曼:《茅盾的晚年生活(三)》,《新文学史料》1975 年第 3 期。

19 日　致杜纲信，鼓励并支持青年作者。

25 日　出席毛泽东主席召集的最高国务会议。

28 日　出席中国人民政治协商会议第二届全国委员会常务委员会会议。

30 日　出席中国人民政治协商会议第二届全国委员会第二次会议开幕式。

2 月

1 日　出席中国人民政治协商会议第二届全国委员会第二次会议。晚上出席政协举行的宴会。

3—4 日　继续出席会议，并于 4 日发言。

6 日　在《人民日报》发表演讲《在中国人民政治协商会议第二届全国委员会第二次会议上的发言》，题目为编者所加。

7 日　下午出席政协全国委员会第二次会议闭幕式。并出席中国亚洲团结委员会成立大会，当选为副主席。

10 日　经国务院批准成立中央推广普通话工作委员会，任委员。

15 日　出席周恩来总理举行的招待柬埔寨西哈努克亲王的晚宴。

18 日　晚上出席毛泽东主席欢迎柬埔寨王国国家代表团宴会。

27 日　出席中国作家协会理事会扩大会议开幕式，致开幕词。

3 月

1 日　出席全国第一届话剧观摩演出大会，并致开幕词。

2 日　与参加中国作家协会理事会扩大会议的全体同志,受毛泽东、刘少奇、陈云等党和国家领导人接见。

3 日　上午继续出席中国作家协会理事会扩大会议,听取陈毅副总理关于发展文艺问题的报告。晚上出席文艺晚会,陪同周总理观看文艺演出。

4 日　代表文化部出席并主持招待来自 11 个国家的戏剧艺术家的宴会。

5 日　出席全国政协第十八次常务委员扩大会议,听取吴玉章作的关于汉语拼音(草案)的报告。

11 日　致安烈信,对其诗作进行指点,指出:"你有生活,但是,显然你还没有能够把这些生活用形象思索表现出来,即把生活的感受写成诗。所以然之故,恐怕你还不能发挥想象力,并且你的词汇也贫乏。你的诗句一般都缺乏节奏感。我这样说,也许你要灰心罢?不要灰心。文学创作本来是艰辛的精神劳动,不能设想一写出来就好,而要千锤百炼,慢慢地写好起来。"

13 日　出席中国作家协会主席团会议,讨论并通过《关于加强电影文学剧本创作的决议》。

14 日　前往波兰驻华使馆吊唁波兰人民民主共和国部长会议主席贝鲁特。

15 日　出席中华人民共和国扫除文盲协会成立大会,当选为全国扫除文盲协会委员。下午出席全国青年文学创作者会议开幕式。

18 日　在《中国青年报》发表演讲《关于艺术的技巧——在全国青年文学创作者会议上的讲演》,附录"通信"发表于《文艺学习》1956 年 7—10 号。文章强调改造思想、树立共产主义世界观和体验生活的重要性,并阐释其相互间的辩证关系,还着重说明了什么是艺术技巧、如何提高艺术技巧及文学语言问题。

同日 致张宗范信,解答了《梯比利斯的地下印刷所》一文提出的疑问。

21日 致陈吉辉信,指导其写作。

24日 致作协创作委员会信。茅盾获准休假写作,计划创作反映资本主义工商业社会主义改造的长篇小说,还专程到上海搜集和补充新的材料。可只写了小说的大纲和部分初稿,假期就结束了。在给创作委员会的信中道出了苦衷:"原因不在我懒——而是临时杂差少则三、五天可毕,多则须要半个月一个月。我每天伏案(或看公文,或看书,或写作,或开会——全都伏案)在十小时以上,星期天也从不出去游山玩水,从不逛公园,然而还是忙乱,真是天晓得!"

25日 在《人民日报》发表演讲《培养新生力量,扩大文学队伍——在中国作家协会理事会(扩大)会议上的报告》,亦刊于《文艺报》第5—6号合刊。报告指出:在文学战线上和其他战线一样,大批新生力量已经涌进作家队伍里来了,这批新生力量对新鲜事物具有敏锐的感觉,对生活和斗争怀着充沛的热情,是文学事业中的生力军。还提出了加速青年作者的八点具体办法和步骤。

同日 在《文艺报》第5—6号合刊发表演讲《开幕词——在中国作家协会第二次理事会议(扩大)上》。

29日 去机场欢送中国代表团前往瑞士参加世界和平理事会特别会议。

30日 出席全国青年文学创作者会议闭幕式。

31日 听取周恩来总理对全国青年文学创作者及全国话剧第一届观摩演出会工作人员的报告。

4 月

1 日 在《译文》4 月号发表评论《世界作家的"圆桌"上的发言》。

5 日 出席第一届全国话剧观摩会演的闭幕式。

7 日 出席并主持文化部主办的宴会,欢送来中国观摩话剧会演的 12 个国家的戏剧家,并致感谢词。

8 日 致毛丹、黄治正、施大鹏信,信中说:"我劝你们不可专看一人的作品,即使这一个人是伟大的作家。……要看各种风格不同的作品,要自己反问:为什么我喜欢这本作品?是不是人云亦云,而自己并无所得?我向来是什么书都看,看得有味,多看一遍,看得无味,就放手。所谓向前人学习,以我看来,无非是'博览群书',贵有自己的真知灼见,不人云亦云而已。"

9 日 出席中国和苏联社会科学工作者共同举行的社会科学问题报告会闭幕式。

17 日 剧作家宋之的逝世,向宋之的遗体告别。

19 日 出席宋之的追悼会,并致辞。

23 日 出席全国文化先进工作者会议开幕式,并致辞。

24 日 出席中国保卫世界和平委员会常务委员扩大会议,欢迎陈叔通自瑞士出席世界和平理事会特别会议胜利返国。

同日 与参加全国文化先进工作者会议代表一起,受毛泽东主席等党和国家领导人的接见。

26 日 在《光明日报》发表演讲《在全国文化先进工作者会议上的开幕词》(署沈雁冰 4 月 23 日)。

28 日 作《中日文化交流的进一步发展》。

本月 致××信。

5 月

1 日　出席首都人民"五一"国际劳动节庆祝会。

2 日　出席郭沫若主持的宴会,招待世界和平理事会副主席戈登夫人一行。

14 日　晚上欢送即将离京赴我国各地参观的缅甸电影代表团,并致辞。

15 日　出席首都六个人民团体举行的纪念海涅等三大文化名人大会,并作题为《不朽的艺术都是为了和平与人类幸福的》讲演。

16 日　作《致法捷耶夫逝世唁电》。

18 日　作《悼亚·法捷耶夫——文艺战士与和平战士》。

22 日　致李春生信,回答关于《幻灭》等创作的问题。

24 日　致黄继生信,回答《雷雨前》一文中的问题。

25 日　致孟繁瑶信,对来稿《究竟谁是第三者?》进行指导。

26 日　在《大众电影》第 10 期《日本电影周专辑》发表随笔《中日文化交流的进一步发展》。

同日　出席怀仁堂报告会,听取陆定一讲《百花齐放,百家争鸣》。晚上出席由中国人民保卫世界和平委员会等 6 个单位联合举办的纪念世界文化名人迦梨陀娑、海涅、陀思妥耶夫斯基大会,作题为《不朽的艺术都是为了和平与人类幸福的》的讲话。

27 日　致《文艺学习》编辑部信。

28 日　在《人民日报》发表《不朽的艺术都是为了和平与人类幸福的!》(摘要),是作者在北京纪念三位世界文化名人大会上的报告摘要。介绍了印度古代诗人迦梨陀娑、德国诗人海涅、俄国作家陀思妥耶夫斯基的生平与创作,充分肯定他们代表作中的思想内容及艺术表现手法,指出他们的作品将"在世界文化史上永垂不朽"。

30 日　在《文艺报》第 10 号发表《致法捷耶夫逝世唁电》(5 月 16 日写),《悼亚·法捷耶夫——文艺战士与和平战士》。

本月　在《解放军文艺》5 月号发表散文《您永远活在我们的记忆中》,悼念宋之的。

6 月

1 日　出席北京中国儿童艺术剧院成立大会,并讲话。

2 日　作杂感《盲从和"起哄"》。分别致孟繁瑶、刘或信,指导写作。

5 日　作散文《为〈志愿军一日〉而欢呼》。

15 日　出席全国人民代表大会第一届三次会议。

16 日　在《新观察》第 12 期发表杂感《盲从和"起哄"》(署玄珠)。

18 日　上午出席全国人民代表大会第一届三次会议分组讨论。下午出席全体会议。

同日　致鲍荫信,回答关于小说写作问题。

19 日　下午出席全国人民代表大会第一届三次会议全体会议,作题为《文学艺术工作中的关键性问题》的发言。

20 日　在《人民日报》发表演讲《文学艺术工作中的关键性问题——在第一届全国人民代表大会第三次会上的发言》,认为文艺创作中"干巴巴的病源在于概念化;千篇一律的病源在于公式化,在于题材的狭窄",而"题材范围达到狭窄和单调,是今天的文艺作品的通病",因此,并不是非得写"重大题材"不可,"只要不是有毒的,对人民事业发生危害作用的,重大社会事件以外的生活现实,都可以作为文艺的题材",且"愈多愈好",甚至提出,"应当允许文艺上有不同的派别。"

同日 在《光明日报》发表演讲《贯彻"百花齐放,百家争鸣"的方针,促进文学艺术的繁荣和发展——文化部部长沈雁冰的发言》。

27日 出席并主持文化部举行的宴会,招待日本亚洲团结委员会文化代表团及日本电影界代表。

29日 致北大文学研究所信,指出"《霜叶红似二月花》第一部的时代背景在'五四'前夕","内容不单是描写那时代青年的苦闷,也还写到农民与地主,农民的落后意识对当时闯进农村的'新事物'的矛盾"。

30日 致郭殿兴信,对来稿小说《麦收之夜》进行了指导。

本月 作随笔《关于要求培养》。

本月 多次出席中国作协会议,探讨在文学领域贯彻"双百"方针的问题。

7月

1日 在《新观察》第13期发表随笔《关于要求培养》(署玄珠)。

同日 在《人民日报》发表评论《关于田间的诗》(署玄珠)。

2日 致赵宗藻信,提及关于鲁迅,指出:"我是反对把我和鲁迅画在一处的,因为我不配和他画在一起"。并谈到写长征贺电事。

3日 在《人民日报》发表随笔《谈"独立思考"》(署玄珠)。晚上出席世界文化名人莫扎特诞生200周年纪念会,为主席团成员,并致开幕词。

同日　致高金明信。

4 日　致朱泽荣信。

8 日　在《文艺学习》7 月号发表《〈关于艺术的技巧〉的通信》(5 月 27 日写)。

9 日　致李长祥信,对于来稿小品文《齐嵩鬼·大金牙》进行指导。

10 日　赴机场迎接尼泊尔文化代表团。

11 日　随同周恩来总理接见阿富汗文化代表团。出席欢迎尼泊尔文化代表团的宴会,并致辞。

12 日　出席并代表文化部举办宴会,欢送埃及文化代表团。

13 日　致闻震初信,指出读《梯比利斯地下的印刷所》"注意点不应放在这些琐屑节目——如房屋位置、印刷机放在什么地方等等是,而应当注意反动政府的统治下,革命工作者的工作是如何艰苦,同时他们的工作方法又如何巧妙。为了躲避沙皇巡警的耳目,不得不把印刷所设立在地下室;他们建立这个秘密印刷所的步骤多么细致,方法多么巧妙"。

14 日　在《人民日报》发表随笔《对于"鸣"和"争"的一点小意见》。

15 日　晚上代表文化部设宴招待阿富汗文化代表团。

同日　作评论《从"找主题"说起》。致毕成章信,对来稿《苏小小》进行指导。

17 日　晚上出席尼泊尔文化代表团举行的招待会,并致辞。晚上观看南斯拉夫艺术团在京首次演出。演出结束后,与陈毅副总理登台对演出成功表示祝贺。

18 日　致朱洪祥信,指出:"从你的来信中,我感到你由于对自己缺乏信心,所以有些消极情绪。这种情绪是和生长在毛泽东时代的青年极不相称的。……我们应该看到祖国正在飞跃地前进,青年人要献身于祖国,机会多得很,只要不是幻想不可能的工作,而是实事求是地积极争取工作。"

19 日 出席北京文艺界欢迎尼泊尔文化代表团的集会。晚上出席南斯拉夫使馆为南斯拉夫艺术家访华举行的宴会。

20 日 作《揭露矛盾时的"矛盾"》。并出席纪念世界文化名人伦勃朗诞辰 350 周年大会。

22 日 致张文英信,对从事农业生产的青年进行写作指导。

27 日 出席中国文联等单位举行的萧伯纳诞生 100 周年、易卜生逝世 50 周年纪念会,并致开幕词。

同 日 出席对外文协等三单位欢送梅兰芳出国的宴会,并致辞。

28 日 致朱长翎信,朱长翎时任文化部部长办公室秘书。

本月 在《戏剧报》第 7 期发表讲话《祝中国儿童剧院成立——在中国儿童剧院成立大会上的讲话》。

本月 《秋收》作为"文学初步读物"由通俗读物出版社出版,附吴静波插图。

8 月

1 日 在《新观察》第 15 期发表随笔《揭露矛盾时的"矛盾"》(署玄珠)。

8 日 在《人民文学》8 月号发表短论《从"找主题"说起》。

12 日 作《把斗争进行到底并在斗争中获得锻炼》。

20 日 致吴奔星信。

25 日 致饭田吉郎信,后刊于日本《野草》杂志 1986 年 3 月版。

9 月

1 日 下午出席授予齐白石世界和平理事会国际和平奖金仪式,并致辞。

4 日 致《文艺学习》编辑部信,后刊于《文艺学习》10 月号。

6 日 致鲁谷枫信。

7 日 致兆文钧信。

12 日 致王飞鹏信,指导其写作。

16 日 作《研究鲁迅,学习鲁迅——鲁迅逝世 20 周年纪念报告会开幕词》。

18 日 刘白羽、张光年、林默涵、郭小川等联名向周恩来、陈毅、陆定一、周扬送交《关于改进当前文艺工作的建议》,其中建议由茅盾实际主持作协工作,辞去或虚化文化部的工作。报告中说:"就茅盾本人来说,这样一来可以经常接触新老作家,经常接触创作问题,对他的艺术生活也有好处。他的长篇小说的写作屡因其他事物打断,使他深感苦恼。"报告中还有一段在后来的正式报告中被删去了:"像茅盾这样的举世瞩目的作家,到了新社会反因忙于行政而写不出新的作品,以此下去我们会受到责难的。"[1]

21 日 作《如何更好地向鲁迅学习?》。

22 日 在《人民日报》发表演讲《研究鲁迅,学习鲁迅——鲁迅逝世 20 周年纪念报告会开幕词》。

本月 在《解放军文艺》9 月号发表读后感《为〈志愿军一日〉而欢呼》。

---

[1] 陈徒手:《人有病 天知否——1949 年后中国文坛纪实》,人民文学出版社 2000 年版。

10 月

1 日   出席首都人民庆祝中华人民共和国国庆大典。

2 日   出席文化部举行的京剧晚会,招待苏加诺总统等印尼贵宾。

9 日   出席埃及艺术展览会开幕式,并致开幕词。

10 日   致马焕敏信,信中说:"一、你既喜欢文学,常在业余时间阅读文学作品,那你就得有个阅读计划;二、先阅读中国的古典文学……;三、因为你懂俄文,就应当也读俄罗斯古典文学……;四、选读一些现代的中国文学作品和翻译的欧美古典文学……"

14 日   赴上海参加鲁迅墓迁葬仪式,并发表《在鲁迅迁葬仪式上的讲话》。

15 日   在《解放日报》发表演讲《在鲁迅迁葬仪式上的讲话》,指出:"鲁迅生前,对于共产主义的必然胜利,是抱着坚定的信念的。……我们要做鲁迅的好学生,就得更好地学习,学习他对于革命事业,对于共产主义的无限忠诚。"

19 日   出席首都各界人民纪念鲁迅逝世 20 周年大会,并发表演讲。

20 日   在《人民日报》发表演讲《鲁迅——从革命民主主义到共产主义——鲁迅逝世二十周年纪念大会上的报告》,亦刊于《文艺报》第 20 期附册。报告借鲁迅的文学创作概述其思想发展过程,认为:五四运动以前,作为爱国主义、进化论者的鲁迅,其致力于"国民性"批判,代表作为《狂人日记》;五四运动以后至1926 年,鲁迅仍是革命民主主义的进化论者,但同时"挤进了新的东西——阶级斗争的理论"。此时期代表作《阿 Q 正传》和散文诗《野草》反映出鲁迅强调国民的弱点,而对其本质、先进一面估计不足;1927 年以后,鲁迅由革命民主主义转向共产主义,这时期作品以杂文为代表。

同日 晚上出席电影晚会,观看《祝福》。

21 日 出席并主持纪念鲁迅先生逝世 20 周年报告会,并致开幕词。晚上与郭沫若共同设宴招待来华参加鲁迅逝世 20 周年纪念大会的国际友人。

23 日 致胡初桃、叶子铭信。

同日 晚上设宴欢迎朝鲜民族艺术剧团访华的全体成员。

25 日 致李金波信。晚上设宴招待前来参加鲁迅逝世 20 周年纪念活动的印度、危地马拉和德国作家,并致辞。

26 日 观看朝鲜民族艺术剧团演出。

28 日 出席并主持宴会,欢迎苏联马戏团访华全体人员。

本月 在《文艺月报》10 月号发表评论《如何更好地向鲁迅学习?》。

本月 《纪念鲁迅先生》一文收入《忆鲁迅》,由人民文学出版社出版。

本月 致胡广达信,指导其写作。

11 月

2 日 作《我们全力支持埃及人民的正义斗争!》。

3 日 出席首都各界人民支援埃及反抗英法侵略大会,并讲话。

4 日 在《人民日报》发表演讲《在首都各界人民支援埃及反抗英法侵略大会上的讲话》。

5 日 出席全国文联举行的主席团扩大会议。

11 日 出席首都各界纪念孙中山诞辰 90 周年大会,为主席团成员。下午出席孙中山诞辰 90 周年纪念筹备委员会招待各国外宾的酒会。出席中国人民支援埃及反抗侵略委员会成立大会,任委员、常委。

同日 致胡兴桃信。

12 日 上午参谒孙中山纪念堂。

13 日 分别致陈瑞杰、陈冰夷、美国作家艾·马尔兹信。致陈瑞杰信中指出"凡事不可太主观,太感情冲动"。

16 日 出席全国人民代表大会常务委员会第五十一次会议和全国政协常委会第三十一次会议。

27 日 代表文化部设宴招待南斯拉夫访华电影代表团,并致辞。

同日 致叶子铭信。

29 日 宴请埃及文化专员,致欢迎词。致《译文》社信。

本月 在《人民文学》11 月号增页发表短论《我们全力支持埃及人民的正义斗争!》。

本月 致刘一光信。

12 月

8 日 写书信《致一个业余写作者》,后刊于《文艺学习》第 12 期,题为《致一个业余作者》。回应其在来信中对编辑部的指责。

同日 出席中华全国文学艺术界联合会主席团和中国作家协会主席团联席会议。

12 日 作《漫谈编辑工作》。在《文艺月报》1 月号发表随笔《文艺杂谈》(署玄珠)。

13 日　出席文化部召集的全国文化局长会议，并讲话。

17 日　与周扬、老舍、叶圣陶一起乘飞机离京赴印度出席亚非作家代表会议。

23 日　出席在新德里召开的亚非作家代表会议，任中国代表团团长。

25 日　在《人民日报》发表随笔《进一步加强中德文化合作——为庆祝中德友好合作条约签订一周年而作》。

29 日　出席亚非作家代表会议后，率团返回北京。

本月　中国作家协会书记处改组，任第一书记。

本年　作《中国文学现状》，是 1956 年 12 月在新德里召开的"亚洲作家会议"上的报告；作《笔记一则》，标题为编者所加；作《关于艺术流派的笔记》，后刊于《文艺理论与批评》1999 年第 3 期，标题为编者所加；作《张元济九十寿辰祝辞》，标题为编者所加。

本年　俄文版《茅盾选集》(3 卷本)由莫斯科国家文艺出版社出版。编选者、绪论作者、总编辑是 H. T. 费德林。《俄译本〈茅盾文集〉自序》收入俄文版《茅盾文集》第 1 卷(费德林译)，由莫斯科国家文艺出版社出版。本篇未发现中文原稿，由戈宝权译自俄文版《茅盾文集》第 1 卷，后收入李岫编《茅盾研究在国外》。

本年　《春蚕集》用英文、法文、西班牙文、阿拉伯文四种文字由北京外文出版社编选出版。

1957年(丁酉) 61岁

▲2月27日,毛泽东在最高国务会议上作《关于正确处理人民内部矛盾的问题》的报告。

▲3月6—13日,中共中央在北京召开有关党外人士参加的全国宣传工作会议,会上毛泽东作了重要讲话,强调贯彻"百花齐放。百家争鸣"的方针。

▲4月27日,中共中央发布《关于整风运动的指示》。

▲自3月起,中国作协召开多次党组扩大会议,批判丁玲、陈企霞、冯雪峰、艾青。

▲6月8日,中共中央发出《组织力量反击右派分子的猖狂进攻的指示》。全国"反右"运动开始。

1月

1日 出席元旦团拜活动。

10日 致林其桢信,对其来稿提出意见。

20日 致赵珠信,对其来稿提出意见。

21日 出席中国人民政治协商会议全国委员会常务委员第三十三次会议。

25日 上午接见著名电影艺术家伊文思。

27日 在《光明日报》发表《关于亚非作家会议对〈光明日报〉记者谈话》。

31日 致李波信,对寄来的两篇短稿提出意见。

本月 在《文艺月报》发表随笔《漫谈编辑工作》(署玄珠)。

2 月

1 日　致邹兰义信,指导其写作。

8 日　致旭正莘信,指导其写作。

9 日　致单演义信。

14 日　致张凤章信。

16 日　下午在寓所与郑振铎碰头。后文化部副部长钱俊瑞来寓所,传达毛主席关于百家争鸣等谈话。[①]

20 日　致朱雄夫信,指导其写作。

21 日　出席中罗文化合作协定 1957 年执行计划签字仪式,代表文化部签字。

同日　致叶子铭信,附对其所作批注的说明。

23 日　出席中国人民政治协商会议全国委员会常务委员会议。

26 日　致 E. 舒马赫信。

27 日　出席毛泽东主席召集的最高国务会议,听取毛泽东主席作的《关于正确处理人民内部矛盾的问题》的报告。

同日　作《听了毛主席的讲话以后》。此处讲话指 1957 年 2 月 27 日毛泽东在最高国务会议扩大会议上所作讲话:《正确地处理人民内部矛盾的问题》。

3 月

1 日　继续出席最高国务会议。

[①]　陈福康:《郑振铎年谱》,三晋出版社 2008 年版。

同日　致陈泯信。

2 日　出席中国人民政治协商会议第二届全国委员会第三次会议的预备会议。

3 日　前往吊唁叶圣陶夫人胡墨林。

5—20 日　出席中国人民政治协商会议第二届全国委员会第三次会议。

8 日　致陈冰夷信。

10 日　参加中国、捷克两国总理的会谈。并出席周恩来总理招待捷克总理西罗基的宴会。晚上与文化部副部长夏衍一起接见日本电影访华代表团。

11 日　致白华信,介绍自己的写作经验。

12 日　参加中国、捷克两国总理的第二次会谈。晚上出席文化部举办的歌舞晚会,招待捷克政府代表团。

中旬　出席中国作家协会召开的"创作规划座谈会",并作题为《关于创作规划及其他》的结束语。

18 日　在《人民日报》发表论文《贯彻"百花齐放,百家争鸣",反对教条主义和小资产阶级思想》,对陈其通、陈亚丁等于1957 年 1 月 7 日发表在《人民日报》上的《我们对目前文艺工作的几点意见》一文提出异议,指出:他们的"批评方法是教条主义的,其结果是给欢欣鼓舞拥护'双百'方针的作者和读者'泼冷水'。"并举大量例子,严肃指出该文的错误和危害性。

19 日　作文论《杂谈短篇小说》。

20 日　出席中国人民政治协商会议第二届全国委员会第三次会议闭幕式。

同日　出席中华全国文学艺术界联合会主席团扩大会议,讨论有关召开第三次文代会等问题。

25 日 致樊荣华信。

27 日 出席中捷友好合作条约签字仪式,代表中国在协定上签字。并出席首都各界欢送捷克总理大会。

同日 出席并主持纪念俄罗斯作曲家格林卡逝世 100 周年集会,并致辞。晚上出席朱德副主席、周恩来总理举行的欢送捷克总理宴会。

28 日 去机场欢送捷克总理西罗基。

29 日 出席印度舞蹈家拉克希曼姐妹在京首次演出开幕式。

31 日 出席全国人民代表大会常务委员会扩大会议。

4 月

2 日 接见瑞士日内瓦教授安·巴贝尔和亨·齐格莱。

同日 致朱墉信。

3 日 出席印度驻华使馆为拉克希曼姐妹访华演出举行的酒会。

同日 致李存泰信,指导其写作。

4 日 致切尔尼舍夫信。

5 日 出席周恩来总理为欢送印度舞蹈家举行的宴会。

7 日 赴机场欢迎波兰政府代表团。

8 日 晚上出席文化部举办的京剧晚会,欢迎波兰部长会议主席。

9 日 出席首都人民欢迎波兰政府代表团大会与波兰政府代表团举行的招待会。参加中国、波兰两国政府总理的会谈,并随同周恩来总理设宴招待波兰政府代表团。

11 日 出席中国、波兰两国政府联合声明的签字仪式,并赴机场欢送波兰政府代表团。

同日　出席文化部举办的 1949—1955 年优秀影片授奖大会，并讲话。

同日　致切尔尼舍夫信。

12 日　在《人民日报》发表演讲《创造出更多更好的社会主义的民族新电影——在优秀影片授奖大会上的讲话》（署沈雁冰），原题为《文化部沈雁冰部长在优秀影片授奖大会上的讲话》，题头冠有编者按语。亦刊于《中国电影》第 4 期（1957 年 4 月 28 日），题为《创造出更多更好的社会主义的民族新电影——文化部沈雁冰部长在优秀影片授奖大会上的讲话》。

14 日　在《文艺报》（周刊）第 1 号发表演讲《关于创作规划及其它——在中国作家协会创作规划座谈会上的结束语》，原题为《茅盾同志谈：关于创作规划及其它》（在中国作家协会创作规划座谈会上的结束语）。

同日　作《在已有的基础上继续努力》。

15 日　致张光年信（署玄珠），谈对《文艺报》改版的意见。赴机场欢迎苏联最高苏维埃主席团主席伏罗希洛夫。

中旬　为浙江省桐乡县文学艺术爱好者联谊会题词："努力学习，贯彻百花齐放，百家争鸣——敬祝桐乡文艺创刊"；作杂论《漫谈国画及其他》，当时未发表，后刊于《文艺理论与批评》1992 年第 4 期。

16 日　出席毛泽东主席举行的欢迎伏罗希洛夫宴会。晚上参加周总理为欢迎伏罗希洛夫举行的酒会。

17 日　出席毛泽东主席举行的欢迎伏罗希洛夫国宴。

18 日　出席首都人民欢迎伏罗希洛夫大会。

20 日　出席中国作家协会书记处召开的北京文学期刊编辑

座谈会，并回答与会同志提出的一些问题。晚上前往人民剧场听哈萨克斯坦民间乐团首次演出。音乐会结束后，与章汉夫、贺渌汀等上台祝贺演出成功。

24日 致桐乡县文学艺术爱好者联谊会信，信中说："我很高兴听到你会的成立和《桐乡文艺》将要创刊"，"相信"该刊"能逐步提高业余文艺爱好者的兴趣和写作水平。"

同日 分别致李东海、程术安、吴永成信。致程术安信中建议其多读作品和巴人的《文学论稿》。

26日 致郝登岳信。出席中国人民保卫世界和平委员会扩大会议。

28日 致颜廷德信。

29日 致龚剑信。下午接见英国文化代表团。

30日 出席中国作家协会书记处召开的北京文学期刊编辑座谈会，并发言。

5月

2日 致郭小川信。

3日 致萧波、张越信，信中说："本人不以为《子夜》值得改编为电影。"

5日 在《文艺报》第5号发表短论《杂谈短篇小说》。

6日 出席中国作家协会书记处召开的北京文学期刊编辑座谈会，并发言。

9日 在《人民日报》发表演讲《在北京文学期刊编辑座谈会上的发言》，后于《人民日报》5月10日续完，原刊总标题为《加强编辑部和作家的团结》，并加有编者按语，现题为编者所加。

10日 在《人民日报》发表《在中国作家协会书记处召开的

北京文学期刊编辑座谈会上的结束语》。

11 日　在《大众电影》第 9 期发表演讲《文化部沈雁冰部长在优秀影片授奖大会上的讲话（摘要）》。

14 日　出席北京中国画院成立大会，并致辞。

15 日　在《人民日报》发表演讲《中国画院成立祝词》（署沈雁冰），指出：中国画院的成立，"是和教条主义、宗派主义斗争的结果"；"中国画院的主体是画家，而不是少数的行政人员。如果将来也发生像大学里的系秘书指挥系主任，行政干涉艺术创作、研究、教学等等，我以作家的身份，愿奋秃笔，用杂文这武器，为各位后盾"。

同日　下午应邀出席统战部召开的座谈会，发言批判宗派主义、教条主义和官僚主义。讲话开门见山指出"问题太多，一部二十四史不知从何说起"，认为宗派主义者常常是严重的教条主义者，并必然造成官僚主义，因为"你既包办一切，任何事情都不跟他商量，或只教他画诺，那他就被造成为官僚主义"。对此，茅盾指出："所有这一切，其根源又是缺乏民主。开展民主是消除这三个坏东西的对症药！"针对宗派主义，认为不懂业务的党员领导只重视上级领导意见却极度轻视非党专家的意见，"这是不是可说：不懂装懂，念念不忘于什么威信，就是促成了像上面所说的宗派主义的原因？"针对官僚主义，指出"官僚主义产生的根源是主观主义、教条主义的思想方法，而滋长这种官僚主义的土壤都是对于业务的生疏乃至外行"，"有一个时期，没有学问而靠教条主义办事的领导者，用各种帽子来压服提意见的人，结果迫使本来沾染教条主义比较少的人也加紧学习教条主义，而结果被称为'进步'云云"。针对被统死的出版工作，茅盾满腹怨言道："问题真不少，我倒早就晓得，在三年前就知道一些。可是该怎么办呢？请你去问问主管这事的人们,大概只能得个这样的回答:问题十分复杂,牵掣到别的部,牵掣到制度、体制(不是文化部内的体制)等等,因而得从长计较。如果要改弦更张(我看到改弦更张的时候了),决心必须来自最高方面。"①

同日 致《诗刊》编辑部信,把寒绍梅的长诗《什卡与玛娅》介绍给诗刊编辑部。并致寒绍梅信,谈关于稿件的问题。

16 日 在上海《文汇报》发表《我的看法——在中共中央统战部召开的民主党派负责人和无党派人士座谈会上的发言》,此即 5 月 15 日在中央统战部民主人士座谈会上的讲话。

17 日 在《人民日报》发表书信《关于〈世界短篇小说大系〉体例问题的信》。

18 日 作《毛主席〈在延安文艺座谈会上的讲话〉发表 15 周年纪念会上的发言》。

19 日 致童焕华信。按:童焕华当时是一位文学青年。他看了茅盾的作品《秋收》后,发现茅盾笔下描写农民吃南瓜、芋艿的时间以及晚稻播种时节等内容似乎有误,便抱着提建议的想法给茅盾写了一封信。没想到仅过了 9 天,他便收到了茅盾回信。

20 日 在《人民文学》第 5—6 月合刊发表文论《在已有的基础上继续努力》。

同日 在《作家通讯》第 1 期发表演讲《在编辑工作座谈会上的发言》,指出诗不可强求"时代感":"诗可以有时代感,也可

---

① 《人民日报》1957 年 5 月 16 日对本次统战部座谈会做了全面报道,包括茅盾的发言全文。本次发言后,"有关方面"暗示茅盾的发言有错误,"要吸取教训"。(韦韬、陈小曼《我的父亲茅盾》,辽宁人民出版社 2004 年版)。在内部排队中被定为"中右嫌疑"。(陈徒手《人有病 天知否》,人民文学出版社 2000 年版)

以没有时代感,如果强求时代感,又可能陷到公式化、概念化中去……古时候有一种'应制诗',这种诗的时代感强得很,但这种诗又实在不好。"

21日 出席中国人民保卫世界和平委员会常务委员扩大会议。

22日 中国作协于下午二时召开党外作家会议,茅盾本应是与会者之一,但由于郭小川忘记通知茅盾,开会时才临时打电话通知茅盾,茅盾表示不参加了。郭小川和刘白羽只好登门邀请。①

23日 出席首都各界纪念毛泽东主席《在延安文艺座谈会上的讲话》发表15周年大会,并发言。并出席中国科学院学部委员会第二次全体会议开幕式。

同日 在《人民日报》发表演讲《纪念〈在延安文艺座谈会上的讲话〉发表十五周年的发言(书面)》,原刊有通栏标题:"毛主席《在延安文艺座谈会上的讲话》发表十五周年纪念",系茅盾笔迹。

30日 出席中国科学院学部委员会第二次全体会议闭幕式。

同日 分别致恰可夫斯基、罗金达尔信。

6月

1日 出席首都各界支持世界和平理事会将在科伦坡召开的集会。

---

① 钟桂松:《茅盾"懦弱"吗——从茅盾的几件事说起》,《茅盾研究》第11辑,新加坡文艺协会2012年版。

3 日　出席中国与南斯拉夫关于文化合作协定的会谈,并代表中方致辞。

同日　致叶子铭信,信中说:"我也不便把您的这篇论文介绍去出版;如果我这样做了,特别因为我还是文化行政的高级负责人,便有利用职权、自我宣传的嫌疑。"

7 日　出席"中南文化合作协定"签字仪式,代表中方在《协定》上签字。

上旬　出席中国作家协会党组召开的党外作家座谈会,并发言。

13 日　分别致叶子铭、《中国青年》编辑部、《译文》社信。致《中国青年》编辑部信中谈了两个问题:"青年们是不是学好难而学坏容易?""光给细的经过消毒的东西吃,还是应当也给吃些粗的,不完全消毒的?"最后说:"我以为应当对于'百花齐放、百家争鸣'这一政策的英明、正确和积极作用,毫不怀疑,应当坚决地贯彻它。"

16 日　在《文艺报》第 11 号发表演讲《在作协整风会上的发言》,原刊有通栏标题:"作协在整风中广开言路",现标题为编者所加。

同日　致李光耀信,信中说:"我个人认为不值得花工夫把《子夜》改编为电影剧本。"

17 日　在《人民日报》发表论文《"放""鸣"和"批判"》。作《从"眼高手低"说起》。致 Tennekoon 信(署您的忠实的茅盾)。

19 日　致《译文》社信。作《〈子夜〉蒙文版序》,后刊于蒙文本《子夜》蒙古国家出版局 1957 年 7 月版。

20 日　致拉·古尔巴扎尔信。致王锡龄信。

24 日　致朱明基信。

26日 致陈冰夷信。在《文汇报》发表《百花齐放,百家争鸣和知识分子的思想改造》。

26日—7月15日 出席第一届全国人民代表大会第四次会议,系主席团成员。

7月

5日 作《〈译文·亚洲文学专号〉前言》。

12日 作《一幅简图——中国文学的过去、现在和未来》。

14日 出席中宣部、文化部联合召集的参加人大的文艺界人士座谈会,周恩来总理到会讲话。会后应邀与周恩来总理等共进晚餐。

15日 出席第一届全国人民代表大会第四次会议闭幕式。

同日 在《人民日报》发表演讲《关于文化工作中的几个问题——在第一届全国人民代表大会第四次会议上的发言》,一面肯定1949年来的文化成绩,一面驳斥"右派"对文化工作"今不如昔"的言论,并将文化工作中出现的问题归结为"作家、艺术家没有很好地掌握马克思主义,对于工农的生活、思想、感情不熟悉",出路只在于继续进行思想改造。

同日 在《文学青年》7月号发表演讲《谈青年业余创作——在沈阳市青年业余作者大会上的讲话》。

16日 在《中国青年》第14期发表书信《两个问题》(署玄珠6月13日写),以通讯形式参加《中国青年》编辑部组织的题为"青年怎样对待百花齐放"的讨论。

19日 作《必须加强文艺工作中的共产党的领导》。

24日 出席并主持宴会,欢送苏联对外文委负责人茹可夫,并致辞。

同日　致刘莹朗信。

25 日　在《诗刊》第 7 期发表文论《从"眼高手低"说起》。

26 日　出席苏联驻华使馆欢送茹可夫宴会,并即席致辞。

同日　周扬、邵荃麟来谈关于中国作家协会党组扩大会议等事宜。

28 日　在《文艺报》第 17 号发表论文《必须加强文艺工作中的共产党的领导!》,对"马列主义世界观就是公式化概念化的根源"的观点进行了批驳。

30 日—9 月 17 日　出席中国作家协会党组扩大会议共26 次。

本月　蒙文版《子夜》由蒙古国家出版局出版,内收《〈子夜〉蒙文版序》(署茅盾 1957 年 6 月 19 日写)。

8 月

3 日　在中国作家协会党组扩大会议上作《洗心革面,过好社会主义关!》的书面发言。

5 日　致桐乡县广播站信。

9 日　出席国务院第五十六次全体会议,并就"中南文化合作协定"签字经过作说明。

12 日　作书信《关于写真实和独立思考》。

14 日　作论文《公式化、概念化如何避免?——驳右派的一些谬论》。

16 日　在《中国青年报》发表书信《关于写真实和独立思考》。

同日　出席并主持中国作家协会召开的党组扩大第十八次会议,对所谓的"洋奴政客"萧乾作了批判。

18日 在《文艺报》第 20 号发表随笔《洗心革面，过好社会主义关!》，一面指斥丁玲，一面警醒和点拨丁玲放下面子赶快承认错误。但是，茅盾的好心蓄意提示，没能帮助丁玲过关。

28日 致邵荃麟信，提到几次缺席丁、陈问题扩大会的原因是自己的"脑子病"，"我今天向你诉苦，就是要请你转告《人民日报》八版和《中国青年》编辑部，我现在不能为他们写文章"。①

30日 出席墨西哥民族现代芭蕾舞演出开幕式，并接见了芭蕾舞团团长及部分演员。

本月 作《为剑三兄题词附言》，标题为编者所加。在《译文》8 月号发表《〈译文·亚洲文学专号〉前言》，原题为《前言》，文中希望这个"专号""将引起我国的文学工作者更好地学习亚洲各国文学的精华"。

9 月

6日 出席中国人民保卫世界和平委员会等三团体的联席会议，听取出席东京第三届禁止原子弹、氢弹和争取裁军世界大会中国代表团团长蔡廷锴的报告。

同日 观看匈牙利民间歌舞团演出的节目，并随同李富春、薄一波接见全体演员。

同日 作评论《刘绍棠的经历给我们的教育意义》。

7日 周恩来总理接见并宴请参加亚洲电影周的各国代表，应邀出席作陪。

---

① 从 1957 年 7 月 30 日到 9 月 7 日，中国作家协会连续召开几十次党组扩大会，轮番批判文化界的所谓"右派"的"罪行"。对此茅盾难以接受，但又难以公开反对，所以推托养病，给时任作协副主席、党组书记的邵荃麟写信，以拒绝写批判文章和参加批判会议，体现了茅盾的政治智慧。

8 日　在《文艺学习》第 9 期发表论文《公式化、概念化如何避免？——驳右派的一些谬论》。

中旬　出席中国作协举行的批判萧乾的会议，并发言。

16 日　出席中国作家协会党组扩大会，批判丁玲、陈企霞。

同日　齐白石逝世，列名齐白石治丧委员会，随周恩来总理等向齐白石遗体告别。

同日　在《中国青年》第 18 号发表评论《刘绍棠的经历给我们的教育意义》。

17 日　出席中国作家协会党组扩大会议总结大会，发表题为《明辨大是大非、继续改造思想》的讲话。下午出席齐白石治丧委员会会议，决定丧仪活动具体时间。

18 日　致程金龙信。

19 日　下午出席全国人大常委会扩大会议。

22 日　出席齐白石公祭仪式。致《译文》社信。

26 日　出席全国人民代表大会常务委员会第七十九次和中国人民政治协商会议常务委员会第四十五次联席会议，当选为庆祝俄国十月革命 40 周年纪念筹委会委员。

28 日　晚上出席埃及电影周开幕式。

29 日　赴火车站迎接柬埔寨文化艺术代表团，并致辞。并主持宴会招待柬埔寨文化艺术代表团，会上致辞。

同日　在《人民日报》发表讲话《明辨大是大非、继续改造思想——1957 年 9 月 17 日在中共中国作家协会党组扩大会议上的发言》，亦刊于《文艺报》第 25 号；发表随笔《欢迎柬埔寨文化艺术代表团》（署文化部部长沈雁冰）。

30 日　出席中叙友好协会成立大会。晚上出席周恩来总理举行的国庆宴会。

本月 作《〈夜读偶记〉前言》。

10 月

1 日 出席首都人民欢度中华人民共和国国庆大会。

3 日 晚上出席柬埔寨文化艺术代表团在京演出开幕式,并致欢迎词。

同日 作《社会主义现实主义永远胜利前进》。作《写在〈蚀〉的新版的后面》,后附于人民文学出版社 1958 年 3 月版《茅盾文集》第 1 卷。

6 日 致电苏联科学院院士巴尔星,祝贺苏联人造卫星上天。并与丁西林等 130 余人联名在《文艺报》第 26 号发表《不准联合国干涉匈牙利内政》。

7 日 在《人民日报》发表贺电《苏联发射出人造卫星》,系以中国文化部部长的名义致苏联科学院巴尔金院士的贺电,标题为编者所加。

8 日 致富米切夫信。

11 日 致温蠖信。出席中国作家协会等单位召开的批判会。

17 日 在《人民日报》发表论文《我们要把刘绍棠当作一面镜子》,亦刊于《文艺报》第 28 号,系 1957 年 10 月 11 日在批判刘绍棠大会上的讲话。

22 日 出席并主持欢迎越南文化考察团宴会。

24 日 出席全国政协常委扩大会第四十八次会议。

26 日 经全国人大常委会、国务院、中共中央决定,列名毛泽东主席为团长的中国访苏代表团成员。

31 日 作《〈第一阶段的故事〉新版的后记》,后收入《茅盾文集》第 4 卷《第一阶段的故事》文末。

本月 在俄文版《外国文学》的"中国文学专号"发表论文《中国文学的过去、现在和未来》，后收入《茅盾文艺评论集》时，改题为《一幅简图——中国文学的过去、现在和远景》。

11 月

1 日 出席并主持招待缅甸文化代表团的宴会。

同日 出席新华书店为庆祝十月革命 40 周年在劳动人民文化宫举办的露天书市，佩戴"书市服务员"证章，接待读者，为读者服务。

2 日 随毛泽东主席等离京赴苏。当日抵达莫斯科。

3 日 在《文艺报》发表随笔《社会主义现实主义永远胜利前进》。

4 日 随毛泽东主席等拜会苏联党政领导人。下午赴中国驻苏大使馆、莫斯科东方博物馆，参加版画展览会开幕式，并为之剪彩。晚上随代表团拜会布尔加宁。晚饭后观看电影。

5 日 中午随毛泽东主席等拜谒列宁墓并献花圈。

6 日 出席苏联最高苏维埃庆祝十月革命 40 周年大会。

7 日 出席莫斯科庆祝十月革命 40 周年阅兵式。并出席最高苏维埃主席团举行的庆祝十月革命 40 周年宴会。

8 日 出席莫斯科庆祝十月革命 40 周年群众大会。晚上赴体育馆参加庆祝宴会。

9 日 在《人民日报》发表电报《致斯米尔诺夫——庆祝十月革命四十周年》。

9—14 日 在莫斯科参观、接受访问，参加各界人士座谈会，并出席中苏文化合作谈判会议，商谈制订 1958 年文化合作执行计划。

15日 在《新港》11月号发表随笔《答国际文学社问》(署 M.D,1934年作)。中午听取我代表团王阑西、张映吾与苏方商谈日程结果。至文化部举行第一次双方代表全体会议。晚上随毛泽东主席在莫斯科大剧院观看《天鹅湖》。

同日 在苏联《真理报》发表散文《愿人人都能享受这种幸福》,盛赞苏联新西伯利亚歌剧芭蕾舞团的演出。后由冯南江据俄文转译。

16日 下午出席苏联对外文化协会举行的招待宴会。晚上观看音乐剧《战争与和平》。

17日 出席苏共中央为欢迎毛泽东主席等举行的招待宴会。

18日 参加各国共产党工人党的代表大会。

20日 出席苏共中央举行的欢送宴会,并合影。

25日 下午返回北京。

27日 致陶武信。

28日 晚上出席南斯拉夫驻中国大使波波维奇举行的晚会,庆祝南斯拉夫国庆12周年。

12 月

1日 与陈毅副总理等观看波兰华沙杂技团访华首次演出。

2日 出席中波文化合作协定1958年执行计划签字仪式,并代表中国政府在协定上签字。中午出席并主持宴会,欢送波兰文化代表团回国。

6日 晚上出席并主持由文化部、中苏友好协会等单位举办的欢送苏联芭蕾舞团宴会,并讲话。

10日 作《我们热爱乌克兰——庆祝乌克兰苏维埃社会主

义共和国诞生四十周年》。致希日尼亚克信。

12 日 致沙战信,指导其写作。

14 日 分别致陈冰夷、艾·马尔兹信。致艾·马尔兹信中谈关于社会主义现实主义的问题。

19 日 致朱长翎信。作《答 JUGOPRES 提出的三个问题》,本篇发表刊物未详,JUGOPRES 即南斯拉夫新闻社。

28 日 致想当作家的青年袁宗铣信,劝其安心在农村劳动。

本年 作笔记《文言与口语》,标题为编者所加;作短论《关于简化汉字》,标题为编者所加;作《法国的古典主义文学运动》,是《夜读偶记》初稿未刊的一部分,标题为编者所加。

本年 蒙文版《子夜》(古日斯德译)由蒙古人民共和国国家出版局出版。

本年起 作《夜读抄(二)》(1957—1959),标题为编者所加。涉及林斤澜、布文、蓝山珊、徐迟潘勋、焦祖尧等的作品点评。

本年起 《茅盾评论集》全 5 册(1957—1966),由东京都立大学以松井博光为中心的研究班编辑刊出。

1958 年(戊戌) 62 岁

▲5 月,中央提出"鼓足干劲、力争上游、多快好省地建设社会主义"总路线。

▲9 月至 10 月,各地报刊刊文,对革命现实主义和革命浪漫主义相结合的创作方法展开热烈讨论。10 月 31 日至 12 月 26日,《文艺报》编辑部连续召开了 7 次座谈会,进一步讨论革命现

实主义与革命浪漫主义相结合的问题。

▲11月,中共八届六中全会召开,通过了《关于人民公社若干问题的决议》。

1 月

5 日 致朱身荣信,谈《白杨礼赞》的写作背景。

6 日 作《关于所谓写真实》。

7 日 致徐静昌信,回答关于《动摇》的问题。

9 日 出席国务院第六十八次全体会议,并就中苏文化合作协定今年执行计划作有关说明。

11 日 在《文艺报》第 1 期发表论文《夜读偶记——关于社会主义现实主义及其它》(一)。

26 日 在《文艺报》第 2 期发表论文《夜读偶记——关于社会主义现实主义及其它》(二)。

28 日 致《农民旗帜报》编委会信。

2 月

1 日 出席第一届全国人民代表大会第五次会议开幕式,听取李先念副总理的报告。

2—10 日 出席第一届全国人民代表大会第五次会议,听取报告和发言。

8 日 在《人民文学》2 月号发表文论《关于所谓写真实》,指出:"文艺之必须具有真实性,是不成问题的。从古到今,伟大的经得起时间考验的文艺作品,一定具有真实性"。

11 日 出席第一届全国人民代表大会第五次会议闭幕式。

17 日　电唁日本作家德永直,刊于《人民日报》。

19 日　为《北方》题《祝词》一则,刊于《北方》8 月号。

25 日　致列宁格勒的少先队员们、小学的同学们信,信中说:"祝你们学习好,身体好,祝你们快快地成长,像你们父兄一样的为伟大的共产主义建设事业贡献出巨大的力量。"

本月　致人民文学出版社编辑部信。

3 月

7 日　出席中国作家协会书记处会议,通过致全国作家的信及有关事项。

8 日　继续出席中国作家协会书记处会议。

同日　在《文学知识》第 3 期发表讲话《创作问题漫谈——在中国作家协会创作工作座谈会上的发言》。

9 日　程砚秋逝世,列名程砚秋治丧委员会。

10 日　出席中国人民政治协商会议全国委员会常务委员会会议。

12 日　作《如何保证跃进——从订指标到生产成品?》。

13 日　出席首都文艺界公祭程砚秋大会。

18 日　致作协办公室信,希望解除挂名兼职,减少会议,以保证个人创作。

30 日　致王西彦信。

本月　《茅盾文集》第 1、2 卷由人民文学出版社出版。第 1卷收入《蚀》(《幻灭》《动摇》《追求》三部曲)、《写在〈蚀〉的新版后面》(写于 1957 年 10 月 3 日);第 2 卷收入《虹》《路》《三人行》,附录《〈茅盾选集〉自序》。

4 月

8 日　在《人民文学》4 月号发表随笔《如何保证跃进——从订指标到生产成品?》。

8—11 日　出席中国作家协会召开的文学评论工作会议。

16 日　与夏衍看了电影《林家铺子》试片,感到满意,在细节上提出修改意见。①

同日　致杜郁芳信,谈关于写作的问题。

18 日　分别致 A. 斯米尔多夫、A. 茜夫满信。

21 日　写完《夜读偶记》。

26 日　在《文艺报》第 8 期发表《夜读偶记——关于社会主义现实主义及其它》(三)。

本月　作《〈劫后拾遗〉新版后记》。

本月　作《〈霜叶红似二月花〉新版后记》,后附于人民文学出版社 1958 年 9 月版《茅盾文集》第 6 卷《霜叶红似二月花》篇末。

5 月

4 日　作《〈工人诗歌百首〉读后感》《读书札记〈林海雪原〉》。在《人民日报》发表演讲《在首都各界纪念"五四"四十周年大会上的讲话》。

5 日　晚上出席德意志民主共和国驻华大使举行的庆祝马克思诞辰 140 周年酒会。

---

① 夏衍《给谢添同志的一封信》,刊于《电影创作》3 月号。

11 日　在《文艺报》第 9 期发表论文《夜读偶记——关于社会主义现实主义及其它》(四)。

12 日　作《谈最近的短篇小说》。

15 日　作《〈谈最近的短篇小说〉附记》。

16 日　作《读书札记·〈迎春曲〉》《读书札记·〈红旗谱〉》。

17 日　作散文《中国人民的亲热的朋友》,当时未在国内发表,经外事部门转交给魏斯科普夫夫人魏丁。魏斯科普夫 1955 年 9 月 14 日去世,茅盾应魏斯科普夫夫人魏丁之约,写下这篇回忆魏斯科普夫的文章。

21 日　致蔡耕信。

23 日　上午接待山东师范学院中文系中国现代文学研究生来访。

同日　致魏斯科普夫夫人、A. 魏丁信。

25 日　在《诗刊》5 月号发表评论《〈工人诗歌百首〉读后感》,亦刊于《人民日报》27 日。

26 日　在《文艺报》第 10 期发表论文《夜读偶记——关于社会主义现实主义及其它》(续完)。文末附《小记》,谈到《夜读偶记》的写作过程和主要观点。

27 日　晚上出席并主持中苏友好协会、文化部、中国音乐家协会联合举办的宴会,招待苏联国家交响乐团,并致辞。

本月　《茅盾文集》第 3、4 卷由人民文学出版社出版,第三卷含《子夜》《后记》;第 4 卷含《多角关系》《第一阶段的故事》《〈第一阶段的故事〉新版后记》。《〈第一阶段的故事〉新版后记》说明小说原题为《何去何从》,"象征"着"有觉悟的青年""走上了中国共产党所指示的道路";但在 1945 年印单行本时,"觉得,这书没有写完","索性改题为《第一阶段的故事》"。

6月

1日 致魏斯科普夫夫人信。

3日 作《越文版〈茅盾短篇小说选〉自序》。

6日 致陶武信。

8日 在《人民文学》6月号发表述评《谈最近的短篇小说》，后收入《谈最近的短篇小说》单行本作家出版社 1958 年 7 月版。文章评介了《洼地青春》(申蔚)、《七根火柴》(愿坚)、《进山》(勤耕)、《百合花》(茹志鹃)、《暴风雨之夜》(管桦)等作品。

同日 赴东北视察业余文艺活动开展情况，为期一个月。上午到沈阳。晚上出席文化局组织的座谈会。

9日 参观重型机厂并与该厂文学小组成员见面。

10日 赴省文艺干校，并对学员讲了话。下午出席作协座谈会。

11日 上午赴红星剧场慰问来此演出的中国儿童剧院的导演、演员。下午赴铁西区委了解全区创作网情况。晚上观看工人自编自演的晚会演出。

12日 出席沈阳市文化局、中国作家协会沈阳分会联合举办的沈阳青年业余作者大会，并作报告。晚上观看京剧《盖友义忘本前后》。

13日 下午赴高坎农业社，参观电井、配种站，观看文娱节目。

14日 抵达哈尔滨。下午听取文化局、文联等单位负责人汇报情况。晚上当地高级干部的业余写作者若干人来座谈。

15日 作《〈百合花〉附记》。下午在哈尔滨市工人文化宫与"萌芽"文学小组全体同志合影留念，并就创作问题给以辅导。

晚上观看哈尔滨市民间歌舞队的表演。

中旬　出席文学创作者和文化艺术工作者报告会,朗诵了民歌《我来了》,赞扬民歌"丰富的想象力",并勉励青年业余文艺工作者。

16日　下午到民主青年联合会向业余工农作者200余人作报告。晚上赴文化宫观看儿童剧院演出的《巧媳妇》。

17日　赴文化宫向儿童剧院全体人员讲话。并在黑龙江省文联召开的工农业余创作会议上作报告。

同日　致延泽民信,谈对其《红格丹丹的桃花岭》一稿的意见。

18日　午后赴省文联和正来开会的工农业余作者合影。旋即赴郊区参观金星合作社。晚上到哈尔滨第一工具厂,与厂领导及"萌芽"文学小组全体同志进行座谈,并为他们写字留念。手迹内容:"前年萌芽,去年开花,今年结果,在党的阳光照射下,在厂党委的辛勤培养下,萌芽将在全厂广播种子。"

19日　应《北方》编辑部同志的请求,题词:"发掘群众业余的文艺潜力,为生产服务,为中心工作服务,贯彻执行在普及基础上的提高和提高指导下的普及!"

同日　下午参观亚麻厂及玻璃丝厂。晚上省长于毅夫为其饯行,随即离开哈尔滨赴牡丹江。

20日　上午抵牡丹江。下午赴镜泊湖游览、参观。

21日　获悉柳亚子先生逝世,列名治丧委员会委员。

22日　返牡丹江,途中参观农业合作社、水泥厂。

23日　离哈尔滨,经图们,抵延吉。

26日　参观延边艺术学校,看朝鲜族舞蹈表演,参观延边大学师范部。

27 日 与文艺工作者座谈。

28 日 出席市文化部门组织的文艺工作者报告会,并作报告。晚上观看歌剧《孔菊与潘姬》。

29 日 分别与民族歌舞团和部分作家座谈。

30 日 离延吉市到长春。

7 月

1 日 作《试谈短篇小说》。

2 日 听取省文化局及作协分会负责人工作汇报。参观长春电影制片厂。晚上赴工人文化宫,在工人业余文艺工作者的联欢会上讲话。

3 日 下午参观第一汽车制造厂。

4 日 下午参观民办工业。晚上与业余文艺老干部座谈。

5 日 下午赴工人文化宫出席长春市文艺界大会,并作报告。晚上赴长影观看《水库歌声》等。

6 日 为《长春文艺》题词。下午与部分青年作家座谈。晚上省委、市委负责同志设便宴招待。观看地方戏。

7 日 上午参观石棉厂。晚上赴车站,离长春返京。

8 日 返回北京。

10 日 致中国科学院有机化学研究所信,介绍沈霞、萧逸的情况。

19 日 作《我们全力支持阿拉伯人民的正义斗争》。

26 日 在《文艺报》第 14 期发表短论《我们全力支持阿拉伯人民的正义斗争》。

28 日 作《跃进中的东北——(一)长春南关行》。

29 日 作《〈夜读偶记〉后记》。

31 日　作《〈春蚕〉匈文版序》。致匈牙利"Tajekoztato"报编辑部信,谈及《春蚕》和现在的工作情况。

本月　在《文学青年》7 月号发表演讲《谈青年业余创作——在沈阳市青年业余作者大会上的讲话》。

本月　《谈最近的短篇小说》(编选)由作家出版社出版。内收同题论文,附小说 7 篇:《嫩江风雪》(丁仁堂著)、《洼地青春》(申蔚著)、《七根火柴》(王愿坚著)、《进山》(勤耕著)、《暴风雨之夜》(管桦著)、《忆》(绿岗著)、《百合花》(茹志鹃)。

8 月

1 日　在怀仁堂观看曲艺会演,听苏州评弹。

同日　作《〈跃进中的东北〉小序》。并为《新文化报》题写刊头,刊于《新文化报》创刊号。

5 日　在《北方》第 8 期发表演讲《茅盾同志在黑龙江省工农业余作者座谈会上的讲话》。

同日　致萨里、约瓦德、阿尔—托玛等信(署中国作家协会主席茅盾),后刊于《人民日报》8 月 7 日,题为《给伊拉克共和国作家的回信》。系作者代表中国作家给伊拉克作家的复信。

9 日　观看北方昆曲剧院演出的《红霞》。连夜写成《观北昆剧院初演〈红霞〉》(诗二首)。

11 日　在怀仁堂观看曲艺会演。

12 日　作七言绝句《曲艺会演片段》(四首)。致《杭嘉湖文艺》月刊社信,并题字一则。题字是"杭嘉湖文艺"刊头。

13 日　在《人民日报》发表诗作《观北昆剧院初演〈红霞〉》(诗二首)。1958 年 8 月,北方昆曲剧院上演金紫光、黄励改编的昆曲剧本《红霞》,得到好评。茅盾观看后,热情写诗赞扬。其

一,热情赞扬新昆剧《红霞》在当时戏曲改革中所起的突出作用;
其二,热情赞美剧中的人物。

14 日 作《为了亚非人民的友谊和团结》。

16 日 在《人民日报》发表七言绝句《曲艺会演片段》四首。
按:当时第一届全国曲艺会演在北京举行,会上演出从各地精选
出来的近 200 个节目。茅盾作为中央文化部部长,在中南海怀
仁堂观看演出以后,写下 4 首近于民歌体的七言古诗。

20 日 在《人民日报》发表散文《跃进中的东北——长春南
关行》。

26—27 日 在《人民日报》发表散文《跃进中的东北——延
边——塞外江南》。

28 日 致 B. 特路静信。

本月 《茅盾文集》第 5 卷由人民文学出版社,收《腐蚀》及
《后记》《劫后拾遗》《新版后记》(1958 年 4 月写)。

本月 在《处女地》8 月号发表演讲《关于革命浪漫主义——
六月十日在作家协会沈阳分会座谈会上的发言》;在《长春》8 月
号发表演讲《文艺和劳动相结合——在长春市文艺界大会上的
讲话》,后略作修改刊于《文艺报》第 18 期(9 月 26 日);在《北方》
8 月号发表演讲《在黑龙江工农业余作者座谈会上的讲话》;在
《文学青年》8 月号发表评论《试谈短篇小说》。

本月 《夜读偶记》由天津百花文艺出版社出版,附《前言》
(1957 年 9 月作)、《后记》(7 月 29 日作)。按:1956 年何直发表
《现实主义——广阔的道路》,在全国引起极大反响,并引发对社
会主义现实主义创作方法问题的热烈讨论。茅盾陆续读了 1956
年 9 月至 1957 年 8 月国内 8 种主要文艺刊物登的讨论社会主义
现实主义创作方法问题的文章 32 篇,约 50 万字后,偶有所感,

记在纸上,经整理写成《夜读偶记》。从 1957 年 9 月写起,1958
年 4 月 21 日写迄。

9 月

1—2 日　在《人民日报》发表散文《跃进中的东北——北地
牡丹越开越艳》。

2 日　作《关于〈党的女儿〉》。

3—6 日　在《人民日报》发表散文《跃进中的东北——哈尔
滨杂记》。

5—6 日　出席毛泽东主席主持的第十五次最高国务会议。

7 日　出席首都 300 万人的示威游行,抗议美帝国主义阻挠
中国人民解放台湾,代表文艺科教界人士在大会上讲话。

8 日　上午出席最高国务会议,听取毛泽东主席讲话。晚上
出席朝鲜电影周开幕式,并致辞。

9 日　在《解放军报》发表短论《向英勇的前线将士致敬》。
作《拥护周总理的声明》,未发表,据手稿编入《茅盾全集》第 17
卷,标题为编者所加。

10 日　在《人民日报》发表散文《跃进中的东北——群众文
艺运动在沈阳》。

11 日　在《新文化报》第 9 期发表题词《为粉碎美国军事挑
衅而抗议的题词一则》。在文化部部务会议上做报告,题为《文
艺大普及中的提高问题》,肯定东北文艺界的热情,并指出发展
中辅导力量不足、发展不平衡及写作技巧等问题,还阐释了革命
现实主义和革命浪漫主义如何结合、青年理论队伍如何培养提
高等问题。并作《〈文艺大普及中的提高问题〉附录》。

16 日　在《新文化报》第 10 号发表演讲《文艺大普及中的提

高问题——一九五八年九月十一日在文化部部务会议的报告》，文后有《附录》。

20 日 出席纪念三大世界文化名人大会，并致开幕词。

25 日 出席陈毅副总理为即将离任的缅甸驻华大使吴拉茂饯行的宴会。

26 日 在《大众电影》第 18 期发表评论《关于〈党的女儿〉》。

27 日 出席中国文联主席团扩大会议，作题为《新形势与新任务》的演讲。

28 日 出席周恩来总理主持的中华人民共和国国庆宴会。

29 日 上午出席中国伊拉克友好协会成立大会。

30 日 出席我国与十个国家的友好协会成立大会，并当选为中波友好协会会长。

本月 《〈谈最近的短篇小说〉附记》（6 月 15 日写于哈尔滨）收入《百合花》（文艺小丛书 20，短篇小说集，茹志鹃等作），由人民文学出版社出版。

本月 《茅盾文集》第 6 卷由人民文学出版社出版，收《霜叶红似二月花》《新版后记》（写于 1958 年 4 月）、《清明前后》《后记》。

本月 在《译文》9 月号发表《为了亚非人民的友谊和团结》，本文为《译文》"亚非国家文学专号"而作，指出："我们编辑亚非国家文学专号，有两个目的：一是欢迎亚非国家作家会议，二是希望通过文学使我国广大读者进一步了解亚非各国人民的愿望和生活。总起来说，就是促进亚非各国的文化交流，加强亚非国人民的友谊和团结"。按：《译文·亚非国家文学专号》分上、下两辑，下辑 10 月出版。

本月 《春蚕》作为"文学小丛书 7"由人民文学出版社出版，收入《春蚕》《秋收》《残冬》《林家铺子》。

本月　《林家铺子》(注音本)由文字改革出版社出版。

本月　《〈霜叶红似二月花〉新版后记》收入《茅盾文集》第6卷。后又收入1961年11月版《霜叶红似二月花》单行本。

10 月

1 日　出席首都人民欢庆中华人民共和国国庆大典。晚上观看焰火。

3 日　率中国作家代表团,前往塔什干出席亚非作家会议。

5 日　下午抵达塔什干。

7 日　下午出席亚非作家会议开幕式,以中国代表团团长的身份作题为《为民族独立和人类进步事业而斗争的中国文学》的专题发言。

8 日　在《人民文学》10月号发表短论《祝亚非作家会议》。下午继续出席亚非作家会议。

9—10 日　继续出席亚非作家会议。9日晚上出席亚非作家的诗歌朗诵会。

11 日　在《文艺报》第19号发表演讲《为民族独立和人类进步事业而斗争的中国文学》,亦刊于《人民日报》10月13日。讲话回顾了中国古代和亚非各国、各民族的文化交流和友好往来的历史事实,论述了中国各民族的文学发展和成就。概括介绍了从西周时期到"大跃进"时的中国文学、中国作家。

12 日　去乌兹别克共和国斯大林集体农庄访问。

13 日　出席亚非作家会议闭幕式,并发表演讲。

14 日　在《人民日报》发表演讲《在庆祝亚非作家会议胜利闭幕的群众大会上的讲话(摘要)》。

中旬　返回北京。

19 日 从塔什干飞往莫斯科时,获悉郑振铎等乘坐的"图—104"客机在楚瓦什苏联的卡纳什地区失事,郑振铎是率领中国文化代表团赴阿富汗和阿拉伯联合共和国进行访问的。

同日 晚上作古体诗《悼郑振铎副部长》和《〈悼郑振铎副部长〉引言·诗后小记》以寄哀思。

21 日 列名郑振铎等 16 人治丧委员会。下午出席文化部和对外文委举行的追悼会。

26 日 去机场主持郑振铎等 16 位烈士骨灰运抵北京有关活动。

27 日 出席中国文联主席团扩大会议。下午出席周恩来总理接见 10 个国家的作家和诗人的会议。

29 日 上午作散文《悼郑振铎副部长》。

31 日 上午出席首都各界悼念郑振铎等大会,并报告郑振铎生平事迹。下午到中国作协炼钢工地,和印尼、缅甸、泰国、非洲塞内加尔等作家在土造炼钢炉,炼成一炉"象征亚非团结的钢"。

本月 《跃进中的东北》由作家出版社出版,是作者 1958 年 8 月至 9 月视察东北三省写的报告文学,结集前曾陆续发表于《人民日报》,包括:(1)长春南关行;(2)延边——塞外江南;(3)北地牡丹越开越艳;(4)哈尔滨杂记;(5)群众文艺运动在沈阳。这些散文着重描写了人民群众在"大跃进"潮中意气风发的时代风采,有浮夸的"左"的时代印记。艺术上保持了社会剖析风格特征。①

---

① 由于茅盾当时所获得的材料大都不符合事实,所以这部作品留有当时时代的印记。那时正是"轻率地发动'大跃进'运动和农村人民公社化运动,使得以高指标、瞎指挥、浮夸风和'共产风'为主要标志的'左'倾错误严重地泛滥开来"(《中国共产党中央委员会关于建国以来党的若干历史问题的决议》)的时期,这股浮夸风和"共产风"使站在领导岗位上的茅盾很难加以抵制。

11 月

1 日　在《新文化报》第 19 期发表散文《悼郑振铎副部长》。

2 日　作《崇高的使命和庄严的呼声》。

5 日　出席庆祝十月革命 41 周年举行的苏联电影周开幕式,并致辞。

6 日　出席首都各界人士欢庆十月社会主义革命节大会,为主席团成员。并设宴欢迎波中友协代表团,会见波兰大使。

10 日　出席中共中央宣传部组织的报告会。

11 日　作《〈鼓吹集〉后记》。在《新文化报》第 21 期发表演讲《新形势与新任务——九月二十七日中国文联主席团扩大会议上的开场白》;在《文艺报》第 19 期发表《为民族独立和人类进步事业而斗争的中国文学——在亚非作家会议上的报告》,亦刊于《人民日报》1958 年 10 月 13 日。

12 日　作《茅盾文集》第七卷、第八卷《后记》。致人民文学出版社编辑部信。

13 日　作《〈西京插曲〉附记》《〈秦岭之夜〉附记》《〈司机生活的片断〉附记》。

14 日　作《〈归途杂拾〉附记》《〈太平平凡的故事〉附记》。

15 日　作《〈茅盾文集〉第九卷后记》。

16 日　作《〈新疆风土杂忆〉附记》。

17 日　作《〈谈迷信之类〉补注》《〈风雪华家岭〉附记》。晚上出席对外文委举行的宴会,招待朝鲜艺术团,并致辞。

19 日　致布斯塔娃洛夫信。晚上观看朝鲜艺术团在京首场演出。

21 日　接见阿富汗文化代表团。

22 日　出席朱德副主席接见朝鲜政府代表团的仪式。出席周恩来总理为贵宾洗尘宴会。

同日　致阿尔巴尼亚青年朋友们信。

24 日　作《〈茅盾文集〉第十卷〈后记〉》。

25 日　致特米脱莱夫斯基信。在《诗刊》第 11 期发表诗歌《悼郑振铎副部长》,诗前有小序。

本月　《工潮》(《子夜》中的一章)收入"文学初步读物丛书",由作家出版社出版。附王一林、王今栋插图。

12 月

本月　在日文版《人民中国》12 月发表《牡丹江畔蒸蒸日上的建设热潮》。

本月　作散文《新年话家常》,未发表,后据打印稿编入《茅盾全集》第 25 卷。

本月　作七律《观朝鲜艺术团表演偶成》(二首)。

本月　作诗词《歌雄心更雄》。

秋　在一次谈话中,茅盾表示要写一部共产党以对资本主义工商业进行社会主义改造为题材的小说,并已拟了初稿,还同意小说完成后由《中国青年报》摘登或连载。

本年　因兼职太多,辞去《译文》主编职务。

本年　作《〈文艺大普及中的提高问题〉附录的附记》,后收入《鼓吹集》人民文学出版社 1959 年 1 月版;约本年作短评《考据与注释》,后刊于《东方文化周刊》1997 年第 13 期;作《读书杂记》,写于 1958—1959 年,涉及《林海雪原》《红旗谱》《青春之歌》《苦菜花》《迎春花》等作品。后收入《茅盾研究》第 2 辑(1984 年

12月）；作《文化战线上取得的胜利——应〈苏维埃俄罗斯报〉之请而作》（署沈雁冰），从文章内容推测应写于1958年末，发表日期不详。

本年　作《向共产主义迈进的伟大的计划——为苏联〈消息报〉写》（作于1958年末或1959年初）。

1959年（己亥）　63岁

▲4月至7月，周扬、林默涵、钱俊瑞、邵荃麟、刘白羽、陈荒煤、何其芳、张光年等在北戴河召开会议，提出改进文艺工作中的十个问题（即"文艺十条"）。

▲4月，郭沫若、周扬编选的《红旗歌谣》出版。

▲5月4日，首都举行"五四运动"40周年纪念大会。

▲7月至8月，中共中央在庐山先后举行政治局扩大会议和八届八中全会。会后在全党开展"反右倾"斗争。

1月

1日　在《新文化报》第31期发表随笔《新年祝词》（署沈雁冰）；在《世界文学》1月号发表《崇高的使命和庄严的呼声！》。

同日　在《新观察》第1期发表旧体诗七律《观朝鲜艺术团表演偶成》（二首），第一首《扇舞》，咏赞一个集体舞蹈节目；第二首《珍珠舞姬》，咏赞一位跳珍珠舞的美丽姑娘。后收入《茅盾诗词》河北人民出版社版1979年11月版。

5日　在《中国青年报》发表随笔《给全世界人民的喜讯》。

6日　作《庆祝苏联人民伟大的科学成就》。

7 日 致《中国青年报》编辑部信。在《新文化报》第 33 期发表随笔《庆祝苏联人民伟大的科学成就》。

10 日 作《短篇小说的丰收和创作上的几个问题》。致玛雅信。

27 日 作《漫谈文学的民族形式》。

本月 出席中宣部召集的全国文教界负责人座谈会,总结1958 年工作。

本月 评论集《鼓吹集》由作家出版社出版,是 1949—1958年的 42 篇文学论文的结集,"后记"(1958 年 11 月 11 日)称这是"宣传党的文艺方针的小册子"。

本月 参加春节联欢时作旧体诗《一九五九年春节》《春节摸彩》,后收入《茅盾诗词》河北人民出版社 1979 年版。按:1959年春节,中国文学艺术界联合会及下属中国作家协会等 10 个协会的在京领导成员与工作人员,共同组织大型春节联欢活动,茅盾怀着喜悦的心情赋诗志感,祝愿文艺战线在新的一年里取得更大的成就。"摸彩"为相互交换礼品的活动。

本月 作七绝《观剧偶成》,后收入《茅盾诗词集》上海古籍出版社 1985 年版。按:当时,中国京剧院和北京剧团联合演出新编京剧《赤壁之战》,马连良、李少春、谭富英等著名京剧演员同台演出,产生颇为强烈的社会反响。1 月 7 日,中国戏剧家协会专门召开座谈会,讨论此剧改编与演出的成败得失,后《戏剧报》开辟专栏连续进行讨论。茅盾观剧后写了这首七绝,既为抒发自己的感想,也是采用诗词形式非正式地参与这场讨论。

2 月

3—5 日 出席全国人民代表大会常务委员会第一〇四次

会议。

5 日 作评论《怎样评价〈青春之歌〉》。

8 日 在《人民文学》2 月号发表述评《短篇小说的丰收和创作上的几个问题》,着重谈了五个问题:其一,关于一鸣惊人的小小说,分析了 9 篇作品;其二,关于丰富多彩的劳动人民英雄形象,分析了 18 篇作品;其三,关于反映人民内部矛盾,分析了 10 篇作品;其四,关于革命的现实主义和革命的浪漫主义相结合的问题;其五,关于工作中的两个问题,即"真人真事的问题"与"正确对待技巧问题"。

13 日 出席首都各界庆祝中苏友好同盟互助条约签订九周年大会。

14 日 出席苏联驻华使馆举行的庆祝中苏友好同盟互助条约签订九周年宴会。

16 日 在《中国青年》第 4 期发表评论《怎样评价〈青春之歌〉》,认为对《青春之歌》的讨论很有意义①,并进而从三个方面具体而深刻地对《青春之歌》作了正面分析。文章明确指出:"《青春之歌》是有一定教育意义的优秀作品,思想内容上没有原则性错误,艺术表现方面却还有须要提高之处;因而,像郭开同志那样全盘否定它,而且从思想上否定它,是不对的!""评论一部反映特定历史事件的文学作品的时候,也不能光靠工人阶级的立场和马列主义的观点,还必须熟悉作为作品基础的历史情况;如果不这样做,那么,立场即使站稳,而观点却不会是马列主义的,因为在思想方法上犯了主观性和片面性,在评价作品时就

---

① 《文艺报》从 1959 年第 3 期起开辟"读者讨论会"专栏,讨论《青春之歌》。郭开等人写批判文章全盘否定《青春之歌》。

不可避免会犯反历史主义的错误。"全文不仅澄清了广大读者，尤其是青年读者在《青年之歌》上的认识混乱，而且为科学分析、评价文学作品树立了范本，并对此次讨论起了一锤定音的效果。

17 日 出席中国人民对外文化协会和保卫世界和平大会联合举行的欢迎美国著名黑人学者、世界和平理事会理事杜波依斯博士和夫人的宴会。

18—27 日 出席中国作家协会举办的文学创作座谈会，并作长篇发言。

18 日 与周扬等联名发表通电声明，要求巴基斯坦政府释放巴基斯坦作家费兹。

22 日 致乌镇房管会信。

23 日 出席中国保卫世界和平大会和对外文化协会联合举办的庆祝杜波依斯 91 岁寿诞的宴会。在《人民日报》发表随笔《愿月圆人寿，光明的更光明，不朽的永远不朽——庆祝杜波依斯博士九十一岁寿辰》。

同日 致巴维尔·楚维可夫信。

24 日 在《人民日报》发表文论《漫谈文学的民族形式》。

26 日 致班都拉信，附为乌克兰文《虹》写的序言。

27 日 致特米脱莱夫斯基信，附为俄译本《腐蚀》写的序言。

本月 作《向共产主义迈进的伟大计划——为苏联〈消息报〉写》。

本月 出席中宣部召开的宣传工作会议，检查 1958 年的文化工作。

本月 作序跋《致〈涅瓦〉杂志的读者》，刊于苏联《涅瓦》杂志 1959 年第 10 期。该刊同期发表《腐蚀》部分俄译（题为《一个迷误的女人的日记——长篇小说〈腐蚀〉的片断》）。

3 月

1 日 作《敬祝苏联第三次作家大会胜利成功!》。

2 日 致《中国青年》编辑部信,谈到去年曾答应给《中国青年》连载的长篇小说,至今仍未动笔。至于何时能了此文债,没有把握,也十分焦虑。后刊于《中国青年报》1981 年 4 月 2 日。

4 日 作《〈潘虎〉等三篇作品读后感》。

8 日 在《文学知识》发表文论《创作问题漫谈——在中国作家协会创作工作座谈会上的发言》,亦刊于《文艺报》第 5 期。系茅盾 1959 年 2 月 18 至 27 日在作协召开的创作工作座谈会上的发言。文章在肯定成绩的同时,批评了创作题材狭窄,因对革命浪漫主义的误解而产生的空想和浮夸,以及对为生产、为中心工作服务的片面理解等错误倾向,比较确切地指出了文艺“大跃进”中存在的问题。

13 日 出席周恩来总理接见两位加纳客人的晤谈。

14 日 作随笔《关于文学研究会》。

18—19 日 出席北京市人民代表大会常务委员会,听取关于北京市政府工作汇报。

20 日 在《世界文学》3 月号发表祝词《敬祝苏联第三次作家大会胜利成功!》。

20—30 日 到北京市有关工厂、学校、郊区人民公社视察工作。

22 日 致马尔兹信,谈关于社会主义现实主义的问题。后刊于《光明日报》1981 年 6 月 16 日。

28 日 作《参观高尔基故居题词》,标题为编者所加。

29 日 作文论《推荐好书还须好文章》。

本月　在《草原》第 24 期发表诗词《歌雄心更雄》,是茅盾参观内蒙古百万民歌展览会后的即兴之作。诗歌热情赞扬了内蒙古草原牧民丰富的文化生活和豪迈的英雄气概,但也明显烙着时代印记。后收入《茅盾诗词集》上海古籍出版社 1985 年版。①

本月　《茅盾文集》第 7 卷由人民文学出版社出版,附《后记》(1958 年 11 月 12 日写),第 1 辑收 1928 年至 1930 年写的短篇小说:《创造》《诗与散文》《色盲》《县》《石碣》《豹子头林冲》《大泽乡》《神的灭亡》;第 2 辑收入 1931 年至 1933 年写的短篇小说:《喜剧》《搬的喜剧》《小巫》《林家铺子》《当铺前》《右第二章》《春蚕》《秋收》《残冬》《赛会》《后记》。

4 月

1—9 日　出席部队短篇小说创作座谈会。

1 日　作《在部队短篇小说创作座谈会上的讲话》。

8 日　晚上观看匈牙利国家歌剧院小型芭蕾舞团访华招待演出。

11 日　出席中国人民政治协商会议全国委员会常务委员会第五十四次扩大会议,被定为第三届全国政协委员候选人。

同日　出席中国亚非作家常设事务局联络委员会成立会,当选为中国亚非作家常设事务局联络委员会主席。该组织旨在联络、协调中国作家与亚非作家的关系,共同为缓和国际紧张局势、维护世界和平,促进亚非地区文化事业的繁荣发展而努力。

14 日　出席中国人民保卫世界和平委员会等单位联合举行的乔·弗·亨德尔逝世 200 周年纪念大会,并致开幕词。

---

① 《茅盾全集》第 10 卷注写作时间为 1959 年 3 月,实际是发表时间。

15 日　出席毛泽东主席主持的最高国务会议。

17 日　出席第二届全国人民代表大会预备会议,当选为第二届全国人民代表大会主席团成员。出席中国人民政治协商会议第三届全国委员会第一次会议,任主席团委员。晚上出席纪念"五四"40 周年筹备委员会成立大会,当选为筹备委员,参加第一次会议,讨论有关纪念"五四"40 周年的工作。

18 日　上午前往北京政协礼堂出席政协第三届首次会议开幕式,列名主席团。下午出席全国人民代表大会第二届首次会议开幕式。毛泽东主席主持大会,周恩来总理做政府工作报告。

19 日　上午出席首都各界庆祝世界和平运动十周年大会。

21 日　出席第二届全国人民代表大会第一次会议,听取李富春作关于国民经济草案的报告。

23 日　出席首都各界纪念万隆会议大会。

24 日　下午出席第二届全国人民代表大会第一次会议,讨论并发言。

25 日　在《人民日报》发表演讲《在第二届全国人民代表大会第一次会议上的发言》(署沈雁冰),原标题为《东风不久即将吹散飘在喜马拉雅山顶的一片乌云 印度野心家的阴谋一定要落空》。

26 日　在《文艺报》第 8 期发表随笔《关于文学研究会》,亦刊于上海《文艺月报》5 月号。

同日　出席第二届全国人民代表大会第一次会议主席团成员和各代表组负责人联席会议,通过国家领导人候选名单。

27 日　出席第二届全国人民代表大会第一次会议,选举国家领导人,刘少奇当选为中华人民共和国主席。

28 日　上午出席政治协商会议第三届全国委员会第一次会

议,选举毛泽东为政协名誉主席。出席全国人民代表大会第二届第一次会议闭幕式,被任命为中华人民共和国文化部部长。

29 日　出席全国政协第三届首次会议闭幕式,列名常务委员。

本月　在《解放军文艺》4 月号发表读后感《〈潘虎〉等三篇作品读后感》。

本月　《子夜》由人民文学出版社出版,包括 19 章和后记(1932 年 12 月),附叶浅予插图 16 幅。

5 月

2 日　下午出席中苏友好协会第三次全国代表大会,当选为副会长。出席中国文联主席团扩大会议。

3 日　出席首都各界人民纪念"五四"40 周年大会,并发表讲话。出席周恩来总理召集的文化、宣传工作座谈会,听取周恩来总理谈《关于文化艺术工作两条腿走路的问题》。

4 日　在《中国青年报》发表演讲《坚决完成社会主义文化革命》(署中国文学艺术界联合会副主席沈雁冰),本文为在首都各界人民纪念"五四"40 周年大会上的讲话。

上旬　作《五四运动的经过和意义》,系作者于"五四运动"40 周年时为苏联听众所作的广播稿。

10 日　致延泽民信。出席中国人民政治协商会议第三届全国委员会第一次常务委员会议。

12 日　作《〈茅盾选集〉序言》。致白崇义信。

中旬　率中国作家代表团出席苏联作家第三次代表大会。

18 日　作《在苏联作家第三次代表大会上的祝词》。

20 日　在《人民日报》发表《在苏联作家第三次代表大会上

的祝词》(署中国作家代表团团长茅盾)。

28 日　参观高尔基故居,并在纪念册上签名留念:"高山仰止,来访故居,万世文宗,宏开社会主义现实主义灿烂之花!"也许由于在场人交谈的干扰,茅盾把"山"与"止"字写颠倒了,为此在题词后特注了一句:"'止'与'山'字对调。"①

本月　在《多读好书》第 1 辑发表文论《推荐好书还须好文章》。

6 月

10 日　在《作家通讯》第 4 期发表演讲《文学创作工作座谈会议的发言》。

11 日　在《文艺报》第 11 期发表《在苏联第三次作家代表大会上的祝词》。

本月　《茅盾选集》由人民文学出版社出版,包括《茅盾选集·序言》(5 月 12 日作),短篇小说 18 篇;散文 51 篇。

本月　《茅盾文集》第 8 卷由人民文学出版社出版,附《后记》(1958 年 11 月 12 日作)。第 3 辑收入 1934 年至 1936 年间创作的短篇小说 10 篇:《赵先生想不通》《微波》《拟浪花》《夏夜一点钟》《第一个半天的工作》《大鼻子的故事》《水藻行》《有志者》《尚未成功》《无题》;第 4 辑收入 1942 年至 1944 年写的小说 10 篇:《耶稣之死》《参孙的复仇》《虚惊》《过封锁线》《委屈》《报施》《船上》《小圈圈里的人物》《过年》《一个够程度的人》。

本月　致《在红旗下》编辑部信,后刊于长春第一汽车厂编

---

① 高莽:《茅盾与苏联作家来往散记》,载《乌镇之子——茅盾》,桐乡市茅盾纪念馆、桐乡市茅盾研究会。

的《在红旗下》创刊号(1959 年 7 月)。信中附言"在红旗下,努力生产;在红旗下,积极展开业余文艺活动;祝那么你们在红旗下做到鼓舞干劲,发展生产,加速社会主义建设的思想教育作用,表现了先进生产者的共产主义风格"。

7 月

5 日 致叶子铭信。

22 日 在《人民日报》发表散文《中波友谊,万古长青》,为庆祝波兰人民共和国国庆 15 周年而作。

8 月

1 日 在《解放军文艺》8 月号发表演讲《在部队短篇小说创作座谈会上的讲话》。

4 日 致邵荃麟信。

6 日 致文杰三信,谈《子夜》。

25 日 出席国务院第九十一次全体会议。

9 月

7 日 晚上出席文化部主持的歌舞晚会,招待阿富汗王国副首相兼外交大臣。

11 日 下午出席第二届全国人民代表大会常务委员会扩大的第六次会议。

13 日 全国人民代表大会常务委员会通过庆祝国庆 10 周年筹备委员会委员名单,列名筹备委员。

14 日 致 Bernt von Kuglgen 信。

15 日　出席毛泽东主席召集的各方面负责人座谈会。

16 日　出席国务院第九十二次全体会议。

20 日　作论文《从已经获得的巨大成就上继续跃进!》。

23 日　出席中国人民政治协商会议全国委员会组织的报告会。

25 日　赴机场迎接波兰劳动人民访华友好代表团。出席苏联驻华使馆为庆祝中华人民共和国国庆 10 周年举行的招待宴会。

26 日　在《文艺报》第 18 期发表论文《从已经获得的巨大成就上继续跃进!》。

28 日　出席中国 18 个人民团体联合举行的招待各国来华参加国庆活动的友好代表团和人士的宴会。

29 日　出席苏联芭蕾舞团在京首次演出会。出席首都人民欢度中华人民共和国国庆 10 周年活动,系主席团成员。

本月　《谈短篇小说创作》(茅盾等著)由解放军文艺社出版,收 23 篇文章,首篇为茅盾的《在部队短篇小说创作座谈会上的讲话》。

10 月

1 日　出席首都人民欢度中华人民共和国国庆 10 周年大会、阅兵式。

3 日　出席欢度国庆 10 周年盛大文艺演出会。

7 日　在《人民日报》发表随笔《塔什干精神万岁!》。

9 日　在《人民日报》发表论文《新中国社会主义文化艺术的辉煌成就》。

同日　出席中苏两国文艺工作者联欢晚会,并代表中国文艺工作者讲话。

10日 出席缅甸驻华使馆为缅甸文化代表团访华举行的宴会。

12日 赴中山公园李济深灵堂,参加各界公祭仪式。

同日 致一海知义、岛田久美子、龟山圭之、小栗英一、山田富夫信。

16日 晚上与对外文委主任张奚若共同主持晚会,欢送缅甸文化代表团,并致辞。

18日 赴机场欢送缅甸文化代表团。

23日 出席文化部招待参加国庆演出的16个艺术团体的宴会。

24日 出席首都文艺界悼念章靳以逝世大会。致扬卡·卡则卡信。

25日 致楚马克信。

27日 出席首都纪念世界文化名人巴西作家达库尼亚逝世50周年集会。

本月 《白杨礼赞》重刊于《文学知识》10月号。

本月 在苏联《涅瓦》第10期发表《腐蚀》部分俄译文字,题为《一个迷误的女人的日记——长篇小说〈腐蚀〉的片断》(B.瓦赫京、H.济科夫合译)。附《俄译本〈腐蚀〉自序——关于〈腐蚀〉》(1959年2月作)。

本月 作《〈夜读偶记〉的后记》,因故未发表,后改题《现实主义与反现实主义的斗争是文艺历史发展的规律》,刊于《文艺研究》1980年第4期。1981年2月收入《茅盾文艺评论集》,同年《文艺研究》第2期发表时改题为《坚持我国文学现实主义的传统》。《坚持我国文学现实主义的传统》作为《茅盾文艺评论集》的《序》刊出。

本月 作《庆祝德意志民主共和国国庆十周年》(署茅盾 中国作家协会主席)。

11 月

2 日 出席文化部等单位为庆祝 1959 年国产新片展览月招待各地电影工作者宴会。

6 日 晚上出席首都各界举行的联欢晚会,庆祝俄国十月革命 42 周年。

11 日 在《解放日报》发表散文《悼靳以同志》。

13 日 作《关于阿 Q 这个典型的一点看法——给一位论文作者的信》。

19 日 作《从创作和才能的关系说起》。

20 日 出席首都各界纪念席勒诞辰 200 周年大会,会后观看席勒名剧《阴谋与爱情》。

24 日 出席首都各界纪念肖洛姆·阿莱汉姆诞辰 100 周年大会,并致开幕词。

27 日 出席文化部等单位为庆祝阿尔巴尼亚解放 10 周年举行的阿尔巴尼亚影片《风暴》首映式,并致辞。

28 日 出席首都各界为庆祝阿尔巴尼亚解放 10 周年举行的庆祝大会。

12 月

4 日 致弗·耐恰金克、扬·舍沙契信。

8 日 出席中宣部召开的全国文化工作会议至 1960 年 1 月

4 日。

同日　在《人民文学》12 月号发表文论《从创作和才能的关系说起》。

11 日　致《人民文学》编辑部信,提及关于《一九五九年短篇小说选》初选工作的几点意见。

20 日　作评论《契诃夫的时代意义》。

21 日　致 A.却考夫斯基信。

23 日　作《读书杂记·〈青春之歌〉》《读书杂记·〈苦菜花〉》。

春　作《〈偶记〉之余波》,为答复《夜读偶记》读者的提问而作。

本年　捷文版《在虎穴里》(即《腐蚀》,雅罗米尔·沃哈拉译)由布拉格"我们的军队"出版社出版;《夜读偶记》日译本《东方的现实主义》(又名《亚洲的现实主义》,加藤平八译)由新读书社出版。

本年　作《一九五九年文艺杂记》;作《与刘大杰先生驳议》,为《夜读偶记·后记》中未刊的一部分,标题为编者所加;作《支持西班牙人民的正义斗争》,未公开发表。

1958—1959 年　作《读书杂记》。

1960 年(庚子)　64 岁

▲1 月,《文艺报》《文学评论》等报刊开始对巴人、钱谷融等关于"人道主义""人性论"的批判。

▲7月22日—8月13日,第三次全国文学艺术界代表大会在北京举行。周扬作《我国社会主义文学艺术的道路》的报告。

▲9月30日,《关于有九六一年国民经济计划控制数字的报告》提出"调整、巩固、充实、提高"八字方针。

▲11月,周扬召开历史剧座谈会,号召历史学家编写历史题材的戏,并请吴晗负责编"中国历史剧拟目"。

1 月

1 日　下午赴文化宫礼堂参加团拜会。观看影片《飞渡黄河》。晚上出席全国人民代表大会常务委员会等单位举办的元旦联欢会。

2 日　上午观看《回民支队》。晚上观看《孙安动本》。

3 日　下午出席中宣部召集的全国文化工作会议,听取周扬的总结报告。

4 日　上午参加中国作家协会党组会议。下午听取周总理在怀仁堂作的报告。

6 日　上午杜埃、周钢鸣、华嘉、韩北屏来谈工作。

7 日　上午出席国务会议。

10 日　晚上出席欢迎德意志民主共和国政府代表团访问中国而举行的宴会。

11 日　晚上出席文化部举办的欢迎德意志民主共和国政府代表团的京剧歌舞晚会。

13 日　下午会见罗马尼亚作家协会书记处书记米哈伊·加费查。

15 日　下午赴苏联驻华使馆出席苏文化部为了中苏合拍《西双版纳的密林中》一片而授予八一电影制片厂奖章举行的仪

式,并代表中国政府致辞。

16 日 上午出席文化部召集的千余人大会。下午出席招待下放干部茶会。

17 日 晚上到大礼堂观看曲艺会演,未终场,因身体不适,即退场。

18 日 出席越南驻华使馆为庆祝中越建交 10 周年举行的宴会。晚上赴北京饭店出席德国政府代表团的招待宴会。

20 日 在《世界文学》1 月号发表评论《契诃夫的时代意义》。下午赴国务院出席全体会议。

21 日 下午出席全国人民代表大会常务委员会第十二次扩大会议。晚上赴人民大会堂小剧场观看蒲剧《薛刚反朝》。

22 日 上午出席文化部部务会议。晚上观看木偶戏《三调芭蕉扇》。

23 日 上午出席文化部部务会议。下午出席首都各界在政协礼堂举行的反对日美军事同盟大会,并作发言。

24 日 出席文化部举行的招待外国专家的春节宴会,并致辞。

25 日 出席周恩来总理主持的餐会。出席文化部、中缅友协为欢迎缅甸总理奈温举行的文艺晚会。

同日 《泸溪报》第 331 期,启用茅盾为该报题写的刊头。并刊登了茅盾给报社的信。①

27 日 晚上偕全家赴人民大会堂参加军民联欢晚会。

28 日 上午赴和平宾馆拜访泰国作家市巴立。下午赴人大常委会出席国务院全体会议。晚上赴缅甸总理举行的宴会。

---

① 黄宝维:《茅盾为〈泸溪报〉题写报头》,《湖南党史》2000 年第 2 期。

29 日　早上赴机场为缅甸总理一行送行。

30 日　下午邵荃麟、郭小川来访。

本月　"苏联文学是中国人民的良师益友"题词手迹影印收入同名书籍,由新华书店北京发行所编印,附短论《推荐的话》。

2 月

4 日　下午出席锡兰国庆招待会。

7 日　下午赴文化部礼堂出席郑州曲剧团招待茶会,并观看演出。晚上赴新侨饭店,出席中国对外文化协会等单位联合举办的欢迎玛佐夫舍歌舞团来华演出宴会。

8 日　晚上观看玛佐夫舍歌舞团首次演出。

9 日　中共中央、国务院决定召开文教战线先进单位和先进工作者代表大会,当选为筹备委员会委员、副主任委员。晚上出席首都文艺界纪念契诃夫诞生 100 周年大会,并作题为《伟大的现实主义者契诃夫》专题报告。

11 日　致费定信(署中国作家协会主席茅盾),后刊于《世界文学》2 月号,对中苏友好同盟互助条约签订 10 周年表示祝贺。

12 日　晚上赴苏联大使馆出席为庆祝中苏友好同盟互助条约签订 10 周年举办的友谊晚会。

13 日　上午接见来华签订文化合作计划的波兰客人。中午赴波兰大使馆的宴会。随朱德等党和国家领导人接见苏中友好协会代表团全体成员。晚上出席全国政协、中苏友好协会、外交部和对外文化协会为庆祝中苏友好同盟互助条约签订 10 周年举行的招待会。

14 日　出席首都欢庆中苏友好同盟互助条约签订 10 周年纪念大会。晚上出席苏联驻华使馆为庆祝中苏友好同盟互助条约签订十周年举行的宴会。

同日 全国妇联等单位成立纪念三八国际妇女节 50 周年筹备委员会，当选为委员、副主任。

15 日 晚上观看日本前进座剧团在北京的首场演出。

同日 在《戏剧报》第 3 期发表文论《伟大的现实主义者契诃夫——在首都各界纪念世界文化名人契诃夫大会上的讲话》。

16 日 致 L. 卡尔陀斯信。

18 日 下午赴政协出席双周座谈会。

19 日 作旧体诗《祝日本前进座建立三十周年》二首。其中一首刊于 1960 年 2 月 26 日《人民日报》发表的《祝日本前进座剧团永远前进》一文中，后来两首均编入《茅盾诗词》河北人民出版社 1979 年版。按：1960 年 2 月，日本前进座剧团一行 60 余人应中国人民对外文化协会的邀请，来华访问演出。2 月 25 日，首都文艺界集会庆祝前进座剧团成立 30 周年。郭沫若、茅盾、阳翰笙等文艺界知名人士出席盛会。郭沫若、茅盾、田汉、老舍还写诗填词表示祝贺。茅盾写了这两首七言绝句。其一，热情祝贺日本前进座剧团建团 30 年来所取得的成就。其二，祝愿中日文艺工作者携手共进，并愿日本人民在反帝爱国的斗争中取得更大胜利。

同日 下午赴妇联出席三八节 50 周年纪念会筹备委员会。

20 日 在《世界文学》2 月号发表《中国作家协会主席茅盾给苏联作家协会第一书记费定的贺电》。中午赴北京饭店应李维汉之便宴。

21 日 晚上在文化部礼堂观看重庆建筑工程学院学生业余歌舞团的演出。

22 日 晚上出席并主持由中国和大、对外文协、中波友协、中国文联、中国音协等单位举办的纪念肖邦诞生 150 周年大会，任主席。随后，赴天桥剧场观看话剧《红旗谱》。

同日 与郭沫若等 546 人联合发表抗议书，谴责美国图谋劫夺我国文物的罪行。

23 日 下午赴作协座谈创作问题报告的内容。

24 日 在《人民日报》发表政论《不许美国政府劫夺我国在台湾的文物》。

25 日 晚上出席对外文协、中国文联、全国剧协为庆祝日本前进座剧团成立 30 周年酒会。

27 日 致萧家翰信。

28 日 晚上出席文化部招待电影系统三个会议代表的茶会。

29 日 下午赴人民大会堂出席人大常委会与政协常委会联席会议，决定 3 月下旬召开人大与政协会议。

3 月

2 日 下午出席中国作家协会书记处举行的左联成立 30 周年纪念座谈会。

3 日 晚上赴柬埔寨大使馆出席柬埔寨国庆招待会。致高利克信。

4 日 晚上赴民族文化宫观看《两代人》。

5 日 下午出席全国妇联、总工会、共青团中央、国家科委、青联、全国文联等 10 个单位联合举办的"庆功表模迎'三八'，高举红旗齐跃进"广播大会。

同日 致人民文学出版社编辑部信。

7 日 下午赴人民大会堂，出席首都妇女界组织的庆祝三八国际劳动妇女节 50 周年大会。

9 日　作诗歌《赠小杜》,应杜继琨之请而作,未发表;作诗歌《为张家口宾馆题诗》,标题为编者所加。

10 日　晚上赴丹麦大使馆,出席丹麦国庆招待会。

11 日　下午赴机场迎接尼泊尔首相访华。

12 日　晚上赴人民大会堂参加欢迎尼泊尔首相的国宴。

13 日　晚上赴人民剧场出席古巴小提琴和钢琴家来华访问演出。

14 日　上午参加视察合成纤维厂。

15 日　下午参加作协会议。晚上出席首都文艺界人士欢迎尼泊尔首相晚会。

17 日　致邵荃麟信。

18 日　晚上赴人民剧场观看京剧、歌舞。

19 日　下午出席首都各界人民支援拉丁美洲人民和庆祝中国拉丁美洲友好协会成立举行的集会。

21 日　下午赴人大出席国务院会议。

同日　随刘少奇主席接见尼泊尔首相率领的尼泊尔政府代表团。晚上出席中国、尼泊尔两国政府领导人签订边界问题和经济援助协定仪式,并赴东交民巷宾馆出席尼泊尔首相告别宴会。

22 日　赴机场欢送尼泊尔首相。

23 日　晚上在北京饭店参加巴基斯坦国庆招待会。

24 日　上午接见波兰驻京使馆代办。

26 日　赴文化学院讲演,并回答问题。

28 日　上午赴国务院出席全体会议。

29 日—4 月 11 日　出席第二届全国人民代表大会第二次

会议。出席中国人民政治协商会议第三届全国委员会第二次会议开幕式。

30日　上午赴机场欢迎来中国进行访问的波兰文化艺术部长率领的波兰文化代表团。下午继续出席第二届全国人民代表大会第二次会议,听取李富春《关于1960年国民经济计划草案的报告》和李先念《关于1959年决算和1960年国家预算草案的报告》。

31日　下午接见波兰文化部部长格林斯基。晚上设宴招待波兰文化部部长格林斯基。

本月　作《关于我的笔名》(附记),本篇是为捷克留学生高利克《茅盾先生笔名考》一文写的附记,未公开发表。

4月

1日　下午赴政协出席小组会议。

2日　上午出席人大小组会。致包喀耶夫斯卡娅信。

3日　出席首都庆祝匈牙利解放15周年大会。陪同陆定一副总理接见波兰文化代表团。

4日　下午出席第二届全国人民代表大会第二次会议,作题为《为实现文化艺术工作的更大更好的跃进而奋斗》的专题发言。晚上出席匈牙利国庆招待会。

5日　在《人民日报》发表演讲《为实现文化艺术工作的更大更好的跃进而奋斗——在第二届全国人民代表大会第二次会议上的发言》。

同日　早上赴东郊机场,与李德全等欢送廖承志、刘宁一率领中国代表团出席第二届亚非团结大会,离开北京。上午出席国务院全体会议。下午出席政协大会的讨论会,任前半截的执行主席。晚上赴民族宫观看昆曲《文成公主》。

6日 晚上赴文化部放映室,观看波兰摄制的超现实主义短片三部。

7日 下午与陈叔通、郭沫若等主持政协会议。

同日 致芜湖卫生学校语文教师信,后刊于《语文教学》1960年7月号。

8日 下午赴文化部接见波兰记者代表团。晚上赴人大常委会办公处宴会厅,出席朱德委员长招待蒙古人民共和国大人民呼拉尔代表团的宴会。

9日 出席人大二届二次会议。晚上在文化部礼堂观看琼剧《红叶题诗》。

10日 上午赴人大会场听取周总理就国际形势及中国对外关系所作的报告。下午出席第二届全国人民代表大会第二次会议闭幕式。

11日 出席全国政协第三届第二次会议闭幕式。下午赴文联出席全国委员会临时会议。

12日 致赵宏秉、姜云信。致陶希瀚信,解释《白杨礼赞》中"纵横洪荡"或"纵横决荡",后刊于《语文教学》1960年7月号。

13日 上午赴机场欢送周恩来、陈毅率领的中国政府代表团出访缅甸、印度、尼泊尔等国。晚上在文化部小放映室观看新片蒲剧《窦娥冤》。

14日 晚上出席蒙古大使馆举行的酒会。

15日 晚上出席苏联驻华使馆为纪念列宁诞辰90周年举行的电影晚会。

16日 上午赴国际饭店出席《鲁迅传》影片摄制座谈会,被推举为摄制组顾问委员会顾问,并讲话。讲话以《茅盾同志的发言摘要》为题收入《〈鲁迅传〉创作组访谈录》第一集。[①] 晚上赴民族宫观看内蒙古昭盟京剧团的演出。

17日 下午出席全国政协、亚非团结委员会、对外文协、中非友好协会举行的纪念万隆会议5周年暨庆祝中非友好协会成立大会。

18日 晚7时许,柯灵、杜宣、陈鲤庭来谈《鲁迅传》影片事,谈及陈延年、瞿秋白和鲁迅。创作组成员笔录了这次谈话,写成《访问茅盾同志的摘记》。后以《茅盾同志在4月18日的谈话》为题收入《〈鲁迅传〉创作组访谈录》第1集,由上海电影局天马电影制片厂1960年6月油印。[②]

19日 下午接见奉调回国,前来辞行的捷克大使。

20日 上午在文化部会客室接见波兰文化部长格林斯基。中午出席波兰驻华临时代办为波兰文化代表团访问中国而举行的宴会。晚上设宴招待波兰文化代表团。

22日 早上到机场欢送波兰文化艺术代表团回国。下午出席首都纪念列宁诞辰九十周年大会。

23日 下午赴文化部礼堂出席文化部在京先进单位、个人代表会议,致开幕词。

24日 下午赴人民大会堂出席民兵大会,听取薄一波所作的报告。

25日 上午赴人民大会堂出席民兵大会。

27日 晚上杨朔来谈亚非人民团结会议与各方协商亚非作

---

① 葛涛:《茅盾谈电影剧本〈鲁迅传〉的两则佚文考》,《中国现代文学研究丛刊》2012年第4期。

② 葛涛:《茅盾谈电影剧本〈鲁迅传〉的两则佚文考》,《中国现代文学研究丛刊》2012年第4期。

家第二次会议事。

29 日 晚上赴前门饭店出席对外文协举行的宴会,与各兄弟国家文化艺术、教育、科学、卫生等方面的代表团,共庆"五一"国际劳动节。

30 日 下午赴东郊机场欢迎阿尔及利亚临时政府代表团。晚上出席国务院为庆祝"五一"国际劳动节举行的宴会,招待来自世界各地 60 多个国家和地区的外宾。

本月 译作《新结婚的一对》收入《比昂逊戏剧集》,由人民文学出版社出版。

本月 作笔记《谈"人情味"——读〈共产主义的人情味〉偶感》。

本月 中国与亚非作家常设事务局联络委员会在北京成立,茅盾当选为该委员会主席。该组织旨在联络、协调中国作家与亚非的关系,共同为缓和国际紧张局势、维护世界和平,促进亚非地区文化事业的繁荣发展而努力。

5 月

1 日 出席首都人民庆祝五一国际劳动节大会。晚上与朱德、邓小平等党和国家领导人,在天安门城楼会见来自五大洲的外宾。

2 日 晚上出席欢迎阿尔及利亚临时政府代表团的宴会。

3 日 陈冰夷来谈召开批判 19 世纪文学座谈会事。

7 日 下午出席德意志民主共和国驻华大使为庆祝德国解放 15 周年举行的招待会。

8 日 晚上赴政协出席首都人民庆祝捷克斯洛伐克解放 15 周年大会。

9 日　出席首都各界人民支持日本人民反对日美军事同盟条约大会。下午接见丹麦大使。晚上出席捷克大使为庆祝捷克国庆举办的招待会。

11 日　晚上观看电影《嘉陵江畔》样片。

12 日　夜读郭沫若历史剧《武则天》剧本。

13 日　《日记》中记载阅读郭沫若《武则天》的感想。

14 日　晚上观看苏联艺术家表演团在京首次演出。

16 日　晚上赴国际俱乐部,为欢送苏联来访的两位诗人举行便宴。

17 日　上午与宋庆龄等去机场迎接周恩来总理回国。

18 日　下午与陈毅等出席欢迎阿尔及利亚共和国临时政府代表团的招待会。晚上出席文化部、中非友好协会和中国亚非团结委员会为欢迎阿尔及利亚共和国临时政府代表团举行的文艺晚会。

19 日　下午在文化部接见苏联大使馆参赞安东诺夫。晚上赴北京饭店出席伊拉克大使为阿尔及利亚临时政府代表团举行的招待会。

同日　赴人大上海东厅出席周总理为欢送阿尔及利亚临时政府代表团举行的宴会。

20 日　在《世界文学》5 月号发表电报《致苏联作家协会第一书记严厉谴责美国侵略苏联和破坏四国首脑会议电》,亦刊于《文艺报》第 10 期。

同日　早上赴机场欢送阿尔及利亚临时政府代表团。晚上赴羊市大街电影联谊会观看波兰影片《大车》。

23 日　晚上赴人民剧场观看青年京剧团演员演出的《穆桂英》。

25 日　上午接见伊拉克大使,解答关于汉字拼音字母的问题。下午赴作协出席关于继承批判文艺遗产的理论工作座谈会。

26 日　上午赴人大出席国务院全体会议。晚上出席周总理招待蒙哥马利的宴会。

27 日　上午,赴机场送周总理访问蒙古人民共和国。晚上赴阿富汗大使馆出席阿富汗独立日招待会。

同日　作《朝译本〈子夜〉自序》,后收入朝译本《子夜》由朝鲜国立文学艺术书籍出版社出版。

28 日　上午接见新任波兰驻华大使耶日·克诺泰。

29 日　与邓小平、彭真等赴北京医院,向林伯渠遗体告别。晚上到北京饭店出席为欢迎丹麦宗教大臣举行的宴会。

31 日　下午赴作协书记处开会。

本月　发表讲话《彻底揭穿美帝国主义的画皮》,为作者在"反对美帝侵略、坚决解放台湾、保卫和平宣传周"首都艺术演出开幕式上的讲话。

6 月

1 日　上午赴机场欢迎周总理返国。下午出席全国教育和文化、卫生、体育、新闻方面社会主义建设先进单位和先进工作者代表大会开幕式,系主席团成员。在会上作《不断革命,争取文化艺术工作的持续跃进》的专题报告,为文化的普及工作鼓与呼。晚上出席丹麦大使为丹麦宗教大臣柯克夫人举行的招待会。

2 日　下午赴机场欢迎阿尔巴尼亚共和国主席。

2—4 日　继续出席全国文教群英会。

3 日　晚上出席刘少奇为欢迎阿尔巴尼亚人民议会团主席

举行的宴会。

4 日　中午赴火车站欢迎日本文学家代表团。

5 日　上午会见日本文学家代表团团野间宏、龟井胜一郎、松冈洋子、竹内实等。中午出席对外文协和中国作家协会举行的欢迎日本文学家代表团的宴会。晚上出席为欢迎阿尔巴尼亚人民议会团主席一行举行的文艺晚会。

6 日　上午陪同陈毅等接见日本文学家代表团。晚上赴瑞典使馆出席瑞典国庆举行的酒会，并出席周总理招待世界工联理事会成员的宴会。

同日　致高利克信。

7 日　早上赴机场欢送阿尔巴尼亚人民议会团主席一行。下午主持中国对外文协和中国作家协会为欢迎日本文学家代表团举行的大会，并讲话。晚上出席中非团结委员会主席廖承志为欢迎刚果党政代表团举行的宴会。

8 日　致高利克信。在《人民日报》发表演讲《在首都各界欢迎日本文学家代表团大会上的讲话》。晚上出席首都文艺界纪念世界文化名人德国音乐家罗伯特·舒曼诞生 150 周年大会，并致辞。

9 日　晚上陪同郭沫若等出席欢迎日本文学界代表团的宴会。

同日　在《人民日报》发表杂论《中国人民永远支持日本人民斗争，日本人民一定能够获得最后胜利》。

10 日　上午出席文化工作先进者和先进单位大会，作题为《不断革命，争取文化艺术工作的持续跃进——文教群英会开幕式上的讲话》的专题报告。

11 日　上午出席文教群英会。下午出席全国文教群英会闭幕式。

12日 中午赴史良家,出席为苏联大使馆参赞斯塔利科夫及他的夫人回国举行的家宴。作陪的还有戈宝权等。下午捷克留学生高利克来访。

14日 晚上以中波友协的名义设宴招待新任波兰驻中国大使。

15日 在《人民日报》发表演讲《不断革命,争取文化艺术工作的持续跃进——在文教群英会开幕式上的讲话》(摘要)。

17日 下午与陈毅等接见丹麦宗教事务大臣博迪尔·科克夫人及其丈夫。

18日 出席各民主党派、无党派民主人士座谈会,并讲话。中午出席陈毅副总理欢迎博迪尔·科克夫人及其丈夫的宴会。下午出席首都各界人民热烈拥护中国人民解放军福建前线部队跑轰金门而举行的反美武装示威,坚决反对美帝国主义的侵略罪行,支持亚非各国人民和台、澎、金、马爱国同胞反对艾森豪威尔强盗罪行的正义斗争的集会,并发表讲话。晚上陪同丹麦宗教大臣在民族文化宫观看《鱼美人》。

19日 与周扬联名在《人民日报》发表书面谈话《以笔当炮,揭露美帝国主义的战争政策》。

同日 下午出席首都文艺界反对美帝国主义侵略,坚决解放台湾,保卫世界和平座谈会,并发言。晚上举行酒会,欢送丹麦宗教事务大臣。

21日 上午赴机场欢送丹麦宗教事务大臣离开北京回国。晚上出席"反对美帝侵略、坚决解放台湾、保卫世界和平宣传周"首都艺术演出开幕式,作题为《彻底揭穿美帝国主义画皮》的讲话。

22 日　中午设宴欢送即将回国的两位苏联艺术家。

23 日　晚上宴请波兰广播事业代表团一行。

25 日　下午出席首都各界人民支持朝鲜、反对美国侵略大会。

27 日　为捷克文《茅盾短篇小说集》写序。

29 日　上午赴作协出席书记处会议。晚上在文化部小放映室观看影片《幻灭》。

30 日　晚上赴文化部大礼堂观看成都京剧团青少年演出队演出的《杨八姐智取金刀》。

同日　致《中国现代作家小传》编写组信。

本月　作散文《忆衡老》。

7 月

1 日　晚上出席中国人民对外文化协会和中国作家协会举行的欢送日本文学家代表团的宴会。

2 日　晚上到首都剧场观看话剧《星火燎原》。

3 日　晚上与楚图南等去机场欢送日本文学家代表团回国。

4 日　晚上到文化部礼堂观看美制反动幻想片《在海滩上》。

8 日　分别致高利克、史春芳信。

9 日　晚上应苏联大使馆邀请赴宴,同席的有章汉夫、钱俊瑞、李德全、李四光等。

11 日　阅周扬将在文代会上所作的报告稿。

13 日　上午邵荃麟来谈作协理事会扩大会议筹备事宜。

同日　致郭小川信。

14 日　晚上赴北京饭店出席伊拉克大使为纪念伊拉克革命举行的招待会。

15 日　上午楼适夷来谈 1959 年短篇小说选的有关事宜。

16 日　下午赴美术学院参观资产阶级摄影展（供内部参考）及抽象派艺术展。随后,赴历史博物馆参观文学书籍刊物展览。晚上赴四川饭店宴请朝鲜人民共和国作家韩雪野。

17 日　上午赴广播电台,以亚非团结委员会名义录制支持越南人民反美斗争的录音。

21 日　下午出席全国文联第三次全国代表大会主席团会议。

22 日　下午出席中国文学艺术工作者第三次代表大会开幕式,为主席团成员。

22 日—8 月 13 日　出席中国文学艺术工作者第三次代表大会及中国作家协会会员代表大会。当选为中国文联副主席、中国作协主席。

23 日　下午参加毛泽东、刘少奇等党和国家领导人接见第三次文代会全体代表仪式。晚上出席国务院机关事务管理局举行的联欢晚会。

24 日　下午出席第三次文代会大会,并作题为《反映社会主义跃进的时代,推动社会主义时代的跃进》的长篇报告。晚上赴天桥剧场观看舞蹈学校表演的《天鹅湖》。

同日　在《人民日报》发表政论《荣誉归于谁》,亦刊于《长城文艺》1960 年第 8 期。

25 日　在《人民日报》发表报告《反映社会主义跃进的时代,推动社会主义时代的跃进！——一九六○年七月二十四日在中国文学艺术工作者第三次代表大会上的报告》,亦刊于《人民文学》8 月号。该报告从 4 月 8 日动笔,5 月 21 日才完成初稿,茅盾 1960 年 4 月 9 日日记载:"计一百十余小时,平均每日只写三百字而已。至于阅读的作品、论文共计约千万字,阅时二月余。"

26 日　下午到作协出席文学小组讨论会。晚上观看话剧《文成公主》。

27 日　晚上赴人民剧场观看广西彩调《刘三姐》。

28 日　上午赴人民大会堂,出席第三次全国文代会主席团会议。下午赴作协,出席作协理事扩大的主席团会议。

29 日　上午赴人民大会堂出席文代大会,听取陈毅的国际形势报告。晚上赴人民大会堂出席陈毅招待缅甸划界代表团的宴会。

30 日　出席中国作家协会第三次理事(扩大)会议,并致开幕词。

本月　在《语文教学》7 月号发表书信《茅盾同志答读者问》,包括 4 月 7 日《致芜湖卫生学校语文教师》和 4 月 12 日《致陶希瀚》,回答《雷雨前》《白杨礼赞》的问题。

8 月

1 日　上午赴作协与刘白羽、萧三接见日本作家中岛健藏。接见后在四川饭店设便宴。

2 日　晚上赴四川饭店设便宴招待匈牙利作家兰捷尔·约瑟夫及莫纳尔·盖孜约。

3 日　下午出席作协理事扩大会议主席团会议。晚上出席匈牙利使馆举行的宴会。

4 日　出席中国作家协会理事(扩大)会议闭幕式。

5 日　上午在文化部会议室开会,检查赴波兰访问的准备工作。下午赴文代大会,听取李富春的报告。

6 日　致刘白羽信,对报告修改稿作出说明。

7日　晚上与张奚若一起欢宴缅甸文化友好艺术团访问中国。

9日　晚上出席缅甸文化友好艺术团在京首次演出招待会。

12日　晚上与陈毅、夏衍、张致祥等出席苏联大使举办的宴会。宴毕,赴文代会,通过章程和进行选举。

13日　上午赴人民大会堂,听取周总理报告。下午出席由文化部、对外文委、中朝友协为庆祝朝鲜解放15周年举行的朝鲜民主主义人民共和国电影周开幕式,并讲话。晚上赴人民大会堂福建厅出席陈毅副总理为欢迎缅甸文化友好艺术团举行的宴会。

14日　上午出席首都人民庆祝朝鲜解放15周年大会。下午与楚图南等应邀出席缅甸驻华使馆为缅甸文化友好艺术团访问中国举行的招待会。

15日　上午出席国务院全体会议。下午赴人民大会堂列席人大常委会。晚上赴北京饭店参加朝鲜大使为庆祝朝鲜解放15周年举行的招待会。

16日　上午在文化部召开赴波兰代表团第二次会议。晚上出席周总理欢送苏联专家的宴会。

17日　晚上出席印尼使馆为庆祝印尼解放15周年举行的招待会。

18日　晚上出席苏联鞑靼歌舞团在京首次演出会。

19日　晚上出席对外文委、文化部和中苏友协总会举行的欢迎鞑靼歌舞团的宴会,发表讲话。

23日　上午赴统战部阅读有关中苏争论的外交往来文件。下午赴人民大会堂西花厅,出席总理召集的赴波兰代表团会议。

25日　应波兰政府邀请,率领中国文化代表团一行4人,离京取道苏联赴波兰访问。

26 日 中午到达波兰首都华沙。下午出席波兰政府文化部部长的招待宴会,并致答词。

27 日 上午到波兰文化部电影局观看纪录片《华沙记住》及彩色影片《古城漫步》,参观华沙汽车制造厂,歌舞剧院工地。

28 日 上午参观波兰民族博物馆和波兰摄影展览。晚上出席波兰文艺界为欢迎中国文化代表团举行的音乐晚会。

29 日 率领中国文化代表团参观华沙波兰音乐家肖邦故居,并欣赏波兰国立音乐学院一女生弹奏肖邦名曲。

同日 作旧体诗《听波兰少女弹奏萧邦曲》。1960 年茅盾访问波兰期间,曾在萧邦(肖邦)故居听少女弹琴,有感而赋此诗,后刊于《诗刊》1981 年 5 月号。1974 年夏,茅盾曾将此诗写成条幅书赠臧克家。(参见臧克家《泪眼看遗墨——悼念茅盾先生》)

本月 在日文版《人民中国》第 8 号附录发表杂论《彻底揭穿美帝国主义的画皮》(《アメソカ帝国主义皮を彻底的にひつほろ》)。

9 月

1 日 访问波兰某国营农场。

同日 作七绝《无题》。按:1960 年 9 月,中国文化代表团全体成员参观波兰波兹南省某国营农场,农场主人招待客人观剧并述一剧之本事为一古老的民间故事。茅盾归寓后作诗以纪其事。此诗意在赞美剧中主人公——一位年轻女子在反抗外来侵略,保卫自己城堡斗争中所作出的贡献。

2 日 上午动身赴革旦斯克。下午抵达革旦斯克,出席省长、文化部部长、省市委书记举行的欢迎宴会。

3日 上午在文化部副部长、省文化局局长等陪同下,参观造船厂、沿海博物馆。下午赴省委拜会省委第一书记等。晚上赴歌剧院观看歌剧《凶宅》。

4日 上午出发游海港,至革登尼亚,在中波航运公司中国职员宿舍和工作人员见面,后乘车返回革登斯克。晚上赴当地党政送别宴会。

5日 上午至"十字军"古堡参观。下午至彼得哥墟。晚上抵伏罗茨夫省界。

6日 上午偕代表团全体成员拜会省委第一书记马特洪,出席欢迎兼欢送宴会。

7日 作旧体诗《波莱尼茨美女餐厅题诗》。波莱尼茨是位于波兰东南部弗罗茨瓦夫省境内的疗养胜地。波兰文化界人士在该地美女餐厅设宴招待中国文化代表团。茅盾满怀喜悦之情,应餐厅工作人员的要求,为他们亲笔题了这首七言绝句。

同日 作旧体诗《听演奏萧邦名曲》(二首)。按:1960年9月7日,波兰杜什尼开市举行一年一度的国际肖邦钢琴赛,世界各地的钢琴家均来此献技。茅盾当时正率领我国文化代表团在波兰访问,被邀参加此盛会。他听了比赛中演奏的肖邦名曲后,即兴写成两首七言绝句。

8日 上午出发赴卡托维茨。下午参观青年宫。

9日 上午参观煤矿。中午参观文化娱乐公园、天文馆。下午赴文化之家与当地知名文化人士会见。晚上出席当地党政送别宴会。

10日 上午乘车抵达克拉科夫省。旋即至奥斯维辛集中营参观。下午抵达克拉科夫市,参观列宁钢铁厂。晚上观看话剧

《国王换马》。

11日 上午参观市容和博物馆油画馆。中午参观雅格隆大学。晚上赴当地党政送别宴会。

12日 上午出发赴萨科班尼。中午到达萨市。下午参观国立凯纳尔工艺美术中学。

13日 作旧体诗《参观凯纳尔工艺美术中学》，热情赞美了该校师生在发扬波兰民间工艺美术传统和培养工艺美术人才方面所作出的巨大贡献。按：此诗为参观克拉科夫省萨科班尼市国立凯纳尔工艺美术中学后，应该校师生要求写成。1963年2月，茅盾曾将此诗书赠上海师范大学中文系翟同泰。

14日 上午乘车至"海眼"——此为山顶的湖。晚上观看山民业余歌舞表演。

15日 上午出发赴罗兹。晚上抵达罗兹，参观制片厂。观看宽银幕故事片《十字军》。

16日 返回华沙，拜会波兰文化部部长，与波兰作家、美术家会见。

17日 下午会见波兰党和政府领导人。晚上率中国文化代表团出席波兰文化艺术部部长举行的送别宴会。

18日 晚上访问玛佐夫舍歌舞团，欣赏歌舞团演出。

19日 作旧体诗《访玛佐夫舍歌舞团》并后记。玛佐夫舍歌舞团为波兰著名歌舞团。茅盾观看该团演出后为预祝十年团庆欣然题诗。

同日 晚上与代表团成员出席王炳南大使举行的招待会，并发表讲话。

20日 离开华沙回国。

23日 上午回到北京。

24 日　晚上举行宴会,欢迎来中国访问的波兰作家协会副主席普特拉曼特和夫人。

26 日　晚上出席文化部和对外文委举行的欢迎缅甸文化代表团来中国访问演出的宴会,并讲话。

30 日　晚上赴人民大会堂出席国庆招待宴会。

10 月

1 日　上午出席首都人民欢度中华人民共和国国庆大典。下午出席中缅边界条约签字仪式。晚上出席刘少奇主席为欢迎缅甸政府总理和将军,并庆祝中缅签订边界条约举行的宴会。

2 日　出席首都各界庆祝中缅边界条约胜利签字大会。出席缅甸驻华使馆为庆祝签订中缅边界条约而举行的宴会。

同日　中午出席宴会,欢迎来我国参加国庆观礼的日本各界访华代表团。

3 日　下午出席文化部、对外文委、中缅友协为缅甸文化代表团举行的首场演出开幕式和缅甸联邦电影节开幕式,并致辞。晚上出席文化部、中非友协为欢迎阿尔及利亚临时政府代表团举行的文艺晚会。

4 日　赴机场欢送缅甸总理回国。出席首都各界欢迎阿尔及利亚总理的宴会。出席对外文委、文化部和中伊友协为欢迎伊拉克共和国国家指导部部长举行的宴会。晚上出席阿尔及利亚艺术团在京首场演出的开幕式,并观看演出。

6 日　赴机场欢送阿尔及利亚总理。

8 日　下午出席周恩来总理等党和国家领导人接见正在我国访问的伊拉克、日本、新西兰、古巴等九个国家的外宾。晚上出席伊拉克大使欢迎伊拉克共和国国家指导部部长的招待会。

9 日　晚上出席对外文委、文化部和中伊友协为欢迎伊拉克国家指导部部长举行的宴会。

10 日　致阮文梅信。

12 日　致巴金信,为陪同波兰作协副主席、党组第一书记普忒拉曼特到杭州参观,请巴金代办上海的住宿、接机,以及买去杭州火车票等杂事。

13 日　分别致 C. C. 斯米尔诺夫、R. 费郎克信。

15 日　致巴金信。

16 日　出席刘少奇主席宴请西哈努克亲王招待会。

17 日　出席欢宴西哈努克招待晚会。

19 日　下午乘飞机由京赴沪。

20 日　上午巴金夫人萧珊和孔罗荪一起去看望茅盾,并在锦江饭店宴请。下午陪同茅盾参观上海工业展览会,然后赴火车站送行。乘火车离上海到杭州。

20—24 日　在杭州视察文化工作,观看婺剧《卧薪尝胆》。

25 日　下午参加杭州大学中文系师生座谈会,回答师生提出的文艺理论方面的问题。其记录稿曾在 1986 年 12 月出版的《杭州大学学报》发表,题为《记茅盾在我校一次座谈会上的讲话》(丁茂远整理,未经作者审阅)。

26 日　上午赴火车站迎接由广州到杭州参观访问的波兰作家协会副主席、党组第一书记普忒拉曼特和夫人。

26—28 日　陪同普忒拉曼特和夫人在杭州参观访问。

29 日　陪同普忒拉曼特和夫人到上海访问。

本月　在《大众电影》第 19 期发表杂论《在缅甸联邦电影周开幕式上的讲话》(署沈雁冰),原题为《文化部沈雁冰部长在缅甸联邦电影周开幕式上的讲话》。

本月 《反映社会主义时代，推动社会主义时代的跃进》由人民文学出版社出版，是 1960 年 7 月 24 日在中国文学艺术工作者第三次代表大会上的报告。

11 月

5 日 出席文化部、对外文委、中苏友协举行的庆祝十月社会主义革命 43 周年电影周开幕式，致开幕词。

6 日 随周恩来总理接见苏中友好协会访华团。晚上出席首都庆祝苏联十月社会主义革命 43 周年大会。

7 日 晚上出席苏联大使为庆祝十月革命 43 周年举行的招待会。

同日 作七绝《赠阮章竞》。按：1960 年，阮章竞根据中国作协党组的安排，协助茅盾陪同波兰客人访问我国各地。此行结束后，承茅盾应允，题诗一首以作纪念。诗中以《漳河水》《新塞外行》两部代表作品赞扬阮章竞诗歌创作的成就，并对他的诗歌创作进行总体评价。

9 日 致袁宝玉信。

10 日 在《电影艺术》11 月号发表评论《中缅友谊万古长青——为"缅甸联邦电影周"而作》《在"庆祝十月社会主义革命四十三周年电影周"开幕式上的讲话》。

13 日 致萧珊信。

25 日 出席中国和大、对外文协、中苏友协、中国文联和中国作家协会举行的纪念世界文化名人、俄国作家列夫·托尔斯泰逝世 50 周年大会，并作专题发言《激烈的抗议者，愤怒的揭发者，伟大的批判者》。

26 日 在《人民日报》发表讲话《激烈的抗议者，愤怒的揭发者,伟大的批判者》,亦刊于《世界文学》11月号,高度评价托尔斯泰对现实主义文学的杰出贡献。

12 月

12 日　致萧珊信。

13 日　晚上出席瑞典临时代办为瑞典皇家歌剧院芭蕾舞团结束在我国的访问演出举行的招待会。

16 日　晚上出席刘少奇主席为柬埔寨元首西哈努克亲王访华举行的宴会。

17 日　晚上出席文化部、中柬友协为欢迎柬埔寨元首西哈努克亲王和夫人举行的文艺晚会。

本年　作七律《观剧偶作》。按:1959年间,中国京剧院和北京剧团联合演出田汉改编的京剧《西厢记》,在首都观众中产生广泛深刻的影响。当时《文汇报》《新文化报》《戏剧研究》等报刊还开展热烈的讨论,争论的焦点在对于崔莺莺性格的理解和结尾艺术处理的问题。茅盾没有著文参与这场讨论,却在观剧之后写成七律,采用诗的形式表明自己的看法。

本年　作笔记《〈夜读偶记·后记〉之笔记》,标题为编者所加;作笔记《关于评价历史人物——兼谈对陶渊明的看法》,标题为编者所加,指出评价历史人物的方法。

本年　朝译本《子夜》由朝鲜国立文学艺术书籍出版社1960年版,附《朝译本〈子夜〉自序》(1960年5月27日),后收入李岫编《茅盾研究在国外》湖南人民出版社1984年8月版。

1961 年(辛丑)　65 岁

▲1 月 14 至 18 日,中共八届九中全会北京召开,正式通过"调整、巩固、充实、提高"八字方针,并决定在农村深入贯彻《十二条》,进行整风整社。

▲3 月,中共中央在广州举行工作会议,制定《农村人民公社工作条例(草案)》。

▲10 月,吴南星(吴晗、邓拓、廖沫沙)的杂文随笔开始在《前线》杂志的"三家村札记"专栏发表。

1 月

6 日　晚上赴古巴驻华使馆出席庆祝古巴革命 2 周年举行的招待会。

8 日　上午中国人民对外友好协会副会长林林来谈有关纪念泰戈尔的筹备委员会事宜。晚上观看英国彩色电影《吸血鬼》。

11 日　下午赴机场欢迎阿尔巴尼亚劳动党中央政治局委员、部长会议第一副主席率领的阿尔巴尼亚政府经济代表团。

12 日　上午赴机场迎接周总理返京。晚上出席李先念副总理为欢迎阿尔巴尼亚政府经济代表团举行的宴会。

13 日　晚上到民族宫观看天津人民歌舞剧院演出的芭蕾舞剧《西班牙女儿》。

14 日　晚上出席中阿友好协会为阿尔巴尼亚政府经济代表团举行的宴会。

20 日　下午出席缅甸驻华使馆为缅甸贸易代表团访华举行的宴会。

21 日　上午出席部长碰头会议,听取出版局及对外联络司的汇报。

23 日　出席陈毅副总理欢迎尼泊尔代表团举行的招待会。

24 日　致人民文学出版社编辑部信。

25 日　列名中国作家协会副秘书长王亚凡同志治丧委员会委员。

26 日　晚上出席中国、拉丁美洲友好协会等单位欢宴古巴芭蕾舞团招待会。

27 日　下午赴文联大礼堂参加王亚凡追悼会。晚六出席周恩来总理欢宴缅甸朋友的招待会。晚八时半陪同缅甸朋友观看舞剧《西班牙女儿》。

28 日　上午出席部长、副部长碰头会,听取学校司和物资司的汇报。下午出席国务院全体会议。陪同周恩来总理接见古巴芭蕾舞团团长等。晚上出席古巴大使为古巴芭蕾舞团访华举行的酒会。出席古巴芭蕾舞团在北京的首次演出会。

30 日　出席第二届人大第三十五次会议,听取郭沫若访问古巴的报告。晚上在文化部放映室观看新片《刘三姐》。

同日　致王仰晨信,表示《苏联见闻录》不收入《茅盾文集》。

31 日　在文化部放映室观看《甲午海战》样片。

2 月

1 日　晚上出席越南大使举行的宴会。

2 日　晚上出席阿尔巴尼亚大使为阿经济代表团访华举行的招待会。

3 日 上午赴机场欢送阿尔巴尼亚亚经济代表团。中午出席捷克斯洛伐克大使代表捷克斯洛伐克科学院,授予郭沫若捷克斯洛伐克科学院院士证书仪式。晚上出席苏联驻华使馆为庆祝中苏发展文化合作而举行的宴会。

4 日 上午出席部长碰头会议,听取计划财务司报告及马彦祥报告赴英的戏剧展览会筹备事宜。中午出席对外文委主任张奚若为庆祝中苏 1961 年文化合作计划签订举行的宴会。晚上出席对外文协、文化部招待古巴芭蕾舞团举行的酒会。

6 日 下午出席我国八团体纪念泰戈尔诞生 100 周年筹委会成立会,当选为筹委会主任。

9 日 中午出席周恩来总理欢迎中尼边界委员会尼泊尔代表团首席代表一行的宴会。

10 日 晚上出席尼泊尔首席代表举行的招待会。

13 日 上午赴文华殿出席苏联展览会开幕式。下午出席苏联驻华使馆为庆祝中苏友好同盟互助条约签订 11 周年举行的宴会,并出席首都各界庆祝中苏友好同盟互助条约签订 11 周年大会。晚上赴苏联大使馆出席招待会。

同日 致苏联作家协会第一书记信,题为《致费定》,刊于《文艺报》1961 年 2 月号,庆祝中苏友好同盟互助条约签订 11 周年。

14 日 晚上出席陈毅和夫人为庆祝中苏友好同盟条约签订 11 周年,并同在京各国朋友一起欢庆春节举行的宴会。

15 日 下午出席作家协会举行的新春茶话会。

23 日 晚上以中国作家协会主席和亚非作家会议中国联络委员会主席的身份,接见并设宴欢迎日本—中国文化交流协会常任理事白石丸和白土吾夫等。

24 日　下午赴作协出席书记处会议。

26 日　在《文艺报》2 月号发表随笔《兄弟友谊万古长青——庆祝"中苏友好同盟互助条约"签订十一周年》。

同日　下午以无党派人士身份，出席中共中央统战部举行的座谈会，听取周恩来关于当前国际国内形势的讲话。

27 日　致王仰晨信。

3 月

2 日　下午赴文学研究所现代文学史组参加座谈会。

4 日　上午出席部长碰头会。

6 日　晚上出席中苏友好协会为欢迎张苏率领的中苏友好协会代表团访问苏联归国举行的酒会。

9 日　下午出席亚非作家会议中国联络委员会会议，主持通过派巴金率中国代表团参加东京紧急会议等事项。

10 日　晚上出席首都各界纪念世界文化名人乌克兰诗人谢甫琴柯逝世 100 周年大会，并致开幕词。

11 日　上午赴人大听取陈毅作的外交报告。晚上赴北京饭店出席丹麦大使为丹麦国庆举行的招待会。

12 日　出席中共中央统战部举办的各民主党派和无党派人士座谈会。晚上赴戏曲学院观看粤剧和福建泉州的高甲戏。

13 日　出席对外文委、中拉友协为欢送古巴芭蕾舞团举行的酒会。晚上赴怀仁堂观看川戏《梵王宫》。

18 日　上午赴机场为赴东京出席亚非作家会议常务委员会扩大会议的代表送行。晚上赴国务院礼堂观看川剧《二桃杀三士》及《红梅记》。

20 日　上午在文化部小客厅接见即将回国的罗马尼亚

大使。

22日 上午出席文化部、中国剧协召开的"戏曲编导工作座谈会",听取陈毅《在戏曲工作座谈会上的讲话》。晚上赴国务院礼堂观看川剧《大义灭亲》《番罗帕》。

23日 晚上出席巴基斯坦国庆招待会。

24日 上午赴机场欢送以巴金为团长的中国作家代表团离京赴东京,出席亚非作家会议常设委员会东京紧急会议。

25日 下午出席作协小型座谈会,谈创作上的问题。晚上赴文艺俱乐部看昆曲研究社第八次彩排。

27日 以中国作协主席和亚非作家会议中国联络委员会主席的身份,电贺在东京召开的亚非作家会议常设委员会东京紧急会议。

29日 下午会见捷克斯洛伐克驻华大使。晚上在文化部小放映室观看墨西哥影片《珍珠及乡村妇女》。

31日 晚上在文化部礼堂观看《胭脂虎》等三折京戏。

本月 作《关于历史剧的笔记》;作《从历史到历史剧》,是关于《卧薪尝胆》的杂记。

本月 作《读"卧薪尝胆"剧本的笔记》。

4 月

1日 晚上赴天桥剧场观看舞蹈学校演出的独幕舞剧《无益的谨慎》。

2日 下午赴机场迎接到中国访问的朝鲜作家同盟委员长韩雪野。晚上设宴为客人洗尘。

3日 下午赴人大出席国务院会议及列席人大常委会。

4日 下午出席第二十六届世界乒乓球锦标赛闭幕式。下午 5 时,赴匈牙利使馆出席国庆招待会。晚上赴人民大会堂出席欢迎世界乒乓球锦标赛的全体选手的宴会。

5 日 上午赴机场欢送韩雪野。

8 日 下午出席《文艺报》编辑部组织的批判地继承古代文艺理论遗产座谈会,并发言。

10 日 下午赴文化部接见古巴文化代表团。晚上出席对外文委等单位招待古巴文化代表团宴会。

12 日 晚上接见锡兰作家协会秘书长德·森那亚克。

14 日 出席中国人民政治协商会议第三届全国委员会第十二次常务委员会议。

同日 致叶子铭信,回答关于生平的几个问题。

15 日 晚上赴人大宴会厅出席彭真市长为庆祝二十六届世界乒乓球锦标赛胜利闭幕举行的宴会。

16 日 上午出席中宣部召开的文科教材会及文化部召开的全国艺术院校校长及教授座谈会。中午赴锡兰大使为森纳亚克所举行的午餐会。

17 日 晚上在全聚德宴请锡兰客人,锡兰驻华大使及夫人也在座。

20 日 出席中国人民政治协商会议第三届全国委员会第十三次扩大常务委员会。

21 日 下午 5 时出席波兰大使为庆祝波兰人民共和国与苏联联盟友好互助和战后合作条约签订 16 周年举行的招待会。晚上接见并宴请印尼作家代表团。

22 日 上午出席国务院全体会议,列席人大常委会。下午赴机场欢迎老挝首相富马亲王及老挝领袖梭发那冯亲王。

23 日 晚上赴人大宴会厅出席周总理为欢迎富马亲王举行

的宴会。

24日 上午赴机场为富马首相送行。

26日 在《文艺报》第4—6期发表评论《一九六〇年短篇小说漫评》。本文3月23日动笔,5月11日夜写迄。在阅读1960年主要文艺报刊上发表的短篇小说的基础上,选择了16篇有特色的作品加以比较分析,并概括其主要成就和普遍存在的问题,是一篇具有导向性的作品评论。文章概括了1960年短篇小说创作的五个新面貌:其一,更深一层地描写英雄人物的精神世界;其二,更熟练地而且更巧妙地通过人物的行动来刻画人物精神世界;其三,更多地取材于日常生活而以大运动大斗争为背景;其四,更多注意到气氛描写;其五,更多新体裁。存在的缺点是:描写上还有点千篇一律,跳不出既成的框框;人物描写上,党委书记、支部书记和负责领导者的形象不够多姿多彩,而有点公式化;讽刺短篇和幽默短篇比较少;语言偶有败笔。

27日 下午接见刚果大使。晚上会见来中国访问的缅甸作家协会主席、副主席,并设宴款待。

28日 下午出席印尼驻中国临时代办为欢迎印尼作家代表团访华举行的宴会。晚上出席中国、苏联两国艺术家联合演出晚会。

29日 上午出席部长汇报会议。下午在文化部接见几内亚大使。晚上在文化部小放映室观看法国影片《百合门》和《仅次于上帝的人》。

30日 晚上出席国务院为庆祝"五一"国际劳动节举行的招待会。

5 月

1 日　下午出席中国作家协会和印尼作家代表团共同声明签字仪式，仪式后举行酒会，庆祝共同声明签字并欢送即将回国的印尼作家代表团。晚上在天安门城楼同各国来宾一起观看广场上的"五一"大联欢和节日焰火。

3 日　下午赴政协出席招待华侨观光团的酒会。晚上出席观看阿尔巴尼亚民间歌舞团来京首次演出的闭幕式。

4 日　晚上接见并设宴欢迎来华参观访问的以色列女作家露丝·乌尔。

5 日　下午接见新任德国大使黑根。晚上出席陈毅副总理、罗瑞卿总参谋长为欢迎中缅边界联合委员会首席代表、缅甸国防军副总参谋长昂季准将和代表团全体成员的宴会。

6 日　上午出席部长汇报会议。晚上出席匈牙利驻华使馆为中匈友好条约签订 2 周年举行的庆祝酒会。

8 日　下午出席印度驻华使馆为泰戈尔诞生 100 周年纪念举行的宴会，并致辞。

11 日　下午刘白羽来报告东京亚非作家会议情况。

13 日　上午主持纪念泰戈尔诞生 100 周年筹委会最后一次会议。

14 日　作《欢呼亚非作家会议东京紧急会议的胜利！》

15 日　下午出席并主持首都文化界纪念泰戈尔诞生 100 周年大会，并致开幕词。晚上接见并在北京饭店欢宴波兰文化代表团。

18 日　下午出席并主持中国作家协会、亚洲作家协会中国联络委员会举行的报告会，由参加亚非作家会议东京紧急会议的中国作家代表团副团长刘白羽报告东京会议及访问日本的情况。阮章竞报告在墨西哥举行的拉丁美洲争取国家主权、经济解放与和平大会的情况及访问古巴的情况。

19 日　赴影协观看波兰摄制的超现实主义影片《黑桃王子》。

20 日　在《世界文学》5 月号发表评论《欢呼亚非作家会议东京紧急会议的胜利!》。

27 日　为《消息报》发起的《世界一日》第二编写短文《祝福你们——年青的一代!——为苏联〈消息报〉世界一日而作》。

同日　晚上赴阿富汗大使馆,出席庆祝阿富汗国庆招待会。

30 日　下午赴波兰大使馆,出席为波兰文化代表团举行的宴会。

6 月

1 日　上午随习仲勋副总理会见波兰文化代表团,并致辞。下午出席由中共中央宣传部举行的"全国文艺工作座谈会",讨论《关于当前文学工作的意见》。即日起至 28 日,除其他公务外均出席中共中央宣传部召开的"全国文艺工作座谈会"。

同日　晚上出席文化部、中波友协为欢送波兰文化代表团举行的招待会,并致辞。

5 日　晚上出席锡兰大使为锡兰迎奉佛牙代表团访华举行的招待会。

7 日　晚上赴阿尔巴尼亚大使馆举行的告别招待会。

8 日　出席文化部和中国影协召开的全国故事片创作会议,讨论、制定《电影工作三十二条》。会期至 7 月 2 日。中午接见阿尔及利亚外交使团团长(即大使)。晚上赴人民大会堂小礼堂观看陕西歌舞团演出。

10日 晚上接见并设宴欢迎印度尼西亚女作家露基亚和苏基亚蒂访华。

12日 上午赴机场欢迎以越南总理范文同为首的政府代表团。晚上出席中越友好协会为越南党政代表团访华举行的宴会。

13日 上午赴机场欢迎印度尼西亚总统苏加诺一行。晚上出席中国、印度尼西亚友好协会举办的欢迎苏加诺酒会。

15日 上午赴机场欢送苏加诺一行。晚上赴人民大会堂,出席越南大使为范文同总理访华举行的盛大宴会。

同日 致庄钟庆信,回答所提出的几个问题。

16日 早上赴机场欢送越南政府代表团一行。上午在寓所接见以江口涣为首的日本作家访问团。

17日 中午出席对外文委和中国作协为欢迎江口涣为首的日本作家代表团举行的宴会。下午出席中苏友协、中国作协和北京中苏友协举办的纪念高尔基逝世25周年大会,并致开幕词。

18日 在《人民日报》发表评论《在纪念高尔基逝世二十五周年大会上的讲话》。晚上宴送以色列作家露丝·乌尔。

19日 下午出席全国文艺工作座谈会和故事片创作会议,听取周恩来总理作的《在文艺座谈会和故事片创作会议上的讲话》。

21日 晚上赴政协礼堂观看新片《达吉和她的父亲》。

23日 写成评论《六〇年少年儿童文学漫谈》。

27日 晚上出席苏联大使为庆祝中国共产党成立四十周年举行的电影招待会。

29 日 致姜云信,回答所提的几个问题。

30 日 晚上出席庆祝中国共产党成立 40 周年大会。

7 月

1 日 中午出席中国人民对外文化协会等单位欢迎日本文学家代表团的宴会。晚上出席对外文协和中国作家协会欢送江口涣为首的日本作家访华团举行的酒会。

2 日 下午出席文化部召开的全国故事片创作会议闭幕式。

3 日 晚上在寓所接见龟井胜一郎为首的日本作家代表团。

7 日 晚上设宴欢送捷克和保加利亚音乐方面的专家,宴后观看盖叫天演出的《武松打店》。

8 日 下午 3 时出席文化部、对外文委和中蒙友协为庆祝蒙古人民革命胜利四十周年而举办的蒙古人民共和国电影周开幕式,并致辞。下午 5 时,出席对外文协等单位举行的欢送日本文学家代表团酒会。晚上出席习仲勋副总理接见来我国参加"中蒙友好旬"活动的蒙中友协代表团、蒙古电影工作者代表团、新闻工作者代表团一行。

9 日 下午出席周恩来总理接见来我国参加"中蒙友好旬"活动的蒙中友协代表团、蒙古电影工作者代表团、新闻工作者代表团一行。晚上出席对外文委、中蒙友协为庆祝蒙古人民革命胜利 40 周年举行的大会。

10 日 上午赴机场欢迎朝鲜金日成首相。晚上赴人民大会堂出席欢迎金日成首相的宴会。

11 日 致北京市教育局教材编审处中学语文组信,对《白杨礼赞》中"纵横决荡"一语进行了辨析。

同日 下午 6 时出席蒙古大使为庆祝蒙古革命四十周年举

行的招待会。晚上出席文化部和中朝友协为欢迎朝鲜劳动党中央委员长、内阁首相金日成率领的朝鲜党政代表团举行的歌舞晚会。

12日 上午出席对外友协和14个友好协会举行的理事会联席会议,听取对外友协会长楚图南的会务报告,并讨论各协会今后的工作任务。晚上出席朝鲜临时代办主持的金日成首相告别宴会。

13日 早上赴机场欢送朝鲜贵宾。晚上出席匈牙利大使馆临时代办为庆祝中匈文化合作协定签订10周年举行的电影招待会。

14日 晚6时赴北京饭店出席伊拉克大使举行的招待会。晚7时出席中苏友协总会和北京市中苏友协为欢送苏中友好协会伊尔库茨克分会旅行团举行的宴会。

17日 上午出席中宣部召开的文艺工作座谈会。

18日 上午在中宣部组织的全国文艺工作座谈会上发言。

20日 会见并设宴欢送即将回国的两位苏联戏剧工作者。

21日 中午赴苏联大使馆,出席为萨廖夫、罗斯托四茨基举行的宴会。晚上出席中波友协和北京市总工会为庆祝波兰国庆17周年举行的宴会,并讲话。

22日 出席波兰驻华使馆为庆祝波兰国庆17周年举行的宴会。

同日 在《人民日报》发表杂论《沈雁冰在首都人民庆祝波兰人民共和国国庆十七周年庆祝大会上的讲话》。

23日 晚上会见波兰航运部代表团。

25日—8月25日 赴大连休养,得以完成《关于历史和历史剧》一书稿。

8 月

5 日　在《上海文学》8 月号发表评论《六〇年少年儿童文学漫谈》。该文 6 月 19 日动笔,23 日改定,是在阅读了北京和上海两个少年儿童出版社 1960 年全年和 1961 年 5 月前出版的少年儿童作品和读物后写的分析和评论,指出少儿读物写作中存在的问题:第一,内容净用支援工农业建设以进行共产主义教育等这种高深的大人事,对几岁的孩子进行"千篇一律""生硬粗糙"的"说教",儿童不仅消化不了,也很难产生兴趣;第二,表面上"五花八门,实质上大同小异","文采不足,是'填鸭'式的灌输,而不是循循善诱、举一反三的启发","题材的路太窄。故事公式化和人物概念化的毛病相当严重,而文字又不够鲜明、生动";第三,作者普遍持"缩小论"观点,即把少年看成"缩小了的成人",把儿童看成"缩小了的少年",作品中的少儿形象多半像个"小干部"。两者都忽视其不同年龄段的儿童们的"情感和趣味"以及想象力的特点,因而也忽视少年儿童文学作品的文字应有的特殊性。要求作家"同儿童做朋友,观察他们,然后能了解他们的心理活动的特点",据以创作儿童乐于接受的作品。

8 日　梅兰芳逝世。列名梅兰芳同志治丧委员会。

10 日　出席梅兰芳公祭仪式。

17 日　与郭沫若联名致电古巴作家艺术家代表大会,祝贺大会成功。

18 日　与郭沫若联名在《人民日报》发表《致古巴第一届作家艺术家代表大会》。

26 日　乘船离大连返京。在天津停留 3 天。

28 日　与天津作家座谈。

30日 下午出席河北省文艺工作者创作座谈会,作题为《谈文艺创作的五个问题》的长篇发言。

9月

1日 沙可夫逝世。列名沙可夫同志治丧委员会。

2日 晚上出席越南大使为庆祝越南国庆16周年举办的招待会。

6日 上午出席沙可夫公祭仪式。晚上在文化部小放映室观看香港影片《佳人有约》。

7日 晚上出席陈毅副总理招待蒙哥马利的宴会。

9日 上午接见苏联国立鄂木斯克俄罗斯民间合唱团团长等。晚上出席保加利亚大使馆为庆祝保加利亚国庆举行的招待会。

12日 上午《红旗》杂志编辑部编委等来访。下午出席作协书记处会议。晚上赴人大小礼堂观看晋剧。

13日 晚上在文化部小放映室观看意大利西班牙合拍的影片《穿短裤的人》。

14日 出席周恩来总理饯别缅甸联邦总理及其一行的宴会。

15日 出席中国人民政治协商会议全国委员会第二十一次常务委员会。会议决定隆重纪念辛亥革命50周年,并组成筹备委员会,任筹备委员。下午由茅盾做东道主,中国作协在四川饭店举行文艺界小型聚餐谈心会。

同日 致《河北文学》编委信。

19日 晚上赴人大小礼堂观看碗碗腔《兵火缘》。

20日 晚上赴文化部小放映室观看日本彩色宽银幕影片《浪花之恋》。

21 日 傍晚赴英国代办处,出席为蒙哥马利元帅访华举办的酒会。晚上与李达上将一起,陪同英国蒙哥马利元帅观看首都文艺工作者的歌舞杂技表演。

同日 在《文艺报》9 月号发表评论《联系实际、学习鲁迅——在鲁迅先生诞生八十周年纪念大会上的报告》,着重论述鲁迅的创作如何服务于整个革命事业,鲁迅作品的民族形式和个人风格,鲁迅的"博"与"专"等问题。号召"更认真更深入地学习鲁迅","进一步贯彻党的'百花齐放,百家争鸣'的方针,以促进社会主义文学艺术事业更快的发展和更大的繁荣"。亦刊于《人民日报》《文汇报》9 月 26 日。

22 日 上午赴机场欢迎古巴总统访华。晚上出席周总理招待蒙哥马利的宴会。

23 日 上午参加文化部部务会议。晚上出席刘少齐主席宴请古巴总统的宴会。

24 日 儿子韦韬、儿媳陈小曼结婚 10 周年纪念日,全家畅游颐和园,在听鹂馆门前拍全家福。① 晚上出席文化部、拉美友协为欢迎古巴总统举行的歌舞京剧晚会。

25 日 晚上出席首都人民纪念鲁迅 80 诞辰大会,作专题报告题为《联系实际、学习鲁迅》。

同日 致《河北文学》编辑部信。

26 日 下午 3 时接见捷克大使。下午 4 时,赴机场迎接波兰政府代表团。晚上出席观看波兰表演艺术家在京首场演出会。

同日 致翟同泰信,回答关于生平的几个问题。

---

① 丁尔纲:《茅盾评传》,重庆出版社 1998 年 10 月版。

27 日　中午出席李富春副总理欢迎波兰政府代表团宴会。晚上出席国际贸易促进会主任南汉宸为欢迎波兰政府代表团举行的宴会。

28 日　上午出席波兰工业展览会在京正式开幕仪式,仪式后参观展览,并在留言簿上题词。晚上出席波兰政府代表团团长和波兰大使为庆祝波兰工业展览会开幕举行的招待会。

29 日　下午出席中波友好协会招待波兰政府代表团茶会,并致辞。晚上出席欢迎尼泊尔国王的宴会。

30 日　晚上出席庆祝国庆的宴会。

10 月

1 日　参加首都人民欢度建国 12 周年,在天安门举行的庆祝活动,与党和国家领导人检阅游行队伍。晚上赴天安门城楼观看焰火。

2 日　早上赴机场欢送波兰代表团。下午 5 时赴北京饭店出席几内亚国庆招待会。晚上赴人大出席古巴总统的告别宴会。

3 日　早上赴机场欢送古巴总统。晚上为钱俊瑞下放、刘芝明调动工作,赴文化部副部长及各司局长在四川饭店的聚餐。

4 日　出席辛亥革命 50 周年纪念筹备会会议。出席文化部、中尼友协为欢迎尼泊尔国王和王后举行的晚会。

同日　作《一九六○年短篇小说漫评·按语》。

5 日　在《上海文学》10 月号发表书信《关于阿 Q 这个典型的一点看法——给一位论文作者的信》。

同日　上午出席国务院全体会议。下午出席中尼边界条约签字仪式。出席首都各界欢迎尼泊尔国王和王后、欢庆中尼边界条约签订大会。

6 日　下午与文学研究所现代文学史小组十来人座谈。

7 日　晚上赴德国大使为庆祝德国国庆在北京饭店举行的招待会。

8 日　晚上赴匈牙利大使馆为匈牙利议会代表团访华举行的招待会。

9 日　晚上出席首都纪念辛亥革命 50 周年大会。

10 日　中午出席文化部为即将离京的外地来参加教材编写的同志举行的宴会。下午赴北京饭店宴请日本作家藤森成吉和岛田和津。

11 日　上午出席部务会议。下午赴机场欢迎贺龙等参加民主德国国庆后回国。欢迎缅甸总理吴努率领的代表团到京。晚上出席周总理招待缅甸总理吴努的宴会。

13 日　晚上出席缅甸总理吴努的告别宴会。

14 日　在《文学评论》第 5 发表《关于历史和历史剧——从〈卧薪尝胆〉的许多不同剧本说起》,后在《文学评论》第 6 期(12 月 14 日)续完第二部分。

同日　上午到机场欢送吴努。晚上出席周恩来总理为欢送即将离京的缅甸国防军总参谋长奈温将军举行的宴会。

15 日　早上赴机场欢送奈温将军。晚上出席尼泊尔国王的告别宴会,并出席苏联国立鄂尔多斯克俄罗斯民间合唱团访问中国最后一场演出。演出结束后,与陈毅等登台祝贺演出成功,并合影留念。

16 日　上午赴机场欢送尼泊尔国王一行,和缅甸外交部部长一行。

同日　致《河北文学》编辑部信。

17日 晚上以中国文联副主席身份设宴欢送越南文学艺术联合会副主席和夫人回国。

18日 晚上在文化部小放映室观看苏联故事片《人血不是水》。

20日 晚上出席波兰大使馆为波兰单独表演艺术家所举行的招待会及小提琴表演。

22日 下午出席"中日两国人民民间文化交流的共同声明"签字仪式。晚上出席对外友协为欢送中日文化交流协会理事长中岛健藏举行的酒会。

23日 下午严文井、张僖来谈作协各项事务。

24日 晚上出席朝鲜驻中国临时代办为纪念中国人民志愿军抗美援朝出国作战11周年举行的酒会。

26日 下午出席《文艺报》为讨论儿童文学而召开的座谈会。

28日 下午出席"梅兰芳舞台艺术电影周"举行的开幕式,致开幕词。

同日 致少年儿童出版社信。作《〈力原〉读后感》。在《文汇报》发表评论《茅盾谈文艺创作的五个问题》,亦刊于《河北文学》10月号。所谈五个问题:(一)怎样进一步贯彻"百花齐放、百家争鸣"的方针;(二)关于革命现实主义和革命浪漫主义相结合的问题;(三)历史题材问题;(四)继承与革新的问题;(五)怎样理解文艺创作的规律问题。

29日 在《人民日报》发表《茅盾在"梅兰芳艺术电影周"开幕式上的讲话》。

本月 《茅盾文集》第9卷由人民文学出版社出版,附《后记》(1958年11月15日作)。收入散文8辑:第1辑,1928年至

1932年写的散文21篇;第2辑,1932年至1933年写的散文10篇;第3辑,1932年至1933年写的散文13篇;第4辑,1933年写的散文2篇;第5辑,1934年至1935年写的散文10篇;第6辑,1934年至1935年写的散文8篇;第7辑,1938年写的散文13篇;第8辑,1941年写的《见闻杂记》16篇和另外两篇散文及《后记》。

本月 为湖州王一品斋笔庄作七言绝句《为湖州王一品笔斋题诗》并题写条幅,题诗原有落款:"浙江湖州王一品斋创立二百二十周年纪念之喜 一九六一年十月 沈雁冰"。该诗活用古代诗文中的成语典故,赋予新的含义,祝贺笔庄成立220周年,寄予殷切期望,后收入丁茂远编《茅盾诗词鉴赏》杭州大学出版社1991年版。①

11月

1日 晚上出席苏联驻华使馆为庆祝十月社会主义革命节举行的电影晚会。

4日 上午以中苏友协总会副会长身份接见苏中友协积极分子专业旅行组。

6日 晚上出席北京各界人民庆祝十月社会主义革命节44周年大会。

同日 致中华书局上海编辑部信。

7日 中午赴四川饭店欢宴苏中友协专业旅行小组成员。

---

① 1961年,王一品斋笔庄举办创立220周年纪念活动,广泛约请社会各界知名人士题诗、题词,陆续收到朱德、董必武、陈毅、郭沫若、茅盾等的题诗。参见李广德:《茅盾与湖州关系概述》,《湖州师专学报》1986年第3期。

下午赴苏联大使馆出席招待会。

11 日　上午出席部务会议。

17 日　韦君宜来谈三年短篇小说选一事。致安邦瀛信。

22 日　晚上赴四川饭店宴请日本文化代表团。

27 日　下午听取周恩来总理做关于苏共二十二大及其他有关问题报告。

29 日　上午赴北京市戏曲学校公祭该校校长郝寿臣。晚上先赴阿尔巴尼亚国庆招待会。后出席对外文协、中国作家协会欢送日本文学界代表团举行的酒会。

本月　《茅盾文集》第 10 卷由人民文学出版社出版。收入散文 9 至 15 辑。第 9 辑，1940 年至 1946 年写的散文 14 篇；第 10 辑，1943 年至 1946 年写的散文 9 篇；第 11 辑，1946 年至 1947 年写的散文 17 篇；第 12 辑，1946 年写的《生活之一页》11 篇；第 13 辑，1948 年写的《脱险杂记》；第 14 辑，1944 年写的《归途杂拾》6 篇；第 15 辑，1940 年至 1945 年写的散文及旧体诗及《后记》(1958 年 11 月 24 日作)。

本月　茅盾选讲《一九六〇年短篇小说欣赏》由中国青年出版社出版。收《一九六〇年短篇小说漫评》和按语(1961 年 10 月 4 日作)，另附小说 18 篇。

本月　《霜叶红似二月花》新版由人民文学出版社出版，附新版后记(1958 年 4 月作)。

本月　《子夜》(经典名著口碑版本)收入"教育部统编语文推荐阅读丛书"，由人民文学出版社出版。

12 月

1 日　在《新港》12 月号发表《〈力原〉读后感》[①],原题为《力原》。

5 日　致《河北文学》编辑部信。

6 日　晚上赴芬兰大使馆出席芬兰国庆招待会。

7 日　书"周信芳演剧六十周年纪念题词"一则:六十年来磨一剑,精光真使金石开。

同日　致魏绍昌信,回答关于生平的问题。

8 日　下午出席中国作协举办的《胆剑篇》座谈会。

11 日　晚上出席文化部和中国剧协举行的纪念周信芳演出生活 60 周年纪念大会。

13 日　赴海南岛避寒疗养,直至 1962 年 1 月 6 日。

14 日　作旧体诗《无题》,诗句颇为含蓄地揭露苏联赫鲁晓夫集团掀起阵阵反华恶浪。

30 日　致萧珊信。在《戏剧报》第 23—24 期合刊发表题词《为周信芳演剧六十周年纪念题词》。

本月　电影文学剧本《林家铺子》(夏衍)由中国电影出版社出版,收入《中国电影剧本选集》第五卷。

本月　《中国神话研究》由中国台北启明书局翻印出版。《林家铺子》由罗马尼亚翻译出版。

本年　作论文《关于童心论》。

本年　作笔记《六〇年短篇小说读书笔记》,是近 30 篇短篇

---

① 《力原》李满天作,刊于《河北文学》1961 年第 12 期。

小说的读书笔记;作《六○年儿童文学读书笔记》,涉及歌颂英雄人物的真人真事的作品,以儿童团、少先队生活及儿童团员如何协助八路军、新四军打击敌人和少先队员如何支援农业、工业乃至国防为题材的小说,以少数民族少年生活为题材的小说,丰富少年读者一般科学知识的作品,童话,儿歌,评论等作品。

本年 《〈林家铺子〉及其他短篇小说》由布拉迪斯拉瓦出版。附《序言》(1960 年 7 月 8 日作),系应捷克斯洛伐克汉学家高利克自约而作。

本年 作《海南之行》组诗(1961 年 12 月至 1962 年 1 月)。

约本年 作《对〈子夜〉一些问题的解答》,解答读者向锦江提出的《子夜》中关于股票交易的一些问题。文中引文的页码据五十年代人民文学出版社出版的《子夜》。

1962 年(壬寅) 66 岁

▲1 至 2 月,中共中央在北京召开扩大的中央工作会议。刘少奇代表中央作报告。毛泽东作民主集中制问题的讲话。

▲4 月 23 日,毛泽东《在延安文艺座谈会上的讲话》发表二十周年,各地举行纪念会、报告会或座谈会,全国各主要报刊都发表了社论。

▲8 月 2—16 日,中国作协在大连召开农村题材短篇小说创作座谈会(又称"大连会议"),由邵荃麟主持,茅盾、周扬、邵荃麟、赵树理等参加。邵荃麟在会上发表"矛盾往往集中在中间人物身上"的讲话。

▲9 月,毛泽东在中共八届十中全会上提出"千万不要忘记

阶级斗争"的号召。各行各业开始强调"以阶级斗争为纲"。

1月

1日 赴海南岛通什镇参观访问。

3—5日 赴海口途中。

6日 离开海口赴广州。

8日 赴佛山参观。

9日 作七绝《为泮溪酒家题诗》。按:1962年初,茅盾夫妇畅游海南宝岛之后回到广州,广州文艺界友人邀请他们同游荔湾,并在泮溪酒家进餐。茅盾当时应酒家工作人员要求即兴题诗。该诗近于民歌体,通俗风趣。

10日 经长沙、武汉、郑州返抵北京。

13日 在《羊城晚报》发表组诗《海南之行》,诗前小序云:"久闻宝岛大名,今始得畅游;从东路至鹿回头,居六日,又由西路回海口。观感所及,成俚句若干,非以为诗焉,聊以志感耳。"包括:《海南颂》《兔龟岭远眺》《椰园即兴》《六二年元旦》《在海口观海南歌舞团演出》《六二年元旦访通什》《为海南岛热带植物研究所题》。通过在海南岛畅游见闻的描述,抒发了对祖国宝岛无限热爱的心情。

18日 出席并主持首都文艺界谴责美国政府迫害美国共产党和进步人士罪行大会,并发言。

19日 在《文汇报》发表政论《给肯尼迪以更多更响亮的耳光!》。

22日 致金梅信。

23日 晚上赴四川饭店宴请越南出席开罗会议的代表团成员。

25 日 　上午赴外办听取陈毅副总理讲话。

26 日 　出席并主持中国作家协会书记处会议,通过组成出席第二届亚非作家会议的中国代表团名单,任中国代表团团长。

27 日 　致魏绍昌信。附录一,答徐恭时提出的问题;附录二,答魏绍昌提出的问题。

2 月

2 日 　晚上出席中国作家协会为出席亚非作家会议代表团饯行和欢度春节的酒会。

3 日 　离京赴开罗出席第二届亚非作家会议。代表团成员有副团长夏衍、秘书长严文井、团员冰心、田间、安波、叶君健、杜宣、王汶石。另有团员杨朔、朱子奇、韩北屏已先期到达开罗。

4 日 　抵达广州。

5 日 　上午参观广州文化公园的迎春花会。晚上作协广东分会设宴招待代表团成员及在穗其他作家。

6 日 　抵达深圳。

7 日 　率代表团到香港,乘飞机去开罗。

8 日 　到达开罗。

10 日 　上午与夏衍等拜会阿联文化和国家指导部部长。下午参观金字塔。

12 日 　上午率中国作家代表团出席第二届亚非作家会议开幕式。作《为风云变色时代的亚非文学的灿烂前景而祝福》的长篇发言。晚上率领中国作家代表团出席阿联文化和国家指导部部长欢迎出席第二届亚非作家会议的全体代表举行的开斋冷餐招待会。

13 日 　出席中国驻阿联大使陈家康和夫人为欢迎代表团举

行的招待会。

14日 在《人民日报》发表评论《为风云变色时代的亚非文学的灿烂前景而祝福》,亦刊于《文艺报》第3期(3月11日)。

15日 出席第二届亚非作家会议闭幕式。下午率团出席阿联总统接见、欢迎并宴请参加亚非作家会议代表的活动。

17日 下午与夏衍被阿联总统接见。

19日 率团离开开罗回国。在开罗期间,参观了钢铁厂,游览了运河区、塞得港、金字塔,观看埃及民间舞蹈。

同日 作旧体诗词七绝《开罗杂感》《亚历山大港怀古》,在开罗第二届亚非作家会议期间写成。《亚历山大港怀古》是为凭吊埃及保卫国土的英雄们。

20日 在香港作短暂停留。

21日 返广州后到从化休息。

3月

2日 下午听取周总理对科技工作者和戏剧、文化工作者所作的关于知识分子政策的报告。

3日 上午出席文化部、作协在广州举行的全国话剧、歌剧、儿童剧创作座谈会,并讲话:《祝愿——在全国话剧、歌剧、儿童剧创作座谈会上的讲话》。

5日 下午与夏衍率团回到北京。

13日 致李初开信。

15日 致黎华信。

21日 下午出席刘少奇主席召集的最高国务会议。

同日 致魏绍昌信。附录一、二,答翟同泰提出的问题。

22日—4月17日 出席第二届全国人民代表大会第三次

会议的预备会议。出席中国人民政治协商会议第三届全国委员会第三次会议。

29日 出席中国作家协会书记处和亚非作家会议中国联络委员会的联席会议,作题为《团结和友谊的基础加强了》的报告,介绍第二届亚非作家会议的经过和成就。

30日 在《人民日报》发表评论《团结和友谊的基础加强了——关于第二届亚非作家会议的报告》。中午在全聚德宴请香港及上海出席政协会议的特邀代表6人。

4月

3日 晚上出席文化部、对外文化联络委员会举行的招待各国驻华使节和外交官员、在京外宾的文艺晚会。

15日 出席参加两会的文艺界人士座谈会。

16日 下午出席全国人民代表大会第二届第三次会议闭幕式。

17日 晚上出席首都文化界纪念世界文化名人、中国伟大诗人杜甫诞生1250周年大会,为主席团成员之一。

同日 出席英文《中国文学》编辑部召开的座谈会。

18日 下午出席政协第二届第三次会议闭幕式。

23日 下午分别接见叙利亚大使扈利、阿富汗大使里斯凯尼亚。

24日 上午为《人民文学》写纪念延安文艺座谈会讲话发表25周年的文章。

25日 下午出席朝鲜驻中国大使韩益洙为纪念朝鲜人民抗日游击队创建30周年举行的招待会。

同日 作《学然后知不足》;作五言古风《题动画片〈小蝌蚪

找妈妈〉》。

27 日　分别致胡万春、金梅信。致胡万春信中谈写作问题。

28 日　参加文化部部务会议,谈恢复 1959 年稿酬办法及筹备编译馆事宜。

29 日　上午接见以苏共莫斯科区委第一书记为首的苏中友好协会积极分子专业旅行组全体成员,设宴招待客人。

30 日　致陈梦熊信。晚上赴人民大会堂出席陈毅外长庆祝五一劳动节举行的外宾招待会。

5 月

1 日　上午到北京政协礼堂前广场,参加"五一"广播大会,会后上街游行。晚上与党和国家领导人在天安门城楼观看广场群众大联欢和节日焰火。

3 日　作《交通站的故事》(峻青著)读书杂记》《山鹰》(峻青著)读书杂记》。

4 日　晚上出席苏联驻华使馆为《真理报》创刊 50 周年举行的招待宴会。

同日　作《旷野上 〉〈葛梅》(管桦作)读书杂记》。致魏绍昌信,附答魏绍昌提出的问题。

5 日　中午出席匈牙利驻华使馆为庆祝"中匈友好合作条约"签订 3 周年举行的宴会。

7 日　作《我的第一个上级》、〈太阳刚刚出山〉、〈老社员〉(马烽作)读书杂记》。晚上赴作协出席在京作家聚餐会。

9 日　作《春暖花开》(茹志鹃作)读书杂记》。下午赴捷克大使馆,出席捷克国庆招待会。

10 日　作《澄河边上》、〈如愿〉(茹志鹃作)读书杂记》。晚上在文化部小放映室观看西班牙影片。

11 日　作《〈三走严庄〉(茹志鹃作)读书杂记》。下午赴民族文化宫,出席首都文艺界为纪念世界文化名人赫尔岑诞生 150 周年大会。

12 日　上午参加部务会议。中午赴波兰大使馆出席为欢送波工会代表团举行的宴会。

13 日　晚上赴民族文化宫观看话剧《火焰山的怒吼》。

14 日　作《〈阿舒〉、〈同志之间〉(茹志鹃作)读书杂记》。

15 日　作《读茹志鹃小说总结:读书杂记》《〈严重的时刻〉、〈河滩上〉(王汶石作)读书杂记》。

同 日　致姜云信,回答所提出的问题。

16 日　下午楼适夷来谈编《郑振铎文集》及其他事。

17 日　致葛柳南信。

18 日　出席并主持中国作家协会书记处召集的纪念《在延安文艺座谈会上的讲话》发表 20 周年座谈会。

同 日　致孔金林信,信中说:"我并不主张写历史剧要用'之乎者也',也并不要求历史剧的人物非要严格地说他们当时的口语不可;我只是反对历史剧的人物说出现代语和非时代所有的典故。"

19 日　上午出席部长汇报会议。

20 日　在《人民文学》5 月号发表评论《学然后知不足》,本文系为纪念《在延安文艺座谈会上的讲话》发表 20 周年而作。

22 日　在中国影协举行的 1960—1961 年影片评选"百花奖"授奖大会上,为获得最佳编剧奖的《李双双》题词:"新人新事,青年楷模"。为获得最佳摄影奖的《刘三姐》题词:"传神阿堵,文彩辉煌。"

同日 下午赴作协出席纪念《讲话》发表 20 周年联欢会。

23 日 出席文化部与中国文联共同组织的首都文艺界纪念《在延安文艺座谈会上的讲话》发表 20 周年联欢晚会。

同日 在《文汇报》发表《纪念毛主席〈在延安文艺座谈会上的讲话〉发表二十周年座谈会上的发言》；发表五言古风《祝贺〈小蝌蚪找妈妈〉获得〈大众电影〉百花奖之最佳美术片奖》，称赞影坛高手所创作的反映小蝌蚪生活的水墨动画片，达到了惊动鬼神的地步。

24 日 下午赴人大河北厅，出席总理召集的各部部长会议。

25 日 下午出席郑振铎遗著出版委员会。

26 日 校改应《文字改革》周刊之请写的《孩子们学会拼音文字又四声的问题》。晚上赴民族文化宫观看赣剧《西厢记》上半部。

27 日 晚上赴民族文化宫观看《西厢记》后半部。

28 日 晚上赴阿富汗大使馆出席为庆祝阿富汗国庆举行的酒会。

29 日 下午出席作协书记处会议。

30 日 中午赴波兰大使馆出席为欢迎我工会代表访问波兰归来举行的宴会。晚上赴朝鲜大使馆为张骏祥、刘白羽访朝归来举行的宴会。

31 日 作《〈严峻而光辉的里程〉、〈难忘的摩天岭〉(杜鹏程)读书杂记》二则。

6 月

1 日 上午出席国务院全体会议。

3 日 参加中波友协邀请波兰使馆全体人员的一日交游。

4 日 致金梅信。晚上赴东总布胡同参加作协举行的第一次作家联欢会。

6日 作《〈老牛筋〉、〈拔旗〉、〈甸海春秋〉(刘澍德作)读书杂记》《〈没有织完的筒裙〉(杨苏著)读书杂记》。

同日 作《读林斤澜小说综合读书杂记》。作旧体诗七绝《为新编赣剧〈西厢记〉作》。1962年5—6月,江西省赣剧团赴京演出,得到首都观众好评。茅盾观剧之后写诗祝贺。作者原注:"此剧乃凌鹤根据董解元、王实甫两《西厢记》而改编。"此诗首先称赞现代著名剧作家、江西省文化局局长石凌鹤改编的《西厢记》做了辛勤翻案的工作,戏中有意识地突出了主要人物崔莺莺的反抗性格。

7日 上午赴政协出席政协常务委员会。下午写读李凖的小说《李双双小传》《两代人》《耕云记》《春笋》后的读书笔记。晚上赴文化部小放映室观看苏联影片《一年中的九天》。

9日 上午出席文化部召开的各单位负责人及党外高级知识分子座谈会。由齐燕铭传达总理对各部部长所作的报告。

11日 作《读万国儒小说综合杂记》。晚上赴北京饭店,出席尼泊尔国庆招待会。

12日 晚上赴芬兰大使馆,作为陪客出席芬兰大使邀请陈毅的宴会。

13日 在《光明日报》发表《关于小学生学会拼音字母又回生的问题》,亦刊于《文字改革》第6期。

同日 阅玛拉沁夫小说《花的草原》并作札记。下午中共中央政治研究室缪楚黄等来了解现代史上的若干问题。

14日 下午阅读沙汀小说并写札记。晚上出席对外文委举行的欢迎朝鲜民主主义人民共和国国立艺术团访华演出的宴会。

15日 阅读张勤作品并写札记。

同日　随同董必武、陈毅接见朝鲜国立艺术剧团全体成员。晚上观看朝鲜国立艺术剧团在京首场演出。

16 日　上午赴车站欢迎朝鲜人民议会代表团。下午阅巴金短篇小说集《李大海》并写札记。晚上在人大宴会厅出席欢迎朝鲜人民议会代表团的宴会。

17 日　晚上出席文化部、中朝友协为朝鲜最高人民议会代表团访华举行的晚会。

18 日　晚上赴东总布胡同出席作协举办的第二次联谊会。

26 日　晚上赴四川饭店出席招待路过北京并即将出席莫斯科裁军大会的越南代表团的便宴。接见并设宴招待柬埔寨作家李田顿和林良振。

29 日　下午听取周恩来总理对出席莫斯科世界裁军大会中国代表团人员的谈话。晚上赴人大宴会厅出席朝鲜最高议会访华代表团告别宴会。

30 日　下午应邵荃麟之约,到四川饭店与研究古典小说的吴组缃等聚会。

本月　在《剧本》6 月号发表演讲《祝愿——在全国话剧、歌剧、儿童剧创作座谈会上的讲话》;发表题词《最佳美术片〈小蝌蚪找妈妈〉的题词》。

7 月

1 日　出席中国人民保卫世界和平委员会等十一个团体负责人会议,决定组成出席即将在莫斯科召开的争取普遍裁军与和平世界大会中国代表团,当选为中国代表团团长。

同日　作《〈关于历史和历史剧〉的后记》。

3 日　晚上赴四川饭店宴送老挝出席莫斯科裁军会议的代

表团成员。

5日 作《〈花的草原〉（玛拉沁夫著）读书杂记》。上午赴东总布胡同，接见苏联《真理报》记者。

6日 上午率领出席争取普遍裁军与和平世界大会的中国代表团，乘飞机离开北京。下午抵达莫斯科，受到苏方热烈欢迎。

同日 作《〈花的草原·杨芝堂〉（玛拉沁夫著）读书杂记》。

6—18日 率中国代表团参加争取普遍裁军与和平世界大会。

8日 致杨郁信。

9日 出席争取普遍裁军与和平世界大会开幕式。下午在大会上发表长篇发言。

10日 作《〈花的草原·路〉（玛拉沁夫著）读书杂记》。

10—12日 继续参加大会。

12日 在《人民日报》发表政论《中国代表团团长茅盾在争取普遍裁军与和平世界大会上的发言》。

13日 会见参加争取普遍裁军与和平世界大会的各国作家和艺术家。

14日 出席争取普遍裁军与和平世界大会的闭幕式。

15日 拜访苏联文化部部长。作《〈〈花的草原·歌声〉（玛拉沁夫著）读书杂记〉》。

16日 拜访苏联对外文化协会主席波波娃。

17日 晚上出席苏联文化部部长和对外文协主席举行的宴会。

18日 晚上离开莫斯科回国。

19日 下午抵达北京。

20 日　下午邵荃麟、严文井来谈有关亚非作家会议常设局工作及其他问题。晚上出席中波友协、北京市总工会为庆祝波兰人民共和国国庆 18 周年举行的晚会,并讲话。

21 日　晚上出席波兰驻华使馆为庆祝波兰国庆 18 周年举行的招待会。

23 日　晚上出席阿联国庆招待会。

26 日　就莫斯科世界裁军大会经过,写个人观感。

27 日　晚上与胡愈之一起宴送办公厅副主任王友清等三人,为中央抽调下放加强县级者。

28 日　下午接见新任保加利亚大使。

29 日　晚上赴人大出席欢宴智利、委内瑞拉来宾举行的宴会。

30 日　离京取道天津乘船赴大连。

31 日　抵达大连,住枫林街市委招待所。

8 月

1 日　上午邵荃麟、侯金镜、马加等来访,谈创作会议的开法。

2—16 日　出席中国作家协会在大连召开的农村题材短篇小说创作座谈会。在会上多次讲话。

2 日　致杨郁信。

3 日　到大连宾馆听取座谈会发言,上午赵树理,下午康濯、李准、西戎。

4 日　参加会议组织的出海观看拖网捕鱼。

5 日　上午在大连宾馆会见泰国作家市巴利,后参加座谈会。

673

6 日　阅《顾大嫂》《"老坚决"外传》等,并写札记。

7—9 日　赴大连宾馆开会,听取发言。

9 日　晚上沈阳军区宴请开会诸作家,旅大市委第一书记、市长等出席。

12 日　出席中国作家协会于大连召开的农村题材短篇小说创作座谈会,作长篇专题发言。当时中国作协曾整理一份供上报和内部参考用的记录稿并铅印稿,题目为《在大连创作座谈会上的讲话》,注明"没经本人看过";也未公开发表,现据铅印稿并参照原记录校勘后编入《茅盾全集》第 26 卷。发言内容:一、"关于题材问题"。二、人物创作问题。三、谈谈形式问题。四、讲几篇小说(《老坚决外传》《赖大嫂》《四年不改》)。1981 年茅盾把讲话的第四点加以扩充,题为《读〈老坚决〉等三篇作品的笔记》,刊于《文艺研究》第 2 期。

14 日　作《读书杂记·小记》。

17 日　率全家乘海轮经天津回京。

18 日　返回北京。

21 日　致严文井信。

23 日　晚上观看英国电影《女英烈传》。

28 日　下午赴人大列席第六十一次常委会,听外交部黄镇副部长作的关于阿尔及利亚的报告。

29 日　上午赴外办开会,总结莫斯科裁军大会时我代表团的工作经验。下午作韩雪野长篇小说《踏》的札记。

30 日　上午赴外办继续昨天的会议,作了发言。

9 月

1 日　下午出席古巴驻华大使为庆祝哈瓦那宣言发表两周

年和古中建交两周年举行的招待会。晚上赴越南大使馆参加酒会。

3 日　赴外办继续参加会议,听取发言。

4 日　作韩雪野小说《历史》札记。

5 日　作《〈鼓吹续集〉后记》。

6 日　作朝鲜李箕永小说《故乡》札记。

8 日　上午出席部务会议。晚上出席保加利亚国庆招待会。

9 日　晚上出席朝鲜驻中国临时代办为庆祝朝鲜民主主义共和国成立 14 周年举行的电影招待会。

11 日　下午接见新任蒙古大使。

12 日　晚上赴人大小礼堂观看青年艺术剧院新排话剧《最后一幕》。

13 日　下午接见马里大使。

14 日　晚上赴文联礼堂观看安阳市豫剧团演出的《对花枪》。

15 日　下午出席部务会议。

20 日　晚上在文化部小放映室观看影片《甲午风云》。

21 日　欧阳予倩逝世,列名治丧委员会。

22 日　作《七绝》一首并小序,小序云:"闻情况简报,见翻译家罗稷南说,纪念梅兰芳逝世一周年,规模之大远远超过纪念鲁迅逝世二十周年,而且说梅是理论家,是画家,是诗人,读之颇觉肉麻云云。罗论甚是,但彼不知举办此事者,有大力者作后台,因非可以口舌争也。戏成一绝以记之。"小序大体包含三层意思:一是"罗论甚是";二是"举办此事者,有大力者后台";三是"戏成一绝以记之"。这首小诗看似题赠友人的游戏笔墨,却提出了一个发人深思的问题。人们常讲"知人论世",实际做到谈何容易。今天举行梅兰芳逝世周年祭奠活动何以这样铺张？诗中没有正面回答，只是提出反诘："艺术果能为政治，万家枵腹看梅郎。"这是针对上述现象所发的议论。全句的意思是：艺术如果真能处理国家大事，解决国计民生的问题，那么完全可以大家饿着肚子去看梅兰芳演戏了。诗句诙谐幽默，深刻而含蓄地表达了作者对于人生、艺术的见解。小序即为 9 月 22 日日记的内容。

同日 晚上出席马里大使在北京饭店举行的马里独立二周年招待会。

23 日 写挽联《挽欧阳予倩》。下午赴机场欢迎越南南方民族解放阵线代表团。

24 日 上午出席首都文艺界公祭欧阳予倩大会。晚上出席中国人民保卫和平委员会等单位举行的欢迎越南南方民族解放阵线代表团招待宴会。

25 日 下午对外文委某司来汇报波兰访华代表团事。

27 日 上午同老舍等会见越南南方民族解放阵线代表团。接见越南南方民族解放阵线代表团团员、诗人青海。晚上在文化部小放映室观看香港影片《梁上君子》。

28 日 下午赴机场迎接波中友好协会访华代表团。晚上出席越南驻华大使为即将前往越南民主共和国进行友好访问的中国人民代表大会代表团举行招待会。

29 日 中午设宴招待波中友好协会访华代表团，并致辞。下午出席越南驻华使馆为越南南方民族解放阵线代表团访华举行的招待会。

30 日 晚上出席周恩来总理举行的中华人民共和国国庆招待会。

本月　作《我阅读的中外文学作品》，系为答复研究者庄钟庆的提问而作，后刊于《福建文学》1981年第8期，标题系庄钟庆所加。

10月

1日　出席首都人民欢度中华人民共和国国庆大典。晚上赴天安门，陪同波兰客人观看焰火。

同日　在《鸭绿江》10月号发表《读书杂记》，并附前言。包括：《〈交通站的故事〉（峻青著）》《〈鹰〉（峻青著）》《〈旷野上〉〈葛梅〉（管桦作）》《〈我的第一个上级〉、太阳刚刚出山〉、〈老社员〉（马烽作）》《〈春暖花开〉（茹志鹃作）》《〈澄河边上〉、〈如愿〉（茹志鹃作）》《〈三走严庄〉（茹志鹃作）》《〈阿舒〉〈同志之间〉（茹志鹃作）》《读茹志鹃小说总结》等。

2日　晚上赴北京饭店出席几内亚国庆招待会。

3日　上午在寓所会见日中文化交流协会理事长、事务局主任及日本国际艺术交流协会理事长及夫人等，进行了交谈。中午设宴招待日中文化交流协会理事长中岛健藏等。出席会见和宴会的还有老舍、夏衍、周而复等。下午与陈毅副总理一起会见以波兰统一工人党中央委员、农业部副部长为首的波中友协代表团。

4日　下午即将卸任的柬埔寨大使来拜访。晚上出席蒙古驻华使馆为庆祝蒙中经济文化合作条约签订10周年举行的宴会。

5日　下午丁聪、叶君健先后来谈书籍插画及《中国文学》稿件事。晚上出席中国人民保卫世界和平委员会等单位与越南南方民族解放阵线代表团签订联合公报的仪式，旋即举行宴会。

6日　早上赴机场欢送越南南方民族解放阵线代表团离开北京到上海等地参观访问。晚上赴德国大使馆参加德国国庆13

周年招待会。

9日 下午列席全国人民代表大会常务委员会第六十五次会议,听取关于文物工作的报告。晚上出席中日两国民间文化交流的共同声明签字仪式。随后,出席对外文化协会等单位举行的欢送中岛健藏的宴会。

11日 晚上赴人大三楼小礼堂观看舞剧《乌兰保》。

12日 晚上赴民族文化宫观看舞剧《雁翎队》。

15日 作《〈月夜清歌〉(韦君宜作)读书杂记》。晚上赴民族文化宫观看舞剧《湘江北去》。

16日 致杨郁信。

19日 出席文艺工作座谈会,听取周扬传达八届十中全会精神。

20日 出席国务院全体会议第一百一十七次会议。

21日 书写题词一幅,庆祝母校浙江嘉兴一中60周年校庆。

23日 晚上出席陈毅副总理招待波中友好协会访华代表团的宴会。

24日 中午出席波兰驻华使馆为波中友好协会访华代表团举行的宴会。

25日 晚上以中波友协会长身份举行宴会,欢送波中友协代表团,并致辞。

26日 赴机场欢送波中友好协会访华代表团回国。

27日 下午出席国务院全体会议第一百一十八次会议。晚上设宴欢迎阿尔巴尼亚文化代表团。

29日 晚上以中国作家协会主席的身份,设宴招待加纳作家协会主席。

本月 论文集《鼓吹续集》由作家出版社出版,收入 1958 年至 1962 年的评论和理论文章 13 篇和 1953 年写的 1 篇,附后记(1962 年 9 月 4 日写)。

11 月

1 日 在《河北文学》11 月号发表评论《〈严重的时刻〉、〈河滩上〉(王汶石作)读书杂记》《〈严峻而光辉的里程〉、〈难忘的摩天岭〉(杜鹏程)读书杂记》《〈老牛筋〉、〈拔旗〉、〈甸海春秋〉(刘澍德作)读书杂记》《读万国儒小说综合杂记》,现均收《茅盾全集》第 27 卷。

同日 下午邵荃麟等来谈"三年小说选"事。

3 日 上午出席国务院全体会议第一百十九次会议。

4 日 作《〈撒满珍珠的草原〉(敖德斯尔著)读书杂记》。

5 日 晚上在四川饭店宴请尼中友协代表团成员。

6 日 作《〈"老班长"的故事〉(敖德斯尔著)读书杂记》。

7 日 晚上宴请外交部副部长陈家康夫妇。

9 日 下午赴柬埔寨使馆出席柬埔寨国庆招待会。

10 日 作《〈欢乐的除夕〉、〈春雨〉、〈老车夫〉、〈水晶宫〉、〈金色的波浪〉、〈阿力玛斯之歌〉(敖德斯尔著)读书杂记》。

12 日 下午赴东总布胡同 22 号,与邵荃麟、韩北屏交谈。

14 日 下午赴东总布胡同 22 号出席作协书记处会议,讨论并通过作协今冬明春工作部署,及发展会员等事。

15 日 致《北方文学》编辑部信。

16 日 上午听取科教片厂工作会议的汇报。

17 日 上午出席国务院全体会议。下午 5 时,出席中阿友好协会举行的欢迎阿尔巴尼亚文化代表团举行的招待宴会。

19 日　上午在文化部大厅,听取周总理关于上星期六国务院全体会议上就中印边界问题所讲要点及总理致亚非各国领导人的长信的内容的传达报告。

20 日　作《读〈老坚决外传〉等三篇作品的笔记》。上午在文化部大厅出席并主持阿尔巴尼亚文化代表团团长米特罗约尔作关于阿文化工作的报告的会议。

22 日　晚上与陆定一等接见阿尔巴尼亚文化代表团并宴请。

23 日　上午出席文化部部务会议。晚上出席陈毅副总理与夫人为欢迎尼泊尔王国特别大使举行的宴会。

24 日　下午赴人大常委会列席听取周总理作关于中印边界问题的报告。

25 日　中午随同周恩来总理会见阿中友协代表团、阿尔巴尼亚文化代表团,并设宴招待。晚上设宴欢送阿尔巴尼亚文化代表团。

26 日　晚上出席尼泊尔驻华使馆为特别大使访华举行的招待宴会。

27 日　晚上在文化部大厅观看苏联影片《伊凡的童年》。

28 日　晚上赴北京饭店出席阿尔巴尼亚大使为阿独立 50 周年及解放 18 周年举行的招待会。

30 日　晚上出席首都人民和各界人士纪念《国际歌》作者鲍狄埃逝世 75 周年、狄盖特逝世 30 周年大会。

本月　《关于历史和历史剧——从〈卧薪尝胆〉的许多不同剧本谈起》由作家出版社出版,附后记(1962 年 7 月 1 日作)。出版前连载于《文学评论》1961 年第 5、6 期。该书共 10 万余字,为撰写此书,自 1960 年起阅读各剧种历史剧,仅日记所记就有 20

余种(不含外国历史剧)。从 1961 年 6 月 4 日写起到 12 月 2 日写完初稿,又再三修改。全书 6 节,剖析了十几部古典历史剧,指出我国编写历史剧有着悠久的传统和丰富的经验。围绕历史剧的继承和发展,着重论述了古为今用、历史上人民作用、历史真实和艺术虚构、历史剧的文学语言等问题。本书对古代吴越关系和人物的考证,材料翔实,论述周详,总结了我国古代历史剧创作的经验,联系当时历史剧创作的情况和历史剧讨论中所提出的问题,深刻地论述了历史剧创作的要求,对历史剧创作有现实指导意义。

12 月

1 日 在《新港》12 月号发表评论《读书杂记》,包括:茹志鹃《春暖时节》《澄河边上》《如愿》《三走严庄》《阿舒》《同志之间》;李準《李双双小传》《两匹瘦马》《耕耘记》《春笋》;林斤澜《假小子》《新生》;万国儒《风雪之夜》《龙飞凤舞》等作品的评论;发表《〈月夜清歌〉(韦君宜作)读书杂记》。

同日 上午出席国务院全体会议。下午阿英来谈拟于下周一召开文联主席团扩大会议事。

3 日 下午出席全国文联主席团扩大会议,讨论全国文联及各协会明年度工作计划,并就文艺工作交换意见。

6 日 晚上出席芬兰驻华使馆为芬兰国庆举行的宴会。赴人大三楼小礼堂观看北昆剧院演出的《钟馗嫁妹》《玉簪记》《单刀会》等。

10 日 致刘文勇信。晚上赴北京饭店出席巴基斯坦大使举办的宴请周总理、陈副总理等的宴会。

11 日 下午出席作协书记处会议。晚上在人大江西厅,为欢送下放作家及访问印度尼西亚和锡兰的代表团成员聚餐。

14 日 下午赴东总布胡同 22 号座谈"三年小说选"序文事。

15 日 作《〈花的草原〉(玛拉沁夫作)读书杂记》。上午出席国务院全体会议。

18 日 作《满江红——1963 年新年献词》,上片赞扬我国英雄人民,在中国共产党领导下,敢于同美国侵略者进行针锋相对的斗争;下片赞扬我国人民面对 20 世纪 60 年代初动荡不安的世界局势,敢于坚持反对帝国主义、霸权主义的斗争。

19 日 晚上赴北京剧场观看《森林湖畔》彩排。

20 日 在文化部小放映室观看苏联影片和八一厂摄制的《地雷阵》。

21 日 晚上到青年艺术剧院观看《非迦洛的结婚》(通译《费加罗的婚礼》)。

22 日 上午出席国务院全体会议第一百二十五次会议。

24 日 晚上出席作协招待在京各国文学家的酒会。

25 日 上午到机场欢迎蒙古人民共和国部长会议主席泽登巴尔一行。晚上赴人大宴会厅,参加周总理为泽登巴尔举行的宴会。宴会结束后,出席文化部、中蒙友协为欢迎蒙古人民共和国部长会议主席泽登巴尔率团来华访问举行的音乐杂技晚会。

同日 致孙中田信。

27 日 下午 5 时赴人大宴会厅出席蒙古大使为泽登巴尔举行的宴会。晚上 7 时到车站欢送泽登巴尔。

28 日 作《〈遥远的戈壁〉(敖德斯尔作)读书杂记》。上午赴嘉兴寺吊唁柳亚子夫人。

29 日 下午 5 时出席罗马尼亚驻中国大使为罗马尼亚国庆举行的酒会。晚上随同董必武、陈毅接见朝鲜文化艺术代表团,并观看朝鲜话剧《红色宣传员》。

30日 晚上赴文联礼堂出席新年联欢会,并观看电影《停战以后》。

31日 上午赴机场欢迎锡兰总理班达拉奈克夫人。晚上赴人大宴会厅,出席周总理为锡兰总理举行的宴会。

本月 通俗本《春蚕》(工农通俗文库)由上海文艺出版社出版,附贺友直插图。

本月 作旧体诗《壬寅仲冬感事》,是一首感事诗,意在讽刺当年苏联政府在加勒比海危机中的表现。原注明写作时间为1963年2月7日。根据甲子纪年,"壬寅"应为1962年,"仲冬"当指阴历十一月,故写作时间应为1962年12月。

秋 赴佛山民间艺术研究社,参观社内陈列的秋色、灯色和剪纸。负责接待的同志请茅盾留下墨宝。茅盾欣然执笔,写下了"剪纸斗彩,秋色迷人"的题词。在落款的后面,留下了半边空白。不久,郭沫若也来参观。他看到茅盾这一幅半边题词,思索了一阵,便在"剪纸斗彩,秋色迷人"后面的空白处,挥笔补上"作字题诗,春风满座"。一时传为佳话。①

本年 作《一九六二年莫斯科裁军会议追记》,会议全称为"争取普遍裁军与和平世界大会",标题为编者所加。

本年 向青年作家指出,若想成为优秀作家,则一定要认真读我国的文学名著,并开列书单:《离骚》《三国演义》《西游记》《水浒传》《牡丹亭》《儒林外史》《聊斋志异》《红楼梦》《金瓶梅》。

---

① 王九卿:《半幅题词—茅盾和郭沫若的故事》,《语文月刊》2012年第11期。

1963 年(癸卯)　67 岁

▲3 月,中共中央发布关于在全国开展新"五反"运动的指示。

▲4 月,全国文联在北京召开第三届全国委员会第二次扩大会议,周扬作《加强文艺战线,反对修正主义》的报告。

▲12 月 12 日,毛泽东在中宣部文艺处编印的关于上海举行故事会活动的材料上作出批示:"各种艺术形式——戏剧、曲艺、音乐、美术、舞蹈、电影、诗和文学等等,问题不少,人数很多,社会主义改造在许多部门中,至今收效甚微。许多部门至今还是'死人'统治着。不能低估电影、新诗、民歌、美术、小说的成绩,但其中的问题也不少。至于戏剧等部门,问题就更大了。社会经济基础已经改变了,为这个基础服务的上层建筑之一的艺术部门,至今还是大问题。这需要从调查研究着手,认真地抓起来。许多共产党人热心提倡封建主义和资本主义的艺术,却不热心提倡社会主义的艺术,岂非咄咄怪事。"

1 月

1 日　晚上随刘少奇主席及夫人出席欢迎锡兰总理班达拉奈克夫人的宴会。

2 日　下午赴机场欢迎印度尼西亚第一副总理兼外交部部长苏班特里亚。晚上赴人大宴会厅参加周总理、陈外长欢迎苏班特里亚举行的宴会,并出席文化部、中锡友协为欢迎锡兰总理率领的锡兰政府代表团访问中国举行的文艺晚会。

3 日　晚上赴人大新疆厅出席锡兰总理为答谢周总理举行的宴会。

4 日　下午赴人大小礼堂陪同印尼第一副总理兼外交部部长苏班特里亚观看《泪泉》。下午 6 时,赴缅甸国庆招待会。晚上随陈毅副总理出席文化部、中国印度尼西亚友协为欢迎苏班特里亚举行的宴会和文艺晚会。

5 日　上午到机场欢送苏班特里亚和锡兰总理。

同日　在《北方文学》1 月号发表书信《给一位青年作者》(11月 15 日写)。按:那位青年作者在 1962 年《北方文学》10 月号发表了韩统良的短篇小说《家》和《龙套》,他把作品寄给茅盾,并写信倾诉探索创作中的苦闷,向茅盾请教创作问题。茅盾抱病写下这封长信。

10 日　在《鸭绿江》1 月号发表《读书杂记(二)》,包括:马锋《我的第一个上级》《太阳刚刚出山》《老社员》;王汶石《严重的时刻》《沙滩上》;杜鹏程《严峻而光辉的里程》《难忘的摩天岭》;刘澍德《老牛筋》《拔旗》《甸海春秋》;杨苏《没有织完的筒裙》等作品的评论。

同日　晚上赴人大三楼礼堂观看成都川剧院演出的《楚王归国》等。

11 日　下午赴人民大会堂,听取彭真作时事报告。

12 日　上午听取副部长和司局长汇报工作。晚上赴文化部小放映室观看反共英国影片《青年的恋人》。

14 日　作评论《〈渴〉及其他》。晚上出席统战部在北京饭店举行的宴会。

16 日　致敖德斯尔信,后刊于《草原》3 月号。

17 日　中午出席朝鲜驻中国大使为朝鲜文化艺术代表团访

华和中国文化艺术代表团访朝归来举行的宴会。

18 日 上午赴机场迎接加纳司法部部长一行。晚上出席文化部、中非友协为欢迎加纳政府友好代表团举行的文艺晚会。

19 日 下午赴机场欢迎尼泊尔副首相兼外交大臣吉里。晚上赴人大宴会厅出席陈毅为吉里举行的宴会。

20 日 出席文化部为庆贺中尼边界议定书签订举行的招待尼泊尔政府代表团宴会。晚上赴人大新疆厅出席加纳大使为加纳司法部部长访华举行的宴会。晚上 8 时出席观看在人大礼堂为尼泊尔副主席演出的《泪泉》。

21 日 早上赴机场欢送加纳外宾。

22 日 上午到机场欢送尼泊尔外交大臣一行。晚上在文化部大礼堂观看成都川剧团的演出。

25 日 上午出席在京人大代表、政协委员、各民主党派和无党派人士春节团拜会。

30 日 晚上赴人大小礼堂出席北京市拥军联欢晚会,观看京戏。

本月 来人向茅盾调查张闻天是否加入过共产党之事,茅盾毫不迟疑地予以证明,澄清了张闻天入党问题上的疑窦。①

2 月

1 日 在《草原》2 月号发表评论《〈花的草原〉(玛拉沁夫著)读书杂记》《〈花的草原·路〉(玛拉沁夫著)读书杂记》《〈花的草原·歌声〉(玛拉沁夫著)读书杂记》。

---

① 程中原:《九重泉路尽交期——茅盾与张闻天交谊述略》,《淮阴师范学院学报:哲学社会科学版》1983 年第 2 期。

7 日 出席文化部举办的文艺联欢晚会。

8 日 晚上 6 时出席朝鲜驻华武官为庆祝朝鲜人民军建军 15 周年举行的招待会。晚上 7 时半,出席文化部举办的首都文艺工作者欢度元宵晚会。

10 日 在《鸭绿江》3 月号发表评论《〈渴〉及其他》。出席中国美术家协会等举办的"元宵"晚会。

11 日 晚上赴文联礼堂观看乐亭皮影戏,未终场即返。

12 日 上午赴机场欢迎西哈努克亲王。晚上赴人大出席欢迎西哈努克亲王的盛大宴会。

13 日 晚上出席文化部、中柬友协为欢迎柬埔寨国家元首西哈努克亲王和夫人举行的文艺晚会。

同日 作旧体诗《感事为凤子作》,此为感时之作,并非为凤子作,只因凤子索诗,便将这首"感事"之作题赠,故冠以现名。作者有感于当时的反华大合唱,表明中国共产党人面对狂风巨浪,愿作国际共产主义运动的中流砥柱,坚决维护马克思列宁主义的决心;作旧体诗《感事为赵寻作》。赵寻为我国现代剧作家,1962 年起任中国剧作家协会党组副书记、书记处常务书记,常向茅盾汇报工作。曾请茅盾为其题写条幅,这首诗即为题字时所写。该诗讽刺、批判了苏共领导在国际共产主义运动中的大国主义、大党主义的做法。诗前有小序:"读叶甫盖尼·多尔托夫斯基《我们的年代》组诗之一《岁月冲掉了逃兵身上的污点》有感。为广其意。"

14 日 晚上出席苏联驻华使馆为庆祝中苏友好同盟互助条约签订 13 周年举行的宴会。

15 日 晚上赴人大宴会厅,出席西哈努克举行的答谢宴会。

16 日 致唐弢信,请代借有关《红楼梦》考证诸书。晚上赴四川饭店宴请法国《欧罗巴》杂志主编阿布拉罕。

18 日　晚上出席尼泊尔民主日招待会。

19 日　上午唐弢送来自己所藏关于《红楼梦》的书籍。

21 日　致《中学语文》编辑室信。1963 年《中学语文》编辑室给《春蚕》作注时曾致茅盾信,茅盾回信对"塘路""官河"等词语进行了辨证。

21—28 日　因病住院。

3 月

1 日　上午出院。

同日　在《草原》3 月号发表评论《〈撒满珍珠的草原〉(敖德斯尔著)读书杂记》《〈"老班长"的故事〉(敖德斯尔著)读书杂记》《〈欢乐的除夕〉、〈春雨〉、〈老车夫〉、〈水晶宫〉、〈金色的波浪〉、〈阿力玛斯之歌〉(敖德斯尔著)读书杂记》《〈遥远的戈壁〉(敖德斯尔作)读书杂记》。

9 日　致田间信,评论田间的诗。

10 日　在《鸭绿江》3 月号发表评论《〈渴〉及其他》;发表散文《祝〈地平线〉出版一周年》。

19 日　邵荃麟、何其芳、阿英等来谈召开农村读物座谈会及红学家座谈会事。

21 日　下午赴作协召开书记处会议,通过农村文学读物工作委员会名单及委员会任务草案。

22 日　下午出席关于曹雪芹卒年问题学术座谈会。参加的有俞平伯、吴世昌、吴恩裕、周汝昌、何其芳等。茅盾作开场白。

23 日　晚上出席巴基斯坦国庆招待会。

24 日　出席中国作家协会书记处会议,会议讨论文学为农村服务的问题,决定成立农村文学读物工作委员会,由赵树理、周立波等组成。

25 日 分别致邵荃麟、俞平伯、吴世昌信。按:在关于曹雪芹卒年学术座谈会结束后,收到俞平伯、吴世昌来信,谈及学术研究中碰到的种种不如意。茅盾分别致作协党组书记邵荃麟,及俞平伯、吴世昌信。一方面对曹雪芹卒年的学术问题提出自己的看法,同时又将自己的复信及对这场争论的看法报告给邵荃麟。

27 日 致周绍良信。

本月 在《戏剧报》第 3 期发表文论《封建的小市民文艺》(1932 年 12 月 13 日作)。

4 月

4 日 致翟同泰信。

12 日 下午出席《世界文学》编辑部召开的座谈会。

15 日 晚上出席为欢迎古巴全国保卫革命委员会主席举行的宴会。

16 日 上午赴政协第四会议室出席文联主席团会议。

17 日 晚上出席郭沫若欢迎古巴客人的宴会。

18 日 下午出席首都各界人士隆重纪念万隆会议 8 周年大会,并出席中国作家协会主席团召开的会议。

中下旬 出席中国文联第三届全国委员会第二次扩大会议,听取周恩来总理发表《要做一个革命的文艺工作者》的讲话及周扬的报告,参加讨论并发言。

20 日 上午赴文联出席全委扩大会议小组会。

21 日 下午赴机场欢迎阿联部长会议主席萨布里。晚上赴人大宴会厅出席欢迎萨布里的宴会。

22日 上午出席文联扩大会议。中午出席文化部、中国阿联友协为欢迎阿联部长执行会议主席访华举行的招待会。晚上出席文化部与中埃友协为欢迎萨布里举行的晚会,观看《天鹅湖》。

23日 晚上出席萨布里举行的告别宴会。

24日 早上赴机场欢送萨布里一行。

25日 下午出席文联扩大会议,并发言。

26日 下午出席全国文化局长会议,并作题为《关于创作与评论问题》的讲话,载文化部办公厅编的《文化动态》第14期。

27日 上午出席文联主席团会议。晚上至全聚德请广东、上海熟友便餐。

28日 晚上出席文联举办的联欢晚会。

29日 致徐重庆信。

30日 下午出席文化部、对外文协为祝贺朝鲜影片《红色宣传员》在京首次上映举行的招待会。晚上出席11个人民团体在人大宴会厅举办的五一招待会。

5月

1日 晚上至天安门,参加首都人民"五一"国际劳动节大联欢。

2日 下午阅读张光年所写的《苏联新浪潮派批判》的油印草稿,并提意见。

3日 致袁宝玉信。

6日 下午接见伊拉克新任大使。晚上赴越南大使馆出席为欢迎刘主席访问越南举行的酒会并观看影片《厚四姐》。

9 日　晚上设宴欢迎印度尼西亚人民文化协会代表团德里哈哥梭及巴赫山和夫人。

13 日　作《海南杂忆》。

15 日　晚上出席中国、马里文化合作协定签字仪式并酒会。

16 日　晚上出席马里使馆的招待会。

18 日　上午赴艺术馆看曹雪芹事迹展览预展。

19 日　晚上赴人大宴会厅出席招待亚非新闻工作者的宴会。

20 日　下午出席国务院全体会议。

21 日　上午赴中国戏曲学校为编剧进修班讲历史剧写作问题。

22 日　上午赴机场欢迎刘少奇主席回国。

24 日　致张僖信。

25 日　下午出席人大常委会与国务院联合会议,听取陈毅副总理作的刘主席访问东南亚四国的报告。

29 日　下午在怀仁堂听取周总理报告。晚上出席第二届"百花奖"授奖大会和庆祝晚会。

30 日　晚上出席文化部召开的中印边境自卫反击战中出色完成摄影任务的摄影师嘉奖大会。

31 日　晚上赴北京饭店为阿尔巴尼亚一电影剧作者及导演一行饯行。

本月　作旧体诗七律《阅报偶赋二律》。其一,从传说赫鲁晓夫欲退休说起;其二是批评赫鲁晓夫在国内外推行的错误政策。

6 月

3 日 下午随同聂荣臻副总理接见科技出版社工作会议代表。

6 日 上午赴车站欢迎朝鲜最高人民会议常务委员会委员长崔庸健。晚上赴人大宴会厅,出席刘少奇主席为欢迎崔庸健举行的宴会。

同日 分别致周绍良、邵荃麟信。

7 日 上午赴人大,听取周总理所作关于提请人大常委会定于本年第四季度召开第二届第四次人大会议的说明。晚上陪同朝鲜最高人民会议常任委员会委员长崔庸健出席京剧《杨门女将》演出晚会。

10 日 下午到故宫文华殿看曹雪芹事迹画展预展。

11 日 沈钧儒逝世,列名沈钧儒治丧委员会。下午与周恩来等前往医院瞻仰沈钧儒遗容,向遗体告别。

12 日 在《人民文学》6 月号发表散文《海南杂忆》。按:1962 年元旦前后,茅盾曾到海南岛视察。6 天中走遍了全岛,不仅领略了宝岛风光,更了解了建设情况,遂写成本文。文章夹叙夹议、谈古论今,从自然景观写到农场稻田,热情讴歌了海南今昔的巨大变化。

13 日 上午与刘少奇、周恩来等党和国家领导人,前往中山堂吊唁沈钧儒先生。下午在怀仁堂听取周总理报告。晚上在文化部小放映室观看墨西哥影片《消失劳动琴声》。

14 日 出席沈钧儒公祭仪式。作《〈关于曹雪芹〉第三次修改后的几点说明》。

15 日 晚上赴人大,参加崔庸健委员长招待中方的宴会。

16 日　致张僖信。

17 日　上午去机场欢送朝鲜客人。

22 日　下午赴故宫文华殿审查曹雪芹纪念展览。

25 日　下午出席首都各界纪念朝鲜祖国解放战争 13 周年和支持朝鲜人民反美爱国斗争月所召开的大会。

27 日　晚上在文化部小放映室观看苏联影片《烽火的岁月》。

28 日　致张僖信。晚上在人民剧场观看湖北宜昌市京剧团演出的《茶山七仙女》。

29 日　上午出席国务院全体会议。下午赴机场欢迎日本作家代表团。

30 日　晚上接见并设宴欢迎以木下顺二为首的日本作家代表团。

本月　作散文《忆衡老》，后收入《沈钧儒纪念集》三联书店1984 年 9 月版。

7 月

1 日　晚上赴北京饭店出席加纳国庆招待会。

2 日　出席国务院第一百三十四次全体会议。

4 日　上午出席作协书记处会议。

5 日　早上到机场欢送邓小平、彭真同志率领的中国共产党代表团离京前往莫斯科参加中苏两党会谈,送行的还有刘少奇、周恩来、朱德、董必武、陈毅等。赴人大出席讨论会。晚上到怀仁堂观看北京市青年河北梆子剧团演出的《三关排宴》。

6 日　出席人大小组会。

8 日　下午列席全国人大常务委员会,聆听周总理作关于国内外形势的报告。

10 日　晚上与楚图南举行酒会，欢送以木下顺二为首的日本作家代表团。

11 日　上午到机场欢送日本作家代表团。

12 日　晚上在文化部大礼堂观看英国影片《外交官卡尔敦伯郎》等。

13 日　晚上赴福建厅，以亚非团结委员会副主席身份出席妇联宴请印尼、尼泊尔、南罗得亚、南非四国妇女代表。

15 日　下午出席首都人民反对美帝侵略越南南方、支持越南人民和平统一祖国的大会。晚上到首都剧场观看北京实验京剧团演出的新排历史剧《于谦》。

16 日　晚上赴人大三楼小礼堂观看西藏军区文工团演出的六幕话剧《雪山朝阳》。

18 日　下午赴四川饭店，出席作协书记处为巴金、李束为访问越南归来设的便宴。

20 日　晚上出席中波友协为庆祝波兰共和国建国 19 周年举行的酒会，并讲话。

21 日　下午随毛泽东、刘少奇、周恩来、朱德等赴机场欢迎邓小平、彭真率领中共代表团参加中苏两党会谈后从莫斯科回到北京。

同日　出席中波友好协会为庆祝波兰国庆举行的招待宴会，并致辞。

22 日　晚上出席波兰驻华使馆为庆祝波兰国庆举行的招待宴会。

23 日　晚上赴北京饭店，出席阿联国庆招待会。

24 日　晚上赴人大出席为欢迎朝鲜和平委员会主席等举行

的宴会。

25 日 下午赴故宫文华殿参观曹雪芹纪念展览。

26 日 下午出席首都人民庆祝朝鲜祖国解放战争胜利 10 周年大会。晚上出席古巴代办为古巴人民武装起义 10 周年举行的宴会。

27 日 晚上赴人大新疆厅,出席朝鲜代办为庆祝朝鲜祖国解放战争胜利 10 周年举行的宴会。

29 日 晚上到人大三楼小礼堂观看越剧《春草闹府》。

8 月

1 日 下午出席首都人民支持第九届禁止原子弹氢弹世界大会即将召开、支持日本反美爱国斗争大会。

2 日 下午出席中共中央统战部召开的情况通报会,听取彭真介绍中苏两党会谈经过及有关情况。

3 日 中午叶君健来谈《中国文学》事。

4 日 下午赴东郊机场欢迎索马里共和国总理。晚上出席周总理为欢迎索马里总理举行的宴会。

5 日 晚上出席文化部、中非友协为欢迎索马里共和国总理访华举行的京剧晚会。

6 日 晚上设宴招待参加亚非作家会议后来我国访问的朝鲜、越南、日本肯尼亚、南罗德西亚等国作家代表团。

9 日 晚上赴新疆厅出席索马里总理举行的告别宴会。

10 日 下午与陈毅、廖承志等接见来华访问的各国作家。出席首都各界欢迎来华访问的亚非各国作家大会,并发表热情的讲话。

11 日 在《人民日报》发表讲话《维护亚非文学运动的革命

路线——茅盾在首都各界欢迎亚非各国作家大会上的讲话》。下午赴故宫文华殿看曹雪芹展览,此为第四次大修改,特请陈毅副总理来看。

12日 下午出席首都支持美国黑人反对种族歧视的英勇斗争大会。晚上赴人大三楼小礼堂观看北昆剧团演出的《晴雯》。

15日 上午出席舞蹈学校第七届学生毕业典礼,讲话并颁发证书。晚上到舞蹈学校观看汇报演出。

17日 晚上参加印尼国庆招待会。

18日 晚上出席加纳临时代办为庆祝加纳中国友好条约签订两周年举行的招待会。

19日 晚上接见并设宴招待来华访问的加纳、喀麦隆作家及苏丹作家。

21日 晚上出席中国和大、亚非团结委员会为欢迎出席广岛禁止原子弹、氢弹世界大会后访华的各国贵宾举行的宴会。

22日 晚上出席朝鲜驻中国临时代办为朝鲜拥护和平全国民族委员会和朝鲜亚非团结委员会代表团访问中国举行的宴会。

23日 晚上出席罗马尼亚国庆招待会。

24日 与彭真、廖承志等接见出席第九届禁止原子弹、氢弹世界大会的外国朋友和中国代表团。并出席首都各界庆祝广岛第九届禁止原子弹氢弹世界大会胜利召开的大会。晚上赴政协观看墨西哥彩色影片《躲藏的天堂》。

25日 晚上赴政协参加乘凉晚会。

26日 上午接见朝鲜话剧观摩团。

27日 上午出席为拟授印尼共产党主席艾地名誉学部委员事举行的科学院院务扩大会议。

28 日　与阳翰笙联名致电给著名美国黑人学者和反帝战士杜波依斯博士的夫人,对杜波依斯逝世表示哀悼。

29 日　晚上在文化部小放映室观看自制木偶片及英国片。

30 日　下午赴作协与来京学习的青年作家七人座谈。

31 日　下午赴文联听取文联及北京市文联共同组织派往郊区楼梓庄公社的工作小组汇报工作情况。

本月　应《人民文学》编辑部之约,为他们组织的青年作者学习会做辅导报告,并回答有关问题。

本月　评论集《读书杂记》由作家出版社出版。收入 1962年 5 月至 12 月写的读书笔记 14 组,最初散刊于 1962 年至 1963年部分地方文学杂志,此外还有《致敖德斯尔的信》《〈力原〉读后感》《致胡万春》等篇。

9 月

1 日　晚上赴文化部小放映室观看新片《尤三姐》。

2 日　晚上出席越南驻华使馆为越南国庆举行的招待会。

3 日　早上驱车赴东郊楼梓庄旁听三级干部大会。晚上 6时,陪同周总理接见朝鲜话剧代表团。晚上 7 时半,出席中国人民保卫世界和平委员会等单位欢送越南南方民族解放阵线代表团招待会。

同日　致吕鸣铎信,对其稿件发表评论。

4 日　晚上赴朝鲜临时代办为朝鲜话剧代表团举行的宴会。

5 日　下午 5 时,设宴欢送朝鲜话剧观摩团,并致辞。晚上到人大小礼堂参加赠予印尼共产党主席艾地以中国科学院名誉学部委员荣誉称号,并授予证书的典礼。

同日　在《文化动态》第 14 期(文化部办公厅内刊,总第 129

期）发表讲话《关于创作和评论问题——一九六三年四月二十六日在全国文化局长会议上的讲话》，原副标题为"沈雁冰部长一九六三年四月二十六日在全国文化局长会议上的讲话"，文末注明"据讲话记录整理，未经沈部长审定"。

6 日　上午赴首都剧场出席农村文化工作队汇报会，并讲话。下午赴文联接见巴西戏剧家卡丹。

7 日　下午出席为庆祝朝鲜民主主义人民共和国成立 15 周年举办的电影周开幕式，并致辞。

8 日　晚上出席首都各界欢庆朝鲜民主主义人民共和国成立 15 周年大会。

9 日　下午赴保加利亚大使为保加利亚国庆 19 周年举行的酒会。晚上赴北京饭店出席朝鲜临时代办为庆祝朝鲜人民民主主义共和国成立 15 周年举行的冷餐会。

10 日　晚上赴青年艺术剧院观看新排话剧《迎春花》。

12 日　晚上赴文联观看农村文化工作队辽宁队的演出。

13 日　致翟同泰信。

14 日　上午赴北京站，欢送刘少奇主席一行赴朝鲜访问。11 时，出席国务院全体会议。

18 日　下午《人民文学》编辑部沈承宽来谈写稿事。

20 日　晚上在文联礼堂观看新片《野火春风斗古城》。

21 日　晚上赴北京饭店出席马里独立 3 周年招待会。

22 日　作七律《题红楼梦十二钗画册》七绝二首。按：1963 年秋，我国文化部、文联、作协、故宫博物院联合举办"曹雪芹逝世 200 周年纪念展览会"。茅盾在参观预展之后，欣然应允为《红楼梦》十二钗画册题诗。第一首述及金陵十二钗的人物命运，第二首从整个《红楼梦》研究的角度表明自己的看法。

同日　中午全家及琴秋、陈学昭、黄宝珣在全聚德进便餐。

25 日　下午到机场欢迎美国黑人领袖罗伯特·威廉夫妇来我国参加国庆活动和进行友好访问。

26 日　晚上出席欢迎美国黑人领袖罗伯特·威廉的宴会。

28 日　中午赴火车站欢迎刘少奇主席访问朝鲜归来。下午赴机场欢迎日本工业展览会总裁、自民党国会议员等一行。

29 日　晚上去机场欢迎阿尔及利亚政府代表团，并出席中国和大为欢迎巴西著名社会活动家莱特将军和夫人举行的宴会。

同日　作旧体诗七言古风《为徐平羽之新出土秦汉瓦当拓本作》。按：当时陕西出土了一批汉瓦当，文化部主管文物工作的徐平羽托人拓印装订成册，并请茅盾题诗。

30 日　中午出席陈毅副总理为欢迎阿尔及利亚政府代表团举行的宴会。晚上出席周恩来总理为庆祝中华人民共和国建国 17 年举行的宴会。

约本月　作《在第一批农村文化工作队工作总结会议上讲话的提纲》。

10 月

1 日　出席首都人民欢度中华人民共和国国庆大典。晚上到天安门城楼观看烟火及总政文工团的表演。

2 日　晚上出席几内亚独立五周年招待会。

3 日　晚上观赏云南省京剧团一团关骕骦主演的《战洪洲》。

4 日　晚上出席南汉宸为庆祝日本工业展览开幕举行的招待宴会。

5 日　上午到机场欢送阿尔及利亚政府代表团在陈毅陪同

下，前往我国南方参观访问。下午赴北京展览馆参加日本工业展览会开幕式并参观展品。晚上出席日本工业展览会总裁为庆祝日本工业展览会开幕举行的招待宴会。

6日 晚上随周恩来等接见来访的日本蕨座民族歌舞剧团团长、副团长和主要演员，并观看演出。

7日 作《西江月·为日本蕨座歌舞团作》。茅盾观看日本蕨座歌舞团演出后为该团题诗。词的上片赞扬日本蕨座歌舞团能歌善舞的高超演技和歌舞节目中所表现的坚强不屈的斗争精神，下片祝贺他们访华演出巨大成功。

8日 随朱德委员长接见印度尼西亚文化协会代表团。晚上出席印度尼西亚歌舞团在京首次演出晚会。

9日 下午马彦祥来谈剧本评奖事。

10日 上午文化部召开戏剧剧本评奖委员会第一次会议。中午去车站欢迎尼泊尔文协主任。下午出席首都各界反对美帝国主义、支持美国黑人反对种族歧视正义斗争大会。晚上赴四川饭店宴请尼泊尔文协主任。

12日 在《人民文学》10月号发表评论《短篇创作三题——答青年作者问》，谈及《春蚕》的创作："写《春蚕》只花了几天时间。南方的小镇和农村是连在一起的，我二十岁以前常住家乡，天天接触农民，但没有目的地去体验生活，《春蚕》等表现农村生活的短篇是凭过去的一点体验。"

同日 下午随陆定一副总理接见尼泊尔文学协会主席沙阿。

13日 晚上赴新侨饭店参加欢送印尼人民文化协会代表团及歌舞团举行的酒会。

17日 随周恩来总理接见坦噶尼喀文化代表团。中午出席中国佛教协会欢迎出席亚洲 11 个国家和地区佛教徒会议的佛教代表团、法师和居士的宴会。

20 日 与郭沫若、楚图南等接见出席亚洲 11 个国家和地区佛教徒会议的佛教代表团、法师和居士。中午出席国务院宗教事务局为欢迎佛教徒会议参会者举行的宴会。下午出席首都各界举行的欢迎佛教徒会议参会者大会,并讲话。

21 日 致吕鸣铎信。

22 日 上午参加全国人大代表、政协委员在京的视察活动,到国棉二厂。

23 日 出席国务院全体会议。晚上在人民剧场观看京剧《梁红玉》。

24 日 下午 2 时赴北京饭店向科学院哲学社会科学学部会议办事处报到。下午 3 时赴东总布胡同作协接见日本女作家弥尾须磨子。晚上赴文化部小放映室观看新片《金沙江畔》。

25 日 晚上出席朝鲜驻中国临时代办为纪念中国人民志愿军入朝作战 13 周年举行的宴会。

同日 致王积贤信。

26 日 出席中国科学院哲学、社会科学学部扩大会议。

27 日 致邵荃麟信(署蜓冰)。

29 日 晚上赴青年艺术剧院观看话剧《李双双》。

30 日 下午西园寺公一与日本学生阿部洋子来访。晚上出席日本工业展览团团长为庆祝在北京展出的日本工业展览会闭幕举行的招待宴会。

31 日 晚上出席南汉宸为庆祝在北京展出的日本工业展览会闭幕举行的招待会。

11 月

1 日 下午赴北京电影制片厂观看电影《早春二月》样片，并参加座谈会，谈了自己的看法。

2 日 致夏衍信，谈对电影《早春二月》的意见。晚上在文化部小放映室观看纪录片。

3 日 晚上赴文联礼堂观看云南京剧团彩排《杨八姐智取金刀》。

4 日 晚上出席对外文协、中日友协、中国文联为欢送日本蕨座歌舞团举行的酒会，并讲话。

5 日 上午视察北京实验化工厂。

6 日 出席首都各界庆祝苏联十月社会主义革命 46 周年大会。作《中朝友谊 万古长青——看纪录片〈刘主席访问朝鲜〉》。

7 日 上午参观合成纤维厂。下午叶君健来谈《中国文学》法文版及英文版明年选题。晚上出席苏联驻中国大使为庆祝十月社会主义革命 46 周年举行的招待会。

9 日 上午王冶秋来汇报访问日本情况。下午赴政协听钱学森讲现代科学技术诸问题。晚上出席柬埔寨国庆招待会。

10 日 晚上宴请朝鲜舞剧团。

11 日 下午出席首都各界人民举行的欢呼再次击落 U—2 飞机和全歼美蒋武装特务的对敌斗争的重大胜利大会。

13 日 下午赴怀仁堂，听取刘主席对哲学社会科学部扩大会议全体成员的报告。

15 日 下午赴人大出席最高国务会议。

16 日—12 月 4 日 出席第二届全国人民代表大会第四次会议。出席中国人民政治协商会议第三届全国委员会第四次会议。

16日 上午赴国务院出席全体会议。下午在文化部接见新任阿尔巴尼亚驻华大使。下午3时,赴人大出席最高国务会议。

17日 上午赴人大出席政协小组会。10时,赴政协出席开幕式。下午出席人大大会。

18日 下午赴人大开会。

19日 晚上赴天桥剧场观看排演朝鲜舞剧《红旗》预演。

20日 上午赴人大出席政协文联组的会议。晚上出席陈毅副总理为欢迎阿富汗王国内务大臣率领的阿富汗王国政府签订阿中边界条约代表团举行的宴会。

同日 致翟同泰信。附录回答所提问题。

21日 随周恩来总理接见朝鲜舞剧代表团。晚上出席文化部为中央歌剧舞剧团公演朝鲜著名舞剧《红旗》举行的开幕式,并致开幕词。

22日 下午赴怀仁堂出席人大大会。晚上出席阿尔巴尼亚驻华使馆为中阿建交14周年举行的招待宴会。

23日 下午出席人大大会,陈毅副总理作关于外交政策及国际形势的报告。晚上出席朝鲜驻中国使馆临时代办为庆祝朝中经济文化合作协定签订10周年举行的宴会。

24日 晚上随同周恩来总理出席阿富汗内务大臣举行的招待宴会。

25日 致曾广灿信。下午出席人大大会。

26日 下午出席政协大会。在《大众电影》第11期(总第275期)发表评论《中朝友谊 万古长青——看纪录片〈刘主席访问朝鲜〉》。

27日 下午出席人大大会。

28 日　下午出席人大大会。

29 日　晚上赴北京饭店出席阿尔巴尼亚大使举办的国庆招待会。

30 日　下午出席人大大会。

12 月

1 日　下午赴人大常委会办公室,参加政协常委会议,讨论决议草案及提案审查意见草案。

2 日　下午赴人大开会,听取周总理和贺龙副总理的报告。

3 日　下午出席第二届人民代表大会第四次会议闭幕式。

4 日　上午出席政治协商会议第三届全国委员会第四次会议闭幕式。

5 日　上午出席国务院全体会议。晚上在文化部小放映室观看新片《护士日记》。

6 日　晚上出席芬兰驻中国大使为庆祝芬兰共和国成立 46 周年举行的宴会。

11 日　在《文艺报》第 12 期发表评论《关于曹雪芹——纪念曹雪芹逝世二百周年》。下午接见朝鲜舞剧代表团。

13 日　随邓小平副总理会见朝鲜舞蹈访华团。晚上与邓小平等观看朝鲜功勋演员和中国舞蹈演员同台演出的朝鲜舞剧《红旗》。

16 日　下午接见即将离任的挪威大使。

17 日　作评论《举一个例子》。下午赴北京医院吊唁罗荣桓。晚上与副部长及司局长一起在丰泽园为钱俊瑞饯行。

同日　致敖德斯尔信,后刊于《内蒙古日报》1981 年 4 月 14 日。

21 日 上午赴劳动人民文化宫,吊唁罗荣桓同志。

22 日 上午赴劳动人民文化宫参加罗荣桓公祭仪式。晚上赴新侨饭店出席欢迎朝鲜舞剧代表团的酒会。

23 日 致王积贤信。出席林默涵主持的中国文联各协会负责人会议,讨论学习毛泽东主席对文化工作的意见。

25 日 下午设宴欢迎日本女作家松冈洋子。

28 日 晚上赴民族文化宫出席文化部与民委联合举行的少数民族文艺工作者联欢晚会。

30 日 上午出席国务院全体会议。下午出席首都各界庆祝古巴解放 5 周年大会。

31 日 晚上赴作协出席联欢晚会。

本年 获悉中央新闻纪录电影制片厂准备为他拍摄电影史料片,婉谢:"我没有什么好拍的,请转告制片厂不要费心了。"秘书先后三次向他提起这件事,他始终没有答应。①

本年 作《〈红楼梦〉笔记三则》。按:当时茅盾应邀参加《红楼梦》的讨论。为此阅读大量《红楼梦》的资料、研究著述及有关史料,抄写了 6 万多字的读书笔记。这里收录的是其中三则,全部手迹收入《茅盾手迹·综合篇·第四卷·〈红楼梦〉杂抄》(富阳市华宝斋书社 2001 年 9 月出版)。

本年 作《红楼梦》研究札记 13 篇。是茅盾撰写《关于纪念曹雪芹逝世二百周年》报告时,参阅有关《红楼梦》评注、解释、索隐等书作札记而形成的手迹,粗略统计约 6 万字。据茅盾在日记中自述,"报告不过四五千字,但参阅各项有关文章、材料,则

---

① 李标晶:《茅盾传》,团结出版社 1990 年版。

总字数当在百万以上”，从中可以窥见茅盾严谨的治学精神。现收入桐乡市档案局（馆）编《茅盾珍档手迹》第5册，浙江大学出版社出版 2012 年 1 月版。

本年 作笔记《关于鲁迅及其作品的笔记》，分别记于 1963年、1974 年和 1975 年。后刊于《中国现代文学研究丛刊》1986年第 4 期，标题为编者所加。

本年 作《沈泽民烈士碑文（初稿）》，是茅盾为湖北省红安县修建的沈泽民陵墓所写的碑文，此文后未用。

本年 日文版《子夜》（竹内好翻译）由日本平凡社出版。

1964 年（甲辰） 68 岁

▲1 月 1 日，《毛主席诗词》由人民文学出版社和文物出版社同时出版。

▲《文艺报》1 月号发表社论：《努力反映伟大的社会主义时代》。

▲6 月 27 日，毛泽东在《中央宣传部关于全国文联和所属各协会整风情况报告》的草稿上作批示，指出大多数协会和刊物“十五年来，基本上（不是一切人）不执行党的政策，做官当老爷，不去接近工农兵，不去反映社会主义的革命和建设。最近几年，竟然跌到了修正主义的边缘。如不认真改造，势必在将来的某一天，要变成匈牙利裴多菲俱乐部那样的团体。”该批示于 7 月11 日作为正式文件下发。

1 月

1 日　中午出席政协全国委员会举办的元旦茶会。

1—3 日　出席刘少奇、邓小平、彭真以中央名义召开的文艺座谈会。

2 日　晚上赴古巴大使馆出席古巴解放五周年招待会。

3 日　下午赴怀仁堂出席文艺座谈会。

4 日　晚上赴北京饭店出席缅甸大使为庆祝缅甸国庆举办的招待会。

6 日　下午赴中宣部出席文艺座谈会。

9 日　晚上赴民族文化宫观看内蒙古歌舞团表演的现代题材二人转、二人抬等。

13 日　下午出席首都各界反对美国侵略巴拿马大会。

14 日　晚上赴人大小礼堂观看豫剧三团演出的《朝阳沟》。

15 日　下午以文化部部长身份接见德国驻华大使,并谈话。

同日　在《萌芽》第 1 期发表评论《举一个例子》。

16 日　下午以文化部部长身份接见肯尼亚首任大使,并作谈话。

17 日　下午赴新影出席优秀新闻纪录片授奖仪式,并出席越南临时代办为庆祝越南民主共和国和中华人民共和国建交 14 周年,以及越中文化合作协定签订 5 周年举行的招待会。

20 日　晚上在文联观看豫剧《社长的女儿》。

24 日　上午赴人大列席人大常委会扩大会议,邓小平作关于中法建交的报告。

29 日　晚上赴人大小礼堂观看沪剧《芦荡火种》。

31 日　作《西江月·感事(一)》,这首诗是在中苏论争的背景下写的,以残春景象喻示当时国际共产主义运动中的风波,有着时代的印痕。1976 年 7 月,茅盾曾手书此诗题赠邹荻帆,手迹载《诗刊》1981 年 5 月号,并附编者说明:"'四人帮'当道,茅公八十寿辰时,书此寄怀。"

本月 阅完陆文夫小说 20 篇,作札记数万字,拟写论文一篇。

2 月

1 日 致王积贤信。

4 日 晚上出席锡兰国庆招待会。

8 日 晚上出席在新桥饭店举行的中外作家联欢会,并致辞。

12 日 中午陪同陆定一等宴请华东话剧会演后来京表演的剧团全体人员。

13 日(年初一) 下午出席文化部、中国文联、北京市文化局、北京市文联在北京饭店举行的春节联欢会,并致辞。

春节期间 随同李先念副总理等,先后接见来北京演出的哈尔滨话剧院、上海人民沪剧团、河南商丘吉区豫剧团、上海人民艺术剧院一团、福建省话剧团和长春电影制片厂演员演出团等 6 个剧团的全体人员。

15 日 上午臧克家及夫人、女儿来访。

中旬 参加中国文联各协会整风会。

17 日 作《读了〈火种〉以后的点滴感想》。晚上赴青年艺术剧院观看上海人艺演出的话剧《激流勇进》。

18 日 晚上出席尼泊尔民主日招待会。

24—25 日 下午赴统战部听取宣读毛主席自 1963 年 12 月

起接见的四批外宾的谈话记录。

月底　中国文联各协会文艺整风结束。

3 月

月初　文化部派出人员至各界调查了解文化工作情况。

1 日　致陆啸林信。

3 日　下午 5 时半赴摩洛哥大使馆出席摩洛哥国庆招待会。

4 日　晚上以亚非团结委员会副主席名义宴请尼日尔客人乌斯曼。

5 日　下午赴文联观看苏联影片《初次考验》。

6 日　下午在文化部接见新任挪威大使。

7 日　上午出席部务会议。晚上以《中国文学》主编身份,为《中国文学》法文版创刊,宴请帮助刊物的在京中外人士。

10 日　下午接见即将回国的印尼大使。

11 日　下午 5 时在东总布胡同接见日本作家代表团。晚上设宴欢迎由龟井胜一郎率领的日本作家代表团全体成员。

12 日　晚上赴印尼大使馆出席印尼大使告别酒会。

15 日　下午赴机场欢迎周总理等代表团返京。

16 日　下午赴北京展览馆参观工业新出品展览。

同日　致林焕平信。

17 日　下午赴政协礼堂出席首都各界人民支持巴勒斯坦和阿拉伯各国人民反对美帝国主义斗争大会。后因故改期。①

18 日　晚上在文化部礼堂观看英国影片《抗暴记》。

20 日　作《读陆文夫的作品》,中午赴阿联等大使为巴勒斯

---

① 据《茅盾日记 1964 年 3 月 17 日》,收《茅盾全集》第 40 卷。

坦代表在北京饭店举行的午宴,并出席中国亚非团结委员会等八个人民团体举行的支持巴勒斯坦和阿拉伯各国人民反对美帝国主义斗争大会。晚上出席对外文协等单位欢送龟井胜一郎率领的日本作家代表团宴会。

21日　在《人民日报》发表杂论《在首都各界人民支持巴勒斯坦和阿拉伯各国人民反对美帝国主义斗争大会上的讲话》。晚上赴人民大会堂出席欢迎巴勒斯坦代表的宴会。

22日　晚上赴天桥剧场观看陕西汉中歌剧团演出的歌剧《红梅岭》。

23日　晚上赴北京饭店出席巴基斯坦大使为巴基斯坦国庆举行的招待会。

25日　在《收获》第2期发表评论《读了〈火种〉以后的点滴感想》①。

26日　晚上赴阿联大使为中国访阿代表团举行的宴会。

27日　作《西江月·感事(二)》,写20世纪60年代亚非拉美民族民主革命高涨,而苏修却如蛙蝇般到处鼓噪。世界人民正在结成反帝、反修、反殖民主义的统一战线,只有高举马克思主义大旗才能胜利。

28日　上午听取副部长汇报工作。

29日　晚上赴全聚德欢宴访问朝鲜归来的巴勒斯坦客人。

30日　下午赴人大出席人大常委会与国务院联席会议,听取周总理作访问十四国报告。

31日　下午出席并主持文化部举行的1963年以来优秀话剧创作及演出授奖大会,并致开幕词。晚上与周恩来、陈毅等接

---

① 《火种》,艾明之的长篇小说。

见获得 1963 年以来优秀话剧创作和演出奖的全体剧作者和演出团体代表。

本月 作《读书笔记二则》，标题为编者所加。

4 月

2 日 下午出席周总理访问十四国的分组讨论会。晚上到民族文化宫关看福建军区前线剧团演出的《第一与第二》《母子会》；青岛话剧团演出的《柜》三个独幕剧。

3 日 下午继续参加周总理访问十四国的分组讨论会。

4 日 下午赴机场欢迎老挝首相富马亲王所率领的代表团。下午 4 时赴美术馆参观 1963 年出版展览。晚上赴人大出席欢迎富马亲王代表团的宴会。

5 日 晚上陪同老挝王国政府代表团出席文化部组织的文艺晚会。

6 日 晚上赴人大出席富马亲王的告别宴会。

7 日 早上赴机场欢送老挝代表团。晚上赴人大小礼堂观看话剧《南海长城》。

8 日 下午赴机场欢迎古巴全国保卫革命委员会代表团。

9 日 晚上宴请肯尼亚民族联盟地区组织书记、国会议员奥杜亚·奥普朗。

10 日 写完《读陆文夫的作品》。晚上设宴欢迎古巴全国保卫革命委员会代表团。

11 日 中午赴鸿宾楼宴请阿尔及利亚文化代表团团长、副团长及团员。

13 日 上午谢婉莹、金近来谈《儿童文学》出版后的情况。下午出席首都各界人民支持南非人民反对法西斯迫害、争取民族解放大会,并发表讲话。

14 日 在《人民日报》发表杂论《在首都各界人民支持南非人民反对法西斯迫害、争取民族解放大会上的讲话》。

17 日 下午出席首都人民支持古巴和拉丁美洲人民反美斗争大会。晚上赴北京饭店出席叙利亚代办为叙利亚国庆举行的招待会。

18 日 上午出席部务会议听取创作情况汇报。

20 日 在《人民日报》发表讲话《为发展社会主义新戏剧而奋斗——在一九六三年以来优秀话剧创作及演出授奖大会上的讲话》,亦刊于《戏剧报》第 4 期(4 月 20 日)。

21 日 致夏达康信,信中说:"写评论文不得不述作品梗概……评论之作用,在于对广大读者介绍新作,此广大读者群中,大多数是未曾看到该作品的,故简述作品内容,似为必要。"

25 日 下午赴人大出席人大常委会与国务院联席会议。

27 日 作《读〈儿童文学〉》。

28 日 下午出席首都各界支持日本人民要求撤除美国军事基地归还冲绳的斗争大会并发表讲话。晚上赴人大出席朱德委员长为来访的布隆迪国民议会议员代表团举行的宴会。

同日 致翟同泰信。附录回答所提问题。

29 日 在《人民日报》发表政论《在首都各界支持日本人民要求撤除美国军事基地归还冲绳的斗争大会上的讲话》。

同日 下午以文化部部长身份接见印尼新任大使并作讲话。晚上观看新片《独立大队》。

30 日 晚上出席全国总工会等为庆祝"五一"国际劳动节联合举行的招待会。

同日 致吕鸣铎信。

5 月

1 日 上午与刘少奇、周恩来、邓小平等党和国家领导人,出席在天安门广场举行的首都人民庆祝"五一"国际劳动节集会。晚上到天安门城楼观看烟火及歌舞表演。

3 日 作《西江月·感事(三)》。茅盾在致陈鸣树信中谈到此诗:"拙作《西江月》蒙谬赏甚愧。正是尊说,此词作于1964年,乃刺苏修者。上片开头三句喻此辈不敢活动于光天化日之下,只能在黑夜施其鬼蜮,鼓吹两部直指此辈。下片正面写,白骨成精多诈,因毛主席诗'一从大地起风雷,便有精生白骨堆',正指苏修。当时我党与苏修就无产阶级专政之历史经验展开大论战,长篇宏文有八篇之多,我们除驳斥外,也将苏修诬我之谬论附刊报上而苏修却不敢将我方之驳斥使其本国人民知道,故有一站出来者好样之诗句,大意如此,率尔涂抹,实在浅薄,今日观之,似可加之'四人帮',其实不是,但1973年写给您,却有暗指之意。"①1972年,茅盾曾将此词书赠唐弢。

6 日 晚上到政协礼堂观看解放军文艺会演部分节目。

7 日 致吴海发信,回答对《风景谈》文中某些句子的理解问题。

8 日 晚上出席捷克国庆招待会。

9 日 下午接见奉调回国的叙利亚临时代办及新派来的参赞。

10 日 晚上赴人大福建厅出席欢送布隆迪国民议会议长及其代表团成员的宴会。宴会后观看文艺晚会。

---

① 《茅盾书简》,浙江文艺出版社1984年版。

11 日 致康濯信。下午在文化部接见新任德国大使柯尔特、捷克大使克日斯特。晚上出席朱德委员长为欢迎朝鲜民主主义人民共和国最高人民会议代表团举行的宴会。

12 日 上午赴人大礼堂听取陈毅副总理有关访问十四国的报告。晚上出席文化部、中国文联、北京市文化局等为祝贺人民解放军第三届文艺会演大会胜利闭幕举行的联欢晚会,并讲话。

13 日 晚上出席朝鲜驻中国大使为朝鲜最高人民议会代表团访问中国举行的宴会。

14 日 上午赴人大听取陈毅副总理报告。下午接见并设宴欢迎来华访问的肯尼亚作家联合会主席和他的秘书。

15 日 晚上出席阿联大使的酒会。

16 日 早上赴机场欢送古巴保卫革命委员会代表团一行。下午 5 时,赴机场欢迎苏丹共和国武装部队最高委员会主席易卜拉欣·阿布德将军。晚上赴人民大会堂参加刘少奇主席欢迎阿布德主席举行的宴会。

17 日 晚上出席文化部、中非友协为欢迎苏丹共和国武装部队最高委员会主席一行访问中国举行的文艺晚会。

18 日 晚上出席阿布德主席告别宴会。

19 日 上午赴机场欢送苏丹贵宾。

20 日 在《人民日报》发表评论《读〈儿童文学〉》。下午以文化部部长身份接见朝鲜新任驻华大使并作谈话。

21 日 晚上在文化部小放映室观看苏联影片《生者与死者》。

22 日 晚上赴民族文化宫观看西藏话剧团演出的藏语话剧《不准出生的人》。

25 日 作《读〈冰消春暖〉》副题〈圣堂村史〉》。

26 日　晚上到戏曲研究院观看京剧《红旗谱》("反割头税"的一段)。

27 日　下午赴北京医院向苏井观遗体告别。出席中国作协、中越友协举办的关于中文版《南方来信》座谈会,并发言。晚上赴阿富汗大使为阿国庆举行的招待会。

29 日　上午赴卫生部出席公祭苏井观仪式。

同日　闻钟在《光明日报》发表《影片〈林家铺子〉必须批判》。《光明日报》、《北京日报》、《中国青年报》、《工人日报》、天津《大公报》等 5 家报纸在同一天,分别刊登了《影片〈林家铺子〉是一株美化资产阶级的毒草》《职工批判电影〈林家铺子〉与社会主义革命的需要背道而驰》等批判文章。紧接着,在全国大规模地开展批判电影《林家铺子》。据不完全统计,同年 5—9 月,各地发表的批判电影《林家铺子》的文章,达 137 篇以上。[①] 这些文章批评影片《林家铺子》"美化资本家,丑化工人阶级","宣扬奴才哲学,鼓吹阶级合作",所以是一株"大毒草"。虽然没有点名茅盾,但明眼人心里明白其所指。

30 日　上午出席部务会议。

6 月

1 日　下午赴机场欢迎也门萨拉勒总统。

2 日　晚上赴人民大会堂出席刘主席为欢迎萨拉勒总统举行的宴会。

3 日　晚上出席文化部、对外文协为欢迎阿拉伯也门共和国访华代表团举行的文艺晚会。

[①]　钟桂松:《茅盾传》,东方出版社 1996 年版。

4 日 晚上出席阿联大使为也门总统萨拉勒举行的冷餐招待会。

5 日 参加国务院举行的一百四十五次全体会议。下午出席 1964 年现代戏观摩演出大会开幕式,并致开幕词。晚上赴民族文化宫观看上海演出团演出的《智取威虎山》。

6 日 上午陪同陆定一接见农村图书发行工作会议代表。下午赴人大听取驻老挝刘春大使报告老挝情况。晚上出席瑞典驻华大使庆祝瑞典国庆日举行的招待宴会。

8 日 下午出席芬兰驻华使馆为庆祝芬兰国庆日举行的招待宴会。晚上赴人民剧场观看京剧《奇袭白虎团》。

9 日 下午出席国务院全体会议。晚上出席也门总统告别宴会。

10 日 下午出席在京参加外文出版部门及其他部门工作的外国作家座谈会。

11 日 在《文艺报》6 月号发表评论《读陆文夫的作品》,分析了陆文夫 20 多篇小说的成败得失,全面总结了陆文夫 1955 年至 1964 年的创作。

同日 上午赴机场欢送也门总统率领的代表团一行。欢迎坦葛尼喀、桑给巴尔政府代表团。下午接见法国大使佩耶。晚上出席尼泊尔驻华大使为庆祝尼泊尔国王诞辰举行的招待宴会。

13 日 晚上出席文化部、中非友协为欢迎坦噶尼喀和桑给巴尔联合共和国第二副总统率领的政府友好经济代表团访问中国举行的宴会。

14 日 晚上在民族文化宫观看内蒙古京剧团演出的现代戏《草原英雄小姐妹》。

15 日 中午出席非洲国家驻中国的使节为坦噶尼喀和桑给巴尔联合共和国第二副总统率领的政府友好经济代表团访问中国举行的宴会。下午接见并宴请智利著名诗人巴勃鲁·德·罗卡及其儿子，出席作陪的有臧克家、张光年、杜宣等。

16 日 晚上赴人大出席卡瓦瓦的告别宴会。

17 日 早上赴机场欢送坦、桑联合共和国政府代表团。晚上赴天桥剧场观看陕西京剧团演出的现代戏《延安军民》。

18 日 下午赴人大出席常委会议，听取王炳南报告波兰情势。

19 日 晚上出席陈毅副总理和夫人招待马里政府代表团的宴会。

20 日 在《戏剧报》第 6 期发表评论《一九六四年京剧现代戏观摩演出大会的开幕词》，原题《沈雁冰部长的开幕词》。

同日 晚上出席文化部、中非友协欢迎马里政府代表团举行的京剧晚会，欣赏上海京剧演出团演出的京剧《智取威虎山》。

21 日 晚上赴民族文化宫观看云南京剧团演出的现代戏《黛诺》。

23 日 下午随周恩来总理接见京剧现代戏演出观摩大会全体人员。

24 日 晚上出席马里驻华大使为马里政府代表团访华举行的宴会。

25 日 下午出席首都各界人民纪念朝鲜祖国解放战争 14 周年、支持朝鲜人民要求美国侵略军撤出南朝鲜和统一祖国斗争大会，并发表讲话。晚上在文化部小放映室观看苏联影片《下英雄》。

26 日 在《人民日报》发表政论《在首都各界人民支持朝鲜

人民要求美国侵略军撤出南朝鲜和统一祖国斗争大会上的讲话》。

27日 下午出席首都佛教和文化界人士纪念玄奘法师逝世1300周年大会,并致辞。晚上在天桥剧场观看新疆京剧团演出的《红岩》。

同日 致林科华信,回答对《雷雨前》一文某些句子的理解问题。

7月

1日 下午出席报告会,听取彭真同志向参加全国京剧现代戏演出观摩大会的全体人员,以及首都文艺工作者作的文艺形势报告。

2日 致庄钟庆信。出席中共中央宣传部周扬、林默涵召集的中国文联各协会负责人会议,进一步布置文艺界整风工作。晚上赴天桥剧场观看河南京剧团演出的《好媳妇》《红管家》。

3日 上午赴阜外新华北厂开部务会议,听取访日印刷代表团的报告,并参观摆在该厂三楼的日本印刷技术资料展览。晚上举行招待会,欢送越南话剧艺术干部代表团,并发表讲话。

4日 晚上观看现代戏《红灯记》。

9日 致翟同泰信。附录回答所提问题。

11日 在《羊城晚报》发表评论《读〈冰消春暖〉》,亦刊于《作品》7月号。

14日 下午赴政协礼堂出席首都各界庆祝击落美蒋 U-2 飞机大会。晚上出席法国大使馆为法国国庆举办的招待会。

15日 下午赴人大听取我派往马里的农业专家在马里工作情况的报告。

16日　晚上到人民剧场观看现代京戏《杜鹃山》。

17日　下午随同毛泽东主席接见 1964 年京剧现代戏演出观摩大会全体人员。晚上陪同毛泽东主席观看上海演出团演出的京剧现代戏《智取威虎山》。

18日　上午听取胡愈之报告访问罗马尼亚经过。下午赴机场欢迎越南保卫和平委员会、越南亚非人民团结委员会代表及释善豪率领的越南南方民族解放阵线代表团。晚上出席中国人民保卫世界和平委员会等 13 个团体,招待越南南方民族解放阵线代表团宴会。

20日　上午出席国务院全体会议。下午随周恩来总理会见越南南方民族解放阵线代表团。主持首都各界人士纪念日内瓦协议签订 10 周年和支持越南人民反对美帝国主义侵略斗争大会,并致开幕词。

21日　下午出席中波友协庆祝波兰复兴节 20 周年宴会,并致辞。

22日　致翟同泰信,附录回答所提部分问题。下午出席波兰驻华使馆为庆祝波兰复兴节 20 周年举行的酒会。

23日　晚上出席阿联使馆为庆祝阿联国庆举行的招待会。

25日　上午赴人大河北厅,听取彭真传达中共中央工作会议的报告。晚上出席古巴驻华使馆为纪念武装起义日 11 周年举行的招待会。

27日　下午出席政协双周座谈会。

31日　下午出席并主持 1964 年京剧现代戏观摩演出大会闭幕式,并代表文化部向观摩演出的 29 个剧团授予纪念状。晚上赴民族文化宫餐厅出席欢送中阿合拍的纪录片《并肩前进》的阿方导演的酒会。

8 月

6 日　下午出席中国和大、中国亚非团结委员会等 8 个人民团体举行的首都各界人士支持第十届禁止核弹世界大会的大会。

9 日　下午出席首都支持越南人民反对美国武装侵略大会,并与其他知名人士一道参加游行示威。

10 日　与周恩来、董必武等党和国家领导人前往波兰大使馆,吊唁波兰国务委员会主席亚·萨瓦茨基逝世。并以中波友协会长的身份致电波兰中国友协主席,对萨瓦茨基的逝世表示哀悼。

17 日　下午赴机场欢迎参加第十届禁止原子弹氢弹世界大会后,应邀来我国访问的 13 个国家和地区的代表及其他外宾。晚上出席印尼国庆招待会。

18 日　晚上出席加纳驻华使馆为庆祝中加友好条约签订 3 周年举行的宴会。

19 日　中午出席中国和大、中国亚非团结委员会为欢迎参加第十届禁止原子弹氢弹世界大会后,应邀来我国访问的 13 个国家和地区的代表及其他外宾举行的招待会。

21 日　晚上出席罗马尼亚国庆 20 周年招待会。

24 日　下午以文化部部长的身份接见叙利亚大使,并谈话。

25 日　晚上出席越南驻中国大使为庆祝越南民主共和国成立 19 周年举行的电影招待会。

28 日　中国作协党组出台《关于茅盾的材料》,从三个方面批判茅盾的评论文章。其一,在性质上,将茅盾的评论定性为资产阶级世界观、文艺思想的产物,称其 15 年来,"顽强""系统"

"露骨"地宣扬资产阶级文艺思想、世界观,"与党的路线、方针、政策针锋相对";其二,从内容和表现上,认为茅盾的评论文章"几乎没有从正面提倡或阐发过写先进人物、英雄人物的重要意义";其三,从作用上,认为茅盾通过大量评论工作,左右文学创作倾向","与党争夺青年作家"。最后的定性是"十五年来,每当国内阶级斗争尖锐化或遇到困难的时候,他就明目张胆地暴露出他的顽固的资产阶级立场"。[①]

9 月

2 日 下午接见坦、桑共和国妇联主席兼社会福利、文化部驻议会秘书,谈坦方拟派儿童来我国学习杂技事。晚上赴越南大使为庆祝越南独立 19 周年举行的招待会。

4 日 以文化部部长身份接见苏丹驻中国大使并谈话,谈话内容见《接见苏丹大使的谈话纪要——一九六四年九月四日》(记录稿)。

5 日 晚上出席法国钢琴家在京首次演奏会,演出结束后,登台表示祝贺。晚 9 时,赴法大使馆参加法国大使举行的宴会。

7 日 下午赴朝鲜使馆出席电影招待会。

8 日 晚上出席保加利亚解放 20 周年的招待会。

9 日 晚上出席朝鲜国庆招待会。

15 日 下午以文化部部长身份接见锡兰驻中国大使并谈话。晚上出席文化部为欢迎印尼电影检查委员会主席举行的宴会,并祝酒。

21 日 晚上赴天桥剧场观看新排的芭蕾舞剧《红色娘子

---

① 陈徒手:《矛盾中的茅盾》,《读书》2015 年第 4 期。

军》。

22 日　下午 5 时赴马里大使为马里国庆举行的招待会。

23 日　下午 5 时许出席中国亚非团结委员会招待越南南方民族解放阵线驻华代表团宴会。

24 日　晚上赴五道口俱乐部观看新排民族舞《八女颂》。

25 日　晚上出席越南驻华使馆为欢迎越南南方民族解放阵线驻华代表团举行的宴会。

20—26 日　山东省第三届人民代表大会在济南召开。经过充分酝酿和讨论,以无记名投票方式选出沈雁冰等人为出席第三届全国人民代表大会的代表。

27 日　上午赴机场欢迎西哈努克亲王。晚上出席刘主席欢迎西哈努克亲王的宴会。

28 日　上午赴机场欢迎布拉柴维尔刚果总统一行。晚上赴人大出席刘主席为欢迎刚果(布)总统举行的宴会。

29 日　下午赴机场欢迎马里总统。晚上出席文化部、中柬友协和中非友协为欢迎柬埔寨国家元首西哈努克和夫人,和刚果(布)总统阿方斯·马桑巴·代巴举行的文艺晚会。

30 日　中午出席印尼部长、总统军事顾问和印尼电影检查委员会主席在印尼大使馆举行的宴会。晚上出席毛泽东、刘少奇、宋庆龄、董必武、周恩来等为庆祝中华人民共和国成立 15 周年举行的招待会。

本月　受周恩来委托,找江青谈音乐舞蹈史诗《东方红》的修改意见。周恩来强调反映抗美援朝战争一段,要突出表现志愿军和朝鲜人民的关系,可江青不同意修改。茅盾考虑到修改不修改关系到中朝关系的大问题,说:"你如果坚持这个意见,我就要去找毛主席反映。"江青不得不同意修改。①

10 月

1 日 上午与毛泽东、刘少奇、朱德、周恩来等党和国家领导人,出席在天安门广场举行的首都各界人民庆祝中华人民共和国成立 15 周年大会,检阅了游行队伍。下午随同周恩来、陈毅等会见摩洛哥王国代表团。

2 日 下午出席国防部和文化部为欢送印尼苏里亚达马空军中将和夫人举行的宴会。

3 日 早上赴机场欢送刚果(布)总统。下午出席摩洛哥王国哈桑二世国王的代表穆莱·阿卜杜拉亲王举行的招待会。晚上出席文化部、对外文协招待前来参加中华人民共和国 15 周年庆典的各国贵宾举行的文艺晚会。

4 日 下午接见也门新闻代表团团长。

6 日 早上赴机场欢送越南民主共和国党政代表团、巴基斯坦友好代表团离京。并与刘少奇和夫人、朱德和夫人、周恩来、陈毅等欢送柬埔寨国家元首西哈努克亲王和夫人离京回国。与贺龙、薄一波等欢送缅甸联邦政府代表团,离京赴武汉访问。中午出席波兰驻华使节为波兰政府代表团访华举行的宴会。

7 日 晚上出席德国大使为德国 15 周年国庆举行的招待会。

8 日 上午赴机场,与刘少奇、董必武、朱德等欢送朝鲜民主主义人民共和国党政代表团离京回国。

9 日 晚上赴首都剧场观看日本松山芭蕾舞团彩排《祗园

---

① 李标晶:《茅盾传》,团结出版社 1991 年版。

祭》。

11日 上午赴良乡机场观看航空表演。

27日 晚上赴首都剧场观看广东农村话剧团演出的《珠江风雷》。

30日 下午,赴机场欢迎阿富汗国王与王后。晚上出席刘少奇主席为欢迎阿富汗国王、王后举行的宴会。

31日 上午出席国务院全体会议第一百四十八次会议。晚上出席文化部、中阿友协为欢迎阿富汗国王和王后举行的文艺晚会。

11 月

1日 上午出席国务院全体会议。中午赴机场欢送凯塔总统。

7日 下午5时出席苏联驻中国大使馆为庆祝俄国十月革命社会主义革命节举行的宴会。

9日 下午5时半赴柬埔寨国庆招待会。

10日 出席文化部整风会,听取林默涵的报告。

12日 晚上赴人民大会堂出席阿富汗国王告别宴会。

18日 上午出席政协常务会议,通过第四届全国委员会委员名单。

23日 晚上出席阿尔巴尼亚驻华使馆为庆祝中阿建交15周年举行的招待会。

24日 出席中国文联各协会整风报告会,听取周扬的报告。

26日 下午出席并主持全国少数民族群众业余艺术观摩演出开幕式,并致辞。

27日 在《人民日报》发表评论《在全国少数民族业余艺术

观摩演出会上的开幕词》。

28日 上午出席人大常委会与政协常委联席会议。晚上赴北京饭店参加阿尔巴尼亚国庆 20 周年招待会。

29日 上午出席 70 万人参加的首都各界人民支持刚果（利）人民反对美帝国主义武装侵略斗争大会。

30日 晚上赴民族文化宫观看甘肃、吉林代表团演出。

12 月

6日 晚上出席芬兰驻华使馆举行的国庆宴会。

7日 出席国务院全体会议第一百五十次会议，通过关于特赦一批确实改恶从善的战争罪犯的建议。

8日 致鼎生信，对所寄《土地诗篇》作出评论。

11日 晚上出席肯尼亚大使举办的宴会。

12日 全国人民代表大会常务委员会公布人民代表名单，沈雁冰列名为山东人民代表。

同日 出席中国人民政治协商会议第三届全国委员会常务委员会议。晚上在北京饭店出席肯尼亚大使为肯尼亚国庆举办的招待会。

13日 中国人民政治协商会议第三届全国委员会常务委员会公布当选政协委员名单，茅盾为中国文联的代表。晚上与陈毅等接见阿联黎达民间舞蹈团团长、编导兼主要演员一行。接见后观看首次演出。

15日 晚上赴二七剧场观看少数民族业余公演。

17日 出席国务院全体会议第一百五十一次会议。讨论通过周恩来总理代表国务院向第三届人民代表大会第一次会议作的政府工作报告。晚上赴人大安徽厅欢宴亚非作家常设局代表团。

18 日 上午出席刘少奇主席召集的最高国务会议。下午以文化部部长身份与新任缅甸驻华大使谈话。

19 日 下午出席人大山东组会议。晚上出席越南南方民族解放阵线驻华代表团为庆祝越南南方民族解放阵线成立四周年举行的招待会。

20 日—1 月 5 日 出席第三届全国人民代表大会。

20 日 上午出席政协第四届全国委员会第一次会议开幕式,被选为主席团成员之一。

21 日 下午出席第三届全国人民代表大会第一次会议开幕式。听取周恩来总理做政府工作报告。

22—23 日 参加山东代表团分组讨论。

24 日 上午出席人大小组会议。下午出席政协小组会议。

25 日 上午出席山东组小组会议。11 时,出席政协常委主席团扩大会议。晚上与郭沫若、巴金等组成中国作家代表团,与亚非作家常设局访问亚洲代表团签订联合声明,签字后,参加中国作协与中国联络委员会举行的招待会。

26 日 出席人大会议。

27 日 下午 2 时半赴人大宴会厅,政协全体委员照相。下午与出席全国少数民族群众业余艺术观摩演出会全体代表一起,受到毛泽东、刘少奇、朱德、周恩来等党和国家领导人的接见,并合影留念。下午 5 时半,赴东总布胡同作协会见柬埔寨作家代表团。晚上在全聚德宴请作协代表团(共三人)。

29 日 上午赴人大开会,并出席全国少数民族群众业余文艺观摩演出会闭幕式。

30 日 上午出席政协第四届全国委员会第一次会议全体大

会。下午出席最高国务会议。

31 日 上午出席第三届人大首次全体会议,讨论政府工作报告。晚上与毛泽东、刘少奇、周恩来等党和国家领导人出席首都军民拥军优属、拥政爱民新年联欢晚会。

1965 年(乙巳) 69 岁

▲5 月,文化部领导大改组。茅盾仍为部长,南京军区第二政委肖望东任第一副部长、党组书记,上海市委书记处书记石西民为第二副部长、党组副书记。

▲11 月 10 日,姚文元的《评新编历史剧〈海瑞罢官〉》在《文汇报》发表。

1 月

1 日 赴文化部参加新年团拜。

2 日 上午出席人大大会。下午出席第四届政协首次全体会议。晚上赴古巴驻华大使馆,出席庆祝古巴解放 6 周年举行的招待会。

3 日 上午赴人大出席小组会和大会。下午出席第三届人大首次会议闭幕式。根据 1965 年第二号主席令,免去文化部部长职务。晚上赴北海公园,与柬埔寨作家代表团共进晚餐。

4 日 下午赴人大,先在宴会厅照相,后在大会堂开会。晚上赴缅甸驻华大使馆参加庆祝缅甸国庆招待会。

5 日 上午出席中国人民政治协商会议第四届全国委员会第一次会议主席团会议和全体大会,进行选举。下午出席中国人民政治协商会议第四届全国委员会第一次会议闭幕式。当选为中国人民政治协商会议全国委员会副主席。

9日　与韦韬谈起卸去文化部部长、改任政协副主席的经过。[①]下午3时赴民族文化宫礼堂，参加统战部召集的会议，听取统战部部长徐冰作的报告。

2月

8日　下午赴东总布胡同接见阿尔及利亚驻华大使。

10日　上午出席首都150万人在天安门广场举行的支援越南人民反对美帝国主义武装侵略大会。

13日　下午出席首都人民庆祝中苏友好同盟互助条约签订15周年大会。

15日　晚上出席苏联驻中国大使为庆祝中苏友好同盟条约签订15周年举行的招待会。

18日　晚上出席尼泊尔大使为庆祝尼泊尔王国国庆10周年举行的招待会。

22日　晚上出席外交部庆祝中华人民共和国和刚果(布)建交一周年举行的招待会。

3月

5日　晚上以全国政协副主席身份，出席摩洛哥驻华使馆为庆祝摩洛哥王国国庆举行的招待会。

13日　下午韩北屏来汇报作协外事活动计划。

---

① 韦韬、陈小曼：《茅盾的晚年生活(一)》，《新文学史料》1995年第1期。

17日 中午去机场欢送中国作家代表团老舍、刘白羽、杜宣、茹志鹃等访问日本。晚上在政协礼堂观看话剧《包钢人》。

18日 上午出席政协第四届委员会第一次常务委员会会议。

21日 与李四光等到罗马尼亚驻华使馆,吊唁罗马尼亚工人党中央委员会第一书记、国务委员会主席乔治·乌德治同志。

23日 晚上出席巴基斯坦驻华使馆为庆祝巴基斯坦日举行的招待会。

24日 晚上赴人大小礼堂观看话剧《抗洪图》。

25—26日 下午出席全国政协双周座谈会。

28日 晚上在政协礼堂观看话剧《赤道战鼓》。

4 月

1日 上午赴政协出席国际问题小组会议。

9日 列为柯庆施治丧委员会委员。

10日 上午赴政协开会。

13日 上午赴劳动人民文化宫,出席柯庆施公祭仪式。晚上赴政协礼堂观看山西眉鄠剧团演出《一颗红心》及《彩礼》。

17日 晚上赴北京饭店出席叙利亚驻华大使举办的国庆招待会。

20日 下午列席全国人民代表大会常委会议。

30日 晚上赴人大宴会厅出席庆祝劳动节并招待外宾的宴会。

5 月

1日 出席中华全国总工会等 13 个团体联合举行的庆祝五

一国际劳动节宴会。

2日 出席全国政协为招待回国观光的华侨、港澳同胞和少数民族参观团举行的宴会。

5日 下午赴全国人大常委会,听取刘宁一作访问非洲国家的报告。

7日 下午出席全国政协国际问题座谈会。

9日 下午出席首都各界人民举行的庆祝反法西斯战争胜利和德捷人民解放20周年大会。

10日 晚上出席中国人民外交协会为招待坦噶尼喀民族联盟中央委员姆旺吉西为首的坦噶尼喀民族联盟代表团举行的招待会。

14日 下午赴北京饭店出席欢迎巴勒斯坦阿拉伯人民解放组织驻京办事处的酒会。

15日 上午出席全国政协常务委员会会议,听取荣高棠关于28届世界乒乓球锦标赛的经过的报告。下午出席全国政协常务委员会会议,通过支援多米尼加人民抗美爱国斗争的声明。

27日 晚上出席阿富汗驻中国大使为庆祝阿富汗王国国庆日举行的宴会。

30日 下午到人民大会堂,听取周恩来总理所作关于国内外形势的报告。

6 月

1日 下午出席中国印度尼西亚友好协会为庆祝中国印尼友好协会成立10周年举行的大会。

3日 下午赴全国人大出席关于总理报告的座谈会。

10日 下午刘白羽来谈作协事。

11日 晚上在人大礼堂观看舞剧《凉山巨变》。

12日 下午出席中国作家协会书记处会议。

16日 上午出席全国政协国际问题小组会议。

17日 晚上在民族文化宫观看新歌剧《江姐》。

18日 下午参加全国人大常委会,听取人大访问印尼代表的报告。

28日 下午赴全国政协,出席为美帝侵占台湾15周年举行的座谈会。

30日 中国人民保卫世界和平委员会、中国亚非团结委员会调整机构。任两个机构的常务委员。

本月 1日至30日全国报刊连续发表批判夏衍根据茅盾的小说《林家铺子》改编的电影的文章。

7 月

12日 赴机场与周恩来、陈毅、郭沫若等欢迎来访的乌干达总理一行。晚上出席周恩来总理宴请乌干达总理的招待会。

15日 上午赴机场欢送乌干达总理一行,由周恩来、陈毅陪同,到上海参观访问。

20日 和周恩来、彭真等赴机场欢迎前国民党代总统李宗仁及夫人从海外归来。晚上出席周恩来总理接见并设宴欢迎李宗仁和夫人宴会。

21日 下午和刘少奇、董必武、周恩来等到机场欢迎索马里共和国总统亚丁·阿卜杜拉·欧斯曼前来我国进行国事访问。晚上出席刘少奇主席为欢迎索马里共和国总统以及随行人员举行的宴会。

22日 晚上出席波兰驻华使馆为庆祝波兰国庆举行的

宴会。

23日 晚上出席索马里共和国总统举行的招待会。

24日 和周恩来、陈毅等到机场欢迎缅甸革命委员会主席、革命政府部长会议主席奈温和夫人。晚上出席刘少奇主席为欢迎缅甸革命委员会主席、革命政府部长会议主席奈温和夫人举行的宴会。

25日 晚上出席缅甸革命委员会主席、革命政府部长会议主席奈温和夫人举行的宴会。

27日 上午赴机场欢送缅甸革命委员会主席、革命政府部长会议主席奈温和夫人由刘少奇和夫人、陈毅和夫人陪同前往沈阳参观访问。

29日 中午出席中共中央统战部欢迎李宗仁夫妇的招待宴会。晚上在民族宫礼堂观看《红灯记》。

8 月

4日 下午赴政协接见叙利亚历史学家阿维德教授,并设便宴招待。晚上赴首都剧场观看《刚果风雷》。

6日 上午列席全国人大常委会扩大会议。下午与夫人孔德沚出席全国政协为欢迎海外归来的李宗仁及夫人举行的宴会。

9日 晚上赴全国人大小礼堂观看湖南民间歌舞团演出的《风雷颂》。

11日 晚上在天桥剧场观看北京芭蕾舞蹈学校毕业生实习公演的《红色娘子军》第二场、《白毛女》第六场及《战斗之夜》《红嫂》等。

14日 下午出席朝鲜临时代办为庆祝朝鲜解放 24 周年举

行的招待会。

17 日　晚上出席印尼驻华大使为印尼独立 20 周年举行的招待会。

19 日　下午去机场欢迎刚果(利)革命最高委员会主席率领的访华代表团。晚上出席中国人民外交学会会长张奚若为欢迎刚果(利)革命最高委员会主席率领的代表团举行的宴会。

21 日　晚上参观革命军事博物馆抗日战争陈列馆。

23 日　晚上出席罗马尼亚大使为罗马尼亚国庆举行的招待会。

27 日　赴机场欢送刚果(利)革命最高委员会主席一行。

29 日　上午参加公祭李书城。

9 月

1 日　下午随刘少奇出席党和国家领导人接见越南越中友协代表团、越南交通运输代表团、越南电影代表团、越南劳动青年代表团。下午出席首都各界人民庆祝越南民主共和国成立 20 周年大会。

2 日　下午出席政协双周座谈会。晚上出席越南驻华大使为越南国庆举办的招待会。

3 日　下午出席首都各界人民庆祝抗日战争胜利 20 周年大会。

8 日　上午赴全国政协开会。

9 日　晚上赴朝鲜驻华大使馆,出席朝鲜国庆 17 周年招待会。

11 日　下午出席第二届全国运动会开幕式。

13 日　赴机场欢迎赴藏代表团返京。

16 日　上午出席政协国际问题座谈会。

20 日　晚上赴人大小礼堂观看新疆军区文工团话剧团演出的《喀喇昆仑颂》。

24 日　致李西亭信。

27 日　上午赴东郊机场迎接印尼议会代表团。晚上出席欢迎印尼贵宾的宴会。

28 日　上午赴政协出席小组会。下午出席第二届全国运动会闭幕式。

30 日　中午出席印尼临时协商会议代表团团长举行的告别宴会。下午赴东郊机场欢迎北加里曼丹客人。晚上出席周恩来总理为庆祝中华人民共和国成立 16 周年举行的国庆招待会。

10 月

1 日　上午登天安门主席台,出席首都 50 万人庆祝建国 16 周年大会,与党和国家领导人检阅游行队伍。晚上在天安门城楼观看烟花。

4 日　上午赴机场欢送印尼临时人民协商会议代表团离开北京,前往我国南方访问。下午出席全国政协宴请海外华侨、港澳同胞和少数民族参观团茶会。

15—16 日　下午出席政协双周座谈会。

24 日　上午出席全国政协第三次常务委员会,决定隆重纪念孙中山 100 周年诞辰,任筹备委员会委员、副主任。

27 日　上午出席全国政协国际问题座谈会。

31 日　下午出席纪念孙中山 100 周年诞辰筹备委员会第一次会议。

11 月

6 日　晚上出席苏联大使和夫人为庆祝十月革命 48 周年举行的招待会。

11 日　下午出席政协双周座谈会。

19 日　下午出席中国作家协会主席团扩大会议。

20 日　下午出席人大常委会扩大会议,听取农业问题报告。

22 日　上午赴机场欢迎坦桑尼亚联合共和国第二副总统卡瓦瓦前来进行友好访问。晚上出席周恩来总理为欢迎坦桑尼亚联合共和国第二副总统卡瓦瓦举行的宴会。

25 日　下午出席政协双周座谈会。

26 日　上午出席政协国际问题小组座谈会。

27 日　上午赴人大常委会听取化工部的报告。

29 日　上午出席团中央、中国作协共同召开的全国青年业余文学创作积极分子大会。下午送孔德沚进北京医院。

30 日—12 月 17 日　出席全国青年业余文学创作积极分子大会。

30 日　晚上赴政协礼堂观看吕剧《沂河两岸》。

12 月

2 日　晚上赴人民大会堂观看京剧《尖兵颂》。

3 日　晚上赴工人俱乐部观看话剧《电闪雷鸣》。

4 日　上午出席人大常委会,听取教育部关于半农半读、半工半读教育工作的报告。

5 日　下午去医院看望孔德沚。

6 日　晚上出席芬兰驻华大使和夫人举行的庆祝芬兰共和国成立 48 周年宴会。

11 日　下午孔德沚出院返家。

20 日　晚上出席越南南方民族解放阵线常驻我国代表团为庆祝越南南方民族解放阵线成立 5 周年举行的招待会。

21 日　黄炎培逝世,列名治丧委员会。下午与彭真、郭沫若等向黄炎培先生遗体告别。

22 日　上午赴全国政协出席国际问题小组座谈会。

24 日　上午前往中山公园中山堂吊唁黄炎培先生。下午出席公祭黄炎培仪式。

30 日　下午出席全国人大与政协常委联席会议。

1966 年(丙午)　70 岁

▲2 月 12 日,中共中央转发以彭真为组长的"文化革命"五人小组提出的《关于当前学术讨论的汇报提纲》。

▲5 月 4—26 日,中共中央政治局扩大会议在北京召开。16 日会议通过由毛泽东主持制定的《五·一六通知》。

▲8 月,中共八届十一中全会在北京举行,通过了《关于无产阶级文化大革命的决定》。

▲8 月 18 日,毛泽东首次在天安门接见全国各地来京串连的红卫兵和群众,到 11 月下旬,先后 8 次接见了 1300 万群众和红卫兵。

▲11 月 28 日,江青、陈伯达主持召开首都文艺界无产阶级"文革"大会。

1 月

1 日 晚上以政协副主席身份出席元旦国宴。

4 日 晚上出席缅甸驻华使馆举行的庆祝缅甸独立十八周年招待会。

6 日 晚上赴人大礼堂观看粤剧《山乡风云》。

12 日 晚上赴政协礼堂观看豫剧《人欢马叫》。

20 日(除夕) 晚上出席首都军民春节联欢晚会。

21 日 上午出席政协联欢大会。

28 日 上午出席人大会议,听取第二轻工业部报告。

2 月

5 日 晚上赴政协礼堂观看话剧《边疆风云》。

8 日 下午赴北京展览馆参观全国仪器仪表新产品展览会,看了综合馆的两部分。

15 日 上午赴美术馆参观收租院泥塑及山西、河北等地年画及版画展览。

16 日 上午出席政协国际问题小组座谈会。下午赴北京展览馆看仪器仪表展出及将赴巴黎展出之美术工艺品。晚上赴人大小礼堂观看话剧《边哨风云》。

17 日 全国人大常委会副委员长陈叔通逝世,下午前往北京医院向陈叔通先生遗体告别。列名陈叔通治丧委员会。

18 日 上午参加吊唁陈叔通先生逝世活动。晚上赴北京饭店,出席尼泊尔驻华大使为尼泊尔国庆举行的招待会。

19 日 上午出席陈叔通先生公祭仪式。

20 日　出席首都军民春节联欢晚会。

25 日　晚上赴人民剧场观看话剧《安第斯山风暴》。

3 月

2 日　下午赴美术馆看上海工艺美术品展览。

3 日　晚上出席摩洛哥大使为摩洛哥国庆举行的招待会。

4 日　出席政协国际问题小组座谈会。晚上赴人大小礼堂观看白族歌剧《红色三弦》。

12 日　赴人大常委会,听国内市场之报告。

17 日　晚上赴政协礼堂观看话剧《比翼双飞》。

22 日　早上赴西郊机场欢送刘少奇主席访问巴基斯坦与阿富汗。

23 日　晚上赴人大小礼堂观看话剧《龙泉洞》。

25 日　出席政协国际问题小组座谈会。

4 月

1 日　上午赴作协参加会议。

3 日　晚上与郭沫若应邀出席摩洛哥大使为庆祝摩洛哥国庆举行的招待会。

4 日　上午赴政协出席国际问题小组座谈会。下午与谭震林等应邀出席匈牙利大使为庆祝匈牙利解放 20 周年举行的酒会。

7 日　上午赴政协听取关于非洲情况的报告。

14 日　下午赴人大常委会,听取文化部工作报告。

16 日　下午赴美术馆参观关于焦裕禄生平事迹的美术展。

19 日 晚上与董必武等应邀出席叙利亚共和国临时代办为庆祝叙利亚国庆节举行的招待会。

21 日 下午赴人大常委会听取林业部工作报告。

26 日 下午赴人大常委会听取外贸部工作报告。

27 日 晚上赴天桥剧场观看上海芭蕾舞团演出《白毛女》。

28 日 中午赴机场迎接阿尔巴尼亚部长会议主席谢胡。晚上参加刘主席、周总理为阿尔巴尼亚党政代表团举行的欢迎宴会。

本月 出席政协双周座谈会两次。

5 月

1 日 出席首都"五一"国际劳动节庆祝活动。

3 日 出席全国政协招待海外归国观光的华侨、港澳同胞及少数民族代表的酒会。

4 日 晚上赴人大小礼堂观看电影《桃花扇》。

6 日 晚上在人大小礼堂观看话剧《奴隶之歌》。

10 日 晚上与刘少奇、周恩来等党和国家领导人一起出席阿尔巴尼亚部长会议主席谢胡告别宴会。

11 日 上午出席政协国际问题座谈会。晚上与刘少奇、周恩来、邓小平等党和国家领导人到机场欢送阿尔巴尼亚部长会议主席谢胡率领的党政代表团回国。

17 日 晚上赴天桥剧场观看舞剧《白毛女》。

20 日 上午赴政协出席国际问题座谈会。晚上赴人大小礼堂观看影片《不夜城》。

25 日 上午赴政协听取姚大使报告印尼的情况。

本月 "四人帮"在内部会上点名批判茅盾是"三十年代文

艺祖师爷"。康生在"批示"中提到茅盾时说"此人问题严重",把茅盾列入"黑名单"。中宣部长陆定一在报告中也点名批判茅盾,加上"资产阶级文艺路线的代表人物"的"头衔"。①

本月　出席政协双周座谈会两次。

约5—6月　出席每周一次的政协国际问题座谈会。②

6 月

2 日　晚上赴人大小礼堂观看电影《红日》。

7 日　晚上赴人大小礼堂观看影片《阿诗玛》。

约中旬　开始参加关于"文化大革命"的学习讨论。

17—18 日　出席中共中央统战部召集的会议,听取所谓"彭(真)、陆(定一)、罗(瑞卿)、杨(尚昆)"罪行的传达报告,集中阅读有关"无产阶级文化大革命"的文件。③

20—24 日　集中到政协参加座谈讨论。

27 日　出席统战部召集的会议,听取刘少奇主席的讲话。

29—30 日　赴政协参加学习讨论活动。

本月　北京文化部大楼里,出现矛头指向茅盾的大字报。在中央某些领导干预下,把大字报集中在某处。④

7 月

1 日　上午赴政协出席座谈会。

---

①　黎丁:《〈文革〉中的茅公生活片断》,收中国茅盾研究会编《茅盾和我》。
②　韦韬、陈小曼:《茅盾的晚年生活(一)》,《新文学史料》1995 年第 1 期。
③　叶子铭:《梦回星移——茅盾晚年生活见闻》,南京大学出版社 1991 年版。
④　叶子铭:《梦回星移——茅盾晚年生活见闻》,南京大学出版社 1991 年版。

7 日 下午出席人大与政协常委联席会议。

8—9 日 出席各民主党派和无党派人士举行的双周座谈会,由董必武主持,就当前开展的无产阶级"文化大革命"作了讨论。

9 日 晚上出席周恩来、陶铸等为热烈庆祝亚非作家紧急会议闭幕举行的宴会。

21 日 下午出席政协常务委员会会议。

24 日 下午出席政协座谈会并发言。

本月 香港九龙南华书店出版茅盾短篇小说集《风波》(共收 9 个短篇)、《朝露》(共收 5 个短篇)、《青春的梦》(共收 11 个短篇)。

8 月

5 日 作论文《答〈这是对地下党员的侮辱〉》,是对一篇名为《这是对地下党员的侮辱》的大字报的答复。该大字报主要批判了《子夜》中对苏伦的描写,质问茅盾"居心何在"。茅盾撰文指出:"说明大字报的作者没有看出苏伦是托派等等三点",并将此文寄给政协秘书长,并附信请他们考虑决定是否能转给作者。①

18 日 上午应邀参加"八·一八"首次接见红卫兵大会,并赴政协参加全国政协常委聂洪钧追悼会。

24 日 惊闻人民艺术家老舍先生含冤自沉于太平湖的消息。②

25 日 据本日日记载:文化部职员子女将文化部宿舍院中

---

① 叶子铭:《梦回星移——茅盾晚年生活见闻》,南京大学出版社 1991 年版。

② 钟桂松:《茅盾传》,东方出版社 1996 年 7 月版。

汉白玉石盆推翻，后到茅盾院子将院中汉白玉小盆一并推翻，"彼等大概认为此皆代表封建主义者，故要打倒也"。

30 日 "红卫兵"到文化部宿舍"抄家"，茅盾书桌上的铜质台灯，灯架是一个裸体女神塑像，为免被红卫兵破坏，孔德沚为裸体女神缝了上衣和裙子。茅盾日记记载："今日上午九时半，有红卫兵检查，十一时许始去。箱子都细看，抽斗都细看，但独不要检查书籍，只说书太多了，无用，只要有毛选就够了。一樟木箱久锁未开，锁生锈，不能开。乃用锤破锁。"后周恩来总理写了一份应予保护的干部名单，其中包括茅盾，抄家的事就没有再发生。

31 日 接通知出席毛主席在天安门广场第二次接见红卫兵大会，当天午后气候由热转凉。在天安门城楼由傍晚 5 时站到 7 时，身体不适。①

9 月

15 日 下午往天安门城楼，参加毛主席第三次接见红卫兵。周总理与茅盾谈论老舍自杀一事，周总理让茅盾转告王昆仑要关照老舍家属的生活。②

19 日 山东大学学生来访，询问成仿吾寄给茅盾纪念鲁迅文章之事。

27 日 山东大学两位学生来访，询问关于成仿吾与鲁迅的关系等事。

---

① 据 1966 年 8 月 31 日记，收入人民文学出版社版《茅盾全集》第 40 卷，黄山书社版《茅盾全集》第 41 卷。
② 韦韬、陈小曼：《茅盾的晚年生活(一)》，《新文学史料》1995 年第 1 期。

30 日　晚上出席周恩来总理为庆祝中华人民共和国成立 37 周年举行的宴会。

本月　韦韬问茅盾，对毛主席的最新指示为什么不写表态文章。茅盾称"我是不写这种文章的。一个人的信仰是否忠贞，要看他一生的言行，最后要由历史来作结论。我不喜欢赶浪头，何况我对'最新指示'有的还理解不了。"①

本月　针对北京市红卫兵"联动"的口号"老子英雄儿好汉，老子反动儿混蛋"，茅盾对陈小曼说此为"封建血统论"。②

10 月

1 日　上午赴天安门城楼，出席国庆 17 周年集会，与党和国家领导人一起检阅红卫兵和学校师生游行大军。

6 日　上午山东大学学生来了解成仿吾事。

18 日　中午赴天安门城楼，参加毛主席第五次接见全国各地来京进行串联的红卫兵和学校师生。

28 日　听广播得知 27 日我国进行导弹核弹实验成功，日记记载："我国发展导弹核武器，其速度为美苏所不及，此乃毛泽东思想的胜利。闻此讯后，欣喜欲狂。"

29 日　韦韬和陈小曼来探望，茅盾指着被抄的阳翰笙家的小楼批评红卫兵的野蛮行为③。

31 日　下午出席首都纪念鲁迅大会。

---

① 韦韬、陈小曼：《茅盾的晚年生活（一）》，《新文学史料》1995 年第 1 期。
② 韦韬、陈小曼：《茅盾的晚年生活（一）》，《新文学史料》1995 年第 1 期。
③ 韦韬、陈小曼：《茅盾的晚年生活（一）》，《新文学史料》1995 年第 1 期。

11 月

3 日 赴天安门出席毛主席第六次接见来自全国各地的红卫兵和学校师生。

10 日 上午赴天安门出席毛主席第七次接见并检阅来自全国各地的红卫兵和学校师生。

12 日 下午赴人民大会堂出席孙中山先生 100 周年诞辰纪念会。

12 月

12 日 全国人大常委会委员、人民大学校长吴玉章在北京去世。与郭沫若等到医院向吴玉章遗体告别。

14 日 上午赴八宝山公墓,出席吴玉章追悼会。

本年 德文版《子夜》(费利茨·格鲁纳译)由原民主德国首都柏林人民与世界出版社出版。

1967 年(丁未) 71 岁

▲1 月,姚文元在《红旗》发表《评反革命两面派周扬》。17 日,中共中央正式发布《关于文艺团体无产阶级文化大革命的决定》。

▲5 月 23 日,现代京剧《智取威虎山》等八个"样板戏"同时在北京舞台上演,历时 37 天 ,演出 218 场。

▲5月29日,《林彪同志委托江青同志召开的部队文艺工作座谈会纪要》在《人民日报》公开发表。本月,中央"文化革命"小组成立文艺组,江青任组长,戚本禹、姚文元任副组长。

1月

1日 以政协副主席身份出席元旦国宴。

本月 姚文元在《评反革命两面派周扬》一文中,诬蔑茅盾等人是"资产阶级权威"。

5月

1日 晚上赴天安门城楼,同首都群众和来自五大洲的外国朋友一起观看焰火。

5日 林彪、江青反革命集团控制下的《文学战报》发表《茅盾——大连黑会抬出来的一尊凶神》一文,诬蔑茅盾是"反共老手","反党"的"祖师爷","老右派"。诬蔑茅盾的报告是"放毒箭,点鬼火",是"诬蔑革命人民",是"恶毒咒骂我们伟大的领袖",是"为被'罢'了'官'的右倾机会主义分子叫屈,支持策应封建主义、资本主义势力的猖狂进攻";并提出要"砸烂……这尊凶神恶煞,让他见鬼去吧!"

13日 下午首都大专院校红代会斗争陶铸筹备处介绍顾元华等来了解20世纪30年代周扬在上海的情况。

本月 林彪、江青反革命集团控制下的《文学战报》发表《文艺战线两条路线斗争大事记》,诬蔑茅盾是"资产阶级反动学术'权威'","在文学创作工作座谈会上'大放其毒'"。在谈到《青春之歌》讨论时,说"周扬黑帮立即组织茅盾、何其芳等'权威'进行围攻";在谈到大连会议时说:"茅盾在会上对党和社会主义制度破口大骂,诬蔑'大跃进'是'暴发户心理'"。

7 月

8 日 应天津大学学生之请,作关于"左联"及两个口号论争之回忆概略。

9 日 续写关于"左联"及两个口号论争之回忆概略。

11 日 上午中国作协两人来访,了解 1936 年两个口号论争的情况。

12 日 南开大学学生来访,了解"左联"的情况。

15 日 上午"作协革命联络总站"2 人来了解 1935 年周扬在上海活动及反对鲁迅情况。

17 日 上午红代会斗争陶铸筹备会 3 人来了解 1932 年夏衍在上海的情况。下午南开大学学生来了解 1949 年香港文化界人士情况。

18 日 上午文化部联络站 2 人来了解 1935 年左右夏衍对鲁迅的情况。

19 日 "政法公社"2 人来访。

20 日 北航"红旗"5 人来访,了解 1927 年刘少奇在庐山的情况。

21 日 河北文联 2 人来访,了解开罗会议(亚非作家会议)期间,田间的情况。

27 日 中央音乐学院 5 人来访,了解 20 世纪 30 年代周扬的情况。

28 日 收到江苏省泰兴珊瑚区长生公社长生分支二生产队的顾书廷寄来的长篇小说《引江花》手稿,亲手转交尚未完全瘫痪的文化部办公厅处理。因为书稿虽写"文化部茅盾收",但内附一信抬头为"亲爱的文化部同志们"。①

31 日 政法公社 2 人来了解瞿秋白和胡适的关系问题。

本月至 1969 年 7 月 茅盾接待了 130 多批外调人员,写了近万份证明材料。查证的内容,头几个月多为 20 世纪 30 年代上海文艺界以及"四条汉子"的情况;后来就以调查个人的历史为主,对象主要是 20 世纪二三十年代的熟人,如陈望道、王一兵、李达、胡愈之、金仲华、张仲实、范志超等。茅盾在《日记》中详细记载了外调的情形,外调人员的姓名、性别、持哪个单位的介绍信、调查的问题、谈话的内容等,一一记录在案。②

8 月

1 日 下午天津公安局军管会派人了解五一年北影将废胶片售给王光英等情况。

4 日 中央工艺美术学院来人了解 20 世纪 30 年代周扬、夏衍在上海的情况。

8 日 北京电影学院来人了解 20 世纪 30 年代夏衍的情况。

9 日 人民文学出版社来人了解 20 世纪 30 年代解散"左联"和两个口号时,周扬、夏衍和鲁迅的论争。

11 日 北京电影学院 5 人来访,了解夏衍 20 世纪 30 年代在上海及抗战和战后在香港的情况。

15 日 铁道学院两人来了解电影《荣誉属于谁》的批判和修改经过。

---

① 钟桂松:《茅盾评传》,南京大学出版社 2013 年 5 月版。
② 韦韬、陈小曼:《茅盾的晚年生活(一)》,《新文学史料》1995 年第 1 期。

16 日 北京师范大学两人来了解 20 世纪 30 年代解散"左联"和两个口号论者论证情况。

9 月

5 日 上午政协两人来了解马彦祥的历史情况。下午政协两人来了解黄火青 1939 年至 1940 年在新疆的情况。

14 日 上午人民出版社三人来了解王子野的情况。

27 日 下午政协秘书处来放来访,了解梅电龙的情况。

30 日 晚上赴人民大会堂,出席庆祝新中国成立 18 周年国宴。

本月 林彪、江青反革命集团控制下所炮制的《周扬之流复活三十年代文艺黑线罪行录》中,把茅盾任主编的开明版《新文学选集》诬蔑为"三十年代文艺黑货",指出周扬"把三十年代的资产阶级作家茅盾……封为'当代语言艺术大师'",有茅盾参加的左联 30 周年纪念座谈会也被诬蔑为"反党黑会"。

10 月

1 日 上午登上天安门城楼,与毛泽东、周恩来等同首都军民欢庆建国 18 周年,并检阅群众游行队伍。晚上赴天安门出席晚会。

6 日 下午天津大学"八一三"2 人来了解有关"左联"及王明的情况。

20 日 下午新华社"新华公社"3 人来了解关于 1962 年莫斯科世界和平大会的情况。

23 日 下午山西公安人员来了解有青年冒充茅盾之名行骗

之事。要求证明全部子虚。

本月 共接待外调人员 44 批，主要是了解 20 世纪 30 年代文艺界的人和事。茅盾抱的态度是"知之为知之，不知为不知"。

11 月

22 日 《日记》中记载 7 时半有自称文化部的人来询问夏衍在抗战时去上海的历史情况："七时半有自称文化部（共四人，无介绍信，亦未自通姓名，我亦未问其姓名，只说你们是文化部的？他们说，就在前面大楼），来询问夏衍历史情况。据云夏在抗战时期去过上海，且不止一次，现在有人揭发，并谓我知此事。然而我实不知有此事，他们似不信。九时许辞去。"①

12 月

15 日 下午宁夏来人了解 1939 年茅盾赴新疆在兰州等候时与几个青年照相等情况。

1968 年(戊申) 72 岁

▲3 月 23 日，于会泳在《文汇报》发表《让文艺舞台永远成为毛泽东思想的阵地》，提出"三突出"口号：在所有人物中突出正面人物来，在正面人物中突出主要英雄人物来，在主要英雄人物中突出最主要的中心人物来。

---

① 叶子铭：《梦回星移——茅盾晚年生活见闻》，南京大学出版社 1991 年版。

▲7月28日,"工人、解放军毛泽东思想宣传队"进驻清华大学。此后,工军宣队相继进驻文艺界和其他有关单位。

▲10月13—31日,中共八届十二中全会在北京举行,开除刘少奇党籍,并撤销其在党内外一切职务。

▲12月22日,《人民日报》发表毛泽东关于"知识青年到农村去,接受贫下中农的再教育"的指示,全国掀起了知识青年上山下乡运动。

1 月

1 日 出席国务院举行的元旦国宴。

9 日 下午中华书局来人了解徐调孚的情况。

10 日 下午山西出版社来人了解盛舜的情况。

20 日 下午广州来人了解冯乃超历史情况。

23 日 下午南开大学"八一八"红色造反团来人了解20世纪30年代上海有哪些报刊报道当时"左联"的情况。

2 月

10 日 下午全国政协介绍3人来访,想通过茅盾女婿萧逸了解演员张平的情况。来访者不知萧逸已经牺牲,让茅盾大为感慨。茅盾在日记里专门写到这次来访:"下午二时半,政协介绍……等三位(音乐出版社)来了解萧逸,拟从萧逸了解张平(电影演员)之历史(因据说张为萧入党介绍人,且与萧同工作一个时期也),彼等盖不知萧逸早已牺牲。我谈萧逸牺牲情况,他们嗟叹不已,旋即离去。"①

22日 有人翻墙入院,偷去地下室锅炉房墙上的电开头。

24日 上午邓纯章持政协介绍信来了解蔡希陶的情况。对蔡无可谈。

29日 上午一〇一中学有人来访了解王一知的情况。

3月

4日 上午上海来人了解漆琪生情况。

12日 上午南开大学学生二人来了解丁玲在上海被捕前后的情况。

15日 上午南开大学学生来了解20世纪30年代"四条汉子"的情况。

16日 上午一〇一中学二人来了解有关王一知的历史问题。

4月

5日 杭州大学来人了解孙席珍的政治历史。

16日 上午武汉大学二人来了解李达的情况。

18日 下午袁栋材等三人来了解孔令杰情况。

22日 得知弟媳、纺织工业部副部长张琴秋遭诬陷迫害,在纺织工业部大楼4楼上摔下,惨死在东长安街上。

25日 下午黑龙江来人了解1958年夏访问东北时在哈尔滨与延泽民接触事。

---

① 叶子铭:《梦回星移—茅盾晚年生活见闻》,南京大学出版社1991年版。

5 月

1 日　晚上登天安门城楼观看焰火,同首都人民共渡"五一"国际劳动节。

23 日　下午李功成来了解王一知情况。

28 日　下午柏某二人来了解盛舜的历史情况。

30 日　下午为来了解《世界知识》以及胡愈之、金仲华等人情况的写书面材料。

6 月

5 日　下午上海红卫兵制片厂来人了解良友图书公司马国亮的情况。

13 日　有人从广东千里迢迢来京找茅盾,了解全面抗战初期钱亦石组织的战地服务团的情况,茅盾所知不多、据实相告,他们失望而归。当日日记记载:"见所得不多,似颇失望。但我则知之为知之,不知为不知,无可奈何。"①

19 日　下午天津革委会派人来了解远千里的情况。

20 日　下午复旦大学学生 2 人来了解抗战时期中华全国文艺界抗敌协会及其会员情况。

7 月

10 日　上海来人了解梁闰放 1926 年在上海国民党左派(地

---

① 该日日记现收人民文学出版社版《茅盾全集》第 40 卷,黄山书社版《茅盾全集》第 41 卷。

下)所设的交通站的工作情况。

8 月

20 日 下午文化部联络司及对外文委 2 人来了解周而复在 20 世纪 30 年代的情况。

31 日 上午复旦大学来人了解 1945 年在昆明出版反动刊物《战国策》的主要人物林同济的情况。

9 月

2 日 下午上海复旦大学来人了解陈子展、吴文祺的历史情况。

4 日 下午河北革委会 2 人来了解田间在 1962 年开罗亚非作家会议时的活动情况。

23 日 中午有洪某 2 人来了解李振山的情况,不认识李,写简单材料。下午有人来了解白秉德的历史情况。

30 日 到人民大会堂出席国庆招待会。

10 月

1 日 上午赴天安门城楼,出席新中国成立 19 周年庆祝大会。晚上赴天安门城楼观看烟火。

22 日 上午有中联部 3 人来了解王力在莫斯科裁军大会上的活动、言论等。

23 日 上午写王力在莫斯科裁军大会时言行的书面材料。

本月 共接待外调人员 46 批。

11 月

11 日　上午黑龙江来 2 人,据云已查获当年奉盛世才命令用毒药杀害杜仲远的行凶手。为确定杜在新疆时被陷害的经过及其表现,以便定案。下午有洛阳来人了解冯沅君情况。

14 日　上午来了解杜重远情况的 2 人把材料整理好请过目,稍做补充后,当场誊清,又谈沈志远到新疆的情况。

23 日　下午驻文化部工人宣传队及军代表等 4 人来谈文化部情况。

27 日　下午上海复旦大学来人了解周谷城、周予同情况。

12 月

17 日　上午李姓二人来了解范志超在 1927 年(武汉)至 1928 年(上海)的情况。

19 日　上午吴等来了解王一知情况,适外出,留书提出 5 个问题。下午为其写书面材料。

1969 年(己酉)　73 岁

▲4 月 1—24 日,中国共产党第九次代表大会在北京举行。

▲7—9 月,文化部所属各单位和文联各协会全部工作人员,分别下放到湖北咸宁、天津静海等"五七"干校及部队农场等地,搞"斗、批、改"。

▲9月30日,《红旗》杂志第10期发表文章,提出"学习革命样板戏,保卫革命样板戏"口号。

1月

4日 上午为前一日来访者写关于李少芳及1945年春他们在重庆办中外文艺联络社的书面材料。

7日 孔德沚生病,由茅盾主持家务。①

10日 上午有文化部机关革命大联合委员会5人来了解文化部机关两条路线斗争情况。

21日 上午中央编译局2人来了解张仲实在新疆的情况及《中国的一日》有关张的部分。按:《中国的一日》第一部分"全国鸟瞰"系摘录当时全国各报有关政、经、军等消息,注明此为张所编辑。

22日 作《关于〈中国一日〉的补充介绍》,为答复外调者提问而作,标题为编者所加。谈到《中国的一日》出版的背景"是企图在不惹起当时国民党注目或虽然惹起注目而找不到借口来对书店进行迫害的条件下,反映当时全国人民的对日抗战要求和国民党的畏日如虎、全力'剿共'的反动政策,作一对照,以图引起人民的进一步觉悟"。关于编委人选"是邹韬奋等人拟定的,除了我,都是挂名的,入选也从政治上考虑了各方面的情况。"至于为什么选"五月廿一日",则"是随便选的"。

同日 作《杂感一则》,为答复外调者提问而作。

30日 湖南省革委会介绍2人来了解杨开慧烈士的情况,知之甚少。

----

① 叶子铭:《梦回星移——茅盾晚年生活见闻》,南京大学出版社1991年版。

2 月

7 日　晚上中央美术学院 2 人来了解常任侠的历史情况,无甚材料可提供。

8 日　上午沈阳来 2 人了解袁已洁(盛世才时代新疆女中教务主任)政治历史,不认识此人。

10 日　外贸学院 2 人来了解武玥干的情况。

13 日　上午为来了解李佩珂历史的人写书面材料。

27 日　上午为昨日来了解关于 1925 年商务因书馆罢工时有关情况的人写书面材料。

3 月

22 日　上午中国戏曲研究院 2 人来了解张庚的情况。

27 日　有内蒙古来 2 人了解项全申的情况,但不知此人。

28 日　上午向阳等 2 人来了解延泽民的小说原稿等情况。

4 月

2 日　晚上前警卫员包金友及其同伴 3 人来访赠包金友所在青岛工厂所铸毛主席像章 10 枚。

7 日　下午河北农大学生 2 人来了解范志超的情况。

14 日　天津来人了解吴大任情况,但不知其人。

17 日　下午广州中山大学来人了解朱玉兰情况,但不识其人,只曾得其来信数次。

22 日　下午 4 人来了解李植光的情况。此人曾参与当年护送香港文化人,但不识此人。

23 日 上午杭州来人了解 1934 年至 1936 年黄源在上海的情况。下午有人来了解程环西的情况。不识此人。

25 日 作《关于商务印书馆大罢工》，为答复外调者提问而作，标题为编者所加。

26 日 上午北影 3 人来了解朱今明和赵丹等在新疆的情况。

28 日 下午来人了解谷斯范的情况。

5 月

1 日 晚上出席天安门"五一"庆祝活动。

13 日 上午来人了解当年农民运动讲习所的相关情况。

14 日 作《答广州毛主席革命活动纪念馆》，为答外调者提问，标题为编者所加。

15 日 柏林 AASK 寄来的"名"画复印件，命工作人员至民航局将其处理或退回。

26 日 下午 2 人来访，了解《中国一日》编辑事。另一访者，了解 1926 年毛主席在广州的旧居及其他活动。又有 2 人来了解刘唐颂，不识此人。

6 月

19 日 下午来人了解陈英（陈云裳）1927 年在武汉中央政治学校的情况。对其只知在该校女生队。

25 日 下午 2 人来了解黄火青在新疆的情况。对其没有接触。

7月

10日 下午有长春来人了解杜重远在新疆的情况。

11日 下午杭州来人了解所谓周某是否"左联"成员，又询及"左联"情况、内山完造为人等。

13日 上午为某校要求了解金秉英的情况写书面材料。

8月

4日 下午上海2人来了解张廷灏的情况。

9月

2日 到八宝山参加钱学森之父钱均夫的告别仪式。

6日 与宋庆龄、陈毅、郭沫若、李四光一起到越南大使馆吊唁胡志明逝世。

30日 打电话到政协询问何以未收到国庆节庆祝活动的通知，回曰"不知道"。此后，文件和新华社内部编印的"大参考"也停发了。实际上，茅盾已被靠边审查了。[①]

10月

1日 第一次被剥夺了登上天安门参加国庆庆典的权利。警卫员撤走，专车取消，《参考资料》停送。茅盾被"靠边站"，但并未被中央"文革"小组公开点名。

---

① 叶子铭：《梦回星移——茅盾晚年生活见闻》，南京大学出版社1991年版。

11 月

13 日　日记记载在家里"作清洁工作":"今晨二时醒来,曾到灶下,看炉头,加煤结半个,加服 LI、PH 各一枚。此后醒二次,七时许起身,煮粥、沏茶,因女工例假回家也,作清洁工作如例。"

11 月起　孔德沚病情加重。

1970 年(庚戌)　74 岁

▲4 月 24 日,我国成功发射第一颗人造地球卫星。

▲12 月,周恩来主持华北会议,揭发批判陈伯达的罪行。

1 月

11 日　与表弟陈瑜清恢复通信。

24 日　孔德沚出现中毒现象,神志不清。茅盾立即与人一起把夫人送进医院。

26 日　致杨建平信。

29 日　凌晨,茅盾夫人孔德沚因酸中毒、尿中毒、慢性肾炎并发去世。终年 75 岁。当日日记载:"……今晨三时,阿姨叩门,谓得北京医院电话,德沚已故世。急起身,并叫老白起来叫出租汽车,于三时二十分到医院,则尸体已移入太平间矣。于是与阿桑(即韦韬)、老白、阿姨同到太平间将带去的衣服(绸短衫裤及绸夹旗袍)换上。此时我不禁放声痛哭,盖想及她的一生,确是辛辛苦苦,节约勤俭,但由于主观太强,不能随形势而改变思想、生活方式,故使百不如意而人亦对她责言甚多。其最为女工们所嫉恶,乃其时时处处防人揩油,其实以我们之收入而言,人即揩点油,也不伤我脾胃,何必斤斤计较,招人怨訾。我和阿桑曾多次规劝,她都不听,反以为我们不知节俭。据医生所开死亡证明书,乃因酸中毒(与糖尿病无关)、尿中毒、肾炎同时并发,故卒不能挽回也。"

同日 茅盾在骨灰盒里放进一张宣纸,上面用毛笔写着:"亡妻孔德沚之骨灰 生:一八九七年九月浙江桐乡县乌镇 殁:一九七○年一月廿九日凌晨二时四十七分于北京 沈雁冰谨记"。

30日 上午叶圣陶登门吊唁。下午接在湖北干校的儿媳陈小曼电报,告知请假不准,无法归来。遂决定于31日下午火化。

31日 下午冒着寒风在老友叶圣陶和在京至亲的陪伴下,为夫人孔德沚送灵。

月底 致信陈学昭,告知孔德沚去世噩耗。

2 月

1日 上午与韦韬再去八宝山火葬场,取出孔德沚骨灰,装入骨灰盒,送到普通公民骨灰存放处存放。并到叶圣陶家回拜致谢。

2日 9时许曹靖华来访、吊唁。

5日(除夕) 与儿孙共度传统佳节。

7日 因感冒去北大医院看病,胸部透视时着凉,病情加重。

8日 高烧40度,口吐呓语,时时惊阙,身体异常衰弱。得知新规,像茅盾这样级别的干部可以到北京医院就医,遂住进北

760

京医院高干病房,确诊为急性肺炎。

28 日 出院回到家中。

3 月

5 日 致陈瑜清信(署表兄鸿)。

15 日 致陈瑜清信(署表兄雁冰),对孔德沚逝世前的病况作详细叙述。

本月 韦韬带孩子搬到茅盾住处,与茅盾同住。

5 月

5 日 得知马叙伦病故,到医院向其遗体告别。

6 月

30 日 作读书日记:"三月至六月,计读书如下:郭沫若主编之《中国史稿》第一、二册,谢缅纳夫之《中世纪史》法人 Edita Morris(女)的《广岛之死》英译本,其间,曾浏览别的书,不具名。"

7 月

7 日 致陈瑜清信(署表兄鸿)。

10 月

15 日 致陈瑜清信(署表兄鸿)。

11 月

15 日　上午持政协送来的入场券,观看《智取威虎山》。

16 日　下午赴政协礼堂观看《山本五十六》。

12 月

本月　送孙女沈衡迈赴东北参军。

秋　作旧体诗《七律》,为母亲陈爱珠逝世 30 周年作。按:作者身处"文革"逆境,怀着悲痛心情怀念母亲,写下这首感人至深的诗篇。1984 年,当地政府重修在乌镇东栅的茅盾母亲墓,墓前有石碑镌有"沈太夫人陈爱珠之墓",背面刻着这首怀念母亲的七律。

1971 年(辛亥)　75 岁

▲9 月 13 日,林彪等驾机出逃,摔死于蒙古温都尔汗地区。

▲12 月,在中共中央号召下,全国开始批林整风。

1 月

11 日　致陈瑜清信(署表兄鸿),谈身体近况。

2 月

1 日　致陈瑜清信(署表兄鸿),信中说:"年过七十,精力疲惫,说不上再能对祖国有所贡献了;至于以往言行,错误恐多,惟有汗颜,从前我悼郑振铎诗,有'天吝留年与补过'一句,振铎是飞机失事而早亡,我则居然活过七十,天不吝年,奈我未能补过,徒呼负负。"

3 月

25 日　致沈凤钦、祝新民信(署兄鸿),是给四叔之长女和叔伯妹婿的信。

7 月

25 日　致周振甫信,回答关于生平的几个问题。

8 月

23 日　致宋谋玚信,探讨对鲁迅旧体诗的理解。

9 月

6 日　致宋谋玚信。
11 日　致宋谋玚信。

10 月

5 日　致宋谋玚信。

11 月

1 日　致宋谋玚信。

9 日　致宋谋场信。

15 日　致宋谋场信,谈《鲁迅全集》的注释问题。

1972 年(壬子)　76 岁

▲2 月 28 日,中美双方发表联合公报,开辟中美关系新前景。

▲2 月 29 日,中日两国政府发表联合声明,宣布中日邦交正常化。

▲4 月,浩然长篇小说《金光大道》第一部由人民文学出版社出版。

▲7 月,毛泽东作关于调整文艺政策的谈话:"样板戏太少,而且稍微有点差错就挨批。百花齐放都没有了。别人不能提意见,不好。""怕写文章,怕写戏,没有小说,没有诗歌,缺少文艺评论。"

1 月

1 日　致宋谋场信。作《一剪梅》并小序。

2 月

17 日　致陈瑜清信。

4 月

11 日　致宋谋场信。

5 月

15 日　致宋谋玚信。

10 月

6 日　致孔海珠信（署姑父雁冰），谈孔另境和自己的身体情况。

18 日　致杨冠珊信。杨冠珊曾于 10 月 14 日写信询问关于文学研究会和署名"逃墨馆主"的《夕阳》是什么意思。茅盾写信回复："文学研究会自成立之后，实际并无组织活动，不记得曾开过会员大会之类的东西。""署名'逃墨馆主'的《夕阳》。因"一二八"沪战，商务总厂及编辑部被毁，该年一月号之《小说月报》未能出版——此后，《小说月报》亦不再复刊。《夕阳》原稿部分也毁了。后来，全书用《子夜》名字在开明出版。"

25 日　致宋谋玚信。

本月　臧克家从湖北干校回来后来访。①

11 月

8 日　致单演义信。

25 日　致单演义信。

本月　唐弢来访，带来几张郑振铎生前送的笺纸。茅盾告知周恩来总理曾派人来看过他。茅盾用唐弢带来的笺纸替唐弢书写了两首旧作《西江月·萤火迷离引路》相赠。最后几句为

---

①　臧克家：《往事忆来多》，刊于《十月》1981 年第 3 期。

765

"白骨成精多诈,红旗之阵堂皇。九天九地扫搀枪,站出来者好样",表达对"四人帮"淫威的愤慨。①

12 月

8 日　致单演义信。

18 日　致沈鹏年信,答有关文学研究会等问题。谈及:"鲁迅不肯列名发起,当年郑振铎告诉我,也说是因供职教育部之故。但他对文学研究会是支持的,此有种种事实可证。"

27 日　致沈鹏年信,回答关于《文学研究会宣言》的问题。

春　作七律《偶成》。面对"文革"时期的社会现实有感而发,诗中活用骆宾王《在狱咏蝉》的典故,意为知了吃露水并非为了显示自己高洁,而是由于本性的缘故,蜣螂以土滚粪,弄转成丸,亦属本性难移,并非贪痴之故。自然界各种动物都有它的物性,而且是很难改变的。当时,许多老一辈革命家、科学家、作家遭受种种迫害,无法施展自己的抱负才能,为国家贡献自己的力量。他们犹如高洁的鸣蝉仍处"露重飞难进,风多响易沉"的艰难境遇中。他们希望有一天会得到党和人民的理解,沉冤得到申雪。"蜣螂转丸岂贪痴",比喻林彪一伙,这些黑暗中的动物,专门干着异常污浊而见不得人的勾当。诗句言简意赅,令人回味。

夏　作《无题》。第一首为五言古风,写因有故人来访而感到又惊又喜。诗句既是对友人的内心自白,也是对于祖国的赤诚誓言。第二首为半阕《西江月》,词中指出"文革"期间,林彪、

---

①　唐弢:《一件小事——悼念茅盾同志》,《光明日报》1981 年 4 月 5 日。

江青一伙祸国殃民、破坏社会风气。不少人趋炎附势,万般锦上添花,不愿雪中送炭。在这样的情况下,"故人"不避风险来访,更是弥足珍贵。曲折地表达了"文革"期间深沉愤慨的心情。

本年 日文版《子夜》下册(小野忍、高田昭二译)由日本岩波书店出版。

1973 年(癸丑) 77 岁

▲3 月,中共中央决定恢复邓小平党组织生活和国务院副总理职务。

▲3 月 24—28 日,中共十大在北京举行。

▲8 月 20 日,中共中央批准《关于林彪反党集团罪行的审批报告》,决定永远开除林彪及其反党集团主要成员的党籍。

1 月

9 日 致陈瑜清信(署鸿)。

本月 致吴恩裕信。

2 月

12 日 出席孙中山先生逝世 48 周年纪念会。

4 月

本月 作七律《读吴恩裕〈曹雪芹佚著及其传记材料的发现〉》、旧体诗《题赵丹白杨合作红楼梦菊花诗意图册》。

约4—5月　胡愈之来访,谈及有人检举茅盾在一九二八年去日本途中自首叛变。茅盾禁不住怒斥:"胡说八道,完全是胡说八道! 大家都知道,我是从上海乘船去日本的,在船上怎么叛变? 我也从来没有被捕过,哪来的自首? 奇怪的是,既然有这样的问题,为什么不来问问我,也让我这个当事人有机会辩白几句呀!"①

约4—5月　孙女小钢在书房发现茅盾一九五二年写的"一个反映镇反运动的电影剧本"手稿,和一九五五年创作的"一部反映资本主义工商业社会主义改造的长篇小说"初稿和大纲。茅盾将其销毁。

5月

15 日　致陈瑜清信(署表兄鸿),谈到身体近况:"近来眼力衰退,五号字竟看不清楚,写字手发抖加以失眠老病,近更加甚,夜夜服安眠药两种,只能睡六小时许,但犹醒二、三次,以故神思昏昏,倦于严肃思考,平日僵卧时多,偶读大字本的马列书籍而已。"信中还谈及孙子、孙女情况。

6月

2 日　致姚树琛信。

6 日　致妻弟媳金韵琴信,透露出悔其少作,不该走上了现代文学之路的心情:"我近来深悔当年为糊口计,不得不搞创作,暗中摸索,既走了弯路,也有不少错误。假使我当年有担石之

---

① 韦韬、陈小曼:《茅盾的晚年生活(三)》,《新文学史料》1995 年第 3 期。

储,不必日日卖文而做古典文学的研究工作,庶可以无大过。"①

本月 作七律《读〈稼轩集〉》,原题为《咏史》。

7 月

4 日 致乌镇镇委信,谈外甥祝人杰事。

23 日 致祝新民信(署舅兄鸿),谈祝人杰的升学就业事。

本月 在儿子劝说下给周总理写信,诉说自己的遭遇和想法,信寄给邓颖超转送。

8 月

17 日 致陈鸣树信,谈单演义拟编《鲁迅思想研究》丛书事。

9 月

1 日 致单演义信。

本月 全国政协李金德副秘书长到寓所看望茅盾,告知茅盾已当选为四届人大代表。

10 月

7 日 分别致单演义、陈瑜清信。致陈瑜清信中谈及身体情况。

25 日 致单演义信。

30 日 致宋谋瑒信。

本月 作旧体诗《中东风云》有感于中东十月战争的局部胜

---

① 金韵琴:《茅盾晚年谈话录》,上海书店出版社 2014 年版。

利而作,曾书此诗赠陈瑜清、葛一虹等人。葛一虹在《在那些严酷的日子里——絮语旧游敬悼茅盾同志》一文中指出:"这首感时之作作者自注作于'七三年十一月'……那时黑云正在上空翻滚,他的处境还不太佳妙。诗言志,彼时彼地,茅公所景仰者为何? 他的心向着哪里? 在这诗篇中,一个久经考验的伟大共产主义战士吐露了他的心声。这是值得注意的。看来茅盾同志自己也是珍视的,而录以贻赠的时候,又注明为'七五年五月北京'那不恰是'青天'一线微露之时吗? 铁划银钩,笔力如此遒劲,我差能想象他蘸浓墨挥毫时的心情。'万方共仰东方红'。是呵,万方共仰东方红! 我多么感谢他赠我这样宝贵的一件礼物。"①

11 月

2 日　致陈瑜清信,随信寄上七律《寿瑜清表弟》一首,诗前小序云:"瑜清 66 生日,正值儿童节,其同事某作诗祝之,瑜清用鲁迅自嘲七律原韵作自勉以答,仆见猎心喜,亦次韵答之,不惶见计工拙也。"对其一生做了概括和评价。

12 日　上午赴中山公园中山堂,出席孙中山诞辰 107 周年纪念仪式。正式结束了三年"靠边站"的历史,重新在报纸上露面。

13 日　致沈德溶信,是给二叔沈永钦之子的信。

22 日　致陈瑜清信。

24 日　致单演义信。

26 日　致陈鸣树信。

---

① 葛一虹:《在那些严酷的日子里——絮语旧游敬悼茅盾同志》,香港《新晚报》1981 年 6 月 2 日。

12 月

4 日　致沈鹏年信。

6 日　致宋谋玚信。

11 日　分别致沈德溶、朱棠信。

15 日　致吴恩裕信，信中附七律《读吴裕恩〈曹雪芹佚著及其传记材料的发现〉》。

19 日　致胡锡培信。

20 日　致单演义信。

21 日　致陈瑜清信，谈到《虹》的创作。

24 日　致陈鸣树信。

25 日　致姚树琛信。为侄女沈楚书七绝《戏笔》一首（1945年），并附《小记》。

26 日　致沈楚信。

29 日　致单演义信。

31 日　致臧克家信。

约下旬　给韦韬解释《虹》中女主角梅女士的模特儿："胡兰畦其实只见过一二面，并不熟悉，更不了解，只是听别人介绍过她的经历。她的经历的确很曲折动人。我以胡兰畦为模特儿，就是借用她的经历——主要是四川那一段经历编为故事。而人物的性格，则是从我接触过、观察过的众多时代女性身上综合而成。……常常有人问我，《子夜》中的吴荪甫的原型是不是卢鉴泉？我回答不是。不过吴荪甫的身上的确有卢鉴泉的影子。因为我对中国民族资本家的观察和了解正是从卢鉴泉开始的。"①

---

① 韦韬、陈小曼：《茅盾的晚年生活（三）》，《新文学史料》1995 年第 3 期。

本月 书《咏史》条幅赠《光明日报》社黎丁。书《咏史》条幅赠山东济南稼轩祠"稼轩纪念堂"。书《戏和晓华同志原唱》赠浙江图书馆陈晓华。[1]

本月 致陈鸣树信并书《西江月·萤火迷离引路》。

本月 作七绝《戏和晓华同志原唱》,未公开发表。

冬 作《一剪梅》[2]。

本年 臧克家来访,与其谈及文学研究会往事。[3]

1974 年(甲寅) 78 岁

▲1 月,"四人帮"在全国掀起批林批孔运动,把矛头指向周总理和老一辈革命家。

▲4 月,人民文学出版社陆续再版 20 卷本《鲁迅全集》。

▲7 月 17 日,毛泽东在中央政治局会议上批评王洪文、张春桥、江青、姚文元搞帮派活动。第一次提出"四人帮"问题。

1 月

月初 接四川胡锡培来信,谈到关于茅盾偷偷写"反党小说"的流言。茅盾将此信读给韦韬、陈小曼听,说:"我还没有动笔,谣言就先造出来了! 这样一来,我倒要认真对待续写《霜叶

---

① 陆哨林:《茅盾诗词闻见散记四题》,《茅盾研究》第 9 辑。

② 《茅盾全集》注写作时间为 1972 年元旦,疑误。参见费在山:《茅盾〈一剪梅〉的写作年代》。

③ 臧克家:《往事忆来多》,收《茅盾和我》1981 年。

红似二月花》的事了，一定要把它写好。"此后用了半年多时间续写《霜叶红似二月花》，但由于种种原因，没有完成。①

3日 致沈楚信。

7日 致巴金信。

17日 致单演义信。

18日 致黎丁信。

19日 致沈楚信。

21日 致胡锡培信。

22日 分别致宋谋玚、姚树琛信。

27日 致陈瑜清信。

28日 致朱棠信。

本月 为单演义书《读〈稼轩集〉》一幅。

2月

1日 致单演义信。

4日 致沈楚信。

8日 致陈瑜清信。

14日 致陈瑜清信，并书词《一剪梅》一幅作为结婚贺礼。信中说："今日从北京医院治牙归家即写了一剪梅，为你和晓华同志祝刘建华、朱关田两同志结婚祝贺。词和字都拙劣，勉应尊命耳。"此词最早出现在怀安《茅盾的一首〈一剪梅〉词》一文中，刊于杭州《西湖》月刊1983年11月号，后收入《茅盾诗词集》上海古籍出版社1985年版。按：刘、朱二人得到茅盾亲笔所题贺词后，如获至宝，马上裱好悬于室中。当时正值"批林批孔"运动

---

① 韦韬、陈小曼：《茅盾的晚年生活(三)》，《新文学史料》1995年第3期。

期间,居然有人借此大做文章,因此引起风波。

27 日 致单演义信。

28 日 致沈楚信。晚上与阿沛·阿旺晋美、周建人等往人民大会堂台湾厅,出席纪念台湾地区人民"二二八"起义 27 周年座谈会。

本月 作旧体诗词《一剪梅·感怀》,前有《小记》一则云:"甲寅人日友某感怀三十年前脱险之事,作此记之。"①"三十年前脱险之事",指 1941 年 12 月太平洋战争爆发,日寇进攻香港,大批进步文化人在香港地下党组织和东江游击队保护下撤离险区。词的上片记述作者当年在港的思想活动。下片写出作者有所向往而又未能实现的怅惘情怀。诗中"在水一方"的美人,实指中国共产党所领导的陕北抗日根据地,婉约而又深情地表达了对于北方革命根据地的热切向往。

3 月

6 日 致单演义信。

7 日 致沈德溶信。

12 日 上午与廖承志、许德珩等往中山公园中山堂,出席孙中山先生逝世 49 周年纪念仪式。

16 日 致沈本千信。

18 日 分别致沈楚、陈瑜清信。

19 日 致葛一虹信。

20 日 葛一虹来访。

---

① "三十年前脱险之事",指 1941 年 12 月太平洋战争爆发,日寇进攻香港,大批进步文化人在香港地下党组织和东江游击队保护下撤离险区。

29 日 致沈楚信。

本月 作旧体诗七绝《为沈本千画师题〈西湖长春图〉》(四首)。1972 年初春,沈本千画师 70 岁生日,为给自己纪寿而作工笔山水《西湖长春图》,后广泛征求名人题咏,茅盾亦应约作诗。第一首热情赞许沈本千所作《西湖长春图》。第二首咏赞明代著名画家沈周。第三首咏赞清代著名画家沈诠。第四首勉励画师勇攀艺术高峰。四首诗内容各有侧重,写法富于变化,感情真挚,诗味浓郁。诗中以两位古代沈姓画家作比,切合题意,又寓深切关怀。

4 月

3 日 致泓波信。

5 日 致单演义信。

7 日 致单演义信。

8 日 致沈楚信。

11 日 下午出席在八宝山革命公墓礼堂举行丁西林追悼会。

19 日 致沈楚信。

22 日 下午与叶剑英等党和国家领导人,前往北京医院向傅作义先生的遗体告别。

23 日 下午与周恩来、叶剑英等党和国家领导人,出席傅作义追悼会。

同日 分别致沈德汶、沈楚、曹靖华信。致曹靖华信中谈及:"关于《准风月谈》这个'准'字当然有讽刺的意味,同《伪自由书》的'伪'是正好相对,'伪'是正面意义的。"

26 日 致单演义信。

本月 胡愈之约茅盾、叶圣陶、楚图南、唐弢、沈九兹、臧克家等相聚。茅盾因组织上已通知他参加四届人大而特别高兴。

5 月

1 日 下午与邓小平等党和国家领导人在颐和园同首都群众一起,参加游园联欢活动,庆祝五一国际劳动节。

5 日 致胡锡培信。

9 日 致陈瑜清、沈德汶信。

11 日 臧克家来访。

13 日 致臧克家信。

18 日 致祝人杰信。

本月 沈楚来京寓所住一周左右,所谈内容甚多:为冯雪峰重病表示不安;对马寅初被诬表示不理解;不相信瞿秋白是叛徒等。

6 月

1 日 致沈楚信。

8 日 致胡锡培信。

11 日 致宋谋玚信。

15 日 致金韵琴信。

16 日 分别致沈楚、臧克家信。

21 日 致臧克家信。

26 日 致胡锡培信。

27 日 致臧克家信。

28 日 致沈楚信。

30 日　致沈德汶信。

7 月

10 日　致金韵琴信。

11 日　致沈楚信。

15 日　致臧克家信。

17 日　分别致姚雪垠、臧克家信。致姚雪垠信中谈及姚雪垠所作长篇小说《李自成》。

18 日　致沈楚信。

21 日　致沈德溶信。

25 日　分别致陈瑜清、胡锡培、金韵琴信。

8 月

2 日　致沈楚信。

5 日　致陈瑜清信。

7 日　致胡锡培信。

8 日　致金韵琴信。

13 日　致姚雪垠信。

14 日　致沈楚信。

21 日　致臧克家信。

22 日　致沈楚信,谈及《蚀》中有无肯定人物及对孙舞阳的看法。

24 日　致碧野信。

26 日　致胡锡培信。

28 日　分别致沈德汶、金韵琴信。

9 月

3 日　下午与聂荣臻等党和国家领导人,往八宝山革命公墓礼堂,出席化学家候德榜追悼会。

8 日　分别致戈宝权、沈楚、臧克家信。致沈楚信中谈及《子夜》及《第一阶段的故事》:"你问《子夜》内那几个领导工人运动的党员似乎'盲动蛮干',你不知那时正是立三路线时期,'盲动者'不但此数个搞工人运动的人也。吴荪甫、赵伯韬,同样是否定人物,吴荪甫以民族资产阶级一分子而堕落到买办阶级,善读书者当能看到,正怒其不争,何得而同情。至于赵胜而吴败(在公债市场方面),乃当然之事。因为赵是最大的买办资产阶级的代表人物也;写他胜利是合乎当时历史的。当时确有丽娃丽达村,这不是什么'白俄的桃花源',而是当时一般颓废的青年男女消遣光阴、谈情说爱之地。"

23 日　致胡锡惠、作部信。

26 日　致金韵琴信。

29 日　致胡锡培信。

30 日　晚上往人民大会堂,出席周恩来总理为庆祝中华人民共和国成立 25 周年而举行的招待会。

10 月

1 日　晚上与邓小平、周建人等党和国家领导人赴颐和园,参加首都群众庆祝中华人民共和国成立 25 周年而举行的游园联欢和焰火晚会。

5 日　致臧克家信。信中说:"窃谓清末民元以至解放,诗人如林,然可当此时代之殿军,将垂不朽者,推亚子先生为第一人。"

7日 分别致姚雪垠、徐重庆信。

8日 致陈瑜清信。

9日 致金韵琴信。

11日 致戈宝权、梁培兰信。致宋谋玚信。

15日 致陈此生信。

17日 致金韵琴信。

21日 致胡锡培信。致胡锡惠、作部信。

23日 致金韵琴信。

27日 与叶圣陶、胡愈之、沈九兹、楚图南、赵朴初、冯雪峰、臧克家、陈此生等同游香山,庆贺叶圣陶80寿诞。

28日 作《菩萨蛮·奉答圣陶尊兄》,附小记云:"圣陶兄以新作菩萨蛮见示,谓志香山同游之欢,不敢藏拙,次韵奉答,并希指正。"按:香山之游,叶圣陶作《菩萨蛮》表达秋高气爽老人相聚的欢快心情。茅盾读后"次韵奉答"。上片写老人们香山之游的欢快心情,下片为慰勉同游诸老之词,同时表达了对祖国前途的美好祝愿。

同日 致姚雪垠信。

29日 分别致王一桃、陈瑜清、沈楚信。

月底 得姚雪垠寄来油印《〈李自成〉内容梗概》,并阅读《李自成》第1卷。

11 月

月初 在统战部组织下赴杨村观摩一九六师军事表演,并参观北京饭店新楼。

8 日　致胡锡培信，信中说："统战部组织在京部分人大、政协人士参观京内外工、农、学校，第一届日期排到十九日。已去杨村（一整天）参观×××师军事表演，也参观了北京饭店新楼，十三日起要参观郊区两个人民公社，京内两个工厂、两所大学。"

12 日　上午与廖承志、许德珩等党和国家领导人赴中山公园中山堂，出席孙中山先生诞辰 108 周年纪念仪式。

同日　致姚雪垠信。

13—20 日　在统战部组织下赴京郊参观工厂、公社、北京大学、清华大学。

18 日　致胡锡惠、作部信。致陈瑜清信。

26 日　分别致沈楚、徐重庆信。

29 日　分别致胡锡培、林向北信。

月底　得姚雪垠信及《〈李自成〉内容概要》最后一部分誊抄稿。

12 月

4 日　分别致沈德汶、金韵琴信。致胡锡惠、作部信。

7 日　下午与叶剑英、邓小平等党和国家领导人，出席政协副主席滕代远追悼会。

8 日　致谢璞信。

12 日　离开住了 25 年的文化部小楼，迁至交道口南大街后园恩寺 13 号（时称"大跃进"路七条十三号）。

20 日　分别致陈瑜清、林向北信。

23 日　分别致姚雪垠、黄芬、徐重庆信。致姚雪垠信中就《李自成》第一卷故事情节、人物描写、对话等，提出七点意见。

25 日　分别致碧野、胡锡培、沈楚信。

26 日　致臧克家信。

28 日　致金韵琴信。

30 日　致宋谋玚信。

本月　臧克家来访,交谈中提到两件文学史上的疑案。第一件是 1935 年电贺红军长征胜利事,茅盾答:"关于打电报的事,鲁迅曾经对我提过;但发电报时,他并没有告诉我,当然不会落我的名字了。这是鲁迅的细心处。你知道,鲁迅是最能体谅人、替别人着想的。他的名头大,国民党不敢怎样他;而我呢,有身家之累,鲁迅恐怕给我惹麻烦,就没邀我参加。"另一件是《译文》停刊的事,茅盾答:"有些小青年来问我这事,硬要把周扬同志拉进去,我不客气地直说:这事与周扬毫无关系,是因为生活书店想另出版一套《世界文库》,把《译文》停了。我们请胡愈之去交涉,没成功。"①

夏　将 1960 年 8 月 29 日所作旧体诗《听波兰少女弹奏萧邦曲》一首写成条幅书赠臧克家。题为《波兰杂咏》,并有附记云:"六〇年访华沙,在萧邦故居,听少女弹琴,少女为国立音乐院高材生,技可参加萧邦演奏会比赛。……"

冬　作旧体诗《读〈临川集〉》。"当时万恶的'四人帮'发动批林批孔,评法批儒,实质是借古讽今,攻击总理。茅盾在这里'以子之矛攻子之盾'。他写的是王安石,难道只是写王安石?明眼人一看就会领悟出作者意之所指。"②

冬　当选为第四届全国人民代表大会代表。

---

①　臧克家:《往事忆来多》,《茅盾和我》1996 年。

②　林焕平:《简论茅盾晚年的诗词》,《人民日报》1982 年 3 月 11 日。

本年　姚雪垠把在艰苦条件下完成的《李自成》第二卷寄给茅盾审阅。茅盾在右眼视力 0.3，左目几乎失明的情况下，拿着放大镜辨认着潦草的字迹读了《李自成》第 2 卷，并按单元，边读边把自己的感想、意见记下来。后致姚雪垠信，分析了各单元的艺术构思、人物描写等方面的特点，分章分段地指出不足之处，并提出具体修改建议。对此，姚雪垠曾作诗一首表达对茅盾的敬佩和爱戴之情。诗云："笔阵驰驱六十载，功垂青史仰高岑。平生情谊兼师友，晚岁书函泛古今。少作虚邀贺监赏，暮琴幸获子期心。手浇桃李千行绿，点缀春光满上林。"

　　本年　作《〈霜叶红似二月花〉续稿》，后刊于《收获》1996 年第 3 期。包括第 15 章梗概；第 15 章大纲片断；第 16 章梗概；第 16 章大纲片断；第 17 章大纲；第 18 章梗概；第 18 章大纲（部分）；第 18 章以后各章梗概及片断；附件一：人物表；附件二：县城街区略图。

　　本年　作七律《感事》。按：江青反党集团打着"批林"的幌子，通过"批孔"将矛头指向周总理。茅盾有感于此，写下这首七律。

　　本年　与姚雪垠、碧野、赵清阁、戈宝权、金韵琴等开始频繁通信。全年共通信 115 封。

　　本年　由东京都立大学中国文学研究室编辑的《茅盾 创作评论 散文目录》(1、2)刊于东京都立大学《人文学报》第 98 号、112 号。

1975年(乙卯) 79岁

▲1月8—10日,中共十届二中全会在北京召开,选举邓小平为中共中央副主席、政治局常委。

▲1月13—18日,第四届全国人民代表大会第一次会议在北京举行,周恩来总理作《政府工作报告》。会议通过《中华人民共和国宪法》。

▲11月,清华大学党委召开党委扩大会议,传达毛泽东对该校党委副书记刘冰等人信件的批示。随后全国开展"反击右倾翻案风"运动。

1月

2日 致范用信。

5—11日 出席第四届全国人民代表大会预备会议。

6日 致姚雪垠信,告以近况及对《李自成》的修改意见。

7日 致金韵琴信,告知地址改为"交道口南三条十三号"。

9日 与郭沫若等前往北京医院,向李富春同志遗体告别。

10日 致徐重庆信。

12日 分别致陈瑜清、胡锡培信。

13日 致胡锡惠、作部信。

13—18日 出席第四届全国人民代表大会,为主席团成员。

15日 下午出席在人民大会堂举行的国务院副总理李富春同志追悼会,并送花圈。

19日 致臧克家信。

25日 致金韵琴信。

27日 分别致陈瑜清、徐重庆信。

28日 致宋谋玚信。信中云:"我之少作如《幻灭》等,虽据当时历史背景,而故事、人物均属虚构,足下思欲考证其人、事,窃谓不妥。至所举《幻灭》中的南湖誓师,非北伐誓师,乃声讨夏斗寅也。三部曲中有回叙部分,但主要线索仍是一九二七年大革命及大革命失败后。《追求》是大革命失败后的知识分子的精神状态)"又云:"《虹》后写,但时代背景反在大革命前。《虹》的主人公,当时就有不少猜度,谓是隐射某某,其实皆捕风捉影而已。小说有其时代背景,历史背景,但仍是小说,不能从中钩稽史实(至若《孽海花》之有影射,则是例外了)。《红楼梦》索隐派之终于站不住,正是前车之鉴。"还谈到托尔斯泰的《战争与和平》,虽将其"亲族作为模特儿",但此书"成书时与书中故事发生时相距数十年,故此书之是历史小说,不能从中钩稽史实也"。

29日 为夫人5周年忌日,让儿子去八宝山取回骨灰盒放在家中以便朝夕相伴。家人常看到茅盾呆呆地站在骨灰盒前,默不作声。

30日 分别致沈楚、胡锡培信。

2月

7日 致金韵琴信。

19日 分别致胡锡培、金韵琴信。

21日 分别致臧克家、陈瑜清信。

28日 下午出席在人民大会堂台湾厅举行的纪念台湾地区"二二八"起义28周年座谈会。

本月 戈宝权夫妇来访。

3 月

5 日　分别致戈宝权、骆宾基信。

6 日　赴常任侠寓所,谈甚久,并为之书立轴一幅,所书为新作七言古风《读临川集感赋古风一首》。

同日　分别致金韵琴、宋谋场信。

10 日　分别致胡锡培、沈楚信。致胡锡培信中附赠《民国通俗演义》一套。

12 日　上午出席在中山公园中山堂举行的纪念孙中山先生逝世 50 周年仪式。

13 日　下午常任侠来访。赠书王荆公《临川集》五古条幅及陈毅新词条幅。

14 日　分别致姚雪垠、陈瑜清信。

中旬　收到中国青年出版社送来《李自成》第二卷校样。阅读《李自成》第二卷校样。

17 日　致金韵琴信。

22 日　患病住院,至 4 月 3 日出院。其间参加两次活动。

23 日　下午与叶剑英、华国锋等接见最近被特赦释放的全体人员。

4 月

3 日　病初愈,出院。列名董必武治丧委员会委员。

7 日　下午出席在人民大会堂举行的董必武同志追悼大会。

9 日　致金韵琴信。

10 日　分别致胡锡培、林向北信。

11 日　致陈瑜清信。

13 日　致沈楚信。信中说："我早已自悔少作；那时候是：'避席畏闻文字狱，著书都为稻粱谋'的时代。只有鲁迅能从夹缝中直刺敌人要害，我虽极力想学他。奈认识、学力，都大不如他，努力追随，写了些，亦只是'可怜无补费精神'而已。"

同 日　致徐重庆信。信中谈道："四届人大主席团中需用轮椅推进大会堂，然后抬扶就坐者有十数人之多，区区不幸亦厕其列。"

14 日　致姚雪垠信。

15 日　致臧克家信。

17 日　致金韵琴信，谈及孔德沚。

19 日　致金韵琴信。下午出席庆祝柬埔寨民族解放人民武装力量完全解放金边大会。

21 日　致胡锡惠信。

22 日　致胡锡培信。

25 日　致金韵琴信。

26 日　下午出席在鲁迅博物馆举行的鲁迅生平座谈会，并作题为《我和鲁迅的接触》的发言。

29 日　致宋谋旸信。

本月　葛一虹来访。

5 月

1 日　致金韵琴信。参加在颐和园举行的首都"五一"节联欢活动。

2 日　下午出席在人民大会堂举行的首都人民庆祝西贡和越南南方完全解放大会。

4 日　致姚雪垠信。

7 日　分别致葛一虹、宋谋玚信。致宋谋玚信中说："承指出《子夜》第四章败笔，又此章游离等，甚危所以'游离'之如'后记'已略道及。写农村暴动光是猜拟，仅有体验，诚如尊言。至于'巧'电同后文昊苏甫莫干垂的便条所署日子不合享实，非您指出，我始终想不到。应当把便条的日子推迟到二十一日。"

9 日　致金韵琴信。

10 日　致林向北信。下午出席在八宝山革命公墓礼堂举行的全国人大常委会委员、著名中医师蒲辅周追悼会。

11 日　下午出席中国人民解放军第三届体育运动会开幕式。

14 日　致臧克家信。告知身体近况："多动则心跳气喘，而多坐则又两腿麻木，起立时步履歪斜，摇摇欲倒。平卧在榻则较舒服，因此躺的时候多。仍为目疾所苦，中、西药吃过不少，大概是维持现状已属最为理想。而最佳之药为少用目，光线弱（阴天）、灯下都不用目。"

19 日　分别致臧克家、赵清阁、胡锡培信。

20 日　分别致陈瑜清、宋谋玚。

22 日　分别致沈楚、林向北、胡锡培信。

24 日　致臧克家信。

25 日　晚上出席中国人民解放军第三届运动会闭幕式。

29 日　致胡锡培信。

31 日　致陈瑜清信。

本月　书写条幅《中东风云·七三年十一月作》赠葛一虹。

6 月

2 日 致金韵琴信。

4 日 分别致沈德溶、黄芬信。

7 日 致姚雪垠信。主要谈读完《李自成》第二卷中的《商洛壮歌》等四章的感受:一、肯定结构,云"整个单元十五章,大起大落,波澜壮阔,有波谲云诡之妙;而节奏变化,时而金戈铁马,雷震霆击,时而风管鸥弦,光风霁月;紧张杀伐之际,又插入抒情短曲,虽着墨甚少而摇曳多姿"。二、人物描写成功,云"李闯王、高夫人、刘宗敏、李过等其性格发展,由浅入深,由淡而浓,如迎面走来,愈近则面目愈明晰,笑貌愈亲切,终于赫然浑然一个形象与精神的英雄人物完整地出现了"。其他四点谈不足,主要讲了时间安排、对话、结构和文字上的毛病。

8 日 致胡锡培信。

10 日 致陈安湖信。

约上旬 为华蓥山游击队双枪老太婆女儿廖宁君追悼会发唁电,并汇款胡锡培代购花圈,表示哀悼。

15 日 金韵琴从上海文艺出版社退休,应茅盾的邀请,来茅盾家做客 5 个月。

16 日 分别致陈瑜清、单演义、臧克家信。

17 日 致胡锡培信。

18 日 致姚雪垠信,内附:谈《商洛壮歌》以下各章的意见(6 月 7 日作),《关于分段分章问题》(6 月 12 日作),谈关于《宋献策开封救金星》的读后意见,关于《杨嗣昌出京督师》,关于《离间左良玉》(6 月 17 日作)。

20 日 致姚雪垠信。内附:谈《李自成突围到鄂西》《紫禁城内外》读后感,谈对《闯王星驰入河南》的看法。

22 日　上午写条幅三张赠金韵琴。第一幅是 1973 年 11 月所作七律《中东风云》;第二幅是七言诗《读吴恩裕近作曹雪芹轶事及其传记材料的发现》;第三幅是 1959 年写的《西江月·几度芳菲鹎鸠》词。

24 日　致赵清阁、陈瑜清、沈楚信。并请金韵琴帮忙抄写南京师范学院请他写的有关鲁迅《花边文学》中的注释。

25 日　早上因服安眠药过量而眩晕,休息了一小时才恢复过来。对金韵琴讲梦见母亲一事,并回忆了母亲对自己的影响。①

同日　致陈安湖信。附关于鲁迅《花边文学》注释中的疑难问题,发表的意见。

26 日　审阅并修正 4 月 26 日"在鲁迅博物馆座谈会上的发言记录"。

27 日　分别致叶淑穗、胡锡培信。致叶淑穗信中云,对于 4 月 26 日在鲁迅博物馆座谈会上的发言记录进行了校改,"今日始完毕,兹挂号寄奉","为求文字简洁顺当,我改的很多"。

同日　对金韵琴谈瞿秋白的革命经历。指出瞿秋白是一个有头脑的人,把这样一位早期共产主义战士说是"叛徒",显然是难以置信的。②

29 日　致林向北信。

---

①　金韵琴:《茅盾谈话录》,《新民晚报》1983 年 4 月 14 日。

②　金韵琴:《茅盾晚年谈话录》,上海书店出版社 2014 年 7 月。

7 月

1 日 分别致姚雪垠、陈瑜清信。致姚雪垠中主要谈《李自成》第二卷读后意见。附关于《李岩起义》《伏牛冬日》《河洛风云》的意见。

2 日 接臧克家来信,内附一对联云:"盛时雨露苍松劲,晚节清风老桂香",祝贺茅盾 80 虚岁华诞。

3 日 碧野发来祝寿电报。

4 日 为庆祝 80 虚岁华诞,上午与儿子韦韬、小孙女丹丹和金韵琴一起到中山公园游园并照相。中午吃寿面,晚上吃烤鸭。在院子里照全家福相,也照了个人相。

同日 戈宝权、臧克家来访,祝贺茅盾八旬寿辰。臧克家赠送题了祝寿诗的宣纸纪念册。祝寿诗云:"著书岂只为稻粱,遵命前驱笔作枪。携手迅翁张左翼,并肩郭老战文场。光焰炯炯灼子夜,野火星星燎大荒。雨露明时花竞发,清风晚节老梅香。"

5 日 分别致臧克家、沈楚信。

6 日 晚上茅盾拿出几本用工整小楷抄录的诗,每首诗后都有详细注释,这是 1970 年特意给孙女小钢选注并注释的古典诗词教材。

7 日 致赵清阁信。

8 日 分别致陈瑜清、胡锡培信。

9 日 致臧克家信。

11 日 写条幅《在海口观海南歌舞团演出》(作于 1962 年)、《观朝鲜艺术团表演扇舞》,分别赠与周钢鸣、金韵琴。

14 日 致臧克家信。

16 日 致包子衍信,回答包子衍的提问:"'方保宗'和'明甫'这些都不是笔名,而是我的化名。因为我每次搬家,都要改换一个名字。"还谈到了"玄"字署名的意思,说:"这是我的笔名'玄珠'的简写。玄珠是有典故的,出在'庄子'里。……'玄珠'意思就是真理。用智慧得不到,用眼睛也得不到,有聪明也得不到,而无心却独得真理也。庄子的道学是玄虚的,须在遐思得之。"①

18 日　致赵清阁信。致胡锡惠、作部信。

20 日　晚上与金韵琴谈自己的母亲,说:"她通晓文史,有卓识远见,从小教我学文化,叩启我幼小心灵的窗扉,疏导我的思想,鞭策我的斗志,不断提醒我说,学如逆水行舟,不进则退,还常常鼓励我,勤奋方能成材,聪明才智是磨炼出来的。在我长大以后,又支持我离开家乡,离开她,去经风雨,见世面。"②

21 日　晚上与金韵琴谈到自己的外祖父,说:"我的外祖父姓陈,名我如,是世传的名医,他青年时就考中了秀才。……他有迷信思想,常常这样想:世代从医,总免不了会有误诊死人的事,人命关天,造孽深重……因此,他不想当医生,虽到中年,还是屡屡参加县试,企图进入仕途,光宗耀祖,但他却没有考中举人。"③

22 日　致胡锡培信。

23 日　分别致赵清阁、陈瑜清信。

24 日　胡愈之与沈九兹夫妇来访。

30 日　致臧克家信。

---

①　金韵琴:《茅盾谈话录》,《新民晚报》1983 年 4 月 29 日。
②　金韵琴:《茅盾谈话录》,《新民晚报》1983 年 5 月 10 日。
③　金韵琴:《茅盾谈话录》,《新民晚报》1983 年 6 月 14 日。

8 月

3 日　下午出席在八宝山革命公墓礼堂举行的政协常委郑位三同志追悼会。

6 日　上午到八宝山革命公墓,参加范长江骨灰安放仪式。下午出席并主持辛志超追悼会。

9 日　致胡锡惠、作部信。

10 日　分别致臧克家、陈瑜清信。

13 日　分别致臧克家、赵清阁信。

14 日　致姚雪垠信,谈《李自成》书稿。

15 日　分别致周俟松、宋谋玚信。

18 日　致陈瑜清信。下午在金韵琴陪同下参观历史博物馆。

19 日　冯乃超夫妇来访。

21 日　致冯乃超信,谈新发现的鲁迅杂文。

23 日　下午赴工人体育场观看全运会大型团体操《红旗颂》预演。

24 日　致陈瑜清信。

26 日　因气喘,到北京医院住院部观察治疗。

9 月

10 日　出院。

12 日　下午出席第三届全国运动会开幕式。

15 日　分别致胡锡培、臧克家、陈瑜清信。三封信均请人代笔。

25 日　购置 25 英寸彩色电视机,置换了家中原 9 寸黑白电视机。

27 日　致林焕平信。此信请人代笔。

28 日　下午出席第三届全国运动会闭幕式。

30 日　出席邓小平主持的以周恩来总理名义举行的招待会,庆祝中华人民共和国成立 26 周年。

同日　分别致臧克家、陈瑜清信。致臧克家信中说:"您预祝我八十岁的七律一首,奖饰过当,读之感愧交并,万万不敢承受。"

10 月

1 日　与叶剑英、邓小平、李先念、陈云、周建人等赴中山公园,和首都群众一起参加国庆联欢活动,庆祝中华人民共和国成立 26 周年。

2 日　因发烧和腹泻到北京医院住院治疗。

13 日　病愈出院。

16 日　因低烧到北京医院看病。

22 日　分别致黎丁、沈楚信。两封信均请人代笔。

23 日　致姚雪垠信,鼓励其完成《李自成》全稿。

24 日　分别致戈宝权、碧野信。致戈宝权信中回答来信提到的 5 个问题:第一,1930 年秋,陪同史沫特莱到茅盾家的那个朋友是徐志摩。第二,鲁迅 50 岁诞辰聚餐是在法租界的荷兰餐厅,经办是洪深,参加者有宋庆龄、史沫特莱等,茅盾还拍了一张照。第三,柔石等 5 位烈士被害后,美国《新群众》发表中国作家致全世界书,是"史沫特莱和鲁迅起草后拿到我处,又作些文字上的修改,然后译成英文"。第四,抗战时期,朋友们写给我的信,其中当然有史沫特莱的信,都"统统丢失了"。第五,"斯诺在上海的时候,我曾在鲁迅家里见过他。那时他带了一个中国人替他翻译的,这个中国人就是帮他翻译《中国现代小说集的》,名字我忘记了。鲁迅日记中的平甫,恐怕不是我;鲁迅日记中也用过仲方、保宗,也都是我"。致碧野信中谈长篇小说《丹凤朝阳》。

30日 金韵琴离京回沪。致沈楚信,谈到现在"除了必要的社会活动以外,在家静养不见客,不复信。"

本月 作长诗《清谷行》初稿。湖州书法家费在山通过徐迟向茅盾索字,茅盾书《一剪梅》条幅相赠。①

本月 《话匣子》由香港新文学研究社出版。

11月

9日 致姚雪垠信,告知人民文学出版社将派人飞汉口,就《李自成》出版事宜与之商谈。

12日 上午出席在中山公园中山堂举行的纪念孙中山先生诞辰109周年仪式。

19日 致费在山信。

12月

1日 致陈瑜清信。

2日 分别致碧野、林焕平信。

4日 致陈漱渝信,答复来信中两个问题:"一、文学研究会丛书是由郑振铎编译的,世界丛书与文学研究会没有关系,《小

---

① 李广德:《茅盾与湖州的关系概述》,《湖州师专学报增刊》1985年第2期。

说月报》丛刊不知是谁编辑的,既不是我也不是郑振铎。二、《海上述林》当初是由郑振铎介绍到美成印刷所(就是开明书店印刷所,不过另起了一个名字)去排版的"。

5 日　分别致臧克家、赵清阁信。

上旬　获悉葛一虹来信,得知去年英国出版了一部《东方文学辞典》,收有中国作家两百人,捷克评论家普实克写"茅盾"一条。葛一虹说颇有新见解。①

7 日　致江晖、鲁歌信。

9 日　分别致胡锡培、葛一虹信。

10 日　下午刘中树等来访,谈鲁迅著作注释等问题。关于1935 年鲁迅给党中央贺电事,茅盾说:"解放后,有人说电报上还有我的签名,其实,有哪些人签名,我也不清楚。"还谈到加入"左联"的经过,那是 1930 年 4 月从日本回到上海,茅盾住在杨贤江家里,"冯乃超来找我,我知道他的名字,却不认识。他谈起成立了左联,问我知道不知道。我说知道,不大详细。他拿出一本杂志,登着左联纲领,上面还有一些人名,三四十个。他让我看看,然后问我怎样。我说当然不错。他说你参加不参加? 我说我还达不到标准。他说这是奋斗目标,没有什么妨碍。我说既然如此,那还可以参加"。②

11 日　致陈瑜清信。

16 日　列为康生治丧委员会委员。

21 日　下午与叶剑英、邓小平等党和国家领导人,出席在人

---

①　葛一虹:《回忆,在那些似该忘却的日子里——敬悼茅盾同志》,《光明日报》1981 年 4 月 12 日。

②　刘中树:《交相辉映的两颗巨星——追忆和茅公的一次谈话》,刊于《芒种》1981 年第 7 期。

民大会堂举行的康生追悼会。

约下旬　因患肺炎,住进北京医院治疗。

秋　作七言古风《赠赵明》。按:茅盾与叶圣陶胡愈之等同游香山,观赏红叶。在香山寺遇到过去在新疆时的学生,女作家赵明。临别赵明向茅盾索字,茅盾应允。不久写成七言古风《赠赵明》,并于 1976 年 3 月写成条幅,赠赵明。赵明在《"峻坂盐车我仍奋"——怀念茅盾老师》一文中曾对此诗写作经过作出说明。①

年底　开始写回忆录的准备工作。在"四人帮"的"文艺黑线专政论"和"三十年文艺黑线"等谬论嚣张一时的时候,我国现代思想运动史上许多重大事件,被"四人帮"搅得混沌不清,是非颠倒。20 世纪 30 年代,茅盾在上海与鲁迅并肩作战,最了解当时的情况。评论当时的问题最有发言权。不少朋友都希望茅盾写点回忆文字,把被江青一伙歪曲的历史搞端正。茅盾下了写回忆录的决心。他要以自身的经历见闻,还历史的本来面貌,给后人留下历史的真相。经过商量,决定采用口述录音的办法。茅盾一段一段地讲,儿子、儿媳帮他录下来。茅盾从家庭和童年时代的事说起。一直讲到解放为止。由于沈霜的建议,又讲述了一些重要经历与人际交往情况,如:新中国成立后是怎样当上文化部部长的;1957 年同毛泽东访问苏联的情况及一些知交故旧的情况。先后录制了 20 多盘磁带。②

---

①　赵明:《"峻坂盐车我仍奋"——怀念茅盾老师》,《新疆日报》1981 年 4 月 23 日。

②　李标晶:《茅盾传》,团结出版社 1990 年版;叶子铭:《心火未灭——"文革"期间茅盾撰写回忆录的前前后后》,《人物》1989 年第 2 期。

本年　与亲友们通信共 127 封。

1976 年(丙辰)　80 岁

▲1 月 8 日,周恩来总理病逝于北京,华国锋任代总理。

▲4 月 5 日,天安门爆发反对"四人帮"的群众运动。

▲4 月 7 日,中共中央政治局根据毛泽东提议,通过《中共中央关于华国锋同志任中共中央第一副主席、国务院总理的决定》和《关于撤销邓小平党内外一切职务的决议》。

▲7 月 6 日,朱德在北京逝世。

▲9 月 9 日,毛泽东在北京逝世。

▲10 月 18 日,中共中央发出《关于王洪文、张春桥、江青、姚文元反党集团事件的通知》,标志"文化大革命"结束。

1 月

月初　在北京医院治愈肺炎出院。

8 日　周恩来逝世,列名治丧委员会。

11 日　与朱德、邓小平、宋庆龄等党和国家领导人以及首都群众代表,前往医院向周恩来遗体告别。

同日　分别致赵清阁、胡锡培、臧克家信。致赵清阁信中说:"周总理终于去世,如晴天霹雳,不胜哀感,从此中国及世界失一伟大的无产阶级革命战士。外国报刊连日颂扬总理的功勋与高超的品德;中国革命家如此引起全世界的注意,非毛泽东时代不可能也。"

13 日　分别致戈宝权、陈瑜清信。致陈瑜清信中说:"去年我进了五次医院,每次住院少则半月,多则一月。医生说我身体虚弱,嘱注意起居。最近住院,则因肺炎。我虽日常服用营养丰富的食品及滋补药品,但收效甚微。近则思想迟钝,记忆力锐减。这都是无可奈何的,只好听之任之。"

14 日 参加首都吊唁周恩来仪式。

15 日 出席周恩来同志追悼会,并献花圈。

同日 作《敬爱的周总理挽词》(二首)。

20 日 分别致臧克家、致葛一虹信。《人民文学》编辑周明来访,赠送《人民文学》复刊号。

21 日 致林焕平信。

22 日 致江晖、鲁歌信。

25 日 致臧克家信。

本月 作旧体诗《学习毛主席词二首》。按:毛主席词二首指《水调歌头·重上井冈山》《念奴娇·鸟儿问答》,1976 年元旦正式发表。当时,《人民文学》编辑部举行"学习毛主席词二首座谈会",首都文艺工作者 400 余人出席会议。茅盾因病未能与会,坚持写了一份书面发言。他说:"毛主席这两首词的发表是我国人民政治生活中的大喜事,它不仅有深远的历史意义,而且有重大的现实意义。"(《人民文学》1976 年第 2 期)茅盾书面发言附有 3 首七绝。其中两首编入《茅盾诗词》,第 3 首根据本人意见没有编入。第 1 首主要写读了《水调歌头·重上井冈山》后的体会;第 2 首主要写读了《念奴娇·鸟儿问答》以后的体会。

2 月

1 日 冯雪峰病逝于北京。致赵清阁信。

3 日 致碧野信。

10 日　致陈瑜清信。

15 日　与胡愈之出席并主持在八宝山革命公墓礼堂举行的冯雪峰追悼会。

17 日　致赵清阁信。

25 日　致江晖、鲁歌信。

本月　作七言歌行《丹江行——为碧野兄六十寿作》,为贺碧野 60 岁生日而作。

3 月

12 日　上午出席首都各界人士纪念孙中山逝世 51 周年仪式。

25 日　致陈瑜清信。

30 日　致臧克家信。

4 月

月初　首都人民自发聚集在天安门广场悼念周总理,声讨"四人帮"的罪行。清明节形成高峰。遭"四人帮"镇压。

4 日　胡锡培由四川来访,转达沙汀、艾芜的问候。

13 日　下午出席在政协礼堂举行的爱国人士集会,并发言。

5 月

1 日　与朱德、叶剑英、郭沫若等党和国家领导人,同首都群众、各国朋友一起游园联欢,共庆"五一"国际劳动节。

4 日　分别致臧克家、胡锡培信。

8 日　下午出席在八宝山革命公墓礼堂为中共中央统战部

部长举行的追悼会。

10 日　致谢广田信。

21 日　得到侄女张玛娅被"四人帮"的爪牙迫害致死的噩耗。

6 月

5 日　作散文《鲁迅说:轻伤不下火线!》。致赵清阁信。

12 日　致臧克家。

24 日　分别致王亚平、陈瑜清信。

27 日　分别致陈瑜清、臧克家信。

29 日　下午出席在八宝山革命公墓礼堂举行的刘文辉追悼会,并送花圈。

本月　广东作家于逢来访。

7 月

3 日　下午臧克家来访,贺茅盾 80 岁寿辰。姚雪垠寄赠诗一首,贺茅盾八十大寿。推崇茅盾在我国现代文学史上的崇高地位。[①]

同日　下午陈瑜清一家来访,转达黄源来信中的话:"他在一九二一年主持革新《小说月报》,我即是读者之一。三十年代我也在他家里,得到他的扶植,与鲁迅先生接上了工作关系。近年来,虽未通音讯,而对他的早年教导,未尝一日或忘也。"[②]

4 日　作五言古体《八十自述》。

6 日　朱德逝世,为朱德治丧委员会委员。分别致臧克家、

---

①　姚雪垠:《一代大师,安息吧!》,《中国青年报》1981 年 4 月 21 日。

②　陈瑜清:《缅怀沈雁冰表哥》,《西湖》1983 年第 3 期。

王亚平信。

7日 致荒芜信。

8日 与叶剑英、宋庆龄、郭沫若等党和国家领导人赴北京医院,向朱德遗体告别。

10日 致碧野信。

11日 下午出席在人民大会堂举行的朱德同志追悼大会,并送花圈。

14日 分别致臧克家、陈瑜清信。

18日 致黎丁信。

19日 致葛一虹信。信中说:"早年写了些东西,浪得虚名;然而肤浅错误,在在皆是。现在精力衰退,虽想多学习,恨少寸进。"

23日 致王亚平信。

29日 上午惊悉唐山大地震,四合院里已搭防震的绿色帆布帐篷。表弟陈瑜清欲回杭州,前来辞行。

本月 书写条幅《西江月·几度芳菲鹪鸠》,赠邹荻帆。

8 月

3日 致江晖、鲁歌信。

6日 致赵清阁信。

21日 致臧克家信。

27日 分别致荒芜、胡锡培信。

月底 因住房受震后需大修,暂迁至北京西郊阜外三里河南沙沟九楼二号门居住。

9 月

1 日　下午出席在人民大会堂举行的唐山、丰南地震救灾先进单位和模范人物代表会议。

2 日　致陈瑜清信。

9 日　毛泽东逝世,列名治丧委员会。致臧克家信。

11 日　与叶剑英、宋庆龄等党和国家领导人及首都群众一道瞻仰毛泽东遗容。

17 日　与部分国家领导人轮值在毛泽东遗体旁守灵。致陈此生信。

18 日　出席在人民大会堂举行的毛泽东同志追悼会。

19 日　致陈瑜清信。

20 日　致臧克家信。在《人民文学》第 6 期发表散文《鲁迅说:轻伤不下火线!》,亦刊于日文版《人民中国》第 10 期。回忆1935 年 11 月 8 日后,茅盾劝说鲁迅去苏联疗养的经过,赞扬了鲁迅的不屈的战斗精神。

本月　整理修改 1975 年 4 月 26 日参加鲁迅博物馆座谈会的发言记录稿,定稿为《我和鲁迅的接触》。

10 月

1 日　上午出席全国政协国庆座谈会。下午叶君健来访。

5 日　致荒芜信。

10 日　韦韬得悉"四人帮"已被抓获的消息,赶回家告诉茅盾。茅盾听后十分兴奋,说:"这是件大好事,他们该有那么个结果。"①

12 日 听取党中央关于粉碎"四人帮"的重要讲话传达。

16 日 分别致王亚平、陈瑜清信。

22 日 出席首都军民在天安门广场的盛大集会,热烈庆祝粉碎"四人帮"篡党夺权阴谋的伟大胜利。

26 日 出席首都各界爱国人士庆祝粉碎"四人帮"座谈会并发言:"我坚决拥护以华国锋主席为首的党中央对'四人帮'反党集团所采取的英明果断的措施!以华国锋同志为首的党中央及时粉碎了'四人帮'的篡党夺权阴谋,充分表达了全党全军全国各族人民的共同心愿。历史的证据就是全国各地广大群众连日举行的庆祝游行。这样的遍及全国各地的心情畅快、欣喜鼓舞的数千万人的游行,将永远载入史册,鼓舞我们沿着毛主席的革命路线,乘胜前进!"还说:"王张江姚是埋伏在党内的蛀虫,粉碎了这个反党集团,就是挽救了中国革命,保证了我国在无产阶级专政下的继续革命。"

30 日 致臧克家信。

本月 作旧体诗词《粉碎反党集团"四人帮"》(4 首),采用长短句的形式,抒发了欢庆斗争胜利的心情。开头 4 句写出 1976 年夏秋之间的政治形势。中间部分歌颂党中央一举粉碎"四人帮"的不朽功勋。结尾 4 句写出全国人民庆祝胜利的盛况。

本月 在《鲁迅研究资料》1976 年第 1 辑发表《我和鲁迅的接触》。

---

① 叶子铭:《心火未灭——"文革"期间茅盾撰写回忆录的前前后后》,《人物》1989 年第 2 期。

11 月

上旬　从北京西郊阜外三里河南沙沟九楼二号搬回交道口南三条十三号原址居住。

10 日　致胡锡培信。

12 日　上午出席在中山公园中山堂举行的首都各界人士纪念孙中山先生诞辰 110 周年纪念仪式,并代表政协全国委员会向孙中山先生遗像献了花篮。

16 日　分别致赵清阁、荒芜、胡锡培信。

21 日　作《敬爱的周总理给予我的教诲的片断回忆》,未发表,后收入《茅盾全集》第 27 卷。

23 日　分别致荒芜、章柏年信。

24 日　出席毛主席纪念堂奠基仪式。

30 日　下午出席第四届全国人民代表大会第三次会议。

12 月

1 日　致吴作人信。

2 日　下午出席第四届全国人民代表大会常务委员会第三次会议。

3 日　分别致陈瑜清、致臧克家、胡锡培信。致胡锡培信中说:"党中央及时而迅雷不及掩耳地粉碎了'四人帮',实实在在是挽救了党,挽救了革命。"

15 日　分别致臧克家、荒芜信。

18 日　下午赴八宝山革命公墓礼堂,出席人大常务委员会委员吴德峰追悼会。

19 日 致姚雪垠信。信中说:"打倒'四人帮'使《李自成》出版更为顺利,也使您在前言中能够痛快地把江青之流的歪曲、叛变了毛主席文艺思想的恶霸行为尽情指责,为典型环境中的典型性格学说及毛主席号召的革命现实主义与革命浪漫主义相结合的创作方法详加阐述,真是大好事。"

20 日 晚上出席全国农业学大寨会议。

24 日 作《〈敬爱的周总理挽词〉附记》。

25 日 晚上出席全国农业学大寨会议。

27 日 晚上与华国锋、叶剑英、李先念、邓颖超、郭沫若等党和国家领导人接见出席第二次农业学大寨会议的上山下乡知识青年代表。

29 日 致姚雪垠信,谈及《李自成》搬上银幕的问题。

30 日 分别致臧克家、曹辛之信。

本月 作自由体长诗《迅雷十月布昭苏》。作旧体诗《十月春雷》,开头 4 句点明当代"白骨精"反革命两面派的丑恶嘴脸。中间部分,揭露江青混进革命队伍以后发迹起家的罪恶历史。结尾 4 句热烈庆祝粉碎"四人帮"斗争的伟大胜利,抒发了在粉碎"四人帮"后的喜悦心情。

1977 年(丁巳)　81 岁

▲1 月 7 日,《人民日报》《红旗》《解放军报》发表社论《学好文件抓住纲》,首次公开提出"两个凡是"。

▲4 月 15 日,《毛泽东选集》第 5 卷正式出版。

▲7 月 16—21 日,中共十届三中全会在北京举行。会议通

过关于恢复邓小平职务的决议;通过关于开除"四人帮"的党籍,撤销其党内外一切职务的决议。

▲8月12—18日,中共十一大在北京举行。会议选举华国锋为中央委员会主席,叶剑英、邓小平、李先念、汪东兴为副主席。

▲11月20日,《人民日报》邀请文艺界人士举行座谈会,批判"文艺黑线专政"论。

▲11月,刘心武在《人民文学》第11期发表短篇小说《班主任》。

1 月

月初　出席在北京工人体育馆举办的《周总理永远活在我们心中》诗歌朗诵演唱会。

8 日　作《敬爱的周总理永垂不朽》,系参加纪念周总理逝世1周年集会之讲话稿,未公开发表,后收入《茅盾全集》第17卷。

9 日　分别致赵清阁、吕剑、碧野、叶子铭信。

19 日　致黎丁信,由衷说道:"打倒'四人帮',人心大快,《光明日报》各副刊顿见生动活泼,文艺版佳作极多,史学版论儒法斗争各文,思想解放,立论精当,为《光明》贺。"又致叶子铭信。

20 日　在《人民文学》第1期发表旧体诗七绝《周总理挽诗(二首)》并附记,后收入《茅盾诗词》,改题为《敬爱的周总理挽词(二首)》,河北人民出版社1979年出版。《附记》云:"两诗作于周总理追悼会后,其时反党集团'四人帮'不许发表哀悼总理的一切诗文。现在,党中央粉碎这个反党集团,这两首小诗的刊出,既以悼念敬爱的周总理,亦以庆祝粉碎'四人帮'的天大喜事。"第一首,深沉哀悼,充分反映全国人民及本人悼念周总理的沉痛心情。第二首以不同历史人物作对比,进一步歌颂周总理的丰功伟绩。

21 日 致碧野信。

23 日 致姚雪垠信,后刊于《文献》第 8 期。又分别致林焕平、王亚平、吕剑信。

29 日 致胡锡培信。

2 月

1 日 致碧野信。

8 日 致江晖、鲁歌信,后刊于《文教资料简报》总 154 期。

9 日 分别致曹靖华、高莽信。又致叶子铭信,后刊于《中国现代文学研究丛刊》1981 年第 7 期。

10 日 致吕剑信。

11 日 致臧克家信。

13 日 作旧体诗《过河卒》并《小序》。

14 日 致王仰晨信。

15 日 致陈瑜清信。

16 日 致臧克家信。

17 日 致姚雪垠。

18 日 出席并主持政协全国委员会春节联欢会并致辞。得姚雪垠信,赠诗《春节感怀》。

19 日 致姚雪垠信。

28 日 下午出席在人民大会堂举行的纪念台湾地区"二二八"起义 30 年大会。

本月 作旧体诗《闻歌有作——为王昆、郭兰英重登舞台》,歌颂粉碎"四人帮"的伟大胜利,表达对社会主义"文艺复兴"的欣喜之情。

本月　作诗歌《毛主席文艺路线永放光芒》。

3 月

1 日　晚上出席首都纪念台湾"二二八"起义 30 年文艺晚会。

2 日　《诗刊》编辑来访,带来臧克家的信,取走《迅雷十月布昭苏》诗稿。

3 日　分别致沈德溶、臧克家信。

6 日　叶子铭来访,谈及新中国成立后写电影剧本和长篇小说最后都搁置了的情况。①

同日　诗人邹荻帆来访。

7 日　致臧克家信,后刊于《文学报》1982 年 4 月 1 日。又分别致姚雪垠、碧野、高莽信。

8 日　致胡锡培信。

12 日　上午出席孙中山逝世 52 周年纪念仪式。下午叶子铭来访,谈及文学研究会成立的情况及在武汉、新疆之情况。

14 日　作旧体诗《奉和雪垠兄》并《小序》。

15 日　致姚雪垠信,并寄赠《奉和雪垠兄》。作《祝"毛选"第五卷出版(满江红)》。

18 日　致江晖、鲁歌信,后刊于《文教资料简报》总 154 期。

20 日　致陈瑜清信。

30 日　致臧克家信。

本月　作五言诗《赠阳太阳》,后收入《茅盾诗词集》,上海古

---

① 叶子铭:《梦回星移——茅盾晚年生活见闻》,南京大学出版社 1991 年版。

籍出版社 1985 年出版。阳太阳曾说:"1977 年我小住广州,作家周钢鸣同志因公赴京并看望茅公,我特致意向茅公问好。他们谈到我,提到阳太阳其人其画,旧友之情洋溢眉宇。茅公对阳太阳这个名字印象很深,很有感情,如是即席挥毫,赠诗一绝。茅公兴致勃勃,以挺秀的笔锋书成条幅交周钢鸣同志带回广州给我,以作留念。仅仅二十个字,但却充满着沉挚的情意,深切的关怀,温馨的鼓舞。使人永志不忘,成为我的座右铭。"①

4 月

月初　杜宣、严文井和周而复来访。

3 日　致姜德明信。

5 日　致姚雪垠信。

8 日　致孔罗荪信,回答关于鲁迅电贺红军胜利一事。

10 日　在《诗刊》4 月号发表自由体长诗《迅雷十月布昭苏》,热情欢呼粉碎"四人帮"的伟大胜利。

17 日　致王亚平信,并附步韵奉和姚雪垠诗。致叶子铭信,后刊于《中国现代文学研究丛刊》1981 年第 4 期。

18 日　分别致高莽、马子华信。

20 日　在《人民文学》第 4 期发表词《祝"毛选"第五卷出版(满江红)》,上片赞颂毛泽东著作在国际上产生的巨大政治影响,下片赞颂我国国内将会出现一片大好形势。曾将此词写成条幅随函寄赠叶子铭。

22 日　致胡锡培信。

26 日　致陈鸣树信。

---

① 参见丁茂远:《茅盾诗词鉴赏》,杭州大学出版社 1991 年版。

29 日　分别致赵清阁、马子华信。

本月　南京大学注释鲁迅《集外集拾遗》,将注文初稿送茅盾审阅。正文注文共 30 余万字,铅印油印皆小字,而当时茅盾左目失明,右目仅 0.3 的视力,但仍坚持每天看一点;其间还发了一次高烧,住院半月。至 5 月下旬,终于审完了全部书稿,认真地提出了意见。

5 月

1 日　出席首都人民欢庆五一国际劳动节大会。

4 日　下午出席全国"工业学大庆"会议。

上旬　美国作家迈克斯·格艺尼奇来访。

8 日　致臧克家信,说道:"最近有两个青年教师极力想证明鲁迅的某几首旧体诗是悼念杨开慧烈士的,屡次来信,希望我支持他们的论点,但我却以为他们的论点不免穿凿。"当日突发高烧至 39.5℃,住北京医院治疗。

14 日　同其他党和国家领导人,共同接见全国"工业学大庆"会议全体代表。

26 日　致叶子铭信,后刊于《中国现代文学研究丛刊》1984 年第 4 期。又致陈瑜清信。

27 日　致周而复信。

月底　《光明日报》编辑陈丹晨、黎丁来访并约稿。

本月　作散文《〈听波兰少女弹奏萧邦曲〉附记》。

本月　作《粉碎反党集团"四人帮"七绝二首》,赠周而复。

本月　书写条幅《旧作〈红楼梦〉辩论纪事》,赠《长江文艺》编辑部骆文、淑耘。

6月

5日　分别致周而复、高莽信。

8日　分别致林焕平、周钢鸣、于逢、马子华信。

9日　致荒芜信。

12日　致叶子铭信，后刊于《中国现代文学研究丛刊》1981年第4期。

13日　分别致沙汀、姚雪垠、胡锡培信。

15日　致姚雪垠信。

16日　《光明日报》社送来《关于长篇小说〈李自成〉的通信》校样和编辑陈丹晨的信。

18日　致陈丹晨信，并将改定的《关于长篇小说〈李自成〉的通信》校样一并寄给陈丹晨。

19日　致周钢鸣信。

21日　分别致姚雪垠、陈瑜清信。

22日　作词《桂枝香·刺霸》。同年9月，曾以此词书赠诗人王亚平，后收入上海古籍出版社1985年版《茅盾诗词集》时，改为《桂枝香·咏时事》。该词以象征手法，展示了"四人帮"的兴风作浪和他们必然灭亡的命运。

23日　下午姚雪垠和于黑丁来访。

24日　致臧克家信。

25日　在《光明日报》发表评论《关于长篇小说〈李自成〉的通信》。该文是茅盾自1965年搁笔以来，公开发表的第一篇评论文章。文中收入茅盾1974年10月至1975年8月关于《李自成》第2卷意见的6封信，包括对第2卷的18个单元的具体意见和对全书格局的建议。评论发表后，全国许多省市报刊纷纷转载,反响很大。

28日 出席在北京八宝山革命公墓礼堂举行的阿英同志追悼会。

本月 冯至与《世界文学》编辑部几位同志来访,告知停刊已久的《世界文学》将要复刊。当提到请他写文章时,立即答应了。①

本月 旧体长诗《清谷行》定稿,后收入《茅盾诗词》,河北人民出版社1979年出版。该诗原作于1975年10月,为赠作家赵清阁而作。赵清阁阅后说道:"长诗概括地追记了四十多年来,几个历史时期的国事、人情,诸如抗日战争的同舟挞伐;胜利后重返上海;接着国民党发动内战到全国解放;'文革'到'四人帮'覆亡;无异是一首迂回曲折壮阔绚丽的历史诗篇。诗中也给了我以谬赞和良好祝愿,我把这看成是师长对后学的鞭策。我收到这本册页如获至宝,因此也诌了一首诗酬答茅公,表示我衷心的感谢。……他看了诗很高兴,殷殷谦逊地勉励'共奋'。今天睹物思人,益增悲切!"②

本月 巴金受邀前往复旦大学与留学生座谈,在讲话中指出:"我认为中国现代文学除了鲁迅外,茅盾的影响最大,在三十年代仅次于鲁迅。"③

7月

1日 分别致马子华、王德厚信。

---

① 冯至:《无形中受到的教益》,《中国青年报》1981年4月23日。
② 参见赵清阁:《久远流芳——怀念茅盾同志》,《东海》1981年第9期。
③ 唐金海、张晓云主编:《巴金年谱》,四川文艺出版社1989年版。

4 日　臧克家等提议,在丰泽园设宴,为曹靖华 80 岁寿辰、茅盾 80 岁寿辰补寿。参加者有茅盾、叶圣陶、曹靖华、张光年、冯至、唐弢、何其芳、李何林、严文井、姚雪垠、葛一虹、臧克家等12 人。

同日　致陈小曼信(署爸爸)。为曹靖华 80 岁寿辰题词。

5 日　接巴金来信。

7 日　致臧克家信。

8 日　作《向鲁迅学习》。

10 日　分别致冯至、陈丹晨信。又致周钢鸣信,谈及作于1964 年的《西江月·感事》:"……是讽刺苏修的。上片首两句是说春已过去,喻苏已变修,故而'斜阳腐草起流萤,牛鬼蛇神弄影'了。下片首句是指赫乃沐猴而冠者,次句谓小修门捧场,指鹿为马,歪曲马列。结句意较浅露,谓世界人民受毛泽东思想启发鼓舞,革命怒火正奔腾也。"

11 日　分别致巴金、孔罗荪、王德厚信。

17 日　致碧野信。

18 日　致臧克家、陈鸣树信。

24 日　出席并主持在京爱国人士座谈会,庆祝党的十届三中全会胜利召开。致曹靖华信。

27 日　冯至来访。告知何其芳逝世,并商议追悼会之事。茅盾哀伤不已。

28 日　分别致姚雪垠、姜德明信。

29 日　下午往八宝山革命公墓礼堂,出席政协委员周竹安同志追悼会。

31 日　下午出席中共中央、国务院和中央军委召开的中国人民解放军建军 50 周年庆祝大会,听叶剑英重要讲话。

本月　为孙中田的《茅盾笔名(别名)笺注》初稿作校正。

本月　写《贺曹靖华八十寿辰》,最早以《为曹靖华八十寿辰题辞》,引入彭龄《斜雨趁风几度过》一文中,刊于《随笔》1984年第2期,后编入丁茂远《茅盾诗词鉴赏》,杭州大学出版社1991年11月出版。

本月　致陈丹晨信(两函),回答对致姚雪垠的信发表不同意见的马、刘来信中提出的问题。

本月　致陆谷苇信(信中提及日期与落款不符,难以考证)。

8 月

1日　晚上出席国防部为庆祝中国人民解放军建军50周年在人民大会堂宴会厅举行的招待会。

2日　致沈德汶信。

4日　上午出席在八宝山革命公墓举行的何其芳同志追悼会。分别致、王仲晨、姜德明、胡锡培信。

5日　致赵清阁信。

6日　致臧克家信。又分别致王亚平、荒芜信。

10日　致王昆仑信,希望两人署名向时任统战部部长乌兰夫写信,为老舍平反。又分别致陈丹晨、姜德明信。

12日　创作词《满江红·欢呼十一大胜利召开》。

20日　致王仲晨信。

21日　在《光明日报》发表词《满江红·欢呼十一大胜利召开》,后收入《茅盾诗词》,河北人民出版社1979年版。

24日　致周而复、林焕平信。

26日　创作评论《毛主席的文艺路线万古长青》。

28日　分别致荒芜、杜宣信。

9 月

6 日 致臧克家信,后刊于《文艺研究》1981 年第 3 期。

同日 致姜德明信。

9 日 出席纪念毛主席逝世 1 周年及毛主席纪念堂落成典礼。晚上观看由文化部、总政文化部等联合举办的纪念毛主席逝世 1 周年文艺演出大会。

10 日 在《人民日报》发表词《沁园春·毛主席逝世周年献词》二首,后收入《茅盾诗词》,河北人民出版社 1979 年出版。其一,上片赞颂毛泽东主席为中国革命和世界革命建立的丰功伟绩;下片颂扬了毛泽东主席关于国际斗争的英明决策。其二,上片赞扬毛泽东主席在我国新民主主义革命阶段建立的丰功伟绩;下片赞颂毛泽东主席在社会主义革命和建设时期的丰功伟绩。

12 日 分别致臧克家、姜德明信。

20 日 在《人民文学》9 月号发表评论《毛主席的文艺路线万古长青》。

24 日 分别致臧克家、姚雪垠、周振甫信。

25 日 在《人民戏剧》第 9 期发表自由诗《毛主席文艺路线永放光芒》,后收入《全集》题为《闻歌喜赋》。在《人民戏剧》该期还刊有李淑一《万人怀念慰忠魂》、何其芳《毛主席在鲁艺的谈话永远鼓舞着我们》等诗文。通栏标题为"毛主席,我们世世代代怀念您!——隆重纪念伟大领袖和导师毛主席逝世一周年"。本诗可与评论《毛主席的文艺路线万古长青》相互印证。

26 日 致丁力信,并寄赠所书《西江月》两首。

同日 致姜德明信。

27 日　致江晖、鲁歌信,后刊于《文教资料简报》总 154 期。

28 日　致单演义信。

30 日　晚上出席国务院为庆祝中华人民共和国国庆举行的招待会。

月底　写词《桂枝香·为商务印书馆建馆八十周年纪念作》,载商务印书馆香港分馆版《商务建馆 80 周年纪念集》,后收入《茅盾诗词集》,上海古籍出版社 1985 年出版。该词上片记述商务印书馆堪称我国出版先驱,并在早年资产阶级维新运动中起到突出作用;下片进而回忆当年商务内部出现的错综复杂的斗争。

本月　在《广东文艺》9 月号发表旧体诗《粉碎反党集团"四人帮"》(4 首),后收入《茅盾诗词》,河北人民出版社 1979 年出版。本诗由 1976 年 10 月的《粉碎反党集团"四人帮"》改写而成。

本月　在《广东文艺》9 月号发表旧体诗《过河卒》并《小序》,后收入《茅盾诗诗词》,河北人民出版社 1979 年出版。诗前小序云:"江青自称过河卒子,打油一首,揭其阴私。"这是一首辛辣的打油诗,也是一首出色的讽刺诗。

10 月

1 日　下午往中山公园出席国庆游园活动。晚上,登天安门城楼观看焰火。

3 日　分别致巴金、臧克家信。

5 日　致叶子铭信,后刊于《中国现代文学研究丛刊》1981 年第 4 期。又致叶淑穗、赵淑英信。

7 日　完成论文《鲁迅研究浅见》。

9 日　作序跋《再来补充几句》，载《子夜》人民文学出版社1977 年重印本，重申写作此书的意图。

10 日　分别致碧野、陈瑜清、胡锡培、姜德明信。

11 日　致姜德明信。

12 日　致姜德明信。

17 日　致臧克家信。

18 日　茹志鹃、赵燕翼下午来访。

19 日　在《人民日报》发表论文《鲁迅研究浅见》。

22 日　下午会见《人民文学》编辑部召开的短篇小说创作座谈会全体与会代表与作者，并发表讲话。

25 日　致姜德明信。

同日　下午再次会见由《人民文学》编辑部召开的短篇小说座谈会全体代表，发表了即席讲话。讲话记录经整理后，题为《老兵的希望》。会上马烽提问："十七年文艺界究竟是红线占统治地位，还是黑线占统治地位？"茅盾毫不犹豫地说："十七年文艺创作成绩是巨大的，当然是红线占统治地位了。"①

本月　在《世界文学》第 1 期发表评论《向鲁迅学习》，后收入《茅盾文艺评论集》时改题为《学习鲁迅翻译介绍外国文学的精神》。文章较全面地介绍了鲁迅一生翻译介绍外国文学的情况。

11 月

2 日　致姜德明信。

5 日　致赵清阁信。

---

① 参见马烽《怀念茅盾同志》，《忆茅公》，文化艺术出版社 1983 年版。

12 日　在《人民日报》发表《老兵的希望》,此文亦见《人民文学》第 11 期。

同日　往中山公园中山堂,出席首都纪念孙中山先生诞辰 110 周年仪式,并代表政协全国委员会献花圈。又分别致周而复、陈瑜清、李乡浏信。

13 日　致臧克家信。

21 日　出席《人民日报》编辑部举行的批判"四人帮"文艺黑线座谈会,并作题为《贯彻"双百"方针,砸碎精神枷锁》的发言,批判了"四人帮"的文艺方针,正本清源,重新提出百花齐放百家争鸣以及文艺创作多样化的问题,认为"过去,'四人帮'的评论一出来,就是定论了,如有不同意见,就得挨整。文学评论只是'一言堂'。读者习以为常。这种习惯势力现在还是有,至少有些读者身上有"。

同日　致陈瑜清信。

25 日　在《人民日报》发表评论《贯彻"双百"方针,砸碎精神枷锁》。该文系 11 月 21 日在《人民日报》编辑部召开批判"四人帮"文艺黑线座谈会上的书面发言。

28 日　分别致孔罗荪、胡锡培、吴海发信。

本月　高莽、邹荻帆来访。

12 月

1 日　创作旧体诗《题高莽为我所画像》,后直接编入《茅盾诗词》,河北人民出版社 1979 年出版。高莽 1977 年 11 月间曾去看望茅盾,当场画了几张速写,后根据这些速写又用水墨画了一幅。茅盾则在这幅肖像上题了一首七言绝句。此诗上联对己,勉励自己贡献余生;下联对人,赞美高莽画技高明,是一首颇为感人的题画诗。

同日 致《中国文学家辞典》编辑组信,该信后刊于《解放军文艺》1981 年第 5 期。

同日 分别致姚雪垠、高莽信。

4 日 致臧克家信。

7 日 致王解冲、李渭钫信。

同日 下午往八宝山革命公墓出席中国科学院举行的吴有训逝世追悼会,并送花圈。

8 日 致臧克家信。

9—14 日 山东省第五届人民代表大会第一次会议在济南举行,经过充分酝酿和讨论,选出沈雁冰等人为山东省出席全国人民代表大会的大会代表。

12 日 致姚雪垠信。

13 日、25 日、26 日 出席中共中央宣传部举行的宣传文化界党内外人士座谈会,并发言。

14 日 分别致胡锡培、杨全泰信。

15 日 分别致周而复、赵清阁、康濯信。

20 日 分别致赵家璧、袁良骏、高鹤云信。

26 日 晚上出席中共中央宣传部和文化部为纪念毛泽东诞辰 84 周年举行的纪念文艺晚会。

27—29 日 出席政协全国委员会第四届第七次扩大会议,并发言。

27 日 分别致姜德明、罗君策信。

28—31 日 出席《人民文学》编辑部举行的作家、诗人、文艺评论家、翻译家和文学编辑等参加的大型座谈会,并以全国文联副主席、中国作家协会主席身份讲话,认为"四人帮"不承认"作协"，"我们也不承认他们的反革命决定"，所以他要以中国作家协会主席的身份讲话。他回顾了"文革"前文联、作协的工作，指出了"文艺黑线专政"论的反动性，建议尽快恢复文联和各个协会的工作。

30 日　作评论《驳斥"四人帮"在文艺创作上的谬论，并揭露其罪恶阴谋》。

31 日　上午出席《人民文学》编辑部在北京东城区海运仓总参第一招待所的礼堂举行的文学工作者座谈会。会上要求恢复文联和各个协会，恢复《文艺报》。[①]

本月　美国学者陈幼石来访，并作长谈。

本月　作旧体诗词《西江月·故乡新貌》。

本月　重版长篇小说《子夜》，人民文学出版社出版，全书含19 章，包括 1932 年 12 月写的《后记》和 1977 年 10 月 9 日写的新后记《再来补充几句》。

本年　为冯骥才、李定兴两位青年作家的长篇小说《义和拳》题写书名，因有繁体字，人民文学出版社总编辑韦君宜便提出要改写，随即写下十多条简体字"义和拳"让作者挑选。[②]

本年　在哈佛大学出版社出版的《五四时代的中国现代文学》中，分别发表美国陈幼石的《〈牯岭之秋〉与茅盾小说的政治隐喻的运用》和约翰·伯宁豪森的《茅盾早期小说的中心矛盾》。按：中文译本收入《茅盾研究在国外》，李岫编，湖南人民出版社1984 年 8 月出版。

---

①　周明：《记忆，驶进往事的海洋——悼念茅盾先生》，《朔方》1981 年第 6 期。
②　冯骥才：《缅怀茅盾老人》，《天津日报》1981 年 4 月 2 日。

本年　艾扬发表《茅盾名、号、别名、笔名辑录》,刊于《文教资料简报》1977 年总第 64 期。

本年　日本松井博光出版《薄明的文学——中国现实主义作家·茅盾》,由东方书店出版,该书较为全面地介绍和描写茅盾的为人和文学,是日本专门介绍茅盾的第一部专著。

本年　日本下村作次郎、古谷久美子编辑《在日本与中国的茅盾研究参考资料目录(初稿)》,刊于《咿哑》第 9 号。

1978 年(戊午)　82 岁

▲2 月 26 日至 3 月 6 日,五届人大第一次会议在北京举行,会议通过《中华人民共和国宪法》,选举叶剑英为人大委员长,任命华国锋为国务院总理,邓小平等 13 人为国务院副总理。

▲3 月,全国科学大会在北京开幕。

▲5 月,中共中央批准统战部、公安部《关于全部摘掉右派分子帽子的请示报告》。5 月 12 日,文化部举行揭批"四人帮"万人大会,宣布为一大批受迫害的文艺工作者平反。

▲5 月 11 日,《光明日报》发表评论员文章《实践是检验真理的唯一标准》,引发了关于真理标准问题的大讨论。

▲12 月 18 日至 22 日,党的十一届三中全会在北京举行,批判了"两个凡是"的错误方针,作出了把全党工作重心转移到社会主义现代化建设上来的战略决策。

1 月

1 日　《人民文学》编辑周明来访,希望为他题一幅字。几天后，取到茅盾题写的旧作《过河卒子》。[①]

4日 作杂论《关于中山舰事件》，后刊于《历史教学》第6期。

同日 刘炼、戴鹿鸣、秦燕士来访，回答关于中山舰事件的经过。

5日 上午参加政协常委阎宝航同志骨灰安放仪式，送花圈。

6日 分别致王仰晨、袁良骏信。

8日 赴八宝山革命公墓礼堂，出席并主持政协全国委员会委员王葆真先生追悼会，并送花圈。

10日 致林焕平信。

11日 致沙汀信。

15日 作评论《关于长篇历史小说〈李自成〉》。

17日 分别致阮章竞、叶子铭信。

19日 分别致碧野、庄钟庆、陈瑜清信。致庄钟庆信中云："尊著（即庄钟庆所著《茅盾的创作历程》）对《子夜》评价过高，不胜惭愧"；"当时我曾读过马列著作，具体的哪些""记不起来了"；"当时马列的重要著作，尚无译本，有些从日本译本转译的，亦甚少"。

20日 致吴文祺信。

23日 致姜德明信。

25日 分别致叶子铭、高鹤云信。

26日 致袁良骏信。

28日 致庄钟庆信。

---

① 周明：《记忆，驶进往事的海洋——悼念茅盾先生》，刊于《朔方》1981年6月号。

本月　致胡锡培信。书写条幅赠玛拉沁夫,条幅中有说明文字"江青自称过河卒子,打油一首揭其阴私。七七年旧作。"①

本月　在《鸭绿江》1978年1月号重新发表散文《白杨礼赞》。在《人民文学》1978年1月号发表讲话《中国作家协会主席茅盾同志的讲话》。

2 月

2 日　致叶子铭信,附录部分对《论茅盾四十年的文学道路》的审阅意见,详细指出原作中错讹之处。

3 日　在《光明日报》发表杂论《文字改革工作迈出了新的重大的一步》。

6 日　作序跋《〈茅盾评论文集〉前言》。

9 日　致碧野信。

10 日　分别致姚雪垠、荒芜、王亚平信。

约中旬　李一氓来访。②

16—18 日　出席中国人民政治协商会议第四届全国委员会第八次全体会议。

19 日　致叶子铭信,回答关于自己生平的问题。

20 日　作序跋《〈东海渔歌〉李一氓珍藏本跋》,后刊于《文艺报》1981年第9期。

22 日　致姜德明信。

24 日　下午出席全国政协第五届全国委员会第一次会议,被选为主席团常务主席之一。

---

① 玛拉沁夫:《巨匠与我们——缅怀茅公》,《朔方》1981年第6期。
② 李一氓:《琐忆》,《文艺报》1981年9期。

25日 下午出席第五届全国人民代表大会第一次会议预备会议,当选为大会主席团成员之一。

26日 下午出席第五届人民代表大会第一次会议开幕式。

26日—3月9日 出席第五届全国人民代表大会第一次会议,被选入主席团。出席中国人民政治协商会议第五届全国委员会第一次会议,被推选为主席团常务主席。

28日 出席首都纪念台湾"二二八"起义31周年座谈会。

3月

3日 下午出席第五届全国人民代表大会第一次会议闭幕式。

8日 下午出席政协第五届全国委员会第一次会议闭幕式,为大会执行主席之一。当选为政协副主席。

9日 下午与叶剑英、邓小平、李先念等接见出席第五届政协第一次会议的全体委员,并同大家一起合影。

12日 上午赴中山公园中山堂,出席纪念孙中山先生逝世53周年仪式。

15日 订正《关于长篇历史小说〈李自成〉》。

16日 致陈瑜清信。

17日 致姜德明信。

18日 致陈瑜清信。

本月 某天下午在书房接待人民文学出版社的韦君宜和两位编辑,谈《新文学史料》创刊事,请题刊名并为刊物写回忆文章。慨然答应撰写长篇回忆录。并与他们谈了接办《小说月报》、担任毛泽东秘书、在延安等情况。

4 月

1 日　致万树玉信。

2 日　致陈白尘信。

14—15 日　出席第五届政协常委会举行的第一次会议。

17 日　致陈瑜清信。

18 日　作《漫谈文艺创作》。

22 日　分别致王亚平、方绪源、沈德汶信。

25 日　在《文学评论》第 2 期发表评论《关于长篇历史小说〈李自成〉》。本文分五部分,从题材来源、思想、结构、人物、艺术等方面评述姚雪垠的长篇历史小说《李自成》第一、二部所取得的成就。文章指出:"作者在《李自成》中,打算为中国的封建社会生活(包括它的各阶层间的相互关系),描绘一幅绚丽多彩的画卷,在已出的两卷中,已经写了一部分;在以后的三卷中,还欲深入一层去描写。中国的封建文人也曾写过丰富多彩的封建社会的上层和下层的生活,然而,用历史唯物主义和辩证唯物主义来解剖这个封建社会,并再现其复杂变幻的矛盾的本相,'五·四'以后也没有人尝试过,作者是填补空白的第一人。"

26 日　致康濯信。

27 日　作杂论《也算纪念》。分别致臧克家、宋谋玚、姜德明、冯亦代信。

28 日　作《致北京大学校刊编辑》,后刊于《团结报》1983 年 5 月 7 日。

30 日　致阮章竞信。中午出席全国政协举行的欢迎南斯拉夫人民社会主义联盟友好代表团的宴会。

本月　作七律《祝全国科技大会》。

5 月

3 日 在《红旗》5月号发表《漫谈文艺创作》,着重谈小说的创作过程,谈了"世界观的决定性作用""生活的深度与广度""创作方法""关于技巧问题""百花齐放,百家争鸣"等问题。

同日 分别致姚雪垠、胡锡培信。致姚雪垠中托其代交江晓天嘱写条幅一件。

6 日 在《北大校刊》192期"校庆专号"发表杂论《也算纪念》,此文应"北大"校刊筹备"北大"校庆80周年出版专刊之约而写,回忆了自己青年时期在北京大学的学习生活,特别忆述了北大一位历史教师陈汉章令人难忘的几件事,赞其治学精神。

同日 下午赴八宝山革命公墓礼堂,出席政协常委、最高人民法院副院长张志让先生追悼会,并送花圈。

7 日 分别致叶子铭、李门、王尔龄信。致叶子铭信中谈《林家铺子》《春蚕》《当铺前》等作品写作背景,指出:"这些短篇是凭我在上海定居前凭过去所见所闻而写的"。

9 日 出席人民文学出版社召开的儿童文学创作座谈会,并致书面贺词《外行人的祝贺》。

10 日 致臧克家信。

11 日 上午与邓小平、叶剑英等党和国家领导人赴北京火车站,欢迎华国锋主席访问朝鲜后回京。

15 日 人大常委会委员、政协副主席欧阳钦逝世。列名治丧委员会。

16 日 致陈瑜清信。

22 日 下午出席在八宝山革命公墓礼堂举行的欧阳钦同志追悼会。

24 日　分别致姜德明、刘麟信。致姜德明信中谈到《白杨礼赞》的写作情况："当时为了不使国民党书刊检查官扣押,故不直说华北抗日根据地在党领导下,而只赞白杨。然当时读者皆心会神领,知其所指也。"还指出"此篇是从延安回重庆时所写",而《风景谈》"亦写延安,但亦不指名,读者亦一望而知说的是延安"。

26 日　致阮章竞信。

27 日—6 月 5 日　出席中国文联第三届全国委员会第三次扩大会议。致开幕词,庄严宣布:"中国文学艺术界联合会、中国作家协会和《文艺报》,即日起正式恢复工作。"

30 日　致孔罗荪信。在人民文学出版社举办的少儿文学创作座谈会上,题词一则。

本月　作《重印〈中国神话研究 ABC〉感赋二绝》。

6 月

1 日　在《人民日报》发表贺词《外行人的祝贺》,系 5 月 9 日出席人民文学出版社召开的儿童文学创作座谈会的书面贺词:"祝贺儿童文学的百花齐放,儿童文学家将写出更多更好的作品。"

同日　致林默涵信。上午会见法中友好协会副主席莫里斯·蒙热率领的法国友好代表团,进行了热情友好的谈话。

3 日　出席在八宝山革命公墓为老舍先生举行的骨灰安放仪式,送花圈并致悼词。

5 日　致吕剑信。出席中国文联第三届全国委员会第三次扩大会议闭幕式,并就培养新生力量问题作专题发言。

8 日　中央人民广播电台放送茅盾在文联第三届第三次扩

大会议上讲话的录音。

9 日 分别致沈德汶、彭守恭信。致彭守恭信中解释《白杨礼赞》里"楠木"一词。

11 日 致姜德明信。

12 日 郭沫若逝世,列名郭沫若治丧委员会。

13 日 会见瑞典文化界友好人士访华团。

17 日 与邓小平、叶剑英、李先念、宋庆龄等党和国家领导人往北京医院,向郭沫若遗体告别。告别仪式后,与许德珩、方毅以及郭沫若家属护送郭沫若遗体到八宝山革命公墓火化。

18 日 上午作《化悲痛为力量》。下午出席郭沫若追悼会,并送花圈。追悼会由叶剑英主持,邓小平致悼词。

20 日 作序跋《跋顾太清〈东海渔歌〉》,该文未公开发表,后据手稿编入《茅盾全集》第 17 卷。

21 日 分别致叶子铭、万树玉信。致叶子铭信中说:"《故乡杂记》组所写的,大部分(或竟全部)是回忆,非回家一次的所见所闻。"致万树玉信中谈道:"贺电一事,我已回答过多人的疑问,即在找不到贺电原文或全文的情况下,应认为是鲁迅一人发的,我不愿沾这份光。"

22 日 下午姚雪垠陪同武汉来京的李悔悟、王毅、周岱三同志拜访茅盾,访谈中有关《李自成》的记录稿,题为《关于长篇历史小说〈李自成〉的访谈录》。

23 日 致江晖、鲁歌信。

25 日 致鲁迅研究室信。

29 日 致沙博理信。

30 日 下午出席在八宝山革命公墓礼堂举行的商震先生骨灰安放仪式,并送花圈。

同日　致孔罗荪信。在《湘江文艺》第 6 期发表七律《祝全国科技大会》手迹[①]、《过河卒》手迹。

本月　为《革命烈士诗抄》题词。

7 月

7 日　夜间起床时,不慎摔了一跤,腕骨受伤。

8 日　会见外宾。

9 日　上午到北京医院检查身体,诊断为肌肉扭伤。

10 日　致林焕平信。在《诗刊》7 月号发表《为〈革命烈士诗抄〉题词》。

11 日　致王西彦信。

15 日　在《文艺报》复刊第 1 期发表《在中国文学艺术界联合会第三届全国委员会第三次(扩大)会议上的开幕词》。在《作品》7 月号发表七绝《祝全国科技大会》手迹。

16 日　下午在寓所会见叶子铭。当谈到当年批判电影《林家铺子》时,茅盾说:"这件事,莫名其妙!《林家铺子》,我是有感而作的,针对的是当时国民党当局。夏衍改编成电影,征求过我的意见,也是为了重现历史,这有什么不好? 江青他们那样搞,自然是有他们的目的的。不过,现在的问题成堆,大约得一步步来解决。"叶带来一份《上海地方兼区执行委员会纪事录》(1923 年 7 月至 1925 年 10 月 7 日)的摘抄件,作为早期上海地下党领导机关的会议记录,其中记载了青年时代的茅盾参与地下党领导机关的原始材料。这份材料引起茅盾极大的兴趣。当时他就向叶透露正在着手撰写回忆录的消息,叶告知,手头还保存一份

---

① 　1978 年 3 月全国科学大会召开,茅盾赋诗表示祝贺。

1962 年访问记录稿的抄件,其中有许多茅盾的朋辈与战友如张静庐、叶圣陶、胡愈之、邵荃麟、冯雪峰等,谈到茅盾过去的文学活动及社会活动的情况与线索。茅盾希望能看到这些材料。①

18 日　致林焕平信。

19 日　分别致周而复、刘玉洲信。致周而复信中云:"动手写回忆录……工作量大","必须查阅大量旧报刊","需要有人帮助搜集材料,笔录我的口授。凭已往的经验,从外找人,都不合适。于是想到我的儿子韦韬(在延安时他叫沈霜,也许您认识)","已写信给中央军委罗瑞卿秘书长,希望他能同意借调"。

20 日　在《人民文学》第 7 期发表散文《化悲痛为力量》,沉痛哀悼郭沫若。

21 日　致袁宝玉信。

25 日　下午叶子铭来访。

26 日　致王西彦信。

27 日　分别致周而复、袁良骏信。

28 日　致查国华信,谈关于生平的问题。

31 日　上午出席国防部为庆祝中国人民解放军建军 51 周年举行的招待会。

8 月

2 日　致沙汀信。

4 日　上午为我国著名摄影家张印泉同志骨灰安放仪式送花圈。下午为爱国人士贾伯涛先生骨灰安放仪式送花圈。

5 日　分别致马子华、万树玉信。

---

① 叶子铭:《梦回星移——茅盾晚年生活见闻》,南京大学出版社 1991 年 4 月。

7 日　致姜德明信。

11 日　致黎丁信。与邓小平、叶剑英、李先念等党和国家领导人赴中国人民解放军总医院,向罗瑞卿同志遗体告别。

12 日　为原上海市副市长金仲华骨灰安放仪式送花圈。下午出席在人民大会堂举行的罗瑞卿同志追悼大会。

14 日　上午赴首都机场,欢送中共中央主席华国锋离开北京前往罗马尼亚、南斯拉夫、伊朗访问。

15 日　在《文艺报》第 2 期发表论文《关于培养新生力量》,系在中国文联第三届第三次(扩大)会议上的发言。

16 日　为在上海革命公墓举行的周信芳同志骨灰安放仪式送花圈。致胡锡培信。

17 日　列席第五届人大常务委员会第三次会议。

19 日　上午为在上海革命公墓举行的郑君里骨灰安放仪式送花圈。

25 日　下午陈白尘来访。

29 日　分别致杜埃、叶子铭信。

本月　在《十月》第 1 期(创刊号)发表评论《驳斥“四人帮”在文艺创作上的谬论并揭露其罪恶阴谋》,批判了“四人帮”的“文艺黑线专政论”、“三突出三陪衬”的创作原则、“从路线出发论”;认为新中国成立后的文艺,“在我国悠久的文学史上翻开了新的篇章”;重新发表短篇小说《春蚕》。

本月　《林家铺子》收入“文学小丛书”,由人民文学出版社出版。内收《春蚕》《秋收》《残冬》《林家铺子》。

本月　作五言诗《为三联书店成立三十周年作》,后收入三联书店香港分店出版的《生活·读书·新知三联书店成立 30 周年纪念集》。

本月　周而复来访,谈及写作回忆录之事。

本月　完成随笔《需要澄清一些事实》。

9 月

1 日　上午为在八宝山革命公墓礼堂举行的摄影家郑景康追悼会送花圈。晚上出席我国 11 个人民团体在人民大会堂举行的招待会,热烈庆祝中日和平友好条约的签订。

3 日　在《文汇报》发表旧体诗《为关良画〈晴雯补裘〉题诗》,即《题〈红楼梦〉画页》之《补裘》,注明"茅盾诗","关良画"。茅盾在诗中采用《奇闻录》中的故事,将晴雯比作名画里呼之欲出的真真,亦即从书中唤出心胸清白的晴雯,表达了对晴雯的赞美。

5 日　在香港《文汇报》发表旧体诗《为香港〈文汇报〉作》,为庆贺香港《文汇报》创办 30 周年,应该报编辑部之约而作,称颂香港《文汇报》做出的贡献,并希望该报在为祖国实现"四化"的新长征道路上发挥更大的作用。下午往首都机场,与邓小平、叶剑英、李先念等党和国家领导人迎接华国锋主席访问罗马尼亚等国回国。

6 日　致孙中田信。

7 日　分别致顾彭年、高鹤云信。

8 日　下午出席中国妇女第四次全国代表大会开幕式。致近代史研究所信。

9 日　出席中国作家协会组织一批作家去大庆油田参观访问而举行的欢送会。

13 日　列席第五届人大常委会第四次会议。

15 日　分别致姜德明、李文浩信。

16 日　为在杭州举行的京剧表演艺术家盖叫天骨灰安放仪

式送花圈。

17 日　下午与乌兰夫、邓颖超等出席中国妇女第四次全国代表大会闭幕式。

19 日　致五四文学社信,附寄为北大学生刊物《未名湖》题写的刊头。

21 日　分别致臧克家、姜德明、胡锡培信。致姜德明信中谈到办《小说月报》情况:"是一人编辑",只有一个助手"登记稿件,校看初样";"至于海外文坛消息,是我一人包办。每期多少条不等,来源是英、法、日的文学刊物或综合性刊物而常有之文艺消息者,还有伦敦《泰晤士报》及《纽约时报》的书评专刊等等,共十来种","海外文坛消息都是每期现找、现译,于杂志出版前二十日发稿,当时商务各杂志自发稿至出版,规定为四十天,从不脱期"。

22 日　致陈瑜清信。

25 日　上午会见瑞士文化人士代表团。

28 日　作旧体诗《题〈红楼梦〉画页》七绝 4 首。

29 日　分别致陈荒煤、毕朔望、叶子铭、魏绍昌、吉少甫信。

30 日　晚上出席华国锋主席为庆祝中华人民共和国成立 29 周年在人民大会堂举行的招待会。

下旬　北京大学恢复成立的"五四"文学社准备出版"未名潮"文艺丛刊,在校刊上开辟《未名潮》文艺副刊。茅盾为《未名潮》题写了刊名。

10 月

1 日　晚上出席在首都体育馆进行的首都各界人民庆祝中华人民共和国成立 29 周年庆祝晚会。

4 日　分别致王西彦、周雷信。

5 日　致袁宝玉信。

8 日　在《文汇报》发表七言律诗《读〈稼轩集〉》,原题《咏史》。该诗借史抒怀,通过吟咏南宋爱国词人辛稼轩的生平事迹,曲折地表达了作者晚年对于"文革"时期坏人当道、好人遭殃的愤慨心情。末句更是语重心长,表现这位文坛长者对于各地友人的怀念之情。当时曾将此诗题赠各地友人,给大家以深刻的教育与鼓舞。

同日　在《人民日报》发表《重印〈中国神话研究 ABC〉感赋二绝》,《编者附记》云:"《中国神话研究 ABC》是茅盾同志 1928 年在日本时所著,当时署名玄珠,1929 年 1 月上海世界书局出版。这是我国第一部关于中国神话研究的著作,最近由人民文学出版社重新出版。"第 1 首记述 50 年前流亡日本从事神话研究的情况。第 2 首抒写今天重印此书的感慨。诗以"阿弥陀"结尾,虔诚希望在古代神话研究方面出现更多后起之秀。

9 日　出席中国作家协会和《人民日报》联合召开的大会,欢送作家艾芜、徐迟等到"四化"建设的第一线深入生活,并致欢送词。

10 日　致姚雪垠信。

11 日　下午出席在人民大会堂举行的中国工会第九次全国代表大会开幕式。致姜德明信。

16 日　下午出席在人民大会堂举行的中国共产主义青年团第十次全国代表大会开幕式。

17 日　下午为在八宝山革命公墓礼堂举行的著名作家赵树理骨灰安放仪式送花圈。

18 日　为在杭州举行的中国美协副主席、浙江美术学院院长、著名画家潘天寿先生追悼会送花圈。

20日 作论文《作家如何理解实践是检验真理的唯一标准》。

24日 致周扬信。

27日 上午郭沫若著作编辑委员会正式成立,并召开了第一次编委会,被推举为委员,主任为周扬。

30日 致陈瑜清信。

本月 作旧体诗《题赵丹白杨合作〈红楼梦〉菊花诗画册》。

本月 上海《收获》杂志编辑到北京组稿,来访。见茅盾正在写路易·艾黎英译《白居易诗选》的序,即要求把中文稿交给他们发表,茅盾"不得已允之"。

本月 手书七律《题〈红楼梦〉十二钗画册》其一"红楼艳曲最惊人",于曹雪芹逝世200周年时作条幅赠作家黄钢、家琨同志。

11月

2日 下午赴八宝山革命公墓礼堂,出席中共中央统战部副部长齐燕铭同志追悼会,并献花圈。

5日 致《文学评论》编辑部信。

6日 致康濯信。

10日 在《诗刊》11月号发表旧体诗绝句《题〈红楼梦〉画页》七绝4首,亦刊于《社会科学战线》1987年第4期。按:1978年《社会科学战线》杂志社为编印《1979年〈红楼梦〉图咏月历》,特请国画家刘旦宅绘制《红楼梦》故事图12幅,并请文艺界知名人士茅盾、姚雪垠、吴世昌、周汝昌、张伯驹分别为这些画页题诗。茅盾应约为《补裘》《葬花》《读曲》《赠梅》4幅题诗。该月历后由吉林人民出版社出版。

12 日　上午赴中山公园中山堂,出席孙中山先生诞辰 112 周年仪式。完成《白居易及其时代的诗人——为路易·艾黎英译〈白居易诗选〉而作》。

14 日　致姜德明信。

15 日　在《文艺报》第 5 期发表论文《作家如何理解实践是检验真理的唯一标准》,亦刊于 12 月 5 日《人民日报》。指出"实践是检验一部文艺作品是否成功,是否伟大的唯一标准,也是检验作家世界观是否正确的唯一标准",结合作家创作实际来说,"一个作家有了无产阶级的世界观而不深入生活,是写不出作品来的;同样,一个作家光有革命热情,领受了政治任务,甚至有了重大的主题,但不深入社会实践,也一定写不出好的作品来。'四人帮'推行的那套'领导出思想,作者出笔杆',是彻底摧毁文艺百花园的大棒"。认为"一个作家的思想落后于时代,或者对新事物的敏感性萎缩了,其根本的原因都在于缺少社会实践",倡导"实践是检验真理的唯一标准","为文艺事业开辟了广大法门,为作家们创造新体裁新风格乃至新的文学语言,提供了无限有利的条件"。

同日　为浙江桐乡乌镇中学题写校牌"浙江桐乡乌镇中学"、校徽"桐乡乌镇中学"。① 致姜德明信。

16 日　《中国妇女》杂志社记者吕瑛和中国妇联等 3 位同志来访,请他讲述"五四"时期妇女解放启蒙运动的情况。② 下午叶子铭来访。

19 日　在《人民日报》发表杂论《一点感受》,是 11 月 14 日

---

① 王加德:《茅盾与乌镇中学》,《湖州师专学报》1985 年第 3 期。
② 吕瑛:《茅盾与五四时期妇女解放运动》,《中国妇女》1981 年第 5 期。

致姜德明信的一部分。

21 日 致毕朔望信。

24 日 作评论《为介绍及研究外国文学进一解》。

26 日 分别致臧克家、林默涵信。致林默涵信中谈及长征贺电一事,请其读《鲁迅研究资料》第一辑,并提出"在贺电原稿未发现以前,长征贺电以鲁迅署名为妥。此亦实事求是的态度";特别提到"建国初年,鲁迅陈列馆中,有一幅画,画的是鲁迅坐着执笔,我站在他后面,画下题为《鲁迅与茅盾起草长征贺电》。当时我发现见了,即告陈列馆人,此非事实","他们也回答不出所以然,后来就把这幅画撤除了。"

同日 为《子夜》德文版作《致德国读者》,后收入德译本《子夜》德国柏林欧伯包姆文学政治出版社 1978 年版,亦收入《茅盾研究在国外》湖南人民出版社 1984 年 8 月版。文章说:"通过文学作品,各国人民可以增进相互了解。现实主义的文学作品反映了光明与黑暗的搏斗,反映了人民革命的主流,它是时代进军的号角","在这个意义上,《子夜》如果能够帮助德国读者对本世纪三十年代中国人民所经历的艰苦卓绝的革命斗争有一个大概的了解,那将是我的绝大荣幸"。

27 日 下午出席对外友协为庆祝南斯拉夫国庆举行的电影招待会。

28 日 致鲍祖宣信。晚上出席南斯拉夫驻华大使为庆祝南斯拉夫成立 35 周年举行的招待会。

本月 作旧体诗《赠曹禺》、七言绝句《赠楼炜春》。《赠楼炜春》附注云:"楼炜春于 30 年代蒋介石查禁进步刊物书店之时创办天马书店,专出左联成员及进步作家之作品,一时突破了蒋家文化围剿之一角。诗中所咏皆纪实也。"诗中所记系 20 世纪 30

年代上海进步文艺界所进行的反文化围剿斗争中的一段史迹。作者热情回忆往事,赞扬楼炜春和几个朋友创办的天马书店,犹如异军突起,虽属一翼"偏师",却在突围之网中起了很大的作用。进而描绘蒋家书社门庭萧瑟的冷落景象,与上海左翼文艺运动形成极其鲜明的对照。

本月 《茅盾评论文集》(上、下)由人民文学出版社出版。收入原载于《鼓吹集》《鼓吹续集》《读书杂记》中的文艺评论 48篇和学术专著《夜读偶记》《关于历史和历史剧》《中国神话研究初探》。除《中国神话研究初探》外,其他均作于 1949 年后至 1956 年前。前言(1978 年 2 月 6 日作)为初次发表。

本月 在《新文学史料》1978 年第 1 期发表《茅盾回忆录——商务印书馆编译所生活之一》,后收入《我走过的道路(上)》人民文学出版社 1981 年 10 月版。

12 月

1 日 分别致中国作家协会广东分会、姜德明信。

2 日 下午给在八宝山革命公墓礼堂举行的公安部副部长、政协常委杨奇清同志追悼会送花圈。

9 日 致全国通用教材编写会议中学语文组信,信中说:"来信及《风景谈》排样都收到了。我把你们寄来的排样同《茅盾文集》中所收的《风景谈》校对一遍,发现你们改字删字共有百数十处之多","你们改字改句,增字增句,多达百数十处,我不懂为何有此必要。大概你们认为文章应该怎样写,有一套规范,不合你们的规范,就得改。那么,又何必选作家的文章来做教材呢?每个作家有自己的风格。你们这种办法(随便删改,却又不明言),实在太霸道,不尊重作者的风格","我严正地要求你们不要把

《风景谈》编入中学教材。因为我有权坚决保护我的作品不被人乱改"。接到茅盾的信件之后,编写组不得不做出让步让《风景谈》保持了原貌。

13 日　接见出席儿童文学创作学习会的全体同志。

15 日　分别致曹禺、杜埃、《教与学》编辑部信。致《教与学》编辑部信中附《教与学》刊头和《一剪梅》词一首,后刊于《湖州师专学报》1986 年 6 月增刊 2 辑

中旬　艾黎接到茅盾所作序《白居易及其同时代的诗人——为路易·艾黎英译〈白居易诗选〉而作》,倍受感动,写信表示谢忱。

16 日　分别致荒芜、黎丁信。

17 日　向新华社记者发表谈话,热烈祝贺中美关系正常化。下午中国少年儿童出版社举办的儿童文学创作学习会的四十几位同志前来看望,发表讲话并合影留念。

23 日　在《文艺报》《人民文学》《诗刊》编委会讨论文艺如何为"四化"服务的联席会议上作书面发言,称现在"四人帮"彻底打倒了,但"四人帮"的流毒和影响却远未肃清,在实践是检验真理的唯一标准面前,不存在什么"禁区",不存在什么"金科玉律",这为文艺事业开辟了广阔的道路,为作家创造新体裁、新风格乃至新的文学语言,提供了无限有利的条件;有了这些,"百花齐放,百家争鸣"才不是一句空话。

25 日　致姜德明信。

26 日　列席第五届人大第五次常委会议,听取黄华外长关于中美关系正常化谈判结果的报告。

27 日　下午为在八宝山革命公墓礼堂举行的全国科协副主席、记者范长江同志追悼会送了花圈。

30 日　在《社会科学战线》第 4 期发表《关于〈红楼梦〉故事图题诗四首及给〈社会科学战线〉编辑部的信》，系据手稿制版。

本月　为《大众电影》复刊题诗。

春　作《〈李自成〉杂感》，标题为编者所加。

秋　胡乔木来寓所拜访，代表中央首长关怀回忆录的写作，希望茅盾能早日把历史的真实情况写出来。①

秋　法国作家苏珊娜·贝尔纳来寓所拜访。回答了关于《子夜》的创作过程，对于现实主义的基本认识以及同鲁迅的交往等问题。②

年底　作《一九七九年元旦祝词》，此篇为对台湾广播稿，曾在电台广播。

本年　应田间要求编选《茅盾诗词》，由河北人民出版社出版。因编选仓促，有些诗词尚未定稿，又因用简体字排版，易产生歧义，茅盾不甚满意，想另行编选一本比较完整的诗词集。③

本年　作家康濯、张僖、李准来访。为《湘江文艺》题写刊名。

---

①　刘文勇：《他，永远活在人们心中——记与茅盾先生的两次会见》，《广西文艺》1981 年第 9 号。

②　苏珊娜·贝尔纳：《走访茅盾》，《新文学史料》1979 年第 3 期。

③　沈霜、陈小曼：《〈茅盾诗词集〉后记》，刊于《茅盾诗词集》，上海古籍出版社 1985 年版。

1979年（己未）　83岁

▲2月，中共中央宣传部批准文化部党组决定，对新中国成立后17年来所谓"旧文化部""才子佳人部""帝王将相部""外国私人部"这一大错案，以及因所谓"十七年文艺黑线"等错案受到迫害、诬陷者彻底平反。

▲3月30日，邓小平在党的理论工作务虚会上作题为《坚持四项基本原则》的讲话。

▲10月30日—11月16日，中国文学艺术工作者第四次全国代表大会在北京举行，邓小平代表中共中央和国务院向中国文学艺术工作者第四次代表大会致祝词，周扬作了题为《继往开来，繁荣社会主义文艺》的报告。会议选举茅盾为中国文联名誉主席，周扬为主席。

1月

1日　下午出席全国政协举行的座谈会，并作书面发言。

5日　在《浙江文艺》1978年1月号发表七言律诗《读吴恩裕〈曹雪芹佚著及其传记材料的发现〉》，亦刊于《河北文学》1979年第1期、《红楼梦学刊》1979年创刊号。原题为《读吴恩裕近作〈曹雪芹佚著及其他〉》，编入河北人民出版社1979年版《茅盾诗词》时改为现题。

7日　分别致托乎提·巴克、张盛裕信。

9日　在《文献》1979年第1辑发表鲁迅、茅盾关于英译中国短篇小说集《草鞋脚》的书信和资料手稿。

13 日　致姜德明信。

14 日　在《解放日报》发表旧体诗《题赵丹白杨合作红楼梦菊花诗意图册》，后收入《茅盾诗词》河北人民出版社 1979 年版。附作者按："1978 年 10 月抄为魏绍昌之《〈红楼梦〉菊花诗画册》作，此册赵丹画菊、白杨写菊花诗十二首。"茅盾应魏绍昌之约为这一画册亲笔题诗。这是一首五言古诗。作者赋事而兼咏物，构思相当巧妙。因诗及画，由画颂菊，以菊喻人，诗、画、菊、人融为一体。

同 日　上午孙中田到南三条拜访茅盾，茅盾谈了未曾出版的两篇小说《少年印刷工》《走上岗位》和《子夜》的出版情况。

16 日　作《答〈人民中国〉》，标题为编者所加。

20 日　在《大众电影》复刊第 1 期发表六言古风《为〈大众电影〉复刊题诗》手迹（1978 年 12 月写），原题为《茅盾同志为〈大众电影〉复刊题诗》。该诗抒发对过去内容的缅怀和对复刊后的希望。后改题《为〈大众电影〉恢复刊名作》，收入《茅盾诗词》河北人民出版社 1979 年版。22 日分别致吴世昌、施蛰存信。

24 日　下午出席中外文学家在新侨饭店礼堂举行的春节茶话会，并致辞。下午为张际春、徐海东、吴芝圃、刘长胜、张霖之、王世英、南汉宸、刘裕民平反昭雪追悼会送花圈。

25 日　下午为廖鲁言、徐小荣、胡锡奎、刘锡五、王其梅同志平反昭雪追悼会送花圈。

同 日　在《收获》第 1 期发表《白居易及其时代的诗人——为路易·艾黎英译〈白居易诗选〉而作》。

27 日　晚上出席在人民大会堂举行的首都人民春节联欢晚会。

28 日　在《河南日报》发表旧体诗《奉和雪垠兄》并《小序》，

亦刊于《滇池》第 5 期。发表时有《编者附记》:"上面刊登的中国作家协会主席茅盾和作家姚雪垠的诗。是本报记者采访姚雪垠的时候,作者送给本报发表的。这二首诗均为第一次同读者见面。"茅盾诗前有小序云:"雪垠兄以春节感怀见示,步韵奉和并请指正。"按:1977 年 2 月,姚雪垠曾将《春节感怀》寄呈茅盾,诗中明显流露出"百感交集,怅然寡欢"的苦闷心情。茅盾于 1977 年 3 月 14 日和诗一首,加以深情慰勉。首联称赞友人具有不可摧毁的豪情壮志,颔联是对友人创作长篇历史小说《李自成》的赞美之辞,希望社会给予作家更多的支持。尾联勉励并祝愿友人。全诗情深意挚,语重心长。

同日 在《人民日报》发表七言绝句《赠曹禺》。1978 年 11 月,曹禺的历史剧《王昭君》在《人民文学》发表。茅盾看到剧本后,怀着喜悦的心情,写下这首七言绝句表示祝贺。诗后附注云:"30 年代末,《雷雨》在上海演出。《明朗的天》为曹禺同志在解放后所写第一个话剧,《胆剑篇》是他所写的第一个历史剧。"该诗运用形象思维,选择曹禺一生中几个最有代表性的剧本,借以颂扬他在我国现代戏剧史上对中国话剧奠基式的贡献和里程碑式的成就。

本月 《老兵的希望》《试谈短篇小说》《杂谈短篇小说》收入《论短篇小说创作》,由人民文学出版社编印。在《东海》1979 年 1 月号发表旧体诗词《西江月·故乡新貌》二首(1977 年 12 月作):其一,表达对于故乡日新月异的发展变化感到由衷的喜悦和欣慰。其二表达对于故乡的思念和祝愿。词中选择两个颇为典型的故乡景物——唐代银杏和昭明书室,借以表达自己深切思念的感情。

本月 作散文《自传》,后刊于《文献》第 1 辑,亦刊于《丹东师专学报》1979 年第 1 期;续写《回忆录》,完成《革新〈小说月报〉的前后》一章。

2 月

月初 人民文学出版社社长韦君宜来访,同意为人民文学出版社召开的中长篇小说部分作者座谈会讲一次话。①

4 日 致钟伟今信,告知寄上应德清文化馆钟伟今之请为拟创刊的文艺刊物《莫干山》题写刊头。

6 日 下午为在八宝山革命公墓礼堂举行的第五届政协常委龙潜追悼会送花圈。

6—13 日 出席人民文学出版社举行的部分中长篇小说创作座谈会,并作长篇讲话《在部分中、长篇小说座谈会上的讲话》,后刊于《新文学论丛》1979 年第 1 期。

8 日 分别致赵丹、黄镇、聂华苓信。致赵丹信由北京寄到上海,托魏绍昌转交。询问当年在新疆的一些情况。

10 日 分别致林焕平、冯亦代信。

11 日 致徐重庆信。

15 日 致《中学语文》编辑部信。在《作品》1979 年第 2 期发表《茅盾同志的信》,系茅盾致中国作家协会广东分会的信。

同日 下午出席在人民大会堂举行的苏振华同志追悼会。

16 日 致林默涵信,谈及即将召开的第四次文代会,建议特邀"所有的老作家、老艺术家、老艺人","不漏掉一个",因为这些同志中间,由于错案、冤案、假案的桎梏,有的已经沉默了 20 多年了。指出"有的省市在为文艺工作者落实政策上,动作缓慢",

---

① 韦君宜:《敬悼茅盾先生》,《文汇月刊》1981 年第 5 期。

希望能"尽快为这些同志落实政策,使他们能以舒畅的心情来参加会议"。该信后转至胡耀邦手上,立即指示中组部等四部委联合召开文艺界落实知识分子政策的座谈会,研究在文艺界如何进一步加快落实政策,把第四次文代会开成一个文艺界团结、跃进的大会。①

17 日　致胡锡培信。

21 日　作杂论《对于儿童诗的期望》。

22 日　致林焕平信。下午为在八宝山革命公墓礼堂举行的翦伯赞追悼会送花圈。

23 日　致徐重庆信。

本月　在《教与学》浙江师范学院创刊号发表词《一剪梅》(手迹),亦刊于《人民日报·战地增刊》1979 年第 3 期、香港《大公报》1979 年 5 月 18 日。② 此诗为湖州而作,词前原有小序:"辛亥革命之前年,余曾求学与湖州中学,近有湖州来人谓解放后湖州工农建设气象蓬勃,前途大好,喜而赋此。"词的上片通过今昔对比,写出湖州翻天覆地的巨大变化。下片采用比喻、象征手法,祝愿故乡人民在工业生产、文化教育方面取得更大的成就。作者殷切期望湖州青年文采焕发,把故乡建设成真正的文化之邦。本月,为山东淄博市蒲松龄故居题写条幅,内容是清代诗人王渔洋的七言绝句。署"沈雁冰书,一九七九年三月",后此条幅

---

①　刘崀:《从茅盾的信到胡耀邦讲话——亲历 1979 年文艺界的一次重要会议》,《纵横》2010 年第 7 期。

②　该词写作时间存疑,在《战地》发表时注明"1971 年作,1979 年书于北京"。一般版本注明"1972 年元旦"。费在山在《茅盾〈一剪梅〉词的写作年代》一文中引韦韬的信说:"那首词是家父唯一为湖州作的。当时有某杂志一位美术编辑去了湖州回京,向家父索字,家父就填了这首词。填词的年代是 1973 年。"见湖州师专《茅盾研究》第 2 集。

被刻石立于故居院内。为浙江省湖州中学实验大楼题字:"科学馆 茅盾七九年二月"。①

本月 在江西《信江》第 2 期发表旧体诗《为沈本千画师题西湖长春图》4 首,系 1974 年 3 月应约为沈本千《西湖长春图》所题 4 首绝句。

本月 在《新文学史料》第 2 辑发表散文《商务印书馆编译所生活之二——〈回忆录〉二》,后收入《我走过的道路》(上)。本文回忆了在商务印书馆开始的初期文学生涯和文学思想;发表《需要澄清一些事实》(1978 年 6 月至 8 月作),谈关于"两个口号论争"的一些史实。

3 月

月初 被推举为《人民文学》编辑部举办的 1978 年全国优秀短篇小说评选委员会评委之一,为主任委员。

6 日 出席 1978 年全国优秀短篇小说评选委员会评选会议,并讲话。最终评选出优秀短篇小说 25 篇。

7 日 作六言诗《敬题邓雅声烈士遗诗集》。致柳尚彭信,谈《白杨礼赞》写作情况:"《白杨礼赞》写作时间大概是 1941 年,于重庆。赴延安是 1940 年 6 月,于西安遇见朱总司令,搭他的车到延安。"

12 日 致于逢信。

18 日 致林焕平信。

20 日 致姜德明信。

22 日 下午法国文学工作者苏珊娜·贝尔纳来访。谈到

---

① 李广德:《茅盾与湖州关系概述》,《湖州师专学报》1986 年增刊 2 辑。

《子夜》写作情况、与鲁迅的交往等事。①

26 日 在《人民日报》发表评论《中国儿童文学是大有希望的——对参加"儿童文学创作学习会"的青年作者的谈话》，亦刊于《儿童文学丛刊》总第 7 期。

同日 出席并主持《人民文学》编辑部举办的 1978 年全国优秀短篇小说评选发奖大会，并讲话。

30 日 列名中国科学院副院长童第周治丧委员会。致湛有恒信。

本月 在《人民日报·战地增刊》第 3 期发表词《一剪梅》。下注"1971 年作，1979 年书于北京"。

4 月

9 日 赴北京医院向童第周遗体告别，并向其子女表示问候。

10 日 致林焕平信。

11 日 下午出席在八宝山革命公墓礼堂举行的童第周追悼会。

17 日 致姜德明信。

18 日 《中国青年报》记者前来采访。分别致于逢、明华信。

中下旬 凤子来访，茅盾答应参加田汉追悼会，并致悼词。②

20 日 在《人民文学》4 月号发表杂论《在 1978 年全国优秀短篇小说发奖大会上的讲话》。

---

① 苏珊娜·贝尔纳：《走访茅盾》，《新文学史料》1979 年第 3 辑。亦刊于《中国文学》英、法文版 1979 年第 2、3 期。

② 凤子：《难忘的回忆——敬悼茅盾同志》，《文艺报》1981 年第 9 期。

24 日 上午为邓宝珊先生追悼会送花圈。

25 日 下午出席在八宝山革命公墓礼堂举行的田汉同志追悼会,送了花圈,并致悼词。

26 日 分别致阳翰笙、林焕平、碧野、于逢、王立诚信。致阳翰笙信中反映有些省市虽已把错划右派的文艺工作者恢复工作,但仍未公开平反,并举林焕平为例加以说明。"既然要开大团结是大会,像林焕平这样的老资格文艺工作者(并未退休,且仍在工作,有著作),是不是可以当代表呢?"

27 日 致朱棠信。

29 日 作散文《北京话旧》。

30 日 致罗俞凡信。

5 月

3 日 下午出席共青团中央举办的纪念五四运动 60 周年大会。会前,与华国锋、邓小平、李先念等党和国家领导人,接见了出席中国青联第五届全国委员会第一次全体会议全体委员和全国学联第十九次代表大会的全体代表。

同日 致邵伯周信,后刊于《上海师范学院学报》(社哲版)1982 年第 1 期。谈到"我最早的文学论文,从发表的时间来看,是登在《东方杂志》第 17 卷 1 号上的《现在文学家的责任是什么?》,署名佩韦。但《新旧文学评议之评议》因为登在'小说新潮'栏,所以容易引人注意,至于《社会主义下的科学和艺术》不是论文而是一篇译文"。

4 日 下午出席座谈会,作《在"五四"时期老同志座谈会上的发言》,该文未公开发表,后据手稿收入《茅盾全集》第 17 卷。

4—7 日 出席第五届政协常委会第三次会议。

8 日　下午与周扬联合发起成立鲁迅研究学会,并成为该学会筹备小组成员。筹委会决定出版《鲁迅研究集刊》。

同日　分别致欧阳山、陈荒煤信。

9 日　致郭述中信。

12 日　致湖南人民出版社信。

14 日　致陈铁健信,谈对瞿秋白的看法,后刊于《历史研究》1979 年第 9 期。

15 日　致林焕平信(由人代写)。

20 日　出席《红楼梦学刊》编委会成立会,作为学刊顾问为学刊题写了刊名。①

21 日　为浙江省桐乡县石门中学和石门镇完全小学题写数条校名真迹,供学校挑选录用。②

25 日　在全国少年儿童创作评奖第一次会议上,被推选为评奖委员会委员。

28 日　在《人民日报》发表评论《对于儿童诗的期望》。

本月　在《滇池》第 5 期发表《和〈春节感怀〉》,即 1979 年 1 月 28 日发表的《奉和雪垠兄》。在《新文学史料》1979 年第 3 辑发表散文《革新〈小说月报〉前后——〈回忆录〉之三》,后收入《我走过的道路(上)》,全面回忆了 1919 年至 1921 年的工作和生活,特别是改革《小说月报》的经过。

本月　丁玲平反回京,看望茅盾。③

本月　作《再说几句》,为答复《鲁迅研究资料》编辑部针对

---

① 刘梦溪:《茅盾同志与红学》,《红楼梦学刊》1981 年第 3 辑。

② 张剑镕:《茅盾夫妇与石门湾》,刊于桐乡市茅盾研究会编《乌镇之子茅盾》,桐乡市茅盾纪念馆 2001 年。

③ 丁玲:《悼念茅盾同志》,《人民文学》1981 年第 5 期。

作者的《需要澄清一些事实》一文所发表的《也来澄清一些事实》而作。

6月

2日 叶子铭来访,商谈编选《茅盾论创作》有关事宜。

4日 分别致陈铁健、乐黛云、段宝林信。致陈铁健中再谈对瞿秋白的看法。

4—7日 出席全国政协第五届常务委员会第四次会议。

9日 分别致郑幼敏、段宝林信。

10日 手书《一剪梅·关怀》(1974年2月作)、《题高莽为我所画像》(1977年12月1日作),1979年6月24日分别刊于香港《文汇报·文艺周刊》、香港《新晚报》。

11日 致林默涵信(署沈雁冰),对于林默涵信中谈到的文学理论批评工作座谈会上有人认为"'文革'前十七年已经形成一条'左'倾文艺路线,'四人帮'的极左路线,只是集中了十七年'左'倾错误之大成",茅盾在回信中表示,这种观点是错误的,"是不符合历史发展的实际的内在因果的……假使这些议论扩散开去,我怕会被'四人帮'余党所利用,造成思想混乱"。

14日 为原教育部副部长柳湜同志追悼会送了花圈。出席第五届政协常务委员会第五次会议。

15日 下午出席第五届政协第二次会议开幕式,并在主席台就座。

17日 下午在第五届全国人民代表大会预备会上被选为第五届全国人民代表大会第二次会议主席团成员。

同日 时任《鲁迅研究年刊》主编、西北大学教授阎愈新赴北京采访茅盾。请茅盾对学习和研究鲁迅作出指导,茅盾主张实事求是,反对神化歪曲鲁迅:"鲁迅研究中有不少形而上学,把鲁迅神化了,把真正的鲁迅歪曲了。鲁迅最反对别人神化他。鲁迅也想不到他死了以后,人家把他歪曲成这个样子。大概有的人是为了显示自己研究鲁迅有特点,所以提出了稀奇古怪的'假说'。比如说证明鲁迅的旧体诗《湘灵歌》是为纪念杨开慧写的。据我所知,鲁迅并不知道杨开慧,我也没有给他谈过杨开慧。我是认识杨开慧的,1926年在广州的时候,我就住在毛主席家里。再如对鲁迅《自题小像》的解释,许寿裳的意见是权威性的。因为许寿裳和鲁迅是好朋友,他了解鲁迅的思想。"茅公尖锐地批评:"鲁迅研究中也有'两个凡是'的问题。比如说有人认为凡是鲁迅骂过的人就一定糟糕,凡是鲁迅赏识的就好到底。我看并非如此。这类事情要实事求是。"①

18 日 下午出席第五届人民代表大会第二次会议开幕式。

20 日 为在上海龙华公墓大厅举行的散文家孔另境(孔德沚的弟弟)追悼会发唁电,唁电中说:"一生为新文化教育服务,兢兢业业,却遭林彪、'四人帮'迫害致死。含冤十年,现得以平反昭雪,将慰死者于九泉之下……"

21 日 下午出席第五届人民代表大会第二次会议全体会议。

23 日 出席在八宝山革命公墓礼堂举行的原纺织部副部长张秋琴②同志追悼会,并送花圈。

24 日 作词《西江月·祝〈民族团结〉复刊》。

28 日 上午出席中共中央举行的邀请民主党派和无党派人

---

① 阎愈新口述,阎喜记录整理:《茅盾:反对"神化鲁迅"》,《文汇读书周报》第1628号第一、二版"特稿",2016年8月15日发行。

② 张秋琴系茅盾的弟弟沈泽民的夫人。

士民主协商会,就增补和调整全国人大常委会副委员长、国务院副总理、政协副主席人选征求意见,并发言。

本月 为云南大理白族自治州下关市文化站主办的文艺小报《洱海》题写刊头,书赠条幅,内容为"题白杨图"诗,并作小注:"余曾作白杨礼赞画家采取其意作图为题俚句,录一九四三年旧作,洱海编辑部两正 茅盾一九七九年六月北京。"①

本月 在《新文学论丛》第 1 辑发表讲话《在中、长篇小说座谈会上的讲话》。

本月 续写《回忆录》,完成《复杂而紧张的生活、学习与斗争》一章。

7 月

1 日 分别致林焕平、戴淼信。下午出席第五届人民代表大会第二次会议闭幕式。

2 日 上午出席第五届政治协商会议第二次会议闭幕式。下午出席政协常委会座谈会。

4 日 致姚以恩信。

10 日 在《诗刊》7 月号发表旧体诗《为徐平羽之新出土秦汉瓦当拓本作》(署茅盾 1963 年 9 月 29 日写),后收入《茅盾诗词》河北人民出版社 1979 年版。

同日 下午香港大学中文系教师来访。

11 日 下午楼适夷、姜椿芳、黄源来访。

12 日 上午出席原教育部副部长、中国民主促进会副主席林汉达追悼会。晚上赴政协看电影,一为墨西哥片,一为香港

---

① 晓雪:《洱海的悼念》,《民族团结》1981 年第 5 期。

《天堂奇遇》。

15日 分别致孔令仁、外文出版社编辑部信。

17日 下午湖北省博物馆来人询问有关董必武的情况。

20日 致钱钟书信。

21日 致时钟雯信。

22日 在《文汇报》发表《关于曹雪芹佚著〈废艺斋集稿〉的两封信》《读〈曹雪芹佚著及其传记材料的发现〉》，亦刊于《红楼梦学刊》第1辑。

25日 分别致赵朴初、胡锡培、杨非信。致杨非信中回忆中央军事政治学校女生队的情况。

27日 下午楼适夷、吴伯箫、王廷芳及四川大学一人来谈《郭沫若研究专刊》事。

本月 在《民族团结》复刊号发表词《西江月·祝〈民族团结〉复刊》。按：1979年7月，国家民委机关刊物《民族团结》正式复刊。茅盾应该刊编辑之约，欣然题写《西江月》词一首，词的上片热切希望我国各民族人民团结起来，高举马克思列宁主义、毛泽东思想的红旗，齐心协力有所作为。下片祝愿各族人民在新的历史时期各项工作取得更大的胜利，让文化科学之花灿烂开放。在向"四化"进军的道路上，勇于攻克险关要隘，敢于攻破坚固堡垒，夺取更大胜利。

本月 在《新文学史料》1979年第4期发表散文《复杂而紧张的生活、学习与斗争(上)——〈回忆录〉之四》。回忆1921年中国共产党创始时期主要的革命活动和文学上与"礼拜六派"等的斗争。

8月

3日 为在八宝山革命公墓礼堂举行的全国妇联前副主席、

第四届政协常委刘清秧同志追悼会送花圈。

5日 作《西江月·为新刊〈苏联文学〉作》。

7日 上午为《西湖揽胜》题写"沁园春"。下午文联金絮光来言,请茅盾为 10 月 5 日召开的文代会作一首七律,以便开幕时合唱。

8日 作《文艺春天》歌词,又作《沁园春》。

11日 修改为文代会开幕所作《沁园春》。

13日 致胡锡培信。上午为在八宝山革命公墓礼堂举行的原文联副主席、文化部副部长刘芝明同志追悼会送花圈。

14日 作词《沁园春·为〈西湖揽胜〉作》。致郭风信。

同日 作自由体诗《文艺春天之歌》,为全国第四次文代会作,未公开发表。后收入丁茂远《茅盾诗词鉴赏》杭州大学出版社 1991 年 1 月版。本诗前 10 句为六言,记述文艺界人士聚会一堂,共商文艺复兴大计;中间 4 句为整齐的七言句式,希望文艺界友人迅速投入新的长征;后 6 行为散句,热情歌颂党中央的正确领导。

15日 作《沁园春·为第四次文代大会开幕作》,上片高度评价这次大会,生动描述第四次文代会的盛况;下片激励广大文艺工作者轻装上阵,一起开往新长征的战场。后收入《茅盾诗词》河北人民出版社 1979 年版。

16日 致林默涵信。下午会见泰国知名人士访华团,就中国文学创作和儿童文学创作等问题进行友好交谈。

18日 戈宝权来访,送上茅盾和鲁迅写给伊罗生的信件复印件。

21日 下午毕朔望、萧乾来访。

23日 作《〈茅盾短篇小说集〉、〈茅盾散文速写集〉序》。下午法国巴黎大学两位教授来访,并拍照。

24 日　晚上赴政协观看电影苏联片《蜜月》。

25 日　上午为在八宝山革命公墓礼堂举行的电影事业家夏云瑚先生追悼会送花圈。下午出席张闻天追悼会,并送花圈。

26 日　下午夏云瑚之女来访,谈及中国作品应当翻译为德文,因外国人对 20 世纪 30 年代作品比较熟悉而对后来的作品所知甚少。

28 日　下午作法译本《动摇》序。

30 日　作《沉痛哀悼邵荃麟同志》。

同日　接待来访的金立人,回答关于五卅时期教职员救国同志会的有关情况。作回忆录《关于五卅时期职教员救国同志会的有关情况——一九七九年八月三十日答来访者》,未发表,据茅盾阅改稿收入《茅盾全集》第 17 卷。文章提供了有关五卅时期教师团体的若干史实。

同日　下午上海复旦大学某女士来询问关于陈望道若干事。

本月　在《中学语文教学》《教学与研究》第 3 期发表《关于〈白杨礼赞〉的复信》。

9 月

1 日　作旧体诗《祝文艺之春》。

2 日　作论文《温故以知新》。致姜德明信。

5 日　致姜德明信。下午为在八宝山革命公墓礼堂举行的原中共北京市委书记邓拓同志追悼会送了花圈。作七绝一首,赠时钟雯教授。

11 日　上午为香港《地平线》创刊写祝贺短文。下午会见吴昌泰,吴请为《文艺报》撰稿,茅盾答应给《温故以知新》一文。

14 日　下午为在八宝山革命公墓礼堂举行的原北京市副市长吴晗及夫人袁震同志追悼会送花圈。

15 日　在《历史研究》第 9 期发表书信《关于重评〈多余的话〉的两封信》,两封信分别为 5 月 14 日、6 月 4 日致陈铁健的信。

同日　致罗章龙信。

19 日　下午林默涵、李季、孔罗荪、张僖来谈文代会筹备事宜。

20 日　致许德珩信。作旧体诗《国庆三十周年献词》3 首。下午邵荃麟追悼会在八宝山革命公墓举行,出席并送花圈致哀。并为在西安举行的中国作家协会副主席、诗人柯仲平追悼会送花圈。晚上赴轻工业展览会参观。

同日　在《人民文学》第 9 期发表散文《沉痛哀悼邵荃麟同志》,后作为《代序》收入《邵荃麟评论选集》人民文学出版社 1981 年版。

24 日　致刘英信。

25 日　作读书札记《马伶(抄自旧札记)》。下午出席并主持中国作家协会书记处会议,通过吸收中国作家协会新会员452 名。

26 日　下午接待法国来访者,谈中国文学。

27 日　下午罗章龙来访,向他请教关于 1923 年中共上海地方兼区执委会的相关情况。

29 日　下午出席中共中央、全国人大常委会、国务院为庆祝中华人民共和国成立 30 周年举行的大会。

30 日　晚上出席中共中央主席、国务院总理华国锋为庆祝中华人民共和国成立 30 周年举行的招待会。

本月　在《外国文学评论》第 1 辑发表评论《为介绍及研究外国文学进一解》，指出："我以为既然要从外国文学求借鉴，那就不应画地为牢，自立禁区，而是对于凡在一个时期发生巨大影响的作家，都应当作为或正或反的借鉴对象。这样才能达到取精用宏的目的，才能扩大眼界，解放思想，在文艺园地实现百花齐放。"

本月　在《当代》第 3 期发表序跋《两本书的序》，即《茅盾短篇小说集》《茅盾散文速写集》序，分别收入《茅盾短篇小说集》《茅盾散文速写集》。

本月　会见美国华盛顿大学时钟雯教授，就中国古典文学研究交换了意见。

本月　中国大百科全书总编辑姜椿芳和楼适夷、黄源来访，希望茅盾参加《中国大百科全书·中国文学卷》的工作。茅盾答应，并列名总编辑委员会。

本月　茅盾为原《杭嘉湖文艺》主编王克文书写《椰园即兴》，并写上："海南岛杂咏，一九六〇年旧作，克文同志两正。茅盾一九七九年九月，北京"，上钤"茅盾"印章。按：王克文曾于 1979 年 8 月写信向茅盾索字。

10 月

1 日　在《中国青年报》发表旧体诗七律《祝文艺之春》，附姚雪垠和诗。后收入《茅盾诗词集》和《茅盾全集》时加副标题"为第四次文代大会开幕作"。1980 年 2 月 15 日《羊城晚报》复刊，茅盾将此诗写赠，发表时题为《庆羊城晚报花地复刊》。这首七律言简意赅、语短情长，用生动形象的语言总结了自己几十年来丰富的创作经验，表达了对广大文艺工作者的殷切期望。

同日　在《人民日报》发表旧体诗七绝《国庆三十周年献词》

3首。其一,庆贺我国社会主义革命和建设取得巨大成就;其二庆贺我国人民团结战斗取得更大胜利;其三,庆贺我国国际地位日益提高。1980年10月,应香港《文汇报》副总编辑曾敏之要求,手书《国庆三十周年献词》之一题赠。手迹以"茅盾的书法艺术"为题,刊于香港《文汇报》1983年4月11日。

同日 在《文汇报》发表书法《百花齐放,百家争鸣,庆祝三十年——题〈文汇报〉》。

同日 晚上出席文化部和北京市委在人民大会堂举行的首都庆祝建国30周年联欢晚会。

4日 作《〈锻炼〉小序》,后刊于1980年12月香港时代图书有限公司和1981年5月北京文化艺术出版社出版的《锻炼》单行本。

5—7日 出席第五届政治协商会议常务委员会第八次会议。

9日 下午杨宪益、冯亦代及外文出版社《中国文学》编辑2人来,杨代表外文版《中国文学》邀其做主编,答应只是挂名;冯为《读书》约稿,允之。

10日 下午戏剧协会萧曼来为明年第一期《外国戏剧》约稿,希望撰文叙述1927年前中国排演和翻译的外国戏剧,允之。

12日 在《文艺报》第10期发表论文《温故以知新》,回顾了建国17年文艺工作的成就,指出党所领导的这支文艺队伍是好的,经得起考验;分析了粉碎"四人帮"后3年来文艺工作的情况,肯定了"伤痕文学"。

同日 分别致臧克家、赵清阁、楼适夷、刘桂生信。

14日 作《关于〈彩毫记〉及其它》。

15日 致叶子铭信,谈到九院校《中国现代文学史》中茅盾部分的错讹,如"用骈体翻译的美国卡本脱的科学著作《衣》、

《食》《住》等",其不合事实之处:第一,译文并非骈体而是杂有骈句的文言文(非桐城派);第二,"科学著作"应为"科学性的通俗读物",因为《衣》《食》《住》内容是自古以来世界各地各民族之穿衣、吃饭、住房之原料、制作方法与风俗习惯等。又指出:"《子夜》德文译本并非史沫特莱所译而是德国的 F. 柯恩博士(Dr. Frang Kuhn)。"

同日 为《外国戏剧》作论文《外国戏剧在中国》。

同日 在《长江文艺》10 月号发表六言古风《敬题邓雅声烈士遗诗集》。为缅怀邓雅声烈士,中共黄梅县委宣传部于 1979 年组织专人搜集烈士诗文,编成《邓雅声烈士及其遗著》,茅盾、赵朴初等为此书题诗。茅盾题诗手迹收入《邓雅声烈士及其遗著》。

17 日 在《人民日报》发表《答〈鲁迅研究年刊〉记者的访问》,亦刊于西北大学鲁迅研究室编《鲁迅研究年刊》。

18 日 致姚雪垠信。下午日本茅盾研究学者松井博光来访。

19 日 下午林默涵等来谈文代会事宜。

23 日 作论文《解放思想,发扬文艺民主》。下午沙汀、陈荒煤、杨霁云、王瑶、王士菁来商谈鲁迅研究学会准备召开鲁迅诞辰百年纪念会的相关事宜。

26 日 修改吴昌泰、刘梦溪起草的第四次文代会开幕词。

28 日 作《〈脱险杂记〉前言》。

30 日 上午会见瑞典文化人士代表团。下午出席中国文学艺术工作者第四次代表大会开幕式,并致开幕词。晚上出席文代大会组织的文艺晚会,观看大型民族舞剧《丝路花雨》,并接见剧组全体人员。

31 日　继续参加中国文学艺术工作者第四次代表大会。

同日　在《人民日报》发表《中国文学艺术工作者第四次代表大会开幕词》；发表《沁园春·祝文艺春天》(茅盾作词 焕之作曲)。

本月　会见南斯拉夫作家访华代表团。

本月　作评论《少儿文学的春天来了！——为儿童文学创作座谈会作》；作杂论《祝〈地平线〉出版一周年》，后刊于香港《地平线》第 7 期；作旧体诗七绝《赠吴文祺》，后刊于《文教资料简报》南京师院 1981 年 7—8 期合刊，亦刊于《文学报》1984 年 8 月 23 日。20 世纪 20 年代，茅盾和吴文祺有过密切交往。1979 年秋，吴文祺赴京参加学术会议，曾去看望茅盾。茅盾欣然赠诗留念。

本月　经儿子韦韬赠鲁德才条幅《赠梅》。①

本月　《茅盾论文学艺术》(丁尔纲、尹琪、方铭、刘献彪编)、《茅盾现代作家论》(刘献彪、方铭、尹琪、丁尔纲编)由郑州大学出版社出版。

11 月

1 日　上午出席第四次文代会。下午出席第四次文代会，听取周扬《继往开来，繁荣社会主义新时期文艺》的长篇报告。

2 日　分别致聂华苓、邹荻帆、江树峰信。

3 日　下午出席第四次文代会，作题为《解放思想，发扬艺术民主》的专题报告。因咳嗽难耐，讲话稿的首尾自己念，中间由人代念。

10 日　在《人民日报》发表读书札记《马伶(抄自旧札记)》。

16 日　下午出席中华全国文学艺术工作者代表大会第四次

---

① 鲁德才：《关于"茅盾题红诗"一首的说明》，《红楼梦学刊》2010 年第 4 辑。

大会闭幕式。当选为中国文联名誉主席、中国作家协会主席。晚上在中国文联举办的欢庆第四次文代会胜利闭幕的联欢晚会上，茅盾写的《沁园春·文艺春天》被谱曲歌唱，赢得如雷掌声。

17日 上午参加冯雪峰追悼会，送花圈致哀。

18日 上午参加周立波追悼会，送花圈致哀。

20日 在《人民文学》第11期发表评论《解放思想，发扬文艺民主——在中国文学艺术工作者第四次代表大会及中国作家协会第三次会员代表大会上的讲话》，报告共五节：一、充分肯定新时期三年来文艺创作的成就。二、谈解放思想。三、谈继承遗产，借鉴外国问题。四、谈作家既要站得高，鸟瞰全局，又要钻得深，对所写的具体事物有全面透彻的认识。五、要求作家，特别是年轻作家"补课"，补继承与借鉴文学遗产的课，补本国与外国历史的课，还要补"国际政策、经济、现代科学知识"的课。

24日 作散文《一点回忆——为湖北省博物馆董老展览室作》，回忆与董必武同志的交往，表达了钦仰之情。该文未公开发表，后据手稿收入《茅盾全集》第17卷。

26日 致沙汀信。

27日 作英译《草鞋脚》的《一点说明》。致安志洁信。

29日 下午研究张元济的新西兰籍华人宋女士来访。

本月 《茅盾诗词》由河北人民出版社出版。应田间之约，收集编选1940年至1979年间创作发表的诗词90余首。

本月 为江苏省一所乡村中学题写校牌"江苏省沛县鹿楼中学"。

本月 在《新文学史料》第5辑发表散文《茅盾回忆录之四——复杂而紧张的生活、学习与斗争（下）》，回忆1922年夏开始持续3年的文学研究会与创作社论战的经过，以及与"学衡派"的论战。

本月 词《沁园春·为〈西湖揽胜〉作》收入《西湖揽胜》,由浙江人民出版社出版,亦刊于《东海》1979 年第 12 期,后收入《茅盾诗词集》上海古籍出版社 1985 年版。茅盾应浙江人民出版社要求,为旅游读物《西湖揽胜》题字、题词。本词采用传统表现手法,通过吟咏杭州西湖绮丽的自然景色和岳飞、秋瑾等历史人物,表达作者赞美祖国壮丽河山以及渴望祖国繁荣富强的爱国主义激情。

12 月

1 日 在少年儿童出版社于上海举办的儿童文学创作座谈会上作书面发言,题目为《少年文学的春天到来了!》

2 日 在《文汇报》发表评论《少儿文学的春天来了! ——为儿童文学创作座谈会作》。

4 日 作七绝《纪念蔡和森同志》。

5 日 为原中国曲艺研究会主席王尊三追悼会送花圈。

同日 在《人民日报》发表书信《致伊罗生信(三件)》(与鲁迅合署,分别写于 1934 年 7 月 14 日,7 月 31 日,8 月 22 日),亦刊于《鲁迅研究资料》1980 年第 6 期。

8 日 致陈沂信。

9 日 作杂论《我所知道的张闻天同志早年的学习和活动》。在《浙江日报》发表《沁园春·为〈西湖揽胜〉作》(手迹)。

10 日 分别致刘英、中共中央纪委会第八组信。致中共中央纪委会第八组信中谈及瞿秋白 1931 年在上海受王明打击时的生活情况。

同日 作散文《纪念蔡和森同志》,未公开发表,现据手稿编入《茅盾全集》第 17 卷。

12 日　中国鲁迅研究会成立,宋庆龄担任名誉主席,茅盾任会长。学会拟出版《鲁迅研究》和《鲁迅研究丛书》。

同日　在《文艺报》第 11—12 期合刊发表《在中国文学艺术界联合会第四次全国代表大会上的开幕词》。

14 日　在《人民日报》发表杂论《我所知道的张闻天同志早年的学习和活动》。下午出席作协主席团会议。

中旬　陈荒煤等来访,商讨成立中国鲁迅研究会和会长人选问题,推选茅盾担任会长。①

16 日　致沙汀信。

24 日　外文出版社来谈出版外文版《茅盾选集》事宜,确定为 100 余万字,包括《蚀》《虹》《子夜》《腐蚀》《清明前后》及短篇小说 1 卷。

同日　致吴文祺信。

25 日　致周红兴信。

本月　作散文《往事的回忆——纪念蔡和森同志》。

年底　为《随笔》题写刊名。茅盾的儿媳陈小曼将茅盾题写的《随笔》刊名寄给编辑部,并附一信:"《随笔》编辑部:寄上《随笔》题签,请收。顺便告诉您们,请不要寄稿费来,任何题签,沈老都不收稿费的。另,给《花城》编辑部的信,麻烦您们转交一下。敬礼!"

年底　作《咏西湖长联》,未发表,题目为编者所加。

---

①　陈荒煤:《拿起笔来,为了共产主义的理想而战斗——悼念茅盾同志》,《人民文学》1981 年 5 月号。

本年 为《深圳文艺》杂志题写刊头。为新华书店上海发行所出版的《书讯》报题写刊名,后未采用,题字刊登在 1980 年《书讯》创刊号上。[①]

本年 人民文学出版社举办"全国部分中长篇作者座谈会",在会上先后两次发言。

本年 哮喘病重时,几乎每天晚上都要输一袋氧气才能安枕。警卫员每天去医院换氧气袋。茅盾嘱咐警卫员:"(开红旗牌轿车到医院换氧气袋)太浪费了,你骑自行车去行吗?"有时刮风、下雨或天寒地冻,就让警卫员坐公共汽车,并"将准备好的零钱递到小伙子手里"。[②]

1980 年(庚申) 84 岁

▲2 月 23—29 日,中共中央召开党的十一届五中全会,通过《关于党内政治生活的若干准则》,选举胡耀邦为总书记。

▲6 月 17 日,中国文联、作协、社会科学院联合举行座谈会,纪念瞿秋白就义 45 周年。

▲11 月 20 日,中国最高人民法院特别法庭开始公审林彪、江青反革命集团主犯。

1 月

月初 中国作家协会决定成立 1979 年全国优秀短篇小说

---

① 陆潜:《记茅盾先生两次为〈书讯〉报题词》,《编辑学刊》1999 年 1 月。

② 顾志成:《一代文学巨匠的琐事——茅盾的故事》,《文学报》1984 年 3 月 29日。

评选委员会。茅盾任主任委员,由 25 人组成评委会。

2 日　上午丁玲、陈明来访谈约 1 小时。

4 日　在《人民日报》发表散文《我所知道的张闻天同志早年的学习与活动》。下午长春制片厂翻译潘女士来访。

5 日　上午外文出版社来访,为英文版《茅盾选集》拍照。

7 日　致周红兴信,了解《热血日报》的情况。

9 日　下午法国人于如柏等 2 人来访。

11 日　1979 年全国优秀短篇小说评选委员会,就评选工作方针问题交换意见。

16 日　作《〈茅盾短篇小说选〉法译版序》,后收入法国卫城出版社版《茅盾短篇小说选》。作杂论《夜半偶记》,后刊于《光明日报》1981 年 8 月 16 日。

17 日　致阳翰笙信。为黄慕兰平反事,转约夏衍、胡愈之、梅益等签名,致信邓颖超。

18 日　为政协常委、副秘书长、民革秘书长梅龚彬追悼会送花圈。

19 日　在《苏联文学》1980 年第 1 期发表《西江月·为新刊〈苏联文学〉作》。按:1980 年 1 月,北京师范大学文学研究所主办的《苏联文学》杂志在北京创刊,茅盾应编者要求于 1979 年 8 月 5 日写了这首《西江月》庆贺杂志创刊。

同日　致姚雪垠信。作七言古风《欢迎鉴真大师探亲》。下午与北京语言学院几位留学生谈《子夜》的创作问题,访问记录《答北京语言学院留学生》收入《茅盾全集》第 27 卷。

20 日　分别致赵朴初、吴文祺信。

22 日　下午《红旗》杂志编辑萧英等 2 人来谈,要求写纪念瞿秋白的文字。

24日 分别致黄慕兰、邹荻帆信。致黄慕兰信中告知邓颖超已两次催促第十三处处长速办其历史问题案,劝其少安毋躁。

25日 作散文《追念吴恩裕同志》。在《散文》第1期重新发表散文《鞭炮声中》,该文原作于1937年1月9日,茅盾于1979年9月写附记,说明此篇写于"西安事变"之后,当时被国民党检查官抽去,未能刊出,现找出原稿。

26日 上午为文联副主席、影协主席、著名电影艺术家蔡楚生追悼会送花圈。在《中国青年报》重新发表散文《一点回忆和感想》,该文写于1945年5月2日,原载重庆《大公报》1945年5月4日。

29日 致于逢信。

30日 作散文《回忆秋白烈士》。

同日 赵朴初致茅盾函,对茅盾为鉴真像"探亲"所撰诗提出修改意见。

本月 长篇纪实性散文集《脱险杂记》由香港时代图书有限公司出版,包括《劫后拾遗》《生活之一页》《回忆之一页》《脱险杂记》《虚惊》《过封锁线》《太平凡的故事》《归途杂拾》,并附前言(1979年10月28日作)。散文集中《脱险杂记》最初连载于《进步青年》1949年6月至11月,第2至第7期,题为《生活之一页》,1946年6月由新加坡南洋出版社出版单行本,后经作者略作修改,并改为现题。

本月 为左联50周年纪念题词一则,后刊于《社会科学》第1期。为《北方文学》增刊"文艺天地"题字。为新蕾出版社编辑出版的《童话》题词:"为童话之百花齐放而努力!茅盾一九八〇年元月"。题写"浙江省嘉兴地区群众艺术馆",所附陈小曼的信中说:沈老"由于手颤抖,写得不好,他说,你们看着办,不合用就算了。"①

本月　乐黛云主编《茅盾论中国现代作家作品》由北京大学出版社出版,共收 34 篇茅盾自 20 年代至 40 年代所写的作家论。

本月　作《回忆录》,完成《"五卅"运动和商务印书馆罢工》一章。

本月　在《八小时之外》丛刊第 1 期发表散文《北京话旧》(1979 年 4 月 29 日作)。《在一九七八年全国优秀短篇小说评选发奖大会上的讲话》收入《一九七八年全国优秀短篇小说评选作品集》,由人民文学出版社出版。

2 月

4 日　作《补充几句——写在〈蚀〉后面》,后附于 1980 年 4 月人民文学出版社第 7 次印刷的《蚀》单行本卷末。

同日　在《外国戏剧》第 1 期发表论文《外国戏剧在中国》,对外国戏剧对中国现代戏剧的影响,尤其是新中国成立前国内搬演外国名剧的史实进行了回顾。文章还介绍了当时翻译过来的各种外国剧本,认为"代表各种流派的外国戏剧纷纷介绍过来,这就为我们产生自己的话剧作家创造了条件"。

同日　分别致赵清阁、黄慕兰、柳无非、邹荻帆、胡锡培、袁珂信。

8 日　分别致周扬、赵丹信。致赵丹信中请赵丹帮助回忆在新疆的往事。

10 日　作《中国当代文学研究资料·序》。致赵朴初信,回

---

①　李广德:《茅盾与湖州关系概述》,《湖州师专学报》1986 年第 3 期。

复赵朴初1月30日来信中提出的关于鉴真诗作的意见。

15日 致碧野信。

16日 致林焕平信。

17日 出席纪念商务印书馆建立100周年座谈会并发言。

21日 下午为第五届政协委员何连芝追悼会送花圈。

22日 在《新文学史料》1980年第1期发表散文《文学与政治的交错——〈回忆录〉之六》,回忆1920年到1924年的革命活动和文学活动。

25日 作《谈文学翻译》,即《茅盾译文选集·序》。

27日 致张慧珠、王积贤信。

28日 列为纪念蔡元培先生逝世40周年筹委会委员。

29日 下午为原中国画院院长叶恭绰追悼会送花圈。

本月 柯蓝来访,约请茅盾为《红旗》杂志撰写一篇为瞿秋白同志平反的文章。茅盾谈到自己在1928年营救瞿秋白夫妇的情景,以及瞿秋白躲在他家时对《子夜》提出宝贵意见、自己如何按照他的意见修改小说。

本月 在《四川文学》第2期重新发表《试谈短篇小说》。

本月 书《庆〈羊城晚报·花地〉复刊》赠《羊城晚报》;书写条幅《读稼轩集》赠陈沂;书写条幅《题红楼梦画页·葬花》赠田仲济;书写条幅《题红楼梦画页·赠梅》赠余修同志;书写条幅《题题红楼梦画页·读曲》赠重庆同志。

3月

5日 作《〈世界文学名著杂谈〉序》。

7日 出席文联和各协会党组扩大会议,听取周扬传达党的十一届五中全会精神。

9 日　在《羊城晚报》发表《〈脱险杂记〉前言》。

10 日　在《读书》第 3 期发表杂论《关于〈彩毫记〉及其它》。

12 日　上午出席在中山公园中山堂举行的纪念孙中山先生逝世 55 周年仪式。

15 日　在《时代的报告》创刊号重新发表《关于报告文学》。

16 日　在《红旗》第 6 期发表散文《回忆秋白烈士》。

17 日　作散文《可爱的故乡》。因不能多用眼，此文由茅盾口述，陈小曼记录。

18 日　作杂论《在纪念'左联'成立 50 周年大会上的书面发言》。

19 日　下午为李季追悼会送花圈。

28 日　下午出席文化部、中国文联、中国社会科学院联合举办的纪念"左联"成立五十周年大会，作书面发言。

29 日　在《人民日报》发表杂论《在纪念"左联"成立五十周年大会上的书面发言》(3 月 18 日写)。

30 日　在《湖南日报》发表旧体诗七绝《纪念蔡和森同志》，题为《敬怀蔡和森同志》，后收入《茅盾诗词集》上海古籍出版社 1985 年版时，改题为《纪念蔡和森同志》。1923 年夏，茅盾担任中共上海地方兼区执行委员会执行委员，负责国民运动中的统一战线工作。当时因工作关系和蔡和森同志有所接触。本诗满怀热情颂赞蔡和森同志在中国革命初期的战斗英姿。按：1980 年 3 月 30 日，是蔡和森诞辰 85 周年。人民出版社专门出版了《蔡和森文集》和《蔡和森回忆录》。邓小平、陈云、聂荣臻等亲笔题词。茅盾撰写《往事的回忆——纪念蔡和森同志》，此诗亦附之中。

31 日　巴金、孔罗荪来访。

本月 散文《往事的回忆——纪念蔡和森同志》收入《蔡和森回忆录》，由人民出版社出版。

本月 在《南京师范大学学报》1980年第2期发表《中国当代文学研究资料·序》。

本月 《脱险杂记》由中国社会科学出版社出版，附前言（1979年10月28日作）。

本月 书写条幅《读稼轩集》并《脱险杂记》一册寄赠陈学昭。

4月

月初 因病住院。

17日 中国笔会中心在北京成立，为第一批会员之一，并被选为十五人理事会成员之一，主席为巴金。

本月 长篇小说《蚀》由人民文学出版社第七次印刷，附《补充几句——写在〈蚀〉后面》。该文亦刊于《河北日报》1981年4月5日。

本月 《茅盾短篇小说集》（上、下册）由人民文学出版社出版，书前有序（1979年8月23日作）。该集收入1928年至1948年各时期所作的短篇小说51篇，分4辑，第1辑收1928年至1930年创作的小说9篇；第2辑收1931年至1934年创作的小说12篇；第3辑收1935年至1937年创作的显示15篇；第4辑收1941年至1948年创作的小说15篇。

本月 致刘献彪信，该信后刊于《河南日报》1981年4月19日。

本月 在《中国现代文艺资料丛刊》第5辑发表《关于选编〈草鞋脚〉的一点说明》。后稍作修订改题为《关于〈草鞋脚〉》，收入湖南人民出版社 1982 年 1 月版《草鞋脚》，与鲁迅所作《〈草鞋脚〉小引》一文，并为序言。

5 月

5 日　在《人民日报》发表旧体诗《欢迎鉴真大师探亲》。按：我国唐代高僧鉴真像在日本长老护送下将回国"探亲"。当时主办单位日中文化交流协会、朝日新闻社、中国佛教协会，事先商定合作编一本《鉴真大师回国巡展纪念集》，双方约请中日两国的知名人士写诗作文。我国佛教协会会长赵朴初约请茅盾赋诗填词。茅盾欣然应允，写成这首七言古风。诗的第一部分写这位唐代高僧的功德才华和成长过程；第二部分称赞鉴真为加强中日文化交流所作出的贡献。这首抒情诗中包含若干叙事成分，可以看出作者对于历史和佛学方面的广博知识。

7 日　叶子铭来医院探望。为之审定《茅盾文艺杂论集》篇目。

10 日　作《五十年前一个亡命客的回忆》。在《福建文艺》第 5 期重新发表《一个理想碰了壁》，该篇作于 1948 年 8 月，初刊于《小说》第 1 卷第 3 期。

15 日　列名刘少奇治丧委员会委员。

17 日　下午出席在人民大会堂举行的刘少奇同志追悼会，并送花圈。

20 日　作《〈茅盾文艺评论集〉序》。

22 日　在《新文学史料》1980 年第 2 期发表散文《五卅运动与商务印书馆罢工——〈回忆录〉之七》，回忆 1925 年在上海参加五卅运动和领导商务印书馆罢工的经过。

25 日　在《浙江日报》发表散文《可爱的故乡》，尽情歌颂自己的故乡："我的家乡乌镇,历史悠久……镇上古迹之一有唐代银杏,至今尚存,我为故乡写的一首《西江月》中有两句:'唐代银杏宛在,昭明书室依稀'。"但"1940年母亲的去世,终于切断了我与故乡连接的纽带","然而漫长的岁月和迢迢千里的远隔,从未遮断我的乡思"。文章还回忆了浙江许多历史上的杰出人物,从周恩来、鲁迅,到陈望道、蔡元培、沈钧儒、郁达夫、章太炎、秋瑾等等,从而寄语故乡的亲人:"浙江是有革命传统的! 踏着前辈的足迹,高举四个现代化的旗帜前进再前进!"

29日 作序跋《〈张闻天早期文学作品选〉序》。

30日 为湖南省作协和团省委合编的《小溪流》题签书名。

本月 散文《可爱的故乡》在《浙江日报》发表后,收到编辑部汇来的50元稿费,立即叫陈小曼退回40元,并附一信以作解释:"你们给的稿费实在太多了,沈老让我退回40元,留下10元,免得一点不收你们又再次寄来,这样大家都不安心。请体谅老人的心情,并转告一下财务部门,免得他们又将40元退回来。"①在医院治病期间对儿子韦韬谈到想要入党的意愿。②

本月 作《〈生活·创作和艺术规律〉序》,是为评论家杜埃评论集写的序,后刊于《人民日报》1982年3月4日。认为杜埃的评论文字有三大特色:第一,谈生活与创作关系的文字"极为精彩";第二,谈具体作品之文"真是目光四射",百草千花,尽收药囊,读读如旱天得啖冰雪;第三,论社会主义文学特性和培养青年作家的问题。

本月 《茅盾近作》由四川人民出版社出版,收17篇文章,

---

① 江坪:《关于茅盾的〈可爱的故乡〉——致〈湖州师专学报〉编者》。
② 陈培源:《"我的心向着你们"——记中国现代文学巨匠沈雁冰的最后时刻》,《文汇报》1981年4月8日。

除《关于长篇小说〈李自成〉的通信》写于1975年外,其余各篇均写于1978年以后,包括文学创作的通讯、讲话和论著,涉及当代、现代文学和古典文学,涉及儿童文学和历史小说,涉及外国文学的介绍与翻译,而贯穿全部文章的主旨是解放思想、发扬文艺民主,贯彻"双百"方针。文章明白晓畅,卓有见地,多是作家自己创作的经验之谈。

本月 论文集《茅盾论创作》由上海文艺出版社出版,前附序言(1979年8月15日作)。该书由叶子铭编辑,收入73篇文章,分3辑:第1辑谈创作经验,大多是作品的前言、后记;第2辑是作家论等对别人作品的评论;第3辑泛论创作的选材、构思等写作技巧。全书基本上汇集了茅盾自五四运动以来文学生涯中写下的有关创作的主要文字。

本月 题词"为童话之百花齐放而努力!"收入《童话》第1辑,由新蕾出版社出版。

6月

1日 在《人民日报》发表散文《斯人宛在,光鲜逾昔——史沫特莱逝世三十周年》。文中写道:"近来我病中多暇。在说起要为我们敬爱的史沫特莱开纪念会后,我不禁回想她之为作家、记者、革命者、中国之友、妇女运动家、国际主义志士的哀乐的一生,颇觉其犀利(时或近于刻伤)、绝俗(时或近于愤世)、创新(时或近于无恕)、利他(时或近于虐己),其中闪烁着高尚品格的光芒。可说是20世纪同辈人物中所罕见的。我静对夜窗,反复细味,感触很多,同时也在精神上获一安慰和启示,好比看到太空中一道彗星昂然而又悠然逝去。再来想想她所眷恋至死的中国和世界人民,就平添了几分勇气和信心。"这段文字表明,茅盾对史沫特莱的人品有着深刻的认识和理解。

3 日　病愈出院。

17 日　下午出席中国文联、中国作协、中国社会科学院联合举办的纪念瞿秋白同志就义 45 周年座谈会，并作发言，高度评价瞿秋白的革命活动和文学活动。

19 日　为王芸生追悼会送花圈。

28 日　致黄慕兰信。

本月　作旧体诗《赠丁聪》，未公开发表，后收入《茅盾诗词集》上海古籍出版社 1985 年版。茅盾于 1944 年在重庆写过一篇《读丁聪的〈阿 Q 正传〉故事画》。该手稿由丁聪长期保存，"文革"期间被抄，后侥幸发还。丁聪失而复得，兴奋异常，特将这份手稿裱成一个手卷，卷前加裱了一段空白的书笺。"他于是将裱就的手卷拿到茅盾家里去给他老人家看看，茅公看时很高兴，且愿意题诗在上面。""这一年，他眼睛不好，每天找他写东西的人不绝，我不好意思去催他。"因此，直到 1980 年 6 月，丁聪才得到茅盾在手卷上的题诗。[①] 诗前有茅盾自注云："(1)凡识丁兄者，皆谓天生孩子面孔。(2)广人方言，凡作威作福者谓猛人，以此指'四人帮'"。

7 月

2 日　为原最高人民检查署副检查长、党组书记李六如追悼会送花圈。

4 日　致冯其庸信。

[①]　参见杨槐：《茅盾手稿〈读丁聪的〈阿 Q 正传〉故事画〉》，《红岩》1982 年第 2 期。

8 日　作序跋《〈神话研究〉序》。

9 日　作序跋《〈茅盾文艺杂论集〉序》。

10 日　作序跋《〈柳亚子诗选〉序》。

12 日　为安子文同志追悼会送花圈。写完回忆录《创作生涯的开始》。

16 日　为中央统战部副部长、政协常委薛子正同志追悼会送花圈。

27 日　作杂论《〈小说选刊〉发刊词》。

30 日　法国胡尔曼教授来访。

31 日　致聂华苓信。

本月　《〈霜叶红似二月花〉新版后记》收入《霜叶红似二月花》，由四川人民出版社出版。

本月　为纪念中国共产党成立 59 周年，作《沁园春》。后刊于《人民日报》1981 年 6 月 29 日。发表时有编者附记："茅盾同志去年为纪念党的生日写了《沁园春》。后因纪念日已过，未曾发表。"全诗抓住党的第一次全国代表大会这一开天辟地的历史事件，充分表达自己对党的赤诚之心。上阕描绘嘉兴南湖烟雨楼前的自然景物，抒发深沉怀念之情；下阕直抒胸臆讴歌党的诞生。

8 月

3 日　致冯乃超信。

11 日　出席宋庆龄为欢迎美国作家伊罗生而设的家宴，丁玲也在座。

13 日　致冯乃超信。

15 日　在《红楼梦学刊》第 3 辑发表散文《追念吴恩裕同

志》。

17 日　中国报告文学创作研究会在武汉成立,被聘为顾问。

21 日　北京大学学生刊物主编士方来访,茅盾在本子上写下:"谢谢你们。我的手抖不能多写"几个字。[①]

22 日—10 月 10 日　在香港《新晚报·人物志》连载回忆录中《我的家庭与亲人》(上、下)和《我的学生时代》。

22 日　在《新文学史料》1980 年第 3 期发表散文《中山舰事件前后——〈回忆录〉之八》。回忆 1926 年 1 月到广州参加国民党第二次全国代表大会和留在广州作毛泽东秘书的情况、蒋介石制造中山舰事件前后,以及返回上海后的一系列革命活动。

25 日　在《文艺研究》第 4 期发表论文《现实主义与反现实主义的斗争是文艺历史发展的规律》。此文为写于 1959 年 10 月的旧稿《〈夜读偶记〉后记之后记》,此前未曾发表。

28 日　出席全国政协第三次会议开幕式,听取邓小平同志的开幕词。

29 日　在第五届全国人大第三次会议预备会议上,被选为第五届人大第三次会议的主席团成员。

本月　在《苏联文学》1980 年第 3 期发表《谈文学翻译》。此文后作为《茅盾译文选集·序》收入《茅盾译文选集》上海译文出版社 1981 年 9 月版。文章强调翻译应做到"信、达、雅":"信即忠于原文;达即译文能使别人看懂;雅即译文要有文采"。认为散文必须"直译","很重要一点是要能将他的风格翻出来";对于译诗则主张意译,"这是指对于死译而言的意译,不是任意删改原作的意译","换句话说,主要在于保留原作神韵的译法"。并

---

①　士方:《茅盾与北京大学文学社》,《海内与海外》2006 年第 11 期。

总结了两条翻译经验："（一）不任意删改原文；（二）合乎原诗的风格，原诗是悲壮的，焉能把它译为清丽。"

本月 《世界文学名著杂谈》由百花文艺出版社出版。此书为《世界文学名著讲话》与《汉译西洋文学名著》的合集。书前序强调该书出版旨在"引导""现在的青年，尤其是中学生""有选择地阅读外国文学作品"，而保留了原译本中的介绍文字，是为"保存史料"。

本月 续写《回忆录》，完成《"左联"前期》一章。

本月起 《茅盾回忆录》在香港《新晚报》连载。

9 月

1 日 日本早稻田大学安藤阳子夫妇来访，请教有关翻译茅盾作品的问题。

10 日 下午出席第五届人民代表大会第三次会议闭幕式。

11 日 分别致赵清阁、姜德明信。

12 日 下午出席第五届政协第三次会议闭幕式，当选为政协章程修改委员会委员。

15 日 致黄育顺信。为中国作协外国文学委员会主任、著名作家杨朔追悼会送花圈。

同日 作《法译本〈路〉自序》，文中说："我写《路》时，正值五烈士被害前后，就想通过作品，指示青年以出路。原来写的是中学生，瞿秋白看了原稿，认为应当写大学生，又谓书中有些恋爱描写是不必要的。我尊重他的意见，都照改了。"还指出书中主角火薪传，名字用了《庄子·养生主》中一段话："指穷于为薪，火传也，不知费尽也。""谓传火于薪，薪不尽，火亦终不灭也。我借这个典故，还暗示了革命之火已燃烧到工农群众，工农杀不尽，最后胜利是必然的。"

17 日　作《〈我走过的道路〉序》。

29 日　下午出席政协章程修改委员会第一次会议。与巴西驻京记者莫隆谈有关生平和创作的问题,并留有《与巴西驻京记者莫隆的谈话》(记录稿摘要)。

本月　将《西江月·为新〈苏联文学〉作》书赠林焕平。林焕平回忆:"打倒'四人帮'以后,拨乱反正,茅盾虽已很少写评论文章,但他偶有用旧诗词来表现关于文艺的方针政策的见解。例如,1980 年 9 月,他赠我一张条幅,写的是他 8 月所作的《西江月》……我觉得,这正是我们今天应当遵循的政策。而且在党的领导下,文艺界也正是逐步这样做了。"①

本月　作旧体诗《喜闻重建圆明园·赋二绝》。按:1980 年,北京市有关部门接受海内外人士的建议,决定组织力量重建圆明园。获悉这一消息后,茅盾作七绝两首。第一首记述圆明园的现存遗址与即将恢复的喜人前景;第二首祝愿重建圆明园的工程早日完成。

本月　桑弧来访,就改编电影文学剧本《子夜》交换了意见。上海《萌芽》杂志负责人哈华来访,请茅盾为复刊的《萌芽》写连续性的辅导文章。茅盾答应把过去写给初学写作者的信交给《萌芽》发表。不久,寄去 30 多封信,还写了《写在前面的话》作为序言。②

本月　手书"祝《地平线》创刊两周年",后刊于香港《地平线》第 13 期。为少数民族文艺会演题词一则,刊于《民族团结》

---

① 林焕平:《简论茅盾晚年的诗词》,《人民日报》1982 年 3 月 11 日。
② 哈华:《巨星的陨落——悼茅盾同志》,《萌芽》1981 年第 5 期。

第 9 期。

本月　续写《回忆录》,完成《〈子夜〉写作的前前后后》一章。

10 月

3 日　在《小说选刊》第 1 期发表序跋《〈小说选刊〉发刊词》。

5 日　作杂文《魔术万岁》。

7 日　下午出席政协常委第十三次全体会议,被选为辛亥革命 70 周年纪念筹备委员会副主任委员。

18 日　致赵清阁信。

30 日　作序跋《写在〈给初学写作者的信〉前面》。

本月　在家中会见南斯拉夫作家访华团。

本月　手书《读稼轩集·浮沉湖海词千首》,赠山东济南市辛稼轩纪念堂①;应请手书《国庆三十周年献词》之一赠香港《文汇报》副主编曾敏之,后以《茅盾的书法艺术》为题,刊于香港《文汇报》1983 年 4 月 11 日;手书《祝全国科技大会》赠湖南作家金振林。

本月　日译本长篇小说《霜叶红似二月花》由日本岩波书店出版。

本月　续写《回忆录》,完成《〈春蚕〉〈林家铺子〉及农村题材的作品》《我的婚姻》二章。

11 月

4 日　致叶君健信。

---

①　刘占然:《沈老向辛稼轩纪念堂赠诗》,《济南日报》1981 年 4 月 12 日。

5 日　致梦禅信。

9 日　致茹志鹃信。

10 日　将在粉碎"四人帮"以后重版的《子夜》《林家铺子》《夜读偶记》《茅盾短篇小说集》《茅盾论创作》等,赠给浙江桐乡乌镇中学。

12 日　在《战地》第 6 期发表书信《谈编副刊》,该信即 1980 年 9 月 1 日致姜德明信,谈及关于编副刊的一些想法。

15 日　作评论《梦回琐记》。致伊罗生信,该信后刊于《茅盾研究》第 3 辑。

18 日　在《羊城晚报》发表序跋《〈柳亚子诗选〉序》,并收入《柳亚子诗选》人民文学出版社 1980 年 11 月版。

22 日　在《新文学史料》1980 年第 4 期发表散文《一九二七年大革命——〈回忆录〉之九》。

25 日　为科普杂志《科幻海洋》题写刊名。

27 日　作散文《关于〈草鞋脚〉》。

28 日　和田苗一起观看公审林彪、江青反革命集团实况电视转播。赠田苗重印《霜叶红似二月花》一本。

本月　作七言绝句《赠丁景唐》,后收入《茅盾诗词集》上海古籍出版社 1985 年版。按:1980 年 5 月,在北京参加全国出版工作会议期间,丁景唐曾去看望茅盾,并当面请教有关瞿秋白、鲁迅研究中的几个问题。临别要求茅盾题诗留念,茅盾欣然同意。此后茅盾病情加重,多次住院抢救,不幸于 1981 年 3 月溘然长逝。韦韬在整理遗物时,发现这首诗,致信丁景唐:"我找出了父亲赠您的小诗的手稿,现在把它寄给您。"丁景唐接到手稿时,心情颇为激动,他说:"我捧读这份手稿,实是百感交集。这首七言绝句固然是应我的请求而作,而实际上却是茅盾同志对鲁迅、瞿秋白在左翼文化运动和左翼文艺运动中的历史功绩的高度评价。"①诗歌也充分肯定了丁景唐多年从事瞿秋白、鲁迅研究取得的成果。

本月 写旧体诗七绝《怀老舍先生——为挈青夫人作》,直接收《茅盾诗词集》上海古籍出版社 1985 年版,现收《茅盾全集》第 10 卷。1980 年 11 月,茅盾应胡挈青要求,写下此诗。

本月 写下"俯首甘为孺子牛""录自鲁迅自嘲"。

本月 写七绝《祝〈广镜角〉月刊百期纪念》。

本月 泰文版小说集《残冬》由泰国竹林出版社出版,泰国吉滴玛·翁腊培翻译,收入《春蚕》《秋收》《残冬》《林家铺子》等。

本月 续写《回忆录》,完成《文艺大众化的讨论及其它》一章。

12 月

7 日 致方纪信。

10 日 为茹志鹃《草原上的小路》作序,题为《〈草原上的小路〉序》,后刊于《上海文学》1981 年第 5 期。并作散文《纪念蔡和森同志》,该文未公开发表,后据手稿收入《茅盾全集》第 17 卷。

15 日 致茹志鹃信。

本月 长篇小说《锻炼》由香港时代图书有限公司出版,后由北京文化艺术出版社于 1981 年 5 月出版。全书 27 章,书前有小序。小说曾于 1948 年 9 月 9 日至 12 月 29 日在香港《文汇报》连载。1979 年作者修改时,将发表于 1934 年《文艺先锋》的《走上岗位》第 5、6 章修改后,移作《锻炼》第 14、15 章。小说以

---

① 丁景唐:《茅盾悼念瞿秋白的一首遗诗》,《人民日报》1985 年 6 月 20 日。

"八一三"战争开始到结束为背景,广泛地展现了全面抗战初期上海各阶层的社会动态。

本月　《茅盾散文速写集》(上、下)由人民文学出版社出版,共 17 辑(上册 10 辑,下册 7 辑);《霜叶红似二月花》由四川人民出版社出版。

本月　收到桑弧寄来的电影文学剧本《子夜》二稿。认为此稿基本上可以投入拍摄。

本月　湖州电影公司徐重庆收到茅盾为他写的条幅"世事洞明皆学问,人情练达即文章",这是茅盾书写条幅的封笔之作①。乌镇中学精心裱糊章柏年书写的"树老雄风""增寿"二轴条幅寄赠茅盾,茅盾授意儿子韦韬复信。应邀为《啄木鸟》题写刊名,并赠魏军《蚀》《脱险杂记》各一册,扉页有题字。

本月　续写《回忆录》,完成《多事而活跃的岁月》一章。作《读茹志鹃小说稿的笔记》,标题为编者所加。

夏　韦韬和陈小曼与茅盾谈起当代青年中一些思潮时说,有一部分青年在"文革"中长大,他们看到的更多是党的黑暗面,对党不那么信任了,甚至不想入党了。茅盾听到这些极为痛心,决定站在党的行列里,考虑其党籍问题。②

秋　被聘为《中国当代文学研究资料丛书》顾问,并为其写序。

秋　关于设立鲁迅文学奖金的草案送给茅盾征求意见。茅盾很赞成,并对韦韬、陈小曼表示想要献出稿费来设立一个长

①　李广德:《茅盾与湖州关系概述》,《湖州师专学报》1986 年 S3 期。
②　徐和民、胡颖《巨匠的遗愿——茅盾在最后的日子里》,《瞭望》1981 年第 2 期。

篇奖。①

秋　巴西《圣保罗之页》报首任驻京记者莫隆和法文译员来访。莫隆拿法文版《子夜》请茅盾签名。②

本年　为"湖州工艺美术服务部"题写店名。该店在湖州人民路销售湖笔和手工艺品,经常接待外宾。

本年　在《人民中国》(中文版)第1期发表散文《五十年前一个亡命客的回忆》。

本年　法文版《茅盾短篇小说选》(卡特丽娜·维纳尔译)由法国卫城出版社出版,内收《林家铺子》《儿子开会去了》《大鼻子的故事》《过年》《一个理想碰了壁》5篇。前有法译本自序,自序收入李岫编《茅盾研究在国外》。

1981年(辛酉)　85岁

▲4月20日,中国作家协会主席团扩大会议讨论通过,决定筹建中国现代文学馆。

▲6月,中共中央召开党的十一届六中全会,胡耀邦当选为中共中央主席,邓小平当选为中央军委主席,赵紫阳增选为副主席。讨论通过《关于建国以来党的若干历史问题的决议》。

▲7月1日,庆祝中国共产党成立60周年大会在北京举行。

---

①　徐和民、胡颖:《巨匠的遗愿——茅盾在最后的日子里》,《瞭望》1981年第2期。
②　陈泯:《在枫叶飘零的日子——先师茅盾近事琐记》,《长江文艺》1981年第6期。

1 月

1 日　在《萌芽》1981 年第 1 期发表序跋《写在〈给初学写作者的信〉前面》。

5 日　在《电影故事》第 1 期发表杂感《一点希望》。致湖州中学信,云:"本月母校建校八十周年拟成立校庆委员会推举我为名誉主席一事,在情谊为难推辞,惟在理则居之有愧耳。敢不拜嘉宠命。昔年校友,不知尚有健在者否?"该信后刊于《吴兴报》1981 年 1 月 20 日。

6 日　下午西北大学阎愈新教授到寓所拜访,受学校委托,请茅盾题写校名。茅盾长期气喘,体弱多病,左眼失明,右眼视力也只有 0.3,但为了满足著名学府西北大学的愿望,欣然应允在精神好、天气晴朗的时候,给西北大学书写校牌。1 月 22 日收到由陈小曼寄出的题字。后来未使用,但刻石立在西北大学图书馆西边作为纪念。

7 日　在《文艺报》第 1 期发表评论《梦回琐记》。上午在住所接受爱尔兰留学生房义安的访问。《与爱尔兰留学生房义安的谈话纪要》,是茅盾最后一次与外宾的谈话。

8 日　下午作家峻青来访,向茅盾讲了创办《文学报》的事。茅盾对此持肯定态度,指出:"中国还没有一张专门性的文学报纸呢。这对活跃文艺理论和批评,推动和发展社会主义文学创作,很需要。"答应为《文学报》创刊写几句话、题写刊头,并提出希望:"要办得活泼,国内外的文学动态,作家情况,读者是欢迎的。还有知识性、文学知识方面的文章,读者也欢迎。尤其是青年读者。不要忘了青年"。"评论文章不要太长,尤其不要板起面孔来进行那种空洞枯燥的说教。要生动、活泼,要有文学性,使人喜看。"①

12 日 作杂论《欢迎〈文学报〉的创刊》。

15 日 作序跋《重印〈小说月报〉序》。致吴文祺信。

16 日 在香港《广镜角》月刊第 100 期发表七绝《祝〈广镜角〉月刊百期纪念》。

18 日 抱病为嘉兴地区文艺刊物《南湖》题写刊名。

20 日 在《中国通俗文艺》创刊号发表评论《欢迎中国通俗文艺》。在《人民文学》发表长篇小说《锻炼》前三章,按语云"作品构筑宏伟,气势磅礴,文笔飘洒秀逸",全书有"真实、深刻而广阔的描绘"。

23 日 分别致刘达、胡其方信。

26 日 致胡石如信。在《人民日报》与夏衍、阳翰笙、曹禺、赵寻联名发表评论《想想孩子们吧!》。

27 日 为纪念鲁迅诞辰 100 周年纪念邮票题字:"鲁迅先生诞辰一百周年 茅盾一九八一年九月"。

本月 桑弧同电影《子夜》摄制组的李仁堂、傅敬慕、邱以仁等来访。应摄制组邀请题写《子夜》片名;为家乡新建的电影院书写"乌镇电影院";为青年女作家李黎短篇小说集《西江月》题写篇名。

本月 法译本《蚀》(贝尔纳代特·鲁伊、雅克·塔尔迪夫译)由法国卫城出版社出版。

本月 致陈复礼信。

---

① 峻青:《笔有千钧任歙张——茅盾同志谈〈文学报〉》,刊于《文学报》1981 年 4 月 2 日。

2 月

1 日　作《外文版〈茅盾选集〉序》,为北京外文出版社拟翻译出版的《茅盾选集》而作,后收入李岫编《茅盾研究在国外》湖南人民出版社 1984 年 8 月版。

4 日　致碧野信。沙汀来访,谈及纪念鲁迅诞生百年事;廖沫沙来访,赠《脱险杂记》一本,在扉页题字。

上旬　审阅李岫的论文《文学巨匠——茅盾的成功之路》,并订正了其中的一些史实。①

8 日　签赠陈荒煤《霜叶红似二月花》和《世界名著杂谈》。致汪洋、水华信,谈《锻炼》的写作情况,后刊于《电影创作》1981 年第 5 期。

13 日　李仁堂、桑弧等为拍摄电影《子夜》事来访。

15 日　分别致赵清阁、臧克家、罗荪渔、王亚平信。

16 日　致胡石如信。

20 日　生病住进北京医院 119 病房。

22 日　在《新文学史料》1981 年第 1 期发表散文《创作生涯的开始——〈回忆录〉之十》,回忆从 1927 年 8 月中旬从牯岭回上海后,直至 1928 年 7 月初创作《蚀》三部曲的经过和写《创造》的动机。

本月　《茅盾文艺评论集》(上下册)由文化艺术出版社出版,共收论文 83 篇,以及《夜读偶记》《关于历史和历史剧》。书前有《序》(1980 年 5 月 20 日作),后改题《坚持我国文学现实主义的传统》,刊于《文艺研究》1981 年第 2 期(4 月 25 日)。

---

①　李岫:《文学巨匠——茅盾的成功之路》,《晋阳学刊》1981 年第 4、6 期。

本月　桐乡县博物馆在整理各地送来的"文革"中破"四旧"时留下的旧书中发现了两本茅盾1908年秋季到1909年的作文手稿,封面印有"文课"字样及"巳酉年"记。封面、扉页、封底上盖有八九枚刻着沈德鸿、德鸿、雁宾等姓名的朱红印章。两册作文共有37篇,16000多字,其中史论17篇,时论6篇,思想修养论5篇,策论2篇,文字训释一组6则,散文1篇。[①]

本月　续写《回忆录》,完成《一九三四年的文化"围剿"和反"围剿"》一章。

本月　《北方文学》为出增刊《文艺天地》,请病中的茅盾题字。茅盾抱病题签。由儿媳陈小曼挂号寄去,信中特意嘱咐不收稿费。

3月

1日　张仲实赴医院看望茅盾。

4日　松井博光赴医院探望,同来者有林焕平。这是茅盾最后一次会见外国友人。

上旬　病情加重。表现为肺、心、肾功能的进一步衰竭,出现6天为一周期的兴奋与抑制(昏睡)循环症。

14日　多名医生到119病房为茅盾会诊,发现心肺功能已衰竭,并有胸水、腹水。茅盾已知病重,即向韦韬口授书信《致中共中央》,希望能被追认为中共党员:"耀邦同志暨中共中央:亲爱的同志们,我自知病将不起,在这最后的时刻,我的心向着你们。为了共产主义的理想我追求和奋斗了一生,我请求中央在

---

① 《茅盾同志青少年时期文稿在桐乡发现》,《新文学史料》1982年第1期。《茅盾少年时代作文》光明日报出版社1984年2月出版。

我死后,以党员的标准严格审查我一生的所作所为,功过是非。如蒙追认光荣的中国共产党党员,这将是我有生的最大荣耀!

沈雁冰 一九八一年三月十四日"该信由韦韬笔录,茅盾亲自签署;并口授书信《致中国作家协会书记处》,希望捐出稿费设立长篇小说奖:"亲爱的同志们,为了繁荣长篇小说的创作,我将我的稿费二十五万元捐献给作协,作为设立一个长篇小说文艺奖金的基金,以奖励每年最优秀的长篇小说。我自知病将不起,我衷心地祝愿我国社会主义文学事业繁荣昌盛!"

17 日　护士拿来松井博光送来的礼物,是一个用藤草编的日本小工艺品鸽子和一封慰问信。在日本鸽子象征长寿。①

21 日　在《文学报》第 1 号(试刊号)发表短论《欢迎〈文学报〉的创刊》。

22 日　胡耀邦、赵明赴医院看望。

23 日　罗荪到医院探望。下午赵清阁和阳翰笙夫人唐棣华到医院探望。赵清阁是专程从上海来探望的。

26 日　周而复、曹禺到医院探望。赵清阁和阳翰笙夫人再次探望。晚上 10 时 40 分,病情突然恶化。血压猛降到 50;呼吸几乎停止,一分钟仅呼吸几次。医院进行了紧急抢救,采取各种方案,但血压回升不到满意的程度,呼吸更加急促,有时停顿,缺氧明显,四肢开始发凉。

27 日　清晨 5 时 55 分,血压降低,痰噎咽喉,经抢救无效而溘然逝世于北京医院,终年 85 岁。

29 日　在《文汇报》发表《〈茅盾译文选集〉序》。

30 日　下午陈云、陆定一和周扬、夏衍以及茅盾的亲属到北

---

①　韦韬、陈小曼:《父亲茅盾的最后 38 天》,《文艺理论与批评》1999 年第 1 期。

京医院作遗体告别。

同日 在《人民日报》发表新华社讯:"我国著名作家沈雁冰在他病危的时候,决定将自己积存的二十五万元稿费捐献给中国作家协会,作为设立一项长篇文学奖金的基金,用来奖励每年全国最优秀的长篇小说。"并发表遗作旧体诗《八十自述》(1976年7月4日作),该诗开头4句回顾自己的一生,深感自愧平生,俯仰由人,虽有虚名,亦不副实;此后16句追忆儿时生活,并表达了对母亲的深切怀念,80岁老人晚年自述,犹怀一片赤子之心。并发表新华社讯,提及茅盾捐出稿费设立长篇小说奖一事。

4月

1日 在《人民日报》发表书信《致中共中央》;发表新华社讯《中共中央决定恢复沈雁冰党籍的决定》,并刊登题为《沈雁冰——中国现代文学巨匠》的6幅照片。在《光明日报》发表序跋《〈我走过的道路〉序》。在《中国通俗文艺》创刊号发表评论《欢迎中国通俗文艺》。

2日 在《文学报》发表为上海《文学报》题写的刊头手迹,题为《欢迎〈文学报〉创刊》。

3日 在《人民日报》发表回忆录《创作生涯的开始》(转载于《新文学史料》1981年第1期)。

6日 在《人民日报》发表遗作序跋《〈张闻天早期文学作品选〉序》,此前曾刊于内部发行的《淮阴师专学报》1980年第1期,收入人民文学出版社版《张闻天早期文学作品选》。

7日 在《光明日报》发表外文版《〈茅盾选集〉序》,着重介绍《蚀》《虹》《子夜》《腐蚀》《清明前后》《创造》等作品的写作用意。外文版《茅盾选集》一书因故未能出版。

8 日　《人民日报》公布沈雁冰治丧委员会名单。

9 日　在《文艺报》发表遗作序跋《〈茅盾文艺杂论集〉序》。

10 日　党和国家领导人华国锋、邓小平、李先念、邓颖超、胡耀邦、赵紫阳等和首都各界人士 2000 余人前往北京医院向沈雁冰同志遗体告别。由曹春生等美术工作者为茅盾同志遗容翻制面模和右手手模。以期供后人瞻仰。①

11 日　下午人民大会堂西大厅举行沈雁冰（茅盾）追悼大会。追悼会由邓小平同志主持,胡耀邦同志致悼词。在追悼会举行的同时,有数以千计的人民群众自发地集结在天安门广场两侧表达追念。②　追悼会后,骨灰盒安放在八宝山革命公墓。

16 日　在《人民日报》发表遗作序跋《重印〈小说月报〉序》,后收《小说月报》第 12 卷 1—3 号卷首,由书目文献出版社影印本 1981 年 4 月出版。在《陕西日报》发表遗作书信《致单演义》,谈及《子夜》的创作和修改,云:"当时思想水平不高,生活经验不够广泛,错误甚多,解放后所以照原本重印,一以存当时自己识见之真相,一以若多修改则形同作伪,文饰幼稚,故所不取"。谈到《子夜》的主题思想时,认为"此书于暴露民族资产阶级之脆弱的两面性,稍有可取处,或者反映了当时社会的一个方面,而最大的缺点则在于没有反映当时革命者之积极方面;此因当时自己未投入革命漩涡,故所见肤浅仄狭;以致认识不深入,对当时剧烈之两条路线斗争,认识极其模糊……至于吴老太爷作为封建顽固思想之一代表,太老僵尸到了买办资产阶级之典型环境立即风化,当时为了行文之俏丽故如此云云,其实有违于历史真

---

①　曹春生:《历史的需要》,《文艺报》1981 年 13 期。

②　《文学报》特约记者雷霆:《文苑同声哀思——茅盾同志追悼会侧记》,《文学报》1981 年 4 月 16 日。

实,盖因当时十里洋场中吴老太爷之流实繁有其徒,并未风化也。如此则万万联系不上目前之批林批孔,强为联系,我看是不对的。"

25日 在《文艺研究》1981年第2期发表遗作《坚持我国文学现实主义的传统》《一幅简图——中国文学的过去和现在》《读〈老坚决外传〉等三篇作品的笔记》《关于人物描写的问题》。

本月 赴京参加茅盾追悼会的茅盾研究者叶子铭、孙中田、查国华等感到有必要着手编辑出版《茅盾全集》。叶子铭在看望作协领导罗荪时,向他提出了编辑《茅盾全集》的建议。1982年7月以后,这项工作真正开始向前推进。①

本月 《神话研究》由天津百花出版社出版,附《〈神话研究〉序》。

5月

1日 在《上海文学》第5期发表序跋《〈草原上的小路〉序》,后收入茹志鹃短篇小说集《草原上的小路》百花文艺出版社1982年8月版。

22日 在《新文学史料》1981年第2期发表散文《亡命生活——回忆录(十一)》。

6月

5日 在《历史教学》第6期发表《沈雁冰同志谈关于中山舰事件——1978年1月4日访问记录》,署名:戴鹿鸣、刘炼 。本篇为刘炼、戴鹿鸣、秦燕士访问作者时所作的记录,经作者阅改

---

① 叶子铭:《梦回星移——茅盾的晚年生活见闻》,南京大学出版社1991年4月出版。

后发表。

29 日　在《人民日报》发表遗作词《沁园春·为中国共产党成立 59 周年作》(1980 年 7 月作),发表时题为《沁园春》。编者附记云:"茅盾同志去年为纪念党的生日写了《沁园春》,后因纪念日已过,未曾发表。最近韦韬同志清理茅盾同志遗稿发现此篇,特交由本报发表。"

本月　叶子铭编《茅盾文艺杂论集》(上下集)由上海文艺出版社 1981 年 6 月出版。全书分上、下两集,共选 1920 年至 1949年 7 月写的文艺评论,包括论文、书评、小品、杂感、讲演等250 篇。

7 月

本月　《茅盾中篇小说选》由四川人民出版社出版,包括《路》《三人行》《清明前后》《劫后拾遗》《多角关系》等。

8 月

22 日　在《新文学史料》1981 年第 3 期发表回忆录《"左联"前期——回忆录(十二)》。

9 月

本月　《茅盾译文选集》(上下册)由上海译文出版社出版,是茅盾自己编选的译文集。内收译者早年翻译的一部分短篇小说、剧本、回忆、杂记等,大多数是当时国外一些人口较少的民族的作家的作品。书前附《序言》(1980 年 2 月 25 日作)。原译地名、人名、书名不同于今译者,均由编辑予以订正。

10 月

本月　文学传记《我走过的道路(上)》由人民文学出版社出版。该书分上、中、下三册,后两册分别于 1984 年 5 月、1988 年 9 月出版。全书从家乡、亲人、童年写起直到 1948 年冬他从香港到大连止,叙述了前半生 50 多年的历史。结集出版前,各章节曾于 1978 年 11 月《新文学史料》创刊号开始连载。作者亲笔撰写到 1934 年,即《新文学史料》1982 年第 4 期发表的《1934 年的文化"围剿"和"反围剿"——回忆录(17)》,此后部分由亲属根据他生前的录音、谈话、笔记及其他材料整理而成。

后世影响

一、中国茅盾研究会[①]

中国茅盾研究会成立于 1983 年 3 月,是在全国和国际学术界颇有影响的学会。学会现有会员 200 余人,多为高校教师、研究机构的研究人员以及社会各界茅盾作品爱好者。俄罗斯、日本、斯洛伐克、新加坡、韩国等国家均有中国茅盾研究会会员。

(一)成立

1981 年 3 月 27 日茅盾谢世后,同年 9 月,在北京召开的鲁迅诞辰 100 周年纪念大会期间,由罗荪、黄源、林焕平等前辈和叶子铭、孙中田、邵伯周、庄钟庆、丁尔纲等中年学者共同发起筹建中国茅盾研究学会。

经过多方筹备并获得茅盾亲属韦韬的大力支持,中国作协书记处向中共中央书记处写了请示报告,提出成立中国茅盾研究学会,编辑出版 40 卷本《茅盾全集》,在北京、桐乡两地建立茅盾故居等 3 件大事。

1982 年 8 月中共中央书记处第 201 次会议作出决定,并下达了"通字〔1982〕85 号通知",正式批准了作协的报告。

1983 年 3 月 27 日,在北京召开首届茅盾研究学术讨论会期间,正式宣布成立中国茅盾研究学会。

学会成立的宗旨是:在马克思主义毛泽东思想指导下,坚持

[①] 学会原名为"中国茅盾研究学会",1991 年在民政部重新登记后改称"中国茅盾研究会"。

"四项基本原则"和"双百"方针,广泛团结全国茅盾研究工作者,推动茅盾研究广泛深入地开展与交流;同时,对《茅盾全集》的编辑、茅盾故居的筹建,以及茅盾手稿、书信、墨迹的搜集等项工作,发挥积极配合作用,为发展我国社会主义文艺事业贡献力量。

(二)主要学术活动

至 2018 年,召集举办了 12 次全国性(或国际性)茅盾研究学术大型会议以及多次中型和小型会议;

首届茅盾研究学术讨论会于 1983 年 3 月 27 日在北京举行,并正式宣布成立中国茅盾研究学会。

第二届全国茅盾研究学术讨论会于 1984 年 12 月 6 日至 12 日在杭州举行,与会代表 100 余人,论文 90 多篇,讨论内容主要涉及茅盾的文艺理论和小说创作。

第三届全国茅盾研究学术讨论会于 1986 年 7 月 4 日至 9 日在北京举行,开幕式为茅盾诞辰 90 周年纪念大会,与会者近 100 人,收到论文 70 余篇,中心议题为"文学家与革命家的完美结合";夏衍致开幕词,张光年作报告,鲍昌(作协书记)发表长篇讲话。

第四届全国茅盾研究(国际)学术讨论会于 1988 年 11 月 22 日至 26 日在厦门举行,近 80 名国内外学者出席,论文 50 多篇,中心议题是"茅盾与中外文学"。

第五届全国茅盾研究(国际)学术讨论会于 1991 年 10 月 7 日至 11 日在南京举行,与会代表近 100 人,论文 50 余篇,中心议题是"茅盾与中外文化"。

第六届年会"茅盾诞辰百周年国际学术讨论会"于 1996 年 7 月 4 日至 8 日在北京举行;李瑞环、丁关根、温家宝等 7 位中央领导人以及包括周巍峙、臧克家、姚雪垠、陈荒煤、周而复等一批文艺界前辈在内的约 300 名中外来宾出席,李铁映代表中央讲话;学术讨论会的主题为"茅盾与中国现代文化"。

第七届年会"纪念茅盾逝世 20 周年暨第七届茅盾研究(国际)学术讨论会"于 2001 年 3 月 26 日至 29 日在浙江省桐乡市举行。26 日下午在桐乡市乌镇举行开幕式,来宾包括作协领导、浙江省及嘉兴、桐乡市有关领导和中外学者等共 140 余人;学术讨论主题为"茅盾与当代中国",于 27 日、28 日在桐乡市进行,有 120 余名代表出席,提交论文 100 余篇。会议期间还宣布了茅盾研究评奖结果,给获奖者发了奖状。

第八届年会于 2006 年 7 月 4 日在桐乡举行。与会者有中国作协副主席、党组成员、书记处书记陈建功,桐乡市委市政府和文化局的有关领导,中国茅盾研究会的副会长,茅盾亲属韦韬同志以及来自全国各地的约 60 名专家学者。

第九届年会"纪念茅盾逝世 30 周年全国第九届茅盾研究学术研讨会"于 2011 年 4 月 12 日至 4 月 14 日在茅盾先生的家乡——桐乡市举行。来自全国 70 多位茅盾研究专家学者聚集一堂,共同纪念和缅怀茅盾先生杰出的文艺成就和崇高的思想品德。会议的中心议题为"茅盾文化遗产的当代意义"。与会专家学者围绕茅盾的生平、创作、文艺思想、文艺批评等进行了多方面深入探讨。不少与会者采用新的研究视角和方法,对茅盾文化遗产的当代意义作出了新的阐释。

第十届年会"茅盾抵沪一百周年纪念第十届年会暨第十届全国茅盾学术研讨会"于 2016 年 8 月 5 日在上海华东师范大学召开。此次会议分为 3 个议程:纪念茅盾 120 周年诞辰暨抵沪 100 周年系列活动启动仪式;第八届中国茅盾研究会全国代表大会,换届选举第八届理事会(杨扬当选为第八届全国茅盾研究会会长兼秘书长);第十届全国茅盾学术研讨会。来自国内外高校和科研机构的80余位专家学者围绕地域文化与茅盾研究、茅盾思想与经典作品的重新解读、茅盾对中国现代文学的重要贡献等茅盾研究的相关问题进行了深入的学术讨论。

第十一届年会于2018年10月19至21日在重庆西南大学举行,由中国茅盾研究会主办,西南大学文学院承办。会议主题为"茅盾研究的历史与变革"。大会发言分别从"茅盾与中国百年儿童文学的演进""茅盾研究的历史与沿革""茅盾与女性问题""茅盾与重庆的书写""茅盾的人际交往""茅盾与南社""茅盾与古典文学的关系""茅盾的编辑活动"等角度展开论述。与会人员还就茅盾研究的相关问题进行讨论,专家学者围绕"茅盾史料的发掘与钩沉""茅盾作品的再解读""茅盾作品的社会文化史考察"等方面展开探讨。

2017年11月4日中国茅盾研究会理事会会议暨"茅盾与20世纪中国文学史"学术研讨会在浙江传媒学院桐乡校区文学院会议厅举办。会议由中国茅盾研究会主办,桐乡市文化广电新闻出版局协办,浙江传媒学院茅盾研究中心、浙江传媒学院文学院联合承办。来自全国20余所高校、科研机构、各级文化事业单位的近40位专家学者济济一堂,对过去两年中国茅盾研究会的工作进行总结;以"茅盾与20世纪中国文学史"为主题,切磋新近的研究成果;浙江传媒学院茅盾研究中心编著的《茅盾研究年鉴2014—2015》首发式也在大会中举办,并举行相关学术研讨活动。

除上述全国会议外,还有4次由地方举办或与学会合办的茅盾学术研究、讲习、交流会:

1985年8月11日,学会、桐乡市文化局、湖州师专在湖州市联合举办"首届全国茅盾研究讲习会",黄源副会长出席,叶子铭、邵伯周、丁尔纲、庄钟庆、查国华等到会作学术报告。

1985 年 10 月 8—12 日,吉林省东北师大中文系茅盾研究室和江苏省扬州教育学院中文科在扬州合办"青年茅盾研究者笔会",参加者 32 人,叶子铭、孙中田等与会并作学术报告。

2000 年 4 月 23—25 日,中国茅盾研究会与陕西师大中文系在西安联合举办"全国茅盾研究学术讨论会",近 40 名代表与会,着重讨论了茅盾研究的历史、现状和发展前景,万树玉副会长代表叶子铭会长致开幕词。

2014 年 7 月 12—14 日,由中国茅盾研究会和陕西师范大学文学院主办,台湾花木兰文化出版社和安徽黄山书社协办的"茅盾研究回顾与前瞻学术讨论会暨中国茅盾研究会理事会"在西安召开,来自全国各地专家学者近 80 人出席。与会的专家学者就茅盾研究的历史、现状、未来发展以及相关史料的整理发掘、茅盾创作、文艺思想、文艺批评、文学编辑、茅盾研究方法等问题分 6 场进行了深入广泛的交流讨论。

另外,还有一次在俄罗斯举行的国际会议:"第七届远东文学研究暨纪念茅盾诞辰 120 周年国际学术研讨会"于 2016 年 6 月 30 日—7 月 3 日在俄罗斯圣彼得堡大学召开。会议收到由中国大陆、澳门、台湾地区学者和泰国、斯洛伐克、俄罗斯等外国学者撰写的茅盾研究论文 25 篇,内容涉及"时代社会政治环境对作家的影响""茅盾的思想倾向与文学主张""茅盾作品艺术形象与表现手法赏析和评论""茅盾作品的比较视野和国际影响研究""茅盾的翻译编辑及其他文化活动""茅盾与儿童文学""茅盾作品版本研究"等 7 个方面。在异域邻邦俄罗斯召开的这次茅盾研究盛会,不仅有助于俄罗斯茅盾研究的深入,同时也必将促进中国本国的茅盾研究上升到一个新阶段。

(三)编辑出版茅盾研究资料与著述

1. 抽出主要学会力量从事 40 卷本《茅盾全集》的编辑、校勘、注释、出版工作。

2. 1984 年创办了《茅盾研究》丛刊(不定期),至 2018 年共出版 15 辑:

《茅盾研究》第 1 辑,《茅盾研究》编辑部编,文化艺术出版社1984 年 6 月版。

《茅盾研究》第 2 辑,《茅盾研究》编辑部编,文化艺术出版社1984 年 12 月版。

《茅盾研究》第 3 辑,《茅盾研究》编辑部编,文化艺术出版社1988 年版。

《茅盾研究》第 4 辑,《茅盾研究》编辑部编,文化艺术出版社1990 年版。

《茅盾研究》第 5 辑,《茅盾研究》编辑部编,文化艺术出版社1991 年版。

《茅盾研究》第 6 辑,《茅盾研究》编辑部编,北京师范大学出版社 1995 年版。

《茅盾研究》第 7 辑,《茅盾研究》编辑部编,文化艺术出版社1999 年版。

《茅盾研究》第 8 辑,《茅盾研究》编辑部编,新华出版社 2003年版。

《茅盾研究》第 9 辑,《茅盾研究》编辑部编,文化艺术出版社2005 年版。

《茅盾研究》第 10 辑,《茅盾研究》编辑部编,文化艺术出版社 2006 年版。

《茅盾研究》第 11 辑，中国茅盾研究会编，新加坡文艺协会 2012 年 3 月版。

《茅盾研究》第 12 辑，中国茅盾研究会编，新加坡文艺协会 2013 年 7 月版。

《茅盾研究》第 13 辑，中国茅盾研究会编，新加坡文艺协会 2014 年 8 月版。

《新世纪茅盾研究论文集》(《茅盾研究》第 14 辑)，中国茅盾研究会编，华东师范大学出版社 2018 年 10 月。

《纪念茅盾诞辰 120 周年论文集》(《茅盾研究》第 15 辑)，中国茅盾研究会编，华东师范大学出版社 2018 年 10 月。

3.《茅盾研究论文集》(上、下)，中国茅盾研究会编，湖南人民出版社 1983 年 11 月。

4.《茅盾九十诞辰纪念论文集》，中国茅盾研究学会编，作家出版社 1987 年 11 月。

5.《茅盾与中外文化——茅盾研究国际学术讨论会论文集》，本书编辑组编，南京大学出版社 1993 年 9 月。

6.《茅盾研究与我》，吴福辉，李频编，华夏出版社 1997 年 6 月。

7.《茅盾和我》，万树玉，李岫编，中国广播出版社 1996 年 7 月。

8.《茅盾与二十世纪》，中国茅盾研究会编，华夏出版社 1997 年 6 月。

9.《茅盾研究——第七届年会论文集》，中国茅盾研究会编，新华出版社 2003 年 3 月。

10.《茅盾研究八十年书系》，是中国茅盾研究会和台湾花木兰文化出版社共同编辑出版的 20 世纪 30 年代以降至今 80 余年茅盾研究单行本著作的汇印,计单行本著作 49 种,凡 60 册。

学会会员在茅盾研究的诸多方面取得了十分显著的成绩,内容包括:关于茅盾的文学道路、创作历程和作品的研究;茅盾传记、茅盾年谱以及有关茅盾生平、创作的回忆论著、论文;茅盾著述与研究资料的搜集整理与编辑工作。

总的看来,学会成立以来从各个方面有力地推动了茅盾研究工作扎扎实实地进行。"文革"中被歪曲了的茅盾形象得到了恢复,被极"左"思潮否定了的茅盾研究成果重新被确认;茅盾研究队伍不仅在全国范围内组织起来,而且得到较快的发展,并形成老、中、青相结合,以中青年为主体的梯队结构;一大批富有创造性、开拓性和科学性的研究成果纷纷问世,无论从数量或质量上面都远远超过"文革"以前,从而形成了茅盾研究的新局面。①

二、省级茅盾研究概况

(一)浙江省的茅盾研究

浙江省的茅盾研究真正作为一个学科加以展开,并开创了研究的新局面,是在 20 世纪 80 年代。其主要标志是:首先,形成了一支研究队伍。这支队伍由专业文学研究者、高校教师、茅盾家乡(桐乡)的宣传和文教工作者以及其他业余茅盾研究者组成,有一定的实力,涌现出一批在全国有一定影响的研究者。其次,相继成立了浙江省茅盾研究会、湖州师范学院茅盾研究室、桐乡县茅盾研究会等组织。这些组织积极开展了学术活动。如浙江省茅盾研究会,积极组织会员从事茅盾研究,先后组织会员集体撰著学术专著两部、茅盾研究论文集一部。又如湖州师专

---

① 参见"中国茅盾研究会网站"(http://zgmdyjh.ecnu.edu.cn/)。

(师范学院)于 1985 年 7 月,与中国茅盾研究会、桐乡文化局联合举办首届茅盾研究讲习班,请全国知名学者多人到会讲学。再次,基本形成了以地区为特点的研究格局,即以杭州、金华的高校教师、研究部门的研究人员为核心的关于茅盾的创作与文艺思想研究,以湖州、嘉兴高校的研究人员为核心的茅盾生平思想研究和以桐乡、乌镇为主的茅盾童少年时代所受家乡影响的研究。《浙江学刊》是全国唯一开辟"茅盾研究"专栏的省级综合理论刊物,近 20 年来发表了数十篇茅盾研究论文,在国内产生广泛影响。《湖州师专学报》(《湖州师范学院学报》)从 1979 年始,发表了大量国内外学者的研究茅盾的文章。该刊还出版"茅盾研究专号"和学报增刊,为茅盾研究提供了交流阵地。

浙江省的茅盾研究得到一些部门和老一辈作家的关怀和支持。老作家黄源、陈学昭曾任浙江省茅盾研究会顾问,对浙江省茅盾研究给予了具体指导。

浙江省茅盾研究以崭新的面貌迅速崛起,既与全国的茅盾研究取得同一步调,又受国内文学思潮、文学观念变革的影响,从纵向发展看,大体可以分为 3 个阶段:第一阶段从 1981 年到 1985 年,这个阶段,主要是全面评价茅盾作为中国共产党最早的党员之一,作为中国新文化运动的巨匠的文学成就和在中国现代文学史上的地位和影响;第二阶段自 1986 年至 1989 年,文学界对茅盾的创作的认识和评价出现了一些分歧,浙江省茅盾研究者在努力寻求着从根本上廓清笼罩在茅盾创作表层的"迷障"的路径,对茅盾的思想和创作进行了深层的探讨与研究,这阶段的研究,有着比较自觉的论辩意识;第三阶段自 1990 年以后,浙江省的茅盾研究进入了以专题为主的更为深入的时期,力图从更深层次更广的领域认识茅盾对中国文化现代化的贡献,认识茅盾之所以成为茅盾的历史的、时代的原因等。所涉及的研究领域包括:创作研究、文艺思想与批评研究、传记、生平史料研究、专题研究(茅盾与中外文化、茅盾与中国革命、茅盾与浙江等)。

（二）山东省的茅盾研究

1986 年 2 月 6 日,山东省茅盾研究会成立,成立以来已经举办 5 届学术讨论会。研究者采用多种研究视角和理论模式,逐步把茅盾研究推向深化,在茅盾的文艺思想与批评研究、作品研究、作家主体及综合研究以及传记资料研究等方面都取得了一大批研究成果。首次学术讨论会收到论文 24 篇,论及茅盾的政治道路、美学思想、文学批评观的发展线索、茅盾与中外文艺思潮的关系和渊源、茅盾与中国现代文艺运动、茅盾作品的本体研究以及比较研究等。第二届学术讨论会于 1988 年 4 月 10 日至 14 日举行。会议中心议题是茅盾小说研究和教学研究。具体是:茅盾小说和教学研究的现状及其深化的问题;关于茅盾小说理性化倾向的问题;关于茅盾小说的开放性问题;关于茅后旅日生活中与《虹》有关的一段描写的问题。第三届茅盾研究学术讨论会于 1990 年 10 月 20 日至 23 日举行。与会人员围绕茅盾与当代文学思潮、茅盾研究和茅盾作品教学的现状和拓展作了探讨,交流了信息,并对深化茅盾研究提出不少有益的意见。第四届茅盾研究学术讨论会,于 2001 年 4 月 23 日至 24 日举行。中心议题是"茅盾与中国新文学"。与会人员提出茅盾既是自成体系的文学理论大家,又是做出创作实绩的现实主义文学巨匠,其在中国新文学建设中的作用是巨大的,在新文学史上的地位是显著的。会上还讨论了茅盾早期文学思想的开放性和现代性特征,茅盾文学思想和创作的局限性等。第五届茅盾研究会学术讨论会于 2006 年 12 月 17 日至 18 日举行,中心议题是"茅盾与中国文化"。讨论中,大家对当前茅盾研究现状作了勾勒与反思;运用新的研究方法重读茅盾的具体作品;对茅盾小说的文艺美学、现实主义创作模式,茅盾与其他作家的比较研究,茅盾与中国传统文化、与无政府主义思潮的关系,茅盾研究与茅盾教学的互动关系等作了探讨。

三、茅盾家乡桐乡市的茅盾研究

桐乡市茅盾研究会于 1986 年 5 月 28 日成立,现在拥有会员 40 余人。成立以来,本着促进桐乡茅盾研究工作的深入开展,提高茅盾研究水平,多出成果,出好成果的宗旨,怀着家乡人民对茅盾所特有的深厚感情,发挥了茅盾故乡的地方优势,为推动桐乡乃至全国的茅盾研究,作了不懈的努力,取得了可喜的成果。出了 10 余本茅盾研究专著,在县以上各类报刊发表茅盾研究论文计 200 多篇。桐乡茅盾研究会和茅盾纪念馆工作人员一起,征集和保护了一批珍贵的茅盾文物和茅盾研究资料。茅盾研究会配合茅盾故居,经过 3 次大规模整修、改造、扩充,建立了茅盾纪念馆。茅盾纪念馆作为茅盾研究的基地,历年来接待了大批党和国家领导人及著名人士,接待来参观访问的瞻仰者达50 余万人次。

浙江省桐乡市茅盾高级中学有茅盾文学社,出版《菊蕾》,定期出刊。

四、茅盾百年诞辰纪念活动

1996 年 7 月 4 日是茅盾先生 100 周年诞辰纪念日。北京、上海、杭州、桐乡、湖州等地举办了各种纪念活动。以下简述在北京举办的相关活动。

5 月 1 日,《文学评论》1996 年第 3 期出版,在"纪念茅盾诞辰一百周年"专栏发表了一组专稿。

5月22日《新文字史料》1996年第2期出版,编辑部特在封二刊出颜仲的木刻作品《茅盾》。在"纪念茅盾诞辰100周年特辑"中发表纪念文章。该期的"回忆录"专栏内继续连载茅盾之子韦韬、媳陈小曼写的《茅盾晚年的生活》。

6月5日,《世界文学》编辑部召开纪念茅盾100周年诞辰座谈会。

7月2日,由文化部、中国文联、中国作协主办,中国现代文学馆承办的"纪念茅盾诞辰百周年展览"在新落成的北京东城区图书馆隆重展出,拉开了纪念茅盾诞辰百周年活动的序幕。96岁高龄的老作家冰心特为这次展览题写展标。中宣部副部长、中国作协党组书记翟泰丰代表3家主办单位在开幕式上致辞。展览通过400多幅珍贵的照片和手稿、著作等实物,清晰地勾勒出茅盾在革命实践、文学组织活动和文学创作3个方面的辉煌足迹。其中由茅盾亲属捐献出来的茅盾的61种关于当代作家作品的眉批本为首次披露,尤为引人注目。通过近400幅历史图片和部分手稿、著作版本等实物,形象生动地再现了茅盾先生在革命实践、文学组织和文学创作方面的辉煌足迹。

7月4日,首都文化界及来自国内外的学者和有关人士550余人在人民大会堂三楼小礼堂举行"茅盾诞辰一百周年纪念大会"。纪念大会召开前,中共中央政治局常委、全国政协主席李瑞环和丁关根、李铁映、温家宝、雷洁琼、王光英、彭佩云、胡绳、孙孚凌等领导同志和有关部门负责人会见了参加茅盾研究国际学术讨论会的代表。中共中央政治局委员、国务委员李铁映在大会上讲话。

7月4日下午,"纪念茅盾诞辰百周年国际学术讨论会"在北京奥林匹克饭店举行开幕式。会场上高挂著名画家李琦新作的《文坛泰斗茅盾》的巨幅画像。中、俄、日、美、韩、斯洛伐克、新加坡等国的茅盾研究专家、著名作家和茅盾生前好友 80 余人出席。从 7 月 5 日开始,讨论会围绕"茅盾与中国现代文化"的主题进行大会发言和小组讨论。代表们就茅盾与中国现代文化,茅盾文学创作的文本、语体、语义研究,茅盾的文学批评等进行了广泛、深入和活跃的讨论,体现出中外研究者的不同风格以及茅盾研究的深度。8 日上午举行了讨论会闭幕式。

此外,杭州、上海、湖州、桐乡等地也分别召开了纪念活动和学术活动。[①]

五、国外茅盾研究概况

(一)茅盾作品在国外的翻译简况

从 20 世纪 30 年代初至 80 年代初的 50 年间,世界参与译介和传播茅盾著作的国家有:日本、苏联、美国、法国、英国、德国、捷克、匈牙利、波兰、阿尔巴尼亚、保加利亚、罗马尼亚、蒙古、越南、朝鲜、泰国、印尼、印度、巴基斯坦等 20 多个国家。总共发表和出版了百余种茅盾著作译品。这些译品所使用的语言近 20 种,完全涵盖了包括英、法、德、俄、日,以及西班牙语和阿拉伯语在内的世界主要语种,在世界产生了广泛而深远的影响。

1. 日本

在世界茅盾译介中,成绩突出者,就国家而言,当属日本。日本的茅盾译介始于战前,成绩卓著。

日本的茅盾译介,始于 1936 年;是年,日本第一书房出版小

---

① 礼闻:《茅盾诞辰百周年纪念活动综述》,《湖州师专学报》1996 年第 3 期。

田岳夫翻译的《大过渡期》，内含《动摇》和《追求》。该书共发行了3次。1936年8月20日初次印刷2500册；1937年3月1日改装发行，第2次印刷发行时译名改为《苦恼的支那》，印刷1000册；1939年5月20日，第3次印刷1000册。

山上正义根据茅盾手稿翻译短篇小说《水藻行》，于1937年刊于日本《改造》杂志。虽然日本侵华战争随之爆发，但日本的茅盾译介却一直没有中止。

小田岳夫翻译的《秋收》《大泽乡》于1938年由日本竹枝书房出版。

日本武田泰淳翻译《虹》，，译出前7章，附省略部分的梗概，收入《现代支那文学全集》第3卷，东成社1940年版。

曹钦源翻译的茅盾短篇小说《小巫》和《春蚕》由伊藤书店于1940年出版。

奥野信太郎译《谈我的研究》，收入《现代支那文学全集》第10卷《随笔集》，东成社1940年版。

中国文学艺术研究会译《中国神话研究ABC》，由地平社于1943年出版。

松枝茂夫等翻译的《现代中国文艺论集》，列入《现代中国文学全集》第12集，其中收录了茅盾的理论著作《自然主义与中国现代小说》和《什么是文学》。

尾坂德司译《子夜》改名为《深夜中》，由千代田书房1951年出版。

小野忍译《腐蚀》，筑摩书房1954年版。

小川环树译《脱险杂记》（中国文学选书），弘道馆1954年版。

中国文学艺术研究会译《体验生活、思想改造和创作实践——第一届电影剧本创作会议上的发言摘要》，收入《新中国的创作理论》，未来社 1954 年版。

尾坂德司译《春蚕》，收入《新中国文学选集·茅盾作品集》，列入"青木文库"，青木书店 1955 年版。

竹内好、冈崎俊夫合译《世界文学全集（42）》，内收《林家铺子》《春蚕》，东京新潮社 1956 年版。

藤堂明保、松本一男译注《秋收》，江南书院 1956 年版。

日森襄译注《林家铺子》，江南书院 1956 年版。

竹内好译《现代中国文学选集 3·茅盾》，河出新房书社 1958 年版。

加藤平八译《夜读偶记》，新读书社 1959 年版。

竹内实译《霜叶红似二月花》，东京劲草书房出版。

小野忍、高田昭二合译《子夜》上册，岩波书店 1962 年版。

小野忍与丸山升合译《香港沦陷》，平凡社 1963 年版。

竹内好译《子夜》，收入《中国现代文学选集》第 4 卷长篇小说Ⅰ，平凡社 1963 年版。

竹内好等译《世界文学全集》第 62 卷《鲁迅·茅盾篇》，东京筑摩书房 1958 年版。

奥野信太郎译《霜叶红似二月花》，收入《现代中国文学全集》第 3 卷《茅盾篇》，河出书房新社 1958 年版。

奥野信太郎译《霜叶红似二月花》，收入《世界文学大系》第 62 卷《鲁迅·茅盾》，筑摩书房 1958 年版。

竹内好译《见闻杂记》，收入《中国现代文学选集》第 15 卷《记录文学集Ⅰ》，平凡社 1962 年版，收入《中国的革命和文学》第 8 卷《抗日战争的记录》，平凡社 1971 年版。

小野忍、丸山昇译《劫后拾遗》，收入《中国现代文学选集》第

908

8 卷《抗战期文学集Ⅱ》，平凡社 1963 年版，收入《中国的革命和文学》第 6 卷《抗战期文学》，平凡社 1972 年版。

小野忍与高田昭二合译《子夜》下册，岩波书店 1970 年出版。

竹内好译《关于引起纠纷的两个口号》，收《现代中国文学》第 12 卷《评论、散文》，河出书房新社 1971 年版。

藤本幸三译《从牯岭到东京》《读〈倪焕之〉》，收入《世界无产阶级文学运动资料》第 2 卷，三一书房 1973 年版。

古谷久美子译《蚀》，刊于《咿哑》杂志 1—5 期连载，1973 至 1975 年。

市川宏译《论无产阶级艺术》，收入栗原幸夫等编《世界无产阶级文学运动资料》第 1 卷，三一书房 1975 年版。

丸山升译《从牯岭到东京》，节译第 7 节至文末，收入西顺藏编《原典中国近代思想史》第 6 册，岩波书店 1976 年版。

市川洪泽译《腐蚀》，收入《世界文学全集》第 45 卷《老舍 茅盾》，学习研究社 1978 年版。

从 20 世纪 30 年代中期至 70 年代末，这中间虽然经历了残酷的日本黩武主义者发动的侵华战争，但日本汉学家们始终未中止其对茅盾的译介和研究。几乎每年都有一两种茅盾译品问世。共发表、出版茅盾译品近 50 种，几乎占世界总译量的 50％。在日本军国主义对外疯狂扩大侵略，对内实行高压统治的严酷现实下，日本汉学家的茅盾译介取得如此业绩，实在难能可贵！

2. 苏俄

苏联的茅盾译介，始于 1934 年，译介的作品是短篇小说《春蚕》。

1934 年，苏联《国际文学》杂志第 3—4 期合刊，连载了涅克拉索夫翻译的《春蚕》。

1934年伊文翻译了《子夜》片段《罢工之前》，刊于《青年近卫军》第5期。

1935年列宁格勒国家文艺出版社出版《动摇》，C.辛译。

1937年列宁格勒国家文艺出版社出版《子夜》，浩夫、B.鲁德曼合译。

1944年莫斯科出版《中国短篇小说集》，收入茅盾的《林家铺子》，奥沙宁译。

1954年莫斯科国家文艺出版社出版《茅盾短篇小说集》，B.鲁德曼译，包括《春蚕》《林家铺子》《赵先生想不通》《微波》《夏夜一点钟》《第一个半天的工作》《儿子开会去了》《列那和吉地》《喜剧》。

1955年莫斯科真理出版社出版《林家铺子》（短篇小说集），B.鲁德曼译，包括《林家铺子》《赵先生想不通》《微波》《夏夜一点钟》《第一个半天的工作》《儿子开会去了》《列那和吉地》。

1956年莫斯科国家文艺出版社出版《茅盾选集》（3卷本）和《茅盾精选集》，H.T.费德林译。《茅盾选集》第一卷为《动摇》《虹》，第二卷为《子夜》，第三卷为《三人行》、短篇小说及论文。《茅盾精选集》收《子夜》的数篇短篇小说。

1960年乌利茨卡娅翻译出版《茅盾短篇小说》，收录了四篇小说。

1968年伊万科翻译《腐蚀》。

1972年索罗金重译《腐烛》。

1990年由索罗金主编《茅盾精选集》在俄罗斯出版，其中收录了多位译者的多部作品。

3. 欧洲

茅盾的文学作品，最早被译成英语走向世界的是短篇小说《喜剧》。1932 年由乔治·艾·肯尼迪译成英文，发表于英文版《中国论坛》(上海)第 1 卷第 5 期。

1933 年《春蚕》被译成英文在伊罗生主编的另一刊物《当代》(*Contemporary*)上发表。

1936 年，伦敦出版了斯诺编《活的中国》，由伦敦乔治·C. 哈拉普公司出版，内收茅盾短篇小说《自杀》和《泥泞》。根据 WorldCat.org 数据库，截至 2015 年 2 月，茅盾文学作品中共有 15 部被译为英语，英译本总数量达到 25 本。其中，《子夜》《林家铺子》《春蚕》这 3 部小说与散文《白杨礼赞》具有多个译本。

茅盾主编的《中国的一日》于 1983 年被译为英文，由耶鲁大学出版社出版 。

德国的弗朗茨·库恩，是欧洲较早译介茅盾的汉学家之一。1938 年，弗朗茨·库恩翻译了茅盾长篇小说《子夜》，由德累斯顿出版社出版，改书名为《黄昏的上海》。1979 年，弗郎茨·库恩重新翻译《子夜》，英格里德、沃·顾彬校，在柏林出版。

欧洲其他国家的茅盾译介大都始于 20 世纪 50—60 年代。

1950 年，布拉格出版了雅·普实克翻译的《子夜》，捷克斯洛伐克自由出版社出版。

1953 年，出版了雅·普实克翻译的《茅盾选集》。

1953 年，约瑟夫·卡尔迈翻译德文版《茅盾短篇小说选》，由柏林世界和人民出版社出版。

1959 年，芬兰文《中国小说选》出版，其中选入茅盾的《秋收》，由达米出版公司出版。

1959 年，捷文版《腐蚀》，改名《在虎穴里》，雅罗米尔·沃哈拉译,布拉格"我们的军队"出版社出版。

20世纪60年代,法国巴黎出版长篇小说《子夜》和短篇小说集《春蚕》。

1961年,克拉尔翻译出版了《林家铺子及其他短篇集》(布拉格)。

1963年,克拉尔翻译出版了《茅盾短篇小说选》(布拉格)。

1975年,弗里茨·格鲁纳、约翰娜·海茨费尔德和埃威格莱特·梅茨翻译出版茅盾短篇小说集《春蚕》,由原民主德国首都柏林的人民与世界出版社出版,收入《春蚕》《秋收》《拟"浪花"》《小巫》《林家铺子》《右第二章》《儿子开会去了》《大鼻子的故事》《水藻行》《有志者》《委屈》《报施》等12篇作品。这个短篇集,1987年还曾由联邦德国慕尼黑的 C. H. 贝克出版社再版,同时在联邦德国、奥地利和瑞士发行。

1978年,英格里德和沃尔夫冈·顾彬翻译《子夜》,由联邦德国柏林欧伯尔包姆文学政治出版社出版。

1980年,联邦德国法兰克福苏尔卡姆普出版社出版过两卷本中国现代、当代短篇小说集。在第一卷《希望在春天》中,除收译了鲁迅、叶圣陶、郭沫若、巴金、郁达夫、张天翼、萧军、丁玲的作品外,也有茅盾《创造》和《第一个半天的工作》两篇。

20世纪70年代末80年代初,捷克出版了捷文版《茅盾短篇小说选》《林家铺子》《子夜》《腐蚀》《虹》等茅盾著作。

4. 亚洲其他国家

1957年,蒙古出版《子夜》,古日斯德译。

1958年,越南河内出版社出版《子夜》,张正、德超译。

1960年,朝鲜国立文学艺术书籍出版社出版《黎明之前》《子夜》,李永奎译。

1963 年,越南文学院文化出版社翻译出版了《腐蚀》,黎春雨译。

1986 年至 1988 年,韩国翻译出版了《子夜》《腐蚀》《林家铺子》《委屈》等小说和《夜读偶记》等文论。

另外,泰国、印尼、印度、巴基斯坦等国,在这一时期,也都出版过茅盾作品。

(二)研究概况

1. 日本

1934 年 4 月,井上红梅在《文艺》第二至三卷上以《中国新作家茅盾》为题,专文介绍了茅盾和他的创作。竹内好于 1935 年 3 月 5 日在《中国文学月报》创刊号上,著文《今日中国文学的问题》。在该文"农民文学的动向"一节中指出:中国的革命文学退潮后,取而代之成为文坛主流的是茅盾的《春蚕》所指出的农民文学的方向。在同一文章中,他又评论《子夜》说:"《子夜》是茅盾的代表性的长篇……从正面揭露了现实社会的基本矛盾,从这种强有力的气魄上来看,是屈指可数的作品之一。"

20 世纪 30 年代日本发表茅盾研究论文及资料、评论 15 篇;40 年代 10 篇;50 年代 45 篇;60 年代 35 篇;70 年代 68 篇,专著 1 部。从 1980 年起至 1983 年底,共发表论文及一般评论 42 篇。

竹内好在 1958 年为《现代中国文学选集 3·茅盾》(河出书房新社出版)作的跋文中概括了他对茅盾文学研究的观点。松井博光撰写的《黎明的文学——中国现实主义作家茅盾》一书(1977 年日本东方书店出版),是日本研究茅盾第一部专著。另外还有佐藤一郎的《中国近现代小说的出发点——围绕茅盾的〈蚀〉谈起》(1954 年 12 月《北斗》)、板田吉朗的《茅盾自觉创作的形成过程》(1955 年《中国文化研究会会报》)、高田昭二的《茅盾与以左拉为中心的自然主义》(1957 年 2 月《东洋文化》)、吉田富夫的《茅盾的文学序说》(1960 年《中国文学报》12 期)、竹内实的《茅盾的自我反省》(1962 年 8 月《文学界》)、三宝政关的《茅盾亡命日本时代——小说、随笔所见》(1965 年 5 月《集刊东洋学》)、相浦呆的《茅盾的〈腐蚀〉》((1972 年《鸟居久靖先生花甲纪念论文集》)、小西升的《茅盾的〈子夜〉——关于创作方法》(1972 年《熊本大学教育系纪要》)、丸尾喜的《论〈腐蚀〉》(1973 年 2 月《北海道大学文学系纪要》)、中野美代子的《论〈子夜〉——中国近代小说的界限》(1973 年 12 月《北海道大学人文科学论集》)、太田进的《试论〈第一阶段的故事〉》(1976 年《野草》第 18 期)等,也值得一提。

1984 年 3 月 27 日,茅盾逝世 1 周年时,日本茅盾研究会成立于大阪。发起人有太田进、是永骏、阪口直树、青野繁治等 7 人。每月开一次研究会,分析日本人研究茅盾的成果,报告会员个人的研究成果,互相讨论,另外还共同编纂茅盾年谱。研究会编辑出版《茅盾研究会报》。现有会员 30 多人。

白水纪子《茅后和胡风》,刊于《日本茅盾研究会报》第 3—4 期,探讨茅盾和胡风的关系。青野繁治从 1982 年起在《野草》杂志上分 5 次发表他的长篇论文《茅盾早期文艺思想的形成和发展》。全文重点阐述论证了茅盾早期文艺思想的核心不在自然主义,而在新浪漫主义。是永骏的《〈霜叶红似二月花〉的文体和结构》《〈腐蚀〉的文体和结构》都是试图通过对茅盾作品的文体进行剖析。《茅盾小说论》是是永骏的一部力作,由日本古书院 2012 年出版。

2. 韩国

韩国对茅盾的介绍与研究可以分为 3 个阶段:首先,1980 至

1985 年为开拓期。1980 年汉城大学李炳汉教授在韩国最初介绍茅盾生平和主要创作。1981 年檀国大学韩武熙教授写《茅盾的作品与文学观》一文,岭南大学朴云锡教授写《茅盾的生涯与文学活动》。1982 年有三篇硕士研究论文出现。其次,1986 至 1989 年为高潮期。出现对茅盾主要创作和文艺理论著作的研究论文十余篇。再次,1990 年以后为稳定发展期。有多篇硕士论文和博士论文出现。

3. 俄罗斯汉学界的茅盾研究

20 世纪三四十年代为初识期,主要是作品译介和少数作品的分析。如 1935 年王希礼为俄译本《动摇》写序言。1936 年鲁德曼写《中国革命作家——沈雁冰》,萧三《论长篇小说〈子夜〉》等。1937 年浩夫、鲁德曼翻译的《子夜》由列宁格勒国家文艺出版社出版。1944 年出版的《中国短篇小说集》中收入奥沙宁翻译的《林家铺子》。

除了翻译,俄罗斯学者开始对其作品进行分析研究。在 1935 年《动摇》俄译本序言中,王希礼揭示了茅盾的创作特点"力求创造出由详细研究过的形象所构成的社会关系的广阔的全景和生活的巨大画面",并指出他的作品中客观地包容着许多揭露性的事实材料,而这些材料"对于苏联的读者并非毫无意义"。文章还客观地分析了茅盾的不足,认为作者没有完全消除掉小资产阶级的幻想,本人立场存在动摇和作品不精炼等。鲁德曼在《中国革命作家——沈雁冰》中更多地指出了《蚀》的不足,认为 3 部作品的结构线条的粗糙、描写手段的缺失和青涩显而易见,在布局上过于狭隘且个人化,主人公的心理和他们家庭关系的分析等问题没有得到解决。

20 世纪 50 至 70 年代为高潮期。1956 年费德林主编的三卷本《茅盾选集》由莫斯科国家文艺出版社出版,包括《动摇》《虹》《子夜》《三人行》及短篇小说和论文。俄译本《腐蚀》面世,有两个译本,一是伊万科1968年完成的,一是1972年索罗金重译的。莉希查《茅盾的创作道路》对吴荪甫进行了论述;《茅盾创作中的高尔基》从比较文学的角度进行研究论述。1972年戈列洛夫发表《茅盾小说〈子夜〉中对自然描写的几点观察》。此外还有罗果夫的《茅盾》、费德林的《茅盾》、索罗金俄译本《腐蚀》的序言《艺术家与时代》、彼得罗夫的《才能与劳动》、莉希查的《茅盾》《茅盾与中国二三十年代文学中的现实主义问题》等文章。1962年索罗金的专著《茅盾的创作道路》代表了这一时期茅盾研究的最高成就。

20世纪80年代以后进入了研究的停滞期。主要是在茅盾逝世后各大媒体发表的悼念文学,还有索罗金主编的《茅盾精选集》等。①

4. 其他国家

德国女汉学家多罗苔·巴尔豪斯所著《茅盾早期作品中的现代女性》一书,1989年由波鸿布罗克麦耶尔学术出版社出版。该书主要部分在前四章:第一章介绍作者传略;第二章概述中国妇女的境况;第三章阐述作品内容;第四章分析作品中的妇女形象。书中介绍、分析的茅盾早期作品有:《创造》《诗与散文》《色盲》《昙》《虹》《陀螺》《自杀》《一个女性》《自由爱情》《野蔷薇》等。

波恩大学中文系1991年毕业生凯西的毕业论文《作家茅盾的早期作品》,以小说《一个女性》为中心,兼及《自杀》《昙》《创造》《诗与散文》《色盲》等篇,通过分析、比较,阐释了茅盾早期小说的政治内涵,并论述了茅盾的妇女解放观。

---

① 参见王玉珠《俄罗斯汉学界的茅盾研究》,《名作欣赏》2015年第11期。

迄今为止,《英国百科全书》《苏联大百科全书》《大拉鲁斯百科全书》《卡斯尔世界文学百科辞典》《东方文学大辞典》《大日本百科事典》等诸多辞书都已列有"茅盾"这一条目。

六、茅盾文学奖

1981 年 4 月,根据茅盾先生遗愿,将其 25 万元稿费捐献出来,设立了茅盾文学奖,当时决定由巴金担任评委会主任。此奖项的设立旨在推出和褒奖长篇小说作家和作品。当时规定每 3 年评选一次,后改为四年,参与首评而未获奖的作品,在下一届以至将来历届评选中仍可获奖。首届评选在 1982 年确定,评选范围限于 1977 年至 1981 年的长篇小说。"茅盾文学奖"是中国第一个以个人名字命名的文学奖,是中国长篇小说的最高奖项之一。茅盾文学奖自设立以来,已经进行了 10 届。获奖情况详见表 1。

表 1　茅盾文学奖历届获奖情况

届次	获奖作品	作者	出版社
第一届 (1982 年,6 部长篇小说获奖)	《许茂和他的女儿们》	周克芹	百花文艺出版社
	《东方》	魏　巍	人民文学出版社
	《将军吟》	莫应丰	人民文学出版社
	《李自成》(第二卷)	姚雪垠	中国青年出版社
	《芙蓉镇》	古　华	人民文学出版社
	《冬天里的春天》	李国文	人民文学出版社

续表

届次	获奖作品	作者	出版社
第二届 (1985年,3部长篇小说获奖)	《黄河东流去》	李 准	北京出版社
	《沉重的翅膀》(修订本)	张 洁	人民文学出版社
	《钟鼓楼》	刘心武	人民文学出版社
第三届 (1991年,5部长篇小说获奖,另外有2部作品获得荣誉奖)	《平凡的世界》	路 遥	中国文联出版公司
	《少年天子》	凌 力	北京十月文艺出版社
	《都市风流》	孙力、余小惠	浙江文艺出版社
	《第二个太阳》	刘白羽	人民文学出版社
	《穆斯林的葬礼》	霍 达	北京十月文艺出版社
第四届 (1997年,4部长篇小说获奖)	《战争和人》(一、二、三)	王 火	人民文学出版社
	《白鹿原》(修订本)	陈忠实	人民文学出版社
	《白门柳》(一、二)	刘斯奋	中国青年出版社
	《骚动之秋》	刘玉民	人民文学出版社
第五届 (2000年,4部长篇小说获奖)	《抉择》	张 平	群众出版社
	《尘埃落定》	阿 来	人民文学出版社
	《长恨歌》	王安忆	作家出版社
	《茶人三部曲》(一、二)	王旭烽	浙江文艺出版社

918

届次	获奖作品	作者	出版社
第六届 (2005年,5部 长篇小说获 奖)	《张居正》	熊召政	长江文艺出版社
	《无字》	张　洁	北京十月文艺出版社
	《历史的天空》	徐贵祥	人民文学出版社
	《英雄时代》	柳建伟	人民文学出版社
	《东藏记》	宗　璞	人民文学出版社
第七届 (2008年,4部 长篇小说获 奖)	《秦腔》	贾平凹	作家出版社
	《额尔古纳河右岸》	迟子建	北京十月文艺出版社
	《暗算》	麦　家	人民文学出版社
	《湖光山色》	周大新	作家出版社
第八届 (2011年,5部 长篇小说获 奖)	《你在高原》(全10册)	张　炜	作家出版社
	《天行者》	刘醒龙	人民文学出版社
	《蛙》	莫　言	上海文艺出版社
	《推拿》	毕飞宇	人民文学出版社
	《一句顶一万句》	刘震云	长江文艺出版社
第九届 (2015年,5部 长篇小说)	《江南三部曲》	格非	上海文艺出版社
	《这边风景》	王蒙	花城出版社
	《生命册》	李佩甫	作家出版社
	《繁花》	金宇澄	上海文艺出版社
	《黄雀记》	苏童	作家出版社

续表

届次	获奖作品	作者	出版社
第十届 (2019年,5部 长篇小说)	《人世间》	梁晓声	中国青年出版社
	《牵风记》	徐怀中	人民文学出版社
	《北上》	徐则臣	北京十月文艺出版社
	《主角》	陈彦	作家出版社
	《应物兄》	李洱	人民文学出版社

七、出版《茅盾全集》

经过充分酝酿,《茅盾全集》编辑委员会1983年4月29日在北京宣告成立。编辑委员会由34人组成。他们是(以姓氏笔画为序):

丁玲、巴金、韦君宜、戈宝权、王瑶、叶子铭、叶圣陶、冯牧、冰心、孙中田、刘白羽、艾芜、许觉民、阳翰笙、张天翼、张光年、沙汀、邵伯周、陈学昭、陈荒煤、周而复、周扬、罗荪、欧阳山、姚雪垠、胡愈之、唐锼、夏衍、郭绍虞、梅益、曹靖华、黄源、楼适夷、臧克家。编委会聘请曹辛之同志为艺术顾问。周扬同志任《茅盾全集》编辑委员会主任委员,罗荪同志为副主任委员。编辑委员会下设《茅盾全集》编辑室,负责具体编辑工作。叶子铭为编辑室主任,雪燕、丁尔纲为副主任。

第一版《茅盾全集》是由《茅盾全集》编辑委员会领导下的《茅盾全集》编辑室编辑,由人民文学出版社出版。编辑出版时间自1984年至2006年。《茅盾全集》编辑室的编辑人员和人民文学出版社为《茅盾全集》的编辑付出了许多心血,在茅盾著作的保存、整理和传播方面作出了巨大的贡献。

《茅盾全集》正编共计40卷,由人民文学出版社出版。第

1—9 卷收长、中、短篇小说,与文集所收基本相同,唯编排次序有所变更。第 10 卷收神话、童话、诗词作品,以及剧本《清明前后》。第 11—17 卷收散文作品,按散文集出版时间先后顺序编排,未收集的作品列为集外作品。第 18—27 卷收中国文论,即有关古今中国文学作品的评论及研究文章。第 28 卷收中外神话研究文章。第 29—33 卷收外国文论,即有关古今外国文学作品的评论及研究文章。第 34—35 卷收回忆录《我走过的道路》。第 36—38 卷收书信。第 39—40 卷收日记。另有补遗两卷,资料索引一卷。总计 43 卷。这是规模最大,收集最全的总集,是研究茅盾著作的十分完备的参考材料。已于 2006 年全部出版齐全。

新版《茅盾全集》由茅盾之子韦韬先生授权,钟桂松主编,黄山书社出版。新版《茅盾全集》由韦韬先生新增多幅珍贵照片,在原版《茅盾全集》(人民文学出版社出版)的基础上加以充实、补订而成的,目的是使《茅盾全集》更全、更完美。新版全集共 41 卷,再加一卷附集。1 至 9 卷为小说;10 卷为剧本、诗词、童话;11 至 17 卷为散文,其中 13 卷为"游苏见闻"专集;18 至 27 卷为中国文论;28 卷为中外神话研究专集;29 至 33 卷为外国文论;34 卷为"古诗文注解";35 至 36 卷为回忆录;37 至 39 卷为书信;40 至 41 卷为日记;附集卷收有关资料。

八、出版《茅盾译文全集》

韦韬编《茅盾译文全集》,由知识产权出版社于 2013 年出版。共分 10 卷,各卷作品收录情况如下。

第 1 卷以发表时间先后为序,收录了茅盾 1917 年至 1921 年翻译并发表在《学生杂志》、《时事新报》副刊《学灯》、《妇女杂志》、《解放与改造》、《小说月报》、《东方杂志》、《新青年》、《民国日报》副刊《觉悟》等刊物上的短篇小说 38 篇。其中《三百年后孵化之卵》《在家里》《他的仆》等 18 篇曾被收入译林出版社的《茅盾译文集》,其余属新中国成立以来首次结集出版。

第 2 卷以发表时间先后为序,收录了茅盾 1922 年至 1936 年翻译并发表在《小说月报》、《小说世界》、《妇女杂志》、《民国日报》副刊、《文学》周刊、《文学周报》、《文学》、《译文》、《世界知识》等刊物上的翻译短篇小说 31 篇。其中《拉比阿契巴的诱惑》《卡利奥森在天上》《却绮》《私奔》等 12 篇曾被收入译林出版社的《沈雁冰译文集》,其余属新中国成立以来首次结集出版。

第 3 卷收录了茅盾翻译的 3 部中篇小说,分别是《文凭》《战争》《复仇的火焰》,属新中国成立以来首次结集出版。

第 4 卷收录了茅盾翻译的两部中篇小说,分别是《人民是不朽的》《团的儿子》,属新中国成立以来首次结集出版。

第 5 卷以发表时间先后为序,收录了茅盾 1943 年至 1948 年翻译并发表在《国讯》《中原》《文哨》《文艺杂志》《中外春秋》《中苏文化》《文阵新辑》《天下文章》等刊物上的短篇小说 12 篇。同时,还收录了 1921 年至 1945 年翻译并发表于《新青年》、《小说月报》、《努力周刊》、《文学》周刊、《文学周报》、《世界文库》、《译文》、《大公晚报》副刊等刊物上的散文 21 篇。

第 6 卷以发表时间先后为序,收录了茅盾 1918 年至 1921 年翻译并发表于《学生杂志》、《时事新报》副刊《学灯》、《解放与改造》、《妇女杂志》、《东方杂志》、《小说月报》等刊物上的剧本 16 个。

第 7 卷以发表时间先后为序,收录了茅盾 1921 年至 1947 年翻译并发表于《新青年》、《小说月报》、《民国日报》副刊《妇女评论》、《世界知识》等刊物上的剧本 12 个。

第 8 卷以发表时间先后为序,收录了茅盾 1919 年至 1925 年翻译并发表于《时事新报》副刊《学灯》、《小说月报》、《民国日报》副刊《觉悟》、《民国日报》副刊《妇女评论》、《诗》、《文学》周刊等刊物上的诗歌 32 首;同时,还收录了 1919 年至 1937 年翻译并发表在《解放与改造》《东方杂志》《小说月报》《文学周报》《文学旬刊》《译文》《世界文库》《作家》等刊物上的文论 28 篇。

第 9 卷以发表时间先后为序,收录了茅盾 1919 年至 1939 年翻译并发表在《解放与改造》、《东方杂志》、《新青年》、《共产党》、《民国日报》副刊《妇女评论》、《反帝战线》上的政论文 20 篇。

第 10 卷收录了 1918 年至 1920 年翻译并发表于《学生杂志》《妇女杂志》上的科普著作 6 篇。

九、茅盾身后编选出版的作品集

《神话研究》,百花文艺出版社 1981 年 4 月出版。

《锻炼》,文化艺术出版社 1981 年 5 月出版。

《腐蚀》,四川人民出版社 1981 年 6 月出版。

《茅盾文艺杂论集》,叶子铭编,上海文艺出版社 1981 年 6 月出版。共选 1920 年至 1949 年 7 月写的文艺评论,包括论文、书评、小品、杂感、讲演等 250 篇。全书分上、下两集。上集第 1 辑收入 1920 年至 1927 年文艺评论;上集第 2 辑收入 1927 年 8 月至 1937 年 7 月的文章;下集第 3 辑收入 1937 年 7 月至 1949 年 7 月的文章。

《虹》,四川人民出版社 1981 年 7 月出版。

《茅盾中篇小说选》,四川人民出版社 1981 年 7 月出版。收集茅盾在 20 世纪 30 年代到 40 年代前后写的 4 个中篇小说和 1 个话剧剧本,即中篇小说《路》《三人行》《多角关系》《劫后拾遗》和话剧剧本《清明前后》。

《茅盾译文选集》，上海译文出版社1981年9月出版。分上、下两册，收入了茅盾自己编选的一部分短篇小说、剧本、书简、杂记等。上册收短篇小说44篇；下册收剧本17篇，书简、杂记等8篇和散文5篇。书前有译者写于1980年2月25日的《序言》。原译地名、人名、书名不同于今译者，均由编辑予以订正。

《我走过的道路》（上），人民文学出版社1981年10月出版，三联书店香港分店1981年8月出版。

《我的学生时代》，新蕾出版社1982年1月出版。

《少年印刷工》，少年儿童出版社1982年4月出版。

《清明前后》（现代戏剧创作丛书），北京戏剧出版社1982年7月出版。

《茅盾选集》（第1卷、第2卷），四川人民出版社1982年7月出版。

《茅盾论鲁迅》，查国华、杨美兰编，山东人民出版社1982年9月出版。

《洁本红楼梦》，北京宝文堂书店1982年9月出版。

《虹》，人民文学出版社1983年1月出版。

《茅盾选集》（第3卷），四川人民出版社1983年3月出版。

《茅盾童话选》（小图书馆丛书），范奇龙编，四川少年儿童出版社1983年3月出版。

《关于文学修养》，湖南人民出版社1983年10月出版。

《见闻杂记》（花城书库），花城出版社1984年2月出版。

《走上岗位》，花山文艺出版社1984年4月出版。

《我走过的道路》（中），人民文学出版社1984年5月出版，三联书店香港分店1984年5月出版。

《茅盾散文选集》，方铭编，百花文艺出版社1984年9月出版。

《茅盾儿童文学选》（小学生文库），郭克编，吉林人民出版社
1984 年 9 月出版。

《茅盾少年时代作文》，毛华轩标注，光明日报出版社 1984
年 10 月出版。

《茅盾书简》，孙中田、周明编，浙江文艺出版社 1984 年 10
月出版。

《茅盾和儿童文学》，孔海珠编，少年儿童出版社 1984 年 11
月出版。

《茅盾香港文辑（1938—1941）》，卢玮銮、黄继持合编，广角
镜出版社 1984 年 12 月出版。

《茅盾诗词集》，上海古籍出版社 1985 年 4 月出版。其中有
6 首是韦韬和陈小曼新发现并增补进去的，其余均为茅盾生前编
选。集后有韦韬、陈小曼写于 1982 年 12 月 20 日的《后记》，诗
词集根据茅盾叮嘱，用繁体字直排。

《茅盾选集》（第 4 卷、第 5 卷），韦韬编，四川人民出版社
1985 年 5 月出版。

《创造》，丁尔纲编，百花文艺出版社 1985 年 5 月出版。

《西洋文学通论》，书目文献出版社 1985 年 5 月出版。

《创造》，丁尔纲编，百花文艺出版社 1985 年 5 月出版。

《茅盾专集》，福建人民出版社 1985 年出版。

《子夜》，人民文学出版社 1986 年 12 月据《茅盾全集》第 3
卷的 1984 年版《子夜》重印。

《茅盾古典文学论文集》，韦韬编，上海古籍出版社 1986 年
12 月出版。

《茅盾在新疆》，陆维天编，新疆人民出版社 1986 年 12 月出

版,内收茅盾在新疆的著述。

《茅盾》(中国现代作家选集),庄钟庆编,上海教育出版社1987年7月出版。

《茅盾书信集》(现代作家书简丛书),刘麟编,百花文艺出版社1987年10月出版。

《多角关系》,人民文学出版社1987年12月出版。

《茅盾童话选》(小图书馆丛书),范奇龙编,四川少年儿童出版社1987年出版。

《茅盾》(当代世界小说家读本),周玉山编,台北光复书局1988年3月出版。

《茅盾书信集》,孙中田、周明编,文化艺术出版社1988年3月出版。

《茅盾代表作》(中国现当代著名作家文库),苏振鹭编,黄河文艺出版社1988年5月出版。

《我走过的道路》(下),北京人民文学出版社1988年9月出版,三联书店香港分店1981年8月出版。

《小说研究ABC》,上海书店1990年12月出版。

《中国神话研究ABC》(上册),上海书店1990年12月出版。

《骑士文学ABC》,上海书店1990年12月出版。

《北欧神话ABC》,上海书店1990年12月出版。

《兔子娶媳妇》(鼠择婿、狐兔入井)(企鹅中国创作画库),齐文、苏林改编,岳馨、卢汝丽插图,台南企鹅图书有限公司1991年4月出版。

《波涛滚滚》(茅盾点评本),韶华著,茅盾点评,中国青年出版社1991年6月出版。

《茅盾抒情散文》,张建之编,文化艺术出版社1992年3月出版。

《茅盾美文——理性人生》(人生文丛),何乃平编,花城出版社 1992 年 5 月出版。

《茅盾心目中的鲁迅》,单演义编,陕西人民出版社 1992 年 6 月出版。

《洁本红楼梦》,中国青年出版社 1992 年 8 月出版。

《速写与随笔》(开明文库第 1 辑),北京开明出版社 1992 年 12 月出版。

《中国创作童话(1)》,葛翠琳编,姜成安、安洪民、杜晓明插图,收茅盾《大槐国》《寻快乐》《傲狐辱蟹》三篇,台北光复书局 1993 年 2 月出版。

《霜叶红似二月花》,四川人民出版社 1993 年 6 月出版。

《社会小说》(中国现代名作家名著珍藏本),叶子铭编,上海文艺出版社 1993 年 7 月出版。

《茅盾散文集》(中国现代小品经典),李方编,河北教育出版社 1994 年 5 月出版。

《茅盾序跋集》,丁尔纲编,三联书店 1994 年 6 月出版。

《名家品书》(上),吴昌泰编,内收茅盾部分作品,海天出版社 1994 年 11 月出版。

《野蔷薇》(开放文库第 2 辑),北京开明书局 1994 年出版。

《茅盾卷》(中国现代小说精品),伍仁编,陕西人民出版社 1995 年 3 月出版。

《茅盾散文》(二十世纪中国文化名人文库),贾亭、纪恩编,共 4 集,中国广播电视出版社 1995 年 4 月出版。

《速写与随笔》(典藏开明书店名家散文系列),中国青年出版社 1995 年 11 月出版。

《茅盾名著》，四川文艺出版社1995年出版。

《茅盾杂文集》，韦韬、陈小曼编，三联书店1996年5月出版。

《茅盾作品经典》，中国华侨出版社1996年6月出版。

《子夜手迹本》，中国青年出版社1996年6月出版。

《中国现当代文学茅盾眉批文库》，中国国际广播出版社1996年出版。该文库汇集了茅盾在20世纪50年代末60年代初对8位中国现当代作家的40余种作品所作的眉批。共4卷。其中长篇小说卷两本，含杨沫《青春之歌》、乌兰巴图《草原烽火》；中篇小说卷一本，含杜鹏程《在和平的日子里》、茹志鹃《高高的白杨树》；诗歌卷一本，含阮章竞《漳河水》《迎春橘颂》，田间《田间诗抄》，郭小川《月下集》，闻捷《河西走廊行》。这套文库是对现当代文学经典作品的文本细读，以眉批的方式记录下自己对这些作品的文学感悟。在20世纪50—60年代，不十分健康的文学批评生态环境下，茅盾排除了社会政治功利性的干扰，坚持了文学审美批评，发表了真知灼见，引导读者体会文学创作的规律和奥秘，对当下的文学批评仍有积极的影响。

《茅盾思想小品》（名人思想小品丛书），陈建华编，上海社会科学院出版社1997年1月出版。

《茅盾代表作》（中国现代文学百家），华夏出版社1997年5月出版，分上、下册，收长篇小说《子夜》、短篇小说《林家铺子》等。

《茅盾谈人生》（名人谈人生丛书），靳非、靳雪卿编，中国青年出版社1997年6月出版。

《茅盾作品精选》（中国儿童文学名家作品精选丛书），葛翠琳编，河北少年儿童出版社1997年8月出版。

《茅盾选集》（上下册），孔范今编选，20世纪中国作家著名文库之一,山东文艺出版社 1997 年出版。

《见闻杂记》(中国现代散文名家名作原版库),中国文联出版公司 1999 年 1 月出版。

《茅盾说神话》,上海古籍出版社 1999 年 7 月出版。

《茅盾小说》,傅光明选编,浙江文艺出版社 1999 年 9 月出版。

《茅盾散文》,傅光明选编,浙江文艺出版社 1999 年 9 月出版。

《茅盾经典》(世纪经典文丛),宝祥编选,南海出版公司 2000 年 3 月出版,收入《虹》《林家铺子》《春蚕》《霜叶红似二月花》。

《中国名作家散文经典作品选》,茅盾、老舍著,中国言实出版社 2000 年 4 月出版。

《茅盾作品精选》,伊犁人民出版社 2000 年出版。

《茅盾小说名篇》,时代文艺出版社 2000 年出版。

《子夜》,人民文学出版社 2000 年出版。

《茅盾》(学生阅读丛书),韦韬编选,文汇出版社 2001 年 1 月出版。

《茅盾手迹》,华宝斋书社 2001 年出版。

《茅盾作品集》(中国现代名家精品书系),北岳文艺出版社 2002 年出版。

《茅盾经典作品选·〈子夜〉〈林家铺子〉》(现代文学名家名作文库),当代世界出版社 2002 年 3 月出版。

《倾听茅盾》(倾听文学书系),吾人编选,中国广播电视出版社 2012 年出版,收录茅盾的文学作品,分为"那时风景""生活速写""见闻杂记""时世感言""文坛与文学"五个部分。

《茅盾主页》,雨笠编选,浙江文艺出版社 2003 年 6 月出版。

本书分小说、散文两部分。收入《林家铺子》《香市》《交易所速写》《恋爱与贞洁》《风景谈》等经典作品。

《茅盾作品精选》,丁尔纲编选长江文艺出版社 2003 年 10 月出版,该书涵盖中短篇小说、散文、诗词等作品,收入《林家铺子》《春蚕》《故乡杂记·半个月的印象》《谈月亮》等名篇,这些佳作展现出茅盾鲜明的创作个性,在中国文学史上占据着不可重复、难以取代的独特地位。

《茅盾作品集》,中国工人出版社 2003 年出版。

《茅盾手迹》,西泠印社 2003 年版,收录其各个类别的墨迹。

《茅盾选集》(中国文库),包括上、中、下册,人民文学出版社 2004 年 11 月出版。

《尘封的记忆——茅盾友朋手札》,上海图书馆中国文化名人手稿馆编,文汇出版社 2004 年月出版,收入茅盾与友人来往书信 700 封左右,按人物通信对应形式编排。

《茅盾散文·杂文》,吉林文史出版社 2004 年出版。

《与茅盾养春蚕》,茅盾著,浙江文艺出版社 2004 年出版。

《茅盾散文集》,陈丛祥编,人民日报出版社 2004 年出版。

《茅盾小说》,孙中田主编,吉林文史出版社 2004 年出版。

《茅盾译文全集》10 卷本,知识产权出版社 2005 年出版,收录茅盾 1917 至 1948 年发表的各类译作 230 余篇。

《茅盾小说·大泽乡》(名典书坊),浙江文艺出版社 2006 年 1 月出版。

《茅盾散文·杂文》(学生版),孙中田主编,吉林文史出版社 2006 年 6 月出版,精选了茅盾的部分散文、杂文,并加以精当的评析。

《茅盾姚雪垠谈艺书简》,姚海天编,人民文学出版社 2006

年 6 月出版，主要收录了茅盾、姚雪垠关于《李自成》这部长篇历史小说而互致的信函。

《茅盾散文》，彬彬选编，内蒙古文化出版社 2006 年出版。

《茅盾小说》，彬彬选编，内蒙古文化出版社 2006 年出版。

《茅盾精选集》（世纪文学 60 家），北京燕山出版社 2006 年出版。

《子夜》，中国对外翻译出版公司 2006 年出版。

《茅盾散文》（名典书坊），傅光明编，浙江文艺出版社 2007 年 5 月出版。

《茅盾小说》，浙江文艺出版社 2007 年出版。

《游苏日记》，浙江大学出版社 2007 年出版。

《西洋文学通论》，复旦大学出版社 2008 年出版。

《茅盾经典作品选》，中国青年出版社 2008 年 8 月出版。

《茅盾小说集》，崔钟雷主编，时代文艺出版社 2009 年 6 月出版。

《茅盾代表作》（中国现代文学百家），华夏出版社 2008 年出版，收录了茅盾 9 篇短篇小说、20 篇散文作品和 16 篇文学批评，书后附有茅盾主要著译书目。

《茅盾作品精选》，浙江少年儿童出版社 2009 年 8 月出版。

《茅盾小说》，内蒙古文化出版社 2009 年出版。

《茅盾小说》，傅光明编选，浙江文艺出版社 2009 年出版。

《茅盾集》，花城出版社 2009 年出版，包括短篇小说和散文。

《茅盾小说集》，时代文艺出版社 2009 年出版。

《茅盾珍档手迹——古诗文注释》，浙江大学出版社 2010 年 2 月出版。全书内容是茅盾亲自选择并抄录的中国古代诗文（共 92 篇），加以注释。

《茅盾作品新编》(中国现代作家作品新编丛书),刘勇、张弛编,人民文学出版社 2010 年 12 月出版。

《茅盾小说名篇》,时代文艺出版社 2010 年出版。

《茅盾致陈瑜清书信》,西泠印社出版社 2010 年出版。

《茅盾珍档手迹》,共 6 册(日记—1961 年、日记—1962 年、日记—1963 年、日记—1964 年、子夜、书信),桐乡市档案局编,浙江大学出版社 2011 年 6 月出版。

《茅盾散文名篇》,中国画报出版社 2011 年 7 月出版。

《茅盾经典作品》,当代世界出版社 2011 年出版。

《茅盾作品精选》,上海人民美术出版社 2011 年出版。

《茅盾小说经典》(中国现代文学经典名著一本通丛书),二十一世纪出版社 2011 年出版。

《茅盾作品精选》,长江文艺出版社 2012 年出版。

《茅盾作品》,丁尔纲编选,武汉长江文艺出版社 2012 年出版,分为中短篇小说、散文、古体诗词、理论批评 4 个部分。

《狐兔入井》(小学生必读名家/语文新课标必读丛书),北方妇女儿童出版社 2012 年 10 月出版,是茅盾的儿童文学作品选集,收录了他的《驴大哥》《金龟》《飞行鞋》《怪花园》《风雪云》《十二个月》等 24 篇作品。

《茅盾珍档手迹》,共 5 册,桐乡市档案局编,浙江大学出版社 2012 年 1 月出版,收录了茅盾的《走上岗位》、《人民是不朽的》、《文论》(上下)、《诗词 红学札记》。

《茅盾社会小说》,叶子铭编,上海文艺出版社 2012 年 4 月出版。

《茅盾作品》(现当代名家作品精选),长江文艺出版社 2012 年 11 月出版,收录茅盾创作的中短篇小说、散文、古体诗词、理论批评文章等。

《子夜》，中国青年出版社 2012 年出版。

《茅盾译文全集》，韦韬主编，北京知识产权出版社 2013 年 6 月出版。

《大鼻子的故事》（中国现当代名家儿童文学典藏书系），天天出版社 2013 年 6 月出版。

《茅盾儿童文学选集》（大师儿童文学书系），中国少年儿童出版社 2013 年 7 月出版。

《茅盾回忆录》，茅盾、韦韬著，华文出版社 2013 年出版，由茅盾亲撰的《我走过的道路》以及韦韬等著的《父亲茅盾的晚年生活》合成，并根据新史料和韦韬记述进行了全面修订，是迄今为止唯一最完整、最权威的茅盾传记。

《茅盾小说（鉴赏版）》（中国现代名家小说书系），太白文艺出版社 2013 年 9 月出版，精选了茅盾十几篇小说。

《茅盾读书》，茅盾著，方未选编，中国社会出版社 2013 年出版。

《茅盾儿童文学选集》，中国少年儿童出版社 2013 年出版。

《茅盾小说》，太白文艺出版社 2013 年出版。

《茅盾童话故事精选》，高等教育出版社 2014 年出版。

《MIDNIGHT—子夜》，英文版，2014 年 10 月由外文出版社出版。

《茅盾散文》（沙滩上的脚迹名家散文典藏），浙江文艺出版社 2015 年 1 月出版，收散文 65 篇。

《林家铺子》插图典藏本，中国画报出版社 2015 年 5 月出版。

《雾中偶记》插图典藏本，中国画报出版社 2015 年 5 月出版。

《茅盾作品精选集》(教育部推荐中小学生必读书),译林出版社 2015 年 11 月出版,共 3 册,内容包括《子夜》《林家铺子》、"农村三部曲"等短篇小说及散文选。

《茅盾文集》(全 10 卷),钟桂松编,中华工商联合出版社 2015 年 12 月出版。

《沙滩上的脚迹》(茅盾散文),浙江文艺出版社 2015 年出版,本书分 5 部分,收录《严霜下的梦》《故乡杂记》《雾中偶记》《大地山河》《马达的故事》《韧性万岁》《佩服与崇拜》《致文学青年》等散文作品。

《茅盾散文集——白杨礼赞》,高等教育出版社 2016 年 1 月出版,分 5 辑,收散文 60 余篇。

《子夜》,分上、下册,北京联合出版社 2016 年 8 月出版。

《茅盾集》,李燕英编著,北岳文艺出版社 2016 年出版,是对茅盾诗词的注释。

《茅盾选集》,北京开明出版社 2016 年出版,本选集选取了作家茅盾创作的部分短篇作品,包括《春蚕》《林家铺子》《赵先生想不通》《微波》《第一个半天的工作》等。

《茅盾小说》,浙江文艺出版社 2017 年出版,收录了茅盾的中篇小说《幻灭》和短篇小说《林家铺子》《春蚕》《诗与散文》《大鼻子的故事》《大泽乡》等。

《子夜(典藏版)》,江苏文艺出版社 2018 年 2 月出版。

《林家铺子(典藏版)》,江苏文艺出版社 2018 年 2 月出版。

《茅盾经典》,江苏凤凰文艺出版社 2018 年 5 月出版。

《林家铺子》(中小学阅读文库),陕西师范大学出版社 2018 年 12 月出版,收录了《林家铺子》《农村三部曲》等中、短篇小说,《严霜下的梦》《白杨礼赞》等散文,《父亲的抱负》《我的小学》等回忆录,《文学与人生》《论"入迷"》等文学评论。

《子夜》,南京译林出版社 2018 年 12 月出版

《林家铺子》,海燕出版社 2018 年出版,收《林家铺子》《春蚕》《秋收》《残冬》4 篇。

《茅盾小说精选〈子夜〉》,茅盾著,北京师范大学出版社 2018 年出版。

《茅盾家书》,中华工商联合出版社 2018 年出版。

《茅盾小说经典》,新疆生产建设兵团出版社 2019 年 1 月出版,内收茅盾先生经典的短篇小说 7 篇,中篇小说 2 篇。为了帮助读者更准确地理解现代文学经典名著,编选者对原著作了必要的注释,并在每篇作品后附有导读。

《茅盾散文选》南京译林出版社 2019 年 7 月出版。该书选取了茅盾最具艺术价值的散文代表作品,它们或记事或写景,或抒情或议论,语言形象、诗意,言随意旨,浑然天成,真实展现了茅盾的思想志趣与人生经历以及茅盾所处的那个时代复杂的社会状况与生活百态,是中国现代散文中不可多得的连城之珍。

十、茅盾身后主要研究论著和论文集

《茅盾》(中国现代作家丛书),候成言编著,黑龙江人民出版社 1982 年 4 月出版。

《茅盾的创作历程》,庄钟庆著,人民文学出版社 1982 年 7 月出版。

《茅盾在香港和桂林的文学成就》,林焕平著,浙江人民出版社 1982 年 11 月出版。

《忆茅公》,文化艺术出版社编,文化艺术出版社 1982 年 12 月出版。

《茅盾与儿童文学》，金燕玉编，河南少年儿童出版社1983年1月出版。

《茅盾作品浅论》，丁尔纲著，青海人民出版社1983年3月出版。

《茅盾研究资料》，孙中田、查国华编，包括上、中、下册，中国社会科学出版社1983年5月第1版。

《茅盾专集》第一卷，唐金海、孔海珠、周春东、李玉珍编，该卷包括上、下册，收入"中国当代文学研究资料"丛书，福建人民出版社1983年5月出版。

《茅盾漫评》，叶子铭著，百花文艺出版社1983年6月出版。

《茅盾》（中国现代作家选集），庄钟庆编，人民文学出版社、三联书店香港分店1983年联合出版。

《茅盾前期文学思想散论》，朱德发、阿岩、翟德耀著，山东人民出版社1983年8月出版。

《茅盾研究论文选集》，中国茅盾研究会编，湖南人民出版社1983年11月出版。

《茅盾散文欣赏》，丁尔纲著，广西人民出版社1984年3月出版。

《黎明的文学——中国现实主义作家茅盾》，（日本）松井博光著，高鹏译，浙江文艺出版社1984年3月出版。

《茅盾研究在国外》，李岫编，湖南人民出版社1984年8月出版。

《茅盾研究论集》，庄钟庆编，天津人民出版社1984年8月出版。

《茅盾少年时代作文》，毛华轩标点注释，光明日报出版社1984年10月出版。

《茅盾和儿童文学》，孔海珠编，少年儿童出版社 1984 年 11 月出版。

《茅盾故乡》，浙江省桐乡县文化馆，浙江省桐乡县茅盾文物征集办公室编，1984 年。

《茅盾史实发微》，庄钟庆编，湖南人民出版社 1985 年 2 月出版。

《茅盾年谱》，查国华编著，长江文艺出版社 1985 年 3 月出版。

《茅盾专集》第二卷，唐金海、孔海珠编，该卷包括上、下册，收入"中国当代文学研究资料"丛书，福建人民出版社 1985 年 7 月出版。

《茅盾纪实》，庄钟庆编，四川文艺出版社 1986 年 1 月出版。

《茅盾少年时代作文赏析》，钟桂松编著，河南文心出版社 1986 年 8 月出版。

《茅盾的早年生活》，孔海珠、王尔龄著，湖南文艺出版社 1986 年 8 月出版。

《茅盾年谱》，万树玉编著，浙江文艺出版社 1986 年 10 月出版。

《茅盾短篇小说欣赏》，刘焕林、李琼仙著，广西人民出版社 1986 年 12 月出版。

《茅盾印谱》，湖南美术出版社 1986 年 11 月出版。

《茅盾评传》，邵伯周著，四川人民出版社 1987 年 1 月第 1 版。

《论茅盾的创作艺术》，浙江省茅盾研究学会编，浙江文艺出版社 1987 年 3 月出版。

《茅盾在新疆》，陆维天编，新疆人民出版社 1986 年 12 月出版。

《论茅盾早期文学思想》,杨健民著,湖南人民出版社 1987年 7 月出版。

《茅盾》,孙中田、李庆国编著,人民出版社 1987 年 8 月出版。

《茅盾 90 诞辰纪念论文集》,中国茅盾研究会编,作家出版社 1987 年 11 月出版。

《夜遁香港》,林拔著,文化艺术出版社 1988 年 6 月出版。

《一代文豪,茅盾的一生》,李广德,上海文艺出版社 1988 年 10 月出版。

《茅盾文体论初探》,李标晶著,厦门大学出版社 1988 年出版。

《茅盾比较研究论稿》,李岫著,北岳文艺出版社 1988 年 11月出版。

《理性·社会·客体——茅盾艺术美学论稿》,曹万生著,四川社会科学院出版社 1988 年 12 月出版。

《少年茅盾作文译评》,宋承圆编,北方妇女儿童出版社 1988年出版

《茅盾小说论》,王嘉良著,上海文艺出版社 1989 年 8 月出版。

《茅盾的童心》,金燕玉著,南京出版社 1990 年 6 月出版。

《茅盾传》,李标晶著,团结出版社 1990 年 7 月出版。

《回眸集》,罗宗义著,团结出版社 1990 年 8 月出版。

《茅盾研究 60 年》,邱文治、韩银庭编著,天津教育出版社 1990 年 10 月第 1 版。包括上编名篇研究、下编综合研究。

《一个批评家的心路历程》,丁亚平著,上海文艺出版社 1990

年 11 月出版。

《〈子夜〉的艺术世界》,孙中田著,上海文艺出版社 1990 年 12 月出版。

《茅盾文艺美学思想论稿》,史瑶、王嘉良、钱诚一、骆寒超著,杭州大学出版社 1991 年 3 月出版。

《梦回星移——茅盾晚年的生活见闻》,叶子铭著,南京大学出版社 1991 年 4 月第 1 版。

《纪念茅盾》,陕西省中国现代文学学会、陕西人民出版社合编,陕西人民出版社 1991 年 4 月出版。

《茅盾文体论初探》,李标晶著,厦门大学出版社 1991 年 5 月出版。

《茅盾与故乡》,钟桂松著,四川文艺出版社 1991 年 8 月出版。

《茅盾学论稿》,李广德著,香港正之出版社 1991 年 8 月出版。

《中国语言大师警句录茅盾卷》,朱子明、崔毓秀编,文汇出版社 1991 年 9 月出版。

《茅盾诗词鉴赏》,丁茂远著,杭州大学出版社 1991 年 11 月出版。

《茅盾小说的艺术世界》,邱文治著,百花文艺出版社 1991 年出版。

"茅盾研究丛书",庄钟庆主编,聘请黄源、孔罗荪、田仲济、林焕平、吴奔星、叶子铭、邵伯周、孙中田为顾问,厦门大学出版社于 1991 年起出版。该丛书已出版李标晶著《茅盾文体论初探》(1991 年 5 月版)、黎舟、阙国虬著《茅盾与外国文学》(1991 年 8 月版)、罗宗义著《茅盾文学批评论》(1991 年 8 月版)、唐纪如著《茅盾的创作个性》(1993 年 12 月)、史瑶《论茅盾的小说艺术》(1995 年 12 月版)。

《茅盾的青少年时代》,钟桂松著,浙江少年儿童出版社 1992 年 3 月出版。

《中国革命与茅盾的文学道路》,史瑶主编,杭州大学出版社 1992 年出版。

《茅盾心目中的鲁迅》,单演义著,陕西人民出版社 1992 年 6 出版。

《茅盾的小说艺术》,桑逢康著,北岳出版社 1992 年 7 月出版。

《茅盾语言词典》,潘晓东主编,四川辞书出版社 1992 年 8 月出版。

《时代女性论稿》,陆文采、王建中著,沈阳出版社 1993 年 1 月出版。

《简明茅盾词典》,李标晶、王嘉良主编,甘肃教育出版社,1993 年 6 月出版。

《〈子夜〉的人物艺术世界》,党秀臣著,陕西人民教育出版社 1993 年 6 月出版。

《茅盾早期思想新探》,丁柏铨著,南京大学出版社 1993 年第 1 版。

《茅盾与中外文化》,该书编辑组编,南京大学出版社 1993 年 9 月第 1 版。

《人间茅盾——茅盾和他同时代的人》,钟桂松著,河南人民出版社 1993 年 11 月出版。

《茅盾的艺术世界》,丁尔纲著,青岛出版社 1993 年 12 月出版。

《茅盾对外国文学的借鉴与创新》，李庶长著，山东大学出版社 1993 年 12 月出版。

《少年茅盾的故事》，徐春雷著，甘肃少年儿童出版社 1993 年 12 月出版。

《茅盾的创作个性》，唐纪如著，厦门大学出版社 1993 年 12 月出版。

《茅盾谈话录》，金韵琴著，上海书店 1993 年 12 月出版。

《茅盾〈蚀〉三部曲的历史分析》，（美）陈幼石著，社会科学文献出版社 1993 年出版。

《时代女性论稿》，陆文采、王建中著，沈阳出版社 1993 年出版。

《茅盾　孔德沚》，丁尔纲著，中国青年出版社 1995 年 1 月出版。

《编辑家茅盾评传》，李频著，河南大学出版社 1995 年 2 月出版。

《论茅盾的小说艺术》，史瑶著，厦门大学出版社 1995 年 12 月出版。

《茅盾——"人生派"的大师》，黄侯兴著，山东人民出版社 1996 年 3 月出版。

《茅盾年谱》，唐金海、刘长鼎主编，含上、下册，山西高校联合出版社 1996 年 6 月出版。

《茅盾》，韦韬、陈小曼主编，文化艺术出版社 1996 年 6 月出版。

《茅盾小说篇目印谱》，鲍复兴篆刻，中国美术学院出版社 1996 年 6 月出版。

《茅盾的文论历程》，庄钟庆著，上海文艺出版社 1996 年 7

月出版。

《茅盾传》，钟桂松著，东方出版社 1996 年 7 月出版。

《茅盾与我》，万树玉、李岫编，中国广播电视出版社 1996 年 7 月出版。

《茅盾名作欣赏》，林非主编，中国和平出版社 1996 年 10 月出版。

《转折时期的文学思想——茅盾早期文艺思想研究》，杨扬著，华东师范大学出版社 1996 年 10 月出版。

《茅盾与浙江》，徐越化、顾忠国主编，海南出版社 1996 年 12 月出版。

《封闭与开放——茅盾小说艺术论》，刘焕林著，广西教育出版社 1997 年 3 月出版。

《茅盾与二十世纪》，中国茅盾研究会编，华夏出版社 1997 年 6 月出版。

《茅盾研究与我》，吴福辉、李频编，华夏出版社 1997 年 6 月第 1 版。

《茅盾评说》，欧家斤著，学林出版社 1997 年 10 月出版。

《茅盾小传》，别桦编著，广东旅游出版社 1997 年 10 月出版

《茅盾与 20 世纪中国文化》，王嘉良主编，天津人民出版社 1997 年 11 月出版。

《挖掘社会矛盾现象的小说巨匠——茅盾》，刘焕林著，广西教育出版社 1997 年出版。

《五四时期的中国现代文学》，麦克尔·戈尔德曼主编，伦敦哈佛大学出版社 1977 年出版，其中收陈幼石《〈牯岭之秋〉与茅盾小说中政治隐喻的运用》、博宁豪森《茅盾早期小说中的中心矛盾》。

《父亲茅盾的晚年》，韦韬、陈小曼著，上海书店1998年7月出版。

《茅盾》（名家简传书系），钟桂松著，中国华侨出版社1998年7月出版。

《永远的茅盾》，钟桂松编，浙江文艺出版社1998年8月出版。

《茅盾评传》，丁尔纲著，重庆出版社1998年10月出版。

《茅盾传——坎坷与辉煌》，钟桂松著，河南文艺出版社1998年12月出版。

《茅盾》，章骥、盛志强著，长篇传记文学，华艺出版社1999年3月出版。

《少年茅盾与作文》，李广德编，东方出版社1999年7月出版。

《茅盾智语》，李标晶编，岳麓书社，1999年8月出版。

《茅盾》，沈卫威著，江苏文艺出版社1999年9月出版。

《茅盾与读书》，王芳著，明天出版社1999年9月出版。该书以时间为顺序，在茅盾曲折的人生道路中勾画出他"学而不厌"的读书生活。书后附"茅盾爱读的书简介"，凡34部，均作了扼要介绍。

《茅盾与巴金艺术比较》，袁振声著，光明日报出版社1999年10月出版。

《茅盾的青少年时代》，雎雪编著（中外名人的青少年时代系列丛书），山西人民出版社1999年出版。

《茅盾诗词解析》，丁茂远著，吉林文史出版社1999年出版。

《茅盾故乡名胜风情》，徐春雷著，内蒙古人民出版社1999年出版。

《茅盾:都市子夜的呼号》,宋炳辉著,上海世纪出版集团上海教育出版社 2000 年 5 月出版。

《茅盾翰墨人生八十秋》,丁尔纲著,长江文艺出版社 2000 年 12 月出版。

《解读〈子夜〉》,李春雨、潘艳、林方解读,京华出版社 2001 年 1 月出版。

《茅盾》,萧关鸿著,文汇出版社 2001 年 1 月出版。

《乌镇之子茅盾》,桐乡市茅盾纪念馆、桐乡市茅盾研究会编,2001 年。

《走近茅盾》,翟德耀著,中国文联出版社 2001 年 3 月出版。

《二十世纪茅盾研究史》,钟桂松著,浙江人民出版社 2001 年 3 月出版。

《茅盾散论》,钟桂松著,复旦大学出版社 2001 年 3 月出版。

《文学巨匠茅盾》,郑彭年著,新华出版社 2001 年 3 月出版。

《二十世纪茅盾研究目录汇编》,龚景兴编,中国文联出版社 2001 年 8 月出版。

《茅盾》(文化人影记丛书),陈小曼编著,河北教育出版社 2001 年 11 月出版。

《〈子夜〉导读》,孙中田、刘雨著,中华书局 2002 年 1 月出版。

《乌镇茅盾故居》,汪家荣、劳明权编著,文物出版社 2002 年 1 月出版。

《茅盾与中国现代文学》,张立国著,台海出版社 2002 年 5 月出版。

《茅盾》(中外名人传记故事丛书),蜀生编著,中国和平出版社 2002 年 8 月出版。

《茅盾文艺思想论稿》,李标晶著,新星出版社 2002 年 10 月出版。

《倾听茅盾》,吾人选编,中国广播电视出版社 2002 年出版。

《霜叶红于二月花——茅盾的女性世界》,蔡震著,河南人民出版社 2003 年 6 出版。

《全人视境中的观照——鲁迅与茅盾比较论》,李继凯著,中国社会科学出版社 2003 年 9 出版。

《鲁迅与茅盾》,李继凯著,河北人民出版社 2003 年出版。

《子夜下的孤灯背影——我看茅盾》,丁尔纲著,雅书堂文化 2003 年出版。

《封尘的记忆——茅盾友朋手札》,上海图书馆中国文化名人手稿馆编,文汇出版社 2004 年 1 月出版。

《我的父亲茅盾》,韦韬、陈小曼著,辽宁出版社 2004 年 2 月出版。

《速读中国现当代文学大师与名家丛书:茅盾卷》,张宏编著,蓝天出版社 2004 年 2 月出版。该书介绍了茅盾的生平事迹,并对他的作品进行了评论,全书包括 4 部分,即茅盾小传、选文与赏析、方家评说、作品年表。

《茅盾》,章骥、盛志强著,华艺出版社 2004 年 8 月出版。

《茅盾艺术美学》,曹万生著,中国社会科学出版社、华龄出版社 2004 年 10 月联合出版。

《茅盾与中国现代文学》,周景雷著,中国社会科学出版社 2004 年 7 月出版。

《与茅盾养春蚕》,钟桂松著,浙江文艺出版社 2004 年 8 月出版。

《茅盾:行走在理想和现实之间》,钟桂松著,大象出版社

2004 年 10 月出版。

《茅盾人格》,丁尔纲、李庶长著,河南人民出版社 2004 年 12 月出版。

《茅盾写作艺术论》,陈桂良著,南京大学出版社 2004 年 12 月出版。

《批评的批评》,杨健民著,海峡文艺出版社 2004 年 12 月出版,以近半的篇幅论述茅盾作家论的历史批评和美学批评的辩证统一。

《茅盾艺术美学》,曹万生著,华龄出版社 2004 年出版。

《解读茅盾经典》,花山文艺出版社 2004 年出版,精选茅盾作品,每篇均附作品解读。所选作品包括:散文《南行通信(一)》《云少爷与草帽》等,小说《创造》《林家铺子》等。

《大家茅盾》,刘国红等主编,远方出版社 2005 年 1 月出版。

《逃墨馆主——茅盾传》,余连祥著,浙江人民出版社 2006 年 4 月出版。

《茅盾画传》,钟桂松著,复旦大学出版社 2005 年 1 月出版。

《文学中的巴黎与上海——以左拉和茅盾为例》,陈晓兰著,广西师范大学出版社 2006 年 3 月出版。

《茅盾与新文学精神》,陈天助著,新加坡文艺协会 2006 年 4 月出版。

《茅盾乡土作品选析》,孔令德主编,中国文史出版社 2006 年 4 月出版。

《茅盾姚雪垠谈艺书简》,茅盾、姚雪垠著,姚海天编,人民文学出版社 2006 年 6 月出版。

《吴文化视野中的浙西现代作家》,徐可著,远方出版社 2006 年 9 月出版。

《马克思主义与 20 世纪中国文学》(20 世纪中国学术论辩书系)，郭志刚主编，刘勇等撰著，百花洲文艺出版社 2006 年 12 月出版，具体论述茅盾的现实主义文学理论与马克思主义的关系。

《认识茅盾走近茅盾》，陈开鸣著，作家出版社 2007 年 7 月出版。

《茅盾和她的女儿》，钟桂松著，东方出版社 2007 年 8 月出版。

《革命与形式——茅盾早期小说的现代性展开：1927—1930》，陈建华著，复旦大学出版社 2007 年 8 月出版。

《艺术范型与审美品性——论茅盾的创作艺术与审美理论建构》，王嘉良著，上海文艺出版社 2008 年 1 月出版。

《延安四年(1942—1945)》，沈霞日记，钟桂松整理，大象出版社 2009 年 3 月出版。

《茅盾丁玲与新文学主潮》，郑楚著，泰国留中大学出版社 2009 年 5 月出版。

《茅盾画传》(文化的记忆)，刘屏著，江西人民出版社 2009 年 8 月出版。

《茅盾文学批评的"矛盾"变奏》，周兴华著，黑龙江人民出版社 2009 年 9 月出版。

《我为鲁迅茅盾辩护》，秋石著，文汇出版社 2009 年 11 月出版。

《悠悠岁月——茅盾与共和国领袖交往实录》，钟桂松著，人民出版社 2009 年 12 月出版。

《茅盾老舍沈从文——写实主义与现代中国小说》，王德威著，台北麦田出版社 2009 年出版。

《茅盾正传》(名家传记丛书)，钟桂松著，由江苏文艺出版社

2010 年 1 月出版。

《茅盾的青少年时代》（大师的青少年时代），蔡震著，河北人民出版社 2010 年 7 月出版。

《茅盾研究资料》，孙中田、查国华编，知识产权出版社 2010 年出版。

《图本茅盾传》（图本中国现当代作家传），孙中田著，长春出版社 2011 年 1 月出版。

《茅盾的文学风格》，庄钟庆著，泰国留中大学出版社 2011 年 3 月出版。

《写实主义的虚构：茅盾、老舍、沈从文》，王德威著，胡晓真、宋明炜译，复旦大学出版社 2011 年 4 月出版。

《茅盾评说八十年》（名家评说书系），钱振纲编辑，文化艺术出版社 2011 年 4 月出版。

《性情与担当：茅盾的矛盾人生》，钟桂松著，复旦大学出版社 2011 年 12 月出版。

《林家铺子》，陈芬尧评点，北方妇女儿童出版社 2012 年 1 月出版。收入茅盾散文、小说、评论 28 篇，评点者对作品进行阅读指导、美文欣赏，对散文、评论加旁注。

《新疆历史画丛茅盾在新疆》，贺朝霞、赵新华著，新疆人民出版社 2012 年 4 月出版。

《现代文学大师读本茅盾·社会小说》，叶子铭编，上海新文艺出版社 2012 年 4 月出版。

《老舍 茅盾》，高亚军、睢雪编著，山西人民出版社 2012 年 6 月出版。对老舍、茅盾的家世、家教、兴趣爱好以及对其一生有影响的人和事等着墨颇多，尤其探究了老舍、茅盾之所以成功的主客观因素。

《茅盾书话》,钟桂松著,海燕出版社 2012 年 7 月出版。

《巨匠诞生——茅盾》,王学均著,安徽教育出版社 2012 年 9 月出版。

《茅盾的青少年时代》,蔡震著,河北人民出版社 2012 年 12 月出版。

《茅盾》(中学生延伸阅读:大家小传),沈卫威著,中国青年出版社 2012 年 12 月出版。

《当代长篇小说的星座:第一至七届茅盾文学奖作品丛论》,廖四平著,北京大学出版社 2012 年 12 月出版。

《茅盾小说论》,(日本)是永骏著,日本古书院出版 2012 年出版。

《茅盾的青少年时代》图文版,钟桂松著,海燕出版社 2013 年重版。分上、下两册,收茅盾亲友等历史人物照片,茅盾家族祖居的建筑物照片,茅盾及其祖父的书法篆刻图片。

《茅盾的社会生活与文学创作》,戈铮著,东北师范大学出版社 2013 年 5 月出版。

《茅盾评传》,钟桂松著,南京大学出版社 2013 年 5 月出版。

《图本茅盾传》,孙中田编著,长春出版社 2013 年 5 月出版,用图文结合的方式,记述了茅盾的一生及著述。

《大家茅盾》,桑逢康著,社会科学文献出版社 2013 年 7 月出版,对茅盾小说、散文、戏剧进行论述。

《茅盾小说历史叙事研究》,梁竞男、康新慧著,中国社会科学出版社 2013 年 11 月出版,对茅盾小说的创作背景、题材来源、人物原型等做了细致考察。

《茅盾先生晚年》,商昌宝著,河北人民出版社 2014 年 1 月出版。

《〈子夜〉全新解读》（名家解读中外文学名著书系），王科编著，东北大学出版社 2014 年 3 月出版。

"茅盾研究八十年书系"，钱振纲、钟桂松主编，台湾花木兰文化出版社于 2014 年 7 月出版。收入茅盾研究单行本著作 49 种，凡 60 册。

《茅盾及茅盾研究论》，李广德著，台湾花林兰文化出版社 2014 年 7 月出版。

《茅盾研究年鉴（2012—2013）》，赵思运、蔺春华、张邦卫主编，现代出版社 2014 年 12 月出版。

《茅盾论》（文苑踏青丛书），翟德耀著，山东人民出版社 2014 年 12 月出版，论述茅盾的文学观、茅盾作品对现代文学的影响。

《朱德发文集》第一卷，朱德发著，山东人民出版社 2014 年出版，其中收录了《五四文学初探》《茅盾前期文学思想散论》等文章。

《新世纪语境下茅盾的多维透视》，蔺春华、赵思运等编纂，现代出版社 2014 年出版。

《论茅盾的生活与创作》，孙中田著，中华书局 2015 年 9 月出版。

《时代潮汐冲击下的文坛砥柱——茅盾》，丁尔纲著，分上、下册，花木兰文化出版社 2015 年出版。

《文化的转轨——"鲁郭茅巴老曹"在中国（1949—1981）》，程光炜著，北京大学出版社 2015 年 11 月出版。

《抗战中的郭沫若与茅盾郭沫若与茅盾展览纪实暨学术研讨论集》，赵笑洁著，当代中国出版社 2016 年 5 月出版。

《茅盾研究年鉴（2014—2015）》，赵思运、蔺春华、张邦卫主编，中国社会科学出版社 2016 年 12 月出版。

《起步十年——茅盾在商务印书馆》,钟桂松著,商务印书馆2017年1月出版。

《乌镇·茅盾》,王士杰编著,中国文史出版社2017年出版。

《茅盾:却忆清凉山下路》,钟桂松著,黄山书社2018年出版。

《茅盾丁玲小说研究》,阎浩岗著,人民出版社2018年出版,本书以茅盾、丁玲这两位地位特殊、经历独特的作家为研究对象,旨在探讨其如何处理革命与文学的关系,遵循政治要求与保持自身个性、忠于艺术理想的关系,从中发现值得汲取的经验和教训。

《理性审视:二十世纪中国文化语境中的茅盾》,王嘉良著,商务印书馆2019年4月出版。

十一、茅盾故居

(一)乌镇故居

乌镇茅盾故居是茅盾诞生和度过童年、少年时代的地方。故居坐落在浙江省桐乡市乌镇观前街17号,坐北朝南,为临街四开间两进木构架楼房,楼上楼下共16间,分东西两个单元,建筑面积444.25平方米。1885年前后,茅盾的曾祖父沈焕购作全家住宅。东单元先买,茅盾家里人称之为"老房";西单元后买,称之为"新屋"。"老屋""新屋"各由两开间两进院落组成,东西单元之间有砖墙相隔,楼上楼下都有活动门互相连通。

1985年7月4日,在茅盾89周年诞辰之际,茅盾故居隆重揭幕开放。1988年1月,乌镇茅盾故居被国务院公布为全国重点文物保护单位。门口高悬陈云同志亲笔题写的"茅盾故居"匾额。屋子中间安放着钱君匋先生捐赠、张充仁先生创作的茅盾半身铜像。

　　故居老屋第一进的楼下靠西一间是茅盾接受启蒙教育的家塾。教师则是茅盾的祖父。靠东一间为过道,故居的大门就开在这里,楼上靠东一间为茅盾祖父沈恩培、祖母高氏的卧室,靠西一间为茅盾父亲沈永锡、母亲陈爱珠的卧室,茅盾和他弟弟沈泽民就诞生在这间卧室里。老屋第二进楼下靠西一间是厨房,靠东一间是客堂。楼上靠东一间卧室住着茅盾的两个姑母肆仪、瑞仪。靠西一间是女仆和丫鬟的住处。

　　新屋第一进的楼下是全家的饭堂,茅盾曾祖父在世时全家22口人在此用餐。楼上是二叔祖和四叔祖的卧室。二叔祖沈恩俊、四叔祖沈恩增在1900年茅盾曾祖父逝世后分家离开这里。原来二叔祖、四叔祖的卧室分别成了茅盾二叔、三叔的卧室。茅盾二叔沈永钦1930年全家迁至上海定居。三叔沈永钊中年以后留居乌镇直至1962年逝世。四叔沈永锱退休后回乌镇至1967年逝世。新屋第二进楼下靠东一间是过道,靠西一间为起居室。楼上则是他曾祖父母的住处,为一大统间。

　　故居楼房后面有一个半亩地大小的园子,茅盾的曾祖父因对新屋楼上的居所不满而在那里盖了三间平屋,1897年起在此居住直至1900年秋逝世。20世纪30年代初,茅盾用稿费并亲手设计草图,将其翻建成带有日本民房风格的书斋,建筑面积14.92平方米。1934年至1936年,茅盾几次回乡就住在这里进行写作,小说《多角关系》在此创作完成。

　　茅盾自1896年诞生至1909年离乡求学,在这幢故居中生活了13个春秋。此后,几乎每年都要回家看望他的母亲。1940年他的母亲去世以后,切断了他与故乡联结的纽带,他的亲属也相继去了外地定居,故居房屋便陆续租给了居民居住。

1977年春，当地政府动员住户腾出了后园的三间平屋，加以修缮保护。1983年中共中央书记处批准修复茅盾故居。为此，桐乡县人民政府专门成立了故居修复工程。依照茅盾童年时代的面貌进行了整修和复原。1985年7月4日在茅盾诞辰89周年纪念日之际茅盾故居揭幕开放。修复后的茅盾故居，再现了茅盾童年时代的生活环境，对家塾、客堂、厨房、饭堂、起居室以及后园的书斋都作了复原布置。

1991年7月4日，故居东邻的"立志书院"，即"茅盾童年读书处"，经当时的桐乡县人民政府和文化主管部门研究并报浙江省文物局、国家文物局同意拨款修复，以保持茅盾母校的原有风貌，求得茅盾故居周围环境的协调。"立志书院"坐北朝南，南临观前街，与茅盾故居只有一墙之隔。第一进临街一排五开间两层楼房。东西两侧各两间，中央一间作为过道，乃是书院的正门。大门两旁的立柱上有一幅大字对联："先立乎其大，有志者竟成"，上联和下联各取第二个字，合起来便是"立志"二字。迈进书院大门，穿过一个天井，便是书院第二进的三开间平厅，那是当年的讲堂，格调依旧，现作为茅盾纪念馆的序厅。正中的屏风前立有一尊茅盾青年时代的汉白玉塑像。屏风上方悬挂着清末浙江布政司杨昌浚为立志书院所题的"有志竟成"四个大字。转过后面的屏风，或者从两侧的回廊绕到讲堂的后面，过一个庭院便是书院的第三进。那是一幢五开间的两层楼房，二楼上方高悬着"茶云楼"三字的匾额，此匾额为原浙江省文化厅厅长钱法成所题。当年立志书院的教室大都在这幢楼里，现今作了茅盾纪念馆的主要展厅。修复后的立志书院以"茅盾走过的道路"为陈列主体，展出了茅盾一生中大量而珍贵的照片、作品手稿、原版书刊、题字、信件及部分遗物，珍藏并陈列了他最早的墨稿

(13岁时的作文本)和他最后的手迹,系统地介绍了茅盾同志一生的革命和文学活动。

茅盾故居现有文物总数400余件,其中有一级文物、二级文物、三级文物、一般文物。其中的定级文物中多数为茅盾的亲笔书信和早年自刻的印章。现有名家书画作品300多件,分别为1986年茅盾90周年诞辰、1996年茅盾100周年诞辰和2001年茅盾逝世20周年时向全国广大书画名家发函征集来的,其中不乏臧克家、钱君匋、佟韦、肖峰、郭仲选、胡絜青、王冬龄、邵洛羊、曹简楼等名家之作。现有图书资料1000多册,均为有关茅盾著作、茅盾研究著作的各种版本、资料。

茅盾故居自1985年7月4日正式揭幕开放以来,在各级领导的关心重视下,立足于文物保护和阵地建设,积极开展对外宣传,弘扬爱国主义旋律,各项工作得到长足发展,成为向广大人民群众特别是青少年开展革命传统教育、爱国主义教育和文学熏陶的重要场所,发挥着巨大的社会教育功能。在文物陈列方面,以介绍、宣传茅盾光辉的生平业绩、伟大的文学成就和崇高的革命风范为教育主题,从茅盾一生的成长、奋斗历程中折射出中国革命征程的艰难、困苦和取得成功的来之不易,从而使广大人民群众更加珍惜新中国的和谐稳定,进一步增强责任感和民族自豪感。茅盾这一名人效应,极大地提升了桐乡乌镇在全国乃至全世界的知名度。茅盾故居1993年被中共嘉兴市委、嘉兴市人民政府命名为红色教育长廊青少年教育基地,1995年被中共浙江省委、浙江省人民政府命名为省爱国主义教育基地,1996年被浙江省文物局评为浙江省文明博物馆,1999年被嘉兴市旅游局评为嘉兴市文明旅游景区(点)。2000年被中共桐乡市委、桐乡市人民政府命名为市级文明单位、爱国主义教育基地,被共青团桐乡市委命名为市级"青年文明号"。

茅盾故居落成开放以来,不少社会名流留下了珍贵的墨宝。香港著名武侠小说家金庸先生题写了"一代写子夜,万千青年诵春蚕"。浙江大学校长潘云鹤题写了"子夜已过旭日升,文豪遗泽耀古镇"。原文化部部长王蒙题写了"心向往之"。原文化部副部长王济夫题写了"文坛泰斗,浩然人间"。原浙江省政协主席商景才题写了"文坛大师,当代文豪"。原浙江日报社社长于冠西题写了"著述千万言,教诲为人生,放歌真善美,奋笔扫顽凶,革命文艺家,楷模是茅公"。著名作家陆文夫题写了"昔日有语道不得,今朝道得又无言"。

党和国家领导人对茅盾故居的筹建与开放给予了极大的关注。多位中央领导同志先后来视察,为茅盾故居增添了新的光彩。[①]

(二)北京故居

鼓楼东大街南罗鼓巷后圆恩寺胡同 13 号是北京茅盾故居纪念馆,茅盾先生的晚年(1974 年 12 月—1981 年 3 月)就是在这里度过的。1982 年,这里被确定为茅盾故居并被保护起来。1984 年 5 月 24 日,此处被确定为北京市文物保护单位,国家进一步从法律层面保护了茅盾的故居。

在这座两进的小四合院中,共 35 间房子,建筑总面积 890 平方米,住宅面积为 572.6 平方米。走进故居的大门,首先映入眼帘的邓颖超题写的四个金色大字"茅盾故居"。一尊雪白的茅盾先生半身汉白玉雕像(曹春生雕刻)竖立在正房的台阶前,使人肃然起敬。前院正房原来是茅盾儿子、儿媳的卧室,东厢房原

---

① 参见汪家荣《乌镇茅盾故居》,北京文物出版社 1989 年 3 月版。

来是饭厅,现在这两处房屋已辟为第一展厅和第二展厅。前院的西厢房保持原貌,是茅盾先生的会客室。里面的陈设一切如故。西厢房南边一间是书房,共藏有 3304 册书。其中有马列著作,新中国期刊(如《收获》)。古稀之年的茅盾先生曾在这里接见过很多中外宾客,包括 1962 年与冰心、夏衍亲切交谈,1980 年在书房与巴金畅谈,1980 年会见外国作家伊罗生夫妇等。院中有两畦长方形的花圃,长年种着玫瑰。花圃的上方是一个四根立柱的葡萄架,其高度几乎达到了房椽子。另外院中还种着两棵白蜡树和两棵柏树,每到夏季,院子里布满了浓阴。葡萄架上曾经挂着一个秋千。据说茅盾先生的孙女经常在上面玩耍,可以想见茅盾先生晚年含饴弄孙的情景。

第一展厅里介绍的是茅盾先生自幼年直到新中国成立前夕的生活历程(1869—1948)。这里陈列着很多照片和一些实物。

第二展厅介绍了茅盾先生在新中国成立后的活动(1949—1981)。

由故居前院右边穿过一个小夹道,就来到了后院。后院较小,六间北房一字排开,茅盾先生为了取其清净,就作为自己的起居室。窗前左右各有一丛灌木,名太平花,每到春天四月里,枝头就挂满了白花,散发着淡淡的香气。起居室里陈设简洁、朴素,这里藏书共计 1760 册,其中有茅盾原版著作 28 种,共 46 册,外文版的茅盾著作 33 种,共 35 册,还有各种线装书,多为古典著作,共 98 种 662 册。一进门的房间是茅盾先生的客厅兼书房,北墙、西墙和东墙都是书柜,里面整齐地码放着茅盾先生珍藏的书籍。北墙边书柜里藏有《资治通鉴》《诸子集成》等文集。西墙边书柜里则保存着《二十四史》等书。东墙边小型书柜则保留着《鲁迅全集》《太平御览》等书。在西墙的上方挂着一幅很大的木框油画,上面画的是一群舞蹈的波兰少女,典雅并且生动,这是1956年波兰玛佐夫舍歌舞团访华演出时赠送给茅盾先生的。在北墙书柜的前面,摆放着茶几和一对折叠式的扶手椅。从展厅的照片上我们可以看到茅盾先生分别与丁玲、巴金、姚雪垠等坐在这里交谈的样子。当时适逢粉碎"四人帮"不久,百业待兴,这大概可以从他们的表情上透露出一点儿消息吧。客厅的中间有一张较大的写字台,上面有笔墨纸砚和一个台历。台历上的日期是他亲手所翻的最后一页——1981年2月19日,自翌日住院他就再也没有回来。茅盾先生曾在这张写字台上以年老多病之躯,为很多文化团体、学校、刊物和文化界的朋友们题写书名和条幅。每有所求,必尽心尽力。靠东的房间是茅盾先生的卧室。一张老式的棕垫铁床就是茅盾先生的卧榻。床的西边有一个三屉的小书桌,上面放着台灯、放大镜、纸笔和一些常用的资料书籍,其中保存着茅盾翻阅过的《中国现代文学研究丛刊》(1980年第4期);他最后的著作,也就是回忆录《我走过的道路》,大部分就是在这张桌子上完成的。床的东侧是一个小书柜,藏有《小说月报》《吴梅村诗集》等茅盾平时翻阅的书刊。卧室里还有一个小衣柜,上面曾安放过茅盾先生之妻孔德沚的骨灰盒,是茅盾搬入这个院子后亲手供放在这里的。2003年3月,孔德沚的骨灰已与茅盾的骨灰一起安放到"中华文化名人雕塑纪念园"。在卧室的西墙上有一幅照片非常引人注目,上书"我的妈妈,雁冰敬记"。照片上,老人慈祥的目光似乎永远带着期望。茅盾先生幼年丧父,母亲对他的影响是巨大的。茅盾先生在回忆录的序言中说:"幼年禀承慈训而养成谨言慎行,至今未敢怠忽。"起居室的最西头的房间陈列着茅盾先生的面模和手模,生前常用的印章也陈列在那里。四周是书柜,里面陈列的很多书籍上都有他仔细阅读后书写的批语,可谓弥足珍贵,其中多是对中青年作家的作品的眉批,如《青春之歌》《保卫延安》《李自成》等,严谨仔细,可见一代宗师对作家的重视和尊重,精神令人感佩不已。在这间书房里还保存着珍本——《凯绥·珂勒惠支版画选集》(三闲书屋,1936 年版),其中有"鲁迅选画并作序目",这是鲁迅晚年主持出版的版画选集中难得的一本,十分珍贵。

茅盾,在这个小院里度过了他最后的时日,如今,他已离开了我们,但由他捐助设立的茅盾长篇小说奖成为我国当代重要文学奖项,极大地推动了当代中国长篇小说创作。他辉煌的文学成就仍在世界范围内持续产生影响。

十二、茅盾陵园

2006 年 7 月 4 日,茅盾陵园在桐乡乌镇落成。陵园在乌镇西栅灵水居,占地面积 2150 平方米。通往陵墓的道路呈"子"字形铺设,象征茅盾的代表作《子夜》。"子"字形道路有 85 级台阶,代表茅盾一生走过的 85 个春秋。茅盾墓碑上面放置一尊茅盾半身铜像。墓碑前下方是用黑色大理石雕刻的一本摊开的书,上面刻着茅盾代表作《子夜》的手稿。茅盾先生的骨灰原放在北京八宝山骨灰堂;茅盾夫人的骨灰原放在北京茅盾故居。2003 年 3 月 27 日,茅盾逝世 22 周年忌辰,由中华文学基金会和北京长城华人怀思堂在位于居庸关的中华文化名人雕塑纪念园举行茅盾夫妇骨灰安放仪式。2006 年 7 月 4 日,茅盾之子韦韬,将茅盾夫妇骨灰放入茅盾陵园墓穴中。茅盾陵园中,还有茅盾慈母陈爱珠的陵墓。

2013 年 12 月 22 日,茅盾之子韦韬先生骨灰安葬仪式在乌镇西栅景区茅盾陵园举行。

十三、茅盾青少年文学院成立

2018 年 4 月 10 日"茅盾青少年文学院"启动仪式在京举行,中华文学基金会与学而思大语文共同宣布,将合作共建茅盾青少年文学院,将茅盾先生的文学倡议,继续在新一代青少年群体中延续下去。文学院将立足于茅盾先生的故乡桐乡乌镇,面向全国范围发掘并培养新一代文学新人,利用中国作家协会丰富的作家资源,邀请知名作家担任导师,采取定期培训和师生结对子等形式开展教学活动,给青少年文学写作以有益指导。

参考文献

1.《茅盾全集》42 卷及附录,人民文学出版社 1984—2001 年。

2.《茅盾全集》41 卷及附录,黄山书社 2014 年。

3.《茅盾译文选集》(上、下),上海译文出版社 1981 年。

4.《茅盾评论文集》(上、下),人民文学出版社 1978 年。

5.《茅盾文艺评论集》(上、下),文化艺术出版社 1981 年。

6.《茅盾译文全集》(10 册),韦韬编,知识产权出版社 2013 年。

7.《茅盾年谱》,查国华著,长江文艺出版社 1985 年。

8.《茅盾年谱》,万树玉著,浙江文艺出版社 1986 年。

9.《茅盾年谱》,唐金海、刘长鼎主编,山西高校联合出版社 1996 年。

10.《茅盾评传》,丁尔纲著,重庆出版社,1998 年。

11.《茅盾评传》,邵伯周著,四川文艺出版社 1987 年。

12.《茅盾传》,李标晶著,团结出版社,1990 年。

13.《茅盾传》,李广德著,香港正之出版社 1991 年。

14.《茅盾传》,钟桂松著,东方出版社 1996 年。

15.《逃墨馆主——茅盾传》,余连祥著,浙江人民出版社 2006 年。

16.《茅盾研究资料》(上、中、下),孙中田、查国华编,中国社会科学出版社 1983 年。

17.《茅盾专集》(上、下),唐金海等主编,福建人民出版社

1983 年。

18.《论茅盾的生活与创作》,孙中田著,百花文艺出版社 1980 年。

19.《编辑家茅盾评传》,李频著,河南大学出版社 1995 年。

20.《梦回星移——茅盾晚年生活见闻》,叶子铭著,南京大学出版社 1991 年。

21.《论茅盾四十年的文学道路》,叶子铭著,上海文艺出版社 1988 年。

22.《茅盾的创作历程》,庄钟庆著,人民文学出版社 1982 年。

23.《一个批评家的心路历程》,丁亚平著,上海文艺出版社 1990 年。

24.《茅盾小说论》,王嘉良著,上海文艺出版社 1989 年。

25.《茅盾的童心》,金燕玉著,南京出版社 1990 年。

26.《茅盾漫评》,叶子铭著,百花文艺出版社 1983 年。

27.《茅盾研究在国外》,李岫编,湖南人民出版社 1984 年。

28.《茅盾与我》,万树玉、李岫编,中国广播电视出版社 1996 年。

29.《茅盾纪实》,庄钟庆编,四川文艺出版社 1986 年。

30.《黎明的文学——中国现实主义作家:茅盾》,(日)松井博光著,高鹏译,浙江人民出版社 1982 年。

31.《茅盾诗词鉴赏》,丁茂远著,杭州大学出版社 1991 年。

32.《人间茅盾》,钟桂松著,河南人民出版社 1993 年。

33.《简明茅盾词典》,李标晶、王嘉良主编,甘肃教育出版社 1993 年。

34.《茅盾与中国现代文学》,周景雷著,中国社会科学出版社 2004 年。

35.《茅盾比较研究论稿》,李岫著,北岳文艺出版社 1988 年。

36.《走近茅盾》,翟德耀著,中国文联出版社 2001 年。

37.《茅盾评说八十年》,钱振纲编,文化艺术出版社 2011 年。

38.《茅盾人格》,丁尔纲、李庶长著,河南人民出版社 2004 年。

39.《茅盾评说》,欧家斤著,学林出版社 1997 年。

40.《茅盾正传》,钟桂松著,江苏文艺出版社 2010 年。

41.《茅盾的社会生活与文学创作》,戈铮著,东北师范大学出版社 2013 年。

42.《巨匠诞生——茅盾》,王学均著,安徽教育出版社 2012 年。

43.《二十世纪茅盾研究史》,钟桂松著,人民出版社 2001 年。

44.《茅盾的青少年时代》,蔡震著,河北人民出版社 2012 年。

45.《茅盾研究资料》(上、下),孙中田、查国华编,知识产权出版社 2010 年。

46.《茅盾——翰墨人生八十秋》,丁尔纲著,长江文艺出版社 2000 年。

47.《茅盾回忆录》,茅盾、韦韬著,华文出版社 2013 年。

48.《茅盾先生晚年》,商昌宝著,河北人民出版社 2014 年。

49.《茅盾在商务印书馆》,钟桂松著,商务印书馆 2017 年。

图书在版编目(CIP)数据

茅盾年谱 / 李标晶著. —杭州：浙江大学出版社，
2021.7
（浙江现代文学名家年谱 / 洪治纲主编）
ISBN 978-7-308-21340-0

Ⅰ.①茅… Ⅱ.①李… Ⅲ.①茅盾(1896－1981)－
年谱 Ⅳ.①K825.6

中国版本图书馆 CIP 数据核字(2021)第 085233 号

茅盾年谱

李标晶　著

策　　划	陈丽霞　宋旭华
项目统筹	蔡　帆　王荣鑫
责任编辑	李瑞雪
责任校对	吴心怡
封面设计	周　灵
出版发行	浙江大学出版社
	（杭州市天目山路 148 号　邮政编码 310007）
	（网址：http：//www.zjupress.com）
排　　版	浙江时代出版服务有限公司
印　　刷	杭州高腾印务有限公司
开　　本	880mm×1230mm　1/32
印　　张	30.75
字　　数	819 千
版 印 次	2021 年 7 月第 1 版　2021 年 7 月第 1 次印刷
书　　号	ISBN 978-7-308-21340-0
定　　价	168.00 元